BAGNASCO · UBOOTE IM 2. WELTKRIEG

Technik–Klassen–Typen
Eine umfassende Enzyklopädie

ERMINIO BAGNASCO

MOTORBUCH VERLAG STUTTGART

Einbandgestaltung: Siegfried Horn, unter Verwendung eines Gemäldes von Geoff Hunt.

Copyright © Erminio Bagnasco, 1973, 1977
Copyright © Ermanno Albertelli, 1973, 1977

Die englische Ausgabe ist erschienen bei: Arms and Armour Press, Lionel Leventhal Ltd., London,
unter dem Titel: »Submarines of World War Two«.

Die Übertragung ins Deutsche besorgte:
Wolfram Schürer

ISBN 3-613-01252-9

2. Auflage 1994
Copyright © by Motorbuch Verlag, Postfach 10 37 43, 70032 Stuttgart.
Ein Unternehmen der Paul Pietsch-Verlage GmbH + Co.
Sämtliche Rechte der Speicherung, Vervielfältigung und Verbreitung in deutscher Sprache sind vorbehalten.
Satz: Schwabenverlag AG, 73760 Ostfildern.
Druck: Dr. Cantz'sche Druckerei, 73760 Ostfildern.
Buchbinderische Verarbeitung: E. Riethmüller, 70176 Stuttgart.
Printed in Germany.

Inhalt

Erläuterungen, Abkürzungen	7
Vorwort	9
Einführung	10
Die Entwicklung des Unterseebootes	10
Vom NARVAL zum Ersten Weltkrieg	14
Das Unterseeboot im Ersten Weltkrieg	19
Entwicklung zwischen den Kriegen	25
Der Zweite Weltkrieg	29
Das Unterseeboot in der Nachkriegszeit	37
FRANKREICH	38
Requin-Klasse	43
»600/630 tonnes«-Typ	44
Saphir-Klasse	45
»1500 tonnes«-Typ	46
Surcouf	49
Minerve-Klasse	51
L'Aurore-Klasse	52
Unvollendete Unterseeboote im Jahre 1940	53
Ausländische Unterseeboote in der französischen Marine	53
DEUTSCHLAND	54
Typ I A	63
Typ II	64
Typ VII	66
Typ IX	75
Typ X B	80
Typ XIV	81
Typ XXI	82
Typ XXIII	87
Kleinunterseeboote	90
Erbeutete oder beschlagnahmte Unterseeboote	93
Projekte im Versuchs- bzw. Entwurfsstadium	96
GROSSBRITANNIEN	102
H-Klasse	111
L-Klasse	112
O-Klasse	113
P- und *R*-Klasse	116
»*River*«-(*Thames*-)Klasse	118
Porpoise-Klasse	119
S-Klasse	120
T-Klasse	126
U-Klasse	130
V-Klasse	135
A-Klasse	136
Kleinunterseeboote	138
Ausländische Unterseeboote in der britischen Marine	140
ITALIEN	142
X-Klasse	149
H-Klasse	150
Balilla-Klasse	151
Mameli-Klasse	152
Pisani-Klasse	153
Fieramosca-Klasse	154
Bandiera-Klasse	155
Squalo-Klasse	156
Bragadin-Klasse	157
Argonauta-Klasse	158
Settembrini-Klasse	160
Sirena-Serie – Klasse *600*	161
Archimede-Klasse	163
Glauco-Klasse	164
Pietro Micca	165
Calvi-Klasse	166
Perla-Klasse	167
Adua-Klasse	168
Foca-Klasse	170
Argo-Klasse	172
Marcello-Klasse	173
Brin-Klasse	175
Liuzzi-Klasse	176
Marconi-Klasse	177
Cagni-Klasse	178
Acciaio-Klasse	179
Flutto-Klasse	180
R-Klasse	182
Kleinunterseeboote und Spezialfahrzeuge	183
Ausländische Unterseeboote in der italienischen Marine	188
JAPAN	190
Typ *KD 1 (Kaidai)*	197
Typ *KD 2 (Kaidai)*	197
Typ *L 3*	198
Typ *KT (Kai-Toku-Chu)*	198
Typ *L 4*	199
Typ *KRS (Kirai-Sen)*	199
Typ *Junsen*	200
Typ *Kaidai*	202
Typ *Kaichû*	207

Typ *A*	209
Typ *A* modifiziert	210
Typ *B*	211
Typ *C*	214
Typ *Kaisho*	216
Typ *Sen-Toku*	217
Typ *Sen-Taka*	219
Typ *Sen-Taka-Sho*	220
Transportunterseeboote	221
Typ *D 1*	221
Typ *D 2*	221
Typ *Sh (Sen-Ho)*	222
Typ *Ss (Sen-Yu-Sho)*	222
Yu-Klasse	223
Yu 1001-Klasse	223
Ausländische Unterseeboote in der japanischen Marine	224
Kleinunterseeboote und »menschliche Torpedos«	225
NIEDERLANDE	228
Alte Unterseeboote	231
O 8	231
K VII	231
K VIII-Klasse	231
K XI-Klasse	232
O 9-Klasse	232
O 12-Klasse	233
K XIV-Klasse	233
O 16	234
O 19-Klasse	234
O 21-Klasse	235
Ausländische Unterseeboote in der holländischen Marine	237
USA	238
O-Klasse	242
R-Klasse	243
S-Klasse	244
Barracuda-Klasse	245
Argonaut	246
Narwhal-Klasse	247
Dolphin	248
Cachalot-Klasse	249
P-Klasse	250
Salmon/Sargo-Klasse	251
T-Klasse	252
M-Klasse	253
Gato/Balao-Klasse	255
Tench-Klasse	259
UdSSR	260
*D-(Dekabrist-)*Klasse	265
*L-(Leninec-)*Klasse	266
*M-(Malyutka-)*Klasse	267
*ŠČ-(Ščuka-)*Klasse	269
*P-(Pravda-)*Klasse	271
*S-(Stalinec-)*Klasse	272
*K-(Katjuša-)*Klasse	273
Alte Unterseeboote	274
Ausländische Unterseeboote in der sowjetischen Marine	275
DIE KLEINEREN MÄCHTE	276
Brasilien	276
Dänemark	276
C-Klasse	276
D-Klasse	277
H-Klasse	277
Estland	278
Kalev-Klasse	278
Finnland	279
Saukko	279
Vessikko	279
Vetehinen-Klasse	279
Griechenland	280
Katsonis-Klasse	280
Nereus-Klasse	280
Ausländische Unterseeboote in der griechischen Marine	281
Jugoslawien	282
Hrabi-Klasse	282
Smeli-Klasse	283
Lettland	284
Ronis-Klasse	284
Norwegen	285
A-Klasse	285
B-Klasse	285
Ausländische Unterseeboote in der norwegischen Marine	286
Polen	287
Wilk-Klasse	287
Orzel-Klasse	288
Rumänien	289
Delfinul	289
Marsouinul	289
Requinul	289
Neutrale Marinen	290
Register der Unterseeboote	291

Erläuterungen – Abkürzungen

Dieses Buch befaßt sich mit den Unterseebooten der in den Zweiten Weltkrieg verwickelten Marinen und umfaßt auch jene Boote oder Klassen, die auf Kiel gelegt worden waren, aber nicht mehr in Dienst gestellt worden sind oder die bis zum Ende der Feindseligkeiten nicht mehr fertiggestellt wurden.

Fahrzeuge, die nicht über das Entwurfsstadium hinausgelangt sind, werden nur erwähnt, wenn der Entwurf eine besondere Bedeutung für die technische Entwicklung der Boote einer bestimmten Marine hat. Zusätzlich zu den Daten, die sich auf die eigentlichen Unterseeboote beziehen, werden auch die technischen und einsatzmäßigen Hauptdaten für die sogenannten »Kleinstunterseeboote« und des wichtigeren Typs der »menschlichen« Torpedos angegeben.

Das Buch beginnt mit der technischen und einsatzmäßigen Entwicklung des Unterseebootes von seinen Ursprüngen an und führt bis zum Ende des Zweiten Weltkrieges. Es befaßt sich mit der Geburt und Entwicklung des Unterwasserfahrzeuges vom 17. Jahrhundert bis in unsere Zeit und betont besonders den Ersten Weltkrieg und die Zeit zwischen den Kriegen. Der Zweite Weltkrieg – in sehr ausführlicher Weise im Hauptteil des Buches behandelt – wird hier nur in bezug zu den allgemeinen operativen Aspekten und der Entwicklung der Unterseebootsabwehrgeräte und -waffen analysiert.

Der Hauptteil des Buches konzentriert sich auf die acht größeren und zehn kleineren Marinen, die am Kriege teilnahmen. Jedes Kapitel befaßt sich mit einer der Hauptmarinen und teilt sich in zwei Abschnitte. Der erste behandelt die Marinepolitik, die Vorbereitungen zur unterseeischen Kriegführung und die Art der unternommenen Kriegsoperationen sowie die charakteristischen Merkmale der in Betracht kommenden Unterseeboote: Ausrüstung, Bauart, Leistung und Waffen. Der zweite Abschnitt jedes Kapitels gibt eine ausführliche Beschreibung der verschiedenen Klassen von Unterseebooten, beginnend mit der ältesten, und listet die Namen der Boote, Beschreibung, technische Hauptmerkmale, eine kurze Geschichte ihrer Kriegslaufbahn und das Schicksal jedes einzelnen Bootes der Klasse auf.

Die folgenden Erläuterungen werden es dem Leser ermöglichen, die überall im Buch angegebenen Daten leichter zu verstehen:

Maßeinheiten: In diesem Buch werden die metrischen Maße benutzt. Soweit erforderlich, sind die angelsächsischen Maße in metrische umgerechnet worden.

Typ/Klasse/Serie: Der Ausdruck »Typ« wird benutzt, wenn eine besondere und bekannte Bezeichnung des Entwurfs existiert (z.B. die deutschen Boote, deren Entwürfe fortlaufend von I bis XXXVI durchnummeriert waren); innerhalb jedes Typs sind die verschiedenen Varianten angegeben (z.B. VII B, VII C usw.). Der Ausdruck »Klasse« wird gebraucht, um eine besondere Gruppe ähnlicher Fahrzeuge zu bezeichnen, wenn Zuflucht zum Namen eines dieser Boote, im allgemeinen zu dem des ersten in Dienst gestellten, oder zu einem Standardbegriff, wie etwa der Wasserverdrängung oder dem Anfangsbuchstaben der Bootsnamen, genommen werden mußte (z.B. *Balilla*-Klasse, Klasse *600*, *I*-Klasse usw.). Innerhalb der Klassen ist es manchmal erforderlich geworden, die Boote in verschiedene »Serien« oder »Gruppen« aufzugliedern (z.B. Klasse *600*, *Acciaio*-Serie).

Anzahl der Fahrzeuge: Sie bezeichnet die Gesamtzahl der zu einem bestimmten Typ, einer bestimmten Klasse oder Serie gehörenden Boote; wo zwei Zahlen durch ein Pluszeichen getrennt sind (z.B. 175 + 3), gibt die erste die Anzahl der in Dienst gestellten Boote an, während die zweite jene Boote bezeichnet, die auf Kiel gelegt oder vom Stapel gelaufen, jedoch nicht fertiggestellt worden sind. In Auftrag gegebene Boote, deren Vertrag aber vor der Kiellegung widerrufen wurde, sind in dieser Zählung nicht berücksichtigt.

Name oder Nummer: Die Namen, Nummern oder Gruppen von identifizierten Buchstaben und Nummern der verschiedenen Boote sind angegeben. Bei jenen Booten, die ihren Namen oder ihre Nummer gewechselt haben, sind der vorherige Name oder die vorherige Nummer in Klammern angegeben. Bei US-Unterseebooten wird auch die Erkennungsnummer, die in der US-Marine integrierter Bestandteil des Bootsnamens ist, angegeben (z.B. SS 220 *Barb*).

Bauwerft: Die Boote sind nach dem Namen der Bauwerft eingruppiert, ihr Standort ist ebenfalls angegeben.

Datum: Für jede Gruppe von Booten, die auf einer bestimmten Werft gebaut worden sind, werden drei Zeitangaben genannt (z.B. 1942–1943/44). Die erste und die zweite Angabe bezeichnen das Jahr der Kiellegung und das Jahr der Indienststellung des ersten Bootes der Gruppe. Die dritte Zeitangabe gibt das Jahr der Indienststellung der letzten Einheit wieder.

Wasserverdrängung: Wie in allen anderen Fällen, wo es notwendig ist, zwischen Angaben für unter Wasser und für über Wasser zu unterscheiden, wird diese durch zwei Zahlen oder Zahlengruppen, getrennt durch einen Schrägstrich, dargestellt (z.B. 480/530). Die erste Zahl gibt die Typverdrängung[1] des Bootes an der Wasseroberfläche an, die zweite ebenfalls die Typverdrängung in völlig getauchtem Zustand. Die englische „long ton" (1,016 kg) ist als Maßeinheit gewählt worden, da sie im allgemeinen bei allen Marinen in Gebrauch ist.

Abmessungen: Die erste Zahl gibt die Länge über alles an, die zweite die Maximalbreite (ausgebaucht) und die dritte den maximalen Tiefgang bei Typverdrängung. Die Maße sind metrisch angegeben.

Höchstgeschwindigkeit: Sie ist in Knoten – kn – (Seemeile pro Stunde) ausgedrückt und stellt die maximale Einsatzgeschwindigkeit des Bootes bei Typverdrängung sowohl an der Wasseroberfläche wie auch im getauchten Zustand dar.

Fahrstrecke: Angegeben ist die zu erreichende maximale Fahrstrecke (in Seemeilen) mit einer normalen Brennstoffzuladung und der bezeichneten Geschwindigkeit (z.B. 4500 bei 12, 6200 bei 8). Die Fahrstrecke im getauchten Zustand entspricht (bei der angegebenen Geschwindigkeit) der maximalen Leistungsfähigkeit der Akkumulatoren. Zu den für britische Unterseeboote angegebenen Zahlen ist zu bemerken, daß es sich um tatsächlich in der Einsatzerprobung erreichte Werte handelt. Die übrigen Zahlenangaben sind theoretische Ergebnisse von Berechnungen, die auf kurzen Dauererprobungen beruhen. Beim Vergleich der britischen Zahlen mit jenen der anderen Marinen sollten ungefähr 30% hinzugerechnet werden.

Bewaffnung: Die Kaliber von Geschützen und Torpedos sind regelmäßig sowohl in Zentimeter als auch in Millimeter angegeben. Bei automatischen Geschützen sind die Zweifach-, Dreifach- oder Vierfachlafetten durch die Formel 2×1, 3×1, 4×1 angegeben, wobei die erste Zahl die Anzahl der Rohre pro Lafette und die zweite die Anzahl der Lafetten bezeichnet.

---

[1] Anmerkung des Übersetzers:
Die Vermessung von Kriegsschiffen erfolgt nach dem Gewicht des verdrängten Wassers (**Wasserverdrängung**). Die Angabe wird in metrischen Tonnen (1000 kg = 1 t) vorgenommen oder als Maßeinheit wird – wie international üblich, so auch hier – die englische »long ton« (ausgedrückt in »ts«) gewählt. Dabei wird in der Wasserverdrängung (Deplacement) nach zwei Werten unterschieden:

a) **Typverdrängung**, auch Standardverdrängung (engl. »normal or standard displacement«, frz. »déplacement type«) genannt, d.h. bei voller Ausrüstung, mit Wasser in den Kesseln, aber ohne Brennstoff und Zusatzkesselspeisewasser;

b) **Höchstverdrängung**, d.h. ein in jeder Beziehung voll ausgerüstetes Schiff.

Die Anzahl der Torpedorohre wird durch ihren Standort – vorn und achtern – näher bestimmt. Die bezeichnete Anzahl der Torpedos gibt die Gesamtanzahl der im Boot verstauten und zur Verfügung stehenden Torpedos – die in den Rohren enthaltenen plus den in Reserve befindlichen – wieder.

Die näheren Angaben über Geschwindigkeit, Laufstrecke und Gewicht des Gefechtskopfes der verschiedenen Typen von Torpedos werden mit Tabellen in der Einführung oder in dem Teil angegeben, der für jede größere Marine dem den verschiedenen Unterseebootsklassen gewidmeten Kapitel vorangeht.

Maximale Einsatztauchtiefe: Hierunter ist die maximale Tauchtiefe zu verstehen, die unter Einsatzbedingungen erreicht werden kann. Sie beträgt im allgemeinen zwei Drittel der theoretischen „Zerdrückungs"-Tiefe und ist geringer als die maximale Erprobungstauchtiefe. Soweit sie bekannt ist, wird sie in dem die Boote beschreibenden Abschnitt angegeben.

Maximale Brennstoffmenge: Sie wird in Tonnen angegeben und der Brennstoff besteht aus Dieselöl, es sei denn, es erfolgt eine andere Angabe.

Minimum der Schnelltauchzeit: Sie wird in Sekunden ausgedrückt und gibt die Mindestzeit an, die eine ausgebildete Besatzung braucht, um ein an der Wasseroberfläche befindliches Boot mit offenem Turmluk und einer Wache im Turm vollständig unter Wasser zu bringen.

Besatzungsstärke: Die Gesamtzahl der Offiziere, Unteroffiziere und Mannschaften in normaler Kriegsbesetzung.

Schicksal der Boote: Darüber wird am Ende der Beschreibung jedes Typs, jeder Klasse oder Serie berichtet. Die gebrauchten Abkürzungen zur Angabe der Ursache des Verlustes sind der nachfolgenden Liste zu entnehmen. Wo der Verlust einer Reihe von Ursachen zugeschrieben werden kann, sind die Buchstaben kombiniert (z. B. n/a, n/sb usw.).

n = Seegefecht durch Überwasserschiff(e) (Wasserbomben, Artillerie, Torpedos, Rammen usw.)
s = Gefecht durch Unterseeboot(e)
a = Flugzeug
m = Seemine(n)
c = erbeutet (während des Krieges)
sb = Sabotage, selbstversenkt, aufgegeben in nicht einsatzfähigem Zustand
uc = unbekannte Ursache
v = Unfall (Schiffswrack, Grundberührung, Explosionsunglück, technisches Versagen, Kollison usw.)
b = durch Bomben im Hafen, auf der Bau- oder Ausrüstungswerft
r = Reserve, gestrichen, verschrottet, verwendet für andere Zwecke (Batterieladestation, Brennstoffdepot usw.), interniert in neutralem Land, überlassen an ein anderes Land
e = Identifizierungsfehler, versenkt durch „befreundete" Streitkräfte
x = übergeben (bei Einstellung der Feindseligkeiten)

Die verschiedenen Verluste sind nach dem Jahr des Verlustes (oder der Außerdienststellung) und innerhalb dieser Unterteilung nach dem Einsatzgebiet unterteilt, wo alle Boote, die aus derselben Ursache verlorengegangen sind, zusammengefaßt werden. Ausgenommen sind alle Boote, die nicht als Verlust oder vor Ende der Feindseligkeiten als außer Dienst gestellt erscheinen; sie befanden sich damals weiterhin in Dienst.

Zeichnungen: Angesichts der wesentlichen Unterschiede in den Abmessungen der verschiedenen Bootstypen, sind die Zeichnungen nicht in einem einheitlichen Maßstab angefertigt; jede Zeichnung weist daher ihren eigenen Maßstab auf.

S 43 (SS 154) im Januar 1944 vor San Francisco.

Vorwort

Im Krieg zur See zwischen 1939 und 1945 spielten Unterseeboote eine bedeutende Rolle und erzielten ihre besten Ergebnisse gegen Handelsschiffe, die in gleicher Weise für die Wirtschaft der Nationen im Kriege als auch für das Führen kriegerischer Operationen in Übersee lebenswichtig waren. Von annähernd insgesamt 33 000 000 BRT an Handelsschiffsraum, der allen am Kriege Beteiligten verlorenging, versenkten die Unterseeboote mehr als 23 000 000 BRT. Zweifellos erlangten die deutsche und die amerikanische Marine den größten Vorteil aus dem Einsatz der Unterseeboote; sie versenkten im Atlantik und im Pazifischen Ozean 14 Millionen bzw. 8 Millionen BRT. In beiden Fällen wurde das Unterseeboot im großen Maßstab eingesetzt und bestätigte vollauf seinen Wert als eine strategische Waffe.

Gegen Ende des Krieges hatte sich jedoch die gutorganisierte Verteidigung dem Unterseeboot gegenüber als technisch überlegen erwiesen. Der sich eng ergänzende Einsatz von träger- und landgestützten Flugzeugen sowie von Überwasser-Geleitsicherungskräften und die unermüdliche und einsichtsvolle Anwendung der Wissenschaft hatten das konventionelle Unterseeboot entscheidend besiegt. Mit dem Ende der Feindseligkeiten begann sich diese Lage zu verändern, als neue Entwicklungen dazu beitrugen, dem Unterseeboot viel von seiner ursprünglichen Unverwundbarkeit wiederzugeben. Dank der nuklearen Antriebskraft und der atomaren Gefechtsköpfe der mitgeführten Raketen, die diese „Boote" zu einem Hauptbestandteil der strategischen Abschreckung der Großmächte machen, kann heute das Unterseeboot als das neue Großkampfschiff betrachtet werden.

Dieses Buch befaßt sich mit den über 2500 Unterseebooten aus 18 Ländern, die während des Zweiten Weltkrieges auf allen Meeren operierten, und ich habe mich bemüht, die wichtigsten technischen und einsatzmäßigen Informationen bezüglich ihrer Planung, ihres Baus und ihrer Verwendung während des Krieges zusammenzutragen. Während sich die besondere Aufmerksamkeit auf jene Boote richtete, die tatsächlich in Dienst gestellt wurden, habe ich auch jene geprüft – mehrere Hundert in der Zahl –, die nicht rechtzeitig fertiggestellt wurden, um am Kriege teilzunehmen, oder die aus verschiedenen Gründen im Entwurfsstadium verblieben. Vor allem beabsichtigt das Buch, die „Aufmachung" dieser Unterseeboote zu illustrieren, zu zeigen, welche Boote die verschiedenen Klassen bildeten, welches ihre technischen Merkmale waren und wem sie gleichsahen. Da die Kriegseinsätze der Unterseeboote ihre technische Entwicklung entscheidend beeinflußten, werden die während des Krieges durchgeführten hauptsächlichen Operationen kurz erwähnt.

Die meisten der vielen Bücher über Unterseeboote des Zweiten Weltkrieges haben sich auf die Boote der einen oder anderen Einzelmarine beschränkt. Ich habe mich bemüht, den Leser mit dem Gesamtbild auszustatten und ihn mit genügend Material zu versorgen, um die geschichtliche Entwicklung von Technik und Einsatz aller Unterseeboote, die am Kriege teilnahmen, zu vergleichen. Um dies zu erreichen, ist es nicht immer möglich gewesen, in erschöpfende Einzelheiten zu gehen.

Mit der Absicht, die Mehrheit der erwähnten Boote zu illustrieren, habe ich die Zeichnungen angefertigt und die Fotografien ausgewählt. Wo immer es möglich war, habe ich Vorkriegsboote im kriegsmäßigen Aussehen bildlich dargestellt und habe auch die wichtigsten kriegsmäßig abgeänderten Ausführungen gezeigt. In der Einführung zu dem Abschnitt, der sich mit der technischen und einsatzmäßigen Entwicklung befaßt, ist zum Nutzen des fachlich weniger vorgebildeten Lesers das Wirken der Unterseeboote durch Diagramme mit erläuterndem Text veranschaulicht worden.

Ich möchte diese kurze Einführung schließen, indem ich all jenen danke, die mir bei der Vorbereitung dieses Buches geholfen haben; ganz besonders meinen lieben Freunden Giorgio Giorgerini und Augusto Nani, deren Unterstützung sich als unschätzbar erwiesen hat, sowie Elio Occhini und Arrigo Barilli, die mir großzügigerweise freien Zugang zu ihrer riesigen und wertvollen Sammlung an Fotografien gewährten.

Erminio Bagnasco

Einführung

Die Entwicklung des Unterseebootes

Einigen neueren Theoretikern zufolge mögen sich die ersten Menschen in den flachen Gewässern von Seen entwickelt haben. Sie hätten es gewohnt sein können, ihre Nahrung unter Wasser zu suchen, ehe sie laufen lernten. Zweifellos sind verschiedene Formen des Schwimmtauchens betrieben worden, seit die aufgezeichnete Geschichte begann. Perlentaucher und tapfere Unterwassersaboteure sind seit den ersten Tagen der Geschichte bekannt gewesen.

Die Leistungsfähigkeit der menschlichen Lungen ist gering; die zahllosen Legenden von unter der See lebenden Menschen zeigen einen tief verwurzelten und langwährenden Wunsch an, Zeit und Raum des Tauchens auszudehnen. Die technischen, physiologischen und psychologischen Barrieren waren groß, aber nicht unüberwindlich. Die mittelalterliche Geschichte von Alexanders Abstieg in einer Taucherglocke ist wahrscheinlich mythisch, aber bis zum 17. Jahrhundert waren unfertige Formen dieser Erfindung für Bergungszwecke in Gebrauch. Zur selben Seit drängten sich andere Ideen vor, die zunächst zum Helmtaucher führten und dann zum heute im Gebrauch befindlichen Freitauchgerät.

Diese Entwicklungen betreffen uns hier nicht sonderlich, denn sie haben wenig mit dem Entstehen des selbstangetriebenen Fahrzeugs zu tun, das imstande ist, selbständig zu tauchen und wieder an die Wasseroberfläche zurückzukehren. Allgemein besteht Übereinstimmung, daß die erste halbwegs praktikable Idee für ein Unterseeboot von dem Engländer William Bourne während der Regierungszeit der Königin Elisabeth I. veröffentlicht wurde. Sein Vorschlag befaßte sich mit einem Fahrzeug, das innerhalb des Rumpfes primitive Ballasttanks mit beweglichen Wänden besaß, die das Wasser einlassen oder ausdrücken und so ein beliebiges Sinken oder Steigen des Fahrzeuges veranlassen würden.

Einige Jahre später baute Cornelius van Drebbel, ein holländischer Arzt am Hofe König Johann I., ein mit Riemen angetriebenes Unterseeboot, das offensichtlich in der Themse tauchte, sich unter Wasser fortbewegte und wieder auftauchte. Augenscheinlich war der König Zeuge dieses Ereignisses und mag das Boot besichtigt haben, aber die Geschichte, daß er darin selbst einen Abstieg unternahm, stimmt mit ziemlicher Sicherheit nicht.

Im Verlaufe des nächsten Jahrhunderts wurden verschiedene Versuche unternommen, brauchbare Unterseeboote herzustellen. 1653 baute der in Holland arbeitende Franzose de Son ein zweirümpfiges, mit einem Uhrwerk angetriebenes Fahrzeug. Leider war der Motor nicht kräftig genug, um das Boot fortzubewegen. Von nun an wurden in England eine Reihe von Entwürfen hervorgebracht; mit einem dieser Fahrzeuge gelangen erfolgreiche Tauchfahrten in flachen Gewässern, aber während eines ehrgeizigen Versuches ging es dann im Plymouth-Sund verloren.

Eine außergewöhnliche und überraschend erfolgreiche Konstruktion entwickelte 1776 der Amerikaner David Bushnell. Sein Fahrzeug war das erste brauchbare, im Kriege zu verwendende Unterseeboot, und verdient eine ausführliche Beschreibung. Während der Anfangsjahre des amerikanischen Unabhängigkeitskrieges blockierten britische Kriegsschiffe die Atlantikküste und der Patriot Bushnell war der Auffassung, die Blockade könnte durch einen Unterwasserangriff gebrochen werden. Er ersann das, was man als die ersten Seeminen betrachten kann, aber sein interessantestes Projekt war das Unterseeboot *Turtle*. Sein Rumpf hatte die Form von zwei Schildkrötenschalen, an den Kanten zusammengefügt, und enthielt einen Ballasttank. Bleiballast wurde ebenfalls mitgeführt

Das italienische Unterseeboot *Smeraldo* **1939.**

und die zeitgenössische Korrespondenz läßt die Ausstattung mit zwei Schraubenpropellern erkennen, einer horizontal und einer vertikal, bemerkenswert ähnlich der Antriebsvorrichtung, die vermutlich erst mehrere Jahre später erfunden wurde. Von einem Miniaturkommandoturm aus Messing mit gläsernen Bullaugen am oberen Ende des Fahrzeuges aus wurden diese Propeller von der Einmannbesatzung von Hand bedient. Die Luftversorgung gestattete ein primitiver Schnorchel. Die Bewaffnung bestand aus dem, was eine spätere Generation eine Haftmine nennen würde. Sie war aus Eiche gefertigt, enthielt einen Hohlraum zur Aufnahme von Pulver und wurde an der Außenseite des Unterseebootes mitgeführt. Beabsichtigt war, diese Vorrichtung mittels einer Holzschraube am Rumpf eines Schiffes zu befestigen. Nach dem Loslösen vom Unterseeboot würde die Bombe, leichter als das von ihr verdrängte Wasser, gegen das Schiff aufschwimmen und explodieren. Diese ganze Maschinerie mußte unter beengten und gefährlichen äußeren Umständen von einem Mann bedient werden.

Erstaunlicherweise wurde tatsächlich ein Angriff durch den außerordentlich tapferen Sergeanten Ezra Lee ausgeführt. In der Nacht des 6. September 1776 versuchter er, die Bombe an der Unterseite der 64 Kanonen führende *Eagle*, Flaggschiff von Lord Howe, das vor Governor's Island lag, zu befestigen. Der Versuch mißlang, weil er keine Möglichkeit hatte, das Unterseeboot fest am Zielrumpf zu verankern. Man hat angenommen, Lee wäre am gekupferten Rumpf des britischen Schiffes gescheitert. Das stimmt nicht; *Eagle* hatte zu dieser Zeit noch keine Kupferplatten am Rumpf. Jeder, der unter Wasser gearbeitet hat, weiß, wie schwierig es ist, in irgendeiner Form Kraft auszuüben, es sei denn, man ist fest verankert. Danach scheint Bushnell die Entwicklung seiner Konstruktion aufgegeben zu haben, aber die Idee der Unterseebootskriegführung wurde von einem anderen amerikanischen Erfinder aufgenommen. Robert Fulton bot 1797 der französischen Regierung einen Entwurf an. Trotz der Notwendigkeit, die britische Überlegenheit zur See auf jede Weise anzugreifen, gewährten die Franzosen Fulton wenig Unterstützung, aber 1800 wurde ihm finanzielle Hilfe bewilligt, um seine *Nautilus* zu bauen. Aus Kupfer mit eisernen Spanten glich sie mehr einem modernen Unterseeboot als die *Turtle*; sie besaß einen langgezogenen Rumpf, achtern einen Propeller, einen erhöhten, halbkugelförmigen Kommandoturm und Tiefenruder. Sie war größer als die *Turtle* und die Anstrengungen ihrer dreiköpfigen Besatzung konnten an der Wasseroberfläche durch ein Faltsegel ergänzt werden. Wieder bestand ihre Waffe aus einer schwimmenden Sprengladung, die am Rumpf eines Zieles befestigt werden mußte. Das Boot wurde erfolgreich im August 1801 erprobt, als eine verankerte Schaluppe in die Luft gesprengt wurde; das erste Schiff, das einem Unterseebootsangriff zum Opfer fiel. Im September 1800 behauptete Fulton, zwei britische Briggs vor der Küste der Normandie angegriffen zu haben, aber durch den Mangel an Beweglichkeit seines Fahrzeuges sei ein Erfolg vereitelt worden, und die Franzosen verloren schnell ihr Interesse. Bald darauf bot Fulton seine Idee der Royal Navy an, die sie vernünftigerweise ablehnte.

Danach widmete Fulton seine Erfindungsgabe der Dampfschifffahrt. Es ist interessant zu bemerken, daß sowohl die französischen als auch die britischen Marinebehörden ernste Zweifel hegten, nicht nur was die ethischen Grundsätze betrifft, Unterseeboote im Krieg zu verwenden, sondern auch im Hinblick auf ihre praktische Anwendbarkeit; was das letztere anging, so hatten sie zur damaligen Zeit recht. Erst als die Fortschritte in Industrie und Wissenschaft leichtgewichtige Maschinen für den Überwasserantrieb, elektrische Energie für den Antrieb im Tauchzustand und den »Fisch«-Torpedo Whiteheads für den Angriff zur Verfügung stellen konnten und dies alles in einem Stahlrumpf aufgenommen werden konnte, der stark genug war, um dem Druck der Wassertiefe zu widerstehen, sollte das Unterseeboot eine betriebsfähige Kriegswaffe werden.

Inzwischen tauchten eine Reihe interessanter Entwürfe auf, die alle zur Entwicklung eines brauchbaren Unterseebootes beitrugen. Nach Fulton unternahm der Bayer Wilhelm Bauer den nächsten ernsthaften Schritt. Im Jahre 1850 blockierte die dänische Flotte die deutsche Küste und Bauer schuf ein Unterseeboot mit Namen *Der Brandtaucher* (»Le Plongeur Ma-

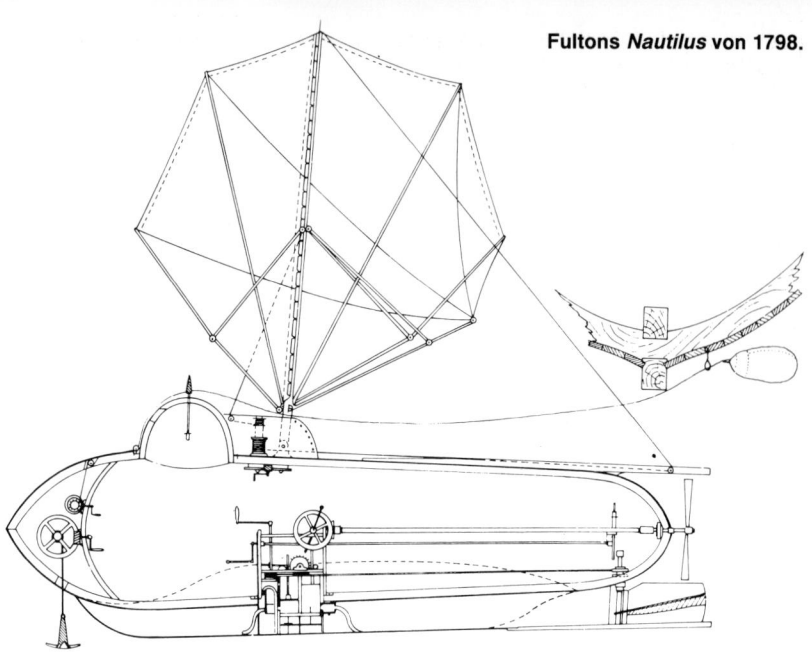

Fultons *Nautilus* von 1798.

rin«), dem es trotz der ihm innewohnenden Beschränkungen gelang, die Dänen auf Distanz zu halten. Das Boot wurde aus Eisenblech gebaut und ähnelte einem länglichen Tank. 1851 sank es im Kieler Hafen, als seine Eisenbleche unter dem Wasserdruck nachgaben. Bauer rettete sein eigenes Leben und das seiner zweiköpfigen Besatzung, indem er darauf bestand, mehr Wasser in das Fahrzeug einzulassen, bis ein Druckausgleich stattfand und die Luken aufsprangen. Damit waren zum erstenmal Menschen aus einem getauchten Unterseeboot entkommen. Nach einem erfolglosen Besuch in England überzeugte Bauer die Russen, seinen *Seeteufel* (»Le Diable Marin«) zu bauen. Aber von diesem Fahrzeug ist wenig bekannt; ausgenommen, daß er während der Krönung von Zar Alexander II. und während des Königssalutes im Hafen von Kronstadt mit seinem Unterseeboot und mehreren Musikern unter die Wasseroberfläche tauchte und »Gott erhalte den Zaren!« spielen ließ.

Auch Engländer und Amerikaner brachten um die Mitte des 19. Jahrhunderts Unterseebootsentwürfe hervor, aber den nächsten bedeutsamen Schritt unternahm die französische Marine mit dem Stapellauf der *Plongeur* 1863 in Rochefort. Die Konstruktion stammte von Charles Brun nach einer Idee von Kapitän zur See Siméon Bourgois. Angetrieben durch Preßluft, die auch zum Ausblasen des Wassers aus den Ballasttanks verwendet werden konnte, war das Boot plump, nur achtern mit Tiefenrudern ausgestattet und seine Fahrstrecke war minimal. Seine Bewaffnung bestand aus einem »Spieren«-Torpedo, d. h. am Ende einer langen, über den Bug hinausragenden Stange war eine Sprengladung befestigt. Gegenüber den früheren Ideen stellte dies eine Verbesserung der Angriffswaffe dar, aber noch war ein nahes Herangehen an den Feind erforderlich und die Explosion brachte die Gefahr mit sich, daß das Mutterfahrzeug vollief oder sank. Die Franzosen entwickelten die Konstruktion der *Plongeur* nicht weiter, obwohl sie einen Fortschritt hinsichtlich all dessen bedeutete, was bis dahin sichtbar geworden war.

Während des amerikanischen Bürgerkrieges verwendeten beide Seiten den Spierentorpedo. Der Norden setzte ihn lediglich auf Dampfbooten ein, aber der Süden, blockiert vom Norden und ohne Marine, war bereit, Unterseeboote zu erproben. Dabei handelte es sich um kleine, dampfgetriebene Boote, »Davids« genannt (die konföderierten Streitkräfte mußten darauf vorbereitet sein, gegen eine große Flotte zu kämpfen, und sahen sich deshalb als Riesentöter), und obwohl sie gut unter Wasser getrimmt waren, bis nur noch der Schornstein und der Kommandoturm zu sehen waren, konnten sie nicht vollständig untertauchen, weshalb sie auch nicht als wirkliche Unterseeboote angesehen werden konnten. Inzwischen war von H. L. Hunley eine von Hand angetriebene Konstruktion entwickelt worden. Nach zwei Fehlschlägen sah sein drittes Boot, angetrieben durch eine achtköpfige Besatzung mit einem Kommandoturm vorn, vielversprechend aus. Es sank bei Erprobungen, wobei sein Konstrukteur ertrank, wurde aber gehoben, nach ihm benannt und mit einer Besatzung aus Freiwilligen gegen ein Kriegsschiff der Nordstaaten, die *Housatonic*, angesetzt. Am 17. Februar 1864 explodierte der Spierentorpedo der *H. L. Hunley* an der Bordwand der *Housatonic* und versenkte beide Schiffe. Der erste erfolgreiche kriegsmäßige Angriff hatte aber auch veranschaulicht, daß das Unterseeboot bis jetzt faktisch eine Selbstmordwaffe war. Die Antwort der Yankees aus dem Norden auf die konföderierten »Davids« war die *Intelligent Whale*. Wie die *H. L. Hunley* wurde sie von Hand angetrieben, war aber schwer zu manövrieren und es fehlte ihr eine geeignete Waffe. Das Ende des Bürgerkrieges beraubte sie der Ziele und sie wurde niemals eingesetzt.

Im Jahre 1879 ließ George Garrett, ein Geistlicher aus Liverpool, sein Unterseeboot, die *Resurgam*, zu Wasser. An der Wasseroberfläche besaß sie Dampfantrieb, aber bei der Unterwasserfahrt waren die Feuer gelöscht und sie verließ sich auf den in einem übergroßen Dampfkessel aufgebauten Dampfdruck. Während der Erprobungen erlitt die *Resurgam* vor der walisischen Küste Schiffbruch, aber Garrett hatte die Aufmerksamkeit des schwedischen Industriellen und Erfinders Thorsten Nordenfelt erregt, der Garrett den Rücken stärkte, eine verbesserte Version in Schweden zu bauen. Erprobungsfahrten der *Nordenfelt Nr. 1* im Jahre 1885 erwiesen, daß sie unter Wasser außerordentlich schwierig zu kontrollieren war, aber 1886 wurde sie an die griechische Marine verkauft. Ihre wichtigste Bedeutung lag darin, daß sie ein Torpedorohr für einen Whitehead'schen Fischtorpedo und eine an Oberdeck aufgestellte Nordenfelt-Maschinenkanone führte, die damit die Standardbewaffnung späterer Unterseeboote ankündigten. Spätere Nordenfelt-Boote wurden in England für die Türkei und Rußland gebaut und zwei entstanden in Deutschland für die Deutschen, aber im Hinblick auf die Tiefensteuerung war keines viel erfolgreicher als das erste.

Ein offensichtlich erfolgloses elektrisch angetriebenes Unterseeboot wurde in England gebaut (die *Nautilus II* von Campbell und Ash im Jahre 1885), aber der erste erfolgreiche Versuch, sich das zunutze zu machen, was später der Standardunterwasserantrieb für Unterseeboote werden sollte, ging in Spanien vor sich. 1886 baute ein spanischer Marineoffizier, Leutnant Peral, ein Boot für die spanische Marine. Nach ihm selbst benannt, war dieses Boot das erste, das ein Unterwasserantriebssystem benutzte, was völlig unabhängig von der Atmosphäre arbeitete. Das Boot besaß 420 elektrische Batterien, die zwei 30-PS-Hauptmotoren und drei 5-PS-Hilfsmotoren zum Auspumpen der Ballasttanks antrieben. Peral schuf sich selbst Probleme, indem er dasselbe unbefriedigende System von Vertikalschrauben zum Halten der Tauchtiefe wie die »Nordenfelts« benutzte. Obwohl im allgemeinen eine vernünftige Konstruktion wurde aus Perals Unterseeboot nichts, weil ihm die offizielle Unterstützung fehlte.[2]

Es blieb Frankreich vorbehalten, das zu entwickeln, was sich als das erste leistungsfähige moderne Unterseeboot erweisen sollte. Der große französische Schiffbauer Dupuy de Lôme begann an der Konstruktion eines Tauchbootes zu arbeiten und als er 1885 starb, führte sein Jünger, Gustave Zedé, sein Werk fort. Nach seinen Plänen wurde 1886 ein kleines, elektrisch angetriebenes Boot für die französische Marine in Auftrag gegeben. Im Jahre 1888 lief es als *Gymnote* vom Stapel. Auch sie war mit den verderblichen Vertikalschrauben ausgestattet und anfangs nicht besonders erfolgreich, aber die Konstruktion verhieß genug, um ein viel größeres Fahrzeug, die *Gustave Zedé*, in Auftrag zu geben. Wieder verliefen ihre anfänglichen Erprobungsfahrten nicht völlig zufriedenstellend, aber ein längerer Zeitraum des Experimentierens und des Umbaus brachte schließlich in beiden Fällen betriebsfähige Unterseeboote hervor. Tiefenruder verliehen dem Boot eine größere Kontrollierbarkeit und zusätzlich wurde eine Deckverkleidung angebracht, um eine sichere Überwasserfahrt zu gewährleisten. Während diese Umbauten noch vorgenommen wurden, gab man ein drittes Fahrzeug, die *Morse*, in Auftrag. Ihr Hauptunterscheidungsmerkmal bestand darin, daß man auf ihr das Periskop einführte.

Während sich die *Morse* noch im Bau befand, legte die französische Marine sogar noch ein weiteres Unterseeboot auf Stapel. Das war die epochemachende *Narval*. Ihr Konstrukteur, Maxime Laubeuf, hatte einen offenen Wettbewerb für den Entwurf eines Unterseebootes gewonnen, das 200 ts verdrängt und über Wasser eine Reichweite von 100 Meilen und getaucht eine solche von 10 Meilen haben sollte. Die entscheidenden Eigenschaften von Laubeufs bemerkenswertem Boot waren die getrennten Antriebssysteme (Dampf für die Überwasser- und Elektrizität für die Unterwasserfahrt) und ein Doppelrumpf (Doppelhülle) für Wasser und Brennstoff. Sie gaben das Vorbild für zukünftige Unterseeboote ab; bis die Walter-Turbine und der Atomantrieb verwirklicht wurden, sollten fast alle ein doppeltes Antriebssystem besitzen. Mit der Fertigstellung dieses Bootes im Jahre 1899 war das Unterseeboot eine verwendbare Kriegswaffe geworden, geeignet für den regulären Einsatz durch die Marine. Die Franzosen säumten nicht, Nachfolger für die *Narval* in Auftrag zu geben, und wurden die erste Seemacht, die nennenswerte Unterseebootsstreitkräfte besaß.

Andere Nationen lagen nicht weit zurück. 1892 hatten die Italiener ein kleines, elektrisch angetriebenes Boot, die *Delfino*, gebaut. Nach einer Reihe ausgedehnter Modernisierungen überdauerte sie bis 1919. Aber nach den Franzosen war es die US-Navy, welche die wichtigste Rolle bei der Einführung des Unterseebootes in den Marinedienst spielte. Dies kam größtenteils durch die Anstrengungen des irisch-amerikanischen Erfinders John P. Holland zustande. Wie Bushnell und Fulton vor ihm hatte er versucht, eine Waffe zum Einsatz gegen die britische Royal Navy zu schaffen, und mehrere Entwürfe angefertigt, ehe 1897 die *Plunger* für die US-Navy vom Stapel lief. Er hatte bereits die Bedeutung eines doppelten Antriebssystems klar erkannt und führte bewußt den Verbrennungsmotor für die Überwasserfahrt und das Aufladen der Batterien für den Elektromotor ein – was dem Boot ein schnelleres Tauchen ermöglichte als die Dampfmaschine auf der *Narval*. Unglücklicherweise gab es Verzögerungen bei der Auftragserteilung und allzuviele Entwurfsänderungen während des Baues, so daß das Boot ein Fehlschlag wurde, aber Holland hatte bereits seine Verbindungen zu ihm gelöst und privat begonnen, ein Fahrzeug zu bauen, das *Holland Nr. 8* genannt werden sollte. Dieses Boot erwies sich als erfolgreich und die US-Navy kaufte es 1900 an. Ähnliche Fahrzeuge wurden bald nicht nur für Amerika, sondern ironischerweise, in Anbetracht von Hollands Feniertum,[3] auch für die Royal Navy gebaut. Simon Lake war ein weiterer selbständiger und bedeutender amerikanischer Erfinder, der Unterseebootsentwürfe entwickelt hatte, obgleich es ihm erst sehr viel später gelang, Aufträge zu erhalten. Eigentümliche Merkmale seiner frühen Entwürfe waren das Hinzufügen von Rädern für die Beweglichkeit auf dem Meeresboden und Luftschleusen für Taucher.

---

[2] Anmerkung des Übersetzers:
Die ISAAC PERAL (erbaut in La Carraca bei Cadiz, Wasserverdrängung 77/85 ts, Geschwindigkeit: 7 kn), jahrzehntelang im Marinearsenal von Cartagena gut gepflegt, ist heute an der Plaza Heroes de Cavite in Cartagena (Spanien) zu besichtigen.

[3] Anmerkung des Übersetzers:
Der Ausdruck »Fenier« (irisch »Krieger«; nach *Fenians*, einem Helden der altirischen Sage) bezeichnet einen Anhänger des 1857 in Paris gegründeten irischen Geheimbundes, aus dem später (1905–1921) die irische Unabhängigkeitsbewegung *Sinn-Fein* (irisch »Wir selbst allein«) hervorging.

Vom Narval zum Ersten Weltkrieg

Vielleicht der wichtigste Gesichtspunkt in Laubeufs Denken, als er die *Narval* entwarf, war sein Konzept eines tauchfähigen Torpedobootes. Frühere Unterseeboote waren überhaupt nicht imstande gewesen, auf See zu bleiben, weil ihre Elektromotoren die Fahrstrecke strikt begrenzten und weil ihre engen Rümpfe, die sich kaum über die Wasseroberfläche erhoben, die Navigation äußerst gefährlich machten. *Narval* mit einer Länge von 34 m, einer Breite von 3,8 m und einer Wasserverdrängung von 117 ts aufgetaucht und 202 ts im Tauchzustand war imstande, sowohl offensiv als auch defensiv zu operieren. Sie konnte an der Wasseroberfläche bleiben, bis sie gezwungen wurde zu tauchen, um entweder anzugreifen oder um sich zu verbergen.

Mit anderen Worten ausgedrückt, wie fast alle Unterseeboote bis in die letzten Jahre des Zweiten Weltkrieges, so war auch die *Narval* grundsätzlich ein Überwasserschiff, das auch tauchen konnte, aber kein echtes »Unterseeboot«, welches die meiste Zeit über unter Wasser operiert. Versuche, diese Idealvorstellung in vorausgehenden Entwürfen zu erreichen, sind durch die unzulängliche Technologie der damaligen Zeit vereitelt worden.

Laubeuf erkannte die Wichtigkeit eines starken Rumpfes und auf *Narval* waren sowohl die äußere als auch die innere Hülle – für damalige Verhältnisse – schwer gepanzert. Die innere Hülle war zylindrisch und dies veranlaßte einen der ersten Kommandanten von ihr als »einem Torpedoboot, das im Inneren ein Unterseeboot mitführt« zu sprechen. Sie besaß eine Besatzung von 13 Mann und war bewaffnet mit vier »Abwurfkragen« für 45,0-cm-Torpedos. Der von dem Russen Drzewiecki erfundene Abwurfkragen bestand aus einer Schlinge, die den Torpedo vor dem Losmachen in jedem gewünschten Winkel hielt. Die Franzosen zogen ihn damals den Torpedorohren vor.

Die 220-PS(indiziert)-Dampfmaschine verlieh der *Narval* aufgetaucht eine Höchstgeschwindigkeit von 9,88 Knoten und konnte bei Überwasserfahrt die Batterie aufladen, indem der 80-(Nutz-)PS-Elektromotor aufgeschaltet auf dieselbe Welle wie ein Generator benutzt wurde. Der Elektromotor erzeugte bei Tauchfahrt eine Höchstgeschwindigkeit von 5,3 Knoten. Die Fahrstrecke lag unter Wasser mit 2,2 Knoten bei 58 Seemeilen und aufgetaucht mit 8,8 Knoten bei 345 Seemeilen. Die schlimmste Eigenschaft der *Narval* war ihre Tauchzeit (10–15 Minuten), weil es notwendig war, vorher Dampfkessel und Dampfmaschine stillzulegen. Die ersten einsatzmäßigen Probefahrten bestätigten ihre Brauchbarkeit als Waffe. Zwischen Cherbourg (wo sie gebaut worden war) und Brest blieb sie 48 Stunden

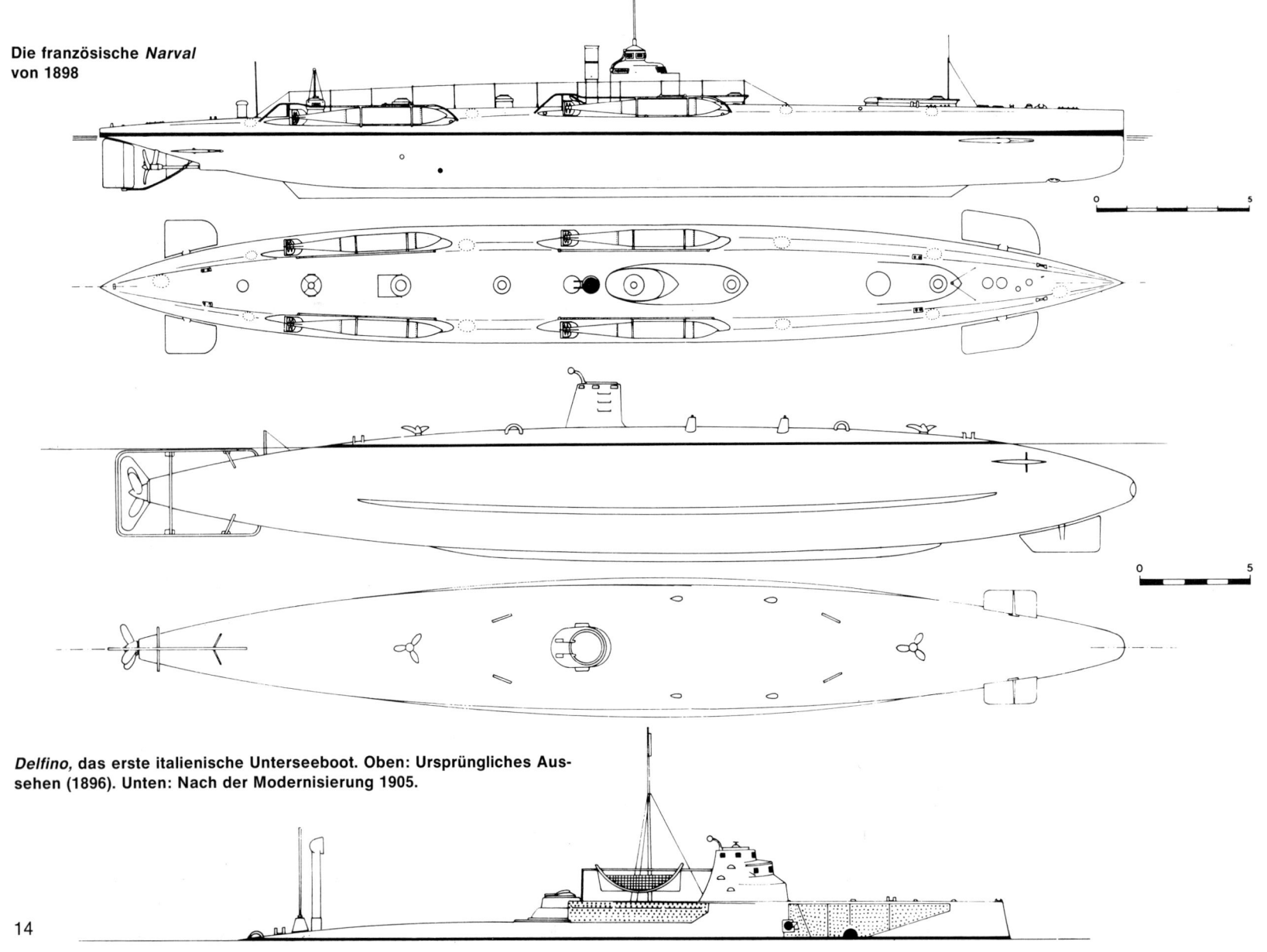

Die französische Narval von 1898

Delfino, das erste italienische Unterseeboot. Oben: Ursprüngliches Aussehen (1896). Unten: Nach der Modernisierung 1905.

Britisches Unterseeboot des *Holland*-Typs von 1901.

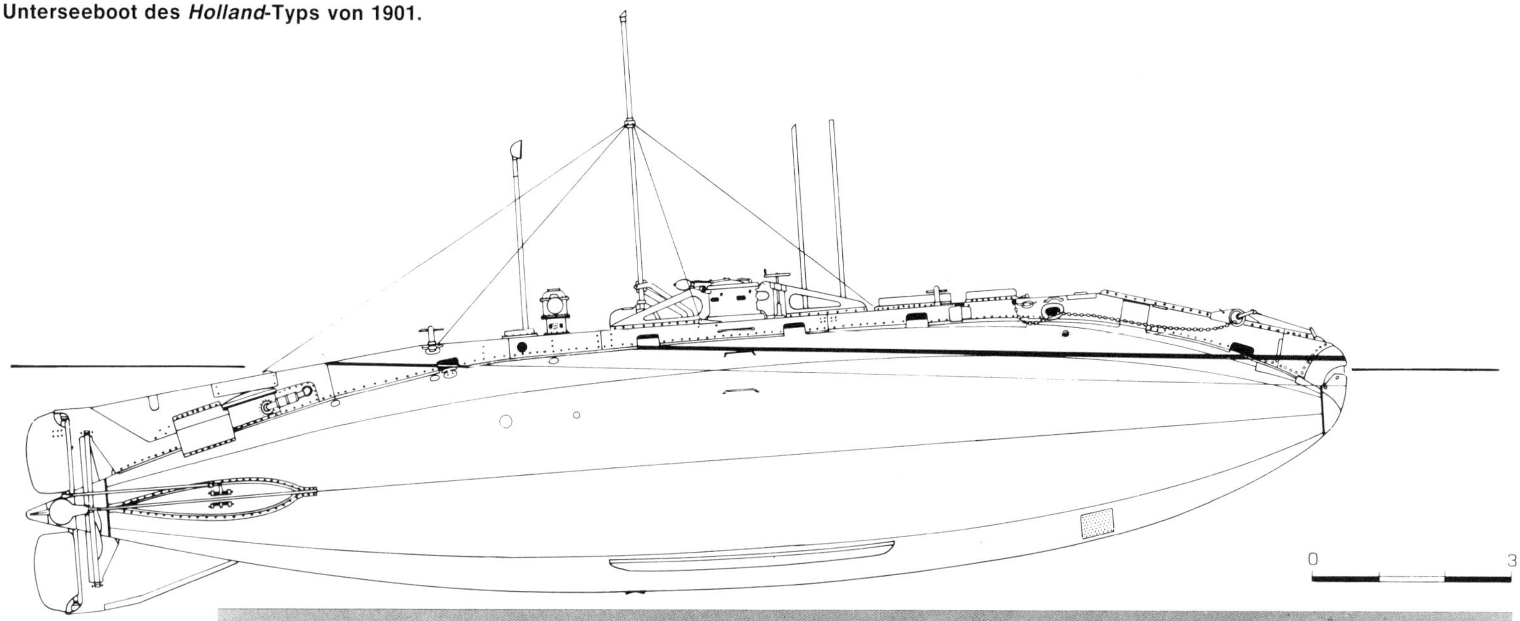

Die britischen *Holland Nr. 4* und *B 1* (unten) von 1900, aufgenommen im Solent.

lang in See; dabei unternahm sie mehrere Unterwasserfahrten, die längste dauerte zwölf Stunden.

Zu Beginn des 20. Jahrhunderts war Frankreich deshalb in der Theorie und Praxis des Unterseebootbaus die fortschrittlichste Seemacht. Bis zum Ende des Jahres 1901 hatte es elf Boote bestellt oder im Dienst, einige zur einsatzmäßigen Verwendung, andere zu reinen Versuchszwecken. Zum selben Zeitpunkt hatten die Vereinigten Staaten ein Boot im Dienst und sieben im Bau. Die Italiener experimentierten noch immer mit der kleinen *Delfino*, die eines der ersten, mit einem Periskop ausgestatteten Unterseeboote war.

Die Royal Navy wartete noch den rechten Augenblick ab. Am 13. Mai 1900 erklärte Lord Goschen, Erster Lord der Admiralität, im Unterhaus, daß die Admiralität nicht bereit wäre, im Hinblick auf das Unterseeboot die Initiative zu ergreifen. Dies wäre eine Waffe für schwächere Marinen. Wenn diese Waffe jedoch praktischen Einsatzwert bekäme, würde die Bedrohung Großbritanniens als Besitzer der größten Kriegs- und Handelsmarine größer als die jeder anderen Nation sein.

Dies war eine vernünftige Haltung und nicht der gedankenlose Konservatismus, den so viele Kommentatoren darin sahen. Das Unterseeboot bedeutete für Großbritannien eine offensichtliche Gefahr, und es bestand wenig Absicht, seine Entwicklung zu unterstützen, solange seine Fähigkeiten eher latent als wirklich vorhanden waren. Es wäre besser, die Unkosten und die Schwierigkeiten der Entwicklung andere erleiden zu lassen. Die Begleiterscheinung dieser Haltung war die schnelle und entschlossene Reaktion auf erwiesenen Erfolg. Dies offenbarte die Royal Navy, indem sie den Auftrag erteilte, fünf Unterseeboote sollten nach Hollands Entwürfen bei Vickers in Barrow 1901 gebaut werden. Dadurch wurde sie die dritte Marine, die kampffähige Unterseeboote in größerer Anzahl bestellte. Auf diese Weise machte sich Großbritannien die ausländischen Entwicklungen voll zunutze, während es die Hilfsquellen seiner eigenen Schiffbauindustrie ausnutzte, die durch einen riesigen Vorsprung nicht nur die größte der Welt, sondern in vielerlei Hinsicht auch die leistungsfähigste war.

Die heikle Frage nach dem Status des Unterseebootes im Völkerrecht war bereits auf der Haager Konferenz 1899 diskutiert worden. Während der Sitzung am 31. Mai hatten die Russen vorgeschlagen, der Bau von Unterseebooten solle verboten werden. Die britischen, dänischen, deutschen, italienischen und japanischen Vertreter waren für ein Verbot, wenn es von allen Nationen angenommen werden würde. Da Frankreich sich (verständlicherweise) einem Verbot widersetzte und die Vereinigten Staaten sowie Österreich–Ungarn nicht bereit waren, ihre zukünftige Handlungsfreiheit im Hinblick auf die Unterwasserkriegsführung aufzugeben, geschah nichts. Während der zweiten Haager Konferenz 1907 wurde das Problem nicht einmal mehr diskutiert, so daß zu Beginn des Ersten Weltkrieges kein rechtsgültiges internationales Abkommen über die Verwendung von Unterseebooten im Kriege erzielt worden war.

Inzwischen entwickelte sich das Unterseeboot rasch. Den ersten amerikanischen und britischen Modellen, deren kurze Rümpfe entworfen worden waren, ohne oder kaum an die Seetüchtigkeit bei Überwasserfahrt zu denken, folgten weitere Konstruktionen, enger an die *Narval* angelehnt, mit merklich erhöhten Verkleidungen, längeren Rümpfen und Kommandoturmaufbauten. Die britischen Boote der *A*-Klasse waren Eigenentwürfe und neigten dazu, sich an die Formel „Einhülle mit Satteltanks" anzulehnen. Die Amerikaner versuchten es mit Entwicklungen, die sowohl von den Entwürfen Hollands als auch Lakes ausgingen. Die Franzosen fuhren fort, eine große Anzahl von Booten zu bauen, einige vom Einhüllen-Entwurf, aber die meisten vom zweihülligen »*Laubeuf*«-Typ.

1902 bestellte Rußland sein erstes brauchbares Unterseeboot, obwohl es in den vorangegangenen Jahren bereits eine ziemliche Anzahl von Versuchstypen von geringem oder keinem Wert angekauft hatte. 1903 gab Italien das erste aus einer Klasse von Unterseebooten in Auftrag – das erste, d.h. wenn man von dem Versuchsboot *Delfino* absieht. 1904 bestellte Japan seine ersten Unterseeboote (meist Holland-Konstruktionen) in den Vereinigten Staaten. Angesichts späterer Entwicklungen war Deutschland überraschenderweise die letzte der Seemächte, ein modernes Unterseeboot zu erwerben. Dies war das »*Unterseeboot 1*« (U 1), 1906 bei Krupp gebaut, abgeänderte Konstruktion nach einem Entwurf für drei Unterseeboote, welche dieselbe Werft nach einem französischen Entwurf bereits für Rußland gebaut hatte.

Während der unmittelbaren Vorkriegsjahre gab es eine Fülle von Rumpfentwürfen: der italienische Laurenti-Entwurf, der britische Hay-Denny-Entwurf (benutzt von den Holländern, aber nicht in seinem Herkunftsland), der Krupp'sche teilweise Zweihüllen-Entwurf und der Laubeuf'sche Zweihüllen-Entwurf. Lake fuhr fort, seine Konstruktionen zu entwickeln, und überall auf der Welt kauften Schiffbauer Lizenzen an, um die erfolgreichsten Boote zu bauen. So erwarb Scott's of Greenock das Recht, Laurentis Entwürfe zu bauen, und der Laubeuf-Entwurf verband sich mit der großen französischen Waffenfirma Schneider.

Eine Reihe technischer Entwicklungen wurde rasch zum Gemeingut, die auf allen Unterseebooten Verwendung fanden und sie sicherer und leistungsfähiger machten. Die Verwendung von Tiefenruderpaaren vorn und achtern war frühzeitig als der beste Weg erkannt worden, das Tauchen und die Überwasserfahrt genauer zu kontrollieren als dies durch das Fluten oder Ausblasen der Hauptballasttanks möglich war. An jedem Rumpfende wurden jedoch Trimmtanks eingeführt, um diese Kontrolle zu ergänzen und die Lage des getauchten Bootes, selbst wenn es sich in Ruhe befand, zu regeln. Der inner- oder außerhalb des Druckkörpers im allgemeinen mittschiffs untergebrachte Reglertank[4] besaß ein Volumen, das dem des Kommandoturms entsprach. Wenn das Boot mit gefluteten Haupttanks nach unten getrimmt wurde und sich nur noch der Kommandoturm über der Wasseroberfläche befand, führte sein Fluten zum Schnelltauchen. Umgekehrt hob sich der Kommandoturm wieder über Wasser, wenn nur dieser Tank ausgeblasen wurde. In der Nähe der Torpedorohre in Bug und Heck waren Torpedo-Ausgleichstanks so angeordnet, um sie im Augenblick des Abfeuerns von Torpedos zu fluten. Wurde dies nicht oder schlecht ausgeführt, gerieten Bug oder Heck des Bootes in die Gefahr, plötzlich die Wasseroberfläche zu durchbrechen, nachdem das Gewicht des oder der Torpedos nicht mehr vorhanden war. Dieser Vorgang war als »Delphin-Effekt« bekannt und Unterseeboote auf Sehrohrtiefe, nur wenige Dezimeter unter der Wasseroberfläche, waren dafür sehr anfällig.

Die Brennstofftanks lagen normalerweise im Raum zwischen dem Druckkörper und der Verkleidung (äußere Hülle). Öffnungen im Boden waren mit regulierbaren Ventilen ausgestattet, die es ermöglichten, Seewasser einlaufen zu lassen, wenn der Brennstoff verbraucht war. Es bestand keine Gefahr, daß sich das Heizöl mit dem Wasser mischte, da das Öl infolge eines leichteren spezifischen Gewichtes obenauf schwamm. Die Ballasttanks oder Tauchzellen außerhalb des Druckkörpers in der Doppelhülle waren mit Ventilen ausgestattet, die von innen reguliert werden konnten. Beim Tauchen erlaubten die oben gelegenen Entlüftungsventile (-klappen) das Entweichen der Luft aus den Ballasttanks, während durch Öffnungen am Boden das Wasser einströmte. Beim Auftauchen wurden die Ventile (Klappen) geschlossen und das Wasser aus den Tauchzellen durch Preßluft ausgeblasen, die über Rohrleitungen aus Tanks im Inneren des Bootes zugeführt wurde. Die flutbaren Abteilungen erstreckten sich normalerweise über den Mittelteil des Rumpfes. An den äußersten Enden des Rumpfes, dem freiströmenden Seewasser offenstehend, verliehen Verkleidungen den vorderen und achteren Sektionen des Bootes eine seetüchtigere Form.

Weder die von den Franzosen benutzten Dampfmaschinen noch die anfänglich von den Amerikanern und den Briten verwendeten Petroleum-(Gasolin)motoren waren für einen Antrieb von Unterseebooten beson-

---

[4] Anmerkung des Übersetzers:
Der Reglertank, auch Schnelltauchtank und bei deutschen Unterseebooten auch Tauchtank III genannt, befindet sich möglichst in der Nähe des Gewichtsschwerpunktes des Bootes, d.h. der Zentrale, damit durch die Veränderungen seines Inhaltes keine Neigungen des Bootes in der Längsrichtung stattfinden. Ende der dreißiger Jahre bürgerte sich für das Wort »Tank« die Bezeichnung »Zelle« (z.B. Tauchzelle) in Anlehnung an den Flugzeugrumpf ein.

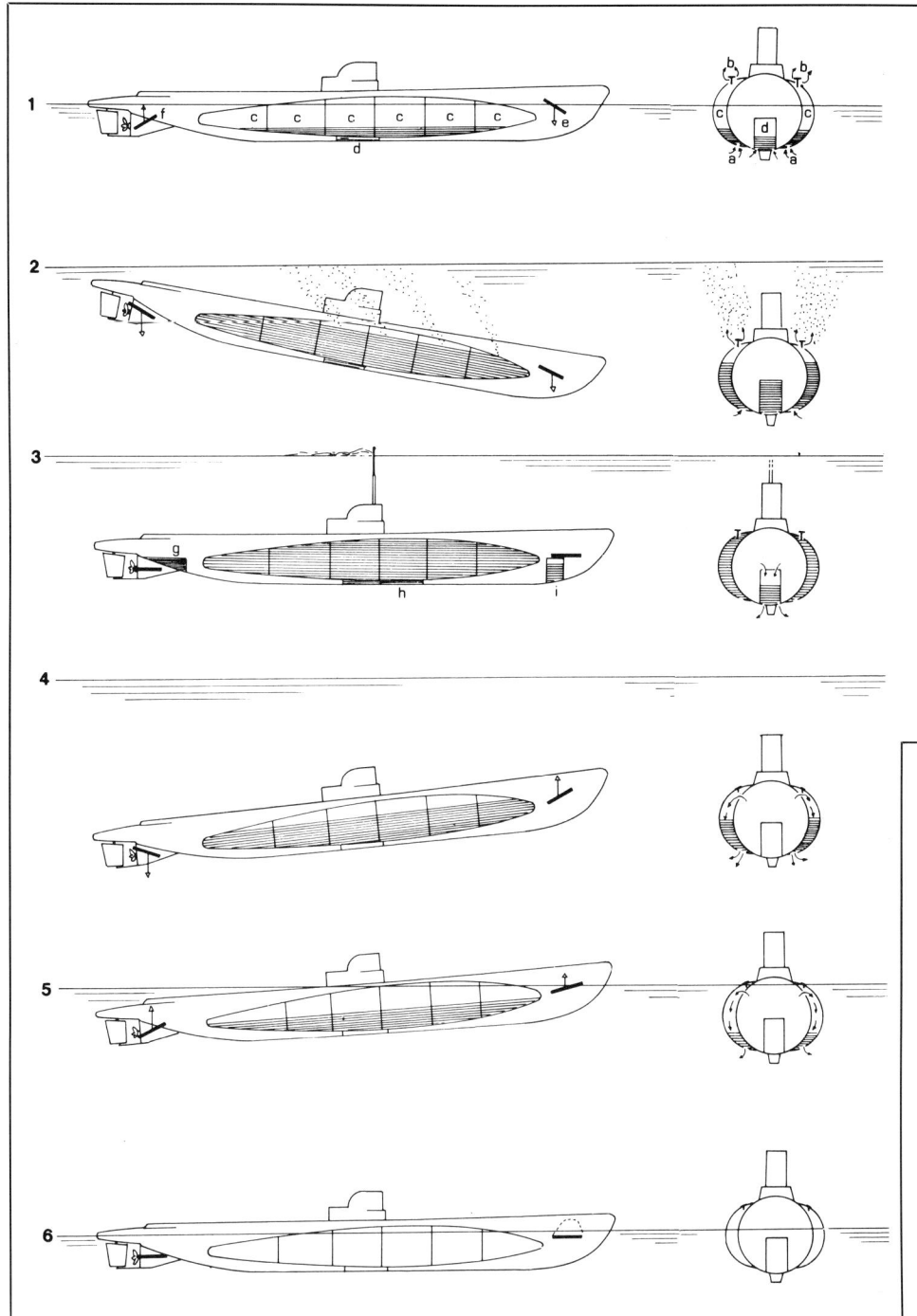

Die Phasen des Tauchens und Auftauchens eines Unterseebootes

1. Boot fährt an der Oberfläche, beginnt zu tauchen:
Die Flutventile (a) und die Entlüftungsventile (b) der Ballasttanks (c) sowie des Schnelltauch(oder Regler-)tanks (d) sind geöffnet. Die vorderen Tiefenruder (e) stehen in »Abwärts«-Stellung und die achteren Tiefenruder (f) auf »Aufwärts«-Stellung, um so das durch die Dieselmotoren angetriebene Boot zu veranlassen, eine »vorlastige« Lage einzunehmen und das Tauchen zu beschleunigen.

2. Boot taucht mit noch nicht vollständig gefluteten Ballasttanks:
Den Antrieb des Bootes übernehmen jetzt statt der Diesel die Elektromotoren und die achteren Tiefenruder stehen in »Abwärts«-Stellung, um dem Boot eine horizontale Lage zu geben.

3. Boot ist getaucht und bewegt sich auf Sehrohrtiefe:
Die Ballasttanks sind vollständig geflutet und der Reglertank wird entleert. Tiefe und Trimm des Bootes werden durch kleinere Bewegungen der horizontal gestellten Tiefenruder und durch Umpumpen von Wasser in den Trimmtanks kontrolliert (g/h/i).

4. Boot bewegt sich in großer Tiefe, beginnt aufzutauchen:
Die Entlüftungsventile (-klappen) der Ballasttanks werden geschlossen und das Wasser wird aus ihnen mit Preßluft aus Behältern innerhalb des Druckkörpers ausgeblasen. Gleichzeitig werden die vorderen Tiefenruder in »Aufwärts«- und die achteren Tiefenruder in »Abwärts«-Stellung gebracht, um das Boot zu veranlassen, eine »hecklastige« Lage einzunehmen, wodurch das Auftauchen beschleunigt wird.

5. Boot taucht auf:
Die achteren Tiefenruder stehen ebenfalls in »Aufwärts«-Stellung, damit das Boot eine horizontale Lage einnimmt. Die Pumpen zur Entlastung des Turmluks beginnen zu arbeiten und pumpen die Luft in die Tauchtanks, ihre Entleerung beendigend.

6. Boot bewegt sich an der Wasseroberfläche:
Die Tauchtanks sind vollständig entleert. Den Antrieb des Bootes übernehmen jetzt statt der Elektromotoren die Diesel.

Mittschiffssektionen von Unterseebooten des Zeitraumes 1900–1910

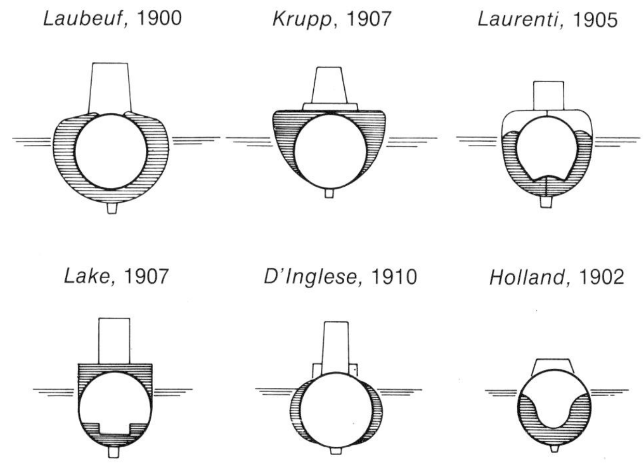

Laubeuf, 1900 *Krupp*, 1907 *Laurenti*, 1905

Lake, 1907 *D'Inglese*, 1910 *Holland*, 1902

---

ders geeignet. Dampfmaschinen und ihre Kessel waren sehr umfangreich, erforderten große Rauchabzüge, die im getauchten Zustand Schwachpunkte darstellten, und bedurften zu Beginn und Ende einer Tauchfahrt eines langen Zeitraums, um sie abzustellen oder in Betrieb zu nehmen. Der flüchtige und leicht entzündliche Brennstoff der Petroleummotoren war eine ständige Gefahrenquelle. Die Antwort lag im Dieselmotor, der die Kompaktheit des Petroleummotors mit dem weniger gefährlichen Brennstoff verband. Die Franzosen waren die ersten, die 1904 den Dieselmotor auf der *Aigrette* übernahmen. Obwohl der Diesel eine deutsche Erfindung war, wurde seltsamerweise das erste U-Boot[5] erst 1912 mit einem dieser Motoren ausgestattet. Einige Zeit später hatten ihn die anderen großen Marinen übernommen, während die Deutschen stattdessen den Körting-Petrolmotor verwendeten.

Bis zur Erfindung des Kreiselkompasses (1910/11) mußten Unterseeboote

---

[5] Anmerkung des Übersetzers:
Der Verfasser verwendet das Wort »U-Boot« durchweg für deutsche Unterseeboote.

ihre Magnetkompasse auf dem Kommandoturm anbringen, wo sie durch das sie umgebende Metall des Rumpfes weniger beeinflußt wurden. Während der Tauchfahrt benützte der Rudergänger ein System von Prismen und Spiegeln, um die Kompaßskala zu erkennen. Der Kreiselkompaß, unbeeinflußt durch den Magnetismus des Rumpfes, konnte im Bootsinneren angebracht werden und ließ ein genaues Steuern sehr viel leichter zu. Die ersten Sehrohre aus den Jahren nach 1890 waren noch plump, aber sie wurden rasch verbessert und bis 1914 besaßen die meisten Unterseeboote ein großes »Rundsicht«- und ein kleineres »Angriffs«-Sehrohr, das ein viel weniger auffälliges Kielwasser an der Oberfläche hinterließ.

Bis 1914 waren die meisten Unterseeboote mit einem kleinkalibrigen Geschütz für den Überwassereinsatz ausgerüstet worden, aber ihre Hauptwaffe war der Torpedo, selbst ein Miniatur-Unterseeboot. Ohne diese tödliche Unterwasserwaffe hätte sich das Unterseeboot von nur geringem Nutzen für die Kriegführung erwiesen. Es ist möglich, wenn auch nicht erwiesen, daß Robert Whitehead, sein Erfinder, in den Frühstadien seiner Entwicklung durch die *Plongeur* von 1863 beeinflußt worden ist. Die unfertige Erfindung, die Whitehead 1868 hervorbrachte, mußte einen laufenden Entwicklungsprozeß durchmachen und im Verlaufe der ersten Jahre des 20. Jahrhunderts wurden große Fortschritte in Geschwindigkeit und Laufstrecke dank der Einführung der Lufterhitzung erzielt. Die beinahe gleichzeitige Einführung des Gyroskops (Geradlaufapparat) verbesserte seine Genauigkeit, so daß die Unterseeboote von 1914 mit einer furchtbaren Waffe ausgestattet waren.

Tabelle 1: Torpedos von 1867 bis 1914

Jahr:	Durchmesser: (cm)	Länge: (m)	Sprengstoff: (kg)	Geschwindigkeit: (kn)	Laufstrecke: (m)
1867	35,6	3,50	18	5,7	180
1872	40,6	?	?	12	550
1876	35,6	4,42	14,5	18	550
1887	35,6	4,57	31,75	27	550
1890	45,7	5,06	90	30	730
1905	45,7	5,18	100	29	2000
1914	53,3	—	102	29	9200

Die fortschreitende Verbesserung in der Leistungsfähigkeit der Torpedos kann aus der Tabelle 1 entnommen werden. In der Leistung der Torpedos der verschiedenen Nationen gab es Abweichungen, aber sie waren nicht groß. Wenn auch die französische Marine eine Zeitlang den unzuverlässigen, außen angebrachten Abwurfkragen begünstigt hatte, so war und bleibt die Standardmethode, aus Unterseebooten Torpedos abzufeuern, das Torpedorohr. Der Torpedo wird vom Inneren des Bootes aus bei geschlossener Mündungsklappe geladen, danach wird der Bodenverschluß des Rohres geschlossen. Ist der Torpedo abfeuerungsbereit, wird die Mündungsklappe geöffnet und der Torpedo durch einen Schwall Preßluft ausgestoßen. Anschließend wird die Mündungsklappe wieder geschlossen und das Rohr von Wasser geleert, das dann bereit zum Nachladen ist. Eine weitere Unterwasserwaffe, die den Marinen der Welt zur Verfügung stand, war die Seemine. Die Amerikaner verwendeten als erste während des Unabhängigkeitskrieges und des Krieges von 1812 Unterwasserminen, aber den ersten wirksamen Gebrauch von verankerten Seeminen machten während des Krimkrieges die Russen. Seither haben sie sich auf die Minenkriegführung spezialisiert und dementsprechend 1912 das erste minenlegende Unterseeboot, die *Krab*, bestellt. Das Boot wurde aber erst 1915 fertiggestellt, inzwischen hatten die Deutschen ihre eigenen U-Minenleger in Dienst gestellt. Die 60 Minen der *Krab* waren in zwei Längsreihen innerhalb der Verkleidung, aber oberhalb des Druckkörpers verstaut, gleichermaßen dem Verschleiß und der Gefahr ausgesetzt. Sie wurden aus zwei nebeneinander liegenden Öffnungen im Heck gelegt. *Krab* war nicht sehr erfolgreich, aber sie und ihre späteren, verbesserten Schwesterboote waren zu zweckdienlichem Einsatz in den flachen Gewässern der Ostsee bestimmt, einem Seegebiet, das für die Minenkriegführung ideal geeignet war.

Die Unterseeboote aus den Anfangsjahren des 20. Jahrhunderts waren nicht besonders betriebsicher. Zwischen 1904 und 1914 gingen 15 Boote durch Kollisionen, innere Explosionen und aus anderen Ursachen unter. Davon verloren die Briten sieben, die Franzosen vier, die Russen zwei und die Deutschen und die Japaner je eines. Mehrere dieser Boote wurden später geborgen und wieder in Dienst gestellt, aber der Verlust an Menschenleben war beträchtlich. Abgesehen von den Telefonbojen, welche die Position eines gesunkenen Bootes markierten und es der eingeschlossenen Besatzung ermöglichten, mit der Oberfläche in Verbindung zu treten, waren nur wenige, brauchbare Sicherheitseinrichtungen vorhanden. Bis jetzt gab es noch kein betriebsfähiges Gerät, das ein Entkommen Überlebender aus einem gesunkenen Unterseeboot ermöglichen würde.

Bei Ausbruch des Krieges 1914 setzten sich die größeren Unterseebootsflotten wie folgt (Tabelle 2) zusammen.

Tabelle 2: Die größeren Unterseebootsflotten der Welt 1914

Land:	Im Dienst:	Im Bau oder bestellt:
Deutschland	29	19
Frankreich	45	25
Großbritannien	77	32
Italien	18	2
Japan	13	2
Österreich-Ungarn	6	6
Rußland	28	2
Vereinigte Staaten	35	6

Britische Unterseeboote dieser Zeit können aus Gründen der Übersichtlichkeit in vier Gruppen eingeteilt werden. Die frühen, kleinen Unterseeboote der *A*- und *B*-Klasse (1903–1905), die 38 veralteten, nur zur Hafenverteidigung oder zum Küstendienst geeigneten Boote der *C*-Klasse von 1906–1910, die größere *D*-Klasse (1910–1912) und die ausgezeichnete *E*-Klasse, die 1914 in Dienst gestellt zu werden begann. Zusätzlich war 1913 ein umfangreiches Bauprogramm begonnen worden, einschließlich Versuchskonstruktionen und Lizenzbau ausländischer Typen.

Großbritanniens Unterseeboote waren hauptsächlich für den Einsatz in der Nordsee bestimmt, wie die der Deutschen. Wenngleich die deutsche Marine ein Spätstarter war, so waren doch die meisten ihrer Boote vergleichsweise groß und modern. Die Serie *U 23–U 26* von 1913/14 hatte eine Größe von 669/864 ts im Vergleich zu den 668/810 ts der gleichaltrigen britischen *E*-Klasse.

Die Franzosen besaßen eine große Unterseebootsflotte, scheinen aber ihrer Verwendung kaum einen Gedanken gewidmet zu haben, seit ihr alter Freund, Großbritannien, zum Verbündeten geworden war. Es hatte Vorschläge gegeben, die Unterseeboote in Verbindung mit der Flotte einzusetzen, ein Konzept, das auch bei den Briten Anklang fand, aber das Unterseeboot war für die vorgeschlagene Rolle ungeeignet.

Andere Mächte hatten die Unterseeboote für besondere Operationsgebiete für geeignet gehalten. Für Italien und Österreich war dies die Ägäis und für die Russen die Ostsee und das Schwarze Meer, obgleich sie auch ein Unterseeboot in der Arktis stationiert hatten. Im Vertrauen auf eine isolationistische Politik besaßen die Vereinigten Staaten eine Flotte von verhältnismäßig kleinen, zur Küstenverteidigung geeigneten Booten. Japan verließ sich bis jetzt auf ausländische Konstruktionen.

Das Unterseeboot im Ersten Weltkrieg

Am 8. August 1914, sechs Tage nach dem Kriegsbeginn mit Frankreich und drei Tage nach der Eröffnung der Feindseligkeiten gegen Großbritannien, wurde der erste Torpedo auf ein Großkampfschiff losgemacht. Das deutsche *U 15*, mit neun weiteren Booten in nordschottischen Gewässern patrouillierend, griff das britische Schlachtschiff *Monarch* erfolglos an. In der Morgendämmerung des nächsten Tages rammte und versenkte der britische Kreuzer *Birmingham* das offensichtlich durch Maschinenschaden bewegungsunfähige *U 15*. Als die U-Boote nach Helgoland zurückkehrten, wurde auch *U 13* vermißt. Es wird angenommen, daß es am 12. August durch Minen verlorenging. Das waren die ersten von etwa 278 Unterseebooten, die während des Ersten Weltkrieges im Kampf verlorengingen.

Der erste Erfolg, den ein Unterseeboot verzeichnete, war die Versenkung des britischen Kleinen Kreuzers *Pathfinder*. *U 21* (Kapitänleutnant Hersing), ein Boot, das später durch seine Taten im Mittelmeer und vor den Dardanellen berühmt werden sollte, torpedierte ihn am 5. September 1914 vor Edinburgh. Die Wirkung dieses ersten Versenkungserfolges war ungeheuer; am selben Tage gab die britische Grand Fleet ihre Basis an der Nordsee auf und verlegte nach Loch Ewe an der Westküste Schottlands. Diese Verlegung kümmerte Kapitänleutnant Otto Weddigen, das erste der U-Boot-Asse, überhaupt nicht. Als Kommandant von *U 9* griff er am 22. September 1914 zwischen 07.20 Uhr und 08.20 Uhr vor der holländischen Küste die britischen 12 000-ts-Panzerkreuzer *Aboukir*, *Hogue* und *Cressy* an und versenkte sie. Weddigens Erfolg bestätigte unzweideutig die großen Operationsmöglichkeiten des Unterseebootes, die bis dahin reine Theorie gewesen waren. Der Angriff war mit Entschlossenheit und Können durchgeführt worden. Die Rohre waren während der Tauchfahrt nachgeladen und die Verwirrung der Briten war ausgenutzt worden, die, in der Annahme, es handele sich um einen Minentreffer, stoppten, um Überlebende aufzunehmen.

Historiker räumen dieser Kampfhandlung denselben Grad an Bedeutung ein wie der Schlacht bei Hampton Roads am 8. März 1862, als sich zum erstenmal gepanzerte Schiffe einander gegenüberstanden. Eine neue Ära der Seekriegführung hatte begonnen. Fortan sollte sich das Unterseeboot als ein Schlüsselbestandteil der Seemacht erweisen, bis es mit dem Erscheinungen der ersten strategischen Raketenunterseeboote als das neue Großkampfschiff angesehen werden mußte.

Nach den Erfolgen gegen die Kriegsschiffe kam die erste Versenkung eines Handelsschiffes: *U 17* versenkte am 20. Oktober 1914 vor der Küste Norwegens den britischen Kohlendampfer *Glitra*.

Damit begann die Kriegführung, die von den deutschen Unterseebooten gegen die feindliche Handelsschiffahrt bis 1918 unternommen werden sollte, eine Kriegführung, die den Verlust von 18 716 982 BRT (davon mehr als 1 000 000 BRT unter britischer Flagge) zur Folge haben und Großbritannien an den Rand der Niederlage führen sollte.

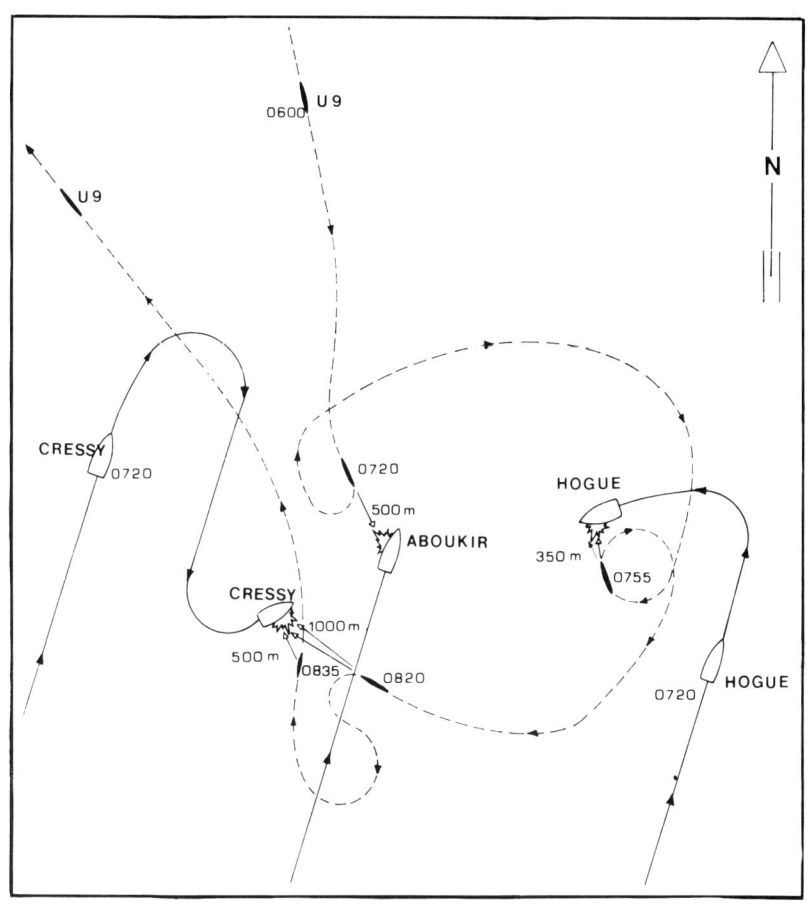

Nordsee, 22. September 1914. Versenkung der britischen Panzerkreuzer *Aboukir, Hogue* und *Cressy* durch *U 9* (Kplt. Weddingen).

Vor dem Kriege hatte sich Deutschland wenig Gedanken über die Verwendung des Unterseebootes gegen die feindliche Schiffahrt gemacht und international waren die Methoden und Beschränkungen dieser Art Kriegführung — warnungsloses Versenken in bestimmten Seegebieten, Haltung gegenüber Neutralen usw. — nicht völlig definiert worden. Die praktischen Schwierigkeiten der Handelskriegführung mit traditionellen Methoden und die allmähliche Verbesserung der alliierten Verteidigungs-

Tabelle 3: Ausgewählte Beispiele von 1914 im Dienst befindlichen Unterseebooten

Land:	Klasse:	Indienststellungsjahr:	Wasserverdrängung (ts):	Höchstgeschwindigkeit (kn) über/unter Wasser:	Fahrstrecke (Seemeilen bei Knoten) über Wasser:	unter Wasser:	Anzahl/ Abwurfkragen	Bewaffnung: Torpedorohre	Geschütze
Deutschland	U 1	1906	238/283	10,8/8,7	1500 bei 10	50 bei 5		1×45,7 cm	
	U 31–U 41	1914/15	685/867	16,75/10,3	7800 bei 9	80 bei 5		4×53,0 cm	2×8,8 cm
Frankreich	Sirène	1902	157/213	9,75/ 5,8	430 bei 7,75	55 bei 3,75	4×45,7 cm		
	Archimède	1911	598/810,5	14,92/10,95	1160 bei 10	100 bei 4,5	4×45,7 cm	1	
Großbritannien	A	1903/05	165/180	11,0 / 7,0	320 bei 10	30 bei 5		2×45,7 cm	
	D	1908/12	550/620	14,0 /10,0	2500 bei 10	45 bei 5		3×45,7 cm	1×5,2 cm
Italien	Pullino	1913	355/405	14,0 /10,0	2700 bei 8	170 bei 2,5		6×45,7 cm	
Japan	Ha 3–Ha 5[1]	1911	291/326	12,0 / 8,5	600 bei 12	60 bei 4		2×45,7 cm	
Österreich-Ungarn	U 5, U 6	1909	233/270	11,4 /10,0	1000 bei 10	50 bei 5		2×45,7 cm	
Rußland	Morsch	1914	650/780	18,0 /10,0	2500 bei 12	30 bei 8	8	4	1×7,6 cm
Vereinigte Staaten	H-Klasse	1914	358/467	14,0 /10,5	2300 bei 11	100 bei 5		4×45,7 cm	

[1] In Großbritannien gebaut.

maßnahmen trieben die Deutschen immer mehr dazu, eine rücksichtslosere Haltung einzunehmen. Anfang 1916 führten sie versuchsweise den uneingeschränkten Unterseebootskrieg ein, die Methode des warnungslosen Versenkens bei Sichtung in der Kriegszone anwendend. Der Druck der neutralen Meinung, angeführt durch die Vereinigten Staaten, verursachte eine zeitweilige Lockerung, aber die Anziehungskraft, den britischen Handel abzuschnüren, war zu groß und am 1. Februar 1917 erklärte Deutschland erneut den uneingeschränkten Unterseebootskrieg. Von jetzt an wurden die alliierten Verteidigungsmaßnahmen zunehmend wirksamer, aber die deutschen Boote erzielten bemerkenswerte Erfolge. Im Jahre 1917 (dem kritischen Jahr des Krieges) versenkten sie nahezu 9 000 000 BRT an feindlichen Schiffen oder neutralen Schiffen im Dienste des Feindes, torpediert oder durch von Unterseebooten gelegte Minen versenkt.

Bei Kriegsbeginn im Besitze von nur 29 Booten gab Deutschland während des Krieges weitere 800 in Auftrag. Davon wurden 343 in Dienst gestellt und 178 gingen im Kampf verloren. Zum Zeitpunkt des Waffenstillstandes befanden sich noch 207 Boote im Bau. Ihre größte Stärke erreichte die Unterseebootsflotte im Oktober 1917 mit 140 Frontbooten; davon befanden sich 55 in See, 39 zeitweilig im Stützpunkt und 46 zur erneuten Ausrüstung unterwegs. Die deutschen Verluste waren ziemlich schwer, können aber als tragbar betrachtet werden, wenn man sie mit der Zahl der Versenkungen vergleicht: der Verlust eines Unterseebootes gegen annähernd 31 versenkte Schiffe. Dieses Verhältnis war während des Zweiten Weltkrieges weit weniger günstig.

Zwischen 1914 und 1918 standen U-Boote in allen wichtigen Operationsgebieten: in der Nordsee, im Atlantik, in der Ostsee und im Mittelmeer, in das sie durch die Straße von Gibraltar gelangten und wo sie die Einrichtungen der österreichischen Stützpunkte an der Adria und der türkischen Stützpunkte an den Dardanellen benutzten. Einige kleinere Boote wurden mit der Eisenbahn in Sektionen zu den österreichischen Stützpunkten befördert und dort zusammengebaut.

Der Schwerpunkt der Operationen lag zweifellos in der Nordsee und in den Gewässern westlich von Großbritannien, aber von Mitte 1917 an wurden mit den Indienststellen der ersten weitreichenden »U-Kreuzer« sogar der Mittelatlantik und die Gewässer vor der Ostküste Nordamerikas zum Jagdgrund für die deutschen Boote.

Als der Krieg zu Ende ging, zählte die deutsche Unterseebootsflotte 121 Boote, die von den Alliierten übernommen und unter den Marinen der Sieger aufgeteilt wurden.

Alliierte Unterseeboote wurden hauptsächlich gegen feindliche Unterseeboote und Kriegsschiffe eingesetzt, feindliche Handelsschiffe bildeten die Ausnahme. Die britischen Boote patrouillierten weitgehend vor den deutschen Stützpunkten in der Nordsee und erzielten eine Reihe von Erfolgen gegen Überwasserkriegsschiffe und U-Boote. Einige drangen durch das Skagerrak und operierten in der Ostsee, wo sie mehrere deutsche Handelsschiffe und auch Kriegsschiffe versenkten. Schließlich versenkten sich die sieben überlebenden britischen Boote infolge der Oktoberrevolution in ihrem russischen Stützpunkt selbst. Eine Reihe verwegener Durchbrüche durch die Dardanellen verursachte den Türken auf Kosten schwerer eigener Opfer Verluste.

Die Franzosen entfalteten ihre Unterseeboote hauptsächlich entlang ihrer Atlantikküste, im Englischen Kanal, in der Nordsee und im Mittelmeer. Wie die Briten operierten sie meistens gegen feindliche Boote. Französische Boote kämpften auch mit einigem Erfolg neben italienischen Booten in der Adria und nahmen am Angriff gegen die Dardanellen teil.

Während der ersten beiden Kriegsjahre wagten sich die wenigen österreichisch-ungarischen Unterseeboote in das zentrale Mittelmeer und in das Thyrrhenische Meer, wo sie die alliierte Schiffahrt angriffen, unterstützt von zahlreichen, hauptsächlich in Cattaro (heute Kotor in Jugoslawien) stationierten deutschen Booten. Nahezu alle Boote wurden später durch die zunehmend wirksamere Sperre quer über die Straße von Otranto (die Otranto-Sperre bestand aus einer Reihe von Minennetzen, die in große Tiefe reichten) und durch eine Patrouillenlinie kleiner U-Jagdfahrzeuge in der Adria eingeschlossen.

Amerikanische und japanische Unterseeboote hatten keine Gelegenheit, größere Operationen auszuführen.

Russische Unterseeboote operierten hauptsächlich in der Ostsee gegen die Deutschen, stellten aber jede Aktivität (wie ihre gesamte übrige Flotte) mit dem Ausbruch der Revolution 1917 ein.

Während des Ersten Weltkrieges spielte das U-Boot bei Unterwasseroperationen die Hauptrolle. Im Lichte der technischen Entwicklung und der gewonnenen Erfahrung sind seine Eigenschaften fortlaufend verbessert und seine Taktik ständig revidiert worden. Doch zur selben Zeit entwickelten die alliierten Marinen — besonders die Royal Navy — die ersten Unterseebootsabwehrwaffen. Wenn auch noch im Anfangsstadium handelte es sich dabei um die Vorläufer jener Waffen, die 25 Jahre später das »konventionelle« Unterseeboot in der Schlacht im Atlantik besiegen würden. 1914 bestanden die einzigen Waffen, die Überwassereinheiten gegen Unterseeboote einsetzen konnten, im Gebrauch von Artillerie und Torpedo gegen Boote, die an der Wasseroberfläche überrascht wurden, und im Rammen der Boote, wenn sie auf Sehrohrtiefe erkannt wurden oder zu tauchen begannen.

Den berühmtesten Rammstoß führte zweifellos das britische Schlachtschiff *Dreadnought* aus, als es am 18. März 1915 das von Otto Weddigen geführte *U 29* rammte. Es entspricht der Ironie, daß Weddigen, dem die erste große Demonstration der Fähigkeiten des Unterseebootes (Angriff von *U 9* am 22. September 1914) zugeschrieben werden muß, als Folge einer Handlungsweise eines Schiffes fallen mußte, das selbst der Inbegriff einer Schiffsklasse war, deren Vorherrschaft durch das Unterseeboot am meisten bedroht war.

Die erste echte U-Jagdwaffe war die Wasserbombe, die 1916 auf britischen Schiffen erschien. Im wesentlichen war die Wasserbombe eine über der vermutlichen Position des getauchten Unterseebootes in die See geworfene Bombe, die mittels eines Zeitzünders oder später einer hydrostatischen Einrichtung auf einer vorbestimmten Tiefe detonierte. Die ersten Wasserbomben enthielten zwischen 41–136 kg Sprengstoff. Infolge der begrenzten Anzahl, die mitgeführt werden konnte, und dem Mangel an Genauigkeit, mit der sie geworfen wurde, kam ihr kaum eine brauchbare Wirkung zu. Die sie werfenden Schiffe besaßen kein Instrument, das es ihnen ermöglicht hätte, ein getauchtes Unterseeboot zu orten, so daß ein Wasserbombenangriff zwangsläufig eine Angelegenheit des Zufalls war, der nur in Frage kam, nachdem ein Unterseeboot angegriffen oder sich durch sein Sehrohr selbst verraten hatte.

Von 1917 an nahm die Anzahl der an Bord britischer Schiffe mitgeführten Wasserbomben beträchtlich zu und die ersten Wasserbombenwerfer mit einer Reichweite von 55–91 m kamen in Gebrauch. Einen großen Schritt vorwärts bei der Bekämpfung der Unterseeboote stellte die Entwicklung der Unterwasserhorchgeräte dar. Es handelte sich dabei um ein Unterwassermikrofon, mit dem auf einige Entfernung das Geräusch einer Bootsschraube und der Trimmzellenpumpen geortet werden konnte. In zunehmendem Maße abgewandelt und in der Leistung verbessert, wurde das Unterwasserhorchgerät das Grundinstrument zur U-Jagd während des Ersten Weltkrieges. Infolge der großen Entfernungen, über die sich die Schallwellen im Wasser ausbreiten, waren Unterwasserhorchgeräte auch für Unterseeboote nützlich, weil sie es ihnen unter Wasser ermöglichten, fahrende Überwasserfahrzeuge jenseits der Sichtweite zu entdecken.

Während dieser Zeit entwickelten die Briten unter großer Geheimhaltung und unter Übernahme des Prinzips des Fessenden-Apparats für die Übermittlung von Signalen zwischen getauchten Unterseebooten das *ASDIC* (die Anfangsbuchstaben von Anti-Submarine Detection Investigation Committee). Das Gerät beruhte auf der Richtausstrahlung und Reflektierung von Ultraschallwellen im Wasser. Es konnte nicht nur die Anwesenheit eines getauchten Unterseebootes (durch die Reflektierung der von einem Unterwassersender ausgestrahlten Schallwellen) sondern auch seinen Kurs (durch Richten des Senders) und seine Entfernung (beruht auf der zwischen dem Senden der Ultraschallimpulse und dem Empfang des Echos verstrichenen Zeit; die Schallgeschwindigkeit im Wasser ist mehr oder weniger konstant und entspricht etwa 1372 m pro Sekunde) feststellen. *ASDIC* hätte die Einsatzmöglichkeiten des Unterseebootes sehr verringern können, aber im Verlaufe des Krieges kam es nie zum

Einsatz und behielt seinen Versuchsstatus noch für einige Zeit danach bei.

In einem verzweifelten Versuch, den Unterwasserangreifer zurückzuschlagen, verfolgten Briten, Deutsche, Italiener und Franzosen die Idee von U-Boot-Fallen. Die Briten, bei weitem die Hauptverwender solcher Fahrzeuge, nannten die ihren »Q-Schiffe«. Es handelte sich dabei um Handelsschiffe verschiedener Art, Trampdampfer, Kohlendampfer und Schoner, ausgerüstet mit verborgenen Geschützen und manchmal auch Torpedos und Wasserbombenwerfern. Fässer im Laderaum und ähnliche Maßnahmen gaben im Falle von Torpedotreffern einen zusätzlichen Auftrieb. Das Unterseeboot ließ sich an die Wasseroberfläche locken, um ein offensichtlich hilfloses Ziel mit Artillerie zu versenken, und stand plötzlich den enttarnten Waffen gegenüber.

Die Briten mochten die Idee so sehr, daß sie eine ganze Anzahl kleiner Kriegsschiffe abänderten, damit sie wie Handelsschiffe aussahen, und viele Handelsschiffe zu Q-Schiffen umbauten. Anfangs errangen diese Schiffe einige ermutigende Erfolge, aber als das Geheimnis durchsickerte, hatten Q-Schiffe immer weniger Erfolg. Anfang 1915 wurden zwei U-Boote durch eine raffinierte Variante der Q-Schiff-Idee versenkt: die Unterseeboot/Trawler-Falle. Ein Trawler schleppte statt eines Netzes ein Unterseeboot der C-Klasse und als ihn ein U-Boot mit Artillerie angriff, benachrichtigte er das geschleppte Unterseeboot über ein an der Schleppleine befestigtes Telefonkabel.

Das waren nur zeitweilige Notbehelfe; Luftschiffe und Flugzeuge erwiesen sich als U-Jagdwaffen unendlich wertvoller. Diese sowie die Ballons und Drachen, die auch verwendet wurden, waren erfolgreicher, die Unterseeboote festzustellen und zu vertreiben, als sie tatsächlich zu versenken. Im Verlaufe dieses Krieges wurden jedoch auch Unterseeboote durch Luftangriff versenkt. Bei dem ersten handelt es sich um das britische B 10, im August 1916 in Venedig von österreichischen Bombern an seiner Verankerung liegend getroffen. Das Boot wurde schnell gehoben. Österreich gelang auch die erste Versenkung eines Unterseebootes auf See, die französische Foucault, einen Monat nach dem Erfolg gegen das britische Boot.

Um ihre Unterseeboote im Hafen von Brügge in Flandern zu schützen, bauten die Deutschen 1917 die ersten verstärkten Betonunterstände. Sie dienten als Vorbild für die viel größeren und zahlreicheren »U-Boot-Bunker«, die 25 Jahre später von der »Organisation Todt« erbaut wurden.

Die Alliierten unternahmen mehrere Versuche, um das Ausmaß der deutschen Unterseebootsaktivitäten zu begrenzen. Die Otranto-Sperre ist bereits erwähnt worden. Sie war eine Kopie der wohldurchdachten Netz-, Minen- und Bewacher-Sperre quer zur Straße von Dover, die schließlich 1918 für Unterseeboote undurchlässig gemacht worden war. Gegen Ende des Krieges legten Briten und Amerikaner noch eine gewaltige und nahezu nutzlose Minensperre zwischen Norwegen und den Orkneys.

Von der tatsächlichen Zahl der Versenkungen her scheint die Seemine die wirksamste U-Bootsabwehrwaffe des Krieges gewesen zu sein, besonders wenn die Minen in das von den Booten auf dem Weg von und zu ihren Stützpunkten benutzte Fahrwasser offensiv gelegt wurden. So wurde die eine Unterwasserwaffe gegen die andere eingesetzt.

Das Geleitzugsystem, jene alte Verteidigung gegen Kaperschiffe, war das bei weitem nützlichste Mittel gegen den Unterseebootsangriff. Der Geleitzug stellte nicht nur eine Defensivmaßnahme dar, die es einer kleinen Anzahl von Geleitsicherungsfahrzeugen ermöglichte, eine große Anzahl von Handelsschiffen zu schützen, sondern es war paradoxerweise auch ein offensiver Trick; denn die einen Geleitzug angreifenden Untereseeboote wurden auf das von der Geleitsicherung gewählte Schlachtfeld gelockt. Die U-Jagdfahrzeuge wurden hierbei weit vernünftiger eingesetzt als bei den zumeist zwecklosen Patrouillen- und Suchfahrten in den ersten Jahren des Krieges. Das Geleitzugsystem machte die Aufgabe der U-Bootleute viel schwieriger. Den ständigen Strom an Einzelschiffen, einfach genug, sie einzeln abzuschießen, ersetzte eine riesige Ansammlung, die vorbeilief und eine leere See zurückließ, bis sich die nächste Geleitzug versammelte. Bestenfalls würden nur ein paar Schiffe versenkt werden. Eine mögliche Antwort darauf, das »U-Bootsrudel«[6], steckte gegen Ende des Krieges noch in seinen Anfängen. Es ist merkwürdig, daß die Briten die Geleitzugtaktik erst einführten, als es nahezu zu spät war.

Trotz des Rückschlags, eingetreten durch die Einführung des Geleitzugsystems, ging das Unterseeboot 1918 als eine ungeschlagene Waffe aus dem Kriege hervor. Aber das rasche Ansteigen der Gesamtverluste an U-Booten im letzten Kriegsjahr und die schnelle Entwicklung der neuen U-Jagdwaffen zeigten an, daß neue Taktiken und technische Entwicklungen erforderlich waren, wenn das U-Boot die machtvolle Bedrohung bleiben sollte, als die es sich erwiesen hatte. Die U-Boote hätten 1917 den Krieg für Deutschland gewinnen können, hätten seine Feinde auf ihrer Ablehnung des Geleitzugsystems bestanden. Die Zeit der Prüfung hätte für die Alliierten früher kommen können, hätten die Deutschen den uneingeschränkten Unterseebootskrieg näher zu Kriegsbeginn hin eingeführt oder zu einem früheren Zeitpunkt mehr Boote gebaut. Bis 1918 war das Unterseeboot wieder zu einer großen Bedrohung geworden, sein besonderer Wert vielmals in Verteidigungsmaßnahmen blockiert; aber ohne Verbesserung war es keine potentielle kriegsentscheidende Waffe mehr.

Geleitzug von 20 Schiffen mit einer Zickzackkurs und hoher Geschwindigkeit fahrenden Geleitsicherung aus 6 Zerstörern (1917).

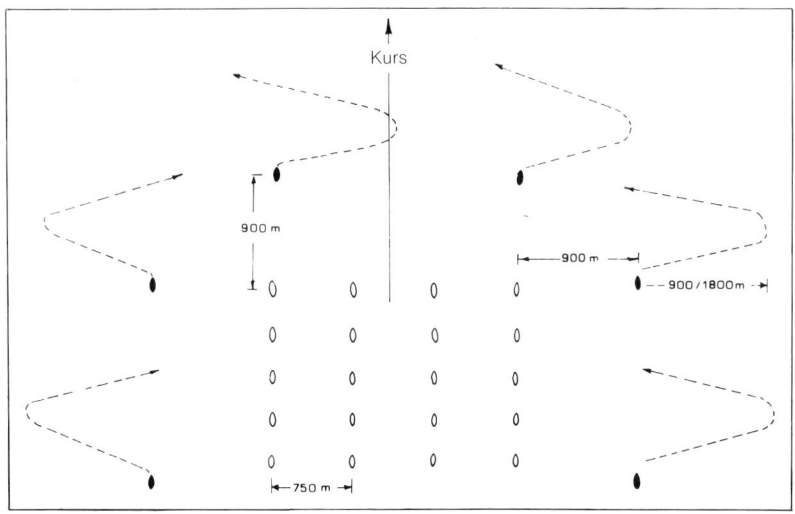

[6] Anmerkung des Übersetzers:
Der von Deutschland geführte uneingeschränkte U-Bootkrieg und die Einführung des Geleitzugssystems durch die Alliierten brachte im Jahre 1917 Ansätze zur Gruppentaktik. Im Sommer 1917 gingen Anregungen dieser Art vom Kaiser und vom Admiralstab – 7. Juni 1917: »Da jetzt Feind mit Geleitzügen immer mehr operiert, müssen U-Boote gruppenweise gemeinsam von verschiedenen Seiten auf diese Gegenden angesetzt werden.« – sowie auch vom Flottenchef, Admiral Scheer – 17. Juni 1917: »Gemeinsamer Angriff mehrerer U-Boote auf Geleitzüge wird versucht werden.« –, und vom neuen »Befehlshaber der U-Boote«, Kapitän zur See Michelsen, aus. Verbunden war damit das Loslösen der U-Boote von der Tätigkeit im Küstenbereich in Richtung auf die freie See. Ein darüber einsetzender Meinungsstreit ließ die Ansätze ins Stocken geraten. Erst die Denkschriften des Kapitänleutnants Hans Rose, Kommandant von U 53, brachten die Entwicklung wieder in Fluß. Seine Vorstellungen, die sich u. a. auch in seinem Buch »Auftauchen!« finden, umfassen Sätze, wie: »Wird ein Geleitzug angetroffen, so erstattet das sichtende Boot ... laufend F.T.-Meldungen, die nur die Gruppen enthalten: Geleitzug – Standort – Kurs.« Oder: »Der Schlüssel zu großen Erfolgen in der Zukunft für die schnellen und neuen Boote ist das unmittelbare taktische Zusammenarbeiten.« Das Fehlen der notwendigen Voraussetzungen – anfänglich die Bootstypen, später die Anzahl der verfügbaren Boote, die Kommunikationssysteme, aber auch die mangelnde Schwerpunktbildung u. a. – ließen die Gruppentaktik in den Ansätzen steckenbleiben. Erst der spätere Führer der Unterseeboote in der Kriegsmarine, der damalige Kapitän zur See Dönitz, griff diese Taktik wieder auf. (Siehe dazu auch H. Jeschke: »U-Boottaktik 1900–1945«, Freiburg 1972.)

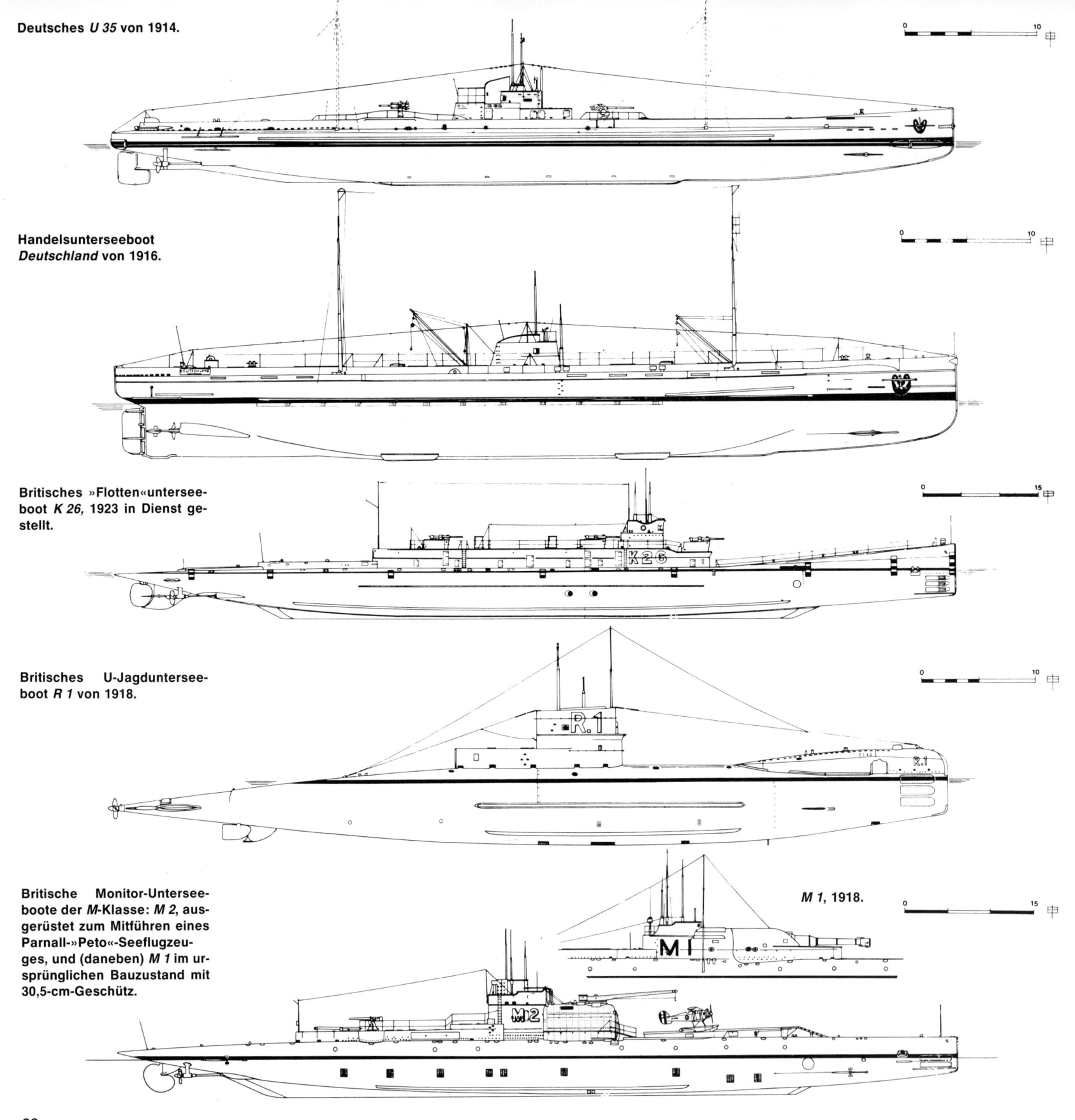

Deutsches *U 35* von 1914.

Handelsunterseeboot *Deutschland* von 1916.

Britisches »Flotten«unterseeboot *K 26,* 1923 in Dienst gestellt.

Britisches U-Jagdunterseeboot *R 1* von 1918.

Britische Monitor-Unterseeboote der *M*-Klasse: *M 2*, ausgerüstet zum Mitführen eines Parnall-»Peto«-Seeflugzeuges, und (daneben) *M 1* im ursprünglichen Bauzustand mit 30,5-cm-Geschütz.

M 1, 1918.

Ebensogut wie Kriegsschiffe und bewaffnete Handelsschiffe auf Sehrohrtiefe mit Torpedos angegriffen wurden, konnten aufgetauchte Boote Artillerie einsetzen, um unbewaffnete Handelsschiffe, Trawler und kleine Küstenschiffe anzuhalten und zu vernichten. Zu Beginn des Krieges jedoch waren nur wenige Boote mit Überwasserbewaffnung ausgestattet. Die Notwendigkeit, besonders für die Deutschen, geeignete Ziele mit Artillerie zu versenken, um Torpedos zu sparen, zwang dazu, die Boote mit ein bis zwei Geschützen kleinen Kalibers auszurüsten (3,7 cm oder 5,7 cm). Das Kaliber steigerte sich nach und nach und stabilisierte sich bei 7,6 cm, 8,8 cm und 10,2 cm. Die Deutschen bauten jedoch große Unterseeboote, die sich genauso wie bei ihren Torpedorohren auf schwere Geschütze – 15,2 cm – stützten. Hierbei handelte es sich um die »U-Kreuzer«, von welchen die meisten mit zwei dieser Geschütze ausgestattet waren, wenn auch einige nur eines besaßen.

Wenn auch die meisten Unterseeboote weiterhin mit 45,7-cm-Torpedorohren ausgerüstet waren, so besaßen einige der späteren britischen Boote 53,3-cm-Rohre und die Deutschen hatten auf ihren späteren großen Booten 53,0-cm-Rohre. Abgesehen von der zunehmenden Größe gab es keine sehr bedeutsamen Verbesserungen in der Leistungsfähigkeit der Torpedos, doch infolge der größeren Anzahl mitgeführter Torpedos steigerte sich die Wirksamkeit der Feindfahrt eines Bootes. Minenlegende Unterseeboote wurden in großer Zahl gebaut, besonders in Deutschland; zwischen 1915 und 1918 stellte die deutsche Marine 116 U-Minenleger in Dienst. Die meisten davon waren Boote der *UC*-Klasse in drei aufeinanderfolgenden Varianten: *UC I* (1915), *UC II* (1916) und *UC III* (1918). Sie führten, 12, 18 bzw. 14 Minen in sechs schrägen Schächten mit. Ihre Wasserverdrängung reichte von 168/183 ts bei *UC I* über 434/511 ts bei *UC II* bis zu 491/571 ts bei *UC III* mit sich daraus ergebenden Verbesserungen in Seeausdauer und Fahrstrecke. Der erste Typ war nur für das Minenlegen ausgestattet, aber die beiden anderen Typen waren auch mit drei Torpedorohren ausgerüstet; nach dem Legen ihrer Minen wurden sie zu normalen, Torpedos schießenden Unterseebooten.

Neben der *UC*-Klasse, die hauptsächlich – besonders in der ersten Variante – für den Küsteneinsatz bestimmt war, baute Deutschland auch die *UE*-Klasse, hochseefähige Unterseeboote in zwei Varianten: *UE I* und *UE II*. Diese Boote waren ebenfalls mit Torpedorohren bewaffnet und konnten 32 bzw. 42–48 Minen – zu legen aus zwei besonderen Minenausstoßrohren – mitführen. Die Wasserverdrängung der ersten Variante lag bei 755/830 ts und die der zweiten bei 1164/1512 ts mit einer deutlichen Steigerung in Größe und Aktionsradius, der 13 900 sm bei 8 kn erreichte und den Booten ermöglichte, in amerikanischen Gewässern zu operieren.

Die Aktivitäten von Booten der *UC*- und *UE*-Klasse bildeten einen wichtigen Teil des U-Bootskrieges und reichten im Falle des letzteren Typs weit in die Ferne. Die überall durchgeführten Minenlegeoperationen der deutschen Boote hatten die Versenkung von etwa 2 980 000 BRT an Handelsschiffsraum und die Vernichtung zahlreicher Kriegsschiffe zur Folge.

In anderen Marinen verlief die Entwicklung der Minenleger eher gemäßigt, da die Seestreitkräfte der Mittelmächte innerhalb der Nordsee und der Adria blockiert waren und ihr Handelsverkehr lahmgelegt war. Die Briten jedoch setzten Unterseeboote zum offensiven Minenlegen ein, dicht vor den feindlichen Stützpunkten, insbesondere als Teil ihrer U-Bootbekämpfungsmaßnahmen, und rüsteten mehrere mit Torpedos ausgestattete Boote der *E*-, *H*- und *L*-Klasse für das Minenlegen um. Frankreich baute nur vier U-Minenleger. Italien stellte drei in Dienst (*X*-Klasse), deren Prototyp ein geborgenes deutsches Boot der *UC*-Klasse war, das vor Tarent versenkt worden war.

Die Konstruktion der mit Torpedos ausgerüsteten Boote – sie stellten den Großteil der Unterseeboote dar – wurden im Verlaufe des Krieges beträchtlich verbessert. Von den kleinen und leicht bewaffneten Küstenbooten des Jahres 1914 führte der Weg in wenig mehr als drei Kriegsjahren zur Produktion größerer und stärker bewaffneter Boote, die imstande waren, weit von ihren Stützpunkten entfernt unabhängig und über längere Zeiträume hinweg zu operieren.

Die meisten der während des Krieges eingesetzten Unterseeboote hatten aufgetaucht eine Wasserverdrängung zwischen 450 und 900 ts. Der Antrieb erfolgte im allgemeinen durch Dieselmotoren und die Höchstgeschwindigkeit über Wasser lag bei etwa 15–16 Knoten. Getaucht überschritt die Höchstgeschwindigkeit durchschnittlich 10 Knoten nicht. Infolge der begrenzten Leistungsfähigkeit der Akkumulatoren pro Tag konnte diese Geschwindigkeit nur sehr kurze Zeit aufrechterhalten werden. Im allgemeinen lag die Geschwindigkeit während der Tauchfahrt bei etwa 4–5 kn mit einer Fahrstrecke von höchstens 40–50 Seemeilen.

Die beträchtliche Verringerung an Zeit, die (besonders von deutschen Booten) beim Schnelltauchen erreicht wurde, stellte eine bedeutsame Entwicklung dar. Die 1914 vormalerweise erforderlichen zwei bis drei Minuten verringerten sich bei den letzten Serien von Booten mittlerer Größe im Jahre 1918 auf 40–30 Sekunden.

Vor allem die Fahrstrecke nahm zu. Im Frühjahr 1915 unternahm *U 21* eine Nonstopfahrt von Wilhelmshaven nach Cattaro (Kotor) in die Adria und 1916 überquerte nur ein geringfügig größeres Boot, *U 53*, ohne Brennstoffergänzung den Atlantik in beiden Richtungen, blieb 42 Tage in See und legte 7550 sm zurück.

Wenn auch Großbritannien, Frankreich, Italien und die Vereinigten Staaten Klassen guter Unterseeboote im Verlaufe des Krieges herstellten, so baute Deutschland zwangsläufig doch die besten Boote. Sie entstammten der unzweifelhaft vorhandenen Leistungsfähigkeit ihrer Schiffbauindustrie, dem ausgedehnten Einsatz von Unterseebooten durch dieses Land, der dem Entwurf neuer Typen verliehenen Bedeutung und den Verbesserungen, die an den bereits im Dienst befindlichen Booten vorgenommen wurden. Aber der wichtigste dieser Faktoren war natürlich der Umstand des Krieges selbst, der den deutschen Booten unendlich mehr Ziele verschaffte. Ihre Unterseeboote waren Deutschlands beste Waffe zur See; die alliierten Boote stellten lediglich einen nützlichen Teil der alliierten Anstrengungen zur See dar. Die mit Torpedos ausgerüsteten deutschen Unterseeboote, die während des Ersten Weltkrieges gebaut

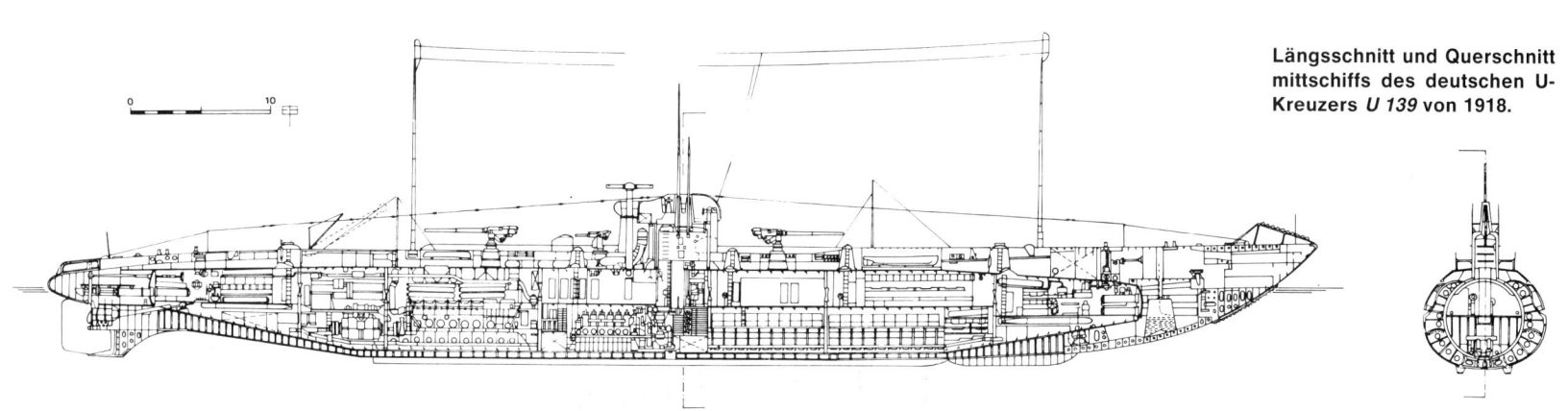

Längsschnitt und Querschnitt mittschiffs des deutschen U-Kreuzers *U 139* von 1918.

wurden, lassen sich in drei Haupttypen einteilen: mittlere U-Boote oder Boote mit mittlerer Wasserverdrängung (der weitverbreiteste Typ), U-Kreuzer und die *UB*-Boote oder Küstenunterseeboote. Die *UB*-Klasse, deren erste Boote im Herbst 1914 auf Stapel gelegt wurden, waren anfänglich von sehr begrenzter Wasserverdrängung (Serie: *UB I*: 127/142 ts) mit nur 27 m Länge. Sie konnten sehr schnell zerlegt und in Sektionen mit der Eisenbahn transportiert werden. Viele von ihnen wurden über Land nach Pola (Pula) gebracht, um die kleine österreichische Flotte zu unterstützen. Die zweite Serie (*UB II*) überstieg die erste an Wasserverdrängung beträchtlich, aber erreichte nicht die 520/650 ts der dritten Serie (*UB III*) von 1917/18. Dieser Typ verlor viele seiner Küsteneigenschaften und war so erfolgreich, daß er fünfzehn Jahre später als Prototyp für die Entwicklung des Entwurfs für den berühmten Typ *VII* des Zweiten Weltkrieges diente.

Die U-Kreuzer waren Boote von großer Wasserverdrängung und Reichweite mit einer starken Artilleriebewaffnung und zum Einsatz gegen die Hochseeschiffahrt bestimmt. Die Schöpfung und Entwicklung eines U-Kreuzers war ein direktes Ergebnis der Erfindung eines weiteren Spezialtyps von Unterwasserboot, dem Handels-Unterseeboot. Der Prototyp, die *Deutschland*, (1512/1875 ts) wurde als unbewaffnetes Handelsschiff eingestuft und als Blockadebrecher in die noch neutralen Vereinigten Staaten entsandt, um eine Ladung hochwertiger, für Deutschland lebenswichtiger Materialien zu verschiffen. Später wurde das Boot zum U-Kreuzer *U 155* umgebaut.

Das zweite Handels-Unterseeboot, die *Bremen*, verließ Deutschland am 17. September 1916, erreichte aber niemals seinen Bestimmungsort und ging während der Reise aus unbekannter Ursache verloren. Ein drittes Boot, die *Oldenburg*, wurde nicht rechtzeitig fertiggestellt, um Frachtreisen durchzuführen, und wurde zum U-Kreuzer *U 151* umgebaut.

Mit dem Kriegseintritt der Vereinigten Staaten verloren die Handels-Unterseeboote ihre »raison d'être« und ergaben, mit zwei Geschützen und Torpedorohren ausgestattet, die ersten U-Kreuzer. Den abgeänderten Handels-Unterseebooten folgten später weitere große Unterseeboote, die ausdrücklich als »Kreuzer« mit verbesserter Geschwindigkeit, Bewaffnung und Seeausdauer entworfen wurden.

Boote zu Spezialzwecken erschienen auch in der Royal Navy: die Flottenunterseeboote der *K*-Klasse, die Monitor-Unterseeboote der *M*-Klasse und die U-Jagdunterseeboote der *R*-Klasse. Die *K*-Klasse bestand aus großen Booten, ausgezeichnet durch die hohe Überwassergeschwindigkeit von 24 Knoten. Erreicht wurde diese Geschwindigkeit durch die Einführung von Dampfmaschinen mit 10 000 Wellen-PS. Die 14 Einheiten dieser Klasse wurden gebaut, um eine einheitliche Gruppe von Booten zur Verfügung zu haben, die infolge ihrer Geschwindigkeit imstande sein würden, direkt mit den Überwassereinheiten der Grand Fleet zusammenzuwirken.

Verschiedene Schwierigkeiten, wie etwa das Fehlen brauchbarer Kommunikationsmöglichkeiten mit Überwasserschiffen, veranlaßte eine Aufgabe des Projektes. Die beträchtliche Länge (103 m) dieser Boote führte zu Schwierigkeiten beim Tauchmanöver. Daher war es sehr gefährlich, die hohe Unterwassergeschwindigkeit auszunutzen, die durch das Verwenden gespeicherten Dampfdrucks in den ersten fünfzehn Minuten der Tauchfahrt erreicht werden konnte. Die britische *K*-Klasse stellte einen unglückseligen Versuch dar, zur Dampfkraft für Unterseeboote zurückzukehren. Der Dampf war allenthalben praktisch nach 1910 aufgegeben worden, Frankreich ausgenommen, wo er weiterhin noch mehrere Jahre in Gebrauch war. Erst das Auftauchen der Atombatterie, die eine unabhängige Wärmequelle schuf, ließ auf Unterseebooten Dampfturbinen wieder in Gebrauch kommen.

Die Monitor-Unterseeboote der britischen *M*-Klasse waren 1917 für den Zweck des Überraschungsangriffs unter Einsatz ihres einzigen 30,5-cm-Geschützes entworfen worden. Die aus alten Schlachtschiffen stammenden Geschütze konnten nach der Höhe, aber nicht nach der Seite gerichtet werden. Gerichtet wurde über das Sehrohr und beim Abfeuern des Geschützes war das Boot soweit aufgetaucht, daß sich die Mündung deutlich über Wasser befand, aber diese Technik wurde niemals im Kampf eingesetzt. Von den drei Booten (*M 1*, *M 2* und *M 3*) verlor später eines sein Geschütz und erhielt statt dessen Hangar und Katapult für ein Seeflugzeug und ein anderes wurde zum Minenleger umgebaut.

Die U-Jagdunterseeboote der *R*-Klasse stellten eine echte Neuerung dar. Ihren Entwurf veranlaßte die Tatsache, daß eine wesentliche Zahl deutscher Boote durch normale Unterseeboote vernichtet worden war. 1918 waren 12 Boote dieser Klasse fertiggestellt. Mit einer einzigen Schraube ausgestattet, war ihr Überwasserantrieb mit 240 PS entschieden ihrem Unterwasserantrieb (1200 PS) unterlegen. Letzterer wurde durch eine große Anzahl von Akkumulatoren und einen starken Elektromotor erreicht. Demgemäß betrug ihre Höchstgeschwindigkeit über Wasser nur 9

Tabelle 4: Ausgewählte Beispiele von 1918 im Dienst befindlichen Unterseebooten

Land:	Klasse:	Indienststellungsjahr:	Wasserverdrängung (ts):	Geschwindigkeit (kn) über/unter Wasser:	Fahrstrecke (Seemeilen bei Knoten) über Wasser:	unter Wasser:	Bewaffnung: Torpedorohre	Geschütze	
Deutschland	U 81	1916	808/ 946	16,8/ 9,1	8100 bei 8	56 bei 5	6×53,0 cm	1×10,5 cm	1×8,8 cm
	U 139[1]	1918	1930/2483	15,8/ 7,6	12630 bei 8	53 bei 4,5	6×53,0 cm	2×15,2 cm	
	Deutschland[2]	1916	1575/1860	10,0/ 6,7	12000 bei 10	65 bei 3	unbewaffnet: 750 ts Ladung		
	UB III	1918	512/ 643	13,9/ 7,6	7280 bei 6	55 bei 4	5×53,0 cm	1×10,5 cm	
	UC III	1918	491/ 571	11,5/ 6,6	9850 bei 7	40 bei 4,5	3×53,0 cm	1× 8,8 cm	6 Minenrohre, 14 Minen
Frankreich	Lagrange	1918	920/1318	16,5/10,0	4300 bei 10	125 bei 5	8×45,7 cm	2× 7,6 cm	
Großbritannien	E (erste Gruppe)	1913	660/ 800	16,0/10,0	3000 bei 10	35 bei 5	5×45,7 cm	1× 7,6 cm	1×5,2 cm
	L (zweite Gruppe)	1917	890/1080	17,5/10,5	3800 bei 10	45 bei 6	6×53,3 cm	1×10,2 cm	
	K[3]	1917	1880/2560	24,5/ 9,0	3000 bei 13	50 bei 5	10×45,7 cm	2×10,2 cm	1×7,6 cm
	M 1[4]	1918	1600/1950	15,5/ 9,5	3840 bei 10	60 bei 5	4×45,7 cm	1×30,5 cm	1×7,6 cm
	R[5]	1918	420/ 500	9,5/15,0	2000 bei 8	10 bei 15	6×45,7 cm		
Italien	A[6]	1915	31/ 37	6,8/ 5,0	12 bei 6	8,5 bei 4	2×45,7 cm		
	B[6]	1916	40/ 46	6,9/ 5,0	128 bei 6,9	9 bei 5	2×45,7 cm		
	F	1916	262/ 319	12,5/ 8,0	1300 bei 8	120 bei 2,5	2×45,7 cm	1× 7,6 cm	

[1] U-Kreuzertyp
[2] Handels-Unterseebootstyp
[3] Flotten-Unterseebootstyp
[4] Monitor-Unterseebootstyp
[5] U-Jagd-Unterseebootstyp
[6] »Taschen«-Unterseebootstyp

Knoten, aber getaucht erreichten sie 15 Knoten, eine für die damalige Zeit außergewöhnliche Geschwindigkeit. Auch die Form ihres Rumpfes war für die hohe Unterwassergeschwindigkeit entworfen. Ausgerüstet waren sie mit sechs 45,7-cm-Torpedorohren im Bug.

Ihre Rolle bestand darin, auf Sehrohrtiefe im Hinterhalt zu liegen, bis ein aufgetauchtes Boot gesichtet wurde. Dann wurden ganze Torpedofächer in einer Reihe blitzartiger Nahangriffe geschossen. Trotz ihrer späten Indienststellung erzielten die Boote der R-Klasse mehrere Erfolge gegen deutsche Boote. Diese bemerkenswerten Unterseeboote waren jedoch an der Wasseroberfläche sehr schwerfällig und nach dem Kriege wurden sie sehr schnell aufgegeben.

Weitere Boote für Spezialzwecke waren die italienischen »Taschen«-Unterseeboote des A- und B-Typs von 31/37 bzw. 40/46 ts. Sie waren nur mit zwei Torpedorohren bewaffnet, außen beim ersten Typ und innen beim zweiten angebracht. Es handelte sich um sehr kleine Boote von sehr begrenzter Leistungsfähigkeit, gebaut zur Verteidigung von Marinestützpunkten, aber ihre Konstruktion führte während des Zweiten Weltkrieges zu späteren Entwicklungen in der italienischen Marine und anderen Marinen.

Um die Verbesserung der technischen Eigenschaften im Verlaufe des Ersten Weltkrieges besser zu veranschaulichen, gibt Tabelle 4 Einzelheiten von mehreren 1918 im Dienst befindlichen Bootstypen wieder.

Entwicklung zwischen den Kriegen

Bis 1918 war das Unterseeboot — technisch und einsatzmäßig — volljährig geworden. Im Verlaufe des Krieges hatte es sich als eine strategisch und taktisch zu fürchtende Waffe gezeigt und sein Einsatz durch Deutschland in großen Zahlen gegen die Schiffahrt hatte seine Bedeutung als Element der Seemacht erwiesen.

Technisch hatte die Unterseebootskonstruktion einen sehr hohen Stand erreicht und während der zwanzig Jahre zwischen den Kriegen waren ein paar wesentliche technische Erfindungen gemacht worden, wie strukturelle Verstärkung der Rümpfe, die größere Einsatztiefen erlaubten (von 50–80 m im Jahre 1918 auf 100–120 m 1939), leistungsfähigere Rettungs- und Bergungsgeräte (Sprechfunk-Bojen, wasserdichte Taucherglocken, Unterwasser-Atmungsgeräte usw.) und um 1930 die Einführung des hydraulischen Systems zur schnellen Fernsteuerung von Flutventilen, Entlüftungsklappen und der Ruder. Bis zu diesem Zeitpunkt mußte beim Tauchen und Auftauchen mehr als die Hälfte der Besatzung an den verschiedenen Ventilen und Steuerungen im gesamten Boot stehen; mit der Einführung der Fernsteuerung konnten diese ganze Funktionen von einem einzigen Mann von der Zentrale aus bedient werden.

In der Zeit zwischen den Kriegen setzten sich auch die diplomatischen Debatten hinsichtlich der Zukunft des Unterwasserbootes fort. Vorschläge, seine Verbreitung und seine Einsatzfähigkeiten zu begrenzen, führten zu keinerlei durchführbaren Resultaten. Tatsächlich hatte die auf den Konferenzen 1921 in Washington und 1930 in London verfolgte Abrüstungspolitik keinerlei wesentlichen Einfluß auf die Entwicklung des Unterseebootes.

Auf der Washingtoner Konferenz wie schon vor zwanzig Jahren in Den Haag schlug Großbritannien (aus naheliegenden Motiven) die Abschaffung des Unterseebootes und das Verbot seiner Konstruktion vor, aber dieser Vorschlag wurde abgelehnt und die Konferenz schloß mit der Billigung von vier Artikeln, die vorsahen, seine Verwendung zu begrenzen. Diese Vertragsartikel waren jedoch sehr schwierig durchzuführen, da das Problem bestand, die vertraglichen Beschränkungen mit den einsatzmäßigen Eigenschaften von Unterseebooten in Einklang zu bringen.

Auf der später folgenden Londoner Konferenz kam das Problem der Unterseeboote wieder zur Sprache, aber trotz der Tatsache, daß die Beschränkungen gebilligt wurden, ergaben sich keine praktischen Ergebnisse in der Begrenzung der Anzahl oder der einsatzmäßigen Einschränkungen. Das Problem blieb ungelöst, aber es wurde beschlossen, daß kein Unterseeboot mehr als 2000 ts über Wasser verdrängen und kein größeres Geschützkaliber als 13,0 cm führen sollte.

Ferner wurde beschlossen, die Unterwasserfahrzeuge in zwei Kategorien einzuteilen: Küstenunterseeboote bis zu 600 ts Wasserverdrängung und Hochseeunterseeboote von mehr als 600 ts. Die erste Kategorie sollte von jeder zahlenmäßigen Begrenzung ausgenommen werden; für die Hochseeboote wurde jedoch zwischen den Vereinigten Staaten, Großbritannien und Japan ein Abkommen erzielt, eine Gesamttonnage von 52 700 ts Standardwasserverdrängung über Wasser nicht zu überschreiten.

Zwei im Verlaufe der Konferenz getroffene Entscheidungen veranschaulichen das Fehlen jeglichen ernsthaften Willens, eine wirksame Begrenzung bei Unterseebooten einzuführen — oder zumindest das Fehlen einer verständigen Analyse des Krieges. Es erscheint seltsam, daß eher das geführte Geschützkaliber als Größe und Anzahl der Torpedorohre als Maßstab für die Offensivkraft einer Unterwasserwaffe dienen sollte. Zweifellos spielte das damalige Interesse an den deutschen U-Kreuzern und an der britischen M-Klasse bei dieser merkwürdigen Entscheidung eine Rolle. Die zweite betrifft die Definition »Küsten…« in bezug auf die 600-ts-Boote, die bereits von den Deutschen mit Erfolg im Atlantik eingesetzt worden waren. Mit anderen Worten, eine passende Formel war gefunden worden, die es allen interessierten Nationen gestattete, den Bau weitreichender Unterseeboote ohne jede Begrenzung fortzusetzen. Zusätzlich sollte erwähnt werden, daß nur vier Jahre später, 1934, Japan den Vertrag nicht anerkannte und sich selbst frei von jeder Begrenzung zur See erklärte. Deutschland, gebunden durch den Vertrag von Versailles, der ihm den Besitz von Unterseebooten verbot, war seiner Baubeschränkungen erst 1935 ledig, dem Jahr, in dem es den Vertrag aufkündigte und das nachfolgende englisch-deutsche Flottenabkommen unterzeichnete. Dieses Abkommen erlaubte ihm, eine Unterwasserflotte bis zu 45% der Gesamttonnage der britischen Unterseebootsstreitkräfte mit der Möglichkeit zu bauen, durch Wegfall der entsprechenden Tonnage bei Überwasserschiffen Parität zu erreichen.

Trotz Verschrottens der meisten gegen Ende des Ersten Weltkrieges gebauten Überwasserschiffe wurden die Unterseebootsprogramme der Alliierten im Verlaufe der unmittelbaren Nachkriegszeit größtenteils erfüllt. Zur selben Zeit wurden, gestützt auf jüngste Kriegserfahrungen, mehrere Prototypen gebaut. Diese hatten eine Wasserverdrängung von etwa 1000–1500 ts, liefen 16–18 kn über Wasser und 8–9 kn getaucht und besaßen eine Bewaffnung von 6 bis 8 × 53,3-cm-Torpedorohren sowie 1 oder 2 × 10,0- bis 12,0-cm-Geschütze. Nach diesem Vorbild wurden viele Boote gebaut, aber es gab Ausnahmen, von welchen die bedeutsamste das britische X 1 war. 1921 auf Stapel gelegt und 1923 in Dienst gestellt, besaß dieses Boot eine Typverdrängung von 2780/3600 ts. Bewaffnet war es mit nur sechs 53,3-cm-Torpedorohren, besaß aber zwei 13,3-cm-Geschütze in Doppellafetten. Inspiriert durch die deutschen Boote des Ersten Weltkrieges handelte es sich um einen echten U-Kreuzer. X 1 war jedoch ein unglückseliges Boot. Seine Dieselmotoren von beträchtlicher Antriebskraft arbeiteten nie störungsfrei und trotz seiner sonstigen überraschend guten Leistung — für ein so großes Unterseeboot — wurde es 1931 nach nur siebenjähriger Dienstzeit außer Dienst gestellt. Die X 1 war das längste bis dahin gebaute Unterseeboot.

Allgemein ausgedrückt, zogen die Hochseemarinen jene Bootstypen vor, die über lange Zeiträume weit von ihren Stützpunkten entfernt operieren konnten; daher überschritten die Zahlen für die Überwasserverdrängung bald 1000 ts. Insbesondere die Vereinigten Staaten und Japan, die am Ende des Krieges große Programme zur Verstärkung ihrer Marinen in Gang gesetzt hatten, bauten bis zum Zeitpunkt des Abschlusses der Washingtoner Konferenz (1922) den größten Teil der vorgesehenen Unterseeboote.

Die Vereinigten Staaten bauten etwa 40 Boote von 850/1090 ts (die S-Klasse), gekennzeichnet durch eine große Überwasserfahrstrecke und eine gute Spurtgeschwindigkeit unter Wasser — in der Größenordnung von 11 Knoten. Nach der Washingtoner Konferenz neigte die US-Navy dazu, Boote mit Wasserverdrängungen zwischen 1300 und 1500 ts in Auftrag zu geben. Die Boote wurden als Flottenunterseeboote bezeichnet, weil sie unter dem Befehl verschiedener Flottenkommandos in verschiedenartigen Operationsgebieten operieren sollten. Sie besaßen eine hohe Überwassergeschwindigkeit (17–18 kn) und eine beträchtliche Fahrstrecke (über 10000 sm), eine offensichtliche Eignung zur Hochseeverwendung. Mit fortlaufenden Verbesserungen wurde der Typ zum Standardtyp der US-Navy.

Es gab natürlich mehrere Ausnahmen, die keine Weiterentwicklung erfuhren: die sechs großen, für das Kriegsprogramm geplanten Boote, deren Bau erst zwischen 1924 und 1930 fertiggestellt wurde, die drei Boote der *Barracuda*-Klasse von 2000/2620 ts, die beiden Boote des *Narwhal*-Typs mit 2730/4050 ts und bewaffnet mit 15,2-cm-Geschützen – alle vom U-Kreuzertyp – und ein Minenleger, die *Argonaut*, von 2710/4080 ts.

Anfänglich folgte die japanische Marine denselben Maßstäben wie die Amerikaner und legte zwischen 1919 und 1922 zehn Boote des Küstentyps mit einer geringfügig 1000 ts übersteigenden Verdrängung über Wasser auf Stapel oder stellte sie fertig. Sie waren von früheren Typen abgeleitet und der Reihe nach inspiriert von der britischen *L*-Klasse und von den französischen »Schneider-Laubeuf«-Typen. Nach der Washingtoner Konferenz, wo Japan eine Schlachtschifftonnage zugeteilt erhielt, die (besonders in bezug auf die Vereinigten Staaten) hinter seinen Erwartungen zurückblieb, begann die japanische Marine über eine neue Strategie nachzudenken, den Abnutzungskrieg, wobei die Unterseeboote in großer Zahl Überwasserstreitkräfte angreifen sollten, und so ergab sich die Notwendigkeit, Boote zu bauen, die für diese Aufgabe geeignet waren: mit großer Reichweite, hoher Überwassergeschwindigkeit und beträchtlicher Wasserverdrängung.

Mit ihren Entwürfen, die auf britischen Flottenunterseebooten und deutschen U-Kreuzern beruhen, welche die Alliierten nach Kriegsende übernommen hatten, bauten die Japaner zwischen 1924 und 1940 zahlreiche Boote das Kreuzertyps mit großer Reichweite. Sie besaßen eine große Überwasserverdrängung zwischen 1300 und 2200 ts, eine große Fahrstrecke (zwischen 10000 und 17000 Seemeilen), eine hohe Überwassergeschwindigkeit (20–23 kn) und eine starke Artilleriebewaffnung von ein bis zwei 12,0- bis 14,0-cm-Geschützen. Sie waren hauptsächlich für eine Verwendung im Zusammenwirken mit Überwassereinheiten bestimmt und sollten in Geschwadern und Flottillen operieren, die direkt der Flotte unterstellt waren. Teilweise sollten sie auch die Aufgaben der Kreuzer, das Sichten und Melden feindlicher Streitkräfte, übernehmen, indem sie vor ihren eigenen Überwasserverbänden liefen und Brennpunktgebiete überwachten. Zu diesem Zweck führten mehrere der Boote ein kleines Aufklärungsflugzeug mit.

Zusätzlich zu diesen großen Booten, die das Rückgrat der japanischen Unterwasserflotte bildeten, wurden vier Hochseeminenleger gebaut. Dabei handelte es sich um Kopien ähnlicher deutscher Boote, von denen Japan 1919 eines zugeteilt bekommen hatte. Für die Überwachung der Inlandsee und der chinesischen Küsten wurden mehrere Küstenunterseeboote gebaut.

Die japanische Marine begriff ihre Unterseebootsflotte im wesentlichen als eine Ergänzung ihrer Überwasserflotte und zog trotz der Lehren des Krieges die Möglichkeit, die Boote gegen die Handelsschiffahrt einzusetzen, überhaupt nicht in Betracht. Diese Lehren hatten sich jedoch für andere Marinen, einschließlich der amerikanischen, als sehr gewinnbringend erwiesen, vor allem aber für die neue deutsche Marine.

Nach der erfolglosen *X 1* kehrte die britische Marine zu traditionelleren Typen zurück. Zwischen 1924 und 1927 wurden die neun Einheiten der *O*-Klasse auf Stapel gelegt. Sie hatten etwa 1400/2000 ts mit einer Geschwindigkeit von 17/9 Knoten und einer Fahrstrecke über Wasser von 6500 sm bei 10 kn, weshalb sie sich für eine Verwendung im Pazifik eigneten. Die späteren *P*- und *R*-Klassen (neun Einheiten) stellten eine verbesserte Version der *O*-Klasse dar.

1932 gab es mit dem Stapellauf des ersten der drei Boote der *Thames*-Klasse mit 1850/2710 ts und 22,5/10 kn sowie einer beträchtlichen Fahrstrecke von ungefähr 10000 Seemeilen eine Rückkehr zum Flottenunterseeboot. Obwohl diese Boote noch nicht erprobt waren und keine Erfahrungen aus und über die Probleme mit diesen Einheiten vorlagen, veranlaßte die Royal Navy, die Konstruktion auf zwei Grundtypen des Bootes zu standardisieren: einen Typ von begrenzter Wasserverdrängung für Operationen in Randgewässern wie der Nordsee und dem Mittelmeer und einen anderen, größeren, der vorgesehen war, die *O*-, *P*- und *R*-Klasse in der ozeanischen Kriegführung zu ersetzen. Den ersten Typ verkörperte die *S*-Klasse: acht Boote, zwischen 1932 und 1937 vom Stapel gelaufen, mit einer Wasserverdrängung von 735/935 ts, einer Geschwindigkeit von 14/10 kn sowie einer Bewaffnung von sechs 53,3-cm-Bugtorpedorohren und einem 7,6-cm-Geschütz. Der Typ erwies sich als äußerst erfolgreich und sein Weiterbau wurde 1940 mit einer zweiten Serie von 50 Booten wiederaufgenommen.

Den zweiten Typ verkörperte die *T*-Klasse, von der das erste Boot 1938 in Dienst gestellt wurde. Die Boote hatten eine Wasserverdrängung von 1325/1573 ts, eine Geschwindigkeit von 15,25/8,75 kn und waren mit zehn 53,3-cm-Torpedorohren und einem 10,2-cm-Geschütz bewaffnet. Zwischen 1939 und 1945 wurden annähernd 50 Boote dieser Bauart (mit kleineren Abänderungen) gebaut.

Inzwischen widmete die britische Marine auch dem Bau von minenlegenden Booten Aufmerksamkeit. Sechs Boote der *Porpoise*-Klasse von 1772/2117 ts mit 50 Minen und einer Bewaffnung mit sechs 53,3-cm-Torpedorohren und einem Geschütz wurden zwischen 1933 und 1939 fertiggestellt.

1937 ließ die Royal Navy das erste Boot einer neuen Klasse vom Stapel laufen, das ohne wesentliche Entwurfsänderungen bis 1944 mit mehr als 70 Exemplaren nachgebaut werden sollte. Klassifiziert als Küstenunterseeboote waren die *U*-Klasse und die nachfolgende, sehr ähnliche *V*-Klasse geringfügig kleiner als die *S*-Klasse und mit vier bis sechs 53,3-cm-Torpedorohren bewaffnet. Ihre Unterwassereigenschaften waren ausgezeichnet, sie waren leicht und schnell zu bauen und zu unterhalten.

Manövrierbarkeit, Einfachheit und Schnelligkeit in Bau und Unterhaltung zusammen mit Schlagkraft und Betriebssicherheit waren die Eigenschaften, die allen britischen Booten während der Zeitspanne zwischen den Kriegen und durch den gesamten Zweiten Weltkrieg hindurch zugrundelagen. Die Briten maßen diesen Faktoren große Bedeutung zu, um die Baukosten zu begrenzen, schnell in großer Zahl zu bauen und vor allem

um die einsatzmäßige Wirksamkeit zu steigern. Die britische Unterseebootskriegführung zwischen 1939 und 1945 auf allen Meeren der Welt demonstriert voll den Wert dieser Anschauung.

Zwischen den Kriegen baute die französische Marine eine große Unterseebootsflotte. Am 1. September 1939 befanden sich 77 Boote im Dienst und 25 im Bau. Sie gehörten zu drei Grundtypen: zum 1500-ts-Typ, zur weitreichenden *Requin*-Klasse und zum Küstentyp (600–630 ts). Es gab auch sechs Küsten-U-Minenleger von 761/925 ts (*Saphir*-Klasse) und einen U-Kreuzer, die *Surcouf*, 1929 vom Stapel gelaufen. Sie stellte ein Versuchsboot von 3250/4304 ts dar, besaß zusätzlich zu ihren Torpedorohren einen 20,3-cm-Zwillingsturm und war als Hochsee-»Korsar« vorgesehen.

Insgesamt stattete Frankreich seine Marine mit einer ausgezeichneten Unterwasserflotte aus, beruhend auf einer ausreichenden Anzahl von Booten einer Standardkonstruktion, auch wenn diese keine besonderen Eigenschaften aufwiesen. Alle französischen, mit Torpedos ausgerüsteten Unterseeboote besaßen eine große Anzahl an Torpedorohren (einige davon außen, nach der Seite schwenkbar angebracht), im allgemeinen auf den Hochseebooten 10–11 und auf den Küstentypen 7–8.

Erst um 1930 begann die sowjetische Marine ihre Unterwasserflotte zu verstärken. Die ersten Boote (*D*-Klasse) hatten eine mittlere Wasserverdrängung und führten zu zahlreichen Problemen, die bei den nachfolgenden, zwischen 1929 und 1939 gebauten Serien (*L*-, *P*- und *S*-Klasse von mittlerer Verdrängung und Küstentyp der *ŠČ*-Klasse) beseitigt wurden. 1939 begann der Bau von Booten mit begrenzter Wasserverdrängung (161/202 ts). Dabei handelte es sich um die *M*-Klasse, geeignet zur Verwendung in begrenzten Gewässern und während des Krieges in großen Stückzahlen gebaut, indem die Vorfertigungstechnik ausgedehnt genutzt wurde. Später wurde der Typ geringfügig vergrößert und vervollkommnet, bis er wahrscheinlich das erfolgreichste, vor 1945 gebaute sowjetische Unterseeboot war.

Zwischen 1923 und 1939 erhielt in Italien der Bau von Unterseebooten ein derart großes Gewicht, daß beim Kriegseintritt im Juni 1940 seine 115 im Dienst befindlichen Boote eine der größten Unterwasserflotten der Welt darstellten. Die Entwicklung der italienischen Unterseeboote ging mit der Absicht vor sich, zwei Grundtypen zu schaffen: das weitreichende Hochseeboot und das Küstenboot mittlerer Reichweite.

Nach dem Zeitraum von 1923–1926, in dem Prototypen von beiden Fahrzeugarten in begrenzten Serien gebaut wurden, nahm man an den vorhandenen Booten Verbesserungen vor, und dies führte zur Entwicklung von sogar noch mehr Klassen. Der Typ für mittlere Entfernung stabilisierte sich bei etwa 600/700 ts Verdrängung über Wasser (Klasse *600*) und der Hochseetyp bei etwa 1000/1100 ts (*Marcello*-, *Liuzzi*-, *Marconi*-Klasse usw.), ausgenommen verschiedene Boote, die 1500 ts (*Calvi*- und *Saint Bon*-Klasse) überschritten. Von 1938 bis 1940 wurden nur Hochseeboote mit der Absicht auf Stapel gelegt, diesen Bereich der Unterseebootsflotte zu verstärken, wie es die damalige politische Situation bedingte.

Die italienische Marine baute im allgemeinen gute Boote, stark und sicher; auch andere Marinen bestellten viele bei italienischen Werften. Aber ernsthafte Unzulänglichkeiten auf den Gebieten der Ausbildung und der Hilfssysteme (Feuerleitzentralen usw.) und der besondere Charakter des mittelmeerischen Kriegsschauplatzes verwehrten der italienischen Unterseebootswaffe die Erfolge, die angesichts ihrer Größe und der Aufmerksamkeit, mit der sie überhäuft worden war, erwartet worden waren.

Wie wir gesehen haben, war Deutschland nicht imstande gewesen, den Bau von Unterseebooten vor 1935 wiederaufzunehmen, aber deutsche Techniker hatten bereits einige Jahre lang vor diesem Zeitpunkt an Unterseebooten gearbeitet, die Konstruktionen der erfolgreichsten Boote des Krieges weiterentwickelnd und verbessernd. Ihre Studien führten zum Bau mehrerer Boote für andere Marinen unter deutscher Leitung auf ausländischen Werften. Als die Möglichkeit eintrat, den Bau eigener Boote zu beginnen, entwickelte die Kriegsmarine nach mehreren Versuchsfahrzeugen eine Unterwasserwaffe, die bis 1939 bereits 50 Einheiten umfaßte, und konzentrierte sich in der Serienproduktion auf drei Grundtypen: Küstentyp (Typ II) und 254/381 ts für den Einsatz in Ost- und Nordsee, Hochseetyp mittlerer Verdrängung (Typ VII) von 626/915 ts zur Verwendung im Atlantik, Hochseetyp von großer Verdrängung (Typ IX) von 1032/1408 ts mit Fernstreckeneigenschaften für ausgedehnten Einsatz im Atlantik und weiter entfernten Seegebieten.

Charakteristisch für die deutschen Boote waren die Einheitlichkeit und Einfachheit der Konstruktion verbunden mit außerordentlicher Stärke und Unterwassermanövrierfähigkeit. Der Typ VII war besonders erfolgreich und zwischen 1935 und 1945 wurden unter fortlaufender Verbesserung 700 Boote gebaut. Zusammen mit dem Typ IX, der, wenn auch weniger populär, ebenfalls in großer Zahl während des Krieges gebaut wurde, bildete der Typ VII das Rückgrat der deutschen U-Bootwaffe während des Zweiten Weltkrieges und stellte das vielleicht beste konventionelle Boot dar, das je gebaut wurde.

Die deutschen Boote, besonders der Hochseetyp mittlerer Verdrängung, wurden nach dem Entwickeln der strategischen und taktischen Konzepte durch die U-Bootführung mit dem damaligen Kapitän zur See Dönitz an der Spitze ausgewählt, der für den Einsatz gegen die Handelsschiffahrt eine große Zahl von Unterseebooten forderte. Um die verfügbaren industriellen Reserven am wirksamsten einzusetzen und um jene Bestimmungen des englisch-deutschen Flottenabkommens zu manipulieren, die nicht die Anzahl, sondern die Gesamttonnage an Unterseebooten begrenzten, zog es Dönitz vor, eher die größtmögliche Anzahl an Booten mittlerer Verdrängung als eine geringere Zahl von Einheiten größerer Verdrängung und besserer Leistung zu bauen.

Ein wichtiges Charakteristikum deutscher Unterseeboote, besonders des Typs VII, waren der verringerte Umfang des Kommandoturms und die Geschwindigkeit, mit der sie schnelltauchen konnten (etwa 30 Sekunden). In der Durchführung der von Dönitz erdachten »Wolfsrudel«-Taktik, die später so erfolgreich von den Amerikanern im Pazifik angewendet werden sollte, war geplant, diese Boote in großer Zahl hauptsächlich aufgetaucht zu Nachtangriffen mit hoher Geschwindigkeit gegen Geleitzüge einzusetzen. Eine weitere Besonderheit war die Einführung eines mechanischen Rechners für die Berechnung der Unterlagen zum Torpedo-

Frontboot vom Typ VII C verläßt seinen atlantischen Stützpunkt in Frankreich.

schuß, auf der Eingabe hinsichtlich Kurs und Geschwindigkeit des Zieles beruhend. Die Briten und Amerikaner nannten ihre entsprechenden Geräte »fruit machines«.

Unterdessen hatten sich die verschiedenen Konstruktionstypen auf zwei verringert: Einhüllen-Unterseeboote mit außen befindlichen Tauchzellen und Zweihüllen-Unterseeboote, wobei sich die Tauchzellen ganz oder teilweise außen befanden. Brennstoffzellen lagen bei Einhüllentypen im allgemeinen im Inneren des Druckkörpers und bei Zweihüllenbooten im Raum zwischen den Hüllen. Die strukturelle Festigkeit war erheblich gesteigert worden, um größere Tauchtiefen erreichen zu können und um größere Sicherheit für die Boote zu gewährleisten.

Trotz zahlreicher technischer Verbesserungen hinsichtlich der Sicherheit lag die Anzahl der durch Unfälle der verschiedensten Art von 1919 bis 1939 verlorengegangenen Boote ziemlich hoch: 17 Boote, davon sechs amerikanische, sechs britische, drei französische sowie je ein deutsches und italienisches. Viele wurden geborgen und wieder in Dienst gestellt, aber der Verlust an Menschenleben war beträchtlich.

Auf allen Booten lieferten Dieselmotoren den Oberflächenantrieb und durch Batterien gespeiste Elektromotoren den Antrieb unter Wasser. Bei verschiedenen Typen waren die Diesel nicht direkt auf die Schraubenwellen gekuppelt, sondern auf einen Dynamo; sie fungierten als Dieselgeneratoren und lieferten Strom für die Elektromotoren.

Um vom Gewicht her betrachtet eine Vorstellung von der Bedeutung der schiffbaulichen Komponenten, der Waffen und der sonstigen an Bord befindlichen Ausrüstung zu geben, zeigt die Tabelle 6 das Eigengewicht, d. h. die Wasserverdrängung, in der prozentualen Aufgliederung seiner verschiedenen Anteile bei einem »typischen« Küstenunterseeboot aus der Zeit 1937/38.

Tabelle 5: Die Unterseebootsflotten der Welt im August 1939

Land:	Boote	Land:	Boot:
Dänemark	11	Japan	65
Deutschland	65	Lettland	2
Estland	2	Niederlande	24
Finnland	5	Norwegen	9
Frankreich	77	Polen	5
Großbritannien	69	Rumänien	1
Griechenland	6	UdSSR	150[2] (etwa)
Italien	107[1]	Vereinigte Staaten	100[3]

[1] 218 im August 1941. [2] 115 am 10. Juni 1940. [3] 112 am 7. Dezember 1941.

Tabelle 6: Eigengewicht eines »typischen« Küstenunterseebootes

Gewichtskomponente:	Anteil in %:
Rumpf (leer)	38,4
Rumpfausrüstung	4,7
Hilfsmaschinen	9,8
Überwasser-Antriebsanlage	11,7
Unterwasser-Antriebsanlage und Akkumulatoren	14,2
Geschütze und Munition	0,4
Unterwasserbewaffnung (Torpedos und Rohre)	3,0
Festballast	5,8
Besatzung, Ausrüstung usw.	10,7
Sonstiges	1,3

Tabelle 7: 1939 im Gebrauch befindliche Torpedos

Kaliber:	Torpedogewicht:	Gefechtskopfgewicht:	Geschwindigkeit:	Laufstrecke:
53,3 cm	1400–1500 kg	250–300 kg	48–50 kn	4 000 m
			30–35 kn	10 000 m
45,7 cm	800–1000 kg	200 kg	45–47 kn	2 000 m
			28–30 kn	8 000 m

Die zunehmende Gefahr von Luftangriffen bedeutete, daß praktisch von 1939 an alle Unterseeboote mit einem oder mehreren Maschinengewehren bzw. einer oder mehreren Maschinenkanonen kleinen oder mittleren Kalibers ausgerüstet wurden. Manche befanden sich auf einziehbaren oder »versenkbaren« Lafetten, andere mußten vor dem Tauchen abgebaut und in wasserdichten Behältern verstaut werden, wieder andere blieben ungeschützt. Die meisten waren auf dem Kommandoturm oder gerade achteraus von ihm aufgestellt. Die Kaliber reichten von 7,7 mm bis zu 12,7 mm und bis zu 2-cm- und sogar 4-cm-Kanonen. Gelegentlich gab es bei den kleineren Geschützen Doppellafetten. Die Torpedos hatten normalerweise die Standardkaliber 53,3 cm und 45,7 cm, wenn auch die französische Marine und mehrere kleinere Marinen (unter französischem Einfluß) – wie die jugoslawische und die polnische – Torpedos vom Kaliber 55,0 cm und 40,0 cm besaßen.

In der Zeit zwischen den Kriegen wurden die charakteristischen Merkmale für die Leistung – Gewicht des Gefechtskopfes, Geschwindigkeit, Laufstrecke und Genauigkeit – beträchtlich verbessert. Die charakteristischen Merkmale von normalen (»dampfgetriebenen«, d. h. mit erhitzter Luft) Torpedos, wie sie 1939 die verschiedenen Marinen verwendeten, zeigt die Tabelle 7.

Zusätzlich zu den normalen, im Gebrauch befindlichen Torpedos waren in allen Marinen Spezialtypen entwickelt worden.

In Deutschland wurde der elektrische Torpedo mit Batterien und einem extrem leichten Elektromotor entwickelt und gebaut. Diese 53,3-cm-Waffe von annähernd demselben Gewicht wie ein normaler Torpedo desselben Kalibers besaß den Vorteil, überhaupt keine Blasenbahn zu hinterlassen, da es kein Ausströmen von Gasen gab, aber er konnte nur 28 Knoten bei einer Laufstrecke von nur 3500 m laufen.

In Frankreich und Japan wurde der Sauerstoff-Torpedo entwickelt. 1940 befand er sich in Frankreich noch im Versuchsstadium, aber in Japan war er bereits vor Kriegseintritt an die Unterseeboote (Typ 95) und an die Überwassereinheiten (Typ 93) ausgeliefert worden. Der Typ 95 war ein mit Sauerstoff angetriebener 53,3-cm-Torpedo, der keine Blasenbahn zeigte und imstande war, volle 20 000 m bei 50 Knoten oder 37 000 m bei 36 Knoten zu laufen. Großbritannien hatte in den zwanziger Jahren mit Sauerstoff-Torpedos experimentiert, aber den Plan aufgegeben. Die Kriegserfahrungen würden bald den Mangel an praktischem Wert bei weitreichenden, von Unterseebooten geschossenen Torpedos erweisen, da die der Sehrohrbeobachtung und den Unterseebootsinstrumenten auferlegten Schranken bei großer Reichweite eine unvermeidbare Ungenauigkeit brachten. Große Bedeutung sollte jedoch der Geschwindigkeit über kurze Entfernungen verbunden mit anfänglicher Zielgenauigkeit und dem Fehlen der Blasenbahn beigemessen werden, da dies ein Überraschungsmoment verschaffte.

1939 waren die meisten im Gebrauch befindlichen Torpedos mit Aufschlagpistole versehen, die den Torpedo im Augenblick der direkten Berührung mit dem Zielrumpf zur Detonation brachte. Deutsche, Briten und Amerikaner vervollkommneten jedoch einen neuen Zünder, der unter Ausnutzung der Abweichungen des Magnetfeldes der Erde – registriert durch eine Vorrichtung, die empfindlich auf den Durchgang des Torpedos unter dem Metallrumpf des Zieles reagiert – den Gefechtskopf mit beträchtlich größerer Vernichtungswirkung detonieren läßt, als dies bei der Detonation an der Bordwand eines Schiffes der Fall ist.

Normalerweise wurden Torpedos aus fest eingebauten Rohren (vorn oder achtern gelegen) geschossen, die vom Inneren des Druckkörpers aus wiedergeladen werden konnten. Ein paar Bootstypen der Deutschen (VII A) und britische Boote waren mit fest eingebauten, außerhalb gelegenen (im allgemeinen achtern) Rohren ausgestattet, die somit im getauchten Zustand nicht nachladbar waren. Viele französische Boote hatten fest eingebaute Rohre innerhalb und außerhalb; einige waren in der Breitseite eingebaut und manche in außerhalb befindlichen, drehbaren Gehäusen, sowohl Einzel- als auch Doppelrohre. Die Holländer besaßen ebenfalls auf einigen ihrer Boote außerhalb gelegene, schwenkbare Rohre.

Der Zweite Weltkrieg

In der Nacht des 1. September 1939 fiel das deutsche Heer in Polen ein; drei Tage später befanden sich auch Großbritannien und Frankreich mit Deutschland im Krieg. Italien, obwohl durch ein Bündnis an Deutschland gebunden, verhielt sich mit einer Erklärung, daß es nicht am Krieg teilnähme, hinhaltend. Dieser Zustand dauerte bis zum 10. Juni 1940, dem Tage, an dem es an der Seite Deutschlands in den Krieg eintrat. Am 22. Juni 1941 griff Deutschland die Sowjetunion an und am 7. Dezember desselben Jahres fiel Japan über den amerikanischen Stützpunkt Pearl Harbor auf den Hawaii-Inseln her. Dies rief den Kriegseintritt der Vereinigten Staaten hervor, die bis zu diesem Zeitpunkt neutral geblieben waren, während sie offen Großbritannien unterstützten, das allein den Widerstand gegen die Achsenmächte fortsetzte.

Im Verlaufe dieses Krieges spielte das Unterseeboot eine viel wichtigere Rolle als während des Ersten Weltkrieges, insofern als der Konflikt von 1939–1945 ein wirklich interkontinentales Ringen war, wobei die Aufrechterhaltung oder Vernichtung der Seeverbindungen ein Ziel von grundlegender Bedeutung für alle Kriegführenden darstellte. Deutschland setzte alle Ressourcen in dem Bestreben ein, Großbritannien zu isolieren, um die »Brücke von Schiffen« durchzutrennen, die das Vereinigte Königreich versorgten. Zwischen Europa und Afrika diente das Mittelmeer als Durchgangsweg für die Achsenstreitkräfte in Libyen und für die nach Malta und Ägypten bestimmten alliierten Geleitzüge. Vom August 1941 bis zum Ende des Krieges sandte die anglo-amerikanische Seite mehr als 4 000 000 Tonnen Material in die Sowjethäfen von Murmansk und Archangelsk. Im Pazifik konnte Japan ohne die Erzeugnisse der eroberten Länder (Reis, Öl, Gummi und Erze) nicht überleben und mußte außerdem seine in Übersee operierenden Armeen versorgen.

Die Vereinigten Staaten begannen sofort die uneingeschränkte Unterseebootskriegführung gegen Japan. Deutschland benutzte die Seeverbindungen rund um Europa soweit wie möglich, um das Eisenbahn- und Straßennetz zu entlasten.

Unterseeboote waren weltweit auf all diesen Kriegsschauplätzen eingesetzt und die harte Schlacht um die Versorgungslinien führte zur Vernichtung von annähernd der Hälfte der Handelsschifftonnage, die 1939 vorhanden war. Die Alliierten verloren mehr als 21 000 000 BRT und die Achse über 12 000 000 BRT; zweimal mehr als die zwischen 1914 und 1918 versenkte Gesamttonnage.

Die Methoden des Angriffs auf die Handelsschiffahrt waren unterschiedlich: Unterseeboote, Flugzeuge, Seeminen, größere Überwasserschiffe, getarnte Handelsstörer, Torpedoboote und Luftangriffe auf Häfen. Davon erzielte das Unterseeboot die größten Erfolge: über 70% der versenkten Tonnage.

Die heftigste und blutigste Folge von Operationen zur Beherrschung der Seeverbindungen war das, was Winston Churchill am 6. März 1941 als die Schlacht im Atlantik bezeichnete. Diese ungeheure Schlacht nahm die Energien aller Betroffenen stark in Anspruch. Auf Waffen und Taktik angewendete Wissenschaft und Technologie bewirkten bedeutende Veränderungen in der Entwicklung des Unterseebootes.

Die kleine Anzahl der zur Verfügung stehenden Boote und die dem Angriff gegen die britische und französische Handelsschiffahrt auferlegten politischen Beschränkungen begrenzten anfänglich die deutschen Unternehmungen ernstlich. Als Folge des fast vollständigen Rückzugs der Unterseeboote aus dem Atlantik für den Einsatz zur Unterstützung der Invasion Norwegens und wegen der ernsten Fehler an ihren Torpedos nahm die Anzahl der versenkten Handelsschiffe im Frühjahr 1940 deutlich ab. Nach dem Beheben dieser Mängel und dem Abschluß der Invasion nahmen die Boote ihre Aktivität im Atlantik wieder auf, wobei sie die französischen Häfen am Golf von Biscaya benutzten, die nach der Niederlage Frankreichs besetzt worden waren. Im Sommer 1940 begannen auch die ersten italienischen Hochseeboote im Atlantik zu operieren, aber ihr Beitrag fiel geringer aus als angenommen worden war, in erster Linie wegen ihrer andersartigen technischen Merkmale und einer anderen Ausbildung ihrer Besatzungen. Die italienischen Boote, bis zum Ende des Jahres 1940 achtzig an der Zahl, wurden nach der Wolfsrudel-Taktik eingesetzt, die vor dem Kriege untersucht worden war. Große Gruppen von

Bordeaux 1941: Ein italienisches Atlantik-Boot nimmt vor einer Feindfahrt Torpedos an Bord.

Booten (über Funk von der U-Bootführung koordiniert und gelenkt) wurden auf einen Geleitzug »angesetzt« und griffen bei Nacht in großer Zahl mit hoher Geschwindigkeit im Überwassergefecht an, das heißt als Überwasser-Torpedoboote. Nach der Beendigung des Angriffs sammelte sich das Rudel wieder hinter dem Horizont und griff in der nächsten Nacht erneut an.

Dönitz setzte seine Boote in einer Weise ein, um den größtmöglichen Erfolg im Sinne der versenkten Gesamttonnage zu erreichen, ohne Rücksicht darauf, wo diese Erfolge erzielt wurden. Das stand im Einklang mit dem gesamtstrategischen Ziel, die Handelsschiffahrt so schwer wie möglich und mit geringsten Verlusten zu treffen. Seine Strategie stand jedoch bei einer Reihe von Gelegenheiten im Widerspruch zu den unmittelbaren Erfordernissen der deutschen Seekriegsleitung, die Boote in schwer umkämpfte Seegebiete verlegte, wo es wenig Erfolgsaussichten gab und wo ihre Wirksamkeit daher wesentlich begrenzt war. Dönitz war sich des riesigen englisch-amerikanischen Industriepotentials bewußt und nach seinem Willen sollten die alliierten Verluste den Zugang an Neubauten übersteigen, um auf diese Weise eine langsame Abschnürung der feindlichen Seeverbindungen herbeizuführen. Ihm war auch bewußt, daß die Zeit

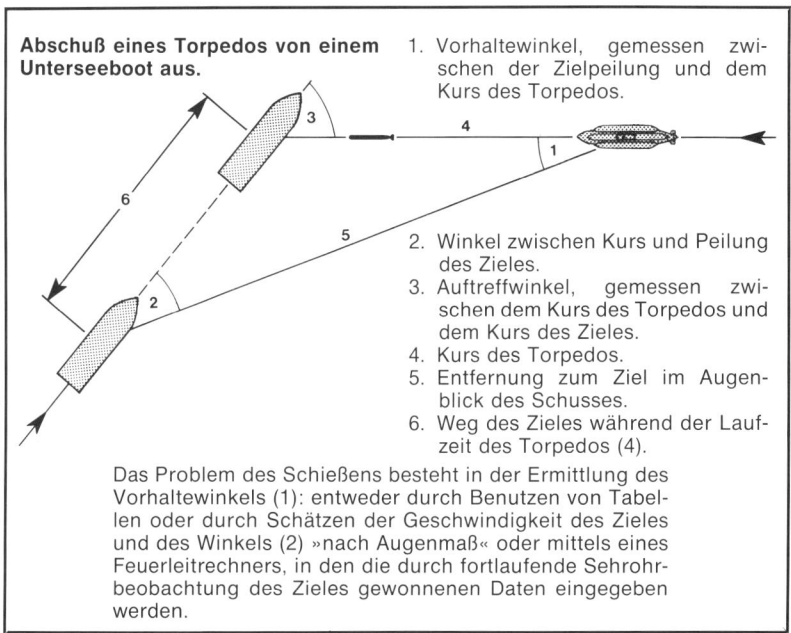

Abschuß eines Torpedos von einem Unterseeboot aus.

1. Vorhaltewinkel, gemessen zwischen der Zielpeilung und dem Kurs des Torpedos.
2. Winkel zwischen Kurs und Peilung des Zieles.
3. Auftreffwinkel, gemessen zwischen dem Kurs des Torpedos und dem Kurs des Zieles.
4. Kurs des Torpedos.
5. Entfernung zum Ziel im Augenblick des Schusses.
6. Weg des Zieles während der Laufzeit des Torpedos (4).

Das Problem des Schießens besteht in der Ermittlung des Vorhaltewinkels (1): entweder durch Benutzen von Tabellen oder durch Schätzen der Geschwindigkeit des Zieles und des Winkels (2) »nach Augenmaß« oder mittels eines Feuerleitrechners, in den die durch fortlaufende Sehrohrbeobachtung des Zieles gewonnenen Daten eingegeben werden.

Das kampferprobte *U 47* – es versenkte das britische Schlachtschiff *Royal Oak* in Scapa Flow – passiert mit angetretener Besatzung den deutschen Schlachtkreuzer *Scharnhorst*.

Ein Hochseeboot der *Marcello*-Klasse, die *Barbarigo*, verläßt die Gironde-Mündung zu einer Feindfahrt im Atlantik.

Das italienische Unterseeboot *Calvi* trifft ein deutsches Boot vom Typ IX 1941 im Atlantik.

Bei der Sicherung von zwei Schiffen wird der italienische Geleitzerstörer *Alcione* am 11. Dezember 1941 von dem britischen Unterseeboot *Truant* vor der Nordküste Kretas torpediert.

Zusammentreffen im Mittelatlantik am 19. Juni 1941.

Großadmiral Karl Dönitz, Befehlshaber der deutschen U-Bootwaffe und vom 30. Januar 1943 an Oberbefehlshaber der deutschen Kriegsmarine.

Ein britisches Flugzeug greift U 243, ein Boot vom Typ VII C, am 8. Juli 1944 im Golf von Biscaya an und versenkt es.

Die Wegnahme von *Bronzo* durch den britischen Minensucher *Seaham* am 12. Juli 1943 vor Syrakus. Das italienische Unterseeboot, dem der Fall der Festungen Augusta und Syrakus nicht bekannt war, näherte sich über Wasser alliierten Marineeinheiten, die es für italienische hielt. Nachdem das Boot unter schweren Beschuß geraten war, wurde es geentert, weggenommen und später der französischen Marine übergeben, in der es bis 1946 als *Narval* verblieb.

nicht für ihn arbeitete, und er war daher bestrebt, die größtmögliche Anzahl an Booten so schnell wie möglich zu bekommen, ehe die Alliierten Taktik und Ausrüstung ersannen, um der Gefahr zu begegnen. Der Eintritt der Vereinigten Staaten in den Krieg traf mit einer beträchtlichen Zunahme an Versenkungen durch die U-Boote zusammen, aber Amerikas Beitrag zum Bau von Handels- und Kriegsschiffen, Flugzeugen und elektronischen Geräten gab bald den Ausschlag und Anfang 1943 erfuhr das Verhältnis zwischen versenkter alliierter Handelstonnage und Neubauten einen scharfen Umschwung. Zum erstenmal seit Kriegsbeginn gelang es den Alliierten, mehr Handelsschiffe vom Stapel zu lassen als die Achse imstande war zu vernichten. Die Gesamtstrategie von Dönitz stand im Begriff zu versagen und er erkannte klar, daß Deutschland die Schlacht im Atlantik und den Krieg verlieren würde, wenn nicht zuverlässige Gegenmittel gefunden wurden.

Im Dezember 1942 besaßen die Deutschen 397 einsatzfähige Unterseeboote, davon waren aber nur zwei Drittel im Atlantik eingesetzt. Zumeist handelte es sich um Varianten des Typs VII und des Typs IX, aber auch die ersten »Versorgungs«-Boote waren in Dienst gestellt worden, die Einsatzdauer dieser Typen durch Ergänzen von Dieselöl und Torpedos beträchtlich steigerten. Typ VII wurde normalerweise zu großangelegten Angriffen gegen Geleitzüge im Mittelatlantik eingesetzt, wohingegen Typ IX in der Regel entlang der Küsten der Vereinigten Staaten, Afrikas und Südamerikas operierte. Im Dezember 1942 kamen zehn italienische Boote hinzu. Diese wurden in Bordeaux stationiert und wegen ihrer besonderen charakteristischen Merkmale einzeln im Mittel- und Südatlantik sowie entlang der Küste der Vereinigten Staaten eingesetzt.

Bis zum Dezember 1942 hatte die durch die U-Boote seit Beginn des Jahres versenkte alliierte Handelstonnage die Rekordziffer von 5 819 065 BRT erreicht; dazu kamen noch annährend 300 000 BRT, von italienischen Booten versenkt. Von den 88 auf allen Kriegsschauplätzen verlorengegangenen deutschen Booten hatten die Alliierten 60 im Atlantik versenkt, von den 23 in Verlust geratenen italienischen Booten zwei. Mehrere Flugzeugverbände, hauptsächlich in Frankreich und Norwegen stationierte viermotorige Aufklärungs-/Bombenflugzeuge vom Typ Focke-Wulf Fw 200 »Condor«, unterstützten die U-Boote. Eingesetzt für Fernangriffe auf Geleitzüge und zur Aufklärung für die U-Boote vernichteten sie zahlreiche alliierte Schiffe, darunter auch den 42 000 BRT großen Passagierdampfer *Empress of Britain*, der am 27. Oktober 1940 vor der Küste Irlands in Brand gesetzt und anschließend von einem U-Boot torpediert wurde.

Dank der von den Alliierten ergriffenen Gegenmaßnahmen begann sich der Einsatz der Focke Wulf Fw 200 1942 im Atlantik abzuschwächen und hörte später ganz auf. Man fing an, Handelsschiffe mit Katapulten für Jagdflugzeuge auszurüsten (sog. *CAM*-Schiffe) und später bestand die stets gegenwärtige Bedrohung von den Langstreckenjägern an Bord der Geleitträger. Es ist schwierig, das genaue Ausmaß der zu einer bestimmten Zeit eingesetzten alliierten Luft- und Seestreitkräfte festzustellen. Es ist jedoch bekannt, daß die Anzahl der Ende 1942 im Atlantik eingesetzten Geleitfahrzeuge (Zerstörer, Korvetten, Fregatten usw.) 500 Schiffe bei weitem überstieg und daß die Anzahl der auf dem Boden und auf den ersten Geleitträgern stationierten Flugzeuge nur geringfügig unter 1000 lag.

Die auf den alliierten Flotteneinheiten verfügbaren Waffen bestanden aus der normalen Ausstattung mit Geschützen, Maschinenwaffen und den verschiedenen Wasserbombentypen.

Korvetten – die zu Anfang des Krieges von den Briten in großen Zahlen gebauten Geleitfahrzeuge – erwiesen sich bald als zu langsam, um ein aufgetaucht fahrendes U-Boot zu erwischen, aber zunehmende Zahlen größerer und schnellerer Geleitfahrzeuge kamen in Dienst und mehr alte Zerstörer standen zum Umbau in Geleitfahrzeuge zur Verfügung. Zusätzlich ermöglichte es die fortlaufende Verbesserung des Radars den U-Jagdeinheiten, aufgetauchte Boote zu entdecken, sie genau zu orten und schnell wirksame Gegenmaßnahmen zu ergreifen.

Mit dem Ende des Jahres 1942 begann man die britischen Schiffe, deren Wasserbomben 1939 noch vom Typ des Ersten Weltkrieges waren, mit einer neuen Waffe auszustatten. Das war der »Hedgehog«-Wasserbomben-

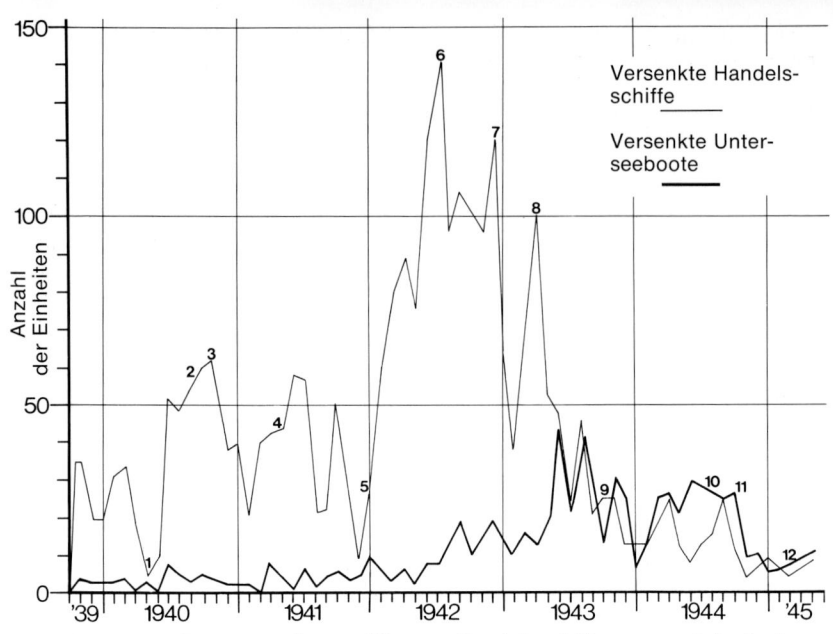

Verhältnis zwischen versenktem alliiertem Handelsschiffsraum und deutschen Unterseebootsverlusten während der Schlacht im Atlantik.

1. Angriff gegen Norwegen und die Torpedo-»Krise«.
2. Beginn der Benutzung der französischen Atlantikhäfen durch die U-Boote.
3. Beginn der Überwasser-Nachtangriffe gegen Geleitzüge.
4. Beginn der großangelegten Anwendung der »Wolfsrudel«-Taktik.
5. Eintritt der Vereinigten Staaten in den Krieg und Beginn der Operationen im westlichen Atlantik.
6. Höhepunkt der Schlacht im Atlantik – größte Erfolge der U-Boote.
7. Beginn des intensiven Einsatzes von Überwachungsflugzeugen, bewaffnet mit Wasserbomben und ausgerüstet mit Radar und Suchscheinwerfern.
8. Beginn der U-Jagdoperationen durch »Support Groups« (Unterstützungsgruppen), gebildet aus Geleitträgern, Zerstörern und U-Jagdfregatten.
9. Beginn des Einsatzes des akustischen Torpedos gegen Geleitfahrzeuge.
10. Beginn der einsatzmäßigen Verwendung des Schnorchels auf U-Booten.
11. Rückzug der Unterseeboote aus den französischen Atlantikstützpunkten.
12. Beginn der Operationen in der Nordsee durch die Elektroboote vom Typ XXIII.

Verhältnis zwischen neu gebauter und durch deutsche Unterseeboote versenkter alliierter Handelstonnage.

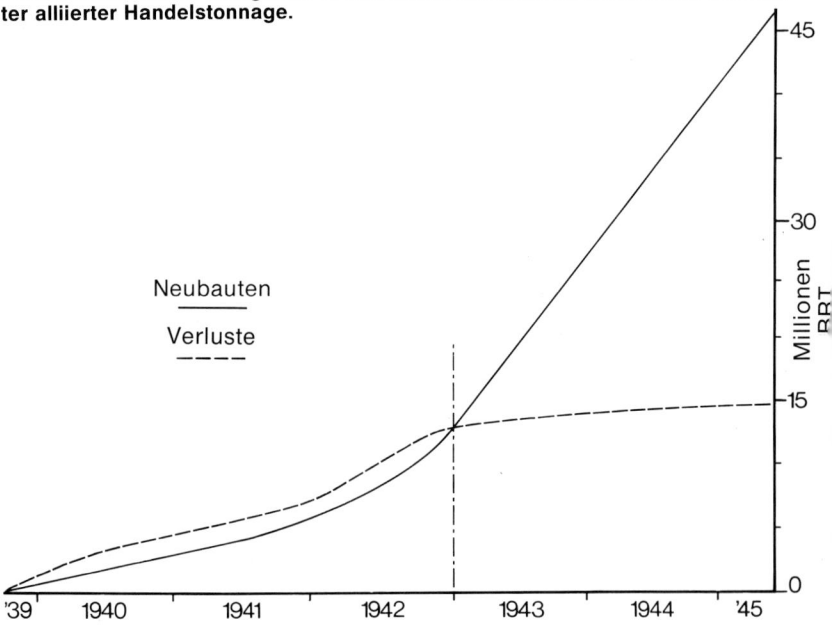

werfer, imstande, mörserartig nach dem Stielgranaten-Prinzip 24 Wasserbomben etwa 200 m voraus des angreifenden Schiffes zu feuern, die über der vermuteten Position des getauchten Bootes in Ellipsen- oder Kreisform niedergingen. Anders als normale Wasserbomben detonierten Hedgehog-Bomben (sie besaßen eine kleinere Sprengstoffladung) nicht auf einer vorher bestimmten Wassertiefe, sondern nur, wenn sie ein getauchtes Boot trafen. Der große Vorteil, Bomben mit Aufschlagzündern voraus zu schießen, bestand darin, daß der Sonarkontakt während der kritischen letzten Augenblicke eines Angriffs nicht verlorenging.

Das grundlegende Instrument, um getauchte Boote zu erfassen und zu orten, war das bei den Briten als Asdic und bei den Amerikanern als Sonar bekannte Echo-Ortungsgerät. Unter großer Geheimhaltung war es zwischen den Kriegen von der britischen und der amerikanischen Marine vervollkommnet worden und hatte 1939 bereits eine große Leistungsfähigkeit erreicht. Noch weiter verbessert, wurden 1942 alle im Atlantik operierenden britischen und amerikanischen Geleitfahrzeuge damit ausgestattet.

Die wichtigsten Grenzen bei der Anwendung des Asdic bzw. Sonars waren:
- seine Reichweite, normalerweise nicht über 1800–2750 m liegend, aber oft bei besonderen Bedingungen hinsichtlich Wassertemperatur und Salzgehalt unter 900 m fallend;
- seine Funktionsunfähigkeit, wenn die Schiffsgeschwindigkeit 9–11 Knoten überstieg,
- seine Unfähigkeit, die genaue Wassertiefe eines Zieles zu bestimmen, und die Tatsache, daß der Sonar-»Strahl« den Raum unmittelbar unter sich nicht abtasten konnte, so daß das Echo verlorenging, wenn sich das Schiff nah genug dem Ziel näherte und letzteres unter dem Strahl durchglitt.

Außerdem schufen die detonierenden Sprengladungen ein Feld von Unterwasserturbulenzen, die die Ausbreitung der Schallwellen störten, und das erlaubte oft einem Unterseeboot zu entkommen, nachdem es den ersten Angriff überstanden hatte, ehe der Kontakt wiederhergestellt werden konnte.

1943 entwickelte Commander Walker (maßgebender Führer einer britischen Geleitsicherungsgruppe) eine neue Taktik, die den Grenzen des Asdic weitgehend entgegenwirkte; und zwar den »Schleichangriff«, wobei ein Geleitsicherungsfahrzeug, das ein Unterseeboot geortet hatte, dessen Fahrt überwachte und gleichzeitig ein zweites Schiff über Funk zum Angriff führte. Das angreifende Schiff schlich mit abgeschaltetem Asdic an den Feind heran und das Unterseeboot hatte es sehr schwer zu entkommen. Walker entwickelte auch die Taktik des konzentrierten Angriffs dreier Geleitsicherungsfahrzeuge, die die Position des U-Bootes mit Wasserbomben zudeckten und seine Versenkung sehr wahrscheinlich machten. Die Admiralität sorgte für eine schnelle Verbreitung dieser Taktiken, was viele U-Bootversenkungen zur Folge hatte.

Inzwischen war auch von der Zahl her eine außerordentliche Verstärkung der U-Jagdflugzeuge eingetreten und dank der Einführung neuer und verbesserter Typen (insbesondere des amerikanischen Langstreckenflugzeuges B 24 »Liberator«) konnte ein großes Gebiet des Atlantik überwacht werden. Ausgerüstet mit Radar, Suchscheinwerfern, Raketen und Wasserbomben orteten sie die U-Boote weit von den Geleitzügen entfernt und beschränkten ernstlich deren Operationsmöglichkeiten. Zahlreiche Boote fielen den Tag- und Nachtangriffen der U-Jagdflugzeuge auf den von und zu den atlantischen Stützpunkten führenden Wegen zum Opfer. Trotz der Tatsache, daß alliierte landgestützte Flugzeuge 1942 ein großes Gebiet des Atlantik überwachen konnten, blieb in seiner Mitte eine Zone, die nicht erreicht werden konnte, und diese Lücke wurde durch den Einsatz kleiner Geleitträger geschlossen. Dabei handelte es sich um umgebaute, mit einem Flugdeck ausgestattete Handelsschiffe; ihre Flugzeuge übernahmen die Sicherung in der unmittelbaren Umgebung des Geleitzuges. Schließlich wurden noch Geleitsicherungsfahrzeuge im Mittelatlantik stationiert, um die Sicherung der Geleitzüge in den von den landgestützten Flugzeugen nicht erreichbaren Seegebieten zu verstärken.

Anfang 1943 trachteten die Deutschen danach, ihre U-Bootwaffe zu verbessern, indem sie die vorhandenen Boote mit neuen Waffen und Ausrüstungen ausstatteten und neue Typen mit erhöhter Unterwassergeschwindigkeit und -fahrstrecke entwarfen. Die wichtigsten Verbesserungen waren folgende:

1. Verstärkung der Flakbewaffnung.
2. Einführen spezieller Anstriche für die Kommandotürme, geeignet, die feindlichen Radarimpulse zu absorbieren.
3. Die Ausstattung mit einem elektronischen Gerät (»Metox« genannt), das die Radarimpulse britischer Flugzeuge auffing und Zeit zum Schnelltauchen gewährte. Das Metox war sehr leistungsfähig und arbeitete mit 1,69 m auf derselben Wellenlänge wie das britische Radar. Als die Briten auf den Zentimeter-Wellenbereich übergingen, wurde das Metox-Gerät unwirksam, und die Deutschen waren nicht imstande, für diese kurze Wellenlänge ein neues Gerät zu bauen.
4. Die Einführung des akustischen Torpedos, der in der Lage war, dem Schraubengeräusch zu folgen, und hauptsächlich gegen Geleitsicherungsfahrzeuge eingesetzt wurde. Torpedos, programmiert für ein bestimmtes Laufmuster (Zickzack, Spirale, Achterfigur usw.), wurden ebenfalls eingeführt und ihr Einsatz gegen Geleitzüge und Kriegs-

U 744, 9. U-Flottille, in sinkendem Zustand, nachdem es am 6. März 1944 von britischen Überwassereinheiten angegriffen worden war. Man beachte die von Granaten verursachten Einschüsse im Kommandoturm und das längsseits befindliche britische Beiboot.

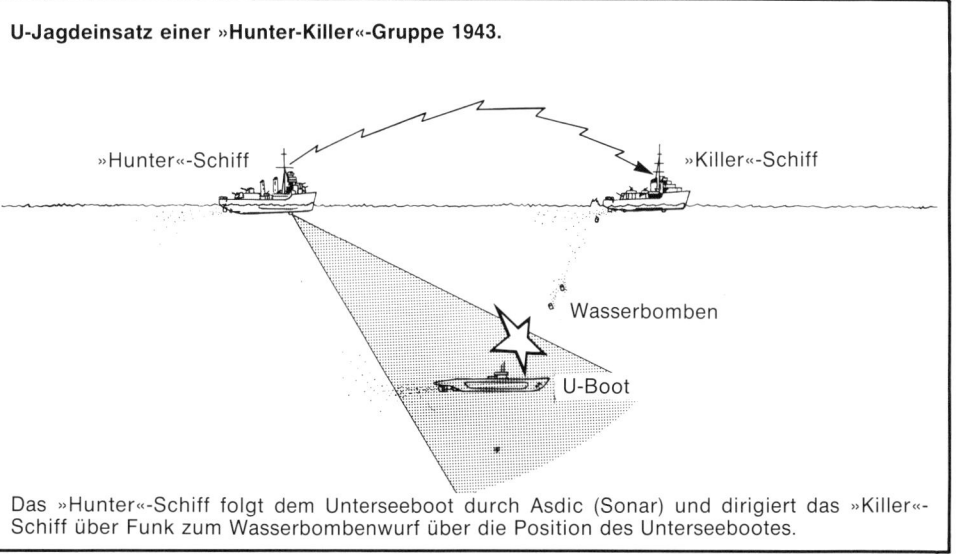

U-Jagdeinsatz einer »Hunter-Killer«-Gruppe 1943.

Das »Hunter«-Schiff folgt dem Unterseeboot durch Asdic (Sonar) und dirigiert das »Killer«-Schiff über Funk zum Wasserbombenwurf über die Position des Unterseebootes.

schiffverbände steigerte ihre Chancen beträchtlich, einen Treffer zu erzielen.

5. Der Einbau des Schnorchels auf den Einsatzbooten. Diese Erfindung ermöglichte das Benutzen der Dieselmotoren (Luft ansaugen und Auspuffgase ausstoßen) auf Sehrohrtiefe. Dadurch konnten die Batterien aufgeladen werden, ohne aufzutauchen. Der Gebrauch des Schnorchels vergrößerte außerordentlich die Unterwassergeschwindigkeit und -fahrstrecke und verringerte die Wahrscheinlichkeit einer Sichtung oder einer Radarortung.

Die Deutschen waren sich durchaus bewußt, daß diese Verbesserungen an sich unzureichend waren, um den U-Booten ihren früheren Grad an Leistungsfähigkeit wiederzugeben, und so wurden äußerste Anstrengungen im Hinblick auf den Entwurf völlig neuer Boote unternommen.

Schon 1939 war eine neue Art von Antriebsvorrichtung, die Walter-Turbine, in Deutschland erprobt worden. Benannt nach ihrem Erfinder, funktionierte sie mit Hilfe eines geschlossenen Kreislaufs und bedurfte keiner Luft von außerhalb des Bootes. Es handelte sich dabei um eine Art Gasturbine, in welcher der zur Verbrennung des Öls erforderliche Sauerstoff aus einer von innen heraus erfolgenden Aufspaltung des Wasserstoffsuperoxyds bei Anwesenheit von Kaliumpermanganat gewonnen wurde. Der Antrieb entwickelte eine hohe Energieleistung, die sehr hohe Unterwassergeschwindigkeiten gestattete.

Weiter entwickelt, hätte diese Turbine der »Doppelzweckmotor« werden können, der der Traum der Unterseebootsbauer von Anfang an gewesen war. Aber 1943 war die Walter-Turbine trotz des Baues mehrerer Versuchsboote weit von einer einsatzfähigen Verwendung entfernt und die U-Bootführung, nicht imstande, noch länger zu warten, suchte die Lösung ihrer unmittelbaren Probleme in konventionellen Motoren, wenn auch in Auftrag gegebene Untersuchungen über die Walter-Turbine weitergeführt wurden. So wurden die Elektroboote oder elektrischen Unterseeboote entworfen. Dabei handelte es sich um Boote von hoher Unterwassergeschwindigkeit, wobei die elektrische Komponente des Antriebssystems an Bedeutung und Energieleistung der Dieselkomponente weit überlegen war. Der Rumpf, seine Form — besonders für Unterwasserantrieb entwickelt — und die beträchtliche zur Verfügung stehende elektrische Energie erlaubten es den Booten, Geschwindigkeitssprints unter Wasser zu erreichen, die fast doppelt so groß waren wie jene, die mit normalen Unterseebooten möglich waren.

Innerhalb eines sehr kurzen Zeitraums waren zwei Entwürfe fertig: Typ XXI zur Hochseeverwendung und Typ XXIII zur Küstenverwendung. Im Juni 1943 wurden sie gebilligt und der Bau begann in großem Umfang. Um die Produktion zu beschleunigen und zu dezentralisieren, wurde in ausgedehntem Maße die Vorfertigungstechnik angewendet und unabhängige Rumpfsegmente, acht für Typ XXI und vier für Typ XXIII, hergestellt. Die ersten Elektroboote waren im Sommer 1944 fertig, aber die ihrer Endherstellung anhaftenden Probleme und die erforderlich werdende intensive Ausbildung ihrer Besatzungen gestatteten ihren Einsatz in großem Stil nicht vor Ende des Krieges. Die neuen Boote wurden niemals voll im Einsatz erprobt, aber mehrere Einzelunternehmungen, versuchsmäßig während der letzten Kriegstage durchgeführt, demonstrierten ihre außerordentlich offensiven Fähigkeiten. Ihre Höchstgeschwindigkeit unter Wasser lag in der Größenordnung bei 16—17 Knoten und ihre fortgeschrittene Instrumentenausrüstung ermöglichte ihnen, getaucht blitzschnelle Angriffe durchzuführen. Ihre Torpedos auf der Grundlage von Hydrophon- oder Horizontallotangaben abschießend, waren sie praktisch gegen Angriffe von Geleitsicherungsfahrzeugen immun, deren Asdic-Anlagen bei Geschwindigkeiten von mehr als 12 Knoten unwirksam wurden. Der Schnorchel und eine besondere Klima- und Lufterneuerungsanlage, die es den Booten gestattete, fast ständig unter Wasser zu operieren, gewährleistete ihnen Schutz gegen Sichtung durch Flugzeuge. Nur die Menge des mitgeführten Dieselöls begrenzte die Fahrstrecke. Die Rumpfform bürgte für gute Unterwasserleistung und Manövrierfähigkeit, aber für Überwasseroperationen waren die Boote schlecht geeignet. Das Flugzeug hatte das Unterseeboot unter Wasser gezwungen; nunmehr wurden die Träume der frühen Unterseebootsbauer — durch die technischen Unzulänglichkeiten ihrer Tage unmöglich gemacht — Wirklichkeit. Das Unterwasserfahrzeug war zu einem echten Unterseeboot geworden, darauf angelegt, die gesamte Zeit unter der Wasseroberfläche zu bleiben und dort mehr zu leisten, als nur »tauchfähig« zu sein, was auf alle bisherigen Unterseeboote zutraf.

Während die größere Aufmerksamkeit der U-Bootführung dem riesigen Programm der 1943 auf Stapel gelegten Neubauten zugewendet war und das zu Anfang den Bau von 200 Booten Typ XXI und 100 Booten Typ XXIII forderte, setzten die konventionellen Unterseeboote die Schlacht im Atlantik fort. Trotz Steigerungen und Verbesserungen bei Waffen und Ausrüstung sanken ihre Erfolge weiterhin ab und Ende 1943 war die Summe der Unterseebootsverluste zum erstenmal größer als jene der Handelsschiffe.[7]

Diese Situation hielt bis zum Ende des Krieges an. 1944 waren die Verluste so hoch, daß Dönitz, der zum Großadmiral befördert worden war und Raeder ersetzt hatte, an das Zurückziehen aller Unterseeboote aus dem Atlantik dachte. Aus der Notwendigkeit heraus, den Druck auf die Alliierten aufrechtzuerhalten, und infolge der sich daraus ergebenden Neuentfaltung enormer Mengen alliierter Schiffe und Ausrüstung in anderen Bereichen sah er davon ab.

In dieser Zeitspanne hatten die Alliierten ein neues System zur Ortung und Verfolgung von Unterseebooten vervollkommnet: die Sonarbojen. Aus Flugzeugen abgeworfen, erfaßten sie das Geräusch getauchter Boote und übermittelten dies den Flugzeugen, die eine »Hunter-Killer«-Gruppe heranführten. Viele Flugzeuge waren auch mit MAD (Magnetic Airborne Detector), einem magnetischen Ortungsgerät, ausgestattet, das während eines Tiefluges die Anwesenheit eines getauchten Bootes feststellte, indem es die durch die Metallmasse des Bootes verursachten Abweichungen im Magnetfeld der Erde maß. Außerdem war das Radar so vervollkommnet worden, daß unter günstigen Wetterbedingungen sogar der kleine »Kopf« des Schnorchels georten werden konnte.

Sowohl MAD als auch Sonarboje konnten zusammen mit einer neuen, tödlichen Waffe, abgeworfen aus dem Flugzeug, eingesetzt werden, und zwar dem zielsuchenden akustischen Torpedo, dessen besondere Wirksamkeit sich ergab, wenn er in den von einem tauchenden Unterseeboot hinterlassenen Wasserstrudel geworfen wurde. Während der letzten Kriegsmonate war dieser Torpedo für viele U-Bootverluste verantwortlich.

Die Royal Navy hatte eine gleichermaßen wirksame Waffe für Überwassergeleitfahrzeuge geschaffen, den die Wasserbomben vorausschießenden »Squid«; sein Dreifachrohr schoß drei Wasserbomben auf einen Punkt weit voraus des Schiffes. Viel größer als die Hedgehog-Bomben waren diese mit einem hydrostatischen Zünder wie gewöhnliche Wasserbomben ausgestattet und sie mußten nicht unbedingt treffen, um einem Unterseeboot verhängnisvollen Schaden zuzufügen. Eine weitere, von Geleitsicherungsfahrzeugen aus eingesetzte Waffe war eine riesige Wasserbombe vom Gewicht einer Tonne, die aus den Torpedorohren von Zerstörern verschossen werden mußte. Infolge ihrer schnellen Sinkgeschwindigkeit und ihrer gewaltigen Sprengstoffladung wurde sie gegen Unterseeboote eingesetzt, die auf Tiefe gegangen waren.

Als die Alliierten im Mai 1945 die deutschen Häfen besetzten, fanden sie Hunderte von einsatzbereiten, neuen Booten vor. Viele von ihnen waren kurz vor der Übergabe von ihren Besatzungen selbst versenkt worden.

Im Pazifik begannen die Amerikaner unmittelbar nach dem japanischen Angriff auf Pearl Harbor mit der uneingeschränkten Kriegführung. Viel inspiriert von den deutschen Taten im Atlantik wurde der Einsatz ihrer Unterseeboote zunehmend ausgedehnter und kühner. Unterseeboote versenkten über 60% der japanischen Handelsschiffahrt – das entspricht 4 861 317 BRT, wovon 2% auf das Konto der auf diesem Kriegsschauplatz eingesetzten britischen und holländischen Boote kamen. Der Anteil an Verlusten lag verhältnismäßig niedrig: 52 von insgesamt 217 Booten, d.h. annähernd 15,8% im Vergleich zum Atlantik, wo die Verluste in der Grö-

---

[7] Anmerkung des Übersetzers:
Welche bedeutsame Rolle bei diesen Unterseebootsverlusten die Entzifferung des deutschen Funkverkehrs gespielt hat, soll an späterer Stelle behandelt werden (vgl. Fußnote 13).

Der Schnorchel.

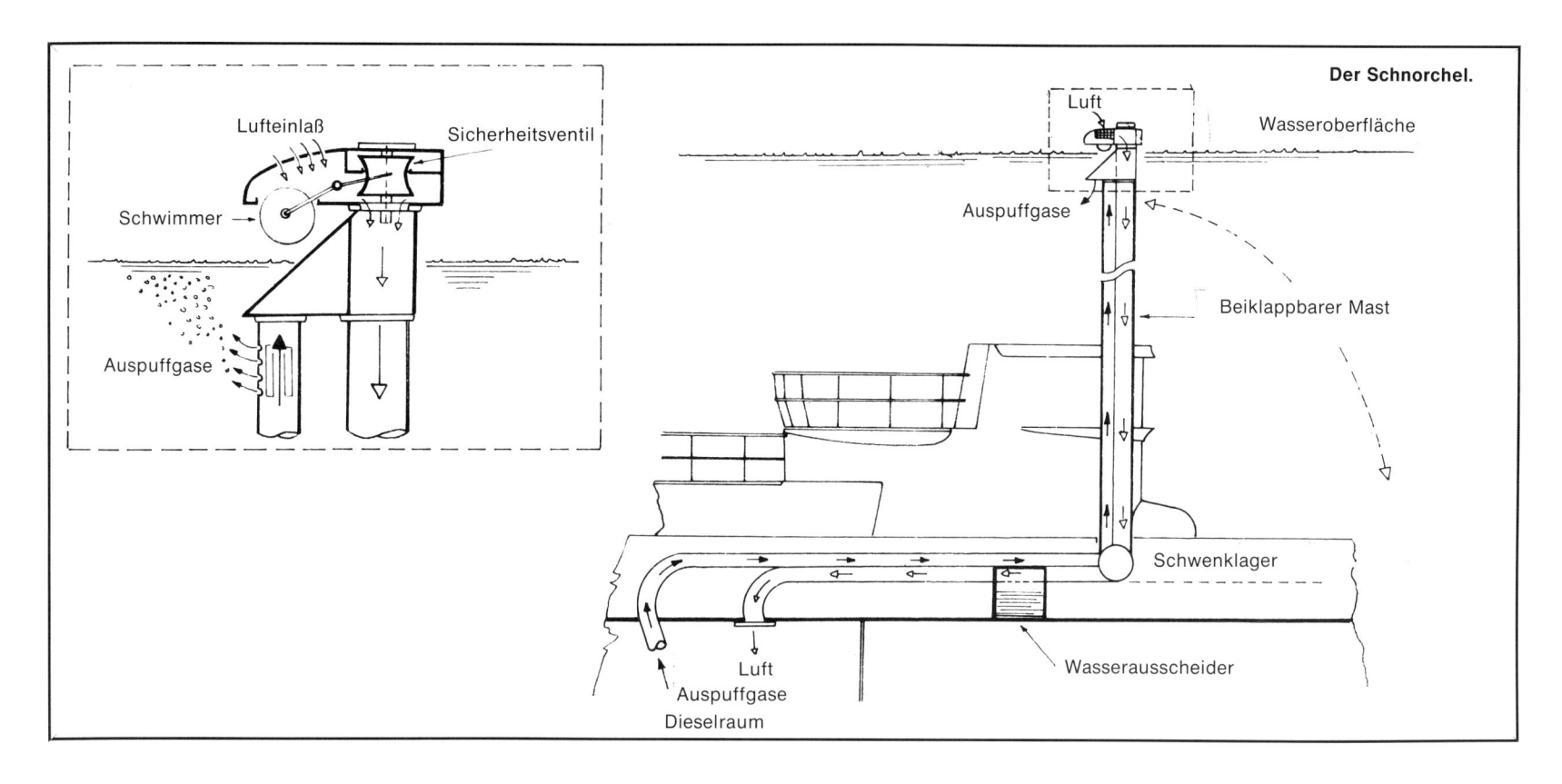

Bennordnung von 80% lagen. Diese Ergebnisse stammten weitgehend aus der Mangelhaftigkeit der japanischen Verteidigungsmaßnahmen und aus der Unwirksamkeit ihrer U-Jagdausrüstung und -bewaffnung, die während des gesamten Krieges auf einem viel niedrigeren Stand blieben, als es der von den Alliierten erreichte war.

Die Amerikaner versenkten auch zahlreiche Kriegsschiffe einschließlich der brandneuen *Shinano*; sie stellte mit 71 890 ts voll ausgerüstet den größten Neubau während des Zweiten Weltkrieges dar. Das Unterseeboot *Archerfish* versenkte den Flugzeugträger am 29. November 1944 vor Yokosuka.

Amerikanische Boote spielten auch eine äußerst nützliche Rolle bei der Rettung von Flugzeugbesatzungen, die während der Angriffe auf japanische Stützpunkte abgeschossen worden waren: zwischen August 1943 und August 1945 wurden 504 Flieger gerettet.

Die Japaner besaßen keine Vorstellung, wie sie ihre Unterseebootsflotte einsetzen sollten. Im wesentlichen entworfen, um in Unterstützung der Überwasserflotte gegen Kriegsschiffe zu operieren, gab es wenig Gelegenheiten, wobei sie erfolgreich eingesetzt werden konnte. Ihre größte Leistung war die Versenkung des Flugzeugträgers *Yorktown*, den *I 168* am 5. Juni 1942 während der Schlacht von Midway torpedierte. Obwohl häufig von den Deutschen gedrängt, setzten die Japaner während des gesamten Krieges ihre Unterseebootsflotte niemals in einer konzentrierten Operation gegen die amerikanischen Nachschublinien ein. Statt dessen fuhren sie fort, trotz schwerer Verluste (etwa 130 Boote) und mäßiger Ergebnisse, ihre Boote gegen Kriegsschiffe zu verwenden. Lediglich während der letzten Kriegsphase, als es ein Programm aktiver Zusammenarbeit mit Deutschland für den Bau schneller Boote in Japan gab, wurde die Frage des Angriffs auf die Handelsschiffahrt erneut geprüft. Inzwischen war es zu spät, und die japanischen Unterseeboote waren damit beschäftigt, ihre durch die amerikanische »Bocksprung«-Strategie abgeschnittenen Inselbesatzungen mit Nachschub zu versorgen und *Kaiten*-Boote oder »menschliche Torpedos«, das Gegenstück der Marine zu den Kamikaze-Selbstmordflugzeugen, zu transportieren.

Während des Krieges entwickelten die Japaner einige interessante Bootstypen, wie die großen U-Flugzeugträger der *I 400*-Klasse, ausgestattet mit drei Seeflugzeugen. Sie hätten zum Angriff auf die Schleusen des Panama-Kanals eingesetzt werden sollen, aber die Indienststellung erfolgte zu spät, um den Plan auszuführen.

Die Prototypen der 1944 in Japan gebauten schnellen Unterseeboote ausgenommen, waren die von den Amerikanern und Japanern im Pazifik eingesetzten Boote vom konventionellen Typ, ohne bedeutsame Neuerungen. Von 1942 an waren alle amerikanischen Boote mit Radar ausgerüstet. Bei den Japanern begann eine solche Ausrüstung erst gegen Ende des Krieges, und ihre Geräte waren zweifellos dem amerikanischen Typ unterlegen. Gegen Ende des Krieges waren auch zahlreiche japanische Boote mit dem Schnorchel ausgestattet, wohingegen die Amerikaner gerade erst begannen, die Einrichtung anzubringen.

Im Mittelmeer operierten die Boote der Achse hauptsächlich gegen Kriegsschiffe, während sich britische Unterseeboote dem Angriff auf italienische Kriegsschiffe und die Nachschublinien nach Nordafrika widmeten. Nach der Niederlage Frankreichs hatten französische Unterseeboote wenig Gelegenheit, sich auszuzeichnen, ausgenommen mehrere Freifranzösische Boote, die weiterhin mit den Briten operierten.

Die vollständige Luftüberwachung im Mittelmeer, die hier möglich war, beeinflußte die Unterseebootskriegführung sehr und die Verluste durch Luftangriffe waren auf beiden Seiten schwer. Auch die Verluste durch feindliche Boote waren hoch.

Im September 1941 passierten deutsche Unterseeboote die Straße von Gibraltar. Ihre größten Erfolge waren die Versenkung des britischen Flugzeugträgers *Ark Royal* am 13. November 1941 durch *U 81* und *U 205* im westlichen Mittelmeer, das von *U 331* am 25. November 1941 im östlichen Mittelmeer torpedierte britische Schlachtschiff *Barham* und der am 15. Dezember 1941 durch *U 557* versenkte Kreuzer *Galatea*.

Zwischen dem 10. Juni 1940 und dem 8. September 1943 versenkten britische Boote mehr als 800 000 BRT Schiffsraum der Achse und zahlreiche Kriegsschiffe einschließlich des italienischen Kreuzers *Trento*, den am 15. Juni 1942 die *Umbra* torpedierte, nachdem er von Torpedobombern beschädigt worden war.

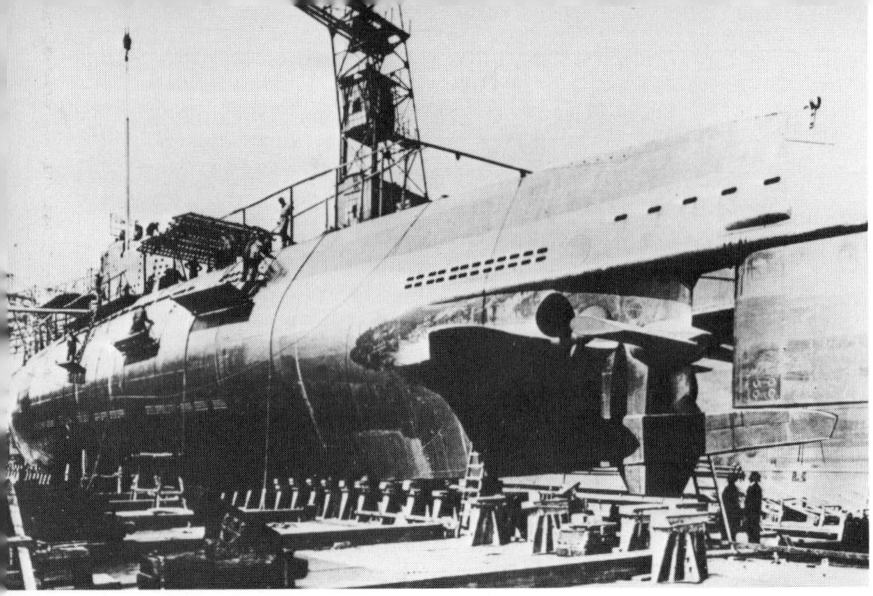

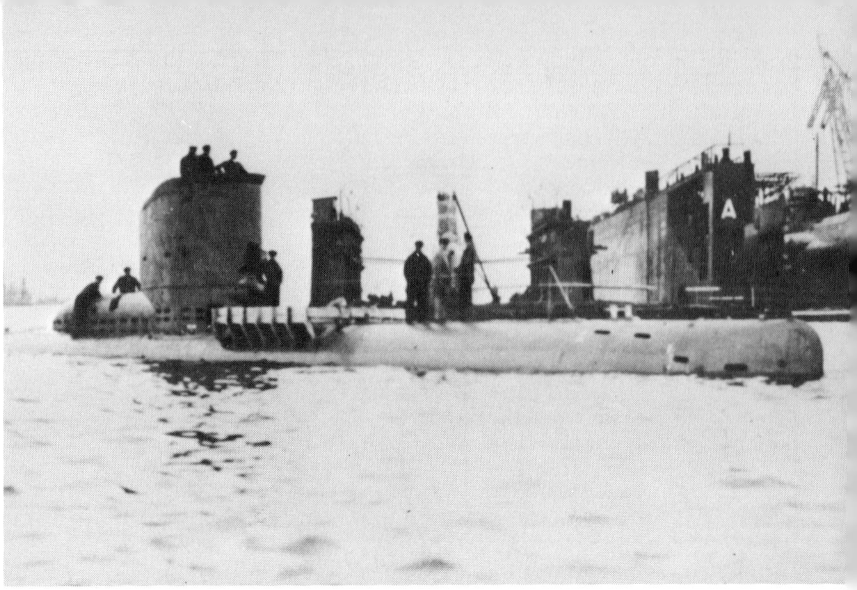

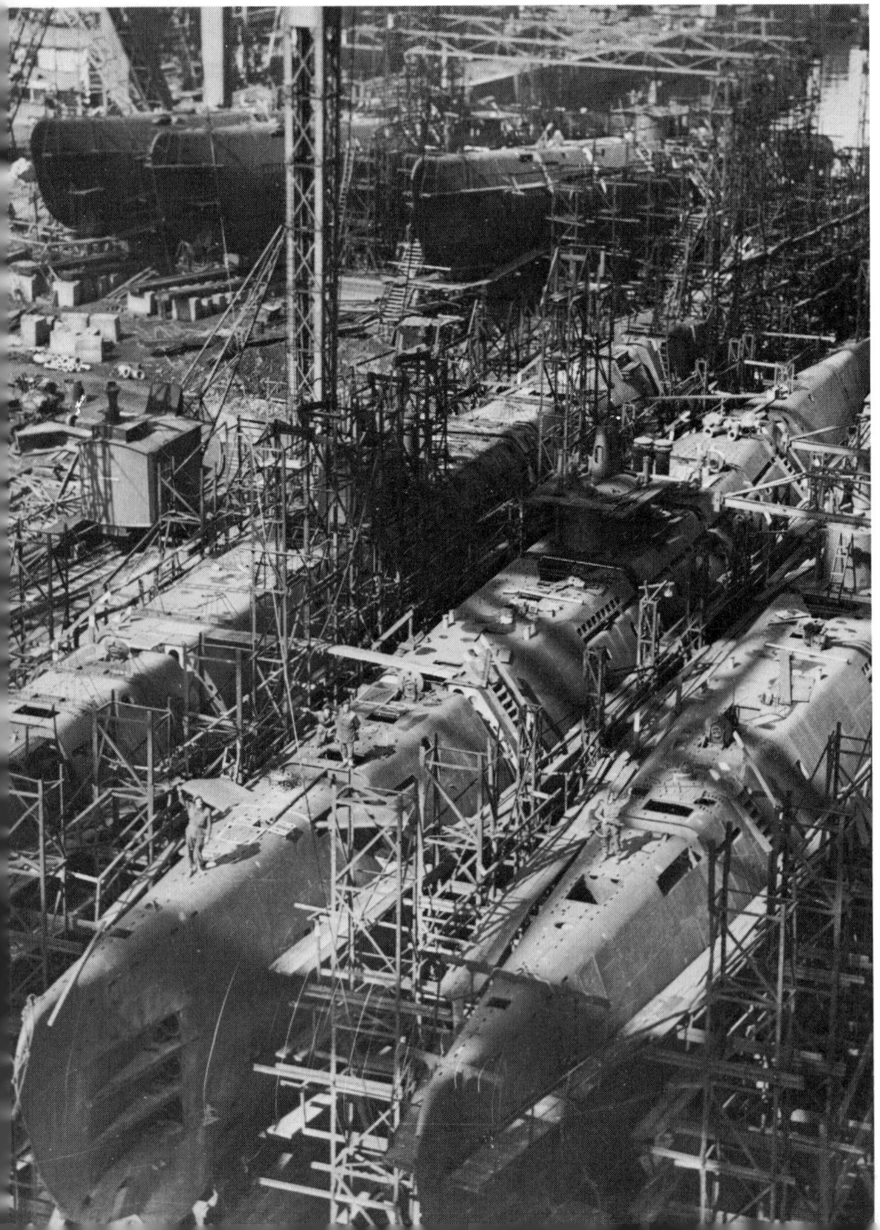

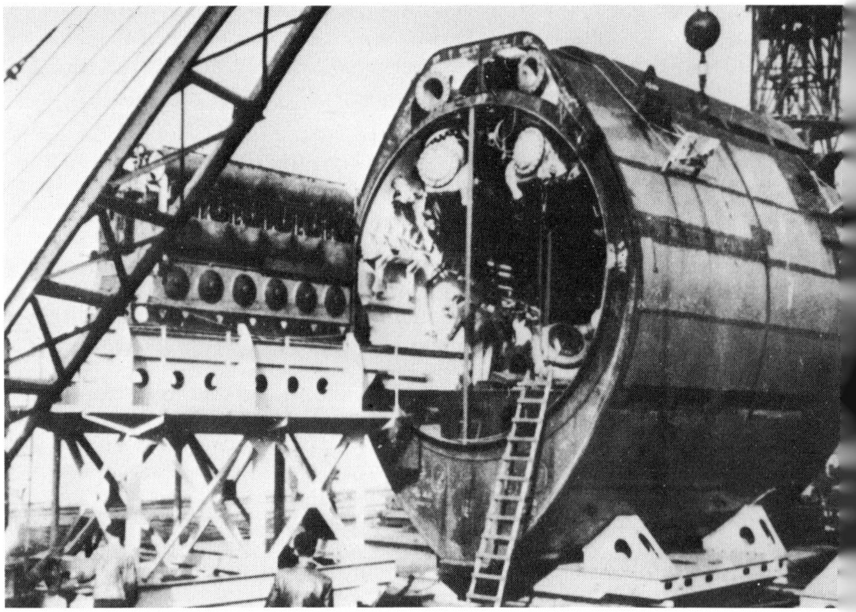

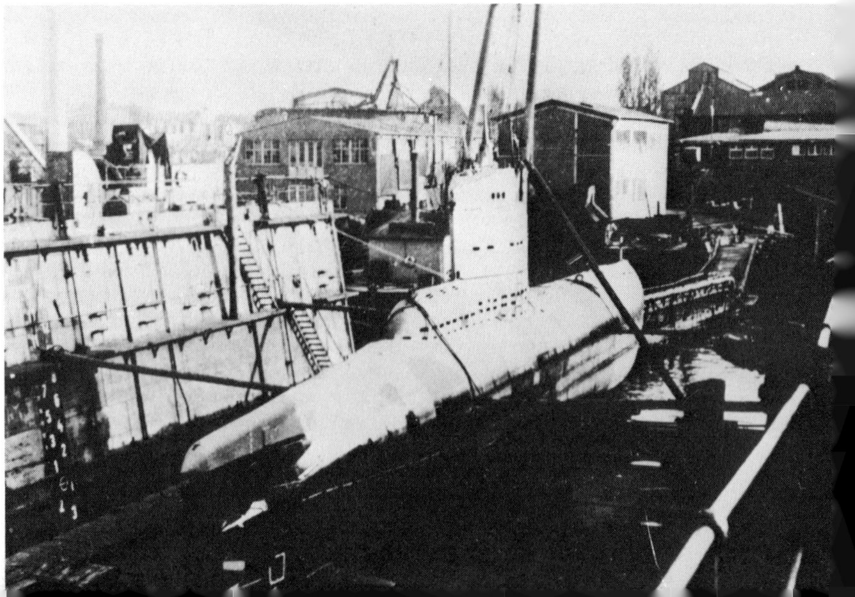

Sowohl von den Italienern als auch von den Briten wurden Unterseeboote speziell eingesetzt, um Nachschubgüter nach Nordafrika bzw. zur bedrängten Insel Malta zu transportieren.

Alle auf dem Kriegsschauplatz eingesetzten Unterseeboote waren vom konventionellen Typ und der hohe Grad an Verlusten stand in keinem Verhältnis zu den Versenkungen, wenn auch nicht zu den strategischen Ergebnissen, zumindest soweit es den britischen Angriff gegen Rommels Nachschublinien betraf.

Das Schwarze Meer sah nur einen begrenzten Unterseebootskrieg, geführt von ein paar deutschen Küstenbooten, die über die Donau herangebracht worden waren, mehreren italienischen »Taschen«-Unterseebooten, die man über Land transportiert hatte, und zahlreichen Sowjetbooten. Das Fehlen der Handelsschiffahrt und großangelegten Kriegsschiffoperationen verhinderte jedes bemerkenswerte Ergebnis.

In der Ostsee, einem geschlossenen und fast vollständig zum Minenlegen geeigneten Seegebiet, beschränkten sich die sowjetischen Unterseebootsoperationen darauf, den deutschen Küstenverkehr — mit geringem Erfolg — während der letzten Phasen des Krieges sowie deutsche Boote in Ausbildung anzugreifen. Der Mangel an feindlichen Zielen versagte den Deutschen einen ausgedehnten Einsatz ihrer in der Ostsee stationierten Küstenunterseeboote, aber die geschützten Gewässer waren ein ideales Ausbildungsgebiet.

Die deutschen Unterseebootsoperationen in der Arktis, behindert durch die außerordentliche Härte des Klimas, bildeten lediglich ein Anhängsel zu den Unternehmungen im Atlantik und in der Nordsee. Die Angriffe der U-Boote gegen Geleitzüge nach Rußland wurden durch die deutsche Luftwaffe stark unterstützt, aber nur sporadisch und selten in entscheidender Weise durch Überwassereinheiten der Kriegsmarine.

Keine allgemeine Darstellung über Tätigkeit und Entwicklung der Unterseeboote während des Zweiten Weltkrieges kann eine Erwähnung der »Taschen«-Unterseeboote übergehen. Obwohl ihre Entwicklung strategisch ohne nennenswerten Einfluß blieb, so verkörperten sie doch einen interessanten Fahrzeugtyp halbwegs zwischen dem klassischen Unterseeboot und dem Unterwasserangriffsfahrzeug. Kleinunterseeboote bauten und entwickelten im Verlaufe des Krieges Italien, Deutschland, Japan und Großbritannien.

Italiens CA-Serie (Versuchsboote) und die CB-Serie von über 35 ts wurden hauptsächlich im Schwarzen Meer eingesetzt, wo sie mehrere Erfolge erzielten. Später wurde der CA-Typ in einen »Unterwasser-Angriffstrupp-Transporter« umgewandelt, aber die Umbauten wurden nicht rechtzeitig fertig, um eingesetzt zu werden. Mit großem Erfolg baute und entwickelte die italienische Marine auch zahlreiche »menschliche« Torpedos vom Typ SLC (Siloro a lenta Corsa = langsam laufender Torpedo), die berühmten »Maiali« (»Schweine«). In Spezialzylindern an Bord normaler Unterseeboote in unmittelbare Nähe der Stützpunkte gebracht, drangen sie durch die Verteidigungsanlagen ein und griffen vor Anker liegende Schiffe an. Bei einer Reihe von Gelegenheiten setzten die Italiener diese Fahrzeuge ein, um in die Häfen von Gibraltar und Alexandria einzudringen, wobei im letzteren die britischen Schlachtschiffe *Valiant* und *Queen Elizabeth* im Dezember 1941 schwer beschädigt wurden.

Deutschland baute zahlreiche Kleinunterseeboote verschiedener Typen, im wesentlichen dazu bestimmt, seine Küsten und Ankerplätze zu verteidigen und eine Invasionsflotte anzugreifen, aber ihre Ergebnisse waren enttäuschend und rechtfertigten den Bau einer derart großen Anzahl nicht.

Auch Japan baute große Stückzahlen und erzielte ähnliche Ergebnisse. Verschiedene Boote wurden erfolglos während des Angriffs auf Pearl Harbor eingesetzt. Bessere Ergebnisse wurden jedoch im Verlaufe der letzten Kriegsmonate mit den *Kaiten* erreicht. Dabei handelte es sich um einen »menschlichen« Torpedo, gesteuert von einem Freiwilligen, der geschworen hatte, sich selbst zu opfern. Das Boot wurde mit einem Überwasserfahrzeug oder mit einem normalen Unterseeboot in die Nähe des Zieles gebracht, wo es ausgesetzt wurde, um auf das Ziel loszufahren und beim Auftreffen zu detonieren.

Die bedeutendsten Kleinunterseeboote der Royal Navy waren die X- und später die XE-Fahrzeuge. Ihre erfolgreichste Unternehmung richtete sich gegen das deutsche Schlachtschiff *Tirpitz*, das sie am 22. September 1943 im Altafjord beschädigten. Die Briten bauten und entwickelten auch, bei den Italienern abgesehen, menschliche Torpedos, bekannt als »*Chariot*«. Ihr wichtigster Erfolg war die Versenkung des italienischen Kreuzers *Ulpio Traiano*, der sich im Januar 1943 zur Ausrüstung in Palermo befand.

Das Unterseeboot in der Nachkriegszeit

Aus dem Krieg in einer Phase der Umwandlung hervorgehend, wurde das konventionelle Unterseeboot durch Boote mit überlegenen Unterwassereigenschaften ersetzt und zunehmender Nachdruck wurde dem Konzept des »reinen« Unterseebootes verliehen. In der unmittelbaren Nachkriegszeit studierten alle Marinen die jüngsten deutschen Typen, wie die Elektroboote und die mit der Walter-Turbine (obwohl diese nie zufriedenstellend arbeitete) ausgestatteten Prototypen, und bauten von ihnen abgeleitete Versuchsboote. Alte konventionelle Boote wurden in schnelle Unterseeboote umgebaut, indem man die Batteriekapazität und die Elektromotoren vergrößerte sowie den Rumpf und den Aufbau des Kommandoturms änderte, um ihnen eine geeignetere Form für hohe Unterwassergeschwindigkeiten zu geben. 1955 löste der Atomantrieb das alte Problem des Doppelzweckantriebs. Die 1954 vom Stapel gelaufene *Nautilus* war das erste, mit dieser neuen Antriebsanlage ausgestattete Boot. Im wesentlichen beruht sie auf einer gewöhnlichen Dampfmaschine mit geschlossenem Kreislauf, deren Wärmequelle ein Nuklearreaktor darstellt, wobei eine außerordentlich hohe spezifische Energie und eine fast unbegrenzte Fahrstrecke erzeugt wird.

Strategisch spielt heute das Unterseeboot eine wichtigere Rolle als zu irgendeiner Zeit in seiner Geschichte. Getaucht können Interkontinentalraketen mit nuklearen Sprengköpfen zu Tausenden von Kilometern entfernten Zielen gestartet werden und machen aus dem Unterseeboot das Großkampfschiff moderner Flotten und den Grundbestandteil dessen, worauf bei den Großmächten ein wesentlicher Teil der strategischen Abschreckung beruht. Taktisch ist das schnelle, nuklear angetriebene Angriffsunterseeboot, bewaffnet mit Schiff/Schiff-Raketen oder mit Torpedos, imstande zu Unterwassergeschwindigkeiten um die 30 Knoten und tiefer als 300 m zu tauchen, wesentlich für alle größeren Marinen. Zu seiner Ergänzung dienen weiterhin Bootstypen mit konventioneller Antriebsanlage, viele davon speziell für eine U-Jagdaufgabe entwickelt.

Linke Seite:
Links oben: *U 3001*, ein Boot vom Typ XXI, in der Schlußphase der Ausrüstung.
Links unten: Die Werft Blohm & Voß in Hamburg kurz nach ihrer Besetzung durch die britische Armee. Das Bild zeigt U-Boote in verschiedenen Fertigungsstadien.
Oben rechts:
U 2332 bei einer der ersten Erprobungsfahrten.
Mitte rechts: Einbau eines Dieselmotors in die mittlere Rumpfsektion eines Bootes vom Typ XXI 1944.
U 2361, ein Unterseeboot vom Typ XXIII, im Trockendock.

Das US-Unterseeboot *Thornback* (SS 418) mit nach dem Kriege abgeändertem Kommandoturm.

Frankreich

Obgleich das Unterseeboot seine frühesten Erfolge in den Vereinigten Staaten errang, ist es nicht falsch zu sagen, daß es in Frankreich als leistungsfähige Marinewaffe geboren und entwickelt worden ist. Vom Beginn des Jahrhunderts an hat Frankreich seiner Unterseebootsflotte stets besondere Aufmerksamkeit gewidmet, und sie als eines der wichtigsten Elemente französischer Seestrategie angesehen.
Während des Ersten Weltkrieges haben sich die französischen Unterseeboote bewährt und wenn sie keine besonderen Erfolge erzielten, so war dies hauptsächlich der speziellen Art der Kriegführung und dem Fehlen der Handelsschiffahrt im Mittelmeer und in den nordeuropäischen Gewässern zuzuschreiben.
1919 ging Frankreich mit einer Unterseebootsflotte aus dem Kriege hervor, die zwar groß, aber veraltet war. Dringende Bedürfnisse auf anderen Gebieten hatte die französische Schiffbauindustrie während der Kriegsjahre daran gehindert, eine angemessene Zahl neuer Boote zu bauen und die vorhandenen Boote waren verbraucht. Der Erwerb von 44 deutschen Unterseebooten als Reparationsleistung, wovon nur 10 in Dienst gestellt wurden, ermöglichte es Frankreich, verlorene Zeit aufzuholen und seine Technik mit den fortgeschritteneren deutschen Booten zu vergleichen.
Die wirtschaftlichen und politischen Schwierigkeiten der Nachkriegszeit zusammen mit den Unsicherheiten, welche der ersten Flottenabrüstungskonferenz (wo Frankreich den britischen Vorschlag, das Unterseeboot abzuschaffen, heftigen Widerstand entgegensetzte) vorausgingen und sie begleiteten, hinderten die Franzosen daran, den Bau von Unterwasserfahrzeugen sofort wieder aufzunehmen, und sie beschränkten sich darauf, ihre besten Boote zu modernisieren.
Erst nach dem Washingtoner Flottenvertrag von 1922 wurde ein Marineprogramm gebilligt, das den Bau von zwölf neuen Booten einschloß: sechs Hochseeboote (*de grande patrouille* oder 1. Klasse) und sechs Küstenboote (*de défense côtière* oder 2. Klasse). Das waren die ersten Einheiten der *Requin*-Klasse und des später so bezeichneten »600-ts-Typ«.
Das Programm für den Ausbau der Unterseebootsflotte bestimmte im einzelnen zwei Hauptgattungen: Hochseeboote für den Kolonialdienst und für Operationen gegen die Handelsschiffahrt, besonders zur vorgeschobenen Aufklärung bei Flottenoperationen, in entfernten Gewässern und ein Küstenboot für heimische Gewässer und das Mittelmeer. Eine dritte Gattung sollte aus hochseefähigen U-Minenlegern bestehen, deren Prototyp, die *Saphir*, im November 1925 auf Stapel gelegt und im November 1930 in Dienst gestellt wurde; ihr folgten fünf ähnliche, zwischen 1930 und 1937 fertiggestellte Boote. Infolge ihrer einfachen, sicheren und wirksamen Einrichtungen zum Minenlegen bewährten sich diese Boote während des Krieges ausgezeichnet.
Dem Entwurf der neun Boote der *Requin*-Klasse, deren Leistung nur mittelmäßig war, folgte ein paar Jahre später der des »1500-ts-Typ«, der sich als weit überlegen erwies. Zwischen 1924 und 1939 wurden insgesamt 31 Boote gebaut.
Den ersten »600 tonnes«-Booten (die sich in vieler Hinsicht als mangelhaft erwiesen) folgte eine weitere Serie mit verbesserten Eigenschaften, bekannt als der »630-ts-Typ«, und die *Minerve*-Klasse. Zwischen 1927 und 1939 stellte die französische Marine insgesamt 34 Küstenunterseeboote in Dienst.
Im Dezember 1927 wurde der erste und einzige französische Unterseebootskreuzer auf Stapel gelegt. Das war die riesige *Surcouf*, bewaffnet mit 20,3-cm-Geschützen und hauptsächlich als Hochsee-Handelsstörer entwickelt. Im Mai 1934 in Dienst gestellt, war die *Surcouf*, technologisch gesehen, ein erfolgreiches Boot, aber ihre Einsatzverwendung war nicht ohne Probleme. Die Entwicklung des U-Jagdsystems und die fortlaufende Steigerung der Flugzeugreichweiten sollten den Verwendungsbereich eines solchen Bootes begrenzen (wie das auch bei den ähnlichen,

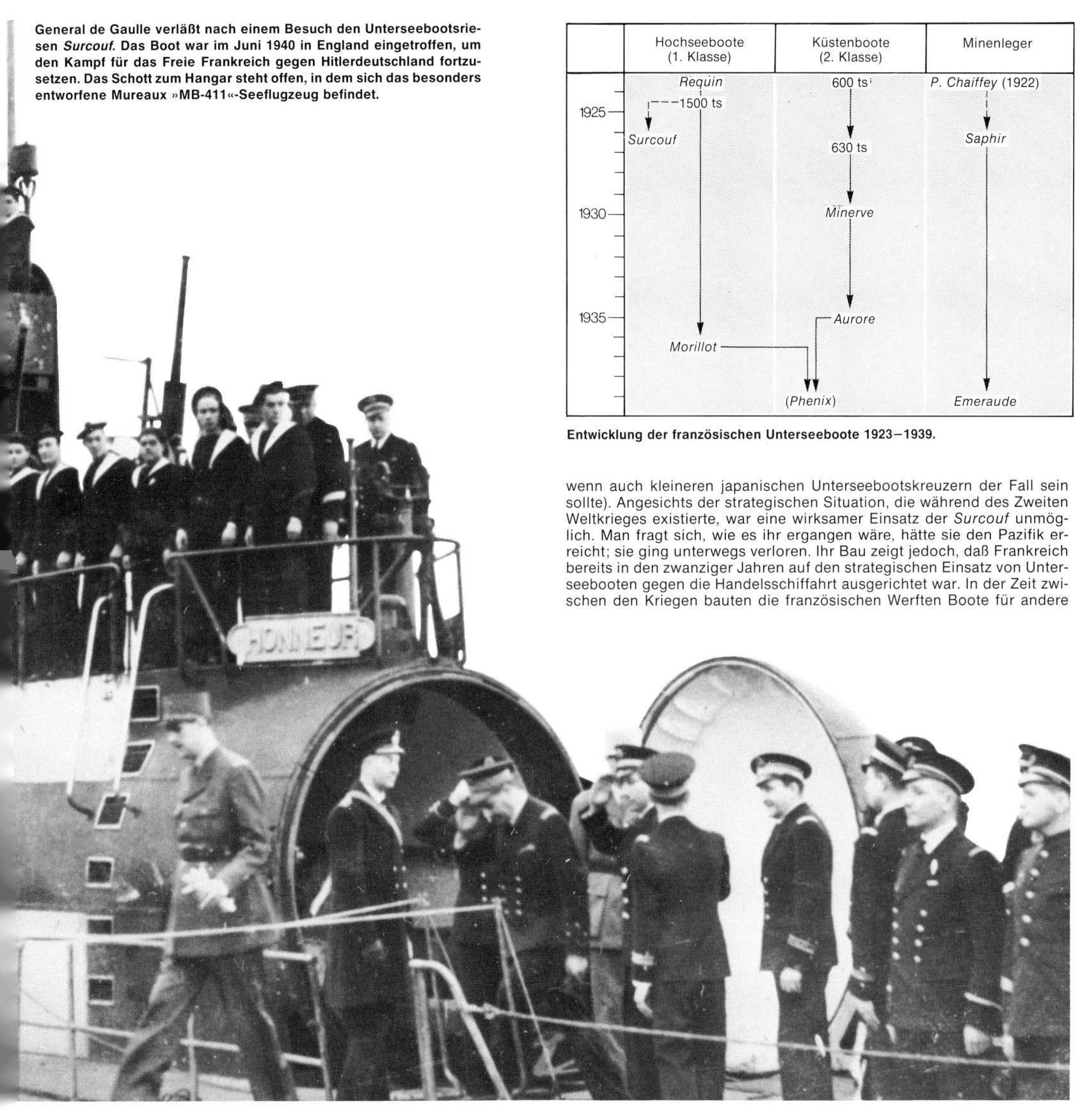

General de Gaulle verläßt nach einem Besuch den Unterseebootsriesen *Surcouf*. Das Boot war im Juni 1940 in England eingetroffen, um den Kampf für das Freie Frankreich gegen Hitlerdeutschland fortzusetzen. Das Schott zum Hangar steht offen, in dem sich das besonders entworfene Mureaux »MB-411«-Seeflugzeug befindet.

	Hochseeboote (1. Klasse)	Küstenboote (2. Klasse)	Minenleger
1925	*Requin* → 1500 ts ↓ *Surcouf*	600 ts ↓ 630 ts ↓ *Minerve* ↓	*P. Chaiffey* (1922) ↓ *Saphir* ↓
1930			
1935	↓ *Morillot*	*Aurore* ↓ (*Phenix*)	↓ *Emeraude*

Entwicklung der französischen Unterseeboote 1923–1939.

wenn auch kleineren japanischen Unterseebootskreuzern der Fall sein sollte). Angesichts der strategischen Situation, die während des Zweiten Weltkrieges existierte, war eine wirksamer Einsatz der *Surcouf* unmöglich. Man fragt sich, wie es ihr ergangen wäre, hätte sie den Pazifik erreicht; sie ging unterwegs verloren. Ihr Bau zeigt jedoch, daß Frankreich bereits in den zwanziger Jahren auf den strategischen Einsatz von Unterseebooten gegen die Handelsschiffahrt ausgerichtet war. In der Zeit zwischen den Kriegen bauten die französischen Werften Boote für andere

Rubis im Jahre 1931. Man beachte den schwenkbaren Drillingssatz am Heck.

Nationen: zwei für Lettland, sechs für Griechenland, drei für Polen und zwei für Jugoslawien.

Ein Charakteristikum der französischen Boote, allesamt vom Zweihüllentyp, war das Vorhandensein der Torpedorohre außerhalb des Druckkörpers; sie konnten getaucht nicht nachgeladen werden. Dabei handelte es sich entweder um fest eingebaute Einzelrohre, normalerweise im Hohlraum zwischen den beiden Hüllen unter dem Wetterdeck gelegen und imstande, nach vorn oder achteraus zu schießen, oder sie waren in schwenkbaren Sätzen angebracht. Diese bestanden aus zwei, drei oder sogar vier Rohren nebeneinander, querschiffs gelegen, normalerweise in der Verkleidung vor oder achtern des Kommandoturms oder aber am Heck des Bootes. Die Sätze wurden elektrisch gesteuert und konnten über oder unter Wasser geschwenkt werden.

Bei den Booten des »1500-tonnes«-Typs hatte einer der beiden Sätze am Heck Torpedorohre von unterschiedlichem Kaliber: zwei 53,3 cm und zwei 40,0 cm.

Die Verwendung von schwenkbaren Mehrfachsätzen wurde von vielen Unterseebootsleuten in Frage gestellt, die der Meinung waren, daß diese Anordnung zur strukturellen Schwächung des Bootes und zu einer weiteren und fast nutzlosen Komplizierung der Abfeuerungsanlage führte, um einen fächerförmigen Torpedospreizwinkel zu erreichen, den andere Marinen durch Voreinstellen des Geradlaufapparats der Torpedos auf divergierende Kurse erzielten, indem sie fest eingebaute, innere Torpedorohre benutzten, die einfacher und stärker waren und vor allem getaucht nachgeladen werden konnten.

Um die Beharrlichkeit zu verstehen, mit der die französische Marine die Anwendung von schwenkbaren Sätzen verteidigte, sollte daran erinnert werden, daß französische Torpedos sehr unzuverlässig waren, wenn sie im Winkel geschossen wurden, weil der Geradlaufapparat nicht sehr gut arbeitete. (Ein weiterer Nachteil war der, daß sie bei Tauchfahrt einen beträchtlichen Widerstand erzeugten, und es schwierig machten, in ausgeschwenktem Zustand einen konstanten Kurs zu halten.)

Die von den Franzosen während des Zweiten Weltkrieges benutzten 53,3-cm-Torpedos vom Typ V/1924 erzielten gute Ergebnisse, aber französische Quellen lassen erkennen, daß der 40,0-cm-Typ V/1926 ein Mißerfolg war. Beide Typen waren dampfangetrieben und besaßen Gefechtsköpfe von 310 kg bzw. 144 kg sowie Laufstrecken von 3000 m bei 44 kn (oder 7000 m bei 35 kn) bzw. 1800 m bei 44 kn.

Die Verwendung der 40,0-cm- neben den 53,3-cm-Torpedos wurde mit der Tatsache begründet, daß die letzteren in Tiefen von weniger als 3 m nicht eingesetzt werden konnten und somit nutzlos gegen kleine Ziele waren, für welche die kleineren Torpedos in jedem Falle genügten.

Die französische Marine rüstete ihre Boote mit Decksgeschützen vom Kaliber 10,0 cm L/40[8]–45 und 7,6 cm L/34,5 aus. Beide Modelle konnten gegen Flugzeuge eingesetzt werden. Das Geschoßgewicht betrug 13,5 kg bzw. 6,5 kg. Die Flakwaffen bestanden hauptsächlich aus dem 13,2-mm-»Hotchkiss«-Modell auf Zwillingslafette und aus 8-mm-Waffen auf Einzel- und Zwillingslafetten.

Die Minen auf den Booten der *Saphir*-Klasse waren normalerweise vom Typ Breguet HS 4 mit automatischer Verankerung (220 kg Sprengstoffladung). Nach 1940 wurden auf *Rubis*, die mit Freifranzösischen Einheiten operierte, auch Minen britischen Typs verwendet.

Im großen und ganzen waren die zwischen den Kriegen gebauten französischen Unterseeboote gut: zuverlässig, stark, seetüchtig und manövrierfähig. Sie waren gut bewaffnet und hatten eine ausreichende Fahrstrecke und Überwassergeschwindigkeit. Die Hochseeboote der letzten Serie erreichten 20 kn und übertrafen die Geschwindigkeit vieler Boote anderer Marinen.

Die wichtigsten Unzulänglichkeiten waren: Kompliziertheit der Torpedo-Abfeuerungsanlage, eine relativ langsame Tauchzeit (eine Begleiterscheinung der guten Überwassereigenschaften, die einen hohen Lastigkeitsfaktor erforderten) und große Kommandotürme.

Stabilität, Manövrierfähigkeit und Geschwindigkeit unter Wasser waren ziemlich gut; Rümpfe, Zubehör und Aufbauten boten einen minimalen Widerstand. Ausbildung und Moral waren gut und hätte sich während des Krieges die Gelegenheit ergeben, wären französische Besatzungen wahrscheinlich erfolgreich gewesen.

Am 1. September 1939 zählte die Flotte 77 in Dienst gestellte Boote, 36 waren in Bau oder standen vor der Kiellegung, so daß die innerhalb weniger Jahre verfügbare Gesamtzahl 100 überschritten hätte. Dadurch wäre mit Italien Parität erreicht worden, das Frankreich als seinen direkten Gegner zur See betrachtete. Von den in Dienst gestellten Booten waren 38 Hochseeboote, 32 Küstenboote, 6 Minenleger und die *Surcouf* ein U-Kreuzer.

Von den im Bau im Entwurfsstadium befindlichen Unterseebooten waren 11 von der *Aurore*-Klasse, 8 von der *Morillot*-Klasse (entwickelt aus dem »1500 tonnes«-Typ), 4 von der *Emeraude*-Klasse (eine neue Version der *Saphier*-Klasse mit größerer Minenaufnahmekapazität) und 13 von der *Phénix*-Klasse (ein neuer Typ eines mittleren Bootes, verbesserte *Aurore*-Klasse).

---

[8] Anmerkung des Übersetzers:
Die Länge eines Geschützrohres wird in Kalibern ausgedrückt (dt. L/40, engl. 40-cal), d.h. Rohrlänge (früher Seelenlänge) in Kalibern. Das Rohr eines 10,0-cm-Geschützes L/40 ist demnach 40×10 cm und damit 4,00 m lang.

Mit Ausnahme der 1940 fertiggestellten *Aurore* wurde keines dieser Boote von der französischen Marine während des Krieges in Dienst gestellt. Die meisten der im Bau befindlichen Boote wurden im Juni 1940 durch Sabotage zerstört oder wurden aufgegeben und später verschrottet. Nur ein Boot der *Aurore*-Klasse stellten die Deutschen fertig und gliederten es in ihre Marine ein.

Zwischen September 1939 und Mai 1940 operierten die französischen Unterseeboote mit den britischen hauptsächlich im Atlantik und in der Nordsee. Während dieser Zeitspanne führten die Boote im Mittelmeer zahlreiche Unternehmungen aus, um die italienische Nichtbeteiligung am Kriege zu überwachen. *Poncelet*, ein Hochseeboot vom »*1500 tonnes*«-Typ, kaperte in den ersten Kriegstagen im Atlantik ein deutsches Handelsschiff. Infolge des Fehlens der Handelsschiffahrt waren die Ergebnisse während der ersten acht Monate mäßig. Mehrere Boote operierten vor Norwegen, aber ohne viel Glück. Der Minenleger *Rubis* legte mehrere offensive Minensperren in der Nordsee.

Anfang Juni 1940 wurden viele Boote aus den nördlichen Gewässern ins Mittelmeer zurückgerufen. Hier begannen die in der Provence und in Tunesien stationierten Unterseeboote sofort mit den Operationen gegen die italienische Marine, führten Unternehmungen ins Tyrrhenische Meer aus und legten vor den Häfen von Cagliari, Trapani und Tripolis mehrere Minensperren. Der Zusammenbruch der französischen Armee markierte Frankreichs Rückzug aus dem Kriege, und die lange Odyssee der französischen Flotte begann, die mit der Selbstversenkung in Toulon zwei Jahre später ihren tragischen Epilog finden mußte.

Als die Deutschen die Atlantikstützpunkte besetzten, suchten mehrere Boote zusammen mit anderen Flotteneinheiten in Großbritannien Zuflucht. Die Briten beschagnahmten sie und gaben sie später an De Gaulles Freies Frankreich zurück.

Andere Boote, nicht imstande auszulaufen, versenkten sich in nordfranzösischen Häfen, aber die meisten von ihnen erreichten ihre afrikanischen Stützpunkte im Mittelmeer und am Atlantik. Der britische Angriff gegen Mers-el-Kebir (Juli 1940), um die französische Flotte in die Hand zu bekommen oder zu neutralisieren oder zu vernichten, und die Angriffe der anglogaullistischen Streitkräfte gegen Dakar (September 1940), Gabun (November 1940), Syrien (Juni 1941) und Madagaskar (Mai 1942) führten zum Verlust von sieben Booten. Während dieser Operationen zeigten die Franzosen jedoch einigen Angriffsgeist und die *Beveziers* beschädigte vor Dakar das britische Schlachtschiff *Resolution*.

Inzwischen operierten die wenigen, von den Freifranzösischen Seestreitkräften in Dienst gestellten Boote (*Surcouf, Junon, Minerve, Rubis, Narval, Ondine* und *Orion*) mit den Briten und wurden in der Nordsee eingesetzt, wo der Minenleger *Rubis* in feindlichen Gewässern gefährliche und erfolgreiche Unternehmungen ausführte, und im Mittelmeer, wo die *Narval* verlorenging.

Oben: Die Bergung der *Pascal*, die sich am 27. November 1942 in Toulon selbst versenkt hatte.

Mitte rechts: *Rubis* 1941 in See.

Unten links: Die italienische *Bronzo*, später von den Franzosen in die französische *Narval* umbenannt, nach ihrer Wegnahme im Juli 1943 im Hafen von Syrakus.

Unten rechts: General de Gaulle besucht 1942 die Unterseeboote *Junon* und *Minerve* (im Vordergrund).

Oben: *L'Espoire*.
Unten: Der im Bau befindliche Rumpf der *La Praya*, eines Bootes der *Morillot*-Klasse, im Juni 1939.

Die alliierten Landungen 1942 in Nordafrika führten zum Verlust von weiteren neun Booten im Kampf und weitere drei versenkten sich im Hafen selbst. Mehrere Boote entkamen nach Toulon, wo sie ein paar Tage später in die vom französischen Flottenchef befohlene allgemeine Selbstversenkung mit einbezogen wurden, als die Deutschen den Stützpunkt besetzten. Von den 21 Booten am 27. November 1942 in Toulon wurden 16 von ihren eigenen Besatzungen im Hafen oder auf Reede zerstört und vier entkamen. Von diesen erreichten drei, *Casabianca, Marsouin* und *Le Glorieux*, afrikanische Häfen und die *Iris* suchte Zuflucht in Spanien, wo sie interniert wurde. Zum selben Zeitpunkt erbeuteten die italienisch-deutschen Streitkräfte die neun Boote in Bizerta (alle außer Dienst gestellt); sie gingen später verloren.

Im Dezember 1943 besaß die französische Marine, erneut unter der Regierung in Algier vereinigt, einen Verband von etwa 22 verfügbaren Booten; einige hatten bis zu diesem Zeitpunkt mit dem Freien Frankreich operiert, andere stammten aus überseeischen Stützpunkten und wieder andere waren aus Toulon entkommen. Trotz der vier, von der Royal Navy abgetretenen Boote (drei der *U*- und *V*-Klasse und ein ex-italienisches der *Acciaio*-Serie) und des Verlustes von zwei Booten im Kampf blieb diese Stärke im wesentlichen bis Kriegsende unverändert.

Insgesamt erzielten die von den überlebenden Booten der französischen Unterseebootsflotte an der Seite der Alliierten von 1943 bis 1945 geführten Operationen gute Ergebnisse. Mehrere der französischen Boote zeichneten sich aus, so zum Beispiel *Casabianca* im Mittelmeer sowie *Junon* und *Minerve* in der Nordsee und in norwegischen Gewässern.

Am Ende des Krieges waren von der einst so stolzen und zahlreichen französischen Unterseebootsflotte des Jahres 1939 nur etwa 20 Boote übriggeblieben, und diese waren inzwischen veraltet. Zwischen 1939 und 1945 waren mehr als 50 Boote verlorengegangen — über 70% der ursprünglichen Stärke.

Der zweite Wiederaufbau der Flotte begann praktisch am Tage nach Kriegsende und heute, mehr als zwanzig Jahre später, schließt sie atomangetriebene Boote ein, die einen großen Teil der strategischen nuklearen Abschreckung Frankreichs tragen.

Requin-Klasse

Le Glorieux.

Requin, Souffleur, Morse, Narval, Caïman:
Bauwerft: Marinewerft Cherbourg.
Datum: 1923–1926/27.
Marsouin, Phoque:
Bauwerft: Marinewerft Brest.
Datum: 1923–1926/27.
Dauphin, Espadon:
Bauwerft: Marinewerft Toulon.
Datum: 1923–1926/27.
Typverdrängung: 1150 ts aufgetaucht, 1441 ts getaucht.

Requin.

Abmessungen: 78,2 × 6,8 × 5,1 m.
Motorenanlage: Diesel: 2 Sulzer oder Schneider; E-Motoren: 2.
Höchstleistung: 2900 PS aufgetaucht, 1800 PS getaucht.
Höchstgeschwindigkeit: 15 kn aufgetaucht, 9 kn getaucht.
Fahrstrecke: 7700 sm bei 9 kn aufgetaucht, 70 sm bei 5 kn getaucht.
Torpedorohre: 10 × 55,0 cm: 4 vorn, 2 achtern, 4 außen gelegen in schwenkbaren Sätzen; Torpedos: 16.
Geschütze: 1 × 10,0 cm, 2 × 8-mm-Maschinengewehre (2 × 1).
Besatzungsstärke: 54.

Zweihüllen-Hochseeunterseeboot (1. Klasse). Maximale Einsatztauchtiefe: 80 m. Maximale Brennstoffmenge: 115 ts. Unter den Programmen von 1922 und 1923 gebaut, stellten sie die ersten von der französischen Marine nach dem Ersten Weltkrieg gebauten Langstreckenboote dar. Zwischen 1935 und 1937 wurden sie einem Umbau unterzogen, der im wesentlichen die Motorenanlage und Einrichtungen des Rumpfes betraf.

Sie waren nur teilweise erfolgreich, hauptsächlich wegen ihrer schwerfälligen Handhabung und ihrer Überwassergeschwindigkeit, die als unzureichend zu erachten war.

Vom September 1939 bis Juni 1940 operierten sie weitgehend im Mittelmeer und überwachten die französische und nordafrikanische Küste. Dabei erhielt *Morse* in einer französischen Minensperre vor Sfax einen Minentreffer. Nach der Niederlage Frankreichs stieß *Narval* zu den Freifranzösischen Streitkräften und ging später verloren. *Souffleur* wurde im Verlaufe des kurzen syrischen Feldzuges im Juni 1941 versenkt. *Marsouin* erreichte im November 1942 von Toulon aus Nordafrika. Alle übrigen Boote gingen im November 1942 durch Selbstversenkung verloren oder wurden von den Streitkräften der Achse erbeutet. *Phoque, Dauphin, Espadon* und *Requin* wurden mit den Bezeichnungen *FR 111, FR 115, FR 114* und *FR 113* in die italienische Marine eingegliedert, aber nur das erste dieser Boote diente tatsächlich unter der italienischen Flagge; es ging 1943 verloren.

Schicksal der Boote:

Datum:	Ort:	Boot:	Ursache:[1]
1940	Mittelmeer	Morse, Narval	m
1941	Mittelmeer	Souffleur	s
1942	Mittelmeer	Caïman	sb
		Requin, Dauphin, Phoque, Espadon	c
1946	–	Marsouin	r

[1] Siehe Seite 8.

»600/630 tonnes«-Typ

»600 tonnes«-Typ (10 Einheiten).
3 Boote Loire-Simonot, *Entwurf A:*
Sirène, Naïade, Galathée.
Bauwerft: A. Chantier de la Loire, Nantes.
Datum: 1925–1927/27.
3 Boote Normand-Fenaux, *Entwurf B:*
Ariane, Eurydice, Danaé.
Bauwerft: Chantier Normand, Le Havre.
Datum: 1923–1928/29.
4 Boote Schneider-Laubeuf, *Entwurf C:*
Circé, Calypso, Thétis, Doris.
Bauwerft: Schneider, Chalon-sur-Saône.
Datum: 1923–1929/30.

»630 tonnes«-Typ (16 Einheiten).
5 Boote Schneider-Laubeuf, *Entwurf D:*
Argonaute, Aréthuse, Atalante, La Vestale, La Sultane.
Bauwerft: Schneider, Chalon-sur-Saône.
Datum: 1927–1932/35.
2 Boote Loire-Simonot, *Entwurf E:*
Orion.
Bauwerft: A. Chantier de la Loire, Nantes.
Datum: 1928–1932.
Ondine.
Bauwerft: Chantier Dubigeon, Nantes.
Datum: 1928–1932.
9 Boote Normand-Fenaux, *Entwurf F:*
Diane, Méduse, Amphitrite, Orphée, La Psyché.
Bauwerft: Chantier Normand, Le Havre.
Datum: 1927–1932/33.
Antiope, Amazone, Oreade, La Sybille.
Bauwerft: Chantier de la Seine, Rouen.
Datum: 1928–1932/34.

Typverdrängung:
A: 609 ts aufgetaucht, 757 ts getaucht;
B: 626 ts aufgetaucht, 787 ts getaucht;
C: 615 ts aufgetaucht, 776 ts getaucht;
D: 630 ts aufgetaucht, 798 ts getaucht;
E: 656 ts aufgetaucht, 822 ts getaucht;
F: 651 ts aufgetaucht, 807 ts getaucht.
Abmessungen:
A: 64 × 5,2 × 4,3 m; *B:* 65,9 × 4,9 × 4,1 m; *C:* 62,4 × 5,4 × 3,9 m; *D:* 63,4 × 5,1 × 3,6 m; *E, F:* 64,4 × 5,1 × 3,9 m.
Motorenanlage: Diesel: 2 Schneider, Sulzer oder Vickers; E-Motoren: 2.
Höchstleistung:
A: 1300 PS aufgetaucht, 1000 PS getaucht;
B: 1200 PS aufgetaucht, 1000 PS getaucht;
C: 1250 PS aufgetaucht, 1000 PS getaucht;
D: 1300 PS aufgetaucht, 1000 PS getaucht;
E: 1420 PS aufgetaucht, 1000 PS getaucht;
F: 1300 PS aufgetaucht, 1000 PS getaucht.
Höchstgeschwindigkeit:
A: 13,5 kn aufgetaucht, 7,5 kn getaucht;
B, C: 14,0 kn aufgetaucht, 7,5 kn getaucht;
D, E: 14,0 kn aufgetaucht, 9,0 kn getaucht;
F: 13,7 kn aufgetaucht, 9,0 kn getaucht.
Fahrstrecke:
A, B, C: 3500 sm bei 7,5 kn aufgetaucht, 75 sm bei 5 kn getaucht;
D, E, F: 4000 sm bei 10 kn aufgetaucht, 82 sm bei 5 kn getaucht.
Torpedorohre:
A, B, C: 7 × 55,0 cm: 3 vorn (2 außen gelegen), 2 achtern (außen gelegen), 2 mittschiffs (im schwenkbaren Zwillingssatz außen gelegen); Torpedos: 13;
D, E, F: 6 × 55,0 cm: 3 vorn (2 außen gelegen), 1 achtern (schwenkbar außen gelegen), 2 mittschiffs (im schwenkbaren Zwillingssatz außen gelegen); 2 × 40,0 cm: achtern (schwenkbar außen gelegen); Torpedos: 9.
Geschütze:
A, B, C: 1 × 7,6 cm L/35 (*B:* 1 × 10,0 cm L/40), 2 × 8-mm-Maschinengewehre (2 × 1);
D, E, F: 1 × 7,6 cm L/35, 1 × 8-mm-Maschinengewehr.
Besatzungstärke: 41.

Zweihüllen-Unterseeboote mittlerer Wasserverdrängung (2. Klasse). Maximale Einsatztauchtiefe: 80 m. Maximale Brennstoffmenge: annähernd 60–65 ts.
Zwischen 1925 und 1934 erbaut, waren diese 26 Boote in zwei Typen mit den Bezeichnungen »600 tonnes« und »630 tonnes« eingeteilt. Der letztere war eine verbesserte Version des ersteren und einige der ursprünglichen Unzulänglichkeiten waren beseitigt worden: begrenzte Querstabilität bei Tauchfahrt und geringer Bewohnbarkeitsstandard. Die »600 tonnes«-Boote wurden zwischen 1937 und 1938 modernisiert. Die erste *Ondine* von der *Sirène*-Serie sank 1928, nachdem sie von einem Handelsschiff gerammt worden war, und die *Nymphe* von der *Ariane*-Serie wurde 1938 außer Dienst gestellt.
Zwischen den beiden Typen gab es mehrere Unterschiede in der Größe und im äußeren Aussehen, denn die Boote waren nach mehreren verschiedenen Entwürfen, von verschiedenen Werften entwickelt, aber auf gemeinsamen technischen Spezifikationen beruhend, gebaut worden.
Insgesamt hatten beide Typen annehmbare Eigenschaften, waren ziemlich manövrierfähig und besaßen eine gute Torpedobewaffnung. Ihre Anordnung wurde als zu kompliziert angesehen (fest eingebaute innere Rohre, außen gelegene Rohre, schwenkbare Sätze usw.).
1939 bildeten sie die größte Gruppe von Unterseebooten mittlerer Reichweite in der französischen Marine und führten bis zum Juni 1940 ausgedehnte Operationen durch, trotz des begrenzten Einsatzwertes der ältesten dieser Boote. In dieser Zeitspanne torpedierte das deutsche *U 9* die *Doris*.
Im Juni 1940 befanden sich *Orion* und *Ondine* in Großbritannien und wurden beschlagnahmt. Die übrigen Boote, unter dem Befehl der Vichy-Regierung stehend, wurden in den französischen Häfen im Mutterland und in Übersee teilweise außer Dienst gestellt. Im November 1942 gingen sechs Boote im Kampf gegen anglo-amerikanische Streitkräfte in Nordafrika verloren, zwei erbeuteten die Italiener in Bizerta, verwendeten sie aber nicht, und fünf versenkten sich in Toulon und drei in Nordafrika selbst.
Orion und *Ondine*, die nur als Reserve Verwendung gefunden hatten, wurden 1943 in Großbritannien ausrangiert. Die verbleibenden sieben Boote, bis zum Ende des Krieges mit den Freifranzösischen Streitkräften operierend, stellten 1946 außer Dienst.

Calypso vom »600 tonnes«-Typ 1935.

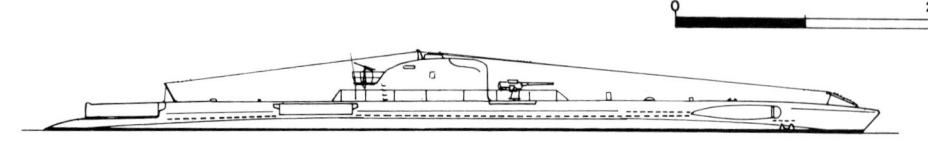

Schicksal der Boote:

Datum:	Ort:	Boot:	Ursache:[1]
1940	Nordsee	*Doris*	s
1942	Atlantik	*La Psyché, Méduse, Amphitrite, Oréade*	a
		Sybille	uc
	Mittelmeer	*Argonaute*	n
		Circé, Calypso	c
		Thétis, Sirène, Naïde, Galathée, Eurydice, Ariane, Danaé, Diane	sb
1943	Großbritannien	*Orion, Ondine*	r
1946	—	*Orphée, Aréthuse, Atalante, Amazone, Antiope, La Sultane, La Vestale*	r

[1] Siehe Seite 8.

Saphir-Klasse

Saphir, Turquoise, Nautilus, Rubis, Diamant, Perle.
Bauwerft: Marinewerft Toulon.
Datum: 1925–1930/37.
Typverdrängung: 761 ts aufgetaucht, 925 ts getaucht.
Abmessungen: 65,9 × 7,1 × 4,3 m.
Motorenanlage: Diesel: 2 Vickers; E-Motoren: 2.
Höchstleistung: 1300 PS aufgetaucht, 1100 PS getaucht.
Höchstgeschwindigkeit: 12 kn aufgetaucht, 9 kn getaucht.
Fahrstrecke: 7000 sm bei 7,5 kn bzw. 4000 sm bei 12 kn aufgetaucht, 80 sm bei 4 kn getaucht.
Geschütze: 1 × 7,5 cm L/35 sowie 1 × 13,2-mm- und 2 × 8-mm-Maschinengewehre.
Seeminen: 32 in 16 Seitenschächten, 8 pro Seite.
Besatzungsstärke: 42.

Zweihüllen-U-Minenlager mittlerer Wasserverdrängung. Maximale Einsatztauchtiefe: 80 m. Maximale Brennstoffmenge: annähernd 95 ts. Diese Boote gehörten zu den besten, die in Frankreich zwischen den Kriegen gebaut wurden. Das Normand-Fenaux-Minenlegesystem bestand aus 16 vertikalen Schächten mit je zwei Minen, seitlich in den Satteltanks gelegen. Es entstammte einer Methode, die bereits auf der *Pierre Chailly*, gebaut zwischen 1917 und 1922 und 1936 außer Dienst gestellt, erprobt worden war. Das System war besonders sicher und leistungsfähig und überragte alle anderen Eigenschaften, die nicht hervorragend waren, vor allem nicht die Geschwindigkeit.

Von September 1939 bis Juni 1940 waren die Boote im Mittelmeer und in der Nordsee stationiert, wo sie mehrere Minenlegeunternehmen in feindlichen Gewässern durchführten: *Saphier*: Cagliari, 13. Juni 1940; *Turquoise*: Trapani, 14. Juni 1940; *Nautilus*: Tripolis, 14. Juni 1940. Als die Franzosen kapitulierten, befand sich *Rubis* in Großbritannien und schloß sich den Freifranzosen an. Unter dem Befehl der damaligen Kapitänleutnants Cabanier und später Rousselot führte die *Rubis* vom April 1940 bis Kriegsende 22 Minenlegeunternehmungen im Golf von Biscaya und entlang der norwegischen Küste durch. Dabei wurden insgesamt 683 Minen gelegt, welche die Versenkung von 14 Handels- und Hilfsschiffen mit ungefähr 21 000 BRT sowie von sieben Wachbooten und einem Minenleger ebenso wie die Beschädigung von zwei weiteren Schiffen verursachten. Während einer Unternehmung torpedierte *Rubis* ein Handelsschiff mit 4300 BRT. 1949 außer Dienst gestellt, sank *Rubis* im Süden Frankreichs durch Unglücksfall, während sie zum Verschrotten geschleppt wurde. 1971 entdeckten Taucher ihren Rumpf, vertikal auf felsigem Untergrund in nicht allzu großer Tiefe liegend, und drehten einen interessanten Dokumentarfilm, der überall in der Welt zu sehen war, die Erinnerung an eines von Frankreichs ruhmreichsten Unterseebooten wiederbelebend.

Die übrigen fünf Boote gingen sämtlich während des Krieges verloren. *Diamant* vernichtete sich im November 1942 in Toulon selbst; *Saphir*, *Turquoise* und *Nautilus* wurden in Bizerta als italienische Kriegsbeute beschlagnahmt, aber die italienische Marine stellte keines davon in Dienst; *Perle* wurde im Juli 1944 zufällig von einem britischen Flugzeug versenkt.

Schicksal der Boote:

Datum:	Ort:	Boot:	Ursache:[1]
1942	Mittelmeer	Diamant	sb
		Nautilus, Saphir, Turquoise	c
1944	Atlantik	Perle	e
1949	–	Rubis	r

[1] Siehe Seite 8.

Rubis in Toulon vor dem Kriege.

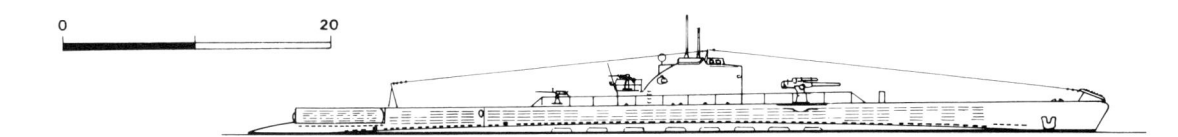

»1500 tonnes«-Typ

3 oder 4 Torpedorohre — **3 Torpedorohre** — Längs- und Querschnitt — **4 Torpedorohre**

Mit verstärkter Flakbewaffnung.

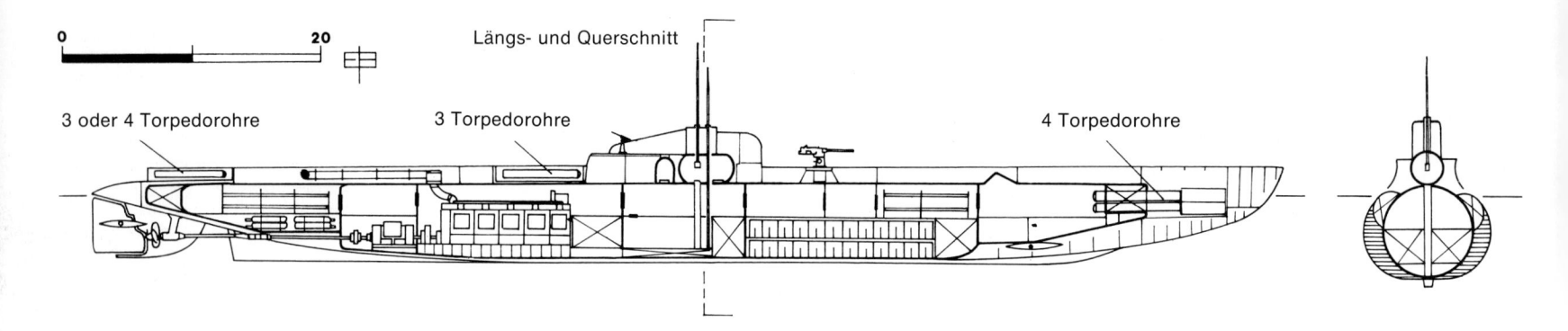

Redoutable, Vengeur:
Bauwerft: Marinewerft Cherbourg.
Datum: 1924–1931/31.
Pascal, Pasteur, Achille, Ajax, Le Centaure, Le Héros:
Bauwerft: Marinewerft Brest.
Datum: 1925–1931/34.
Archimède, Persée:
Bauwerft: Chantiers Navals Francais, Caen.
Datum: 1927–1932/33.
Monge, Protée, Le Tonnant:
Bauwerft: F. Chantier de la Méditerranée, La Seyne.
Datum: 1927–1932/35.
Fresnel:
Bauwerft: Penhoët-Werft, St. Nazaire.
Datum: 1927–1931.
Henri Poincaré, Poncelet:
Bauwerft: Marinewerft Lorient.
Datum: 1925–1931/32.
Actéon, Achéron, Pégase, Le Conquérant, Sfax, Casabianca:
Bauwerft: A. Chantier de la Loire, Nantes.
Datum: 1927–1931/35.
Argo:
Bauwerft: Dubigeon-Werft, Nantes.
Datum: 1927–1932.
L'Espoir, Le Glorieux, Agosta, Beveziers, Quessant, Sidi Ferruch:
Bauwerft: Marinewerft Cherbourg
Datum: 1931–1937/38.
Typverdrängung: 1570 ts aufgetaucht, 2084 ts getaucht.
Abmessungen: 92,3 × 8,2 × 4,7 m.
Motorenanlage: Diesel: 2 Sulzer oder Schneider; E-Motoren: 2.
Höchstleistung: 6000 PS aufgetaucht (7200 PS: *Le Héros, Le Tonnant, Le Conquérant, L'Espoir, Le Glorieux*; 8600 PS: *Sfax, Casabianca, Agosta, Beveziers, Quessant, Sidi Ferruch*), 1000 PS getaucht.
Höchstgeschwindigkeit: 17 kn aufgetaucht (19 kn: *Le Héros Le Tonnant, Le Conquérant, L'Espoir, Le Glorieux*; 20 kn: *Sfax, Casabianca, Agosta, Beveziers, Quessant, Sidi Ferruch*), 10 kn getaucht.
Fahrstrecke: 10 000 sm bei 10 kn sowie 4000 sm bei 17 kn aufgetaucht, 100 sm bei 5 kn getaucht.
Torpedorohre: 9 × 55,0 cm
Geschütze: 1 × 10,0 cm L/40, 2 × 13,2-mm-Maschinengewehre (2 × 1).
Besatzungsstärke: 61.

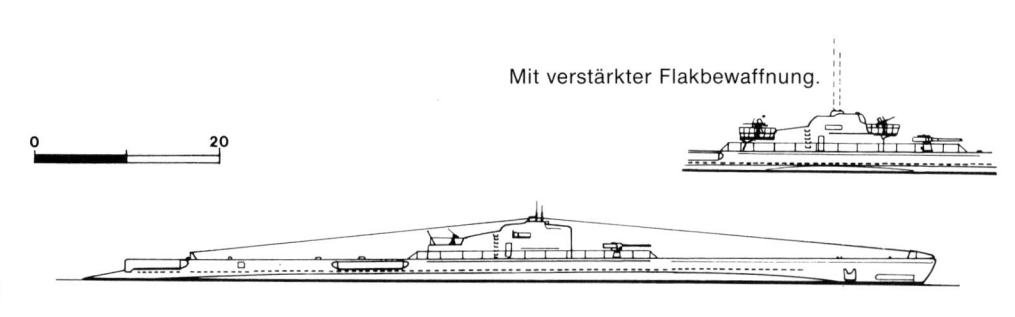

Zweihüllen-Hochseeunterseeboot (1. Klasse). Maximale Einsatztauchtiefe: 80 m. Normale Brennstoffmenge: 95 ts. Geringste Schnelltauchzeit: 45–50 Sekunden.
Die am meisten standardisierte Gruppe von Unterseebooten in der französischen Marine während des Zweiten Weltkrieges und die erfolgreichste.
1922 entworfen, wurden die ersten beiden Boote, *Redoutable* und *Vengeur*, 1924 in Cherbourg auf Kiel gelegt; sie liefen 1928 vom Stapel und wurden 1931 in Dienst gestellt. Zwischen 1931 und 1939 wurden insgesamt 31 Boote dieses Typs gebaut. Zwei von ihnen gingen vor dem Kriege verloren: *Prométhée* 1932 bei einem Tauchunfall vor Cherbourg und *Phénix* 1939 aus unbekannter Ursache in indochinesischen Gewässern.
Abgesehen von mehreren Konstruktionseinzelheiten, worin sich die auf verschiedenen Werften gebauten Boote unterschieden, bestand das wesentlichste Unterscheidungsmerkmal in der fortlaufenden Steigerung der Energieleistung bei den Dieselmotoren. Die unter den Programmen von 1928/29 gebilligten Boote steigerten von 6000 PS auf 7200 PS. Die Boote aus dem Programm von 1930 erreichten 8600 PS. Folglich stieg auch die Höchstgeschwindigkeit von den 17 kn der ersten Serien auf 20 kn bei den letzten.

1941 wurde die *Redoutable* umgebaut. Ein Teil der Tauchzellen wurde zum Gebrauch als Brennstoffzellen eingerichtet, wodurch sich die Fahrstrecke des Bootes fast verdoppelte. Der Umbau erfolgte nacheinander auch bei den anderen Booten.
Nach 1942 wurden einige der übriggebliebenen, einsatzfähigen »1500 tonnes«-Boote in Großbritannien und in den Vereinigten Staaten modernisiert: die Flakbewaffnung wurde verstärkt und die beiden 40,0-cm-Torpedorohre wurden durch ein einziges 53,3-cm-Rohr ersetzt, so daß der schwenkbare Hecksatz jetzt mit drei 53,3-cm- anstatt der bisherigen zwei 40,0-cm- und zwei 53,3-cm-Rohre ausgerüstet war.
Alles in allem waren es gute Hochseeboote, schnell, stark, mit ausgezeichneter Überwassermanövrierbarkeit und entsprechenden Taucheigenschaften, obwohl sie ziemlich langsam tauchten. Häufig wurden sie in tropischen Gewässern eingesetzt und ihre Bewohnbarkeit war stets annehmbar.
Als Frankreich 1939 Deutschland den Krieg erklärte, war der »1500 tonnes«-Typ in allen Einsatzräumen der französischen Marine – von Europa bis Indochina – stationiert. Die größte Konzentration befand sich in den atlantischen Heimathäfen, von wo aus die Boote gegen die deutsche Schiffahrt operierten. Bis zum Juni 1940 gelang der *Poncelet* der wichtigste Er-

folg, indem sie am 28. September 1939 im Atlantik vor der spanischen Küste das deutsche Handelsschiff *Chemnitz* (5900 BRT) kaperte.

Als die Deutschen die französischen Atlantikhäfen besetzten, wurden *Agosta, Quessant, Achille* und *Pasteur*, die sich zur Werftliegezeit in Brest aufhielten, von ihren Besatzungen selbst versenkt, da sie nicht auslaufen konnten. Nach der Kapitulation wurde *Protée* in Alexandria interniert, während *Persée, Poncelet* und *Ajax* im Verlaufe der britischen Angriffe auf die französischen Afrikastützpunkte im Sommer 1940 verlorengingen.

Während derselben Zeitspanne wurde die in Indochina stationierte *Pégase* außer Dienst gestellt und ein deutsches Unterseeboot torpedierte irrtümlich die *Sfax*. *Bevezieres, Héros* und *Monge* gingen im Mai 1942 im Verlaufe des Angriffs auf Madagaskar verloren. Im November 1942 sanken *Actéon, Sidi Ferruch* und *Le Conquérant* während der alliierten Landungen in Nordafrika. *Vengeur, Redoutable, Pascal, Poincaré, Achéron, L'Espoir* und *Fresnel* versenkten sich in Toulon und *Le Tonnant* vor der spanischen Küste selbst. Die restlichen Boote schlossen sich den Freifranzosen an und operierten mit den Alliierten; *Protée* ging dabei in den Kämpfen verloren.

Vertäute Unterseeboote in einem französischen Stützpunkt vor dem Kriege. Im Vordergrund die *Achéron* vom »1500 tonnes«-Typ.

Casabianca. Man beachte den schwenkbaren Heck-Rohrsatz mit zwei 53,3-cm- (Mitte) und zwei 40,0-cm-Torpedorohren.

Archimède. Mit zwei zusätzlichen 2-cm-Geschützen, je eines vor und hinter dem Kommandoturm, ist die Flakbewaffnung verstärkt worden.

Die Italiener und die Deutschen bargen mehrere der in Toulon selbstversenkten Boote, aber nur *Poincaré* wurde zur Instandsetzung nach Genua gebracht. Als *FR 118* ging das Boot im September 1943 verloren.

Von 1943 bis 1945 führten die fünf restlichen Boote, *Argo, Archimède, Le Centaure, Le Glorieux* und *Casabianca,* zahlreiche Unternehmungen durch. *Casabianca* zeichnete sich im Mittelmeer aus, wo ihr mehrere Erfolge gegen den deutschen Küstenverkehr gelangen, und wo sie eine wesentliche Rolle bei der französischen Wiedereroberung Korsikas spielte. Kurz nach Kriegsende wurden diese fünf Boote außer Dienst gestellt, zusammen mit der *Pégase,* die nach 1940 nicht wieder verwendet worden war.

Schicksal der Boote:

Datum:	Ort:	Boot:	Ursache:[1]
1940	Nordsee	Achille, Agosta, Quessant, Pasteur	sb
	Atlantik	Persée, Poncelet, Ajax	n
		Sfax	s
1942	Mittelmeer	Pascal, Redoutable, Le Tonnant, Vengeur, Achéron, L'Espoir, Fresnel, Poincaré	sb
	Atlantik	Actéon	n
		Sidi Ferruch, Le Conquérant	a
	Indischer Ozean	Beveziers, Monge	n
		Le Héros	a
1943	Mittelmeer	Protée	n
1946–1952	—	Argo, Pégase, Archimède, Le Centaure, Le Glorieux, Casabianca	r

[1] Siehe Seite 8.

Surcouf

Surcouf
Bauwerft: Marinewerft Cherbourg.
Datum: 1927–1934.
Typveränderung: 3250 ts aufgetaucht, 4304 ts getaucht.
Abmessungen: 110 × 9 × 9,07 m.
Motorenanlage: Diesel: 2 Sulzer; E-Motoren: 2.
Höchstleistung: 7600 PS aufgetaucht, 3400 PS getaucht.
Höchstgeschwindigkeit: 18 kn aufgetaucht, 8,5 kn getaucht.
Fahrstrecke: 10 000 sm bei 10 kn und 6800 sm bei 13,8 kn aufgetaucht, 70 sm bei 4,5 kn getaucht.
Torpedorohre: 8 × 55,0 cm: 4 vorn, 4 mittschiffs (in einem schwenkbaren Vierfachsatz außen gelegen), Torpedos: 14; 4 × 40,0 cm: in einem schwenkbaren Vierfachsatz achtern, Torpedos: 8.
Geschütze: 2 × 20,3 cm in Zwillingsturm, 2 × 3,7 cm in Einzellafette, 4 × 13,2-mm-Maschinengewehre (2 × 2); ein Aufklärungs-Schwimmflugzeug.
Besatzungsstärke: 118.

Zweihüllen-Unterseeboot vom Typ U-Kreuzer. Maximale Einsatztauchtiefe: 80 m. Normale Brennstoffmenge: annähernd 280 ts.

Der Bau der *Surcouf* wurde unter dem Marineprogramm von 1926 bewilligt, und bis zur Indienststellung der japanischen großen, flugzeugtragenden Unterseeboote war sie das größte Unterseeboot der Welt. Bestimmt für weitreichende Handelsstörunternehmen, konnte sie Vorräte für 90 Tage mitführen. Das interessanteste Merkmal ihrer Bewaffnung waren die beiden 20,3-cm-Geschütze L/50 vom selben Modell wie auf den französischen 10 000 ts großen »Washington«-Kreuzern.[9] Untergebracht waren die Geschütze in einem wasserdichten Turm vor dem Kommandoturm. Bei höchster Erhöhung von 30° betrug ihre Reichweite 27 500 m. Die Munitionsgrundausstattung umfaßte 600 Schuß, jedes Geschoß wog 123,2 kg. Damit stellte die *Surcouf* das einzige Beispiel eines Unterseebootes dar, bewaffnet mit dem größten Geschützkaliber, das nach den Flottenverträgen für Unterseefahrzeuge erlaubt war.

[9] Anmerkung des Übersetzers:
Der von Großbritannien, den USA, Japan, Frankreich und Italien am 6. Februar 1922 in Washington unterzeichnete Flottenvertrag sah eine Begrenzung für Schlachtschiffe (u.a. den »5:5:3:2:2-Standard«) und für Flugzeugträger vor. Andere Kriegsschiffe durften höchstens 10 000 ts Wasserverdrängung und eine Geschützarmierung von höchstens 20,3-cm-Kaliber aufweisen. Die letztere Vertragsbedingung führte zur Entwicklung eines Kreuzertyps, der diesen Merkmalen entsprach und deshalb als »Washington«-Kreuzer bezeichnet wurde. In der deutschen Kriegsmarine zählte man damals offiziell die Schweren Kreuzer der HIPPER-Klasse dazu, die tatsächlich aber fast 14 000 ts (PRINZ EUGEN sogar 14 800 ts) verdrängten.

Ausgerüstet war ihre Feuerleitzentrale mit einem Raumbildentfernungsmesser auf einem 4-m-Basisgerät mit einer Reichweite von 12 000 m, entsprechend der wirksamen Schußweite der 20,3-cm-Geschütze, die zweieinhalb Minuten nach dem Auftauchen mit einer Schußfolge von drei Schuß pro Minute das Feuer eröffnen konnten. Auch die Torpedobewaffnung war bemerkenswert; sie bestand aus acht 53,3-cm-Rohren mit insgesamt 14 Torpedos sowie vier 40,0-cm-Rohren mit 8 Torpedos. Acht der Torpedorohre (4 × 53,3 cm und 4 × 40,0 cm) waren in schwenkbaren Vierfachsätzen achtern in der Verkleidung untergebracht. *Surcouf* war das einzige französische Boot, das mit Reservetorpedos ausgerüstet war, um die außen gelegenen Rohre nachzuladen.

Im achteren Teil des Kommandoturms befand sich ein wasserdichter Hangar, der eine teilweise zerlegte Besson MB 411 beherbergte, ein kleines Aufklärungs-Schwimmflugzeug, das mit Hilfe eines Krans zu Wasser gelassen und wieder an Bord genommen werden konnte. Diese Manöver dauerten etwa dreißig Minuten. Der Originalentwurf sah auch das Mitführen eines großen Motorbootes mit einer Geschwindigkeit von 16 kn und einer Reichweite von 70 sm vor, um es zum Entern oder zur Artilleriebeobachtung einzusetzen. Später wurde es jedoch nicht mehr mitgeführt.

Mit einer Überwasserhöchstgeschwindigkeit von 18 kn, großer Reichweite und guter Unterwassermanövrierbarkeit und -stabilität (in Anbetracht ihrer Größe) war die *Surcouf* zweifellos ein technisch erfolgreiches Boot, aber ihre Verwendung schuf Probleme. Kurz gesagt, während des Zweiten Weltkrieges konnte sie infolge des Fehlens der feindlichen Hochseeschiffahrt nicht wirkungsvoll eingesetzt werden. Das ursprüngliche Bauprogramm forderte noch zwei weitere, ähnliche Boote, aber ihr Bau wurde niemals in Auftrag gegeben.

Surcouf *in See.*

Surcouf

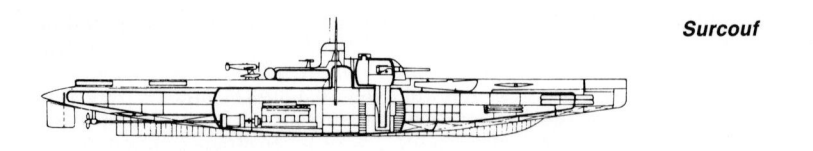

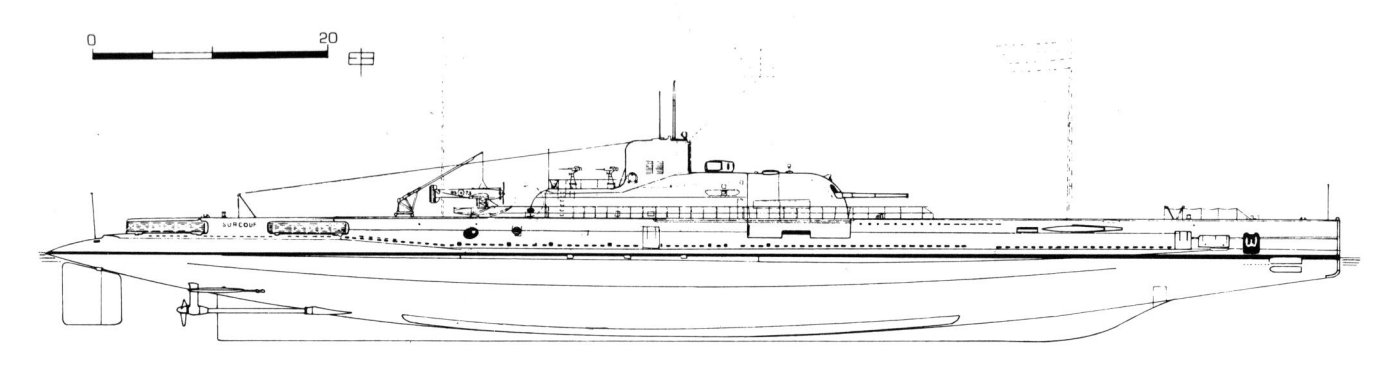

Im Juni 1940 verließ Surcouf Brest, wo sie eine große Werftliegezeit durchgeführt hatte, und suchte Zuflucht in Großbritannien, wo sie im Verlaufe desselben Monats beschlagnahmt und den Freifranzosen übergeben wurde. In deren Marine diente sie von 1940 bis zum 18. Februar 1942, als sie unterwegs zum Pazifik nach einer Kollision mit einem amerikanischen Handelsschiff im Golf von Mexiko sank.
Von Juli 1940 bis zum Februar 1942 hatte Surcouf nach einer Werftliegezeit in England mehrere ereignislose Atlantikunternehmungen durchgeführt und an der Einnahme von St. Pierre-et-Miquelon durch die gaullistischen Streitkräfte teilgenommen.

Schicksal des Bootes:

Datum:	Ort:	Boot:	Ursache:[1]
1942	Atlantik	Surcouf	v

[1] Siehe Seite 8.

Minerve-Klasse

Minerve:
Bauwerft: Marinewerft Cherbourg.
Datum: 1931–1936.
Junon, Pallas:
Bauwerft: Chantier Normand, Le Havre.
Datum: 1932–1937/39.
Vénus, Cérès:
Bauwerft: Chantier Worms, Le Trait.
Datum: 1932–1936/39.
Iris:
Bauwerft: Dubigeon-Werft, Nantes.
Datum: 1932–1936.
Typverdrängung: 662 ts aufgetaucht, 856 ts getaucht.
Abmessungen: 68,1 × 5,6 × 3,6 m.
Motorenanlage: Diesel: 2 Vickers oder Schneider; E-Motoren: 2.
Höchstleistung: 1800 PS aufgetaucht, 1230 PS getaucht.
Höchstgeschwindigkeit: 14 kn aufgetaucht, 9 kn getaucht.
Fahrstrecke: 4000 sm bei 10 kn und 2500 sm bei 13 kn aufgetaucht, 85 sm bei 5 kn getaucht.

Torpedorohre: 6 × 55,0 cm: 4 vorn, zwei achtern, Torpedos: 6; 3 × 40,0 cm: mittschiffs (schwenkbarer Dreifachsatz außen gelegen), Torpedos: 3.
Geschütze: 1 × 7,6 cm L/35, 2 × 13,2-mm-Maschinengewehre (2 × 1).
Besatzungsstärke: 42.

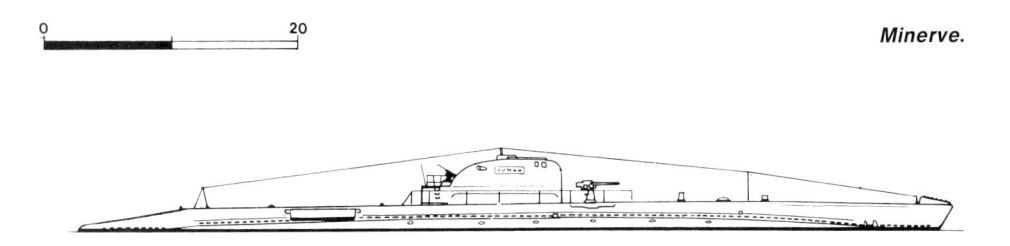

Minerve.

Zweihüllen-Unterseeboote mittlerer Reichweite (2. Klasse), entwickelt aus dem *»630 tonnes«*-Typ. Maximale Einsatztauchtiefe: 80 m. Normale Brennstoffmenge: annähernd 60 ts.
Gebaut nach einem amtlichen Entwurf, verkörperten die sechs Boote dieser Klasse eine Verbesserung der bis dahin gebauten Mittelstreckenboote. Stärkere Torpedobewaffnung und ihre verbesserte Anordnung zeichneten sie aus, wobei die Zahl der innen gelegenen Rohre (4 vorn und 2 achtern) gesteigert und die außen gelegenen 40,0-cm-Rohre in einem einzigen schwenkbaren Dreifachsatz in der Verkleidung achteraus des Kommandoturms konzentriert worden waren.
1939 stellten diese Boote die modernsten Mittelstreckenunterseeboote dar, welche die französische Marine im Dienst hatte. Bei der Kapitulation befanden sich *Junon* und *Minerve* in Großbritannien, wo sie beschlagnahmt und den Freifranzosen übergeben wurden, in deren Streitkräften sie bis 1945 operierten. Die übrigen Boote verblieben unter dem Befehl der Vichy-Regierung. Im November 1942 suchte *Iris* Zuflucht in Spanien, wo sie bis zum Ende des Krieges interniert wurde. *Cérès* und *Pallas* wurden in Oran und *Vénus* in Toulon von ihren Besatzungen selbst versenkt.

Schicksal der Boote:

Datum:	Ort:	Boot:	Ursache:[1]
1942	Mittelmeer	*Cérès, Pallas, Vénus*	sb
1945–1954	–	*Minerve, Junon, Iris*	r

[1] Siehe Seite 8.

L'Aurore-Klasse

L'Aurore:
Bauwerft: Marinewerft Toulon.
Datum: 1935–1940.
La Créole, La Bayadère, L'Artémis:
Bauwerft: Chantier Normand, Le Havre.
Datum: 1937–/–.
La Favorite, L'Africaine, L'Andromaque, L'Armide:
Bauwerft: Chantier Worms, Le Trait.
Datum: 1937–/–.
L'Astrée, L'Andromède:
Bauwerft: Dubigeon-Werft, Nantes.
Datum: 1938–/–.
L'Antigone:
Bauwerft: Schneider, Chalon-sur-Saône.
Datum: 1938–/–.
L'Hermione, La Gorgone: in Auftrag gegeben, aber nicht auf Stapel gelegt.
Bauwerft: Chantier Normand, Le Havre.
La Clorinde:
Bauwerft: Dubigeon-Werft, Nantes.
La Cornélie: Auftrag widerrufen.
Typverdrängung: 893 ts aufgetaucht, 1170 ts getaucht.
Abmessungen: 73,5 × 6,5 × 4,2 m.
Motorenanlage: Diesel: 2 Sulzer oder Schneider; E-Motoren: 2.
Höchstleistung: 3000 PS aufgetaucht, 1400 PS getaucht.
Höchstgeschwindigkeit: 15 kn aufgetaucht, 9 kn getaucht.
Fahrstrecke: 5600 sm bei 10 kn und 2250 sm bei 15 kn aufgetaucht, 80 sm bei 5 kn getaucht.
Torpedorohre: 9 × 55,0 cm: 2 vorn, 2 achtern, 3 mittschiffs (im schwenkbaren Dreifachsatz außen gelegen).
Geschütze: 1 × 10,0 cm, 2 × 13,2-mm-Maschinengewehre (2 × 1).
Besatzungsstärke: 44.

Zweihüllen-Unterseeboote mittlerer Reichweite (2. Klasse), entwickelt aus dem »630 tonnes«-Typ, aber beträchtlich verbessert. Maximale Einsatztauchtiefe: annähernd 100 m. Normale Brennstoffmenge: annähernd 85 ts.
Der Bau der 15 Boote, welche die Aurore-Klasse bilden sollten, wurde unter den Bauprogrammen 1934, 1937 und 1938 gebilligt, doch zum Zeitpunkt der französischen Kapitulation im Juni 1940 waren nur 11 Boote auf Stapel gelegt worden und keines davon wurde je in Dienst gestellt.
Im Vergleich zu den vorangegangenen Mittelstreckenbooten besaßen diese eine größere Wasserverdrängung und Fahrstrecke; durch Standardisierung des Torpedokalibers auf 55,0 cm und der Steigerung des Kalibers für das Oberdecksgeschütz auf 10,0 cm war die Bewaffnung weiter verstärkt worden.
Im Juni 1940 unternahm Aurore Probefahrten und wurde im selben Jahr fertiggestellt. Ohne je auf Feindfahrt gewesen zu sein, wurde sie von ihrer Besatzung in Toulon selbst versenkt.

Die von den Italienern 1943 in Toulon geborgene L'Aurore, die aber als nicht mehr instandsetzungsfähig angesehen wurde.

La Créole wurde 1940 in unfertigem Zustand nach Großbritannien geschleppt. Die Briten beschlagnahmten sie und gaben sie 1945 an Frankreich zurück. In der Nachkriegszeit wurde sie in Dienst gestellt, zusammen mit vier anderen Booten, der L'Africaine, L'Andromède, L'Artémis und der L'Astrée, deren Bau im Jahre 1945 nach einer Abänderung des Originalentwurfes wieder aufgenommen worden war.
Noch im Bau erbeuteten die Deutschen L'Africaine, L'Andromède und La Favorite und gliederten sie in ihre Marine unter den Bezeichnungen UF 1, UF 2 und UF 3 ein. Nur UF 2 ex La Favorite wurde in Dienst gestellt und als Schulboot verwendet; sie ging 1944 verloren. Die anderen beiden Boote bekamen die Franzosen nach dem Kriege zurück.
Alle übrigen 1940 im Bau befindlichen Einheiten wurden entweder durch Sabotage zerstört oder ihr Weiterbau wurde aufgegeben; sie sind später verschrottet worden. Eine Ausnahme bildeten L'Artemis und L'Astree, deren Bau nach dem Kriege wieder aufgenommen wurde.

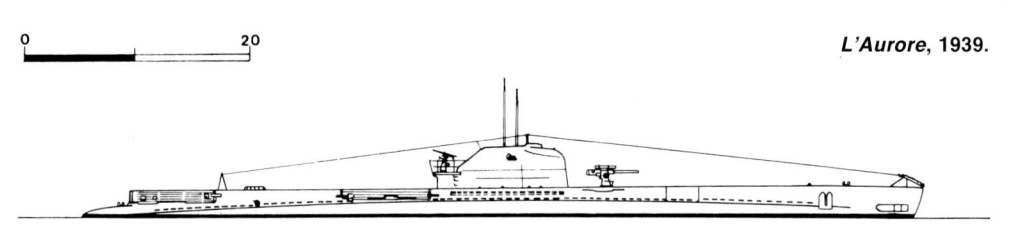

L'Aurore, 1939.

Schicksal der Boote:

Datum	Ort	Boot	Ursache:[1]
1940	–	L'Africaine, L'Andromède, La Favorite, La Créole	c
1942	–	L'Aurore	sb

[1] Siehe Seite 8.

Unvollendete Unterseeboote im Jahre 1940

Tabelle 8: Entwurfseigenschaften der 1940 im Bau befindlichen und nicht fertiggestellten Unterseeboote

Klasse:	Typenverdrängung (ts): unter/über Wasser	Abmessungen:	Motorenanlage: Typ/PS	Höchstgeschwindigkeit (kn): über/unter Wasser	Fahrstrecke (sm bei kn): über/unter Wasser	Bewaffnung:
Morillot (*Roland Morillot, La Praya, La Martinique, La Réunion, La Guadeloupe* und drei noch nicht auf Stapel gelegte Einheiten)	1817/2416	102,5 × 8,3 × 4,6 m	2 Diesel: 12000; 2 E-Motoren: 2300	22/9	10000 bei 10; 85 bei 9	10 × 57,2-cm-Torpedorohre, 14–18 Torpedos; 1 × 10,0 cm, 2 × 13,2 mm (2 × 1)
Emeraude (*Emeraude, L'Agate, Le Corail, L'Escarbouche* und drei noch nicht auf Stapel gelegte Einheiten)	862/1119	72,7 × 7,3 × 4,1 m	2 Diesel: 2000; 2 E-Motoren: 1270	15/9	5600 bei 12; 90 bei 4	4 × 57,2-cm-Torpedorohre, 6 Torpedos; 40 Minen; 1 × 10,0 cm, 2 × 13,2 mm (2 × 1)
Phénix (*Phénix, Brumaire, Floréal, Frimaire, Fructidor, Germinal, Messidor, Nivôse, Pluviôse, Prairial, Thermidor, Vendémiaire, Ventôse*)	1056/1212	74,9 × 6,4 × 3,9 m	2 Diesel: 4200; 2 E-Motoren: 1400	18/9	8000 bei 10	10 × 57,2-cm-Torpedorohre, 12 Torpedos; 1 × 4 cm, 1 × 2 cm

Im Juni 1940 befanden sich mehrere Boote im Bau, die entweder durch Sabotage zerstört wurden oder deren Bau eingestellt wurde; ihr Weiterbau wurde nicht fortgesetzt. Dabei handelte es sich um Boote der *Morillot*-Klasse, eine verbesserte Version des »1500 tonnes«-Typs, und der *Emeraude*-Klasse, eine größere Version der U-Minenleger der *Saphir*-Klasse.

Die *Morillot*-Klasse sollte aus acht Booten bestehen, die bereits in Auftrag gegeben worden waren, aber zwischen 1937 und 1939 waren nur fünf davon auf Kiel gelegt worden.

Im Bau am weitesten fortgeschritten waren *Morillot, La Praya* und *La Martinique*; sie wurden am 23. Juni 1940 vor der deutschen Besetzung zerstört. Der Bau der noch im Anfangsstadium befindlichen anderen beiden Boote wurde nicht weitergeführt.

Von den vier Booten der *Emeraude*-Klasse war im Mai 1938 in Toulon *Emeraude* auf Kiel gelegt worden; sie wurde am 18. Juni 1940 durch Sabotage zerstört.

Die Programme von 1939 und 1940 sahen außerdem noch 13 Boote der *Phénix*-Klasse vor, einer größeren Version der *Aurore*-Klasse, entwickelt für den Einsatz in tropischen Gewässern. Von diesen Booten wurde keines auf Stapel gelegt und ihr Bau wurde im Juni 1940 gestrichen.

Ausländische Unterseeboote in der französischen Marine

Während des Krieges stellte die französische Marine vier von der Royal Navy überlassene Boote in Dienst: *Narval* ex *P 714* ex *Bronzo*: ein in Italien gebautes Boot (Klasse 600, *Acciaio*-Serie), im Juli 1943 vor Augusta, Sizilien, erbeutet, in die Royal Navy als *P 714* übernommen und am 29. Januar 1944 an Frankreich übergeben.
Curie ex *P 67* ex *Vox*: im Mai 1943 übergebenes Boot der *U*-Klasse. *Doris* ex *Vineyard* und *Morse* ex *Vortex*: Boote der *V*-Klasse, in England gebaut und im Juni bzw. Dezember 1944 übergeben.
Alle Boote kehrten am 11. September 1946 wieder nach Großbritannien zurück.

Curie, ehemals britische *Vox*, 1944 in Toulon.

Deutschland

Am 16. März 1935 kündigte Deutschland den Vertrag von Versailles auf, worin ihm eine Klausel den Bau und die Entwicklung von Unterseebooten verbot. Im Juni desselben Jahres wurde das englisch-deutsche Flottenabkommen unterzeichnet. Dieser Vertrag gestattete Deutschland den Bau einer Flotte unter der Voraussetzung, daß die Gesamtverdrängungstonnage 35% der der britischen Flotte nicht übersteigt. Für Unterseeboote wurde das Verhältnis auf 45% mit der Möglichkeit des Erlangens der Parität (hinsichtlich der Gesamttonnage) festgelegt.
Am 29. Juni, elf Tage nach dem Inkrafttreten des Abkommens, wurde das erste Boot der neuen deutschen Unterseeflotte, U 1, in Kiel ausgerüstet. Abgesehen von der offensichtlichen Verletzung des Versailler Vertrages demonstrierte dieses Ereignis das Ausmaß, zu welchem die deutsche Schiffbauindustrie und Marine imstande waren, um moderne Boote zu bauen, trotz der vergangenen siebzehn Jahre, in denen Unterseeboote verboten waren. Durch das Entwerfen und den Bau mehrerer Boote auf ausländischen Werften war die Kriegserfahrung auf dem neuesten Stand geblieben: die Hochseeboote *Birinci Inonu* und *Ikinci Inonu* mit 505/620 ts, 1927 in Holland für die Türkei gebaut; die hochseefähigen Boote *Vetehinen, Vesihiisi* und *Iko-Turso* mit 490/715 ts sowie das Küstenboot *Saukko* mit 100/136 ts, 1930/31 in Finnland gebaut; das Hochseeboot *Gür* mit 750/960 ts, 1932 in Spanien für die Türkei gebaut; und das Küstenboot *Vesikko* mit 250/300 ts, 1933 in Finnland gebaut. Diese acht Boote ermöglichten es dem deutschen Generalstab,[10] seine strategischen und taktischen Theorien einer Prüfung zu unterziehen und die Entwicklung einer zukünftigen Unterseebootsflotte mit den folgenden Grundtypen zu planen: Hochseeboote mit 500/750 ts, Hochsee-Minenleger mit etwa 1000 ts, »U-Kreuzer« mit etwa 1500 ts, Küstenboote mit etwa 250 ts, Küsten-Minenleger mit etwa 500 ts.
In diesen Grundtypen haben alle vom Reich während des Zweiten Weltkrieges eingesetzten konventionellen Hauptunterseebootstypen ihren Ursprung. Ihre Prototypen wurden in Deutschland vor 1939 gebaut.
Der Hochseetyp mit 500/750 ts wurde später der Typ VII, der Hochsee-Minenleger mit 1000 ts wurde der Typ I und IX und der Küstentyp mit 250 ts

U-Boote 1945 in Wilhelmshaven kurz vor ihrer formellen Übergabe. Am weitesten links im Bild ist U 883 (Typ IX D 2) zu sehen, im Vordergrund drei Boote des Typs VII C.

---

[10] Anmerkung des Übersetzers:
Nach dem deutsch-englischen Flottenabkommen vom 18. Juni 1935 wurden im Oberkommando der Kriegsmarine (nicht im »deutschen Generalstab«) und zwar von der Operationsabteilung im Marinekommandoamt (A I) Überlegungen zu Problemen der Seekriegführung, der Taktik und des Kriegsschiffbaus angestellt, die auch auf das Bauprogramm vom 6. Juni 1936 durchschlugen. Zur selben Zeit entwickelte der Führer der Unterseeboote, Kapitän zur See Dönitz, seine Grundgedanken zur »Gruppen-« oder »Rudeltaktik«:
- Die allgemeine Anschauung in den Marinen, daß das U-Boot als ein wirkungsvolles Mittel des Seekrieges überholt sei, ist falsch.
- Der Torpedo-Nahschuß aus 600 m Entfernung im *Überwasser-Nachtangriff* ist anzustreben. Das gegnerische akustische Ortungsmittel ist so gut wie unwirksam.
- Gleichzeitiger Kampfeinsatz mehrerer U-Boote im »Rudel« zum gemeinsamen Angriff.
- Zentrale taktische Führung der U-Bootsgruppen durch den F.d.U. an Land.
- Führungsmittel: taktische Kurzsignale.
- Taktische Formen: Anmarsch, Aufklärungsstreifen, Fühlunghalten, Konzentration zum Angriff, Ablösung, Rückmarsch.
Diese Vorstellungen schlugen sich allerdings nicht in einer entsprechenden Bauplanung nieder, wie auch der Verfasser auf Seite 56 treffend ausführt. (Zitiert nach Güth »Die Marine des Deutschen Reiches 1919–1939«, Frankfurt 1972, S. 189 ff.)

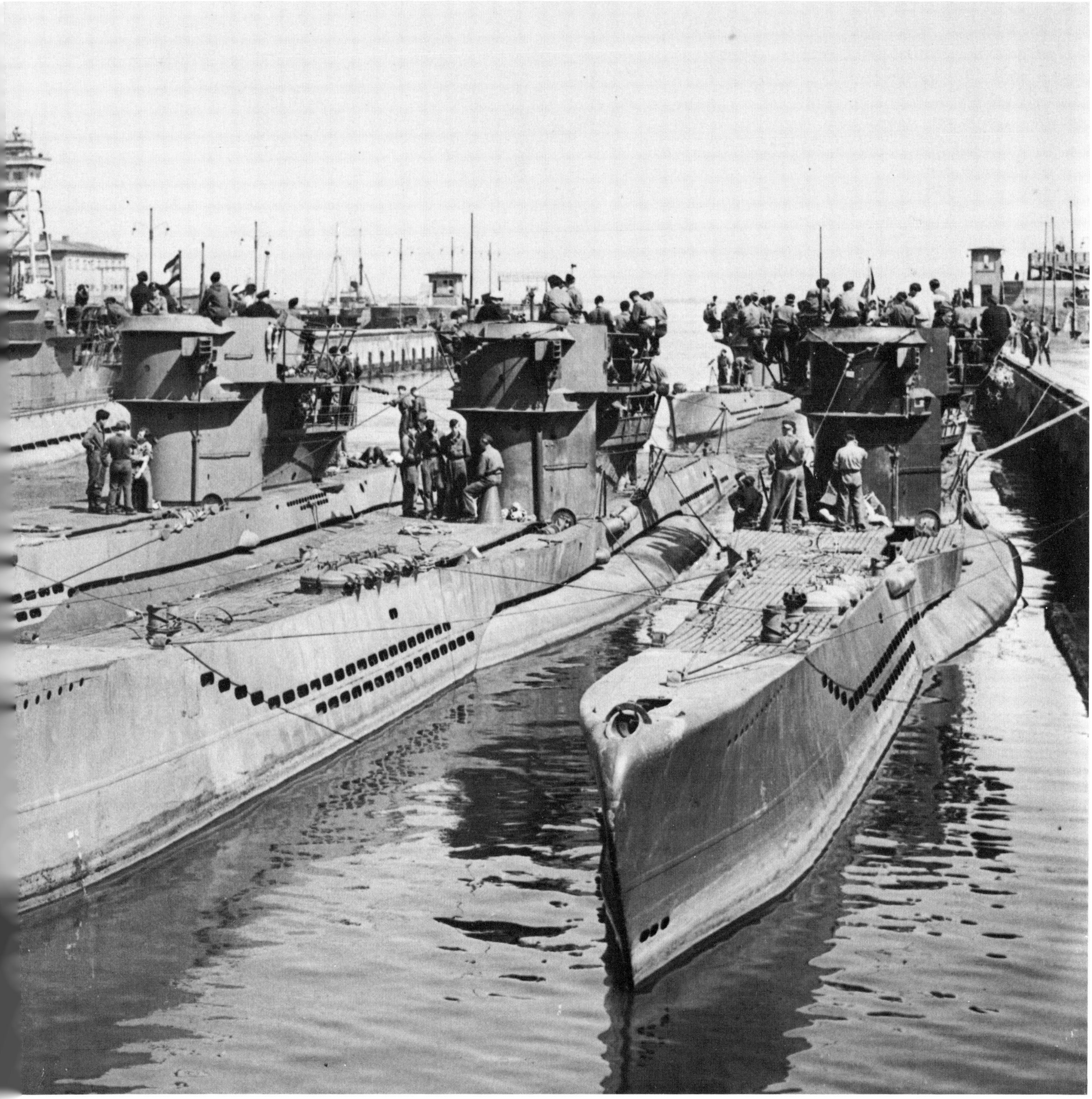

wurde der Typ II. Der Küsten-Minenleger mit 500 ts wurde nicht gebaut, und ein Weiterführen des Prototyps für einen U-Kreuzer (Typ XI) erfolgte nicht; er hätte die anfänglich geplanten 1500 ts wesentlich überstiegen. Der Bau dieser großen Boote war eine der Hauptursachen in der Kontroverse zwischen dem Oberkommando der Marine und dem damaligen Führer der Unterseeboote, Kapitän zur See Karl Dönitz. Er stand dem Bau der großen Boote ablehnend gegenüber, da die neue Taktik, die er im Begriff war zu entwickeln und zu erproben, den großangelegten Einsatz kleinerer Boote erforderte. Da er außerdem gezwungen war, sich innerhalb der durch das englisch-deutsche Flottenabkommen auferlegten Gesamttonnagebegrenzungen zu halten, zog er es vor, die größtmögliche Anzahl von Unterseebooten zu bekommen, und dies konnte nur durch den Bau von Booten mit begrenzter Tonnage erreicht werden.

Kurz gesagt, die Theorien von Dönitz gründeten sich auf die folgenden Erwägungen, die hauptsächlich aus der Erfahrung der Unterwasserkriegführung während des Ersten Weltkrieges stammten: Erstens war die feindliche Handelsschiffahrt das Hauptziel der Unterseeboote und sollte ohne Einschränkungen angegriffen werden. Zweitens sollten die Operationen auf einer strategischen Ebene durchgeführt werden, damit die versenkte Tonnage die der Neubauten überstieg, bis die Seeverbindungen des Feindes abgeschnürt waren.

Diese Theorien hatten zweifellos einen Krieg mit den Westmächten zur Voraussetzung und ihre erfolgreiche Durchführung erforderte eine zahlreiche Flotte geeigneter Boote und vor allem eine neue Taktik, die aus der Erkenntnis kam, daß ein einzelnes Unterseeboot nur eine geringe Erfolgschance gegen gesicherte Geleitzüge hatte.

Die begrenzte Aufklärungskapazität von Sehrohr und Unterwasserhorchgerät, die geringe Unterwassergeschwindigkeit und die begrenzte Reichweite der Batterien machten ein Boot während des Durchstreifens riesiger ozeanischer Räume fast blind und unbeweglich. Außerdem war eine günstige Position, möglichst vor dem Geleitzug, eine erste Voraussetzung für einen erfolgreichen Angriff durch ein getauchtes Boot, und jede Kursabweichung des Geleitzuges konnte das Unterseeboot zu weit zurücklasen, um seine Torpedos zielgenau loszumachen.

Angesichts dieser Schwierigkeiten entschied man sich, Unterseeboote hauptsächlich über Wasser als Torpedoboote[11] einzusetzen und nur zu tauchen, um einem Luftangriff zu entgehen oder wenn die Bedingungen für einen Unterwasserangriff günstig waren. Die größere Überwassergeschwindigkeit und Fahrstrecke des Bootes vergrößerten seinen Suchbereich außerordentlich. Eine Gruppe von Unterseebooten, bei Nacht gleichzeitig einen Geleitzug von verschiedenen Seiten angreifend, konnte die Geleitsicherungsfahrzeuge verwirren und zerstreuen. Die Auffassung von koordinierten Gruppenangriffen führte zur »Wolfsrudel«-Taktik, die etwa zwanzig Boote erforderte, aufgestellt in einem Vorpostenstreifen rechtwinkelig zum wahrscheinlichen Kurs des Geleitzuges, der dann nach dem Sichten beschattet wurde, bis sich das Rudel versammelt hatte. Der Angriff selbst begann bei Nacht über Wasser mit hoher Geschwindigkeit, aus verschiedenen Richtungen und aus dem Raum innerhalb des Geleitzuges selbst. In der Morgendämmerung zogen sich die Boote wieder zurück, um in der folgenden Nacht den Angriff wiederaufzunehmen, bis der Geleitzug vernichtet war. Das Verfahren erforderte Boote mit hoher Geschwindigkeit und großem Überwasserfahrbereich, guter Seeausdauer und Manövrierfähigkeit, einem großen Torpedovorrat sowie einer Überwassersilhouette von verringerten Ausmaßen, umso unauffällig wie möglich zu wirken.

Das Boot, das diese Erfordernisse am besten verkörperte, war der Typ VII, ein Hochseeunterseeboot von begrenzten Abmessungen, in welchem – auf Kosten der Bewohnbarkeit – eine beträchtliche Offensivfeuerkraft konzentriert worden war. Typ VII bildete das Rückgrat der deutschen Flottillen in der Schlacht im Atlantik.

Die oben beschriebene Taktik erprobte die U-Bootführung mit den wenigen, vor dem Kriege zur Verfügung stehenden Booten umfassend. Sie erwies sich als durchführbar, aber Admiral Dönitz wollte ein Minimum von 300 einsatzfähigen Booten bei Ausbruch von Feindseligkeiten (unter Berechnung, daß nur ein Drittel davon zur selben Zeit im Einsatz sein konnte). Das deutsche Oberkommando der Marine entsprach seinen strategischen Forderungen nur in geringem Maße. Eine treffende Studie über die Seekriegsführung des Ersten Weltkrieges, veröffentlicht von Admiral Wegener in den zwanziger Jahren, hatte den damaligen Oberbefehlshaber der deutschen Kriegsmarine, Großadmiral Raeder, dessen Vorstellung von Seekriegführung sich auf das direkte Zusammentreffen von Schlachtflotten gründete, nur teilweise angeregt.[12]

Als 1939 der Krieg begann, bestand die deutsche Unterseebootsflotte deshalb nur aus 55 Booten mit um die 30 weiteren im Bau. Wenig mehr als die Hälfte davon war für ozeanische Unternehmungen geeignet; der Rest bestand aus Küstenbooten oder Prototypen zur Ausbildung oder zu Erprobungen, und da sich mehrere Boote in der Werft befanden, begann Deutschland die Operationen im Atlantik mit nicht mehr als etwa 20 Unterseebooten.

Zusätzlich zu den seiner kleinen Flotte auferlegten Beschränkungen wurden Dönitz' Pläne von Hitlers Entscheidung durchkreuzt, sich peinlich genau an internationale Konventionen zu halten, welche die Versenkung von Handelsschiffen ohne Warnung ausschlossen, aber am 17. Oktober 1939 wurden diese Einschränkungen aufgehoben.

Die interessanteste Taktik, welche die größten Erfolge hervorbringen sollte, konnte infolge der unzureichenden Anzahl von Booten nicht durchgeführt werden. Deshalb bestanden die Operationen der ersten Kriegsmonate aus den traditionellen Einzelangriffen aus dem Hinterhalt. Die von 1939 bis 1940 operierenden deutschen Boote unterschieden sich kaum von jenen, die gegen Ende des Ersten Weltkrieges eingesetzt worden waren; nur hinsichtlich der Waffen hatte es bedeutende Verbesserungen gegeben. Ausgerüstet waren die Boote anfangs mit den normalen 53,3-cm-»Dampf«-Torpedos des Typs G7a und mit einem neuen Typ, abgeleitet aus dem vorhergehenden Modell, der G7e, der elektrisch angetrieben wurde und eine Magnetzündung besaß. Die Verwirklichung des

---

[11] Anmerkung des Übersetzers:
Dönitz hat in seiner »Rudeltaktik« das als tauchfähiges Torpedoboot einzusetzende Unterseeboot in den Mittelpunkt gestellt. Dies entsprach nicht nur dem Konzept von Laubeuf (vgl. S. 14), als dieser den NARVAL entwarf, sondern war schon vor und während des Ersten Weltkrieges allgemeines Gedankengut. Eine Zeitlang herrschte sogar der Ausdruck »Untersee-Torpedoboot« im Sprachgebrauch vor. Dönitz' Verdienst besteht darin, diese Gedanken zusammengefaßt und zu einer anwendungsfähigen Gruppentaktik weiterentwickelt zu haben.

[12] Anmerkung des Übersetzers:
Die Durchführbarkeit der U-Boot-Gruppentaktik erwies sich erstmals im Herbstmanöver 1937 in der östlichen Ostsee. Nach weiteren größeren Übungen in der Nordsee erprobte Dönitz die Gruppentaktik im Mai 1939 im Atlantik, westlich der iberischen Halbinsel und westlich der Biscaya; nicht zuletzt auch, um zwei Probleme lösen zu können: das der Aufklärung (infolge seiner Langsamkeit und seines geringen Gesichtsfeldes war das Unterseeboot ein schlechtes Aufklärungsmittel – im Gegensatz zum Flugzeug) und das der taktischen Führung. Beide Probleme waren lösbar.

Aber Dönitz' Vorstellungen entsprachen nicht der Auffassung Raeders. In einer Ausarbeitung, die ein anderer Wegener, Korvettenkapitän Wegener, im Winter 1938 verfaßte, stehen die Sätze: »Nachdem man festgestellt hat, daß es – nach dem von Vizeadmiral Wegener geprägten Ausdruck – ›Schlachten an sich‹ nicht gibt, also Schlachten ohne Einfluß auf die seestrategische Lage, darf man nicht in den Fehler verfallen, die Schlacht überhaupt abzulehnen. Ohne Schlacht keine Seeherrschaft, ohne diese kein Sieg. Der Seekrieg, der die Schlacht umgeht, wird Kreuzerkrieg und ist kein Kampf um Seeherrschaft, ebensowenig wie der Seekrieg, der nicht von einer geographischen Position aus geführt wird.« Die an den Rand geschriebene Bemerkung Raeders dazu lautete: »Sehr richtig!« Damit war dem Schlachtschiffbau der Vorrang eingeräumt, und man wird unwillkürlich an Tirpitz und die Situation im Ersten Weltkrieg erinnert. Als ob es die Erfahrungen dieses Krieges nie gegeben hätte; während man sich zur selben Zeit auch im Ausland (Konteradmiral a. D. J. Bosma in den Niederlanden, Vizeadmiral Oscar di Giambrardino in Italien und sogar K. Kuznecov in der Sowjetunion) Gedanken zum Gruppeneinsatz von Unterseebooten machte.

elektrischen Torpedos, dessen Hauptvorteil das völlige Fehlen der Blasenbahn darstellte, war durch die Übernahme von superleichten Bleiakkumulatoren möglich geworden, so daß das etwa bei 1600 kg liegende Gesamtgewicht fast dem eines normalen Torpedos entsprach. Geschwindigkeit und Laufstrecke waren jedoch deutlich kleiner als bei Heißlufttorpedos: 28 kn für 3500 m gegenüber 50 kn für 4000 m und 30 kn für 10 000 m.

Die Magnetzündung sollte den Gefechtskopf unter dem Rumpf des Zieles zur Detonation bringen, der besten Position, um eine maximale Beschädigung herbeizuführen. Die ersten einsatzmäßig verwendeten G7e erwiesen sich als so unregelmäßig, daß sie zurückgezogen und durch normale G7a-Torpedos ersetzt werden mußten. Während des Norwegenfeldzuges detonierten viele Torpedos infolge der fehlerhaften Zündungen vorzeitig und viele andere detonierten durch die unzulängliche Tiefenregelungsvorrichtung überhaupt nicht. Hätten die Torpedos richtig funktioniert, so ist geschätzt worden, wären Treffer auf mindestens einem Schlachtschiff von vier angegriffenen, sieben Kreuzern von zwölf und sieben Zerstörern von zehn erzielt worden; abgesehen von zahlreichen Angriffen, die gegen Truppentransportschiffe fehlschlugen. Offensichtlich spielten Unregelmäßigkeiten im Magnetfeld der Erde in den nördlichen Breiten bei diesen Versagern eine Rolle.

Mit behobenen Mängeln wurde der elektrische Torpedo erneut vom Sommer 1941 an eingesetzt, diesmal erfolgreich. Andere wichtige Neuerungen waren ein wirksames System, Torpedos ohne Luftblasen abzufeuern, und ein Feuerleitgerät zur Berechnung der Daten für den Torpedoschuß. Das neue Abfeuerungssystem verhinderte sinnreich das Entweichen der zum Torpedoschuß gebrauchten Preßluft aus dem Rohr. Statt dessen entwich sie (unglücklicherweise mit den Abgasen des Heißlufttorpedos gemischt) in das Bootsinnere, und dies verhinderte den Luftschwall an der Wasseroberfläche, der die Anwesenheit des getauchten Bootes verriet. Das Feuerleitgerät war ein elektromechanischer Kleinrechner, der die beobachteten oder geschätzten Daten über Kurs, Geschwindigkeit und Entfernung erhielt und mit ziemlicher Genauigkeit die zum Torpedoschuß erforderliche Information lieferte.

Alle deutschen Hochseeunterseeboote konnten als Minenleger eingesetzt werden. Anstatt von Reservetorpedos konnten sie eine bestimmte Anzahl von Seeminen mitführen (je nach Typ 2–3 für jeden Torpedo). Bei den Minen handelte es sich um Magnetminen, die normalerweise durch Ausstoß aus den Hecktorpedorohren gelegt wurden. Die Anzahl der mitgeführten Minen variierte je nach Boots- bzw. Minentyp.

Bis zum Juni 1940 hielten sich die U-Booterfolge gegen die alliierten Handelsschiffe in Grenzen: 103 544 BRT im Jahre 1939 und 525 000 BRT während der ersten fünf Monate des Jahres 1940. Durch die kleine Anzahl der jeweils zur selben Zeit verfügbaren Boote (im Durchschnitt nicht mehr als zehn), die unzuverlässigen G7e-Torpedos und das Abziehen einiger Boote, um die Operationen in Norwegen zu unterstützen, waren die Unternehmungen im Atlantik und in der Nordsee behindert worden. Mehrere bedeutende Erfolge wurden in dieser Zeitspanne gegen Kriegsschiffe erzielt. Herausragend waren die Versenkung des britischen Flugzeugträgers *Courageous* im Atlantik und die des Schlachtschiffes *Royal Oak* in Scapa Flow in den Orkney-Inseln, im Inneren des großen britischen Flottenstützpunktes.

Tabelle 9: Seeminen- bzw. Torpedoaufnahmefähigkeit deutscher Hochseeunterseeboote

Unterseebootstyp:	Minentyp TMA:	Minentyp TMB:	Anzahl der Torpedos: (wahlweise)
I A	28	42	14
II	12	18	5
VII	22–26	33–39	11–14
IX	44	66	22
XXI	12	–	*)
XXIII	–	–	–

* Nur 6 der 23 mitgeführten Torpedos konnten durch Minen ersetzt werden.

Von Juni 1940 an waren die Deutschen jedoch imstande, die französischen Atlantikhäfen als Stützpunkte zu benutzen, und mit der ständig steigenden Zahl einsatzfähiger Boote (annähernd 70 im Oktober/November) wurden die Unternehmungen zunehmend wirksamer geführt. Die operative Führung richtete sich in Paris ein, von wo aus der Einsatz der U-Boote geführt und koordiniert wurde, und die erste Gruppe von Aufklärungs-Langstreckenflugzeugen Focke-Wulf »Condor« wurde in Frankreich stationiert. Dem Bau von zahlreichen neuen Booten war zugestimmt worden, aber die Produktionsrate war noch gering, und die Mindestanzahl von 300 Booten für großangelegte Operationen gegen die Handelsschiffahrt wurde erst zwei Jahre später erreicht, zu einem Zeitpunkt, als sich hauptsächlich infolge der von den Alliierten ergriffenen Gegenmaßnahmen die Lage grundlegend geändert hatte.

Weiträumige Angriffe durch große Gruppen aufgetaucht fahrender Boote begannen Mitte 1941. Die Ergebnisse waren ausgezeichnet und demonstrierten den Wert dieser Taktik, aber es war zu lange gezögert worden. Bereits Ende 1941 wurden größere Seegebiete von einer zunehmenden Anzahl britischer Flugzeuge überwacht, die offensive Aufklärung flogen. 1941 versenkten deutsche Unterseeboote 445 Schiffe mit insgesamt 2 171 890 BRT, 38 Boote gingen verloren. Die eingesetzten Unterseeboote waren vom Typ VII (in seinen verschiedenen Versionen) im Nordatlantik, vom Typ IX im Mittelatlantik und vom Typ II (»Einbäume«) für Küstenunternehmungen in der Nordsee.

In Übereinstimmung mit italienisch-deutschen Abmachungen wurden im September 1941 mehrere Boote vom Typ VII im Mittelmeer stationiert. Erfolge besonders gegen britische Kriegsschiffe erzielend, operierten sie dort bis zum Mai 1944. Das Abziehen seiner Boote ins Mittelmeer, auf das Verlegen von Booten nach Norwegen folgend, löste eine erneute Kontroverse zwischen Dönitz und dem Oberkommando der Kriegsmarine aus. Der Befehlshaber der U-Boote betonte nachdrücklich, daß jedes Abziehen der Boote von ihrem Hauptangriffsziel, der feindlichen Handelsschiffahrt, vermieden werden müsse. Das Versenken von ein oder zwei Kriegsschiffen im Mittelmeer würde keineswegs das beträchtliche Abnehmen der im Atlantik versenkten Handelstonnage ausgleichen.

Im Juni 1942 erzielten die U-Boote ihre größte Anzahl von Versenkungen: 131 Schiffe mit insgesamt 616 904 BRT. Im November wurde mit 118 Schiffen von insgesamt 743 321 BRT der Rekord des Krieges erreicht. Insgesamt versenkten die U-Boote im Jahre 1942, ihrem besten Jahr, 1094 Schiffe mit zusammen 5 819 025 BRT. Die Zahl der einsatzfähigen Boote stieg von 259 im Januar auf 397 im Dezember 1942. Der Großteil dieser Boote bestand aus Varianten des Typs VII und des Typs IX. Die U-Bootverluste stiegen in diesem Jahr auf insgesamt 88 Boote, etwa das Doppelte der Boote, mit denen Deutschland in den Krieg eingetreten war. 1942 jedoch überschritt – zum erstenmal – der Neubau an Handelsschiffen die versenkte Tonnage und kündigte die deutsche Niederlage in der Schlacht im Atlantik an.

In diesem Zeitraum erschien ein weiterer besonderer U-Boottyp. Der als »Milchkuh« bekannte Typ XIV war ein Hochsee-Versorgungsboot, das annähernd 600 ts Dieselöl mitführte. Die Brennstoffergänzung in See erweiterte die Einsatzzeit von zwölf Booten des Typs VII um vier Wochen oder von fünf Booten des Typs IX um acht Wochen. Sie ermöglichte den ersteren ein Operieren in Höhe der Antillen oder vor der Küste Südafrikas und gestattete den letzteren einen unbegrenzten Fahrbereich im Atlantik. Der Einsatz von Versorgungsunterseebooten vergrößerte die Anzahl der U-Boote in den Operationsgebieten um 50%, trotz der immer länger werdenden An- und Abmarschwege von und zu ihren Stützpunkten. Eine Ergänzung der »Milchkühe« vom Typ XIV stellten zwei Boote vom Typ XI (Variante D1) zur Versorgung mit Brennstoff und vier Booten vom Typ VII (Variante F) zur Versorgung mit Reservetorpedos dar.

In einer Hinsicht waren die U-Boote ihr eigener Feind. Ein wesentlicher Faktor der »Wolfsrudel«-Taktik und des Systems der zentralen Führung der U-Boote bestand darin, daß die Boote häufig die Funkstille brechen mußten, um an ihren Stützpunkt und an ihre Kameraden Sichtungs- oder Positionsmeldungen abzusetzen. Alliierte Küstenfunkstationen konnten diese Funksprüche einpeilen, um die Positionen der U-Boote festzustellen, und dies ermöglichte der Admiralität, die Geleitzüge von den auf der

Entwicklung der deutschen Unterseeboote 1930–1945.

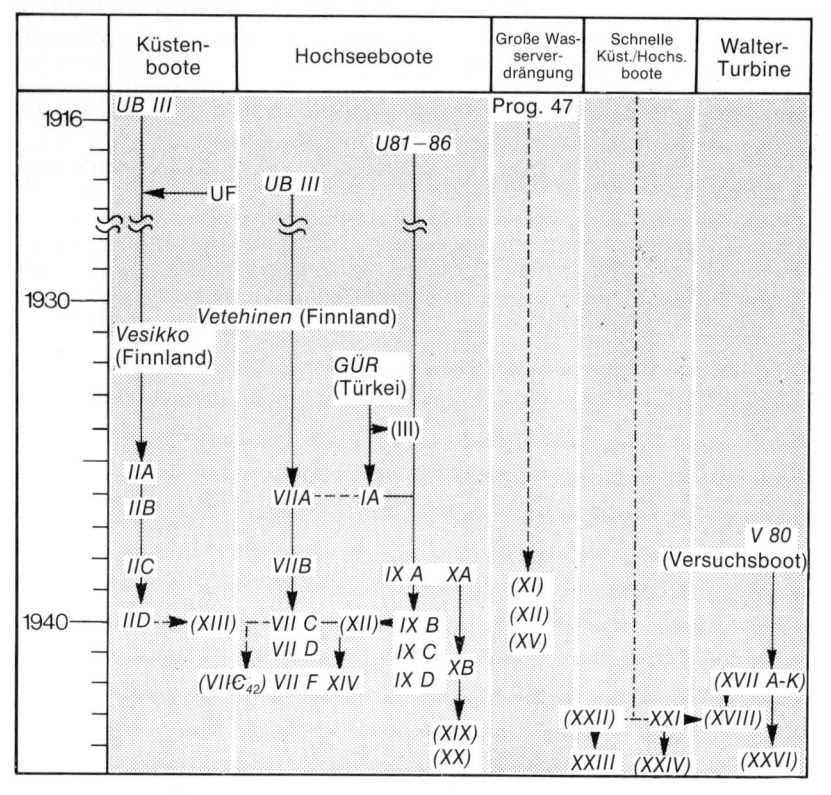

	Küsten-boote	Hochseeboote		Große Wasserverdrängung	Schnelle Küst./Hochs. boote	Walter-Turbine
1916	UB III		U81–86	Prog. 47		
	←UF	UB III				
1930	Vesikko (Finnland)	Vetehinen (Finnland)				
		GÜR (Türkei)				
			(III)			
	IIA	VIIA	‑ ‑ ‑ IA			
	IIB					
	IIC	VIIB	IX A XA			V 80 (Versuchsboot)
1940	IID → (XIII)	‑ ‑ VII C — (XII) → IX B		(XI)		
		VII D	IX C	(XII)		
	(VIIC₄₂) VII F XIV		IX D	(XV)		
			XB			(XVII A-K)
				(XIX)	(XXII) ‑ ‑ XXI	(XVIII)
				(XX)	XXIII (XXIV)	(XXVI)

Ein Boot vom Typ IX verläßt seinen Bunker in einem französischen Stützpunkt zum Auslaufen in den Atlantik.

Lauer liegenden Rudeln wegzuleiten. Sogar noch wichtiger war der Einsatz von Kurzwellen-Funkpeilgeräten an Bord der Schiffe, um die Anwesenheit von Unterseebooten in der Nähe von Geleitzügen festzustellen. Mit dieser britischen Entwicklung, bekannt als H/F D/F- (high-frequency radio direction-finding) oder »Huffduff«-Gerät, wurden 1941 zahlreiche Geleitsicherungsfahrzeuge ausgerüstet, obwohl dies den Deutschen während des Krieges verborgen blieb. Bei der Verteidigung von Geleitzügen und der Versenkung von U-Booten spielte dieses Gerät eine zumindest genauso wichtige Rolle wie das Radar.[13]

Die Deutschen setzten eine Reihe von Tricks ein, die dem georteten Boot helfen konnten, einem Angriff zu entgehen. Der wichtigste Trick dieser Art war eine als »Pillenwerfer«[14] bekannte Vorrichtung. Diese stieß eine »Pille« oder einen Gasschwall aus, der den Sonarstrahl wie ein U-Boot reflektierte. Unter dieser Tarnung konnte das Boot entkommen, ehe die Geleitsicherungsfahrzeuge den Trick entdeckten.

[13] Anmerkung des Übersetzers:
Neben der Verwendung von Radar- und Kurzwellen-Funkpeilgeräten spielte für den Verlauf der Schlacht im Atlantik der Einbruch in die deutschen Marinefunkschlüssel eine wesentliche Rolle. Erst seit 1974 ist darüber Genaueres bekanntgeworden und seit 1978 gibt es von berufener Seite umfassendere Darstellungen und Untersuchungen, die auch den Verlauf von den U-Booten durchgeführten Operationen mit einbeziehen. Es ist hier nicht der Ort, eine genaue Darstellung zu geben. Dazu wird der Leser auf die einschlägige Literatur verwiesen, insbesondere auf Rohwer/Jäckel »Die Funkaufklärung und ihre Rolle im 2. Weltkrieg« (Motorbuch-Verlag, Stuttgart 1979). Jedoch sollen einige Bemerkungen diese Seite der Kriegführung und ihren Einfluß auf das Geschehen erhellen.

Funkverkehr und Funkführung der Unterseeboote wie auch der Geleitzüge eröffneten der **Funkaufklärung** Erkenntnismöglichkeiten, und zwar durch
- *Verkehrsanalyse* (Untersuchung äußerer Merkmale aufgefangener Funksprüche liefert Hinweise auf die Verkehrszusammenhänge),
- *Funkpeilung* (landgestützt wie auch bordgestützt – H/F D/F-Gerät –, liefert durch Einpeilen Erkenntnisse über Standorte),
- *Funkentschlüsselung* (liefert Erkenntnisse durch Mitlesen abgehörter Funksprüche der Gegenseite mit Hilfe erbeuteter Originalschlüssel) und durch
- *Funkentzifferung* (liefert Erkenntnisse durch zeitversetztes oder zeitgleiches Mitlesen abgehörter Funksprüche der Gegenseite durch Lösen der Texte ohne Originalschlüssel).

Hier verdienen vor allem die Leistungen der Funkentzifferung auf beiden Seiten Anerkennung. Auf deutscher Seite gelangen dem Marine-Funkentzifferungsdienst (xB-Dienst) beachtliche Einbrüche in den alliierten Funkverkehr, die der U-Bootführung bemerkenswerte Kenntnisse für Operationen gegen Geleitzüge vermittelten. Andererseits gelang auch der alliierten Seite – von den Deutschen unbemerkt und bis 1974 unbekannt – ein vollständiger Einbruch in die Funkschlüssel der obersten Reichsbehörden sowie von Heer, Luftwaffe und Marine. Die Weitergabe der Auswertungen erfolgte auf alliierter (insbesondere britischer) Seite unter der Geheimhaltungsstufe »Ultra« und war durch raffinierte Maßnahmen abgeschirmt.

Die Grundlage der deutschen Funkverschlüsselung bildete die Schlüsselmaschine »Enigma«. Der deutsche Marinefunkschlüssel M (in verschiedenen Verkehrkreisen existierend; für die U-Boote zunächst »Hydra«, später »Triton« als Sonderschlüssel) umfaßte drei Schlüsselwalzen (je 26 Buchstaben) aus einem Vorrat von acht, wobei die inneren Einstellungen – Walzenlage und Ringstellung – nur alle 48 Stunden wechselten, die äußeren Einstellungen – Steckerverbindungen und Grundstellungen – alle 24 Stunden. Ab 1. 2. 1942 kam mit der Einführung des Marinefunkschlüssels M-4 eine vierte Walze, die sog. »Griechenwalze Alpha«, hinzu.

Die Führung der U-Boote von Land aus und die angewandte »Rudeltaktik« erforderten eine Vielzahl von Funksprüchen der U-Bootführung und eine Vielzahl von Funkmeldungen der U-Boote. Letztere wurden zwar als sog. »Kurzsignale« abgesetzt, um ein Einpeilen zu erschweren; sie boten aber dennoch den bordgestützten H/F D/F-Geräten Möglichkeiten, wozu auch noch die »Geschwätzigkeit« der U-Boote kam, die vor allem aus einer fehlenden anderweitigen Aufklärung kam.

Diese Vielzahl an Funksprüchen und -meldungen bildete für die Briten (nach Vorarbeit durch den polnischen Geheimdienst) in der »Government Code and Cypher School« in Bletchley Park bei London die Grundlage, um mit den Entzifferungshilfsmaschinen – den sog. »Bombs« – die deutschen Schlüssel zu lösen. Damit war es möglich geworden, die deutschen Funksprüche anfänglich mit langer Zeitversetzung, später in immer kürzeren Zeitabständen und schließlich zeitgleich mitzulesen. Zusammen mit Nachrichten aus anderen Quellen wurden diese Erkenntnisse im »Operational Intelligence Centre (OIC)« – Abt. 8 des Nachrichtendienstes der Marine – gesammelt und ausgewertet. Im »Submarine Tracking Room« der britischen Admiralität (verantwortlich für die U-Jagd) ergab sich dann ein ziemlich genaues Feindlagebild, mit dessen Hilfe die Schlacht im Atlantik gegen die U-Boote geführt wurde.

Damit lieferte die Funkentzifferung der alliierten Führung von Juni 1941 bis Januar 1942 und von Dezember 1942 mit kurzen Unterbrechungen bis Kriegsende eine ziemlich vollständige, kurzfristige Vorausschau aller deutschen Operationsabsichten, wodurch letztlich die Grundlage für den alliierten Sieg in der Schlacht im Atlantik sichergestellt wurde.

Die Arbeit der Funkentzifferung erleichterten die Kaperungen des Wetterschiffes *München* am 7. 5. 1941 und des U-Bootes *U 110* am 9. 5. 1941 (siehe Fußnote 20). Die Beute an Schlüsselunterlagen lieferte Schlüsseleinstellungen für ganze Monate und die fehlenden Code-Bücher (u. a. das U-Boot-Kurzsignalheft). Mit der Einführung der oben erwähnten Walze »Alpha« und der gleichzeitigen Umstellung auf den Sonderschlüssel »Triton« für den U-Bootfunkverkehr am 1. 2. 1942 ergab sich für die Alliierten ein totaler »Blackout«, der bis zum Dezember 1942 anhielt. Erst die Kaperung des deutschen U-Bootes *U 559* am 30. 10. 1942 (siehe Fußnote 17) erbrachte genügend Beute – vor allem Aufschluß über die vierte Walze –, um die Entzifferung voranzutreiben. Ab Dezember 1942 stand dann »Special Intelligence« – die geheimen Erkenntnisse der Funkaufklärung – wieder zur Verfügung. Wie sie eingesetzt wurden, zeigt beispielhaft das planmäßige Ausschalten der U-Tanker im Sommer 1943, als die Schlacht im Atlantik sich aus alliierter Sicht aus der Defensive in die Offensive verwandelte (siehe auch Fußnote 21). Die Kaperung von *U 505* am 4. 6. 1944 durch Einheiten der »Zehnte Flotte« spielt für die Funkentzifferung keine Rolle mehr, war aber letztlich das Ergebnis von H/F D/F-Peilungen und entzifferter Funksprüche.
(Vgl. dazu auch Rohwer »Geleitzugschlachten im März 1943«, Motorbuch-Verlag, Stuttgart 1975.)

Verhältnis zwischen verlorengegangenen und neu in Dienst gestellten Unterseebooten 1939–1945.

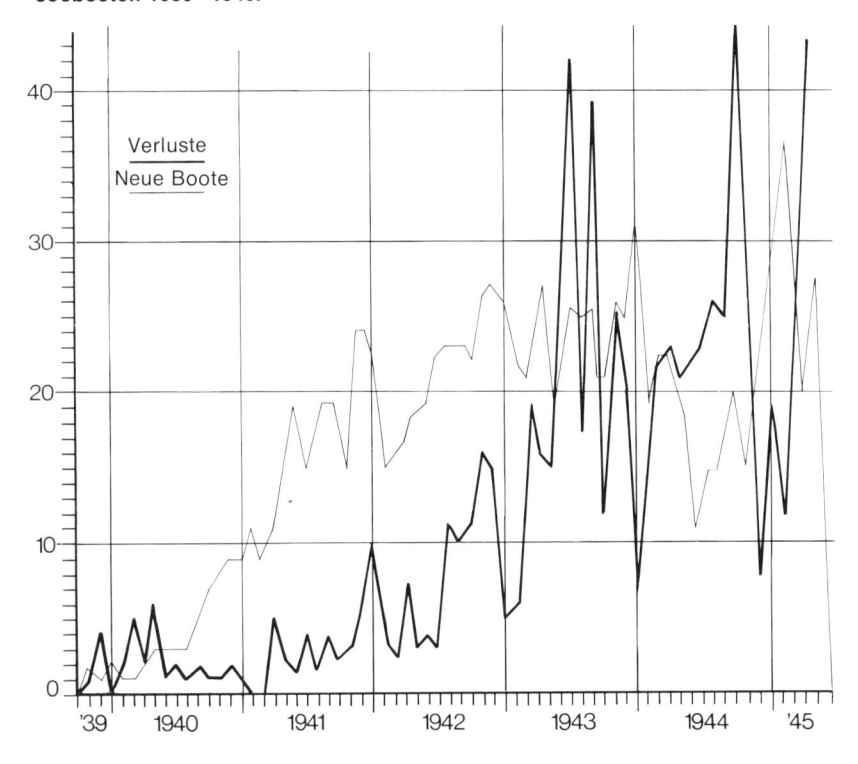

Oben und unten: Ein deutsches Unterseeboot vom Typ VII C läuft vom Stapel.

[14] Anmerkung des Übersetzers:
Unter der hier verwendeten Bezeichnung »Pille« (»Pillenwerfer«) ist der »Bold« (»Bold«-Ausstoßtube) zu verstehen. Grundlage des Bold ist Kalziumhydrit, das in Verbindung mit Wasser relativ große Mengen Wasserstoffgas entwickelt. In 1–3 mm große Stücke zermahlen und mit wasserlöslichem Lack getränkt, wurde die Masse in zylindrische Käfige aus engmaschigem Draht (9 × 6 cm) gefüllt. Ein solcher Käfig gaste ca. 45 Minuten, wobei die Bläschen nur einen geringen Auftrieb entwickelten. Dazu wurde eine Ausstoßvorrichtung – ähnlich einem Torpedorohr – konstruiert, die 6 dieser Käfige ausstoßen und in kürzester Zeit nachgeladen werden konnte. In Gang gesetzt wurde diese Entwicklung durch den im Mai 1940 aufgebrachten britischen U-Minenleger *Seal*, der mit einer Asdic-Anlage ausgerüstet war (siehe Fußnote 33). Der »Bold« kam zum erstenmal im Juni 1941 durch *U 93* unter Korvettenkapitän Korth zum Einsatz. Die Ausstoßvorrichtung kann heute noch im Museums-U-Boot *U 995* am Strand von Laboe besichtigt werden.

Zu Beginn des Jahres 1943 operierten die U-Boote um die halbe Welt: Typ VII im Atlantik, in der Arktis und im Mittelmeer; Typ II in der Nordsee, in der Ostsee und im Schwarzen Meer (seit Juni 1942 waren mehrere Boote über die Donau hingeschafft worden); Typ IX im Atlantik, in der Arktis und – von Oktober 1942 an – im Indischen Ozean. Einem Höhepunkt im März 1943, als die Versenkungen an Handelsschiffen 105 Schiffe mit zusammen 590 234 BRT erreichten, folgte ein Abnehmen der Versenkungen, die bis auf den Stand der ersten Kriegstage zurückgingen: 9 Schiffe mit 30 726 BRT im November 1943. Im selben Zeitraum lagen die Unterseebootsverluste merklich höher: 245 Boote vom Januar bis Dezember 1943 mit einem Höhepunkt von 42 Booten im Mai.
Eine der Hauptursachen für den Rückgang der U-Booterfolge war der alliierte Einsatz von Flugzeugen. Die Aktivität alliierter, mit Radar ausgerü-

U 1407, ein Boot des Typs XVII B für die Erprobung der Walter-Turbine.

V 80, das Versuchsboot für die Walter-Turbine 1940.

steter Flugzeuge war im Golf von Biskaya, den die Unterseeboote auf dem An- und Abmarsch in ihre Operationsgebiete passieren mußten, besonders stark. Zusätzlich begannen Gruppen aus Geleitträgern (zum Mitführen von etwa 20 Flugzeugen umgebaute Handelsschiffe) und Geleitsicherungsfahrzeugen zu operieren und sicherten eine fast vollständige Luftüberwachung im Mittelatlantik, als Portugal den Alliierten gestattete, vom Herbst 1943 an die Flugplätze auf den Azoren zu benutzen.

Das wichtigste, von den Flugzeugen erzielte Resultat bestand darin, daß sie das Unterseeboot unter Wasser zwangen und es aller Vorteile der Mobilität beraubten, die ihm die Torpedobootstaktik von Dönitz bisher gewährt hatte. Wieder wurde das Unterseeboot ziemlich blind und unbeweglich, und alle von den Deutschen ergriffenen Maßnahmen, um ihre Verluste in Grenzen zu halten, waren vergebens. Bei diesen Maßnahmen handelte es sich um:

— die Verstärkung der Flakbewaffnung;
— die Ausrüstung mit dem Metox-Gerät, das Radar-Impulse auf der Wellenlänge der Schiffs- und Flugzeugradars empfing, aber das bald veraltet war, weil die Alliierten die Freuqenz ihrer Radargeräte änderten;
— und die Einführung eines neuen Torpedotyps (»Zaunkönig«), dessen akustischer Kopf den Torpedo durch das Schrauben- und Maschinengeräusch selbst zum Ziel lenkte; er wurde in der Hauptsache gegen Geleitsicherungsfahrzeuge eingesetzt.

Zweifellos konnten die Probleme der U-Boote nicht mehr durch Modifizieren vorhandener Boote oder durch Verbessern ihrer Taktik und Strategie gelöst werden. Ein vollständig neuer Typ wurde gebraucht, imstande, sich mit hoher Geschwindigkeit über längere Zeiträume unter Wasser zu bewegen, und fähig, sich einem Angriff durch Tieftauchen zu entziehen. Das Konzept dazu war in Deutschland schon seit 1939 studiert worden. Es beruhte auf einem einzigen System für Überwasser- und Unterwasserantrieb — der Walter-Turbine. Den zur Verbrennung notwendigen Sauerstoff lieferte die von innen heraus erfolgende Aufspaltung von Wasserstoffsuperoxyd in Anwesenheit von Kalziumpermanganat. Dieser Zerfall in Sauerstoff und Wasserdampf gestattete das Verbrennen jeglicher Art Öl. Die Deutschen benutzten ein schwefelfreies, synthetisches Dieselöl, um im geschlossenen Maschinenkreislauf Korrosion zu vermeiden. Im Trachten nach einer einzigen Antriebsmaschine studierten die Deutschen auch einen Dieselmotor mit geschlossenem Kreislauf, angetrieben durch Sauerstoff, in Stahlbehältern unter hohem Druck stehend. Er gelangte nicht über das Versuchsstadium hinaus, aber mit ihm hätte der Typ XVII K, der sich 1945 im Bau befand, und die Typen XXXII, XXXIII und XXXVI, die im selben Jahr entwickelt wurden, ausgerüstet werden sollen (vgl. Tabelle 13, S. 96–101).

Das erste Walter-Unterseeboot, V 80, wurde 1940 erprobt. Die Ergebnisse waren ermutigend und ihm folgten weitere Versuchsboote (Typ XVII in mehreren Varianten), aber 1943 war die Wasserstoffsuperoxyd-Turbine noch weit von der Einsatzreife entfernt, und Ende des Krieges befanden sich die ersten einsatzfähigen Walter-Boote (Typ XXVI W) noch im Bau. Da keines dieser Boote mit einem einzigen Antriebssystem schnell verfügbar gemacht werden konnte, suchten die deutschen Konstrukteure nach einer anderen Lösung. Sie führten leichte Batterien mit hoher Leistungsfähigkeit, besonders für den Unterwasserantrieb entwickelte Rumpfformen und den Schnorchel ein, der die Benutzung der Diesel auf Sehrohrtiefe gestattete (er war 1943 erfolgreich erprobt worden). Die Ergebnisse waren in den »Elektrobooten« (elektrischen Unterseebooten) verkörpert, die hohe Unterwassergeschwindigkeiten besaßen. Sie waren dazu bestimmt, fast ausschließlich getaucht zu operieren, und die vorgesehene elektrische Leistung überschritt beträchtlich die der Diesel für Überwasserantrieb. Infolge der zwei Antriebssysteme konnten sie noch als »konventionell« eingestuft werden, aber in ihren Eigenschaften stellten sie den ersten Schritt auf das »reine« Unterseeboot dar, das nach dem Kriege mit dem Erscheinen der Atomenergie Wirklichkeit wurde.

1943 entworfen, begannen die ersten Elektroboote Mitte 1944 mit den Erprobungsfahrten. In zwei Typen gebaut, dem Hochseeboot Typ XXI und dem Küstenboot Typ XXIII, waren sie mit guten akustischen Instrumenten ausgerüstet, die es ihnen zusammen mit ihrer hohen Unterwassergeschwindigkeit (Typ XXI war zu Spurts von 17,5 kn gegenüber den 7–8 kn der konventionellen Boote imstande) gestatteten, schnelle und genaue Angriffe aus der Tiefe heraus zu führen und leicht zu entkommen. Wären sie früher verfügbar gewesen, hätten sie der Schlacht im Atlantik eine neue Wendung gegeben.

Mehrere von ungefähr zehn Booten des Typs XXIII ausgeführte Unternehmungen demonstrierten die Richtigkeit ihrer Konstruktionsprinzipien zweifelsfrei und die Boote erwiesen sich als vergleichsweise unverwundbar gegenüber den damaligen U-Jagdwaffen der Alliierten. Von Anfang 1944 an hatte der Bau der Elektroboote absolute Priorität vor jedem anderen Typ. Fast alle neuen Lieferverträge für Boote und Typen VII und IX wurden annulliert und viele bereits im Bau befindliche Boote wurden zur Gewinnung des Materials abgebrochen. Ein riesiges Bauprogramm für Elektroboote wurde begonnen, auf das Dönitz seine letzten Hoffnungen für eine erfolgreiche Wiederaufnahme des U-Bootshandelskrieges setzte.

Drei Aufnahmen von *U 995* (Typ VII C).[16]

[16] Anmerkung des Übersetzers:
U 995 wurde am 16. 9. 1943 in Dienst gestellt, fuhr Einsätze im Nordmeer und vor der Murmanküste, lag vom 23. 3. 1945 bis zum 8. 5. 1945 zur Werftüberholung (Schnorcheleinbau) in Trondheim und wurde dort am 8. 5. 1945 außer Dienst gestellt. Das Boot wurde von der Königlich Norwegischen Marine als KNM *Kaura* übernommen und am 6. 12. 1952 in Dienst gestellt. Nach seiner Außerdienststellung (15. 12. 1962) wurde das Boot im Oktober 1965 nach Kiel überführt, durch das Marinearsenal Kiel in den Bauzustand vom 8. 5. 1945 zurückversetzt (1970/71) und 1971 als Museum in die Obhut des Deutschen Marinebundes gegeben. *U 995* kann heute als Museums-U-Boot am Strand von Laboe bei Kiel besichtigt werden (zu Füßen des Marineehrenmals).

Oben links: Kommandoturm.
Oben rechts: Blick in den Bugtorpedo- und Mannschaftsraum.
Rechts: Achterer Bereich der Zentrale.

Ende 1943 erreichte die deutsche Unterseebootsflotte mit 442 einsatzfähigen Booten ihren Höchststand, aber die Verluste waren gewaltig und die Erfolge nahmen weiter ab. Die einzige in Reichweite liegende Möglichkeit zur Wiederherstellung des Gleichgewichts ruhte auf dem Schnorchel, und zu Beginn des Jahres 1944 waren alle im Atlantik eingesetzten Boote damit ausgerüstet. Seine Verwendung, die sich erst in der Mitte des Jahres auswirkte, überraschte die Alliierten und eine Zeitlang sanken die deutschen Verluste auf einen annehmbaren Stand und die Versenkungserfolge nahmen bescheiden zu. Innerhalb sehr kurzer Zeit brachten die Alliierten jedoch ein neues Radargerät heraus, mit dessen Wellenlänge sogar der kleine Schnorchelkopf georted werden konnte, und so war seine Wirksamkeit begrenzt.

Die U-Bootführung war sich Ende 1943 der Tatsache bewußt, daß die Schlacht verloren war, aber Dönitz stellte die Operationen nicht völlig ein, weil das Verschwinden der U-Boote von den Meeren ernste Auswirkungen an anderer Stelle auf den Krieg gehabt hätte; den Alliierten wäre es möglich gewesen, die gewaltigen Kräfte, die sie zum Schutze der Schiffahrt eingesetzt hatten, umzugruppieren.

1944 überstieg die Anzahl der U-Bootsverluste die der neu in Dienst gestellten Boote (264 gegenüber 230) und die Zahl der einsatzfähigen Boote (408 im Dezember) begann zum erstenmal seit Kriegsbeginn abzunehmen. Die ersten Monate des Jahres 1945 sahen ein leichtes Abnehmen der Verluste, die jedoch ohne entsprechende Auswirkung auf die versenkte Tonnage hoch blieben. Im April stiegen die Verluste wieder, um mit 64 versenkten Booten den Höchststand des Krieges zu erreichen. Bei der Kapitulation am 8. Mai 1945 gab es noch etwa 360 einsatzfähige Boote. Davon gehörten fast hundert zu den Typen XXI und XXIII, die nicht mehr in großem Stil hatten eingesetzt werden können. Viele Boote, besonders die zuletzt gebauten, wurden von ihren eigenen Besatzungen versenkt (etwa 230) und mehr als hundert ergaben sich den Alliierten.

Zwischen Juni 1935 und Mai 1945 hatte die deutsche Unterseebootsflotte insgesamt 1162 einsatzfähige Boote besessen, gegliedert in 33 Flottillen.[15] Annähernd 55000 Mann hatten an Bord dieser Boote ihren Dienst verrichtet. Während des Krieges führten etwa 920 Boote dieser eindrucksvollen Flotte um die 3000 Unternehmungen durch und versenkten 2840 Handelsschiffe mit insgesamt 14333082 BRT sowie 150 Kriegs-

[15] Anmerkung des Übersetzers:
Zur Organisation der U-Bootwaffe siehe Mallmann-Showell »U-Boote gegen England«, Seite 82–92 (Motorbuch-Verlag, Stuttgart 1975).

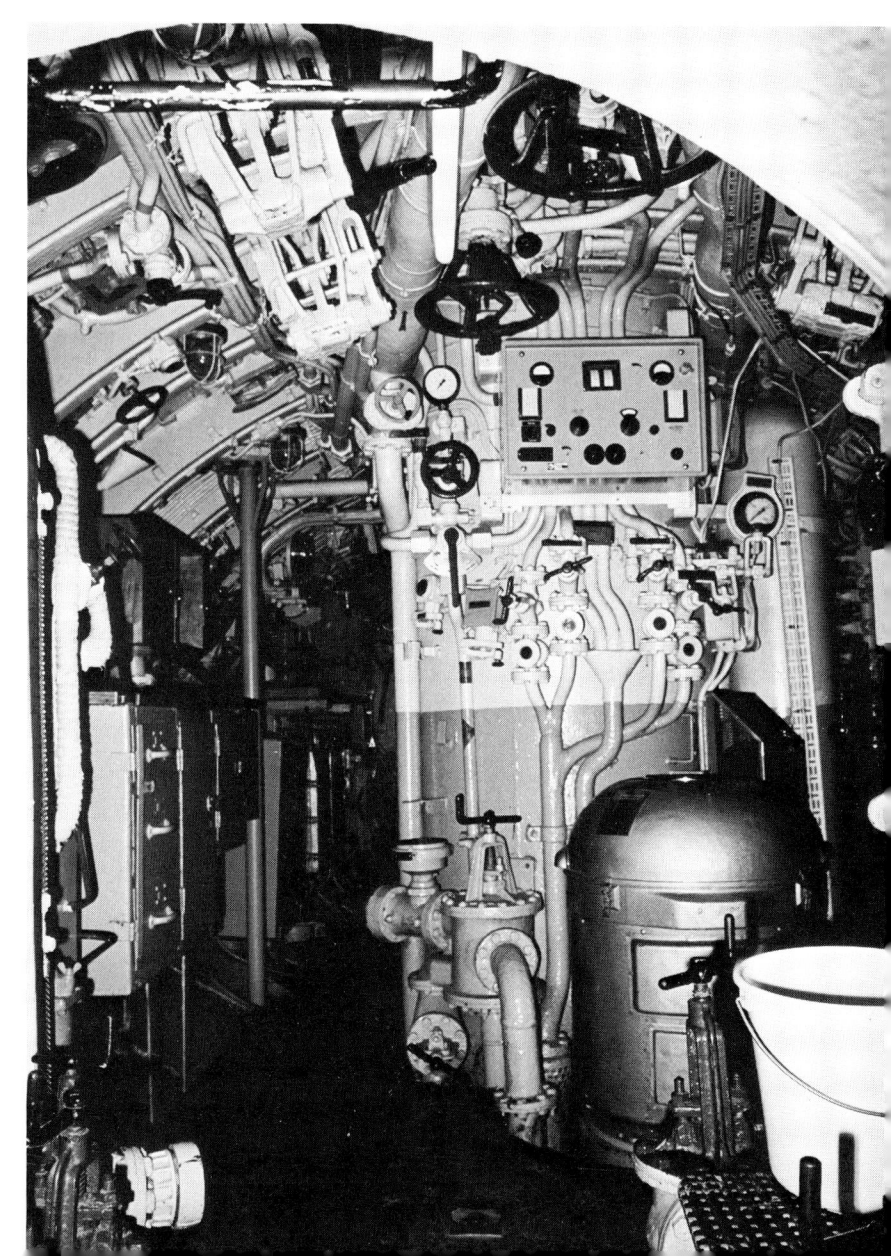

schiffe aller Art. Die im Kampf oder durch Selbstversenkung erlittenen Verluste beliefen sich auf 1060 Boote mit 27491 Gefallenen oder Vermißten sowie ungefähr 5000 Gefangenen.

Die Analyse ergibt, daß etwa 75% der Boote im Verlaufe der 69 Kriegsmonate im Kampf verlorengingen; etwa 43% der Verluste waren auf Flugzeugangriffe zurückzuführen. Diese Zahlen nehmen die sogenannten »Taschen«-Unterseeboote aus, von denen ab 1943 hauptsächlich für Defensivzwecke eine große Anzahl gebaut und bemannt worden war. Ihre Ergebnisse waren enttäuschend und hatten wenig oder keine Auswirkung auf das große Schlachtgeschehen.

Die Verluste an einsatzfähigen Booten durch Bombardieren der Stützpunkte waren verhältnismäßig gering im Vergleich zu jenen, welche die im Bau befindlichen Boote auf deutschen Werften erlitten. Die Ursache hierfür lag in den von der deutschen Marine ergriffenen Verteidigungsmaßnahmen. In den Haupteinsatzstützpunkten in Frankreich, Deutschland und Norwegen (Brest, St. Nazaire, Bordeaux/La Pallice, Hamburg, Trondheim) schützten bombensichere Bunker aus Stahlbeton die Boote während der Reparatur- und Wiederausrüstungszeit.

Die U-Bootmänner, ein hoher Prozentsatz von ihnen waren Freiwillige, bildeten die Elite der deutschen Marine. Die jungen Kommandanten wollten es solchen »Assen« wie zum Beispiel Kretschmer, Lüth, Schütze, Prien, Rösing, v. Tiesenhausen und anderen gleichtun. *Esprit de corps*, der niemals die Stufe des Fanatismus erreichte, war ein stets gegenwärtiger und bestimmender Faktor, sogar während der schlimmsten Zeitspannen von 1944 und 1945, als nur ein Boot von dreien Aussicht hatte, in den Stützpunkt zurückzukehren. Neue Besatzungen durchliefen ein intensives Ausbildungsprogramm. Dabei gaben die Veteranen ihre Kriegserfahrungen an die Neuankömmlinge weiter. Während des gesamten Krieges wurde die Ausbildung als höchst wichtig betrachtet und bereits in einer sehr realistischen Weise durchgeführt.

Bis zur Mitte des Jahres 1943 wurden die Unterseeboote auf herkömmliche Weise gebaut: die Boote wurden bei sechzehn Werften auf Stapel gelegt, wo alles erforderliche Material angesammelt wurde. Dies ergab eine Bauzeit von 7–9 Monaten für Boote vom Typ VII und IX, und setzte sie während dieser gesamten Zeitspanne den immer häufiger und wirksamer werdenden Bombenangriffen der Alliierten aus. Gegen das Ende des Jahres 1943 hin wurde eine ausgedehnte Vorfertigungstechnik eingeführt. Die Helling wurde zum Montageplatz und die dort von jedem Boot zugebrachte Zeit verringerte sich auf ein paar Tage. Die Fertigungsrate beschleunigte sich auf einen Monatsdurchschnitt von 30–35 Booten im Vergleich zu 20–25 für den Zeitraum 1942/43.

Die schnellen Unterseeboote der Typen XXI und XXIII wurden mit Erfolg in drei Phasen vorgefertigt. die Hauptbauteile der verschiedenen Rumpfsektionen – Spanten, Beplattung des Druckkörpers, Außenverkleidung – wurden in 32 Zentren überall in Deutschland verarbeitet. Diese Sektionen verbrachte man, im allgemeinen mit Binnenschiffen, zu 16 Werften, wo die Hauptmotoren, das Rohrleitungs- und das elektrische Kabelnetz sowie andere Teile eingebaut wurden. Danach konzentrierte man die Sektionen auf drei Werften, wo sie zusammengeschweißt und die Boote fertiggestellt wurden.

Typ IA

U 25, U 26.
Bauwerft: Deschimag AG Weser, Bremen.
Datum: 1935–1936/36.
Typverdrängung: 862 ts aufgetaucht, 983 ts getaucht.
Abmessungen: 72,4 × 6,2 × 4,3 m.
Motorenanlage: Diesel: 2 MAN; E-Motoren: 2 BBC.
Höchstleistung: 2800 PS aufgetaucht, 1000 PS getaucht.
Höchstgeschwindigkeit: 17,7 kn aufgetaucht, 8,3 kn getaucht.
Fahrstrecke: 7900 sm bei 10 kn aufgetaucht, 78 sm bei 4 kn getaucht.
Torpedorohre: 6 × 53,3 cm: 4 vorn, 2 achtern; Torpedos: 14.
Geschütze: 1 × 10,5 cm L/45, 1 × 2 cm.
Besatzungsstärke: 43.

Einhüllen-Hochseeboote mit großen Seitentauchzellen. Maximale Einsatztauchtiefe: 150 m. Maximale Brennstoffmenge: 96 ts. Geringste Schnelltauchzeit: 30 Sekunden. Direkt von der türkischen *Gür* (ex-spanische *E 1*) – 1932 in Spanien nach einem deutschen Entwurf gebaut – abgeleitet, diente dieser Typ als Muster für die Entwicklung des späteren Typ IX. Beide Boote dieser Serie gingen in den ersten Kriegsmonaten verloren.

Schicksal der Boote:

Datum:	Ort:	Boot:	Ursache:[1]
1939	Nordsee	U 25	m
		U 26	n/a

[1] Siehe Seite 8.

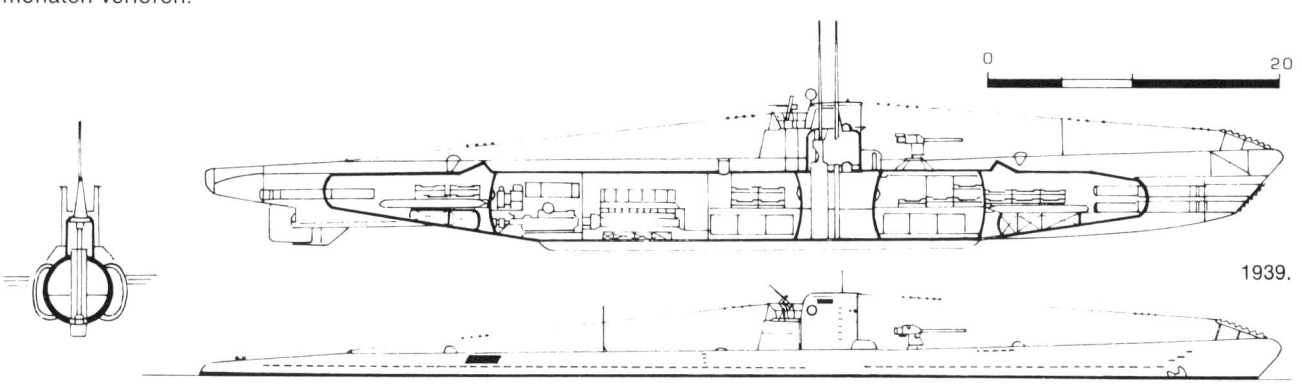

1939.

U 25 zu Kriegsbeginn.

Typ II

Abbildungen rechte Seite:
Rechts oben: *U 56* und ein weiteres Boot vom Typ II 1944 als Schulboote in Gdynia (Gotenhafen), Polen.

Rechts Mitte: *U 18* nimmt Kurs auf die offene See, 1937.

Rechts unten: *U 2* in schwerer See.

Variante II A (6 Einheiten).
U 1 – U 6:
Bauwerft: Deutsche Werke, Kiel.
Datum: 1934–1935/35.
Variante II B (20 Einheiten).
U 7 – U 12, U 17 – U 24:
Bauwerft: Krupp Germaniawerft, Kiel.
Datum: 1935–1935/36.
U 13 – U 16.
Bauwerft: Deutsche Werke, Kiel.
Datum: 1935–1935/36.
U 120, U 121 (im Bau für China, beschlagnahmt 1939):
Bauwerft: Flender-Werft, Lübeck.
Datum: 1939–1940/40.
Variante II C (8 Einheiten).
U 56 – U 63:
Bauwerft: Deutsche Werke Kiel.
Datum: 1937–1938/40.
Variante II D (16 Einheiten).
U 137 – U 152:
Bauwerft: Deutsche Werke, Kiel.
Datum: 1939–1940/41.

Typverdrängung:
Variante II A: 254 ts aufgetaucht, 303 ts getaucht.
Variante II B: 279 ts aufgetaucht, 329 ts getaucht.
Variante II C: 291 ts aufgetaucht, 341 ts getaucht.
Variante II D: 314 ts aufgetaucht, 364 ts getaucht.
Abmessungen:
Variante II A: 40,9 × 4,1 × 3,8 m.
Variante II B: 42,7 × 4,1 × 3,9 m.
Variante II C: 43,9 × 4,2 × 3,8 m.
Variante II D: 44 × 4,9 × 3,9 m.
Motorenanlage: Diesel: 2 MWM; E-Motoren: 2 SSW.
Höchstleistung:
Variante II A: 700 PS aufgetaucht, 360 PS getaucht.
Variante II B: 700 PS aufgetaucht, 360 PS getaucht.
Variante II C: 700 PS aufgetaucht, 410 PS getaucht.
Variante II D: 700 PS aufgetaucht, 410 PS getaucht.
Höchstgeschwindigkeit:
Variante II A: 13 kn aufgetaucht, 6,9 kn getaucht.
Variante II B: 13 kn aufgetaucht, 6,9 kn getaucht.
Variante II C: 13 kn aufgetaucht, 7,4 kn getaucht.
Variante II D: 13 kn aufgetaucht, 7,4 kn getaucht.
Fahrstrecke:
Variante II A: 1600 sm bei 8 kn aufgetaucht, 35 sm bei 4 kn getaucht.
Variante II B: 3100 sm bei 8 kn aufgetaucht, 40 sm bei 4 kn getaucht.
Variante II C: 3800 sm bei 8 kn aufgetaucht, 40 sm bei 4 kn getaucht.
Variante II D: 5650 sm bei 8 kn aufgetaucht, 56 sm bei 4 kn getaucht.
Torpedorohre: 3 × 53,3 cm: vorn; Torpedos: 5
Geschütze: 1 × 2 cm (ab 1942: 4 × 2 cm – 2 × 2).
Besatzungsstärke: 25.

II A, 1942.

II A/II B, 1938. II C, 1939. II D, 1942.

Typ II: Längs- und Querschnitt.

II D sowie *U 120* und *U 121*, 1942.

Einhüllen-Küstenboot mit innen gelegener Hauptschnelltauchzelle. Maximale Einsatztauchtiefe: 120 m. Maximale Brennstoffmenge: 12 ts (II A), 21 ts (II B), 23 ts (II C), 38 ts (II D). Geringste Schnelltauchzeit: 35–25 Sekunden.

Dieser Typ war der erste, der nach dem Ersten Weltkrieg in Deutschland gebaut wurde. Er wurde von der 1931–1933 nach einem deutschen Entwurf in Finnland gebauten *Vesikko* sowie vom Typ UB II von 1915 und dem Typ UF von 1918 abgeleitet.

Diese kleinen Boote waren stark und manövrierfähig. In den nachfolgenden Versionen (A, B, C, D) wurden mehrere Eigenschaften verbessert; zum Beispiel erfuhr die Fahrstrecke eine deutliche Steigerung, die es der D-Version ermöglichte, im ersten Kriegsjahr im Atlantik zu operieren.

Nach 1941 wurde Typ II nicht mehr gefertigt; an seine Stelle traten Hochseeboote. Während des Krieges operierten diese Boote vorwiegend in deutschen Küstengewässern und im Englischen Kanal (1939/40) sowie ab Sommer 1941 gegen die Russen in der Ostsee. Viele wurden als Schulboote eingesetzt. Mehrere Boote wurden über die deutschen Kanäle und die Donau ins Schwarze Meer gebracht, wo sie bis 1944 operierten. 1943 rüstete man *U 57* und *U 58* für Erprobungen mit dem Schnorchel aus. Im Kampf auf See gingen wenige dieser Boote verloren, die meisten von ihnen wurden durch Bombenangriffe vernichtet oder versenkten sich bei der Kapitulation selbst.

Schicksal der Boote:

Datum:	Ort:	Boot:	Ursache:[1]
1939	Nordsee	*U 1*	s
		U 12	m
		U 16	n
1940	Nordsee	*U 13*	n
		U 15	v
		U 22	m
		U 63	n
1941	Atlantik	*U 138, U 147*	n
	Ostsee	*U 144*	s
1943	Ostsee	*U 5*	v
1944	Ostsee	*U 2*	v
		U 3, U 4, U 6, U 10, U 21	r
		U 7	v
	Schwarzes Meer	*U 9*	b
		U 18, U 19, U 20, U 23, U 24	sb
1945	Nordsee	*U 8, U 11, U 14, U 17, U 27, U 58*	sb
	Ostsee	*U 60, U 61, U 62, U 120, U 121, U 137, U 139, U 140, U 141, U 142, U 146, U 148, U 151, U 152*	sb
		U 56	b
		U 59	
		U 143, U 145, U 149, U 150	x

[1] Siehe Seite 8.

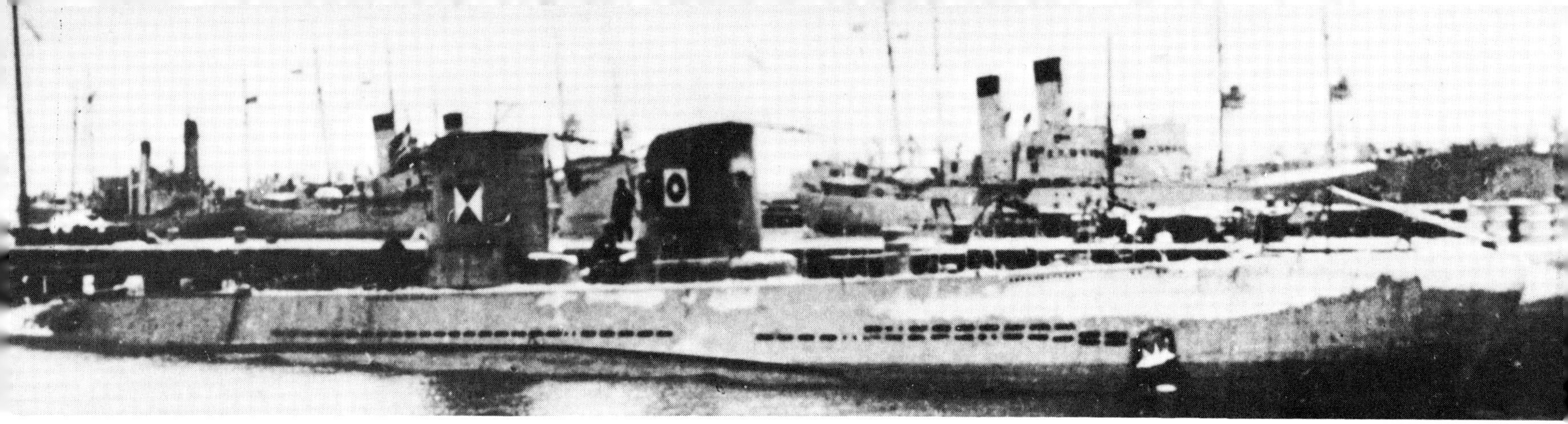

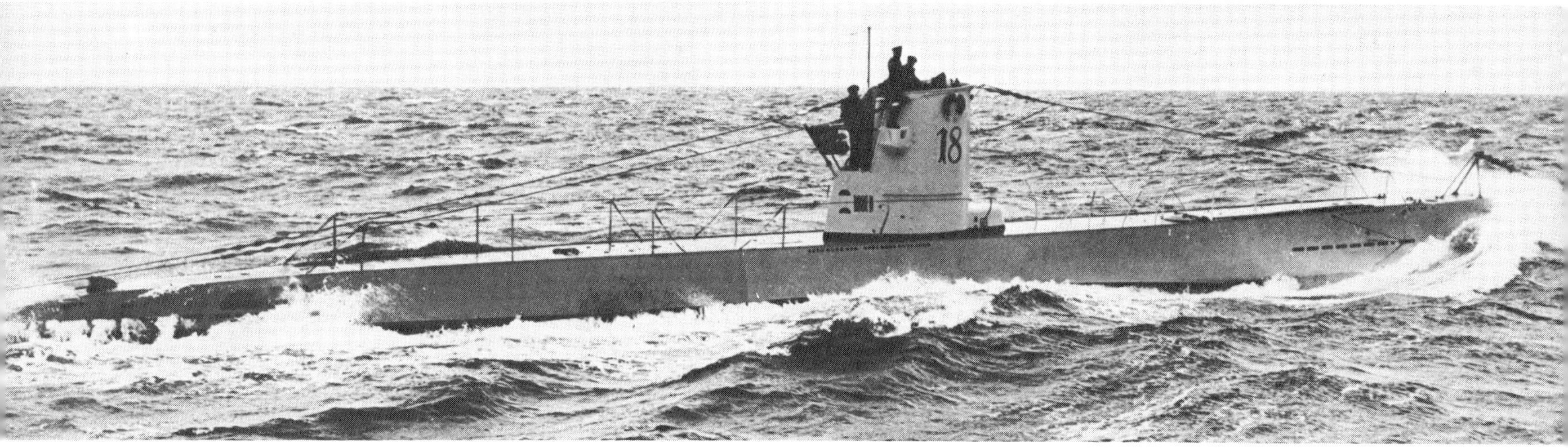
18

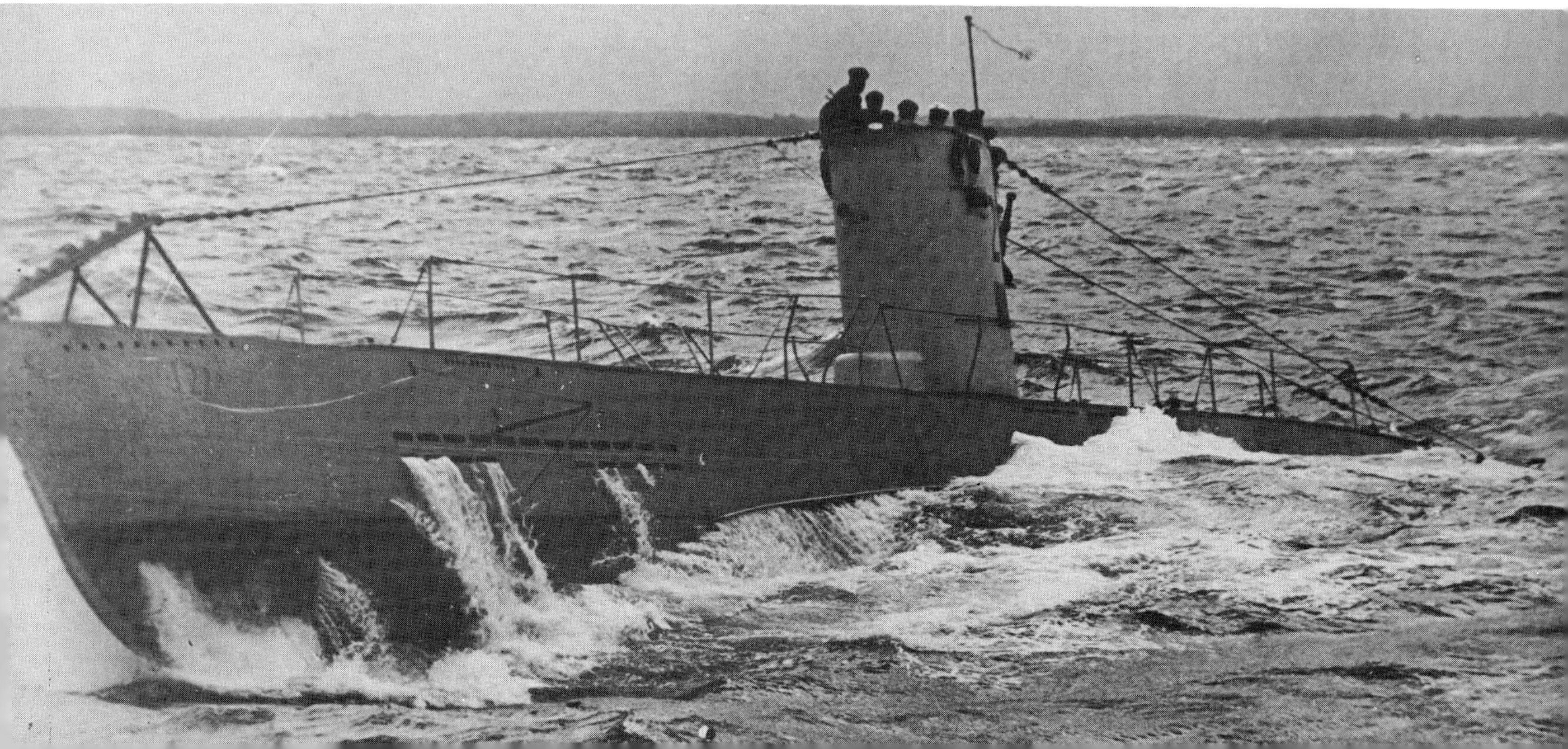

Typ VII

Variante VII A (10 Einheiten).
U 27–U 32:
Bauwerft: Deschimag AG Weser, Bremen.
Datum: 1935–1936/37.
U 33–U 36:
Bauwerft: Krupp Germaniawerft, Kiel.
Datum: 1935–1936/36.

Variante VII B (24 Einheiten).
U 45–U 55, U 99–U 102 (ex U 69–U 72):
Bauwerft: Krupp Germaniawerft, Kiel.
Datum: 1936–1938/40.
U 73–U 76:
Bauwerft: Vulkan Bremen, Vegesack.
Datum: 1938–1940/40.
U 83–U 87:
Bauwerft: Flender-Werft, Lübeck.
Datum: 1939–1941/41.

Variante VII C und VII C 41 (661 Einheiten + 27).
U 69–U 72 (ex U 99–U 102), U 93–U 98:
Bauwerft: Krupp Germaniawerft, Kiel.
Datum: 1938–1940/41.
U 77–U 82, U 132–U 136:
Bauwerft: Vulkan Bremen, Vegesack.
Datum: 1939–1941/41.
U 88–U 92:
Bauwerft: Flender-Werft, Lübeck.
Datum: 1939–1941/42.
U 201–U 212, U 221–U 232:
Bauwerft: Krupp Germaniawerft, Kiel.
Datum: 1939–1941/42.
U 235–U 250:
Bauwerft: Krupp Germaniawerft, Kiel.
Datum: 1941–1942/44.
U 251–U 300, U 1271–U 1279:
Bauwerft: Vulkan Bremen, Vegesack.
Datum: 1939–1941/44.
U 301–U 329, U 330, U 903–U 904:
Bauwerft: Flender-Werft, Lübeck.
Datum: 1940–1941/44.
U 331–U 350, U 1101–U 1110:
Bauwerft: Nordsee-Werke, Emden.
Datum: 1939–1941/44.
U 351–U 370:
Bauwerft: Flensburger Schiffbau-Gesellschaft, Flensburg.
Datum: 1939–1941/44.
U 371–U 400, U 1131–U 1132:
Bauwerft: Howaldtswerke, Kiel.
Datum: 1939–1941/44.
U 401–U 430, U 1161–U 1172:
Bauwerft: Danziger Werft, Danzig.
Datum: 1939–1941/44.
U 431–U 450, U 731–U 750, U 825–U 828, U 1191–U 1210:
Bauwerft: F. Schichau, Danzig.
Datum: 1939–1941/44.
U 451–U 458, U 465–U 486:
Bauwerft: Deutsche Werke, Kiel.
Datum: 1939–1941/44.
U 551–U 650:
Bauwerft: Blohm & Voß, Hamburg.
Datum: 1939–1940/42.
U 651–U 683:
Bauwerft: Howaldtswerke, Hamburg.
Datum: 1939–1941/44.
U 701–U 722:
Bauwerft: Stülcken Sohn, Hamburg.
Datum: 1939–1941/43.
U 751–U 779:
Bauwerft: Kriegsmarine-Werft, Wilhelmshaven.
Datum: 1939–1941/44.
U 821–U 822:
Bauwerft: Oder-Werke, Stettin.
Datum: 1941–1943/44.
U 901:
Bauwerft: Vulkan-Werke, Stettin.
Datum: 1941–1943.
U 905–U 908:
Bauwerft: H. C. Stülcken, Hamburg.
Datum: 1942–1944/–.
U 921–U 930:
Bauwerft: Neptun-Werft, Rostock.
Datum: 1941–1943/44.
U 951–U 1032:
Bauwerft: Blohm & Voß, Hamburg.
Datum: 1941–1942/–.
U 1051–U 1058, U 1063–U 1065:
Bauwerft: Krupp Germaniawerft, Kiel.
Datum: 1941–1944/44.
U 1301–U 1308:
Bauwerft: Flensburger Schiffbau-Gesellschaft, Flensburg.
Datum: 1942–1944/45.
Boote der Variante VII C und VII C 41, für die die Lieferverträge 1943/44 annulliert worden sind oder die sich nur im Entwurfsstadium befanden und die noch nicht in Auftrag gegeben worden waren (letztere in Klammer):
U 330, U 1033–U 1050, (U 1319–U 1330), U 684–U 686, U 1066–U 1068, U 1331–U 1338, (U 687–U 698), U 1111–U 1114, (U 1351–U 1400), U 723–U 730, (U 1121–U 1130), U 1401–U 1404, U 780–U 782, U 1133–U 1146, U 1417–U 1422, U 823–U 824, (U 1153–U 1160), U 1435–U 1439, U 829–U 840, U 1173–U 1190, U 1801–U 1804, U 902, U 1211–U 1214, U 1823–U 1828, U 909–U 912, U 1280–U 1285, (U 1829–U 1900), (U 919–U 920), (U 1298–U 1300), (U 1905–U 2000), U 931–U 936, U 1309–U 1312, (U 2005–U 2100), (U 943–U 950),

Variante VII C 42 (168 Einheiten geplant, aber nicht fertiggestellt), Lieferverträge entweder 1944 annulliert oder nicht in Auftrag gegeben (in Klammern):
U 699–U 700, U 1215–U 1220, U 1805–U 1822, U 783–U 790, U 1286–U 1297, U 1901–U 1904, U 913–U 918, U 1313–U 1318, U 2001–U 2004, U 937–U 942, U 1339–U 1350, U 1069–U 1080, U 2101–U 2104, U 1423–U 1434, (U 2105–U 2110), U 1093–U 1100, U 1440–U 1463, U 2301–U 2318, U 1115–U 1120, (U 1464–U 1500), (U 2319–U 2320). U 1147–U 1152, (U 1805–U 1822).

Variante VII D (6 Einheiten).
U 213–U 218:
Bauwerft: Krupp Germaniawerft, Kiel.
Datum: 1940–1941/42.

Variante VII F (4 Einheiten).
U 1059–U 1062:
Bauwerft: Krupp Germaniawerft, Kiel.
Datum: 1941–1943/43.

Typverdrängung:
Variante VII A: 626 ts aufgetaucht, 745 ts getaucht.
Variante VII B: 753 ts aufgetaucht, 857 ts getaucht.
Variante VII C: 769 ts aufgetaucht, 871 ts getaucht.
Variante VII C 42: 999 ts aufgetaucht, 1050 ts getaucht.
Variante VII D: 965 ts aufgetaucht, 1080 ts getaucht.
Variante VII F: 1084 ts aufgetaucht, 1181 ts getaucht.

Abmessungen:
Variante VII A: 64,5 × 5,85 × 4,37 m.
Variante VII B: 66,5 × 6,20 × 4,74 m.
Variante VII C: 66,5 × 6,20 × 4,74 m.
Variante VII C 42: 67,3 × 6,80 × 5,00 m.
Variante VII D: 76,9 × 6,38 × 5,01 m.
Variante VII F: 77,6 × 7,30 × 4,91 m.

Motorenanlage: Diesel; 2; E-Motoren: 2, verschiedene Modelle.

Höchstleistung:
Variante VII A: 2310 PS aufgetaucht, 750 PS getaucht.
Variante VII B: 3200 PS aufgetaucht, 750 PS getaucht.
Variante VII C: 3200 PS aufgetaucht, 750 PS getaucht.
Variante VII C 42: 2700 PS aufgetaucht, 750 PS getaucht.
Variante VII D: 3200 PS aufgetaucht, 750 PS getaucht.
Variante VII F: 3200 PS aufgetaucht, 750 PS getaucht.

Höchstgeschwindigkeit:
Variante VII A: 17 kn aufgetaucht, 8 kn getaucht.
Variante VII B: 17,9 kn aufgetaucht, 8 kn getaucht.
Variante VII C: 17,6 kn aufgetaucht, 7,6 kn getaucht.
Variante VII C 42: 16,7 kn aufgetaucht, 7,6 kn getaucht.
Variante VII D: 16,7 kn aufgetaucht, 7,6 kn getaucht.
Variante VII F: 17,6 kn aufgetaucht, 7,9 kn getaucht.

Fahrstrecke:
Variante VII A: 6200 sm bei 10 kn aufgetaucht, 94 sm bei 4 kn getaucht.
Variante VII B: 8700 sm bei 10 kn bzw. 3850 sm bei 17,2 kn aufgetaucht, 90 sm bei 4 kn getaucht.
Variante VII C: 8500 sm bei 10 kn bzw. 3250 sm bei 17 kn aufgetaucht, 130 sm bei 2 kn bzw. 80 sm bei 4 kn getaucht.
Variante VII C 42: 10 000 sm bei 12 kn aufgetaucht, 80 sm bei 4 kn getaucht.
Variante VII D: 11 200 sm bei 10 kn bzw. 5050 sm bei 16 kn aufgetaucht, 127 sm bei 2 kn bzw. 69 sm bei 4 kn getaucht.
Variante VII F: 14 700 sm bei 10 kn aufgetaucht, 130 sm bei 2 kn getaucht.

Torpedorohre: 5 × 53,3 cm: 4 vorn, 1 achtern; Torpedos: 11 (VII A), 12 (VII B), 14 (VII C, VII D, VII F).

Geschütze: 1 × 8,8 cm L/45, 1 × 2 cm (VII A; zu VII B und VII C siehe Abb. »Turmform und Bewaffnung« auf Seite 70 f.), 1 × 3,7 cm, 2 × 2 cm.

Seeminen: 15 in 5 Schächten (VII D).

Besatzungsstärke: 44 (46 bei VII F).

U 32 vom Typ VII A zur Zeit des spanischen Bürgerkrieges.

U 402, ein Boot vom Typ VII C. Die Aufnahme läßt die Unterwasserform des Bootskörpers erkennen.

U 52 vom Typ VII B, 1939.

U 426 sinkt am 8. Januar 1944 vor Nantes beim Angriff eines australischen Flugzeuges.

Einhüllen-Hochseeboot mittlerer Verdrängung mit außen gelegenen Tauchzellen und Haupttauch(regler)zelle im Druckkörper. Letzterer bestand aus Flußstahl von annähernd 22 mm Dicke (Variante VII C), voll verschweißt, ausgenommen der Bereich über den Hauptmotoren, der zur Erleichterung eines Austauschs genietet war. Die Akkumulatoren befanden sich in getrennten Abteilungen. Das Boot besaß zwei parallele Ruder; die Bugtiefenruder konnten nicht eingeklappt werden. Der in mehreren Varianten gebaute Typ VII (VII A, VII B, VII C, VII C 41, VII C 42, VII D, VII F) bildete mit insgesamt mehr als 700 Booten zwischen 1935 und 1945 das Rückgrat der deutschen Unterseebootsflotte und repräsentierte die zahlreichste und einheitlichste Gruppe von Unterseebooten, die je gebaut worden ist.
Wenn auch von einem einzigen Grundtyp stammend und mehrere allgemeine Konstruktionseigenschaften beibehaltend, unterschieden sich die Varianten doch in Leistung und

VII A, 1940.

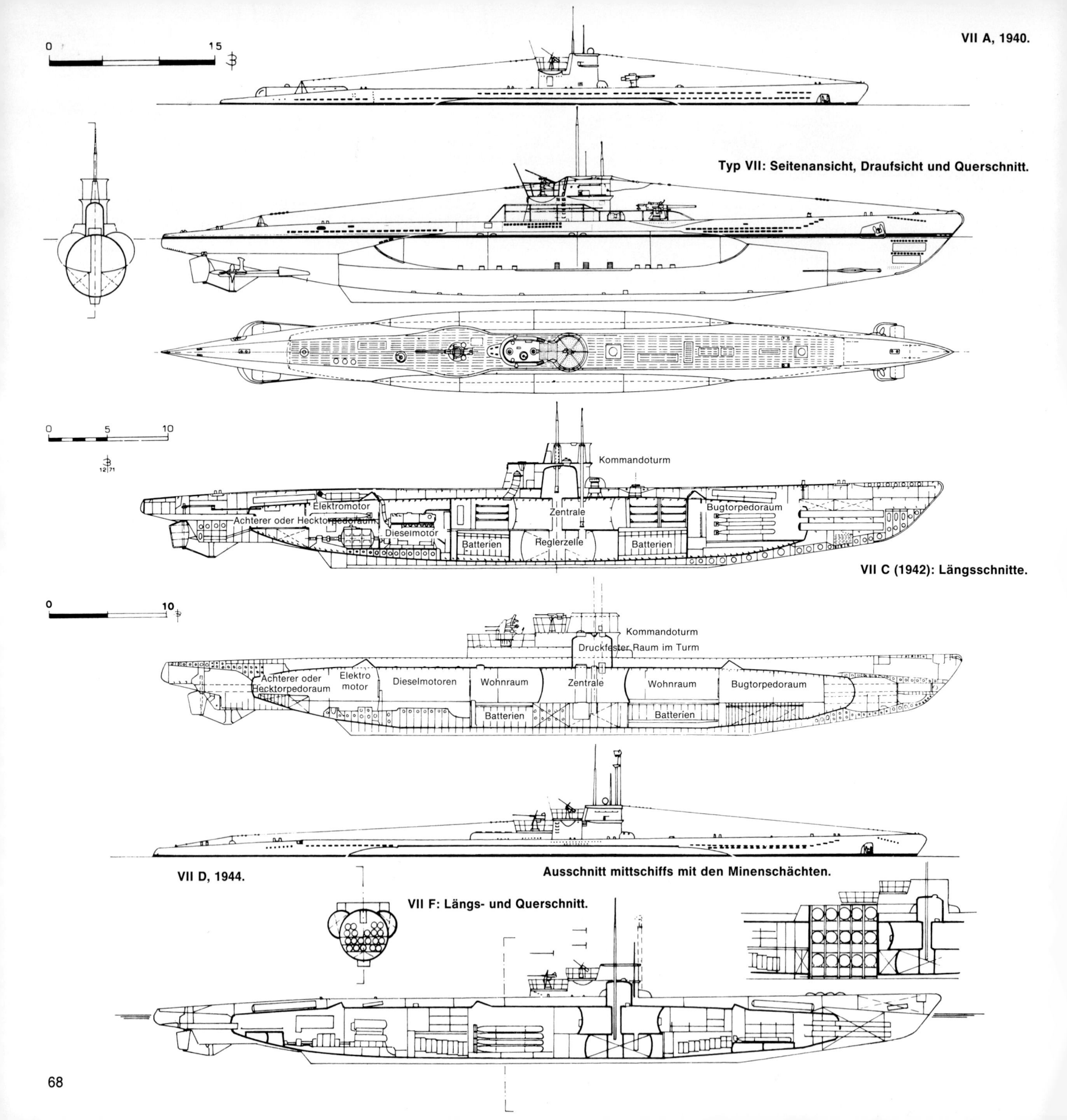

Typ VII: Seitenansicht, Draufsicht und Querschnitt.

Elektromotor — Zentrale — Bugtorpedoraum
Achterer oder Hecktorpedoraum — Dieselmotor — Batterien — Reglerzelle — Batterien

VII C (1942): Längsschnitte.

Kommandoturm
Druckfester Raum im Turm
Achterer oder Hecktorpedoraum — Elektromotor — Dieselmotoren — Wohnraum — Zentrale — Wohnraum — Bugtorpedoraum
Batterien — Batterien

VII D, 1944.

Ausschnitt mittschiffs mit den Minenschächten.

VII F: Längs- und Querschnitt.

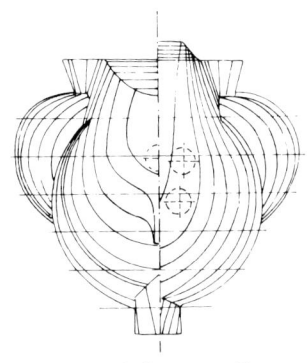

VII C (1942): Spantenriß.

Der Kommandoturm des gekaperten *U 826* vom Typ VII C.

Funktion: Angriffsunterseeboote (Varianten VII A, VII B, VII C, VII C 41, VII C 42), Minenleger (VII D) und Torpedoversorgungsboote (VII F).

Variante VII A:
Das erste Boot vom Typ VII, U 27, lief am 24. Juni 1936 vom Stapel. Die Boote der zwischen 1926 und 1931 in Finnland gebauten *Vetehinen*-Klasse, abgeleitet vom Typ UB III von 1918, hatten den Entwurf beeinflußt. Bei diesen Booten strebte man danach, Stärke, Seeausdauer, Unterwasser- und Überwassermanövrierbarkeit, Über- und Unterwassergeschwindigkeit, Fahrstrecke, Torpedoanzahl, Schnelligkeit des Baues und leichte Instandhaltung auf ein Höchstmaß zu bringen. Dies alles sollte erreicht werden, wenn auch bei begrenzter Größe und Wasserverdrängung, soweit möglich, und unter Verzicht auf Wohnqualität zugunsten der offensiven und baulichen Eigenschaften.

Das Resultat bestand in einem Boot von lediglich 915 ts Wasserverdrängung in aufgetauchtem Zustand und von nur 64,5 m Länge, aber es vereinigte in sich einen bemerkenswerten Grad von Offensivkraft und war für Hochseeunternehmungen geeignet. Die Eigenschaften des Typ VII waren an sich nicht außergewöhnlich, aber seine gut ausgewogenen Eigentümlichkeiten und der hohe Leistungsdurchschnitt machten ihn zu einer furchtbaren Waffe und zu einem der erfolgreichsten, je gebauten Typen. Dem Drang, die Abmessungen und die Wasserverdrängung zu begrenzen, half der Wunsch nach, ein manövrierfähiges Hochseeboot mit einer verringerten Silhouette zu besitzen. Bei begrenzter Wasserverdrängung der einzelnen Boote würde Deutschland imstande sein, eine größere Anzahl zu bauen.

Die erste Version des Typs VII zeichnete sich durch ein einziges Hecktorpedorohr aus, in der Verkleidung außerhalb des Druckkörpers gelegen, die vom Wasser frei durchströmt wurde. Diese Anordnung schloß das Nachladen während der Tauchfahrt aus; sie wurde bei den späteren Varianten weggelassen. Ebenfalls unter der Verkleidung – und damit vom Wasser frei umströmt – befanden sich zwei Reservetorpedos und die Brennstoffzellen. Maximale Einsatztauchtiefe: 150 m. Maximale Brennstoffmenge: 67 ts. Geringste Schnelltauchzeit: 30 Sekunden.

Variante VII B:
Zwei Jahre nach Variante VII A mit dem Stapellauf von U 45 am 27. April 1938 in Erscheinung tretend, stammte Variante VII B direkt von ihrer Vorgängerin ab. Infolge der stärkeren Dieselmotoren und der größeren Brennstoffmenge hatten Abmessungen und Wasserverdrängung geringfügig zugenommen. Die Hecktorpedorohre waren in einen Torpedoraum im Inneren des Druckkörpers verlegt und die Reservetorpedos um einen vermehrt worden. Maximale Einsatztauchtiefe: 150 m. Maximale Brennstoffmenge: 108,3 ts. Geringste Schnelltauchzeit: 30 Sekunden.

Varianten VII C und VII C 41:
Diese beiden Typvarianten – zwischen ihnen gab es nur geringfügige Unterschiede – wiesen in der Fertigung die größten Stückzahlen auf. U 69 (ex U 99), das erste Boot der Variante VII C, wurde am 18. April 1940 in Dienst gestellt. U 292 war das erste Boot der Variante VII C 41 und wurde am 25. August 1943 der Marine übergeben. 1943/44 wurde der Bau zahlreicher Boote zugunsten eines moderneren Typs annulliert. Als Ergebnis einer größeren Ladefähigkeit besaß Variante VII C eine geringfügig größere Wasserverdrängung als VII B, und ein verstärkter Rumpf (bei VII C 41) gewährte eine größere Tauchtiefe. Maximale Einsatztauchtiefe: 150–180 m. Maximale Brennstoffmenge: 113,5 ts. Geringste Schnelltauchzeit: 25–30 Sekunden.

Variante VII C 42:
Infolge Annullierung bzw. Einstellung des Baus 1944 – die Serie war inzwischen veraltet – gelangte kein Boot dieser Variante in Dienst. Zur vorhergehenden Version VII C 41 stellte sie eine bedeutsame Verbesserung dar: Steigerung in Größe, Wasserverdrängung, Fahrstrecke und dank baulicher Verstärkung an maximaler Einsatztauchtiefe, die 300 m überschreiten sollte. Der Entwurf forderte auch Panzerung des

Kommandoturms, eine starke Flakbewaffnung aus zahlreichen 3,7- und/oder 2-cm-Waffen und den Einbau – als Bestandteil der Konstruktion – eines Schnorchels. Maximale Brennstoffmenge: 180 ts.

Variante VII D:
Diese minenlegende Version des Typs VII war eine Abänderung der Variante VII C mit einer zusätzlichen Mittelsektion von etwa 10 m, wodurch die Länge über alles auf 76,9 m stieg. In dieser Sektion, unmittelbar hinter dem Turm gelegen, befanden sich fünf senkrechte Schächte zur Aufnahme von je drei Ankertauminen, ähnlich jenen, die von Überwasserschiffen gelegt wurden. Eine vergrößerte Brennstoffmenge erweiterte die Fahrstrecke. Die Steigerung in den Abmessungen und in der Wasserverdrängung bei unverändert gebliebener Antriebsleistung führten zu einem geringfügigen Verlust an Über- und Unterwassergeschwindigkeit.
U 213, das erste Boot der Variante VII D, lief am 24. Juli 1941 vom Stapel; das letzte in Dienst gestellte war U 127 am 31. Januar 1942. Nur sechs Boote wurden gebaut. Der Bedarf der deutschen Marine an speziellen U-Minenlegern war begrenzt; denn alle deutschen Unterseeboote konnten besonders für sie entwickelte Ankertau- und Magnetminen legen. Diese wurden aus den 53,3-cm-Torpedorohren geworfen. Normalerweise konnten (je nach Typ) anstelle eines Reservetorpedos 2–3 Minen mitgeführt werden. Infolgedessen konnte ein normales VII C-Boot anstelle der Torpedos 26 bis 39 Minen an Bord haben. Maximale Einsatztauchtiefe: 150 m. Maximale Brennstoffmenge: 169,4 ts. Geringste Schnelltauchzeit: 30 Sekunden.

Variante VII E:
Diese Variante existierte lediglich im Entwurfsstadium. Sie sollte eine Verbesserung der Variante VII C durch die Einführung einer neuen, erheblich leichteren Antriebsvorrichtung darstellen, was bei gleicher Wasserverdrängung eine Zunahme in der Ladefähigkeit und Fahrstrecke bedeutet hätte. Verzögerungen in der Vervollkommnung des neuen Motors und der Bau der neuen Boote mit fortschrittlicheren Eigenschaften führte – wahrscheinlich 1944 – zur Aufgabe des Projektes.

Variante VII F:
Die vier Boote dieser Variante wurden zwischen Mai und August 1943 in Dienst gestellt. Sie verkörperte im wesentlichen den VII D-Minenlegerentwurf, abgeändert, um Boote in den Einsatzgebieten mit Torpedos zu versorgen. Die Mittelsektion, welche bei der VII D-Variante die Minenschächte enthielt, wurde zum Verstauen von 25 Torpedos benutzt. Weitere 14 Torpedos gehörten zur normalen Torpedobewaffnung der Boote, die zusätzlich zu ihrer Versorgeraufgabe als normale Kampfboote eingesetzt werden sollten. Maximale Brennstoffmenge: 198,8 ts. Geringste Schnelltauchzeit: annähernd 35 Sekunden. Da die betroffenen Boote bei der Torpedoübergabe in See an der Wasseroberfläche hätten liegenbleiben müssen, wurde die Variante VII F hauptsächlich zum Torpedotransport zwischen den Stützpunkten verwendet.

Wie die aller deutschen Unterseeboote, so machte auch die konventionelle Artilleriebewaffnung der Boote des Typs VII während des Krieges beträchtliche Veränderungen durch. Besonders von 1942 an wurde die Flakbewaffnung hinsichtlich der verschiedenen Geschützmodelle und -kaliber erheblich verstärkt, und mit dem Wegfall des Oberdecksgeschützes stellte sie die einzige Überwasserbewaffnung bei diesem Bootstyp dar. Mit der zunehmenden Bedrohung durch feindliche Flugzeuge steigerte sich das Geschützkaliber von ursprünglich 2 cm in Einzel- oder Zwillingsaufstellung auf 3,7 cm in Einzelaufstellung, daneben kam in einigen Fällen auch der sehr wirksame 2-cm-Vierling zur Aufstellung.
Auch die Anzahl der Waffen steigerte sich wesentlich; im Mai 1943 wurden U 441 und andere VII C-Boote (U 256, U 271, U 621, U 953 usw.) mit einer 3,7-cm-Flak (1160 Schuß) und 2 2-cm-Vierlingsflaks (je 6000 Schuß) ausgerüstet. In dieser Hinsicht erlebten die Boote der Variante C die größten Veränderungen, und die letzten von ihnen wurden ohne U-Bootsgeschütz in Dienst gestellt. 1943 war es auch bei den meisten überlebenden Booten früherer Varianten, die im Atlantik operierten, entfernt worden, um Platz für Flakwaffen zu schaffen. Im Mittelmeer, wo die Aktivität feindlicher Flugzeuge weniger intensiv als im Atlantik war, wurde das U-Bootsgeschütz bis zum Ende des Krieges beibehalten, aber auch hier wurde die Zahl der Flakwaffen gesteigert.
Die ersten Boote der Variante VII D waren mit einem 8-8-cm-Oberdecksgeschütz L/45 und einer normalen Munitionsausstattung von 220 Schuß sowie mit einer 2-cm-Flak in Einzelaufstellung ausgerüstet. 1942 wurde das U-Bootsgeschütz entfernt, und die Bewaffnung änderte sich in eine 3,7-cm- und zwei 2-cm-Flaks in Einzelaufstellung, wie bei den Booten der VII F-Variante. Die beigefügten Zeichnungen zeigen mehrere Beispiele der Bewaffnung von Booten des Typs VII und die Entwicklung der Turmform von 1939 bis 1945.
Von 1943 an begann man, die Boote des Typs VII mit dem ersten Modell einer beiklappbaren Schnorchelvorrichtung auszustatten, im allgemeinen an der Vorderkante des Turms angebracht. Bis zum Ende jenes Jahres waren alle Kampfboote damit ausgerüstet, und bei allen noch nicht in Dienst gestellten Booten war der Schnorchel in den Bau einbezogen worden.
Der Schnorchel vergrößerte die Einsatzfähigkeit der Boote vom Typ VII beträchtlich. Die Batterien konnten während der Tauchfahrt aufgeladen werden, und er gestattete den Booten, unter Einsatz der Hauptmotoren bei einer Geschwindigkeit von 6 Knoten weite Entfernungen geschützt unter Wasser zurückzulegen. Die Überlebenschance hatte sich vergrößert, selbst in Seegebieten, wo es in hohem Maße eine Bedrohung aus der Luft gab. Nichtsdestoweniger war der Typ VII 1943/44 am Ende seiner kurzen, aber umfassenden Einsatzperiode angelangt. Wie andere konventionelle Boote hatten auch ihn die damaligen U-Jagdwaffen und -taktiken entscheidend geschlagen.
Am 1. September 1939 befanden sich 19 Boote vom Typ VII im Dienst. Zehn davon waren von der Variante A – sie waren im Zusammenhang mit dem Spanischen Bürgerkrieg eingesetzt gewesen, ohne in Kampfhandlungen verwickelt worden zu sein – und neun waren Boote von der Variante B. Weitere 15 Boote der Variante B waren zusammen mit zahlreichen Booten der neuen Variante C im Bau.
Zwischen 1939 und 1945 waren 705 Boote des Typs VII in Dienst gestellt worden; sie operierten hauptsächlich im Atlantik, in der Nordsee und in der Arktis. Mehrere Boote befanden sich in der Ostsee und 64 operierten im Mittelmeer.
Ein Boot vom Typ VII, das von Kapitänleutnant Lemp geführte U 30, torpedierte den britischen Passagierdampfer Athenia

Turmformen und Bewaffnung.

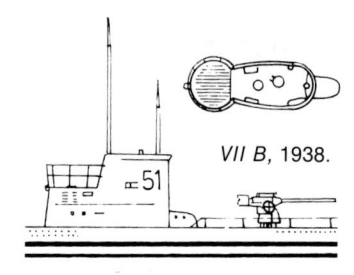

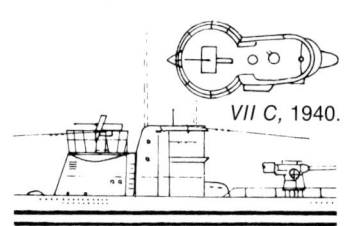

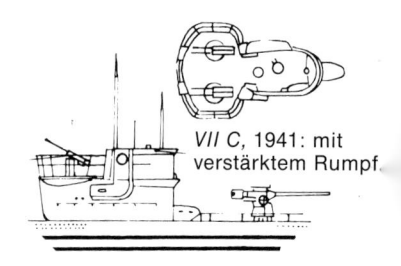

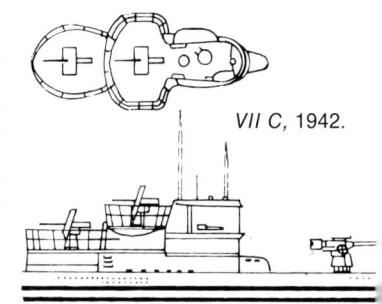

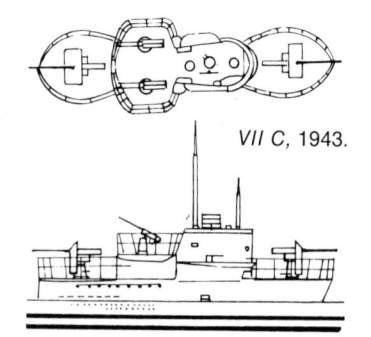

VII B, 1938.

VII C, 1940.

VII C, 1941: mit verstärktem Rumpf.

VII C, 1942.

VII C, 1943.

VII C, 1943.

VII C, 1943: gepanzerter Turm.

VII C, 1944.

VII, C, 1944.

2 cm (Einzelrohr) 2-cm-Zwilling 3,7 cm (Einzelrohr)

2-cm-Vierling 8,8 cm

Tabelle 10: Die wichtigsten Erfolge von U-Booten des Typs VII während des Zweiten Weltkriegs

Boot:	Kommandant:	Datum:	Ergebnis:	Schiffstyp:	Schiffsname:	Ort:
U 29	Schuhart	17. Sept. 1939	versenkt	Träger	Courageous	Atlantik
U 47	Prien	14. Okt. 1939	versenkt	Schlachtschiff	Royal Oak	Scapa Flow
U 81	Guggenberger	14. Nov. 1941	versenkt	Träger	Ark Royal	Mittelmeer
U 331	v.Tiesenhausen	25. Nov. 1941	versenkt	Schlachtschiff	Barham	Mittelmeer
U 557	Paulshen	14. Dez. 1941	versenkt	Kreuzer	Galatea	Mittelmeer
mit italienischem Boot Dagabur						
U 751	Bigalk	21. Dez. 1941	versenkt	Geleitträger	Audacity	Atlantik
U 565	Jebsen	11. März 1942	versenkt	Kreuzer	Naiad	Mittelmeer
U 73	Rosenbaum	11. Aug. 1942	versenkt	Träger	Eagle	Mittelmeer
U 617	Brandi	1. Febr. 1943	versenkt	Kreuzer	Welshman	Mittelmeer
U 410	Fenski	18. Febr. 1944	versenkt	Kreuzer	Penelope	Mittelmeer

(13581 BRT), der am nächsten Tag sank, das erste Opfer eines Unterseebootes im Zweiten Weltkrieg. Das erste und das letzte während des Krieges verlorengegangene Boot waren ebenfalls vom Typ VII: U 27, am 22. September 1939 von den britischen Zerstörern Forester und Fortune mit Wasserbomben versenkt, und U 320, am 7. Mai 1945 durch Flugzeug vor Bergen versenkt, nur ein paar Stunden vor dem Ende der Feindseligkeiten in Europa.

Das erste Boot, das während des Krieges gekapert werden sollte, gehörte auch zum Typ VII: nach erlittenen Beschädigungen durch ein britisches Flugzeug am 27. August 1941 ergab sich U 570 und wurde zu HM Graph. Das den Briten bei der Kapitulation übergebene Boot war U 249 vom Typ VII; es erreichte am 8. Mai 1945 die englische Küste vor Lizard Point und begab sich nach Weymouth.

Von den fast 3000 Handelsschiffen, die während des Zweiten Weltkrieges deutschen Booten zum Opfer fielen, versenkten mehr als 50% Boote vom Typ VII. Zwei dieser Boote erzielten die höchsten Ergebnisse des Krieges: U 48 versenkte 53 Schiffe mit insgesamt 318111 BRT und U 99 37 Schiffe mit zusammen 242658 BRT. Zu diesen Erfolgen können die Beschädigungen mehrerer großer Kriegsschiffe und die Versenkungen zahlreicher kleinerer Fahrzeuge hinzugerechnet werden.

Von besonderer Bedeutung waren die Versenkung des britischen Flugzeugträgers Courageous durch U 29, das erste große Kriegsschiff, das während des Krieges verlorenging; der Ark Royal, torpediert durch U 81 und U 205 im westlichen Mittelmeer, wodurch die Force H in Gibraltar ihres Flugzeugträgers beraubt wurde; und des Schlachtschiffes Royal Oak in seinem vermeintlich sicheren Stützpunkt in Scapa Flow.

Von den 705 Booten des Typs VII, die vor dem Mai 1945 in Dienst gestellt worden waren, gingen 437 im Kampf verloren. Bei den übrigen Booten trat der Verlust aus anderen Ursachen ein, hauptsächlich durch Bombenangriffe auf Häfen und Werften. Insgesamt 165 Boote wurden von ihren Besatzungen selbst versenkt oder bei der Kapitulation den Alliierten übergeben. U 977 verließ Norwegen und erreichte nach einer ununterbrochenen Tauchfahrt von 66 Tagen am 17. August 1945 Argentinien; seine Besatzung wurde interniert.

Schicksal der Boote:

Datum:	Ort:	Boot:	Ursache:[1]
1939	Atlantik	U 45	n
	Nordsee	U 27, U 35	n
		U 36	s
1940	Atlantik	U 31, U 32	n
		U 51	s
	Nordsee	U 33, U 49, U 50, U 53, U 55	n
		U 54	s
		U 102	cs
1941	Atlantik	U 41, U 47, U 76, U 99, U 100, U 207, U 208, U 401, U 434, U 551, U 556, U 567, U 574, U 651	n
		U 206	a
		U 570	c
	Nordsee	U 452	n
	Mittelmeer	U 75, U 79, U 204, U 433	n
		U 95	s
		U 451	a
		U 557	v
	Ostsee	U 580, U 583	v
1942	Atlantik	U 82, U 85, U 90, U 93, U 94, U 136, U 210, U 213, U 215, U 252, U 352, U 353, U 356, U 357, U 379, U 581, U 587, U 588, U 619, U 626	n
		U 98, U 132, U 216, U 253, U 254, U 408, U 578, U 582, U 597, U 599, U 611, U 627, U 654, U 658, U 661, U 701, U 751, U 754, U 756	a
		U 705	b
	Nordsee	U 261, U 412	a
		U 88	n
		U 335	s
		U 702	cs

Abbildungen rechte Seite:
Links oben: Der Kommandoturm von *U 581*, eines Bootes vom Typ VII C.
Rechts oben: Ein Boot vom Typ VII kommt längsseits eines Schwesterbootes in einem britischen Hafen nach der Übergabe.
Links Mitte: *U 249* mit Kurs auf Portland nach der Kapitulation am 8. Mai 1945. In einer Aussparung an Oberdeck ist der beiklappbare Schnorchelmast untergebracht.

Rechts Mitte: Ein Boot vom Typ VII C im Jahre 1941.

Unten: Boote vom Typ VII C warten in Loch Ryan (3. Dezember 1945) auf ihre Versenkung im Rahmen der »Operation Deadlight«.[18]

	Mittelmeer	U 74, U 372, U 411, U 559,[17]	n			U 77, U 297, U 617, U 755,	a
		U 568, U 605, U 652, U 670				U 301, U 303, U 431	s
		U 259, U 331, U 577, U 595	a			U 602	cs
		U 133	m		Ostsee	U 34, U 346, U 649, U 670,	v
		U 374	s			U 718, U 768, U 983	
		U 573	r			U 395	b
	Arktis	U 457, U 585, U 589, U 655	n			U 345	b/r
	Ostsee	U 222, U 272	v			U 639	s
1943	Atlantik	U 69, U 87, U 135, U 201,	n			U 101	r
		U 202, U 209, U 225, U 226,		1944	Atlantik	U 91, U 238, U 257, U 264,	n
		U 229, U 274, U 282, U 306,				U 302, U 305, U 322, U 333,	
		U 334, U 340, U 381, U 405,				U 358, U 386, U 392, U 400,	
		U 432, U 436, U 438, U 444,				U 406, U 424, U 445, U 448,	
		U 449, U 576, U 600, U 606,				U 473, U 575, U 603, U 608,	
		U 607, U 609, U 613, U 631,				U 618, U 621, U 641, U 709,	
		U 634, U 635, U 638, U 640,				U 719, U 731, U 734, U 736,	
		U 645, U 648, U 710, U 732,				U 743, U 744, U 757, U 761,	
		U 84, U 86, U 89, U 134,	a			U 762, U 962, U 984, U 986,	
		U 211, U 217, U 221, U 232,				U 1200	
		U 258, U 265, U 266, U 268,				U 231, U 243, U 270, U 271,	a
		U 273, U 279, U 280, U 284,				U 283, U 311, U 342, U 364,	
		U 304, U 332, U 336, U 337,				U 373, U 378, U 385, U 426,	
		U 338, U 341, U 359, U 376,				U 441, U 571, U 592, U 625,	
		U 383, U 384, U 388, U 391,				U 629, U 653, U 666, U 741,	
		U 402, U 403, U 404, U 417,				U 765, U 821, U 955, U 970,	
		U 418, U 419, U 420, U 422,				U 976, U 981	
		U 435, U 440, U 442, U 447,				U 263, U 415, U 667, U 703	m
		U 454, U 456, U 465, U 467,				U 377, U 925, U 972	cs
		U 468, U 469, U 470, U 558,			Nordsee	U 212, U 214, U 247, U 269,	n
		U 563, U 564, U 566, U 569,				U 297, U 390, U 413, U 671,	
		U 572, U 584, U 590, U 591,				U 672, U 678, U 713, U 767,	
		U 594, U 598, U 604, U 610,				U 961, U 971, U 988, U 1006	
		U 614, U 615, U 620, U 623,				U 240, U 241, U 292, U 317,	a
		U 624, U 628, U 630, U 632,				U 319, U 394, U 423, U 476,	
		U 633, U 643, U 646, U 657,				U 477, U 478, U 484, U 674,	
		U 662, U 663, U 664, U 665,				U 675, U 715, U 735, U 740,	
		U 669, U 706, U 707, U 752,				U 742, U 772, U 777, U 906,	
		U 759, U 951, U 954, U 964,				U 908, U 959, U 973, U 980,	
		U 966				U 982, U 990, U 993, U 996	
		U 553, U 753	cs			U 771, U 974, U 987	s
		U 439, U 659	v			U 673, U 737, U 1209	v
	Nordsee	U 227, U 389	a			U 92	b
		U 308, U 644	s			U 228, U 437, U 998	b/r
		U 769, U 770,	b		Mittelmeer	U 223, U 343, U 371, U 407,	n
		U 647	m			U 450, U 453, U 616, U 960	
	Mittelmeer	U 73, U 83, U 205, U 224,	n			U 81, U 596	a
		U 375, U 409, U 414, U 443,				U 380, U 410, U 421, U 486,	b
		U 458, U 561, U 562, U 593				U 642, U 952, U 967, U 969	
						U 230, U 466, U 471, U 565	sb
						U 455	m

[17] Anmerkung des Übersetzers:
U 559 wurde am 30. Oktober 1942 im östlichen Mittelmeer von 5 britischen Kriegsschiffen und einem Bomber neun Stunden lang mit Wasserbomben gejagt. Beschädigungen zwangen dann *U 559* an die Wasseroberfläche. Der britische Zerstörer *Petard* setzte ein Boot mit einem Enterkommando aus, das an Bord gelangte und wichtige Schlüsselunterlagen erbeutete (siehe Fußnote 13). Beim Versuch, die Schlüsselmaschine (4 Walzen einschließlich der »Alpha«-Walze) zu bergen, sackte das Boot weg und nahm zwei Angehörige des Enterkommandos mit in die Tiefe. Von der deutschen Besatzung wurden 42 Mann gerettet.

[18] Anmerkung des Übersetzers:
Operation »Deadlight« ist die Versenkung der deutschen Unterseeboote, die sich bei Kriegsende ergeben hatten, durch britische Seestreitkräfte vom 25. 11. 1945 bis zum 7. 1. 1946 westlich der Hebriden, soweit die Boote nicht als Kriegsbeute alliierten Marinen übergeben wurden.

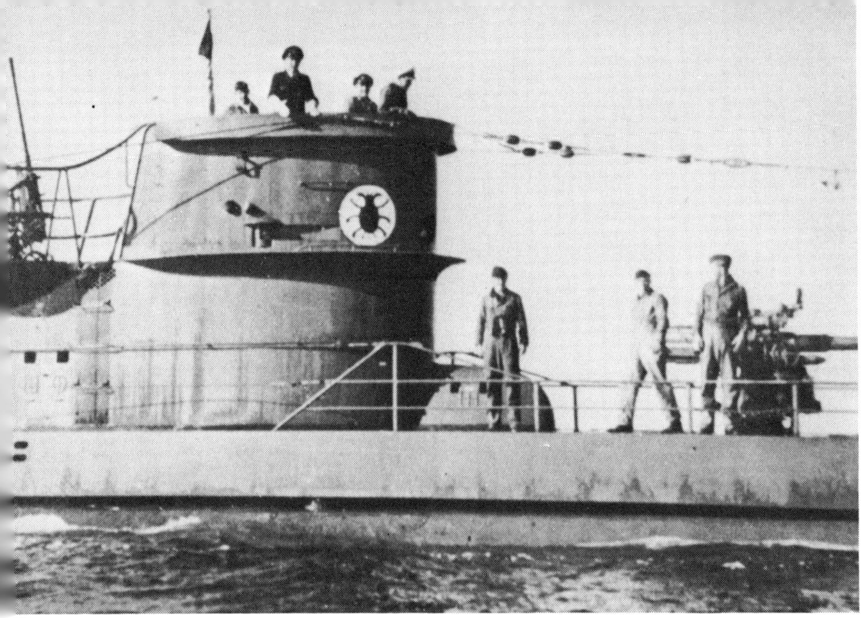

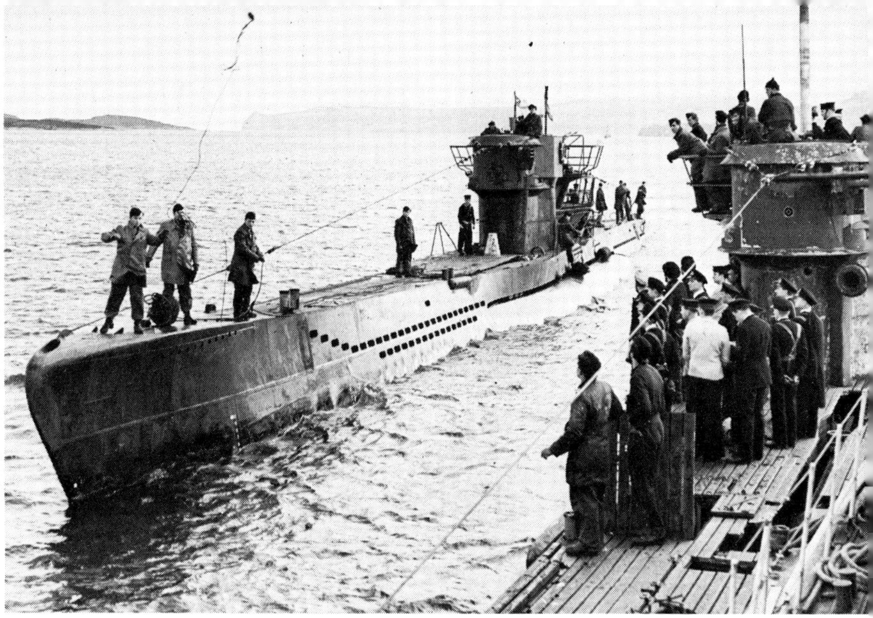

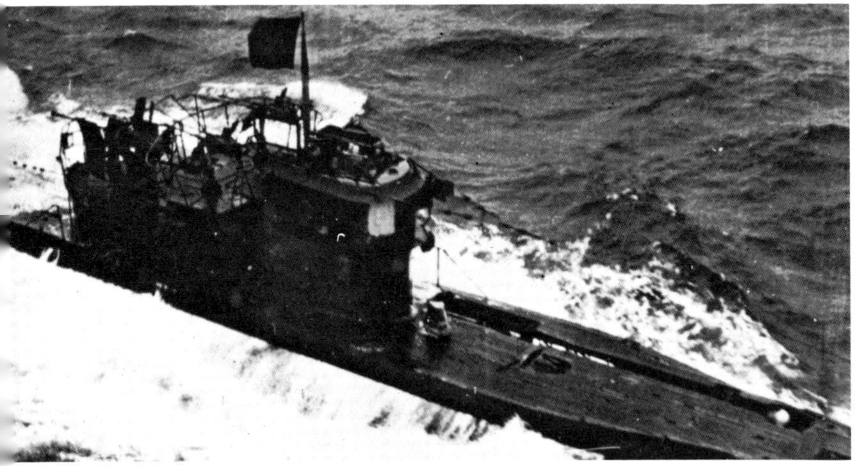

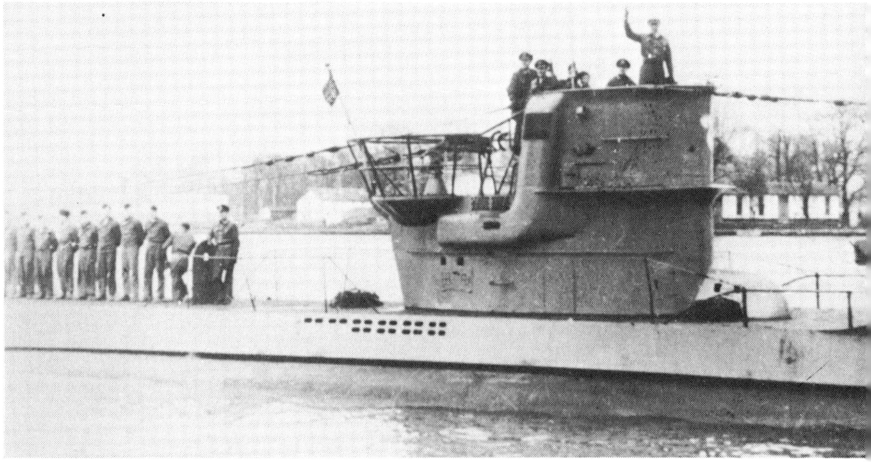

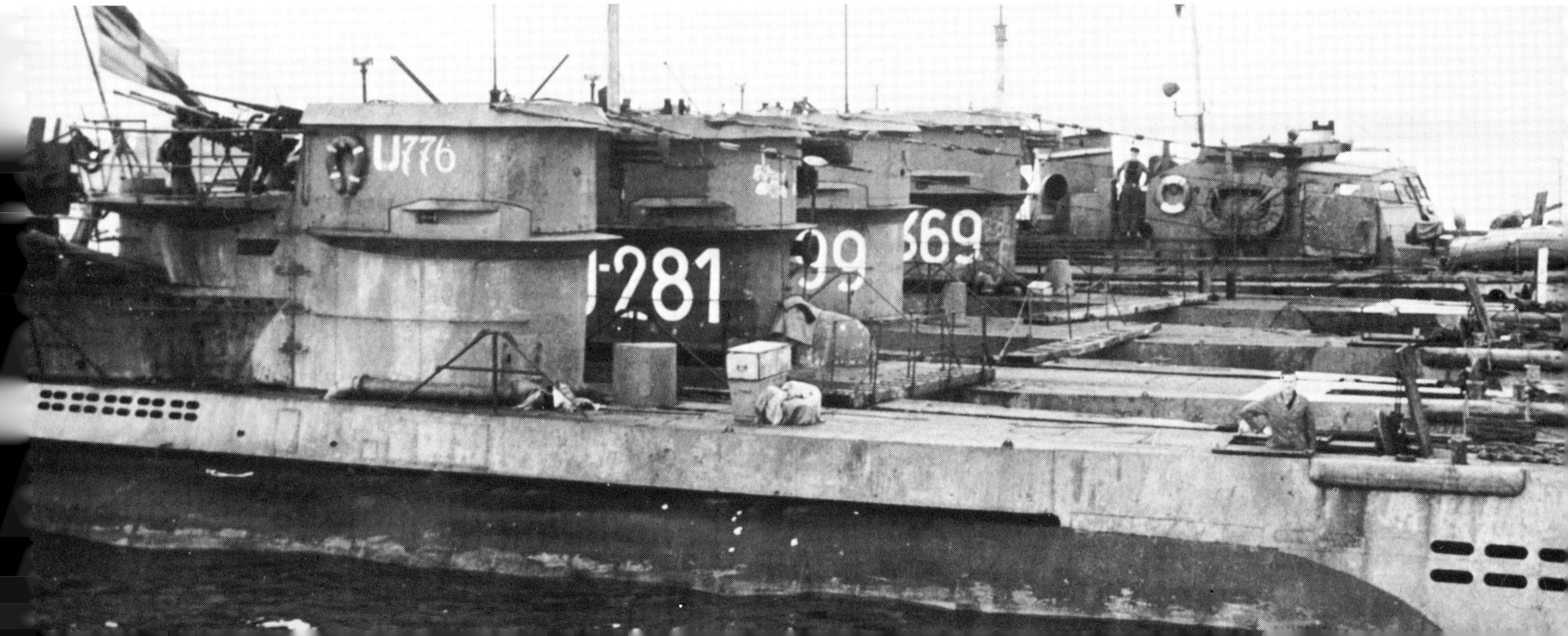
U776
281

	Arktis	U 289, U 314, U 344, U 360, U 362, U 387, U 472, U 601	n
		U 277, U 288, U 347, U 354, U 355, U 361, U 365, U 366, U 921	a
	Ostsee	U 28, U 80, U 416, U 738, U 1013, U 1015	v
		U 239	b/r
		U 250	n
		U 479	m
		U 474	b
1945	Atlantik	U 248, U 285, U 300, U 636, U 722, U 774, U 1001, U 1051, U 1172	n
		U 321, U 396, U 1055, U 1107	a
		U 260, U 1169	m
		U 650	cs
		U 963	sb
		U 485, U 977, U 1277	x
	Nordsee	U 246, U 309, U 325, U 327, U 399, U 480, U 482, U 683, U 711, U 714, U 965, U 989, U 1003, U 1014, U 1018, U 1021, U 1024, U 1063, U 1191, U 1195, U 1199, U 1208, U 1274, U 1278, U 1279, U 1302	n
		U 242, U 296, U 320, U 393, U 579, U 681, U 905, U 927, U 1106, U 1276	a
		U 72, U 96, U 329, U 339, U 348, U 350, U 382, U 429, U 430, U 682, U 747, U 1011, U 1012, U 1017, U 1167	b
		U 275, U 287, U 326, U 1020	m
		U 398	cs
		U 486	s
		U 1053, U 1206	v
		U 71, U 370, U 446, U 475, U 552, U 554, U 704, U 708, U 822, U 828, U 922, U 979, U 1032, U 1131	sb
	Arktis	U 218, U 244, U 245, U 249, U 255, U 256, U 262, U 276, U 278, U 281, U 291, U 293, U 294, U 295, U 298, U 299, U 310, U 312, U 313, U 315, U 318, U 324, U 328, U 363, U 368, U 369, U 427, U 481, U 483, U 622, U 637, U 668, U 712, U 716, U 720, U 739, U 760, U 764, U 773, U 775, U 776, U 778, U 779, U 825, U 826, U 901, U 907, U 926, U 928, U 930, U 953, U 956, U 957, U 968, U 975, U 978, U 991, U 992, U 994, U 995, U 997, U 1002, U 1004, U 1005, U 1009, U 1010, U 1019, U 1022, U 1023, U 1052, U 1057, U 1058, U 1064, U 1102, U 1103, U 1104, U 1105, U 1108, U 1109, U 1110, U 1163, U 1165, U 1171, U 1194, U 1197, U 1198, U 1201, U 1202, U 1203, U 1271, U 1272, U 1275, U 1301, U 1305, U 1307	x
		U 286, U 307, U 425	n
	Ostsee	U 78, U 679	n
		U 251, U 1007, U 1008, U 1065, U 1210	a
		U 676, U 745, U 923, U 1273	m
		U 1000	m/r
		U 367, U 1054	v
		U 1166	v/r
		U 1196	v/r/sb
		U 555	r
		U 235	e
		U 237, U 677, U 749, U 758, U 763, U 904	b
		U 1164	b/r
		U 29, U 30, U 46, U 48, U 52, U 236, U 267, U 290, U 316, U 323, U 349, U 351, U 397, U 428, U 560, U 612, U 717, U 721, U 733, U 746, U 748, U 750, U 827, U 903, U 924, U 929, U 958, U 999, U 1016, U 1025, U 1026, U 1027, U 1028, U 1029, U 1030, U 1031, U 1056, U 1101, U 1132, U 1161, U 1162, U 1168, U 1170, U 1192, U 1193, U 1204, U 1205, U 1207, U 1303, U 1304, U 1306, U 1308	sb

Rechts: *U 1305*, eines der letzten Boote vom Typ VII C 41, das in Dienst gestellt wurde, im Geleit eines britischen Schiffes nach der Übergabe im Mai 1945 auf dem Wege nach Großbritannien.

Unten: Das ehemalige *U 570* (Typ VII C) nach seiner Kaperung im August 1941 als *Graph* unter britischer Flagge fahrend.

[1] Siehe Seite 8.

Typ IX

Variante IX A (8 Einheiten).
U 37 – U 44:
Bauwerft: Deschimag AG Weser, Bremen.
Datum: 1936–1938/39.

Variante IX B (14 Einheiten).
U 64 – U 65, U 103 – U 111, U 122 – U 124 (ex U 66 – U 68):
Bauwerft: Deschimag AG Weser, Bremen.
Datum: 1937–1939/40.

Variante IX C (54 Einheiten).
U 66 – U 68 (ex U 122 – U 124), U 125 – U 131, U 153 – U 160, U 171 – U 176:
Bauwerft: Deschimag AG Weser, Bremen.
Datum: 1939–1940/41.
U 161 – U 166:
Bauwerft: Deschimag AG Weser, Seebeck (Wesermünde).
Datum: 1939–1941/42.
U 501 – U 524:
Bauwerft: Deutsche Werft, Hamburg.
Datum: 1939–1941/42.

Variante IX C 40 (87 Einheiten + 8).
U 167 – U 170, U 801 – U 806:
Bauwerft: Deschimag AG Weser, Seebeck (Wesermünde).
Datum: 1940–1942/44.
U 183 – U 194, U 841 – U 846, U 853 – U 858, U 865 – U 870, U 877 – U 881, U 889 – U 891:
Bauwerft: Deschimag AG Weser, Bremen.
Datum: 1940–1942/44.
U 525 – U 550:
Bauwerft: Deutsche Werft, Hamburg.
Datum: 1940–1942/43.
U 1221 – U 1238:
Bauwerft: Deutsche Werft, Hamburg.
Datum: 1941–1943/–.
Lieferverträge 1944 annulliert oder Boote nicht in Auftrag gegeben (letztere in Klammer):
U 807 – U 816, (U 817 – U 820), U 882, U 892 – U 894, U 1239 – U 1262, U 1501 – U 1530.

Variante IX D 1 (2 Einheiten).
U 180, U 195:
Bauwerft: Deschimag AG Weser, Bremen.
Datum: 1940–1942/42.

Variante IX D 2 und IX D 42 (29 Einheiten + 2).
U 177 – U 179, U 181, U 182, U 196 – U 200, U 847 – U 852, U 859 – U 864, U 871 – U 876, U 883, U 885, U 886:
Bauwerft: Deschimag AG Weser, Bremen.
Datum: 1940–1942/–.
Lieferverträge 1944 annulliert oder Boote nicht in Auftrag gegeben (letztere in Klammern):
U 884, U 887, U 888, U 895 – U 900, U 1531 – U 1542, (U 1543 – U 1600).

Typverdrängung:
Variante IX A: 1032 ts aufgetaucht, 1153 ts getaucht.
Variante IX B: 1051 ts aufgetaucht, 1178 ts getaucht.
Variante IX C: 1120 ts aufgetaucht, 1232 ts getaucht.
Variante IX C 40: 1144 ts aufgetaucht, 1247 ts getaucht.
Variante IX D 1: 1610 ts aufgetaucht, 1799 ts getaucht.
Variante IX D 2 und IX D 42: 1616 ts aufgetaucht, 1804 ts getaucht.
Abmessungen:
Variante IX A: 76,5 × 6,51 × 4,70 m.
Variante IX B: 76,5 × 6,76 × 4,70 m.
Variante IX C: 76,7 × 6,76 × 4,70 m.
Variante IX C 40: 76,7 × 6,86 × 4,67 m.
Variante IX D 1, IX D 2, IX D 42: 87,5 × 7,50 × 5,35 m.
Motorenanlage:
Variante IX A, IX B, IX C, IX C 40, IX D 1: Diesel: 2; E-Motoren: 2, verschiedene Modelle.
Variante IX D 2, IX D 42: Diesel: 2; Dieselgeneratoren: 2; E-Motoren: 2.
Höchstleistung:
Variante IX A, IX B, IX C, IX C 40: 4400 PS aufgetaucht, 1000 PS getaucht.
Variante IX D 1: 2800 PS aufgetaucht, 1100 PS getaucht.
Variante IX D 2, IX D 42: 5400 PS aufgetaucht, 1100 PS getaucht.
Höchstgeschwindigkeit:
Variante IX A, IX B, IX C, IX C 40: 18,2 kn aufgetaucht, 7,7 kn getaucht.
Variante IX D 1: 15,8 kn aufgetaucht, 6,9 kn getaucht.
Variante IX D 2, IX D 42: 19,2 kn aufgetaucht, 6,9 kn getaucht.
Fahrstrecke:
Variante IX A: 10 500 sm bei 10 kn aufgetaucht, 78 sm bei 4 kn getaucht.
Variante IX B: 12 000 sm bei 10 kn bzw. 3800 sm bei 18,2 kn aufgetaucht, 63 sm bei 4 kn getaucht.
Variante IX C: 13 450 sm bei 10 kn aufgetaucht, 128 sm bei 2 kn getaucht.
Variante IX C 40: 13 850 sm bei 10 kn aufgetaucht, 63 sm bei 4 kn getaucht.
Variante IX D 1: 12 750 sm bei 10 kn aufgetaucht, 245 sm bei 2 kn getaucht.
Variante IX D 2 und IX D 42: 31 500 sm bei 10 kn bzw. 8500 sm bei 19,2 kn aufgetaucht, 121 sm bei 2 kn bzw. 57 sm bei 4 kn getaucht.
Torpedorohre: 6 × 53,3 cm: 4 vorn, 2 achtern; Torpedos: 22; außer IX D 1 alle Varianten.
Geschütze: 1 × 10,5 cm L/45, 1 × 3,7 cm, 1 × 2 cm (außer IX D 1 alle Varianten);
Variante IX D !: 1 × 3,7 cm, 4 × 2 cm (2 × 2).
Besatzungsstärke:
Variante IX A, IX B, IX C: 48.
Variante IX C 40: 49.
Variante IX D 1, IX D 2, IX D 42: 57.

Kommandoturm eines Bootes vom Typ IX.

Zweihüllen-Hochseeboot, dessen Entwurf von der *U 81 – U 86*-Serie von 1916 abgeleitet war und das in vielerlei Hinsicht dem Typ I A von 1936 ähnelte.
Mit mehr als 200 Booten, gebaut in sieben aufeinanderfolgenden Varianten (IX A, IX B, IX C, IX C 40, IX D 1, IX D 2 und IX D 42), folgte Typ IX bezüglich Stückzahl und erzielter Erfolge hinter Typ VII auf dem zweiten Platz.
Mit guten Seeeigenschaften und großem Aktionsradius, der selbst bei den ersten Booten 10 500 sm bei 10 kn erreichte und bei den letzten Varianten auf 31 500 sm bei 10 kn stieg, stellte Typ IX das Überseeboot par excellence der deutschen Marine dar. In der Hauptsache operierten die Boote entlang der Küsten der Vereinigten Staaten, im Südatlantik und im Indischen Ozean. Das charakteristische weite und flache Deck mit fast senkrecht zur Wasseroberfläche stehendem Schanzkleid verlieh ihnen aufgetaucht ausgezeichnete Seetüchtigkeit, vergrößerte aber die Schnelltauchzeit, die bei allen Versionen im Vergleich zu den 25–30 Sekunden für den Typ VII bei annähernd 35 Sekunden lag. Sie war jedoch annehmbar und brauchte den Vergleich zu entsprechend großen Booten anderer Marinen nicht zu scheuen; ausgenommen die britischen Boote, die in dieser Hinsicht überlegen waren. Die maximale Einsatztauchtiefe für alle Varianten lag bei 150 m. Wie bei Typ VII stellten die verschiedenen Varianten fortlaufende Verbesserungen der ursprünglichen Version dar, selbst wenn der Unterschied nur gering war. Lediglich die Variante D 1, zur Brennstoffversorgung anderer Boote entworfen, besaß merklich andere Eigenschaften.

Variante IX A:
Das erste Boot vom Typ IX, *U 37*, wurde am 4. August 1938 in Dienst gestellt, drei Monate nach seinem Stapellauf am 4. Mai in Bremen. Im Vergleich zu Typ VII, der fast gleichaltrig war, besaß Typ IX eine größere Wasserverdrängung, mehr Wohnlichkeit und vor allem einen größeren Aktionsradius, da es für überseeische Operationen entwickelt worden war. Vom Entwurf her unterschieden sich die beiden Typen gänzlich. Anstelle der Einzelhülle mit Satteltanks bei Typ VII war ein Zweihüllenboot entstanden. Der Grund dafür lag hauptsächlich darin, eine bessere Seetüchtigkeit bei Überwasserfahrt zu erreichen und einen Teil der Brennstoffladung im Raum zwischen den Hüllen zu verstauen. In der Doppelhülle befanden sich auch alle Tauchzellen. Die ursprüngliche Überwasserbe-

waffnung bestand aus einem 10,5-cm-Ubootsgeschütz L/45 und einer 2-cm-Flak, letztere auf einer Plattform hinter dem Turm angebracht. Wie bei allen deutschen Booten von 1942 an hatte der Turm selbst sehr begrenzte Ausmaße, um bei nächtlichen Überwasseroperationen so unauffällig wie möglich zu wirken. Maximale Brennstoffmenge: 154 ts.

Variante IX B:
Nur wenige Monate nach dem Prototyp für Typ IX entworfen, war die Variante B mit diesem praktisch identisch, abgesehen von einer geringen Vergrößerung der Brennstoffmenge von 154 ts auf 165 ts, die den maximalen Aktionsradius über Wasser bei 10 kn auf 12000 sm steigerte. *U 64*, das erste von insgesamt 14 Booten, wurde am 16. Dezember 1939 in Dienst gestellt, als letztes kam am 11. Februar 1941 *U 124* in Dienst. Rein äußerlich unterschieden sich die Boote der Variante B von dem vorherigen Entwurf in der Aufstellung des U-Bootsgeschützes, das nunmehr dichter am Turm stand.

Variante IX C und Variante IX C 40:
Von diesen beiden Varianten wurden insgesamt 141 Boote gebaut. Alle 54 Einheiten der C-Variante kamen zwischen März 1939 und Juli 1942 in Dienst. Von der so gut wie identischen Variante C 40 wurden von den 95 begonnenen Booten zwischen Juli 1942 und Mai 1944 nur 87 in Dienst gestellt. Die Lieferverträge für weitere 76 Einheiten wurden 1944 zugunsten der neuen Elektrounterseeboote vom Typ XXI annulliert, zu deren Bau man alle Ressourcen der deutschen Schiffbauindustrie verfügbar machte.
Beide Varianten weisen mit 208 bzw. 214 ts eine nochmalige Steigerung in der Brennstoffmenge auf. Zur Unterbringung der Brennstoffzellen wurde vom Raum zwischen den Hüllen größerer Gebrauch gemacht. Die maximale Überwasserfahrstrecke vergrößerte sich um etwa 1500–1800 Seemeilen.

Varianten IX D 1, IX D 2 und IX D 42:
1940 wurde zum Typ IX die neue D-Variante entworfen, ein größeres Boot mit beträchtlich gesteigerter Fahrstrecke und Geschwindigkeit. Die Variante D 1 bildeten zwei Einzelboote, die während des Baues zum Einsatz als Brennstoffversorger modifiziert wurden. Sie besaßen keine Torpedorohre, konnten aber zu ihrer eigenen Brennstoffmenge von 203 ts zusätzlich 252 ts Dieselöl mitführen. Anstelle der normalerweise in Unterseebooten verwendeten Motoren mit langsamerer Umdrehungszahl wurden schnelle Dieselmotoren vom Modell Daimler-Benz MB 501 – ein für Torpedoboote verwendeter Typ – eingebaut. Obwohl diese Motoren (drei auf jeder Welle mit einer Gesamtleistung von 9000 PS) eine Höchstgeschwindigkeit über Wasser von etwa 20,8 Knoten lieferten, brachten sie hinsichtlich Zuverlässigkeit und Fahrstrecke nur armselige Ergebnisse. Ungefähr ein Jahr nach Indienststellung ersetzte man sie durch normale U-Bootsmotoren von geringerer Leistung; mit wesentlicher Herabsetzung der Höchstgeschwindigkeit. Die Boote der Varianten D 2 und D 42 waren mit leistungsstarken Motoren konventioneller Art ausgestattet, die eine Geschwindigkeit von 19,2 Knoten entwickeln konnten. Für Unternehmungen im Südatlantik und im Indischen Ozean, wofür man sie vom Entwurf her bestimmt hatte, war eine hohe Geschwindigkeit unerläßlich.
Der Fahrbereich dieser Boote erreichte Rekordentfernungen, weitgehend deshalb, weil neben den beiden normalen 2200-PS-Dieselmotoren zwei Dieseldynamos von je 5500 PS eingebaut waren, um für die E-Motoren als Generatoren verwendet zu werden. Bei einer maximalen Brennstoffmenge von 441 ts verliehen sie den Booten über Wasser eine Höchstfahrstrecke von 31 500 Seemeilen bei 10 Knoten.
Das erste Boot der Variante D 2, das im Februar 1942 in Dienst gestellt wurde, war *U 178*; das erste und einzige D 42-Boot das am 27. März 1945 fertiggestellte *U 883*. Die Lieferverträge für 78 Einheiten der Variante D 42, die sich vom vorhergehenden Typ nur in Kleinigkeiten unterschied, wurden zugunsten der Elektroboote vom Typ XXI annulliert.
Zahlreiche der für den Indischen Ozean bestimmten Boote der Variante D waren mit dem kleinen, einsitzigen Schleppstragschrauber Focke-Achgelis FA 330 zur Aufklärung ausgerüstet.[19] Genauer gesagt, handelte es sich bei der Maschine um einen Tragschrauber, der mit Hilfe der hohen Geschwindigkeit des Unterseebootes und der beträchtlichen Stärke der Monsunwinde abhob und (von einem Kabeltau an Deck gehalten) annähernd 100 m stieg. Dieser »Drachen« vergrößerte den Horizont des Bootes merklich.
Die konventionelle Geschützbewaffnung des Typs IX machte während des Krieges eine beträchtliche Entwicklung durch. Ursprünglich bestand sie (alle Versionen außer D 1) aus einem 10,5-cm-Geschütz vor dem Turm, einer automatischen 3,7-cm-Flak auf dem Achterdeck und einer einzelnen 2-cm-Flak auf einer Plattform hinter dem Turm. Durch Wegfall des U-Bootsgeschützes und durch Verstärken der automatischen Waffen an Zahl und Kaliber sowie durch Verändern der Aufstellungen wurde sie nachträglich modifiziert. Die Praxis, Geschütze auf dem offenen Deck aufzustellen, gab man auf, da es in rauher See stets überflutet war; statt dessen gab man einem Aufstellen auf dem Turm den Vorzug.
Von 1942/43 an bestand die Bewaffnung normalerweise aus einem einzelnen 3,7-cm-Geschütz auf einer Verlängerung des Kommandoturms nach achtern zu (in dieser Verlängerung konnten zwei Reservetorpedos verstaut werden) und

Ein Boot vom Typ IX, ausgerüstet mit der ursprünglichen Bewaffnung: ein 10,5-cm-Decksgeschütz, eine 3,7-cm-Flak an Oberdeck und eine 2-cm-Flak auf dem Kommandoturm.

[19] Anmerkung des Übersetzers:
Dieser Schlepptragschrauber ist unter dem Namen »Bachstelze« bekannt geworden. Im Einsatz hat er sich nicht bewährt, da das Einholen von Pilot und Gerät zu langwierig war.

Rechts oben: Das am 4. Juni 1944 in einem Gefecht vor Dakar gekaperte *U 505* wird von einem amerikanischen Schiff in Schlepp genommen und über 2500 sm nach Bermuda gebracht.

Rechts unten: *U 185* sinkt im Mittelatlantik, nachdem es am 24. August 1943 von einem Flugzeug des amerikanischen Geleitträgers *Core* angegriffen worden war.

zweier ebenfalls auf dem Turm — achteraus der Sehrohre — aufgestellten 2-cm-Zwillingsflaks. Von 1943 an wurde die Schnorchelvorrichtung, bestehend aus einem einklappbaren Hohlmast neben dem Kommandoturm, auf den Booten des Typs IX eingebaut, wie aus den Fotografien und Zeichnungen ersichtlich.
Die verstärkte Bewaffnung und der Einbau des Schnorchels sowie das Anbringen weiterer Ausrüstung, etwa der Funkmeßvorrichtungen, vergrößerten den Umfang des Kommandoturms, und dies führte zu einer Verlängerung der Schnelltauchzeit, die im Minimum ursprünglich bei annähernd 35 Sekunden gelegen hatte. Durch die Verkleinerung des offenen Decks bei mehreren Booten — auf Kosten mehrerer Reservetorpedos entfernte man eine Sektion der vorderen Verkleidung — wurde ein teilweiser Ausgleich erzielt. Mit Ausnahme von IX D 1 waren alle Varianten mit drei Sehrohren ausgestattet.
Am 1. September 1939 gab es nur neun in Dienst gestellte Boote des Typs IX: acht von der Variante IX A und eines, *U 64*, von der Variante IX B. Zu diesem Zeitpunkt befanden sich weitere 13 Boote der Variante IX B und 54 Einheiten der neuen Variante IX C im Bau. Bis zum Ende des Krieges waren 194 Boote des Typs IX in Dienst gestellt und weitere zehn entweder während der Ausrüstung durch Bombentreffer zerstört oder unvollendet verschrottet worden.
Wegen seiner ausgezeichneten Seetüchtigkeit und Fahrstrecke wurde der Typ IX vorwiegend zu Fernunternehmungen verwendet, gewöhnlich im Einzeleinsatz gegen den ungesicherten Schiffsverkehr auf den Ozeanen. 1940/41 operierten die Boote hauptsächlich im Nord- und Südatlantik, entlang der Küsten Afrikas und Südamerikas und von Dezember 1941 an längs der nordamerikanischen Küste bis in die Karibische See. Zwischen Oktober 1942 und Februar 1945 erfolgte der Einsatz von 25 Booten des Typs IX einzeln im Indischen Ozean, wo *U 159* in der Zeit zwischen Oktober und November 1942 acht Schiffe versenkte, der Rekord für dieses Seegebiet. Auf vorher festgelegten Treffpunkten versorgt, erreichte eine Anzahl von Booten den Pazifik, um die Verbindung mit den Japanern aufrechtzuerhalten. 1943/44 wurden als Teil eines Programmes zur Zusammenarbeit *U 511* und *U 1224* der japanischen Marine überlassen.
Die bemerkenswerteste Schiffsversenkung durch ein Boot vom Typ IX war die des britischen Transatlantikliners *Laconia* (19 695 BRT) am 12. September 1942 durch *U 156*, geführt von Kapitänleutnant Hartenstein, im Mittelatlantik. Zusätzlich zu den 930 Passagieren und Besatzungsangehörigen hatte das britische Schiff 1800 italienische Kriegsgefangene an Bord. Zusammen mit anderen deutschen und italienischen Booten sowie französischen Kriegsschiffen begann das deutsche Boot sofort eine Rettungsaktion. Sie dauerte mehrere Tage. In dieser Zeit griffen die Alliierten mehrmals die mit Überlebenden gefüllten Boote aus der Luft an. Dies führte zu Admiral Dönitz' Befehl, der weitere Rettungsaktionen dieser Art verbot.
Die von Booten des Typs IX erzielten Haupterfolge gegen Kriegsschiffe waren: britischer Geleitträger *Avenger*, versenkt am 15. November 1942 durch *U 155* (Kapitänleutnant Piening); amerikanischer Geleitträger *Block Island*, versenkt am 29. Mai 1944 durch *U 549* (Kapitänleutnant Krankenhagen); britischer Kreuzer *Dunedin*, versenkt am 24. November 1941 durch *U 124* (Kapitänleutnant Mohr); alle im Atlantik.
Von den 194 Booten des Typs IX, die während des Krieges

U 861 (links) liegt 1945 außerhalb der U-Boot-Bunker in Trondheim vertäut, neben sich ein Boot vom Typ VII. Am Fuß des Kommandoturms befinden sich Luken, um zwei Reservetorpedos unterzubringen.

eingesetzt waren, wurden 150 im Kampf versenkt; die übrigen gingen durch verschiedene andere Ursachen verloren. Der amerikanische Geleitträger *Guadalcanal* und das Geleitsicherungsfahrzeug *Pillsbury* kaperten *U 505* auf See. Umbenannt in *Nemo*, ist das ehemalige *U 505* seit 1945 im Chicago Museum ausgestellt. *U 181*, *U 195* und *U 862*, die sich im Mai 1945 im Fernen Osten befanden, wurden von den Japanern übernommen und als *I 501*, *I 506*, und *I 502* in ihre Marine eingegliedert.

IX A/IX B, 1940.

IX C, 1943

[20] Anmerkung des Übersetzers:
U 110 war das erste deutsche U-Boot, das gekapert wurde. Wie später auch bei *U 559* und *U 505*, so blieb auch diese Tatsache der deutschen U-Bootführung verborgen. Dieser Umstand hatte wesentlichen Einfluß auf das Vertrauen in die Sicherheit der deutschen Schlüsselmittel. Beim Angriff auf einen Geleitzug am 9. Mai 1941 in der Nähe der Hebriden wurde *U 110* an seinem Sehrohr durch die britische Korvette *Aubretia* erkannt und mit Wasserbomben angegriffen. Das U-Boot stand unter Führung von Kapitänleutnant Fritz-Julius Lemp, der am 3. 9. 1939 den ersten Torpedoschuß in der Schlacht im Atlantik abgegeben und das britische Passagierschiff *Athenia* versenkt hatte. Die Korvette rief die Geleitzerstörer *Bulldog* und *Broadway* heran, die ebenfalls Wasserbomben warfen. Unter dem Druck der detonierenden Wasserbomben zerbarsten die Akkumulatoren, Chlorgase entwickelten sich und auch Tiefenruder und Ruder des U-Bootes waren schwer beschädigt; das Boot war manövrierunfähig. *U 110* mußte auftauchen und lag dann wehrlos an der Wasseroberfläche. Als Lemp den Zerstörer *Bulldog* zum Rammstoß andrehen sah, befahl er alle Mann von Bord. *U 110* schien zu sinken, das Wasser überspülte bereits das Heck. Commander A. J. Baker-Creswell, der Kommandant der *Bulldog*, erkannte angesichts der im Wasser treibenden Besatzung die Chance, das Boot zu entern. Er rammte das Boot nicht, sondern drehte neben ihm auf. Ausgesetzte Boote nahmen in kurzer Zeit die deutsche Besatzung auf, die eilends gefangen unter Deck gebracht wurde. Inzwischen näherte sich das Boot mit dem Enterkommando dem deutschen U-Boot. Lemp, der als letzter ins Wasser gesprungen war und den die Briten bisher übersehen hatten, erkannte als einziger der deutschen Besatzung die Absicht der Briten und schwamm zu *U 110* zurück. Doch ehe er noch sein Boot erreichen konnte, erschoß ihn ein Angehöriger des Enterkommandos. So kam es, daß die Kaperung des U-Bootes der gesamten übrigen deutschen Besatzung verborgen blieb; sie glaubten, ihr Boot wäre kurze Zeit später versunken. Und so konnte auch Dönitz über den vorher verabredeten Code für Briefe aus der Gefangenschaft an die Angehörigen nichts über das Schicksal von *U 110* erfahren. Das an Bord gegangene Enterkommando fand, was es suchte: Satz- und Kenngruppenbücher, U-Boot-Kurzsignalheft, die Funkkladde, Anweisungen für die Einstellung der Schlüsselmaschine und die Schlüsselmaschine M-3 selbst. Die Beute wurde sofort an Bord des Zerstörers gebracht. Das in Schlepp genommene *U 110* sank am nächsten Tag. Alle Beteiligten wurden zu strengstem Stillschweigen verpflichtet; denn die Auswirkungen des Fundes waren groß (siehe Fußnote 13). Erst Roskill lüftete in seinem Buch »The Secret Capture. The Story of U 110«, London 1959 (dt. Ausgabe: »Das Geheimnis um U 110«, Frankfurt 1959) Teile der Wahrheit, wobei die Auswirkungen auf die Funkentzifferung nicht angesprochen wurden. Siehe auch Seite 141.

Schicksal der Boote:

Datum:	Ort:	Boot:	Ursache:[1]
1939	Atlantik	U 39, U 42	n
	Nordsee	U 40	m
1940	Atlantik	U 41, U 104	n
	Nordsee	U 44	n
		U 64	a
		U 122	cs
1941	Atlantik	U 65, U 110[20], U 111, U 127, U 131, U 501	n
1942	Atlantik	U 153, U 157, U 162, U 173, U 184	n
		U 158, U 166, U 502, U 503, U 512, U 517, U 520	a
		U 165, U 171	m
	Indik	U 179	a
1943	Atlantik	U 124, U 125, U 128, U 130, U 175, U 182, U 186, U 187, U 191, U 192, U 504, U 521, U 522, U 523, U 528, U 531, U 536, U 538, U 841, U 842	n
		U 43, U 67, U 105, U 106, U 109, U 126, U 156, U 159, U 160, U 161, U 164, U 167, U 169, U 172, U 174, U 176, U 185, U 189, U 194, U 199, U 200, U 506, U 507, U 508, U 509, U 513, U 514, U 519, U 524, U 525, U 527, U 529, U 535, U 540, U 542, U 844, U 847, U 848, U 849, U 850	a
		U 163	s
		U 526	m
	Indik	U 197, U 533	a
		U 511	r
1944	Atlantik	U 154, U 549, U 550, U 845, U 856, U 877	n
		U 66, U 68, U 107, U 177, U 193, U 515, U 543, U 544, U 545, U 801, U 846, U 860, U 863, U 871, U 1222, U 1226, U 1229	a
		U 123	r
		U 129	r/sb
		U 178	sb
		U 180	m
		U 505	c
		U 851	cs
	Nordsee	U 855, U 865, U 867, U 1225	a
		U 872, U 890, U 891	b
	Indik	U 198	n
		U 852	a
		U 859	s
	Pazifik	U 168, U 537	s
		U 196	cs
		U 1224	r
	Ostsee	U 547	r
		U 803	m/r
		U 854	m
		U 1234	v/sb

IX B, 1942: Seitenansicht und Draufsicht.

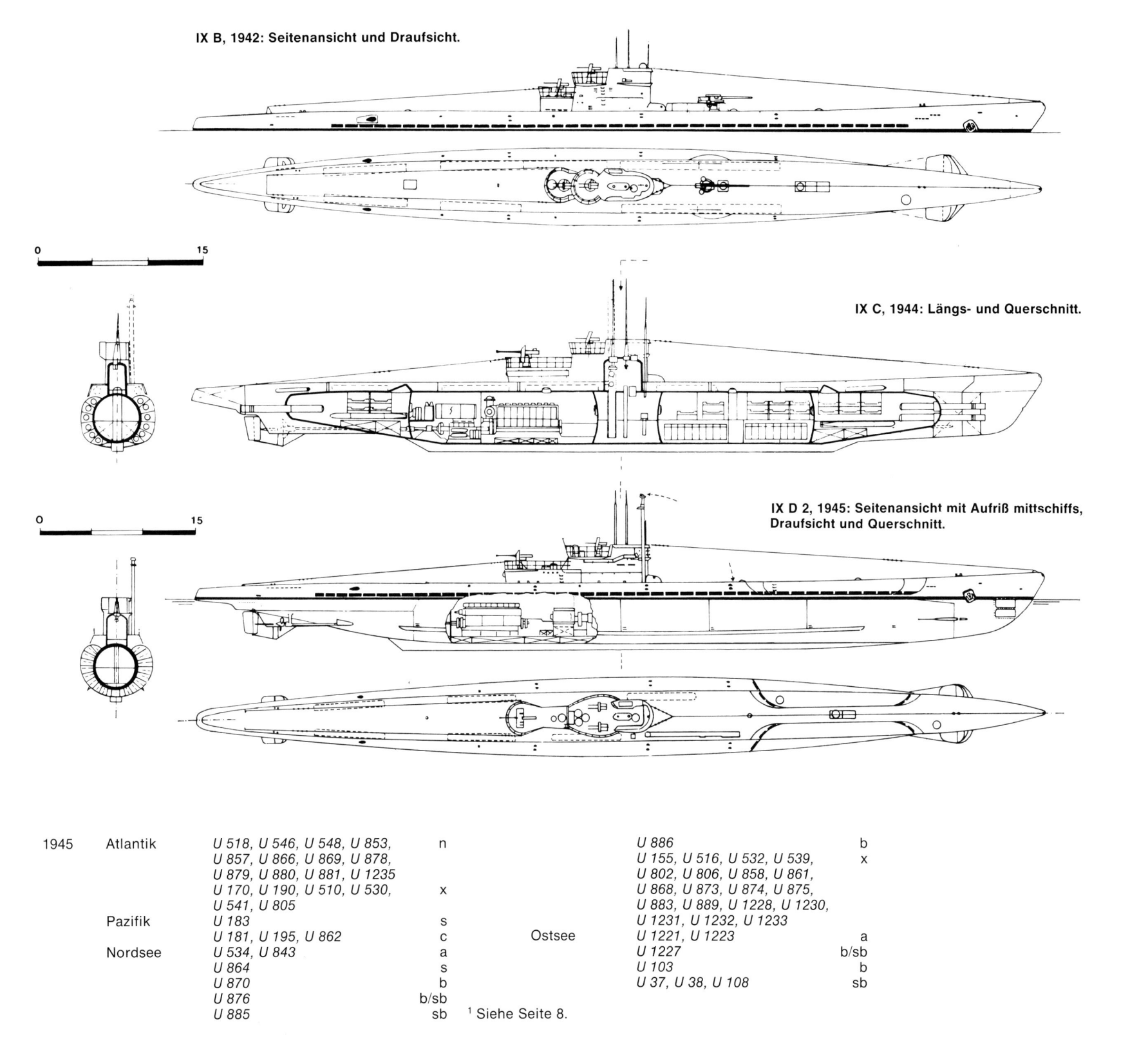

IX C, 1944: Längs- und Querschnitt.

IX D 2, 1945: Seitenansicht mit Aufriß mittschiffs, Draufsicht und Querschnitt.

1945						
	Atlantik	U 518, U 546, U 548, U 853, U 857, U 866, U 869, U 878, U 879, U 880, U 881, U 1235	n		U 886	b
					U 155, U 516, U 532, U 539, U 802, U 806, U 858, U 861, U 868, U 873, U 874, U 875, U 883, U 889, U 1228, U 1230, U 1231, U 1232, U 1233	x
		U 170, U 190, U 510, U 530, U 541, U 805	x			
	Pazifik	U 183	s			
		U 181, U 195, U 862	c	Ostsee	U 1221, U 1223	a
	Nordsee	U 534, U 843	a		U 1227	b/sb
		U 864	s		U 103	b
		U 870	b		U 37, U 38, U 108	sb
		U 876	b/sb			
		U 885	sb	[1] Siehe Seite 8.		

Typ X B

U 116–U 119, U 219, U 220, U 233, U 234:
Bauwerft: Krupp Germaniawerft, Kiel.
Datum: 1939–1941/44.
Typverdrängung: 1763 ts aufgetaucht, 2177 ts getaucht.
Abmessungen: 89,8 × 9,20 × 4,71 m.
Motorenanlage: Diesel: 2 F 46; E-Motoren: 2 AEG.
Höchstleistung: 4200 PS aufgetaucht, 1100 PS getaucht.
Höchstgeschwindigkeit: 16,4 kn aufgetaucht, 7 kn getaucht.
Fahrstrecke: 18 450 sm bei 10 kn bzw. 6750 sm bei 16,9 kn aufgetaucht, 188 sm bei 2 kn bzw. 93 sm bei 4 kn getaucht.
Torpedorohre: 2 × 53,3 cm; Torpedos: 15.
Geschütze: 1 × 10,5 cm L/45 (bis 1943), 1 × 3,7 cm, 2 × 2 cm in Einzelaufstellung (4 nach 1943).
Seeminen: 66 in 30 Schächten.
Besatzungsstärke: 52.

Unten links: Ein U-Minenleger des Typs X B im Schwimmdock.

Unten rechts: *U 118*, aufgetaucht von einem Flugzeug des Geleitträgers *Bogue* am 12. Juni 1943 auf Höhe der Kanarischen Inseln überrascht und angegriffen.

Zweihüllen-Hochseeboot, Minenleger für den Übersee-Einsatz, abgeleitet vom nicht gebauten Typ X A, der aber seinerseits vom Typ I A und Typ IX A beeinflußt war. Maximale Einsatztauchtiefe: 150 m. Maximale Brennstoffmenge: 368 ts. Geringste Schnelltauchzeit: 35 Sekunden. Von 1943 an mit Schnorchel ausgestattet. Die Minenwurfeinrichtung bestand aus 6 senkrechten Schächten (je 3 Minen) vorn und je 12 (je 2 Minen) seitlich mittschiffs. Der größte Teil der Reservetorpedos war im Raum zwischen dem Deck und dem Druckkörper verstaut. 1943 wurde das Decksgeschütz entfernt und die Flakbewaffnung um zwei weitere 2-cm-Geschütze verstärkt. Oft wurden diese Boote als Versorger eingesetzt. Bis auf *U 219*, das von den Japanern übernommen und in *I 505* umbenannt wurde, und *U 234*, das bei der Kapitulation den Alliierten übergeben wurde, gingen alle Boote verloren.

Schicksal der Boote:

Datum:	Ort:	Boot:	Ursache:[1]
1942	Atlantik	U 116	cs
1943	Atlantik	U 117, U 118, U 220	a
		U 119, U 233	n
1945	Nordsee	U 234	x
	Pazifik	U 219	c

[1] Siehe Seite 8.

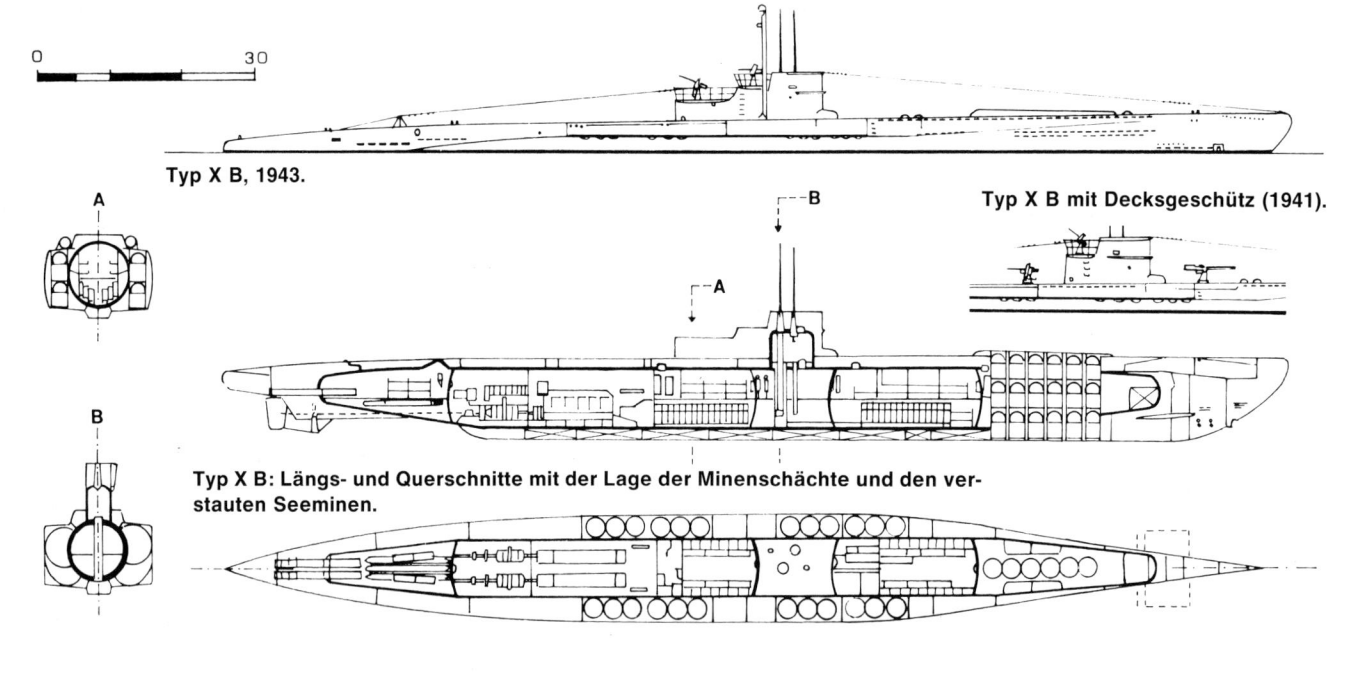

Typ X B, 1943.

Typ X B mit Decksgeschütz (1941).

Typ X B: Längs- und Querschnitte mit der Lage der Minenschächte und den verstauten Seeminen.

Typ XIV

U 459–U 464, U 487–U 490:
Bauwerft: Deutsche Werke, Kiel.
Lieferverträge 1944 widerrufen für: *U 491–U 500, U 2201–U 2204.*
Datum: 1940–1941/43.
Typverdrängung: 1688 ts aufgetaucht, 1932 ts getaucht.
Abmessungen: 67,10 × 9,35 × 6,51 m.
Motorenanlage: Diesel: 2; E-Motoren: 2 SSW.
Höchstleistung: 2800 PS aufgetaucht, 750 PS getaucht.
Höchstgeschwindigkeit: 14,4 kn aufgetaucht, 6,2 kn getaucht.
Fahrstrecke: 12350 sm bei 10 kn bzw. 5500 sm bei 14,4 kn aufgetaucht, 120 sm bei 2 kn bzw. 55 sm bei 4 kn getaucht.
Geschütze: 2 × 3,7 cm in Einzelaufstellung, 1 × 2 cm (von 1943 an: 1 × 3,7 cm, 2 × 2-cm-Zwillingsflak).
Fracht: 423 ts Dieselöl, 4 Torpedos.
Besatzungsstärke: 53.

Hochsee-U-Tanker, abgeleitet von Typ VII C, eingesetzt zur Versorgung anderer Boote. Maximale Brennstoffmenge: 203 ts (zusätzlich zur Fracht für den Eigenbedarf). 1943 ausgestattet mit Schnorchelvorrichtung und modifizierter Flakbewaffnung. Die Boote wurden zu Fernunternehmungen eingesetzt, im wesentlichen im Atlantik; sie gingen alle verloren, vorwiegend durch Luftangriff.[21]

[21] Anmerkung des Übersetzers:
Im Zuge des Übergangs aus der Defensive in die offensive Führung der Schlacht im Atlantik schalteten die Briten unter Zuhilfenahme der Erkenntnisse aus der Funkaufklärung auch die letzten vier U-Tanker vom Typ XIV planmäßig aus, um die Versorgung der VII C-Boote unmöglich zu machen.

Schicksal der Boote:

Datum	Ort	Boot	Ursache:[1]
1942	Atlantik	U 464	a
1943	Atlantik	U 459, U 460, U 461, U 462, U 463, U 487, U 489	a
1944	Atlantik	U 488	n
		U 490	n/a

[1] Siehe Seite 8.

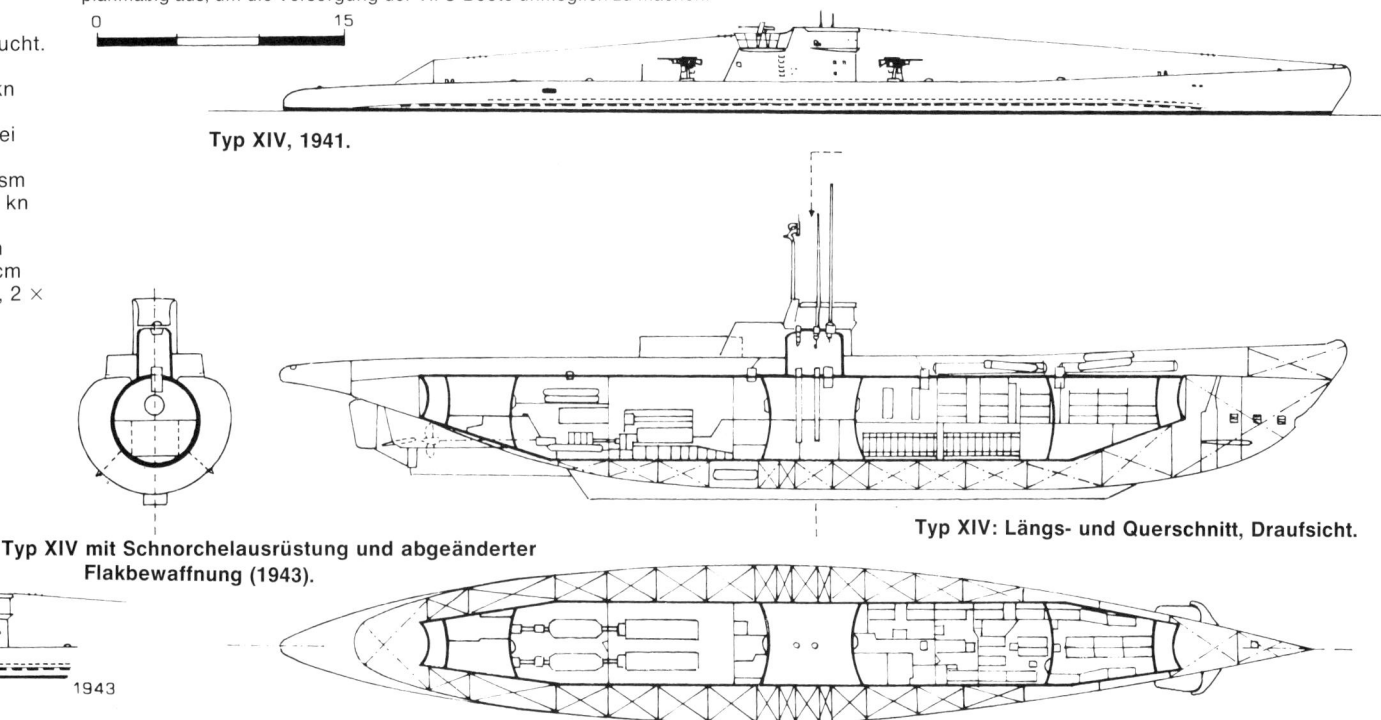

Typ XIV, 1941.

Typ XIV mit Schnorchelausrüstung und abgeänderter Flakbewaffnung (1943).

Typ XIV: Längs- und Querschnitt, Draufsicht.

Ein Versorgungs-U-Boot vom Typ XIV 1941.

Typ XXI

U 2501–U 2551:
Bauwerft: Blohm & Voß, Hamburg.
Datum: 1943–1944/45.
U 2552–U 2564:
Bauwerft: Blohm & Voß, Hamburg.
Datum: 1943–/–.
U 3001–U 3051:
Bauwerft: Deschimag AG Weser, Bremen.
Datum: 1943–1944/45.
U 3052–U 3063:
Bauwerft: Deschimag AG Weser, Bremen.
Datum: 1943–/–.
U 3501–U 3537:
Bauwerft: F. Schichau, Danzig.
Datum: 1943–1944/45.
U 3538–U 3695:
Bauwerft: F. Schichau, Danzig.
Datum: 1943–/–.
Serien in Auftrag gegeben oder entworfen (letztere in Klammern), aber Bau bzw. Montage noch nicht begonnen:
U 2565–U 2643, (U 2644–U 3000), (U 3696–U 4000).
Typverdrängung: 1621 ts aufgetaucht, 1819 ts getaucht.
Abmessungen: 76,7 × 8,00 × 6,20 m.
Motorenanlage: Diesel: 2 MAN; E-Motoren: 2 SSW + 1 (für Schleichfahrt).
Höchstleistung: 4000 PS aufgetaucht, 4200–4800 PS + 226 PS getaucht.
Höchstgeschwindigkeit: 15,5 kn aufgetaucht; 17,5 kn getaucht, 3,5 kn Schleichfahrt.
Fahrstrecke: 15 500 sm bei 10 kn bzw. 5100 kn bei 15,6 kn aufgetaucht, 365 sm bei 5 kn bzw. 110 sm bei 10 kn getaucht.
Torpedorohre: 6 × 53,3 cm vorn; Torpedos: 23, oder 17 Torpedos + 12 Minen.
Geschütze: 4 × 3 cm (2 × 2) oder bei einigen Einheiten 2 cm (2 × 2).
Besatzungsstärke: 57.

Zweihüllen-Hochseeboot mit hoher Unterwassergeschwindigkeit. Admiral Dönitz billigte den Entwurf am 13. Juni 1943 und ein Bauprogramm über 200 Boote wurde in Auftrag gegeben; später sollte es 1300 Boote überschreiten.
Das erste Boot vom Typ XXI, U 2501, kam am 17. Juni 1944 in Dienst. Durch Vorfertigen ganzer Sektionen wurde diese Baubeschleunigung erreicht. Sein interessantestes Merkmal war die hohe Unterwassergeschwindigkeit, die beträchtlich höher lag als die jedes anderen, damals im Dienst befindlichen konventionellen Bootes. Durch die Stromlinienform des Rumpfes und die gesteigerte Energieleistung der elektrischen Antriebsanlage kam diese Geschwindigkeit zustande. Eine Zweihüllen-Struktur wurde eingeführt, gebildet aus zwei übereinandergefügten Zylindern, verbunden durch eine leichte Außenbeplattung, um die Stromlinienform zu gewährleisten. Die Druckkörper bestanden aus 28 mm starken Flußstahlplatten, deren Stärke um die Luken herum auf 37 mm stieg. Um die Vorfertigung zu vereinfachen, befanden sich die Spanten an der Außenseite des Druckkörpers; sie waren besonders zahlreich und stark. Vom Durchmesser her war die obere Hülle die größere der beiden und enthielt die Wohn-, Maschinen- und Torpedoräume. Die Akkumulatoren sowie einige Brennstoff- und die Trimmzellen befanden sich in der unteren Hülle. Die Tauchzellen lagen im Raum zwischen der Außenhülle und den beiden Druckkörpern. Der Kommandoturm war vom »geschlossenen« Typ (um den Strömungswiderstand auf ein Mindestmaß herabzusetzen) und besaß zwei »versenkbare« 3-cm-Zwillingslafetten. Speziell entworfen wurden große Schwanzflächen, um Manövrierbarkeit und Stabilität zu verleihen und den Strömungswiderstand zu verringern. Anders als bei den vorhergehenden deutschen Booten lagen die Bugtiefenruder direkt unterhalb des Hauptdecks und konnten durch Drehbewegung auf einer vertikalen Achse eingezogen werden.
Diese besondere Rumpfform zusammen mit der Heckgestaltung verliehen dem Boot eine Schubleistung, die dicht am Wert von 0,65 lag, verglichen zu 0,45 bei konventionellen Zweischraubenbooten. Die maximale Einsatztauchtiefe betrug annähernd 150–200 m und die äußerste Tauchtiefe 330 m. Die geringste Schnelltauchzeit erreichte außergewöhnliche 18 Sekunden.
In Längsrichtung war der Rumpf in acht Sektionen unterteilt. Jede dieser Sektionen wurde komplett mit der gesamten Ausrüstung und elektrischen Verkabelung in einem anderen Produktionszentrum gebaut. Die einzelnen Sektionen wurden dann auf dem Straßen- oder Binnenschiffahrtsweg zu den Montagewerften gebracht, wo das Boot schnell zusammengefügt und fertiggestellt wurde.
Da die Walter-Turbine und der Diesel mit geschlossenem Kreislauf 1943 noch nicht einsatzfähig waren, benutzten die Deutschen für den Typ XXI eine Kombination aus normalen Diesel- und Elektromotoren, wobei zum erstenmal die Höchstleistung der Elektromotoren (4200 PS aufgetaucht, 4800 PS getaucht) die der Dieselmotoren (4000 PS) überstieg.
Die Anzahl und die Energieleistung der neuen superleichten, leistungsstarken Batterien war besonders hoch. Zusätzlich zu den Hauptelektromotoren hatte man einen 226-PS-Elektromotor für Schleichfahrt eingebaut. Die Unterwasserantriebsanlage verlieh dem Boot eine Spitzengeschwindigkeit von 16 kn für eine Stunde Fahrzeit, oder sie ermöglichte es ihm, mehr als drei Tage lang mit 4 Knoten zu laufen, ohne die Batterien aufzuladen oder das Boot zu durchlüften, da es mit einer Lufterneuerungs- und Klimaanlage ausgestattet war. Ein paar Stunden Schnorchelfahrt befähigten das Boot, wieder für eine weitere ausgedehnte Zeitspanne zu tauchen. Mit einer Brennstoffmenge von 250 ts überstieg bei Marschfahrt der maximale Fahrbereich über Wasser 15 000 Seemeilen. Die Innengestaltung lieferte so viel Bequemlichkeit wie möglich – die Boote waren für Unternehmungen von mehr als fünfmonatiger Dauer mit fast ausschließlicher Unterwasserfahrt entworfen –; denn zum erstenmal war ein Raum ausschließlich zum Abschießen der Torpedos bestimmt.
Die elektronische und akustische Ausrüstung war bemerkenswert. Typ XXI besaß Radar, dessen »versenkbare« Antenne im Kommandoturm untergebracht war, zwei Sehrohre, eine akustische Entfernungsmeßanlage und einen Teleskopschnorchel. Der Schnorchelkopf, umhüllt mit synthetischem Gummi (Buna), um die ausgesandten Suchimpulse des Radars zu absorbieren, war mit einem Kurzwellen-Radarortungs(Funkmeß-Beobachtungs-)gerät ausgestattet. Sonar und ein äußerst empfindliches Unterwasserhorchgerät,[22] bestehend aus 48 Mikrofonen, waren in Kreisform am Bug unterhalb der Torpedorohre angebracht. Eine schäumende Substanz (»Pillenwerfer«) konnte durch zwei Vorrichtungen in das umgebende Wasser ausgestoßen werden, um im feindlichen Sonar falsche Echos zu erzeugen.
Die Unterwasserbewaffnung bestand aus sechs Bugrohren, drei auf jeder Seite, mit 23 Torpedos, alle im geräumigen Torpedoraum im Inneren des Druckkörpers gelagert. Als Alternative konnte eine unterschiedliche Anzahl Minen (durch die Torpedorohre auszustoßen) mitgeführt werden. Die Überwasserbewaffnung war auf vier 3-cm-Geschütze verringert worden; diese – ein neues Modell – standen nur in ungenügender Zahl zur Verfügung, so daß viele Boote statt dessen 2-cm-Geschütze besaßen.
1944 wurden zwei Varianten des Typs XXI entworfen. Vom Grundtyp unterschieden sich die Varianten XXI B und XXI C hauptsächlich in der Zahl und Anordnung der Unterwasserbewaffnung. Typ XXI B sollte weitere sechs im Bug gelegene Rohre erhalten, drei auf jeder Seite, die jedoch im Winkel von 10° zur Mittelachse des Bootes achteraus schossen. Bei der Variante XXI C mit einer geplanten Länge über alles von 83 m sollte es 18 Torpedorohre geben: sechs Bugrohre zum Vorausschuß und zwölf in zwei Gruppen zu je drei Rohren auf jeder Seite, die wie bei Variante XXI B achteraus schossen. Die Entwürfe weiterer Varianten (XXI D, XXI E und XXI T) wurden studiert, kamen aber nie zur Ausführung.
Von Booten des Typs XXI ausgeführte Angriffe verliefen in völlig anderer Weise als die konventioneller Boote. Nach optischer Sichtung eines Zieles bzw. dessen Ortung durch Radar oder Unterwasserhorchgerät lief das Boot getaucht und mit hoher Geschwindigkeit auf Kollisionskurs, bis das Zielgebiet

---

[22] Anmerkung des Übersetzers:
Bei den akustischen Geräten ist inzwischen der
- passiven (Unterwasserhorchgerät = dt. Gruppenhorchgerät – GHG) und der
- aktiven (Horizontal-Lotanlagen zur akustischen Entfernungsmessung = dt. Sonderanlagen – S-Anlagen)

Unterwasser-Schallortung zu unterscheiden. Näheres zur akustischen Ausrüstung des U-Boot-Typs XXI siehe Gießler »Der Marine-Nachrichten- und -Ortungsdienst«, München 1971.

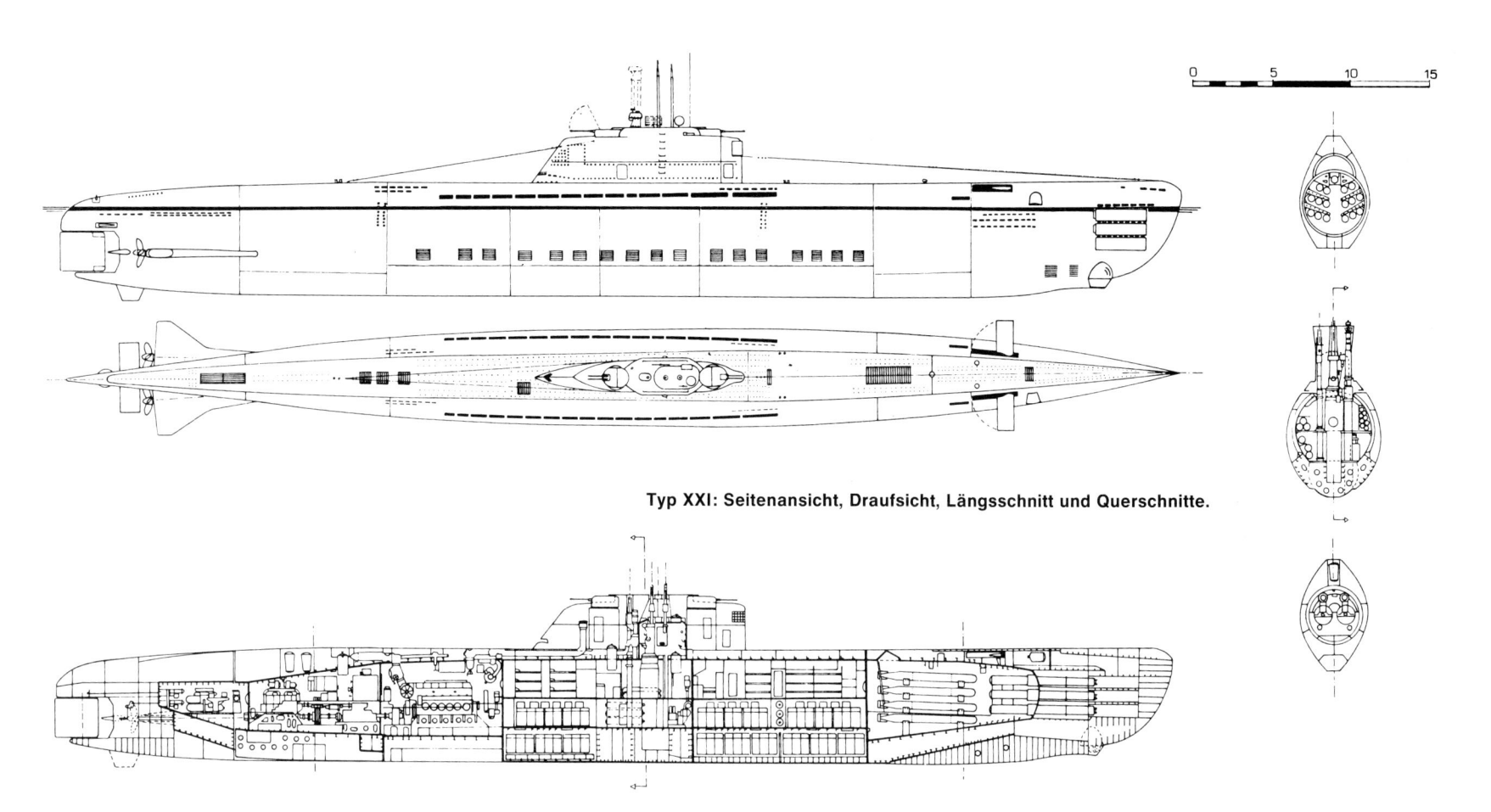

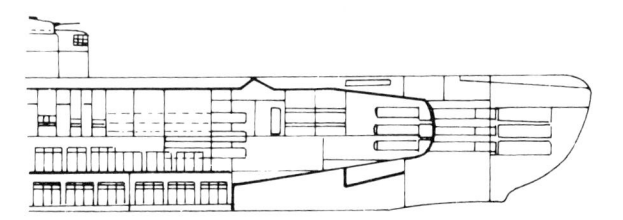

Typ XXI: Seitenansicht, Draufsicht, Längsschnitt und Querschnitte.

Typ XXI B: Vorschiff-Längsschnitte seitlich und von oben.

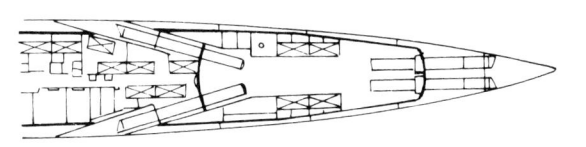

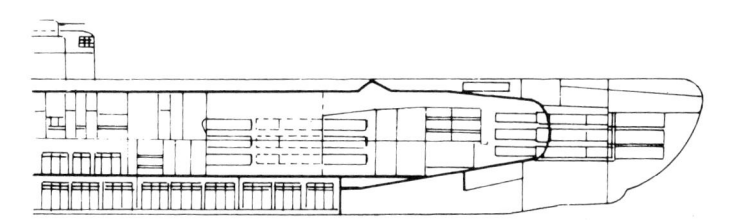

Typ XXI C: Vorschiff-Längsschnitte seitlich und von oben.

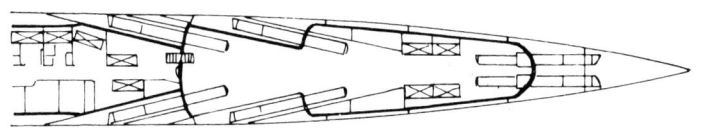

Links: Ein britischer Bomber B-24 »Liberator« versenkt *U 2534* am 6. Mai 1945 auf der Höhe von Göteborg, nachdem er das Boot aufgetaucht überrascht hatte.

Unten links und rechts: Drei Boote vom Typ XXI und eines vom Typ VII 1945 in einem norwegischen Stützpunkt vertäut liegend. Das Boot im Vordergrund ist *U 2511*.

Rechte Seite oben: Wie viele andere Boote vom Typ XXI bei der Kapitulation wird hier *U 3503* von seiner Besatzung versenkt.

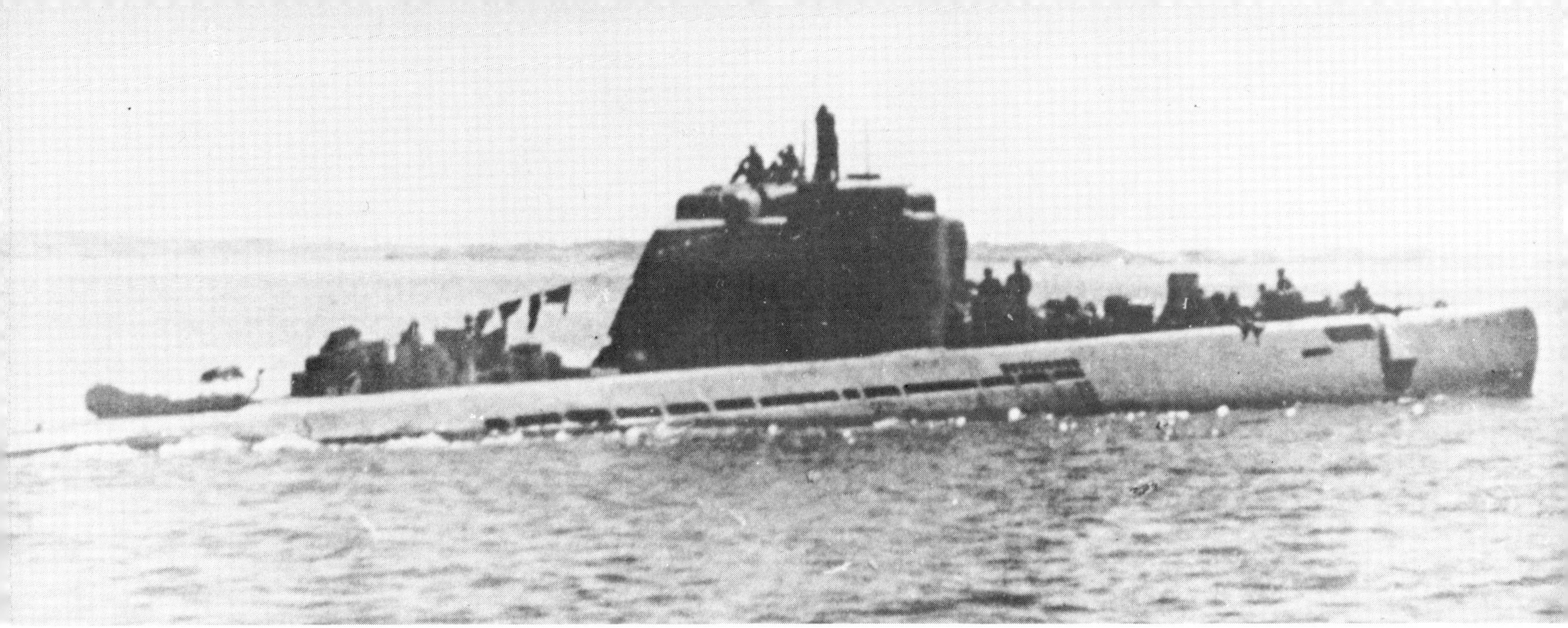

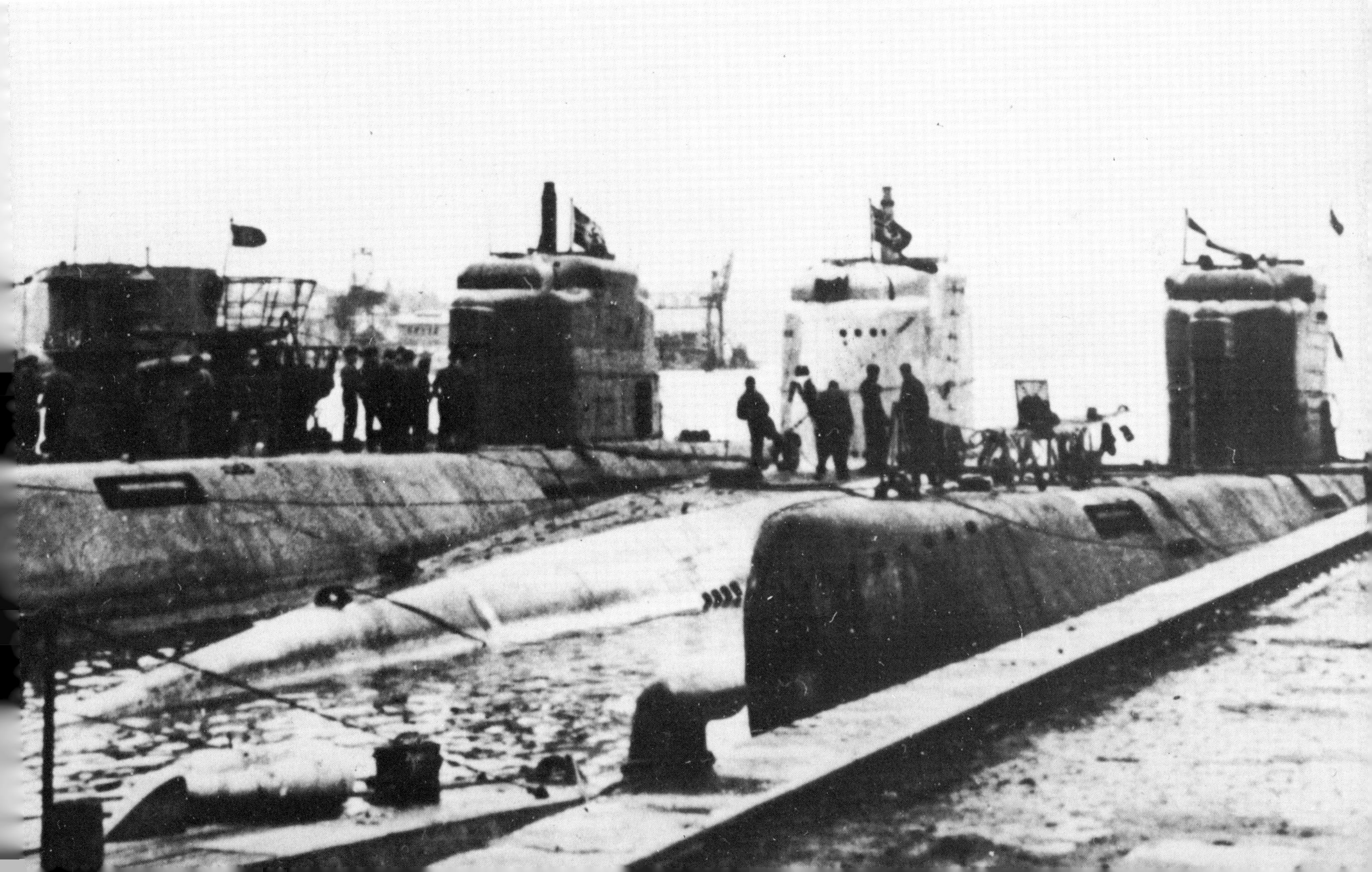

erreicht war. Ohne Benutzung des Sehrohrs konnten Entfernung und Peilung des Zieles mit einem hohen Grad an Genauigkeit durch Sonar und Unterwasserhorchgerät bestimmt und die Schußunterlagen in einem Feuerleitgerät berechnet werden. Ein Entkommen war mit hoher Geschwindigkeit in Tauchfahrt möglich, da das feindliche Sonar bei Geschwindigkeiten über 12–13 Knoten unwirksam wurde.[23]

Diese außergewöhnlichen Boote waren nicht völlig fehlerfrei. Das Minimum an Strömungswiderstand unter Wasser war beim Entwerfen auf Kosten der Seetüchtigkeit über Wasser erreicht worden. Nichtsdestoweniger handelte es sich um den besten Typ eines einsatzfähigen Bootes, der während des Zweiten Weltkrieges gebaut worden war.

Zwischen dem 27. Juni 1944 und dem Ende des Krieges in Europa wurden 118 Boote vom Typ XXI in Dienst gestellt. Weitere befanden sich im Mai 1945 in fortgeschrittenen Stadien der Fertigstellung und viele waren im Montagestadium durch Luftangriffe zerstört worden. Das riesige Bauprogramm, das mit einer Geschwindigkeit von einem Boot pro 2–3 Tage mehr als 1300 Boote hervorgebracht hätte, war zum Nachteil der übrigen Typen begonnen worden, deren Weiterbau 1944 annulliert worden war. Obwohl schnell und in großen Stückzahlen gebaut, waren die neuen Boote nicht mehr imstande, eine wirksame Rolle im Kriege zu spielen. Die notwendigerweise lange dauernde Ausbildung verlangsamte ihre Indienststellung. Im Mai 1945 wurden den Alliierten nur 13 Boote übergeben, 88 waren von ihren eigenen Besatzungen vernichtet worden, sechs waren durch Luftangriffe an der Wasseroberfläche sowie drei durch Minen verlorengegangen und Luftangriffe auf die Häfen hatten weitere 25 zerstört. Die Alliierten gliederten die erbeuteten Boote in ihre Marinen ein und führten mit ihnen nach dem Kriege Erprobungen durch. *U 2518* diente bis 1958 in der französischen Marine als *Roland Morillot*. 1957 wurde *U 2540* gehoben und gehörte von 1960 bis 1971 als *Wilhelm Bauer*[24] zur deutschen Bundesmarine.

[23] Anmerkung des Übersetzers:
Am 30. April 1945 lief das erste Boot vom Typ XXI zu einer Feindfahrt aus. Es handelte sich um *U 2511* unter dem Kommando von Korvettenkapitän Adalbert Schnee mit einer ausgesuchten, erfahrenen Besatzung an Bord. Der Bericht des Kommandanten (in Auszügen) läßt den Wandel ahnen. Über eine Asdic-Ortung durch eine britische U-Jagdgruppe schreibt er: »Ich erhöhte die Geschwindigkeit von 5 auf 16 kn, machte eine Kursänderung von ca. 30°, um unter Wasser die Richtung zu nehmen, welche die Überwasserfahrzeuge genau gegen Wellen und Wind an der Oberfläche führte. ... Wir hörten sie noch lange suchen mit ihren Geräten, jedoch konnten sie das »Neue« bei dieser Verfolgung sicher nicht begreifen. ... Kein Bewacher kam dazu, auch nur eine Wasserbombe in die Nähe des Bootes zu werfen. ... Und da war man nun plötzlich in der Lage, all dem (den früher ständigen Wasserbombenverfolgungen) aus eigenen Mitteln entrinnen zu können. Es war kaum zu glauben, und wir hatten ein Gefühl der Sicherheit, wie wir es nur in den ersten zwei Kriegsjahren an Bord der kleinen U-Boote erlebt hatten, die nachts über Wasser operierten.« Nachdem Schnee der Befehl zur Kampfeinstellung erreicht hatte, stieß er beim Rückmarsch auf eine britische Kampfgruppe und fuhr einen Scheinangriff: »Wir gingen auf Sehrohrtiefe und ich sah im Sehrohr einen englischen Kreuzer der *Suffolk*-Klasse, von mehreren Zerstörern gesichert. Einen solchen Brocken hatte ich während des ganzen Krieges nicht vor den Bug bekommen, und nun, ausgerechnet, wenige Stunden nach Einstellung der Kampfhandlungen. Wie beim schulmäßigen Angriff in der Ostsee fuhr ich deshalb weiter in Richtung auf den englischen Kreuzer. Unser Boot untertauchte die Zerstörer-Sicherung und ging dann zwischen Sicherung und Kreuzer wieder auf Sehrohrtiefe. ... Das Boot stand zu diesem Zeitpunkt 600 m seitlich vom Kreuzer, in einer Schußentfernung, die in jedem Fall zum Erfolg führt. Dann ging es wieder auf Tiefe unter dem Kreuzer hindurch. Der Heimmarsch wurde fortgesetzt.« Ein späteres Gespräch zwischen Schnee und dem Kreuzerkommandanten ergab unter Vergleichen der beiderseitigen Logbücher, daß die Anwesenheit von *U 2511* weder an Bord des Kreuzers noch der Zerstörer bemerkt worden war.

[24] Anmerkung des Übersetzers:
Das U-Boot *Wilhelm Bauer* (ex *U 2540*) ist seit Sommer 1984 als Museums-U-Boot – neben *U 995* vor Laboe und *U 1* im Deutschen Museum in München als drittes Boot – im Alten Hafen vor dem Deutschen Schiffahrtsmuseum in Bremerhaven zu sehen und zur Besichtigung freigegeben.

Schicksal der Boote:

Datum:	Ort:	Boot:	Ursache:[1]
1945	Nordsee	U 2509, U 2514, U 2515, U 2523, U 2530, U 2532, U 2537, U 2547, U 2549, U 2550, U 3007, U 3036, U 3042, U 3043, U 3045, U 3046, U 3502, U 3508	b
		U 2521, U 2524, U 2534	a
		U 2538	m
		U 2501, U 2504, U 2505, U 3004, U 3005, U 3006, U 3503, U 3506, U 3509, U 3518	sb
		U 2502, U 2506, U 2511, U 2513, U 2518, U 3017, U 3035, U 3041, U 3514, U 3515	x
	Ostsee	U 2503, U 2510, U 2516, U 2542, U 3003, U 3505, U 3512	b
		U 3028, U 3030, U 3523	a
		U 3519, U 3520	m
		U 2507, U 2508, U 2512, U 2517, U 2519, U 2520, U 2522, U 2525, U 2526, U 2527, U 2528, U 2531, U 2533, U 2535, U 2536, U 2539, U 2540, U 2541, U 2543, U 2544, U 2545, U 2546, U 2548, U 2551, U 2552, U 3001, U 3002, U 3009, U 3010, U 3011, U 3012, U 3013, U 3014, U 3015, U 3016, U 3018, U 3019, U 3020, U 3021, U 3022, U 3023, U 3024, U 3025, U 3026, U 3027, U 3029, U 3030, U 3031, U 3033, U 3034, U 3038, U 3039, U 3040, U 3044, U 3047, U 3048, U 3049, U 3050, U 3051, U 3501, U 3504, U 3507, U 3510, U 3511, U 3513, U 3516, U 3517, U 3521, U 3522, U 3524, U 3525, U 3526, U 3527, U 3528, U 3529, U 3530, U 3536	sb
		U 2529, U 3008, U 3032	x

[1] Siehe Seite 8.

Typ XXIII

U 2321–U 2331, U 2334–U 2371:
Bauwerft: Deutsche Werft, Hamburg.
Datum: 1943–1944/45.
U 2332–U 2333:
Bauwerft: Krupp Germaniawerft, Kiel.
Datum: 1943–1944/44.
U 2372–U 2377:
Bauwerft: Marinewerft Toulon,
Datum: 1944–/–.
U 4001–U 4120:
Bauwerft: Deutsche Werft, Hamburg.
Datum: 1944–/–.
U 4701–U 4712:
Bauwerft: Krupp Germaniawerft, Kiel.
Datum: 1944–1944/45.
U 4713–U 4718:
Bauwerft: Krupp Germaniawerft, Kiel.
Datum: 1944–/–.
Serien in Auftrag gegeben oder entworfen (letztere in Klammern), aber Bau bzw. Montage noch nicht begonnen:
U 2378–U 2400 (Toulon), U 2401–U 2430 (Ansaldo, Genua), U 2431–U 2445 (C., R. D. A., Monfalcone), U 2446–U 2460 (Marinewerft Nikolajew, Schiffswerft Linz), (U 2461–U 2500), U 4719–U 4891 (Krupp Germaniawerft, Kiel), (U 4892–U 5000).
Typverdrängung: 232 ts aufgetaucht, 258 ts getaucht.
Abmessungen: 34,6 × 4,00 × 3,66 m.
Motorenanlage: Diesel: 1 MWM; E-Motoren: 1 AEG + 1 (für Schleichfahrt).
Höchstleistung: 575–630 PS aufgetaucht, 550 + 35 PS getaucht.
Höchstgeschwindigkeit: 9,7 kn aufgetaucht, 12,5 kn getaucht, 3,5 kn Schleichfahrt.
Fahrbereich: 4300 sm bei 6 kn bzw. 1350 sm bei 9,7 kn aufgetaucht, 175 sm bei 4 kn bzw. 43 sm bei 10 kn getaucht.
Torpedorohre: 2 × 53,3 cm vorn; Torpedos: 2.
Besatzungsstärke: 14.

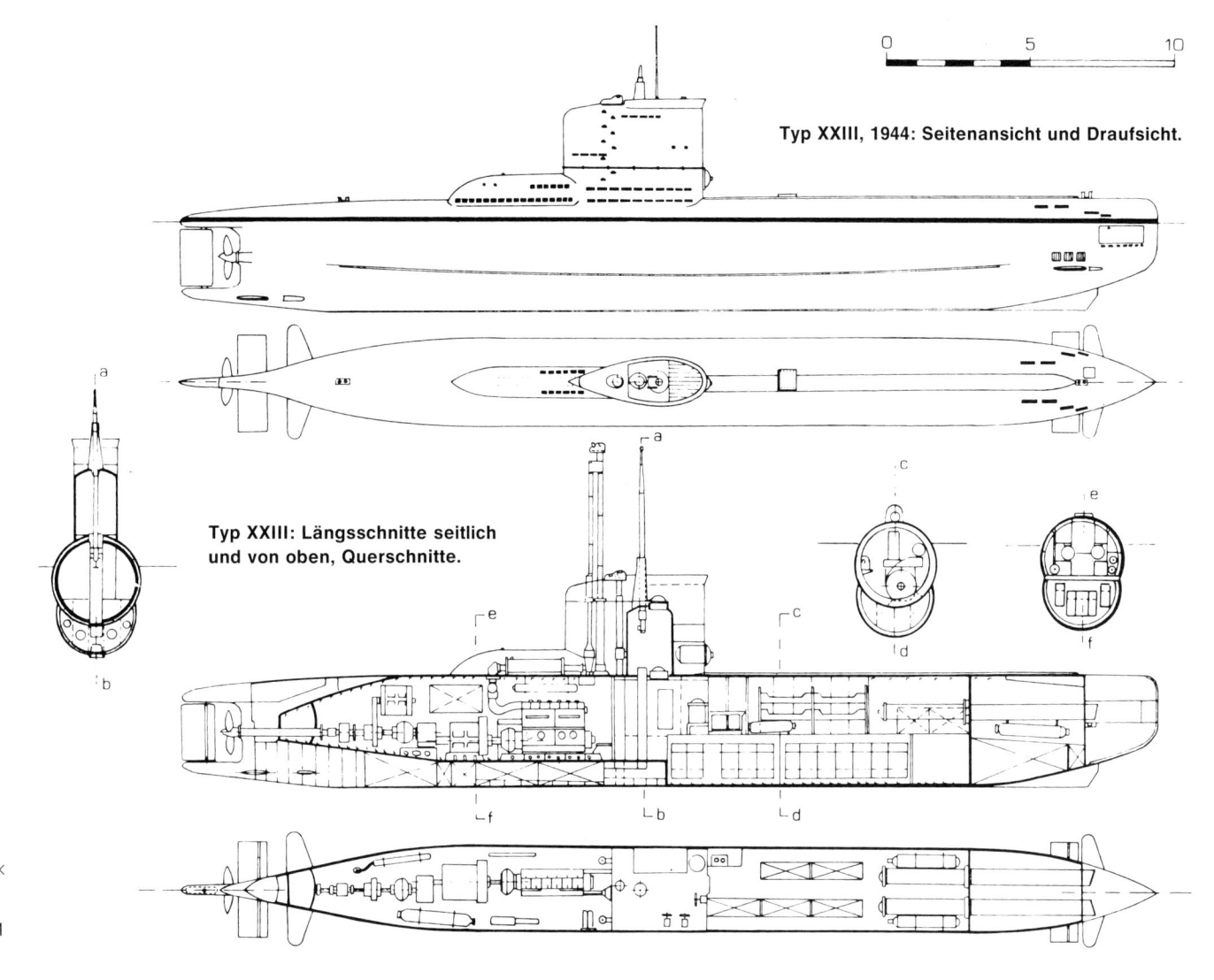

Typ XXIII, 1944: Seitenansicht und Draufsicht.

Typ XXIII: Längsschnitte seitlich und von oben, Querschnitte.

Einhüllen-Küstenboot mit hoher Unterwassergeschwindigkeit, entworfen, um denselben Anforderungen wie Typ XXI zu entsprechen. Der erste Entwurf, bezeichnet als Typ XXII (siehe Tabelle 13: Versuchstypen oder Boote im Entwurfsstadium), forderte eine ähnliche Leistung wie für Typ XXI, aber mit Küstencharakter. Dieser Typ wurde nie gebaut; durch ein geringfügig größeres Boot mit verbesserter Leistung, bezeichnet als Typ XXIII, war er schnell überholt.

Wie bei Typ XXI bestand der Rumpf aus zwei übereinanderliegenden Druckkörpern, aber mit Ausnahme der Hecksektion fehlte ihm die äußere Verkleidung. Der obere Druckkörper, vom Durchmesser her der größere von beiden, enthielt die Wohnräume, die Motoren und die Torpedorohre; der untere die Akkumulatoren, einige Brennstoffzellen sowie die Tauchzellen. Der Rumpf hatte Stromlinienform und war aus vier Einzelsektionen zusammengesetzt.

Angetrieben wurde das Boot durch eine Einzelschraube, es besaß keine Verkleidung und der Kommandoturm war klein und stromlinienförmig. Die vorderen und achteren Steuerungsflächen ergänzten Stabilisierungsflossen, und die achteren Tiefenruder sowie das Steuerruder waren zusammen mit der Schraube von 1,78 m Durchmesser besonders entwickelt worden, um eine hohe Gesamtantriebsleistung bei Tauchfahrt zu erzeugen. Die maximale Einsatztauchtiefe lag bei annähernd 150 m und die geringste Schnelltauchzeit erreichte den Rekord von etwa 9 Sekunden.

Die Batterien besaßen eine besonders hohe Leistungsfähigkeit. Zusammen mit einem 550-PS-Elektromotor ermöglichten sie dem Boot, unter Wasser eine Höchstgeschwindigkeit von 12,5 Knoten länger als eine Stunde und eine Marschge-

U 2361 vom Typ XXIII im Trockendock.

schwindigkeit von 4 Knoten fast zwei Tage lang durchzuhalten. Zusätzlich war ein Elektromotor für Schleichfahrt eingebaut. Mit einer maximalen Brennstoffmenge von 18 ts erreichte der Fahrbereich bei 6 kn 4300 sm.
Der Typ XXIII war mit einem Teleskopschnorchel, aber mit nur einem Sehrohr ausgerüstet. Die Höchstgeschwindigkeit bei Schnorchelfahrt betrug 8 Knoten. Wenn auch mit weniger akustischen Einrichtungen ausgestattet als der Typ XXI, so war doch ein Feuerleitgerät eingebaut, das die Torpedoabschußdaten aus den Ablesungen des Unterwasserhorchgerätes errechnen konnte.

Die Bewaffnung bestand lediglich aus zwei Bugtorpedorohren und infolge des begrenzten Raumes wurden keine Reservetorpedos mitgeführt. Die Seeeigenschaften an der Wasseroberfläche waren mäßig, aber insgesamt mußte Typ XXIII als ein sehr gelungenes Boot bezeichnet werden.
Das erste Boot vom Typ XXIII, *U 2321*, lief am 17. April 1944 in Hamburg vom Stapel und wurde am 12. Juni in Dienst gestellt. Mit der Montage von 83 Booten war begonnen worden und bis zum Ende des Krieges hatte man 62 von ihnen in Dienst gestellt. Sechs Boote (*U 4713–U 4718*) standen kurz vor der Endmontage und weitere sechs (*U 2372–U 2377*) hätten in Toulon zusammengesetzt werden sollen, aber die Sektionen waren während des Rückzuges aus Südfrankreich im Jahr vorher verlorengegangen. Von den 280 Booten des Bauprogramms waren nur 95 begonnen worden. Mehrere Serien sollten auf italienischen Werften bzw. auf Werften an der Donau in die Endmontage gehen und im Tyrrhenischen Meer und in der Adria bzw. im Schwarzen Meer eingesetzt werden. Anders als der Typ XXI nahmen Boote vom Typ XXIII in den letzten Kriegsmonaten noch an Kampfhandlungen teil. Im Verlaufe von zehn Unternehmungen vom März bis Mai 1945 versenkten sie sechs Handelsschiffe ohne eigene Verluste. Der letzte erfolgreiche Angriff eines deutschen Unterseebootes ereignete sich um 23.00 Uhr am 7. Mai 1945 vor der Küste Schottlands, als *U 2336* (Kapitänleutnant Klusmeier) die britischen Handelsschiffe *Avondale Park* (2878 BRT) und *Sneland I* (1791 BRT)[25] mit je einem einzigen Torpedo versenkte. Das Boot kehrte unversehrt zum Stützpunkt zurück und wurde später an die Briten ausgeliefert.
Zwei Boote vom Typ XXIII wurden in See durch Luftangriff versenkt, viele weitere Boote fielen Bomben, Minen und verschiedenen anderen Ursachen zum Opfer. Die Mehrzahl der Boote versenkte sich selbst oder wurde den Alliierten übergeben, die mehrere von ihnen in ihre eigenen Marinen zu Erprobungszwecken eingliederten. 1956 wurden *U 2365* und *U 2367*[26] gehoben und mehrere Jahre lang in der deutschen Bundesmarine verwendet.

---

[25] Anmerkung des Übersetzers:
Die *Sneland I* gehörte schon 1940 zum Geleitzug SC 7, der am 5. 10. 1940 mit 35 Schiffen die amerikanische Ostküste verließ und unterwegs durch Rudelangriffe 17 seiner Schiffe verlor. Allein Kretschmer versenkte mit *U 99* davon sieben Schiffe. Beteiligt war ferner *U 46* (Endraß), *U 100* (Schepke), *U 101* (Frauenheim) und *U 123* (Möhle).

[26] Anmerkung des Übersetzers:
U 2365 unter dem Namen U *Hai* und *U 2367* unter dem Namen U *Hecht*. Am 14. September 1966 ging U *Hai* in der Nordsee unter, wobei 19 U-Bootfahrer auf See blieben. Der bisher einzige Unglücksfall, der die U-Bootwaffe der Bundesmarine betroffen hat.

U 2332 bei einer ersten Erprobungsfahrt.

Schicksal der Boote:

Datum:	Ort:	Boot:	Ursache:[1]
1944	Ostsee	U 2331	v
1945	Nordsee	U 2359	a
		U 2340	b
		U 2327, U 2332, U 2365, U 2370, U 2371	sb
		U 2322, U 2326, U 2328, U 2329, U 2334, U 2335, U 2336, U 2337, U 2341, U 2345, U 2348, U 2350, U 2351, U 2353, U 2354, U 2356, U 2361, U 2363, U 4706	x
	Ostsee	U 2338	a
		U 4708, U 4709, U 4711, U 4712, U 2323, U 2342	b
			m
		U 2344, U 2367	v
		U 2330, U 2333, U 2339, U 2343, U 2346, U 2349, U 2352, U 2355, U 2357, U 2358, U 2360, U 2362, U 2363, U 2364, U 2366, U 2368, U 2369, U 4701, U 4702, U 4703, U 4704, U 4705, U 4707, U 4710	sb
		U 2321, U 2324, U 2325	x

[1] Siehe Seite 8.

Kleinunterseeboote

Im Verlaufe des Krieges, hauptsächlich nach 1943, setzte die deutsche Marine für den Entwurf und Bau von Kleinunterseebooten und »menschlichen« Torpedos beträchtliche Kraft ein.

Anders als die Briten, Italiener und Japaner hatten die Deutschen die Absicht, ihre kleinen Boote eher für Verteidigungszwecke als für Offensivunternehmen einzusetzen. Als die Boote Anfang 1944 in Erscheinung traten, hatte sich Deutschlands Rolle im Kriege inzwischen auf bloße Verteidigung reduziert, und die Kleinunterseeboote waren dazu bestimmt, bei großangelegten Operationen, wie zum Beispiel bei der Invasion in der Normandie, alliierte Schiffe anzugreifen.

Als erste Typen wurden »Neger«[27] und »Marder« gebaut. Sie hatten die Form zweier übereinandergelagerter Torpedos, wobei der untere von beiden die Waffe selbst war. Der obere war am vorderen Ende mit einem Steuersitz oder Cockpit ausgestattet. Den Pilot schützte eine wasserdichte Plexiglaskuppel.

Der Typ »Biber«, der anschließend folgte, war größer, seetüchtiger und mit zwei Torpedos bewaffnet, die Seite an Seite unter dem Rumpf befestigt waren. Anders als seine Vorgänger besaß »Biber« einen innen gelegenen Verbrennungsmotor für den Überwasserantrieb. Den Prototpy, Adam, baute die Flender-Werft in Lübeck zwischen dem 9. Februar und dem 15. März 1944.

Ein weiterer, in wesentlichen Stückzahlen gebauter Typ war der »Molch«[28], bewaffnet mit zwei Torpedos und wie die Typen »Neger« und »Marder« mit einem elektrischen Torpedomotor für den Über- und Unterwasserantrieb ausgestattet. Die bisher beschriebenen Typen können am besten als »menschliche« Torpedos klassifiziert werden, aber 1944 kamen mit dem »Hecht« (Typ XXVII A) und dem »Seehund«[29] (Typ XXVII B) die esten echten »Taschen«-Unterseeboote in Dienst. Anders als die übrigen »Taschen«-Typen waren diese in das normale Typnummernsystem der deutschen Unterseeboote aufgenommen.

Von den ursprünglich 186 geplanten Booten des Typs »Hecht« wurden nur drei gebaut, dagegen war der Bau von mehr als 1300 Booten des Typs »Seehund« in Auftrag gegeben worden. Bei diesem Typ handelte es sich zweifellos um das beste deutsche Kleinunterseeboot, aber nur 67 von ihnen wurden vor Ende des Krieges fertiggestellt.

Obwohl kleiner, können die allgemeinen Eigenschaften des »Seehund« mit denen der italienischen CB-Typen verglichen werden. Andere Typen, wie der »Hai« und der »Delphin«, verblieben im Prototyps- oder Entwurfsstadium, so auch: »Großer Delphin«, eine vergrößerte und weiterentwickelte Version des »Delphin«„; »Schwertwal«, ein Boot von 10,24 m Länge mit einer Walter-Turbine und mit zwei Torpedos bewaffnet, »Elefant«, ein 30-ts-Boot mit Raupenketten, um auch über Land zu fahren, und mit einer zweiköpfigen Besatzung – der

Britische Fachleute untersuchen im Mai 1945 ein Kleinunterseeboot vom Typ »Seehund« XXVII B, das sich auf einer deutschen Werft im Bau befand.

[27] Anmerkung des Übersetzers:
Um nicht immer das lange Wort »Ein-Mann-Torpedo« zu verwenden, erhielt das Gerät – zunächst inoffiziell« die Kurzbezeichnung »Neger« in Umdeutung des Namens seines Konstrukteurs, des Marine-Ingenieuroffiziers Mohr von der Torpedo-Versuchs-Anstalt Eckernförde. Als die Königlich Dänische Marine im Frühjahr 1975 der Bundesmarine einen bemannten Torpedo vom Typ »Neger« schenkte, wurde dieser der Marinewaffenschule in Eckernförde übergeben.

[28] Anmerkung des Übersetzers:
Die Königlich Dänische Marine schenkte im Frühjahr 1975 der Bundesmarine ein Einmann-U-Boot vom Typ »Molch«. Es befindet sich heute bei der U-Bootlehrgruppe in Neustadt/Schleswig-Holstein.

[29] Anmerkung des Übersetzers:
Das Wrackmuseum in Cuxhaven zeigt der Öffentlichkeit ein Zweimann-U-Boot vom Typ »Seehund«. Sichtfenster gestatten Einblick in das Innere des Bootes.

Tabelle 11: Einzelheiten deutscher Kleinunterseeboote

Typ:	U-Boot-Seriennummer:	Anzahl der Einheiten: im Dienst/ (nicht fertiggestellt)	Fertigstellungsjahr der ersten Einheit:	Wasserverdrängung: (ts)	Abmessungen: Länge (m)	Breite (m)	Antriebsanlage: über/unter Wasser
Neger	–	ca. 200	1944	2,7	8,00	0,53	elektrischer Torpedomotor
Marder	–	ca. 300	1944	3	8,00	0,53	elektrischer Torpedomotor
Biber	–	324	1944	6,3	9,04	1,60	innen gelegener Verbrennungsmotor, 1 E-Torpedomotor
Molch	–	390	1944	11	10,80	1,82	elektrischer Torpedomotor
Hecht	XXVII A U 2111–U 2200 U 2205–U 2300	3 (87)	1944	12,5–11,8	10,50	1,70	elektrischer Torpedomotor
Seehund	XXVII B U 5001–U 6351	67 (1 284)	1944	14,9	12,00	1,70	1 Dieselmotor, 1 E-Motor
Hai	–	1	1944	3,5	11,00	0,53	elektrischer Torpedomotor
Delphin	–	3	1944	2,8	5,10	1,01	1 E-Motor
Großer Delphin	U 5790 (?)	–	1945	ca. 8	8,68	–	1 Dieselmotor + 1 E-Motor oder 1 Walter-Turbine

Geschwindigkeit: (kn) über/unter Wasser	PS: über/unter Wasser	Fahrstrecke (sm bei kn): über/unter Wasser	Anzahl der Torpedos/ (Minen):	Besatzungs- stärke:	Bemerkungen:
4,2/3,2	12	30 bei 3	1	1	Imstande, eine Höchstgeschwindigkeit von 20 kn zu erreichen.
4,2/3,2	12	30 bei 3	1	1	Verbesserte Version des »Neger«.
6,5/5,3	32/13	130 bei 6/8,6 bei 5	2	1	Brennstoffmenge (Petroleum): 0,11 ts. Bauwerft: Deschimag AG Weser, Bremen.
4,3/5,0	13,9	50 bei 4/50 bei 5	2	1	Bauwerft: Flender-Werft, Lübeck.
5,6/6,0	13	78 bei 3/40 bei 6	1	2	Bauwerft: Krupp Germaniawerft, Kiel. In Dienst gestellte Einheiten: U 2111, U 2112, U 2113.
7,7/6	60/12	300 bei 7/63 bei 3	2	2	Brennstoffmenge: 0,5 ts. Bauwerft: verschiedene Werften. In Dienst gestellte Einheiten: U 2251–U 2295, U 5034–5037, U 5251–U 5269.
4,2/3,2	12	63 bei 3	1	1	Aus dem Typ »Neger« entwickeltes Versuchsmodell.
19/15	13	3 bei 10	1 (1)	1	Versuchsmodell. Der Torpedo wurde unterhalb des Rumpfes mitgeführt; die Mine wurde geschleppt.
17/30	60/25	100 bei ?/30 bei ?	2 (2)	2	Weiterentwicklung des vorhergehenden Modells; verblieb im Entwurfsstadium.

1944 begonnene Prototyp wurde im Mai 1945 noch im Baustadium zerstört; und der Typ K, ein verbesserter »Seehund« mit 18 ts Wasserverdrängung und einer Besatzung von zwei Mann.

Trotz der großen Anzahl, die gebaut wurde (mehr als 1200), waren die Einsatzerfolge begrenzt und enttäuschend. Die Boote vom Typ »Neger«, und »Biber« nahmen am meisten an Kampfhandlungen teil. »Neger« und »Marder« wurden gegen die alliierten Landungen am 20./21. April 1944 in Anzio und Anfang Juli 1944 in der Normandie eingesetzt. Die Boote vom Typ »Biber« operierten hauptsächlich in belgischen und holländischen Küstengewässern. Im Januar 1945 wurden mehrere dieser Boote in Harstadt (Norwegen) stationiert. Mit Unterseebooten vom Typ VII C dorthin transportiert, sollten sie das Schlachtschiff *Archangelsk* (ex *Royal Sovereign*) in Murmansk angreifen, aber das Unternehmen fand niemals statt. Bei der Kapitulation erbeuteten die Alliierten in deutschen Häfen und auf deutschen Werften mehrere hundert Kleinunterseeboote aller Typen. Die meisten davon waren zerstört; aber einige Boote vom Typ »Seehund« wurden von der französischen Marine übernommen und blieben als Versuchs- und Schulboote bis um die Mitte der fünfziger Jahre in Dienst.

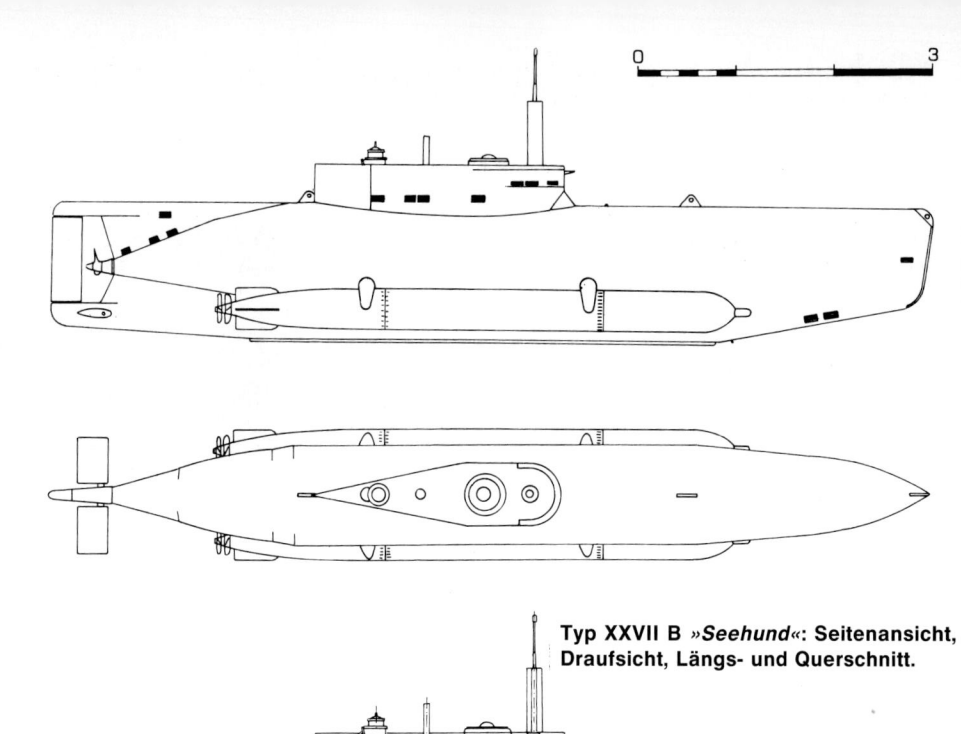

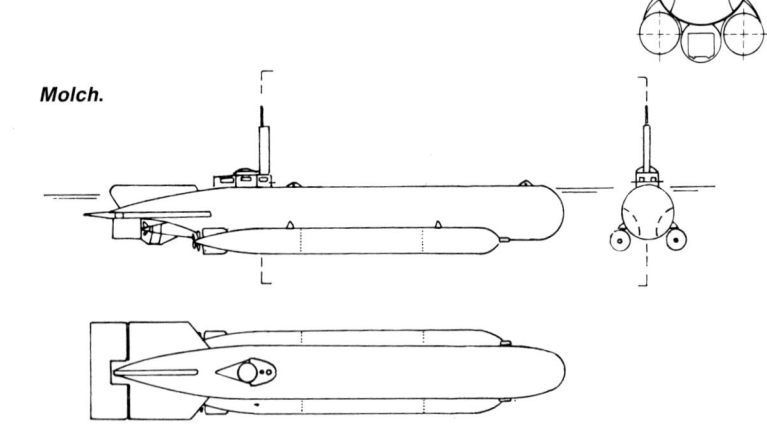

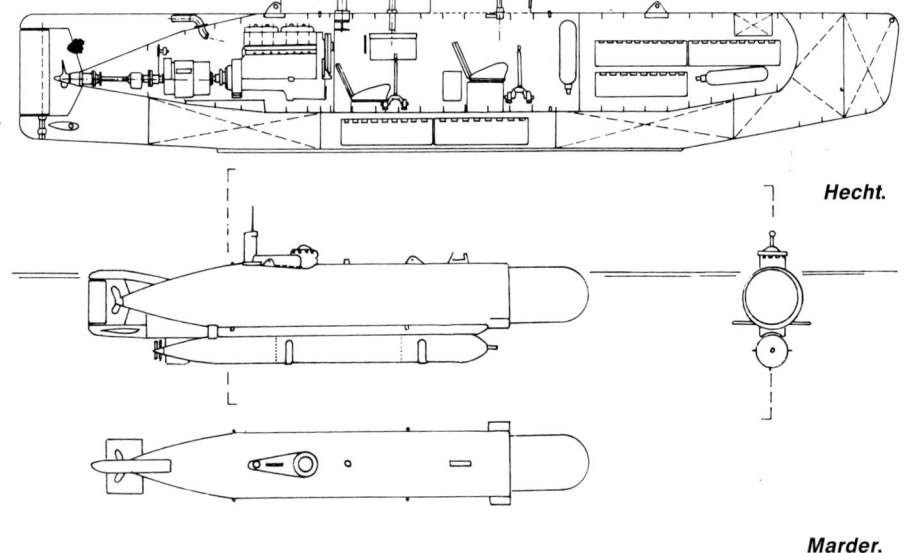

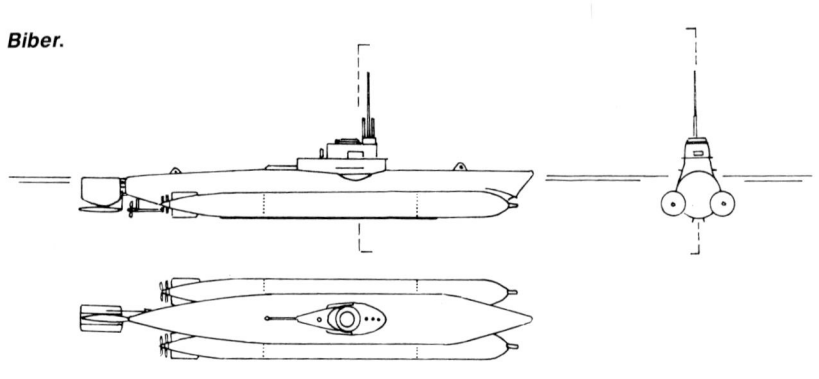

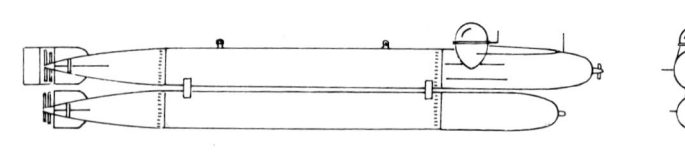

Typ XXVII B *»Seehund«*: Seitenansicht, Draufsicht, Längs- und Querschnitt.

Molch.

Hecht.

Biber.

Marder.

Delphin: eine Mine im Schlepp und mit dem Torpedo unter dem Rumpf.

Erbeutete oder beschlagnahmte Unterseeboote

Der Kommandoturm von U A, ex türkisch Batiray.

Während des Krieges gelangte die deutsche Marine in den Besitz zahlreicher, anderen Nationen gehörender Boote nach der Besetzung Hollands und Frankreichs sowie Norditaliens nach der Kapitulation am 8. September 1943. Ausnahmen bildeten die ehemalig türkische Batiray, die sich 1939 in Deutschland im Bau befand und beschlagnahmt wurde, und die ehemalig britische Seal, gekapert im Mai 1940.

Nur die besten dieser Boote bemannte die deutsche Marine. Ohne standardmäßige Ausrüstung war ihre Instandhaltung kostspielig und schwierig und ihre allgemeine Leistungsfähigkeit blieb stets gering; sie wurden nur über kurze Zeitspannen eingesetzt. U A (ex Batiray), von deutscher Konstruktion und ähnlich dem Typ IX, operierte als erstes Boot im Sommer 1940 im Südatlantik. Die in Bordeaux beschlagnahmten italienischen Hochseeboote wurden als Transportboote von und nach dem Fernen Osten eingesetzt. Die übrigen ausländischen Boote fanden als Schulboote in der Ostsee oder in norwegischen Gewässern Verwendung und versenkten sich 1945 selbst. Die einzigen Änderungen an diesen Booten bestanden im Umbau der Kommandotürme und im Ersetzen der Flakbewaffnung durch Waffen aus deutscher Fabrikation.

Tabelle 12: Von der deutschen Marine beschlagnahmte oder erbeutete Unterseeboote

Boot:	Technische Daten:	Werdegang und Verbleib:
U A, ex türkisch *Batiray*	Typverdrängung: 1044 ts aufgetaucht, 1357 ts getaucht. Abmessungen: 86,00 × 6,80 × 4,10 m. Motorenanlage: 1 Diesel, 1 E-Motor. Höchstleistung: 4600 PS aufgetaucht, 1300 PS getaucht. Höchstgeschwindigkeit: 18 kn aufgetaucht, 8,4 kn getaucht. Fahrbereich: 13 100 sm bei 10 kn aufgetaucht, 146 sm bei 2 kn getaucht. Bewaffnung: 6 × 53,3-cm-Torpedorohre: 4 vorn, 2 achtern; 1 × 10,5-cm-Geschütz L/45, 2 × 2 cm. Minen (max.): 36 (Ausstoß aus Torpedorohren).	Minenleger, gebaut 1939 auf der Krupp Germaniawerft, Kiel. 1940 beschlagnahmt und in U A umbenannt. Verbleib: Datum: Ort: Ursache:[1] 1945 Nordsee sb
U B, ex britisch *Seal*	Siehe Großbritannien: *Porpoise*-Klasse	Minenleger, am 2. Mai 1940 im Kattegat gekapert. Im November 1940 wieder in Dienst gestellt und als Schulboot eingesetzt. 1943 Entfernen der Bewaffnung. Verbleib: Datum: Ort: Ursache:[1] 1945 Nordsee sb
UC 1, UC 2, ex norwegisch *B 5* und *B 6*	Siehe Norwegen: *B*-Klasse	»Holland«-Typ, Küstenboote, 1940 erbeutet. Verbleib: Datum: Boot: Ursache:[1] 1942 UC 1 r 1944 UC 2 r
UC 3, ex norwegisch *A 3*	Siehe Norwegen: *CA*-Klasse	1914 in Deutschland gebaut, 1940 erbeutet, nicht wieder in Dienst gestellt.
UD 1, ex holländisch *O 8*	Siehe Holland: *O 8*-Klasse	»Holland«-Typ, Küstenboot, 1940 erbeutet. Verbleib: Datum: Ort: Ursache:[1] 1945 Nordsee sb
UD 2, ex holländisch *O 12*	Siehe Holland: *O 12*-Klasse. (Von 1941 an statt der ursprünglichen 4-cm-Geschütze mit 1 × 2 cm bewaffnet.)	1940 in Den Helder erbeutet. Verbleib: Datum: Ort: Ursache:[1] 1945 Nordsee sb
UD 3, UD 4, UD 5, ex holländisch *O 25, O 26, O 27*	Siehe Holland: *O 21*-Klasse	Boote modernen Typs, 1940 noch im Bau erbeutet. Ausgerüstet mit dem holländischen Schnorcheltyp. UD 5 überlebte den Krieg und kehrte 1945 in die holländische Marine zurück. Verbleib: Datum: Ort: Boot: Ursache:[1] 1945 Nordsee UD 3, UD 4 sb
UF 1, UF 2, UF 3, ex französisch *L'Africaine, La Favorite, L'Astrée*	Siehe Frankreich: *Aurore*-Klasse	1940 im Bau (UF 1, UF 3) oder in Ausrüstung erbeutet. UF 1 und UF 3 wurden nicht fertiggestellt; 1945 nahmen die Franzosen den Bau wieder auf. Verbleib: Datum: Ort: Boot: Ursache:[1] 1945 Nordsee UF 2 sb
UIT 1, UIT 2, UIT 3, ex italienisch *R 10, R 11, R 12* – UIT 4, UIT 5, UIT 6, ex *R 7, R 8, R 9*	Siehe Italien: *R*-Klasse	Transportboote, 1943 im Bau oder in Ausrüstung erbeutet. Keines fertiggestellt. Verbleib: Datum: Ort: Boot: Ursache:[1] 1944 Mittelmeer UIT 1, UIT 4, UIT 5, UIT 6 b 1945 Mittelmeer UIT 2, UIT 3 sb
UIT 7, ex italienisch *Bario*; UIT 8, ex *Litio*; UIT 9, ex *Sodio*; UIT 10, ex *Potassio*; UIT 11, ex *Rame*; UIT 12, ex *Ferro*; UIT 13, ex *Piombo*; UIT 14, ex *Zinco*; UIT 15, ex *Sparide*; UIT 16, ex *Murena*; UIT 19, ex *Nautilo*; UIT 20, ex *Grongo*	Siehe Italien: *Flutto*-Klasse	Küstenboote, im Bau oder in Ausrüstung erbeutet. Keines fertiggestellt. Verbleib: Datum: Ort: Boot: Ursache:[1] 1944 Mittelmeer UIT 15, UIT 16, UIT 19, UIT 20 b 1945 Mittelmeer UIT 7, UIT 8, UIT 9 b UIT 10, UIT 11, UIT 12, UIT 13 sb UIT 14

Boot:	Technische Daten:	Werdegang und Verbleib:
UIT 17, ex italienisch CM 1; UIT 18, ex CM 2	Siehe Italien: CM-Klasse	Erbeutete Kleinunterseeboote, nicht fertiggestellt. Verbleib: Datum: Ort: Boot: Ursache:[1] 1945 Mittelmeer UIT 17 c UIT 18 sb
UIT 21, ex italienisch Finci	Siehe Italien: Calvi-Klasse	Im September 1943 in Bordeaux übernommen und 1945 dort versenkt, ohne wieder in Dienst gestellt worden zu sein.
UIT 22, ex italienisch Bagnolini; UIT 23, ex Giuliani; UIT 24, ex Cappellini; UIT 25, ex Torelli	Siehe Italien: Liuzzi-, Marcello- und Marconi-Klassen	Hochseeboote, eingerichtet für den Materialtransport nach dem Fernen Osten. UIT 22 in Bordeaux übernommen, UIT 23 und UIT 25 in Singapur sowie UIT 24 in Sabang. Verbleib: Datum: Ort: Boot: Ursache:[1] 1944 Atlantik UIT 22 s Indik UIT 23 s 1945 Pazifik UIT 24, UIT 25 c

[1] Siehe Seite 8.

Links: Die ehemals holländischen UD 4 (links) und UD 3.

Unten: U B, ex HMS Seal, 1940 nach einer Kaperung in Kiel.

Projekte im Versuchs- bzw. Entwurfsstadium

Die folgende Tabelle veranschaulicht die technischen Hauptmerkmale der in Deutschland zwischen 1939 und 1945 gebauten Versuchsunterseeboote und die bedeutenderen Typentwürfe, die nie zur Ausführung gelangten.
Diese Versuchsbauten waren für die technische Entwicklung der deutschen Unterseeboote wesentlich. Ihr Bau führte zur Entwicklung von Antriebsanlagen mit revolutionären Eigenschaften wie der Walter-Turbine und dem schnellen Dieselmotor mit geschlossenem Kreislauf, die niemals über das Versuchsstadium hinausgelangten. Ihr Bau führte aber auch zur Entwicklung neuer Rumpfformen für hohe Unterwassergeschwindigkeiten. Die Entwürfe, die kein praktisches Ergebnis zur Folge hatten, vervollständigen das Bild der technischen Entwicklung der deutschen Unterseeboote während des Zweiten Weltkrieges. Die erstgenannten Entwürfe dieser Art, vom Typ III bis zum Typ XVI, wurden aufgegeben, weil sie durch andere, bereits im Dienst befindliche Boote überflüssig wurden oder weil sie nicht mehr den augenblicklichen Einsatzgegebenheiten entsprachen (Typ III, XI, XII, XV und XVI).

[30] Anmerkung des Übersetzers:
Weitere Angaben finden sich bei Herzog »60 Jahre deutsche UBoote 1906–1966«, München 1968. Zum Walter-Antrieb siehe Rössler »Das Walter-Verfahren« in »Marine-Rundschau« 1981, 98.

[31] Anmerkung des Übersetzers:
Das Dornier-Leichtschnellboot aus dem Jahre 1943 war 13,40 m lang, 3,40 m breit und wurde von 2 flüssigkeitsgekühlten Daimler-Benz-MB 507-Dieselmotoren (einer links- und einer rechtslaufend) von je 850 PS Höchstleistung angetrieben.

U 793, das Versuchsboot vom Typ XVII Wa 201.

Tabelle 13: Deutsche Projekte im Versuchs- bzw Entwurfsstadium[30]

Typ:	Seriennummer:	Anzahl der gebauten Boote:	Jahr der Auftragserteilung/ Fertigstellung:	Wasserverdrängung (ts): aufgetaucht/ getaucht	Abmessungen: (m)	Motorenanlage: über/unter Wasser	PS: über/unter Wasser
III	–	–	–	–	77,40 × 7,96 × 5,20	2 Diesel/2 E-Motoren	2 800/1 000
IV, V, VI	–	–	–	–	–	–	–
VIII	–	–	–	–	–	–	–
X A	–	–	–	ca. 2500/–	–	–	–
XI	U 112–U 115	4	1939–	3140/3630	114,90 × 9,50 × 6,10	8 Diesel/2 E-Motoren auf 2 Wellen	17 600/2 200
XII	–	–	–	1600/–	–	2 Diesel/2 E-Motoren	7 000/1 680
XIII	–	–	–	400/–	–	–	–
XV	–	–	–	2500/–	–	2 Diesel/2 E-Motoren	2 800/750
XVI	–	–	–	5000/–	–	2 Diesel/2 E-Motoren	2 800/750
V 80	–	1	1939–1940	ca. 73,25/76	26,00 × 2,60 × 2,20	1 Walter-Turbine, 1 E-Motor	2 000 + 15
XVII A (V 300)	U 791	1	1942–	610/655	52,00 × 4,03 × 5,40	2 Walter-Turbinen 2 Diesel/2 E-Motoren	4 360 330/150
Wa 201	U 792, U 793	2	1942–1943/44	313/343	34,00 × 3,43 × 4,50	2 Walter-Turbinen 1 Diesel/1 E-Motor	5 000 230/77,5
Wk 202	U 794, U 795	2	1942–1943/45	236/259	34,00 × 3,43 × 4,50	2 Walter-Turbinen 1 Diesel/1 E-Motor	5 000 230/77,5

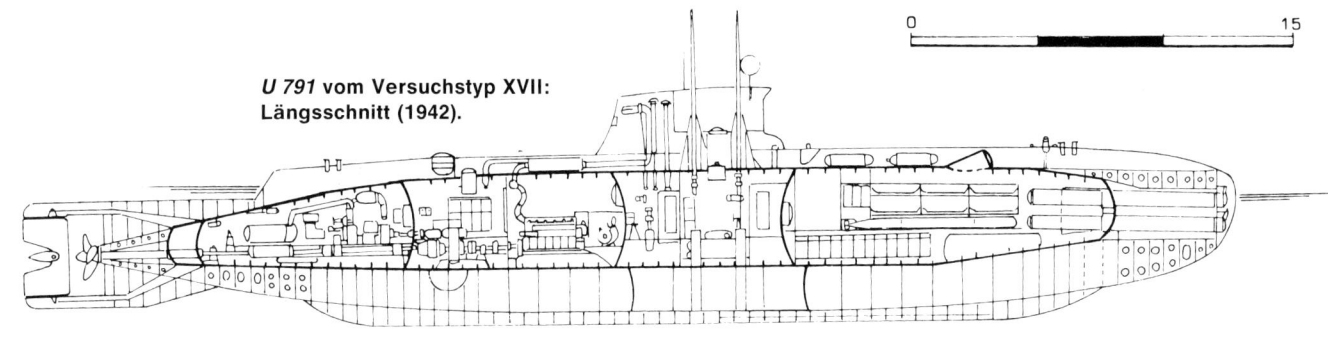

Versuchstyp III: Die Zeichnung zeigt das Verfahren zum Unterbringen der Leichtschnellboote.

Versuchstyp XI.

U 791 vom Versuchstyp XVII: Längsschnitt (1942).

Geschwindig-keit (kn): über/unter Wasser	Fahrstrecke (sm bei kn): über/unter Wasser	Brennstoff-menge: (ts)	Besat-zungs-stärke:	Bewaffnung:	Bemerkungen
17/8	—	—	65	Zwei Leichtschnellboote[31] im wasserdichten Hangar. 6 × 53,3-cm-Torpedorohre: 4 vorn, 2 achtern; Torpedos: 8; 1 × 10,5-cm-Decksge-schütz.	Ähnlich Entwurf von 1933 für Typ I A.
—	—	—	—	—	Entwurf blieb im Vorstadium.
—	—	—	—	—	Entwurf aufgegeben. Überholt durch Typ IX.
—	—	—	—	Minenlegeausrüstung.	Entwurf von 1938, aus dem später der Minenle-ger vom Typ X B entwickelt wurde.
23,2/7	20600 bei 10/ 50 bei 4	500	110	6 × 53,3-cm-Torpedorohre: 4 vorn, 2 achtern; Torpedos: 12; 4 × 12,7-cm-Decksgeschütze (2 × 2); 1 × 3,7 cm, 1 × 2 cm.	Entwurf von 1937/38, abgeleitet vom U-Kreuzer-typ des Ersten Weltkrieges. Druckkörper beste-hend aus Zwillingszylinder nebeneinander: ○○.
22/10	20000 bei 12/—	—	—	8 × 53,3-cm-Torpedorohre: 6 vorn, 2 achtern; Torpedos: 20.	Entwurf von 1938. Schneller Zweihüllen-Ukreu-zer, abgeleitet von Typ IX.
—	—	—	—	—	Studie von 1940. Küstenunterseeboot, abgelei-tet vom Typ II D.
—	—	—	—	Ausgerüstet zum Transport von Torpedos und Heizöl.	Großes Transportunterseeboot. Druckkörper bestehend aus Dreifachzylinder nebeneinander: ○○○. Entwicklung von 1940/41.
—	—	—	—	—	
ca. 25 —/—	—	—	5	—	Kleines Versuchsunterseeboot zur Erprobung der Walter-Turbine.
19 9,3/5	205 bei 19 2330 bei 9,3/ 150 bei 2	34 Diesel 98 Perhydrol	25	2 × 53,3-cm-Torpedorohre: vorn; Torpedos: 6	Einhüllen-Versuchsunterseeboot, nicht fertig-gestellt. Bau 1944 eingestellt.
26 9/5	80 bei 26 1840 bei 9/76 bei 2	14 Diesel 40 Perhydrol	12	2 × 53,3-cm-Torpedorohre: vorn; Torpedos: 4	Versuchsboote zur Erprobung von Walter-Tur-binen; Bewaffnung nicht eingebaut.
26 9/5	80 bei 26 1840 bei 9/76 bei 2	14 Diesel 40 Perhydrol	12	2 × 53,3-cm-Torpedorohre: vorn; Torpedos: 4.	Versuchsboote zur Erprobung von Walter-Tur-binen; Bewaffnung nicht eingebaut.

Versuchstyp XX: Längs- und Querschnitt.

U 1405, Typ XVII B, 1944: Längsschnitt.
(Loc. = Antriebs-)

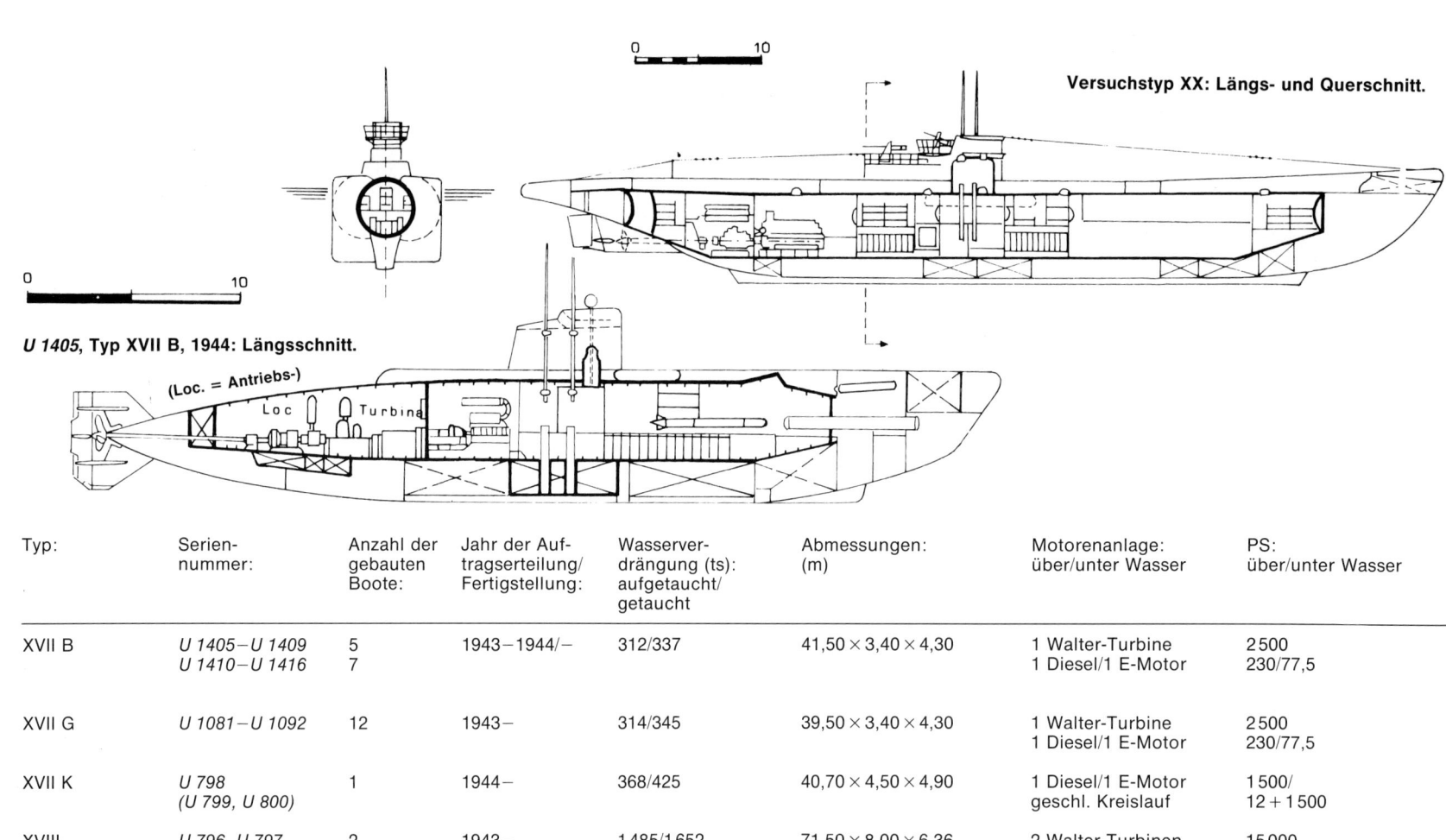

Typ:	Seriennummer:	Anzahl der gebauten Boote:	Jahr der Auftragserteilung/ Fertigstellung:	Wasserverdrängung (ts): aufgetaucht/ getaucht	Abmessungen: (m)	Motorenanlage: über/unter Wasser	PS: über/unter Wasser
XVII B	U 1405–U 1409 U 1410–U 1416	5 7	1943–1944/–	312/337	41,50 × 3,40 × 4,30	1 Walter-Turbine 1 Diesel/1 E-Motor	2500 230/77,5
XVII G	U 1081–U 1092	12	1943–	314/345	39,50 × 3,40 × 4,30	1 Walter-Turbine 1 Diesel/1 E-Motor	2500 230/77,5
XVII K	U 798 (U 799, U 800)	1	1944–	368/425	40,70 × 4,50 × 4,90	1 Diesel/1 E-Motor geschl. Kreislauf	1500/ 12 + 1500
XVIII	U 796, U 797	2	1943–	1485/1652	71,50 × 8,00 × 6,36	2 Walter-Turbinen 1 Diesel/1 E-Motor	15000 2000/77
XIX	–	–	–	2000/–	–	2 Diesel/2 E-Motoren	2800/750
XX	U 1601–U 1615 (U 1616–U 1700) U 1701–U 1715 (U 1716–U 1800)	200	1943–	2708/2962	77,10 × 9,10 × 6,60	2 Diesel/2 E-Motoren	3200/750
XXII	–	–	–	155/200	32,00 × 2,90 × 3,90	1 Walter-Turbine 1 Diesel/1 E-Motor	2500 210/77
XXIV (XXV)	–	–	–	1800/–	71,50 × 6,20 × 6,60	2 Walter-Turbinen 2 Diesel/2 E-Motoren	15000 4000/550
XXVI A/B	–	–	–	950/– (A) 1150/– (B)	58,00 × 6,40 × 6,50 (A) 62,00 × 6,40 × 6,50 (B)	1 Walter-Turbine 1 Diesel/1 E-Motor	7500
XXVI W	U 4501–U 4700	200	1944–	842/926	56,20 × 5,50 × 5,90	1 Walter-Turbine 1 Diesel/1 E-Motor	7500 580/70

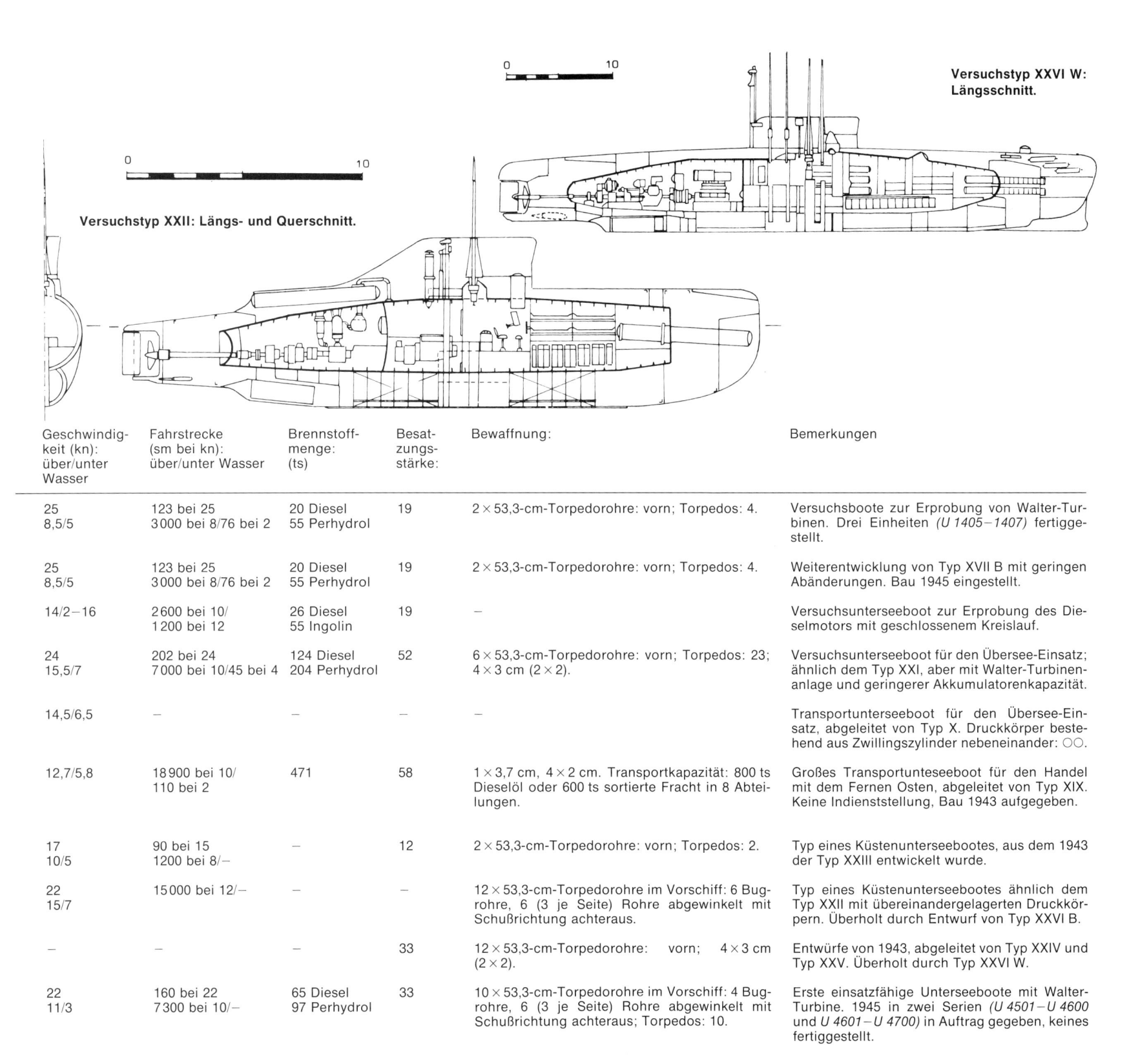

Versuchstyp XXII: Längs- und Querschnitt.

Versuchstyp XXVI W: Längsschnitt.

Geschwindigkeit (kn): über/unter Wasser	Fahrstrecke (sm bei kn): über/unter Wasser	Brennstoffmenge: (ts)	Besatzungsstärke:	Bewaffnung:	Bemerkungen
25 8,5/5	123 bei 25 3000 bei 8/76 bei 2	20 Diesel 55 Perhydrol	19	2 × 53,3-cm-Torpedorohre: vorn; Torpedos: 4.	Versuchsboote zur Erprobung von Walter-Turbinen. Drei Einheiten (U 1405–1407) fertiggestellt.
25 8,5/5	123 bei 25 3000 bei 8/76 bei 2	20 Diesel 55 Perhydrol	19	2 × 53,3-cm-Torpedorohre: vorn; Torpedos: 4.	Weiterentwicklung von Typ XVII B mit geringen Abänderungen. Bau 1945 eingestellt.
14/2–16	2600 bei 10/ 1200 bei 12	26 Diesel 55 Ingolin	19	–	Versuchsunterseeboot zur Erprobung des Dieselmotors mit geschlossenem Kreislauf.
24 15,5/7	202 bei 24 7000 bei 10/45 bei 4	124 Diesel 204 Perhydrol	52	6 × 53,3-cm-Torpedorohre: vorn; Torpedos: 23; 4 × 3 cm (2 × 2).	Versuchsunterseeboot für den Übersee-Einsatz; ähnlich dem Typ XXI, aber mit Walter-Turbinenanlage und geringerer Akkumulatorenkapazität.
14,5/6,5	–	–	–	–	Transportunterseeboot für den Übersee-Einsatz, abgeleitet von Typ X. Druckkörper bestehend aus Zwillingszylinder nebeneinander: ○○.
12,7/5,8	18900 bei 10/ 110 bei 2	471	58	1 × 3,7 cm, 4 × 2 cm. Transportkapazität: 800 ts Dieselöl oder 600 ts sortierte Fracht in 8 Abteilungen.	Großes Transportunteseeboot für den Handel mit dem Fernen Osten, abgeleitet von Typ XIX. Keine Indienststellung, Bau 1943 aufgegeben.
17 10/5	90 bei 15 1200 bei 8/–	–	12	2 × 53,3-cm-Torpedorohre: vorn; Torpedos: 2.	Typ eines Küstenunterseebootes, aus dem 1943 der Typ XXIII entwickelt wurde.
22 15/7	15000 bei 12/–	–	–	12 × 53,3-cm-Torpedorohre im Vorschiff: 6 Bugrohre, 6 (3 je Seite) Rohre abgewinkelt mit Schußrichtung achteraus.	Typ eines Küstenunterseebootes ähnlich dem Typ XXII mit übereinandergelagerten Druckkörpern. Überholt durch Entwurf von Typ XXVI B.
–	–	–	33	12 × 53,3-cm-Torpedorohre: vorn; 4 × 3 cm (2 × 2).	Entwürfe von 1943, abgeleitet von Typ XXIV und Typ XXV. Überholt durch Typ XXVI W.
22 11/3	160 bei 22 7300 bei 10/–	65 Diesel 97 Perhydrol	33	10 × 53,3-cm-Torpedorohre im Vorschiff: 4 Bugrohre, 6 (3 je Seite) Rohre abgewinkelt mit Schußrichtung achteraus; Torpedos: 10.	Erste einsatzfähige Unterseeboote mit Walter-Turbine. 1945 in zwei Serien (U 4501–U 4600 und U 4601–U 4700) in Auftrag gegeben, keines fertiggestellt.

Typ:	Serien-nummer:	Anzahl der gebauten Boote:	Jahr der Auf-tragserteilung/ Fertigstellung:	Wasserver-drängung (ts): aufgetaucht/ getaucht	Abmessungen: (m)	Motorenanlage: über/unter Wasser	PS: über/unter Wasser
XXVI E$_2$	–	–	–	830/ca. 1150	52,00 × 5,50 × 6,40	1 Diesel/1 E-Motor	2000/2500
XXVIII	–	–	–	ca. 200/–	32,00 × ? × ?	–	–/2000
XXIX A	–	–	–	681/–	53,70 × 4,80 × 5,10	1 Diesel/1 E-Motor	1035/1400
XXIX A, B, B$_2$, C, D, F, G, K$_{1-4}$	–	–	–	753 bis 825, 1035/– (D)	57,50 × 4,80 × 5,10 (A) 66,70 × 5,40 × 5,30 (D)	1 Diesel/1 E-Motor 2 Diesel/1 E-Motor (D, K$_4$)	1035 bis 2000/– 2100/2800 (C)
XXX A	–	–	–	1180/–	68,90 × 5,40 × 6,20	1 Diesel/1 E-Motor	2000/2100
XXXI	–	–	–	1200/–	53,50 × 7,00 × 6,90	1 Diesel/1 E-Motor	2000/2100
XXXII	–	–	–	ca. 90/–	–	1 Diesel geschl. Kreislauf	1500
XXXIII	–	–	–	ca. 360/–	40,00 × 6,50 × 6,90	1 Diesel geschl. Kreislauf	–
XXXIV	–	–	–	90/–	23,70 × 2,50 × 2,60	1 Diesel geschl. Kreislauf	–
XXXV	–	–	–	ca. 850/–	50,00 × ? × ?	1 Walter-Turbine	7500
XXXVI	–	–	–	ca. 930/–	–	4 Diesel geschl. Kreislauf	6000/–

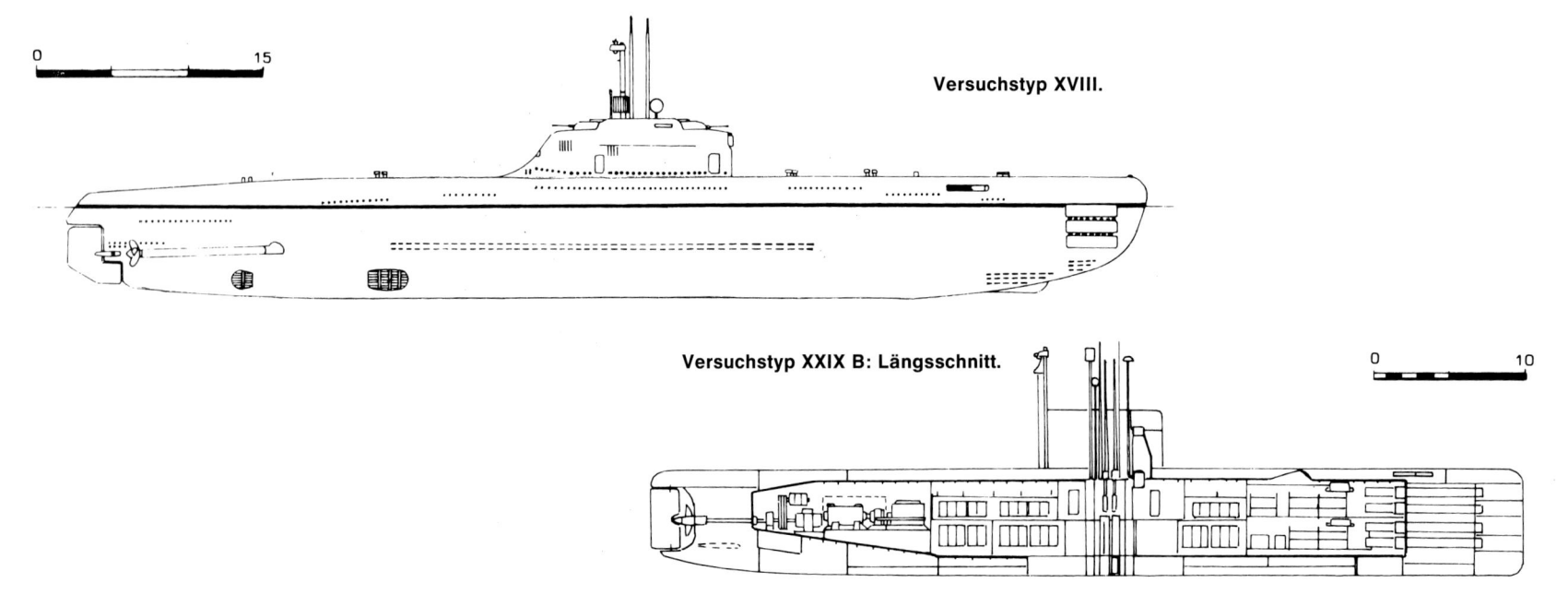

Versuchstyp XVIII.

Versuchstyp XXIX B: Längsschnitt.

Geschwindig-keit (kn): über/unter Wasser	Fahrstrecke (sm bei kn): über/unter Wasser	Brennstoff-menge: (ts)	Besat-zungs-stärke:	Bewaffnung:	Bemerkungen
14,5/16	8500 bei 10/–	–	–	8 × 53,3-cm-Torpedorohre: 4 vorn, 4 achtern rund um die Schraube; Torpedos: 8.	Ähnlich Typ XXVI W mit konventioneller Antriebsanlage und Hochleistungsbatterien.
–	–	–	–	4 × 53,3-cm-Torpedorohre: vorn.	»Reines« Unterseeboot zur Küstenverwendung mit Einzelschraube.
12,5/14	7500 bei 12/–	–	–	8 × 53,3-cm-Torpedorohre: vorn.	Schnelles Küstenunterseeboot mit Einzelschraube.
12 bis 13/ 14 bis 16 (C) 11,5/16,5	–	–	–	8 × 53,3-cm-Torpedorohre in verschiedenartiger Anordnung; Torpedos: 8. 12 × 53,3-cm-Torpedorohre; Torpedos: 12 (D).	Schnelles Küstenunterseeboot mit Einzelschraube.
14,6/15,6	15000 bei 10/–	–	–	12 × 53,3-cm-Torpedorohre im Vorschiff: 8 Bugrohre, 4 (2 je Seite) Rohre abgewinkelt mit Schußrichtung achteraus; Torpedos: 12.	Schnelles Unterseeboot für Übersee-Einsatz mit Einzelschraube; ähnlich in der Leistung dem Typ XXI.
12/14,6	15000 bei 10/–	–	–	12 × 53,3-cm-Torpedorohre: 8 vorn, 4 achtern; Torpedos: 24.	Schnelles Unterseeboot für Übersee-Einsatz mit Einzelschraube; entwickelt aus dem vorhergehenden Typ.
–/22	200 bei 12/80 bei 21	6 Oxygen	–	Zwei Torpedos in außen gelegenen Rohren.	Versuchsküstenunterseeboot zur Erprobung des Diesels mit geschlossenem Kreislauf.
–	1500 bei 6	–	–	4 × 53,3-cm-Torpedorohre: vorn; Torpedos: 6.	Versuchsküstenunterseeboot.
ca. 14/–	–	–	–	–	Versuchsküstenunterseeboot.
ca. 22/–	–	–	–	8 × 53,3-cm-Torpedorohre im Vorschiff: 6 Bugrohre, 2 (1 je Seite) Rohre abgewinkelt mit Schußrichtung achteraus; Torpedos: 8.	Hochsee-Unterseeboot mit Einzelschraube.
ca. 16	–	–	–	–	Hochsee-Unterseeboot mit Doppelschraube und Dieselantriebsanlage mit geschlossenem Kreislauf.

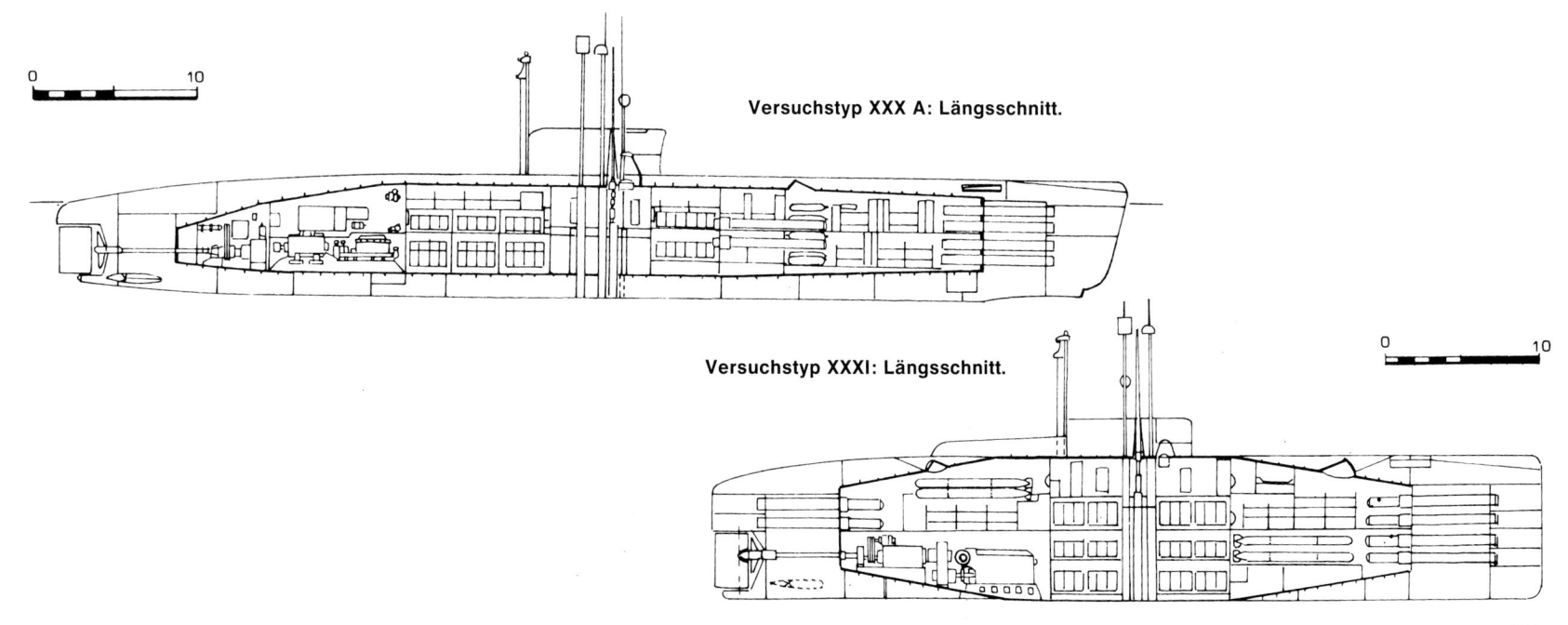

Versuchstyp XXX A: Längsschnitt.

Versuchstyp XXXI: Längsschnitt.

Großbritannien

»Von den Männern aller Waffengattungen in den Streitkräften gibt es keine Gruppe, die mehr Hingabe zeigt und schrecklicheren Gefahren ausgesetzt ist, als jene auf dem Unterseeboot. ... Zu Lande und in der Luft werden große Taten verrichtet; dennoch übertrifft keine ihre großen Leistungen.« Mit diesen Worten unterstreicht Winston Churchill die Schwierigkeiten und Gefahren, denen sich die Unterseebootswaffe der Royal Navy im Verlaufe des Zweiten Weltkrieges gegenübersah. Die Aufgabe, mit der sie konfrontiert war, unterschied sich grundlegend von jener, der die Amerikaner oder die Deutschen gegenüberstanden. Weder die lohnenden und vor allem schlecht gesicherten Ziele, welche die deutschen Unterseeboote im Atlantik fanden, noch die Massenvernichtung einer feindlichen Handelsmarine, wie sie von den Amerikanern durchgeführt wurde, kamen für die Royal Navy in Betracht. Es gab wenig Gelegenheit, einen strategischen und halbwegs unabhängigen Krieg gegen feindliche Handelsschiffe auf hoher See zu führen. Wie im Ersten Weltkrieg war die britische Seemacht von einer derartigen Stärke, daß der Handel ihrer europäischen Feinde von den Seewegen verschwand, sobald der Krieg erklärt war.

Statt dessen sahen sich die britischen Unterseebootsmänner dem endlosen Stumpfsinn langer Patrouillenfahrten vor feindlichen Stützpunkten und dem gefährlichen Angriff auf stark bewachte, dicht unter den feindlichen Küsten verlaufende Seewege gegenüber. Zwangsläufig gab es nur wenige Ziele und die Verluste waren hoch.

Die einzige Gelegenheit, einen wirklich entscheidenden Unterseebootskrieg zu führen, ergab sich im Mittelmeer. Hier brauchte die Achse eine ständige Nachschubverbindung nach Nordafrika. Das verhältnismäßig enge und flache Mittelmeer mit seinem durchsichtigen Wasser ist für die Unterseebootskriegführung nicht ideal, aber hier erzielten die britischen Unterseeboote ihre größten Erfolge gegen die Handelsschiffahrt. Auf Kosten vieler Verluste hatten ihre Angriffe zusammen mit jenen der von Malta aus operierenden Flugzeuge und Überwassereinheiten eine entscheidende Auswirkung auf den Wüstenfeldzug. Trotz der Tapferkeit der italienischen Seeleute von der Handelsmarine ging der Sieg in der Schlacht um die mittelmeerischen Nachschubverbindungen an die Alliierten. Im Mittelmeer erzielten britische Unterseeboote auch gute Erfolge gegen Kriegsschiffe.

Während des Norwegenfeldzuges bildeten die britischen Erfolge gegen Kriegsschiffe einen der wenigen hellen Flecken in jenem Bericht des Unheils. Später wurden in nordeuropäischen Gewässern weitere Erfolge erzielt, und britische Unterseeboote trugen viel dazu bei, die Handlungsfreiheit feindlicher Kriegsschiffe einschließlich Unterseeboote einzuschränken. Am 9. Februar 1945 versenkte *HMS Venturer* (sich völlig auf Asdic- und Unterwasserhorchpeilungen verlassend) *U 864*. Damit versenkte das britische Boot zum erstenmal ein anderes Unterseeboot, während beide getaucht fuhren.

Bis Ende 1943 spielten britische Boote im Krieg gegen Japan nur eine geringe Rolle; dann begannen sie, einige Erfolge im Indischen Ozean zu erringen. Obgleich bis zum Ende des Krieges eine ganze Reihe britischer Boote auf diesem Kriegsschauplatz zum Einsatz kamen, war ihr Anteil nicht bedeutend und im großen amerikanischen Pazifikfeldzug bilden sie lediglich eine Fußnote. Zum Teil resultierte dies aus der Tatsache, daß die britischen Boote zu klein waren, um für die damit verbundenen ungeheuren Entfernungen einen angemessenen Fahrbereich zu besitzen, aber hauptsächlich mangelte es an genügend Zielen.

HMS Severn.

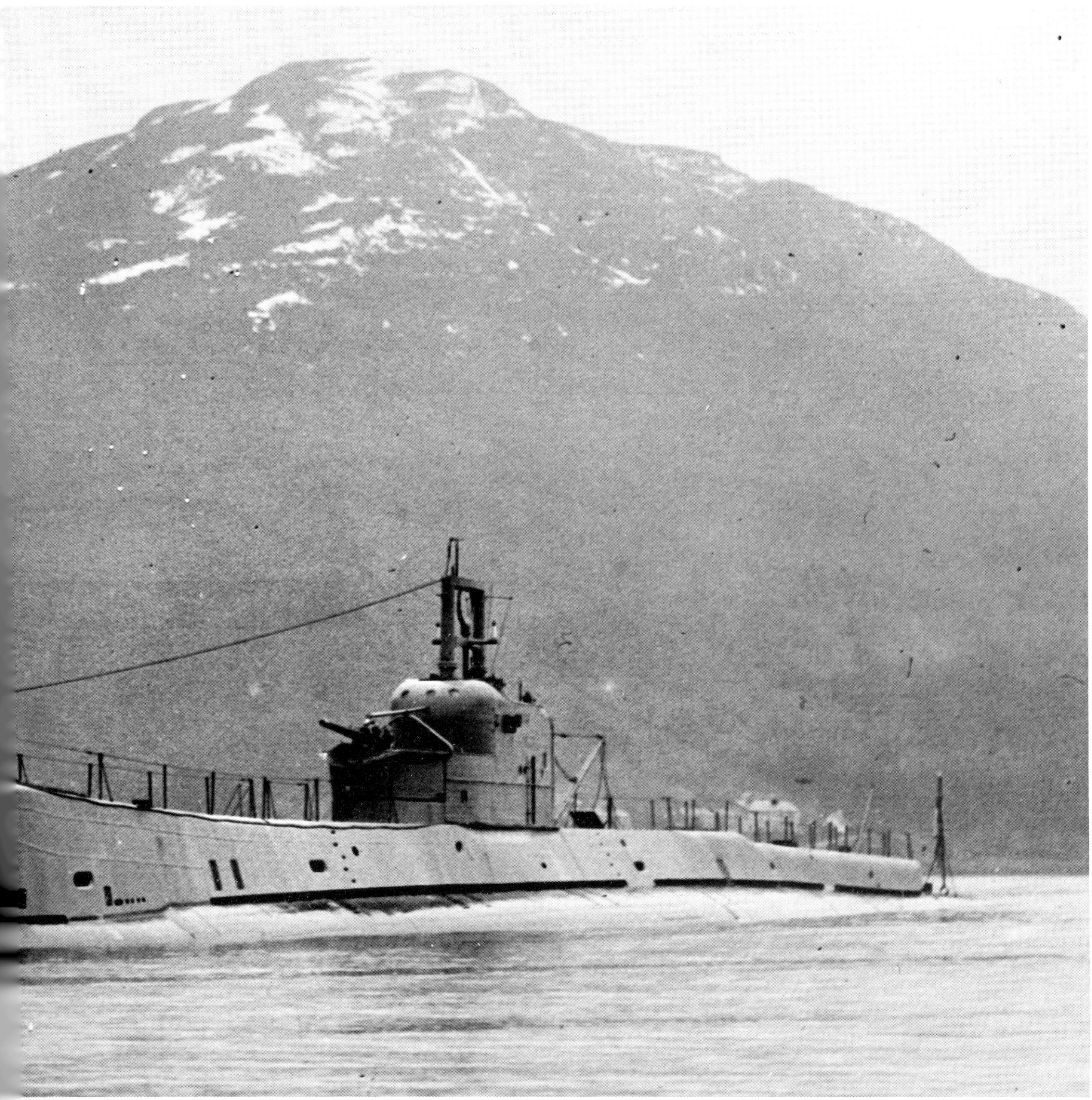

Wie wir gesehen haben, bestand in Großbritannien seit der Zeit von Lord St. Vincent ein öffentlicher Widerwille gegen das Unterseeboot.[32] Die Admiralität erkannte klar, daß es für die Vorherrschaft der Royal Navy eine der größten Bedrohungen darstellte. In Den Haag 1899, Washington 1921 in London 1930 bemühten sich britische Diplomaten, die Abschaffung dieser verhaßten Waffe zu erreichen. Während beider Weltkriege gab es einen weitverbreiteten Haß auf die U-Boote, und es ist bezeichnend, daß die Briten die Initiative ergriffen, um Großadmiral Dönitz in Nürnberg anzuklagen, mehr, so scheint es, seiner Stellung wegen, als hinsichtlich dessen, was er getan hatte.

Nichts hinderte Großbritannien jedoch daran, Unterseeboote zu bauen, sobald brauchbare Entwürfe vorlagen, bzw. seine eigene außerordentlich leistungsfähige Unterseebootswaffe zu besitzen. Für gewöhnlich ist sie mit ausgezeichneten Booten ausgerüstet worden, die den ausländischen Unterseebooten der damaligen Zeit völlig ebenbürtig waren, und die Unterseebootskommandanten sind genauso geschickt und erfinderisch gewesen, wie das bei allen übrigen Unterseebootskommandanten der Welt der Fall war.

Am 1. September 1939 standen der Royal Navy 58 Boote zur Verfügung, darunter waren 47 von modernem Typ. Die übrigen Boote gehörten alten Klassen (H und L) an, die während des Ersten Weltkrieges gebaut worden waren. Während der Zeit zwischen den Kriegen konzentrierte sich die Royal Navy mehr auf die Qualität ihrer Unterwasserflotte als auf deren Quantität. Dabei waren gute Resultate erzielt worden und die letzten Bootstypen waren für die geplanten Einsatzerfordernisse geeignet. Im Verlaufe der fünf Kriegsjahre zeigte sich dies deutlich, als die in den dreißiger Jahren geschaffenen Prototypen ohne wesentliche Änderungen in großen Stückzahlen nachgebaut wurden.

Nach dem Ende des Ersten Weltkrieges war der größte Teil der britischen Unterseebootsflotte zur Reserve überstellt worden und in den folgenden Jahren hatte man die älteren Boote verschrottet. Auf diese Weise verschwanden die Überlebenden vieler berühmter Klassen, wie zum Beispiel der A-, B- und E-Klasse.

Zu Beginn der zwanziger Jahre hatte die Flotte aus ungefähr 60 Booten bestanden, die zur H-Klasse (Küstenboote), L-Klasse (Hochsee-Angriffs- und Minenlegeboote), K-Klasse (Flottenunterseeboote mit Dampfantrieb), M-Klasse (Versuchsmonitorboote) und zur R-Klasse (U-Jagdunterseeboote, die bald verschrottet wurden) gehört hatten. Das erste nach dem Kriege entworfene Boot war X 1, ein Versuchsunterseeboot, beeinflußt durch die deutschen U-Kreuzer und damals das größte Unterseeboot der Welt. Mit diesem Boot bewies die Royal Navy, daß ein 110 m langer Rumpf mit etwa 3600 ts Wasserverdrängung unter Wasser ganz leicht manövriert werden konnte. Seine Tauchleistungen waren tatsächlich überraschend gut. Von der einsatzmäßigen Verwendung her konnte X 1 jedoch als völliger Fehlschlag betrachtet werden. Die Voraussetzungen, die zur Entwicklung von U-Kreuzern während des Ersten Weltkrieges geführt hatten, galten in den zwanziger Jahren nicht mehr, und es wäre für die Royal Navy sehr schwierig gewesen, Einheiten dieses Typs lohnend einzusetzen. Es ist schwer zu erkennen, warum das Boot überhaupt in Auftrag gegeben worden war. Aus diesem Grunde sowie infolge des ständigen Ärgers mit den sehr unzuverlässigen Dieseln wurde X 1 1936 außer Dienst gestellt und verschrottet; nach den Bestimmungen des Londoner Abkommens wurde seine Wasserverdrängung ausgenutzt, um eine entsprechende Anzahl kleinerer Boote zu bauen.

Gegen Ende der zwanziger Jahre hatte die Royal Navy daran zu denken begonnen, die im Dienst befindlichen, veraltenden Boote durch neue Einheiten zu ersetzen, die technisch fortgeschrittener waren, aber deren Aufgaben dieselben sein sollten wie die der vorhandenen Typen. Über eine Zeitspanne von Jahren hinweg entschied man sich für folgende Typen:
- Küstenboote, um die H-Klasse zu ersetzen;
- Hochseeboote, um die L-Klasse zu ersetzen;
- Minenleger mit Hochseeeigenschaften, um – in dieser besonderen Aufgabe – die L-Klasse zu ersetzen;
- Flottenboote mit Dieselantrieb und hoher Überwassergeschwindigkeit für den Einsatz mit den Schlachtgeschwadern, um die dampfgetriebenen Boote der K-Klasse zu ersetzen.

Der erste Neubautyp war die O-Klasse, abgeleitet von der L-Klasse und vorgesehen, sie zu ersetzen. Die erste Einheit, Oberon (ex O 1), lief 1929 vom Stapel und wurde im darauffolgenden Jahr in Dienst gestellt. Infolge der zunehmenden Entfremdung Japans wurde Oberon mit der Absicht einer möglichen Verwendung im Pazifik für einen größeren Aktionsradius entworfen.

Die mehr als 200 ts Brennstoff, die für die 6500 sm Fahrstrecke bei 10 kn erforderlich waren, die verstärkte Unter- und Überwasserbewaffnung sowie der verstärkte Druckkörper steigerten die Wasserverdrängung und damit die Größe der O-Klasse beträchtlich. Das Ergebnis war ein größerer Grad an Manövrierfähigkeit und hinsichtlich der Geschwindigkeitsreserve an Sicherheit. Den ersten drei Booten folgten zwei Jahre später weitere sechs, bei welchen verschiedene Mängel, besonders in bezug auf die Sicherheit, durch Steigerung der Größe ausgeschaltet wurden. Insgesamt galten die Boote der O-Klasse als nicht besonders gelungen.

Von der modifizierten O-Klasse (2. Gruppe) stammten die P- und die R-Klasse ab, insgesamt 10 Boote, die zwischen 1931 und 1932 in Dienst gestellt wurden. Wie ihre Vorgänger, so waren auch sie nicht sehr manövrierfähig.

Zur selben Zeit (1930) wurde der Entwurf der neuen Flottenunterseeboote, vorgesehen als Ersatz der K-Klasse, fertiggestellt. Auf die Namen von Flüssen getauft, wurden nur drei gebaut: Thames, Severn und Clyde. Ihre Indienststellung erfolgte zwischen 1932 und 1935. Technisch handelte es sich um einen gelungenen Typ, aber seine Einsatzdoktrin gehörte bereits der Vergangenheit an, ehe sie in die Praxis umgesetzt werden konnte. Das Beharren der »budgetbewußten« Royal Navy auf einer Einsatzmethode für Unterseeboote, die nie positive Resultate erbracht hatte, ist rätselhaft. Ursprünglich schrieb man die Erfolglosigkeit der Flottenunterseeboote bei gemeinsamen Operationen mit Überwasserstreitkräften den Schwierigkeiten der gegenseitigen Verständigung zu, aber trotz der fernmeldetechnischen Fortschritte blieb der Einsatz von Unterseebooten zusammen mit Schlachtgeschwadern ein schwieriges Unterfangen und führte häufig zu Verwirrung und Unfällen. Die fortlaufende Geschwindigkeitssteigerung bei den großen Kriegsschiffen (damals wurden 30-kn-Schlachtschiffe entworfen) gestaltete es zudem schwierig, wenn nicht unmöglich, Unterseeboote zu entwerfen, die imstande waren, mit ihnen zu operieren. Fast gleichzeitig mit dem Bau der drei »River«-Boote gab die Royal Navy das Konzept des Flottenunterseebootes auf. Es gab jedoch andere Aufgaben, wo sich die große Geschwindigkeit und der große Fahrbereich der »River«-Klasse als nützlich erwiesen (mit Ausnahme einiger japanischer Boote waren sie schneller als alle anderen).

In dieser Zeitspanne revidierte die Royal Navy ihr Modernisierungsprogramm für Unterseeboote. Sie entschied, den Bootsbau auf der Grundlage von zwei Haupttypen zu standardisieren: Boote von mittlerer Reichweite für die Nordsee und Boote für den Einsatz in Übersee, um die Einheiten der O-, P- und R-Klasse zu ersetzen, die keine guten Resultate erbracht hatten. Zum selben Zeitpunkt wurde ein Minenlegertyp – bereits im Bau – bestätigt und entschieden, daß alle neuen Boote die Brennstoffzellen im Inneren des Druckkörpers haben sollten und nicht mehr wie bisher im Raum zwischen den beiden Hüllen oder in den Ausbuchtungen. Damit sollten die Lecks in den Brennstoffzellen verhindert werden, die bei den vorhergehenden Klassen zu Schwierigkeiten geführt hatten.

Swordfish, der Prototyp der neuen S-Klasse, lief im November 1931 vom Stapel. Bei ihr handelte es sich um ein Boot mittlerer Wasserverdrän-

---

[32] Anmerkung des Übersetzers:
Als Fulton im Jahre 1805 seine Erfindung der englischen Admiralität anbot, tat der greise Sir John Jervis, der Sieger der Seeschlacht von St. Vincent, als Erster Seelord den seherhaften Ausspruch: »Seht nicht hin und rührt nicht dran! Wenn wir es (das Projekt) aufnehmen, werden es andere Nationen auch tun; und es wird der größte Schlag gegen unsere Überlegenheit auf dem Meere sein, den man sich vorstellen kann.«

gung, dessen Konstruktion und innere Gestaltung durch das Kriterium äußerster Einfachheit inspiriert worden war. *Swordfish* und die zwölf zwischen 1932 und 1938 nachfolgenden Boote erwiesen sich in jeder Hinsicht als ausgezeichnet. Zu Kriegsbeginn wurde dieser Entwurf wieder aufgegriffen und ohne große Änderungen zum Bau weiterer 61 Boote benutzt, die zwischen 1942 und 1945 in Dienst gestellt wurden.

Fast gleichzeitig mit der *S*-Klasse liefen die ersten Minenleger der *Porpoise*-Klasse vom Stapel. Auch ihr Entwurf erwies sich als besonders gut und ihre intensive Verwendung im Kriege sowohl als Minenleger wie auch als Transportunterseeboote während der Belagerung Maltas bestätigte ihre guten Eigenschaften.

Am 5. Oktober 1937 lief bei Vickers-Armstrong in Barrow der Prototyp der neuen Hochsee-Unterseeboote vom Stapel, die als Ersatz für die *O*-, *P*- und *R*-Klasse vorgesehen waren. Mit der *Triton* kam im Dezember 1938 das erste der 22 Boote der *T*-Klasse in Dienst, deren Kiellegung zwischen 1936 und 1938 und deren Indienststellung zwischen 1938 und 1942 erfolgte. Klassifiziert als »Patrouillenunterseeboote« stellte die *T*-Klasse einen überaus gelungenen Entwurf dar, vielleicht die besten von der Royal Navy zwischen den Kriegen gebauten Boote.

Der Entwurf von äußerster Einfachheit und Rationalität hatte Boote zur Folge, die leicht zu bauen, zu manövrieren und instandzuhalten waren. Der Kriegsdienst der *T*-Klasse, die – wie die *S*-Klasse – ohne größere Änderungen mit etwa 30 Einheiten nachgebaut wurde, demonstrierte klar ihren hohen Leistungsstand und bestätigte die Klugheit der übernommenen Formel. Stark, sicher und sehr manövrierfähig waren die Boote mit einer schweren Bewaffnung von 10–11 innen und außen gelegenen Torpedorohren ausgerüstet. Infolge der vorhersehbaren schnellen Verbesserung der U-Jagdtechnik und -ausrüstung war dies eine Forderung gewesen. (1936 besaßen die Briten schon das Asdic, das bereits sehr leistungsfähig war, und man nahm an, daß es andere Marinen auch bald haben würden.) Die Boote würden gezwungen sein, ihre Torpedos aus zunehmend größeren Entfernungen zu schießen, und ein Fächer von zehn Torpedos konnte den unvermeidlichen Mangel an Genauigkeit ausgleichen. Außerdem würde die zunehmende Wirksamkeit des Unterwasserschutzsystems der Schiffe sogar mehr Torpedos erfordern, um eine Versenkung zu erzielen.

Drei Jahre vor Kriegsausbruch entschied die Royal Navy, einige kleine, unbewaffnete Boote für die Ausbildung von Überwasserfahrzeugen in der Unterseebootsabwehr zu bauen. Dabei handelte es sich um die *U*-Klasse, von der *H*-Klasse abgeleitete Einhüllen-Küstenboote. Infolge Verschlechterung der internationalen Lage erhielten sie während des Baues sechs Torpedorohre, vier innen und zwei außen gelegene. Die ersten drei Boote, 1936 in Auftrag gegeben und Ende 1938 in Dienst gestellt, erwiesen sich als sehr erfolgreich, und die Marine entschloß sich sofort, weitere zwölf Boote dieser Art zu bauen, die 1939 auf Stapel gelegt wurden. Sie waren klein, mit geringen Kosten einfach und schnell zu bauen und alle Kinkerlitzchen waren weggelassen worden. Sie besaßen einen dieselelektrischen Antrieb und der Rumpf war vollständig geschweißt. Infolge ihrer begrenzten Reichweite waren sie für die Nordsee und andere enge Gewässer vorgesehen. Ihre Hauptvorzüge, die Manövrierbarkeit und leichte Handhabung, erwiesen sich im Kriege als sehr wichtig. Wie die *S*- und *T*-Klasse, so wurde auch die *U*-Klasse ohne große Änderungen mit etwa 30 Einheiten nachgebaut. Die zwischen 1943 und 1945 gebauten 22 Boote der *V*-Klasse stellten eine verbesserte und weitere vereinfachte Version der *U*-Klasse dar.

Bei Ausbruch des Krieges besaß die Royal Navy keine Unterseebootsflotte, die zahlenmäßig beeindruckte, aber die qualitative Entwicklung zwischen 1932 und 1939 war ausgezeichnet gewesen. Um den notwendigen Ausbau zu erreichen, hatte die Royal Navy die einfachste und sicherste Entscheidung getroffen und, wie sich herausstellte, die weiseste: die Prototypen, die bereits erprobt worden waren, unverzüglich und schnell nachzubauen und von Zeit zu Zeit nur geringe notwendige Änderungen vorzunehmen. Dies ergab eine ansehnliche Anzahl Boote von erwiesener Leistungsfähigkeit, in verhältnismäßig kurzer Zeit verfügbar und fast ohne Verzögerungen der Art, wie sie beim Entwurf einer Neukonstruktion auftraten.

Tabelle 14: Standort der einsatzfähigen Unterseeboote der Royal Navy im September 1939

1. Flottille (Mittelmeer)	3 der *O*-Klasse, 4 der *S*-Klasse, 2 der *Porpoise*-Klasse
2. Flottille (Dundee, Nordsee)	1 der *O*-Klasse, 8 der *O*-Klasse, 1 der *T*-Klasse
4. Flottille (China)	13 der *S*-, *P*- und *R*-Klasse, 1 der *Porpoise*-Klasse und 2 weitere auf dem Marsch
5. Flottille (Portsmouth, Kanal)	8 der *H*-Klasse, 1 der *L*-Klasse, 1 der *O*-Klasse, 1 der *Thames*-Klasse
6. Flottille (Blyth, Nordsee)	1 der *H*-Klasse, 2 der *L*-Klasse, 3 der *U*-Klasse
7. Flottille (in Freetown in Aufstellung begriffen)	2 der *Thames*-Klasse (bei der Verlegung)

Entwicklung der britischen Unterseeboote 1926–1944.

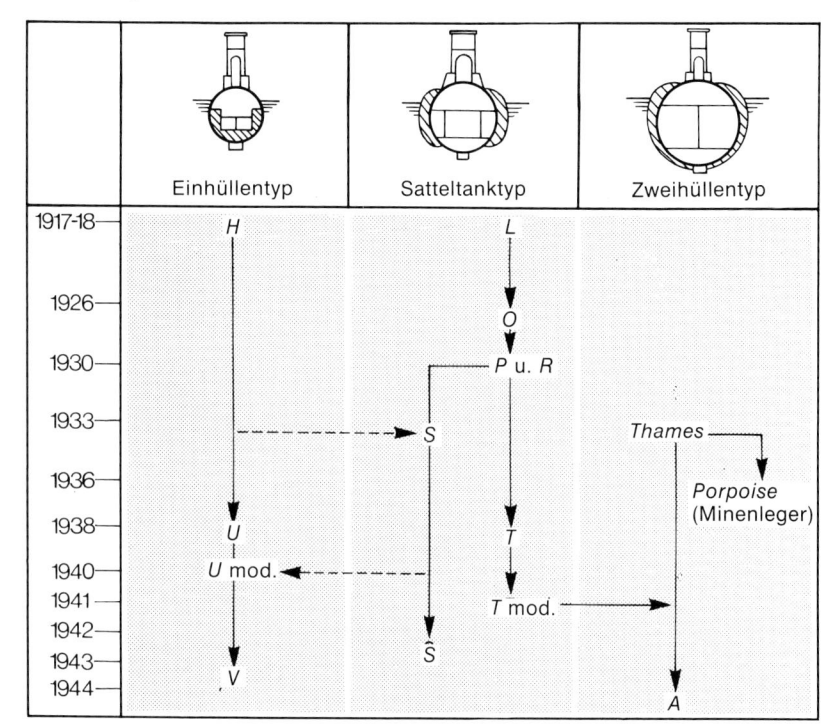

Die einzige Ausnahme zu diesem Prinzip stellte gegen Ende des Krieges der Entwurf eines Bootes mit großem Aktionsradius für den Einsatz im Pazifik dar: die *A*-Klasse, 1944 in Auftrag gegeben, aber nur zwei Einheiten wurden fertiggestellt, um vor Kriegsende noch in Dienst gestellt zu werden. Bei diesem Typ handelte es sich um große Ozeanboote, deren Geschwindigkeit, Fahrbereich und Bewaffnung bis zum äußersten entwickelt worden waren, sogar zum Nachteil der Einfachheit und Manövrierbarkeit, um sie für Operationen gegen die japanische Handelsschiffahrt, deren U-Bootsabwehrmaßnahmen unwirksam waren, anzupassen. Alle britischen Kriegsschiffe (und die meisten anderen auch) besaßen Erkennungsnummern (bekannt auch als taktische Nummern), und die Unterseeboote bildeten dabei keine Ausnahme. In den Jahren zwischen den Kriegen drehten alle nummerierten Unterseeboote ihre Bezeichnung einfach um: *H 20* trug als taktische Nummer die Bezeichnung 20 H usw. Namen tragenden Unterseebooten der *P*-Klasse waren Nummern zugewiesen, denen ein P angehängt war, wie das auch bei Booten der *O*-Klasse der Fall gewesen war. Auch die Boote der *R*-, *S*- und *T*-Klasse benutzten ihren eigenen Buchstaben, wohingegen die drei Boote der »*River*«-

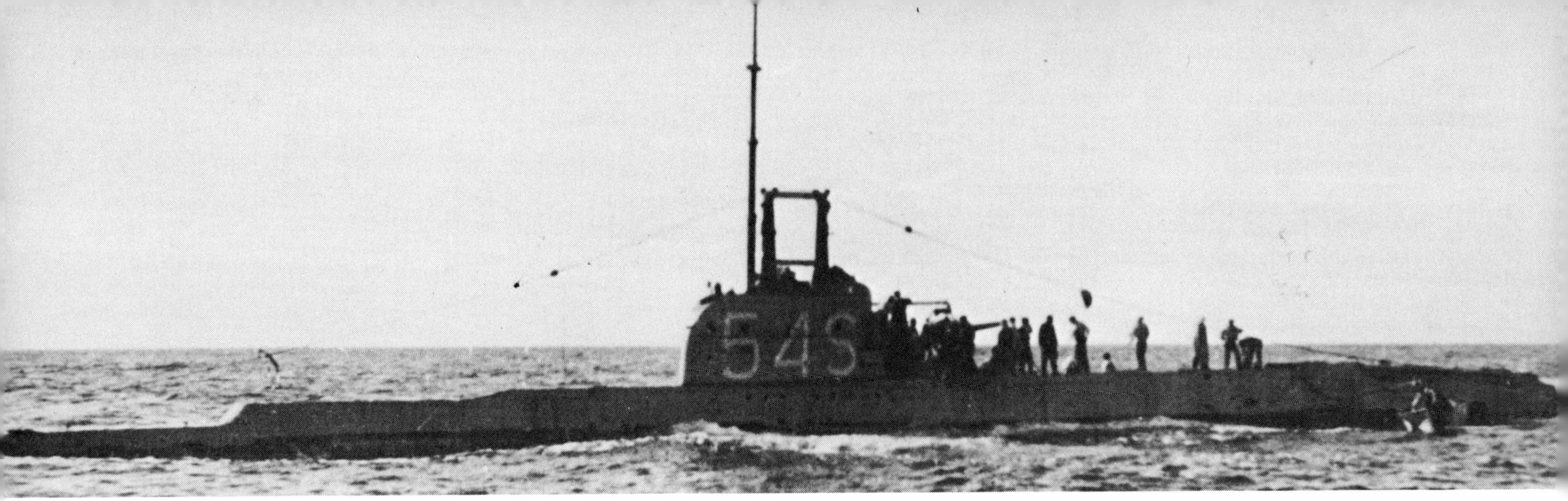
54S

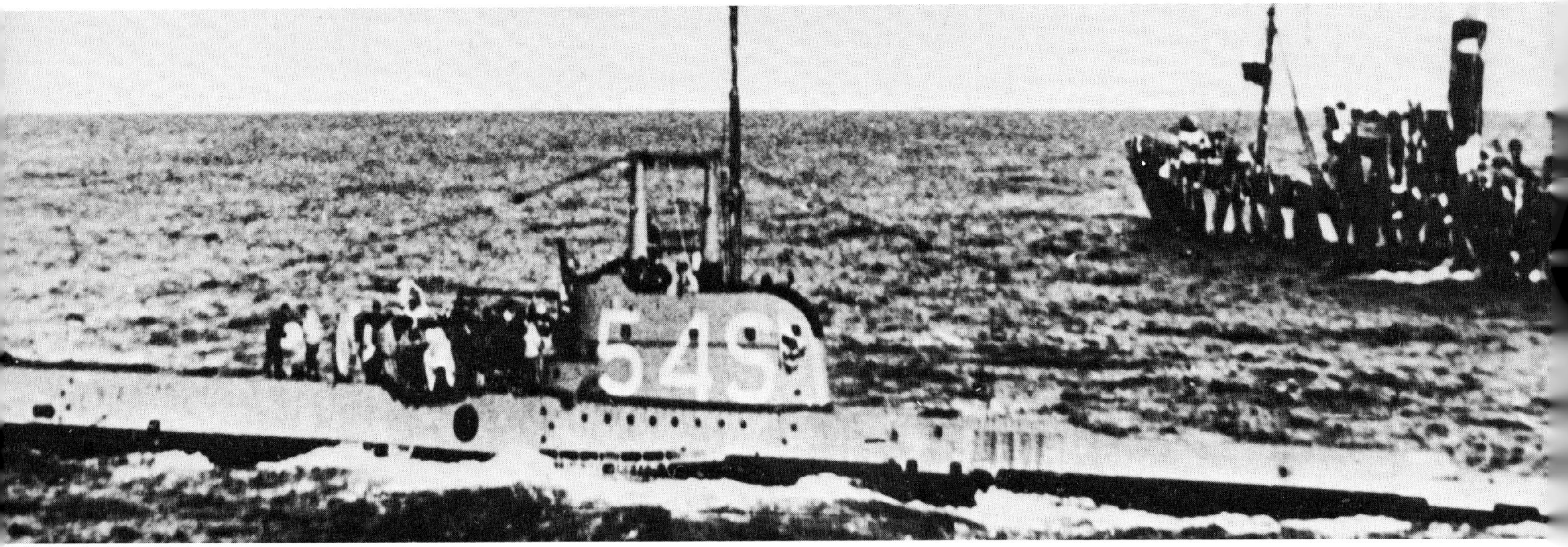
54S

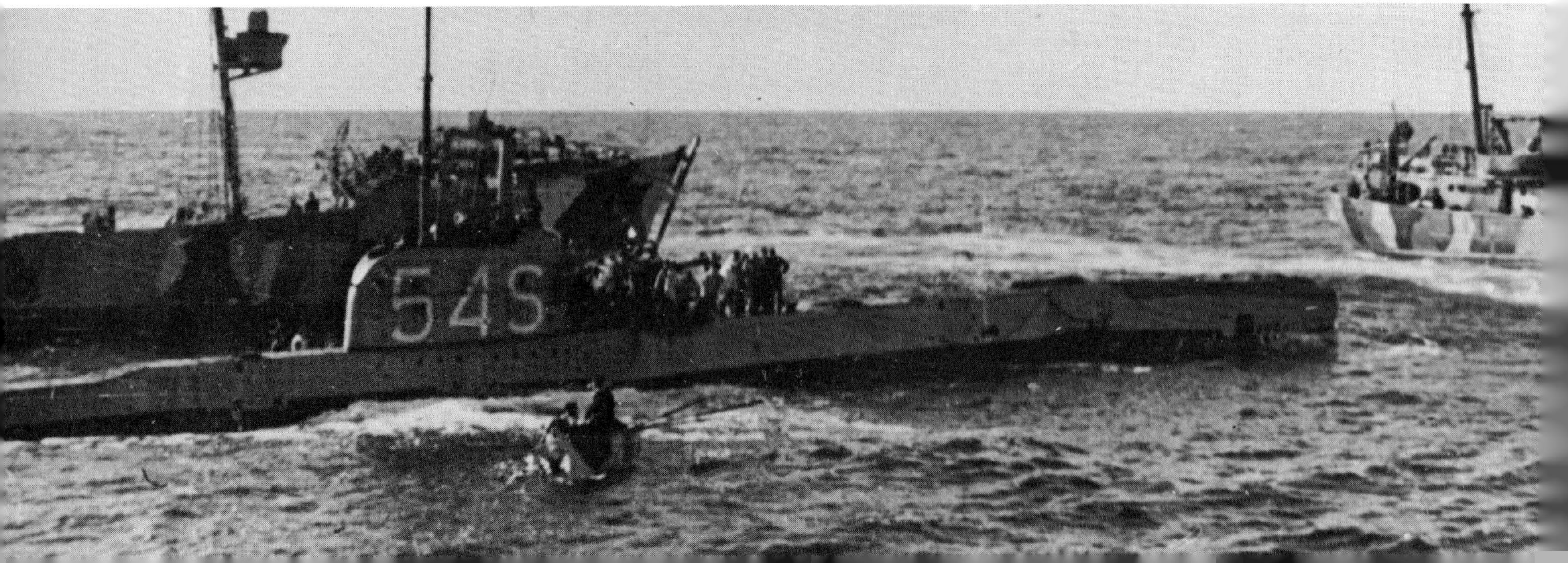
54S

Linke Seite von oben nach unten:
Die Versenkung der *Shark*, eines Bootes der *S*-Klasse, am 6. Juli 1940 in der Nordsee. Von Wasserbomben der deutschen Hilfsminensuchboote *M 1803*, *M 1806* und *M 1807* beschädigt, wurde das Unterseeboot zum Auftauchen gezwungen, sank jedoch, während die deutschen Schiffe den Versuch unternahmen, das Boot zu kapern.

Ultimatum, eines der ersten Boote der zweiten Gruppe (*U*-Klasse).

Links: *Unruffled (U*-Klasse), von Feindfahrt nach Malta zurückkehrend.

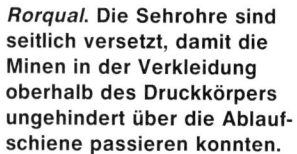

Rorqual. Die Sehrohre sind seitlich versetzt, damit die Minen in der Verkleidung oberhalb des Druckkörpers ungehindert über die Ablaufschiene passieren konnten.

Eine Gruppe britischer Boote liegt längsseits ihres Tenders. Von links nach rechts: ein Boot der *S*-Klasse (zweite Gruppe), ein Boot der *U*-Klasse, ein Boot der *S*-Klasse (ehemals türkisch) und zwei der *U*-Klasse.

Unrivalled, von Feindfahrt nach Malta zurückkehrend.

Klasse ein F für »Fleet« (Flotte), die der U-Klasse ein C für »Coastal« (Küsten-) und die Minenleger natürlich ein M angehängt erhielten.

1939 wurden allen Unterseebooten Nummern zugewiesen, die mit dem Buchstaben N endeten. Bei Kriegsausbruch lauteten die Richtlinien, Unterseeboote müssen ihre Nummer beiderseits des Kommandoturms in großen Ziffern aufgemalt führen. Weitere Verwirrung entstand aus der Entscheidung der Admiralität im Jahre 1940, den Buchstaben N **vor** die Nummer zu stellen, anstatt ihn anzuhängen, und allen im Kriege gebauten Unterseebooten eine Nummer zu geben, die mit dem Buchstaben P beginnt. Keines dieser späteren Boote sollte einen Namen führen, aber ihre Besatzungen gaben ihnen häufig inoffizielle Namen, beginnend mit dem jeweiligen Buchstaben der zugehörigen Klasse. Diese Namen waren bald allgemein in Gebrauch und Anfang 1943 entschied die Admiralität schließlich, sie offiziell anzuerkennen. Danach bekamen alle Unterseeboote wieder Namen. Die Wechsel zwischen Nummern und Namen können auf den nachfolgenden Seiten dieses Werkes verfolgt werden.

Während der ersten Kriegstage wurden mehrere Boote aus dem Fernen Osten ins Mittelmeer und von da in heimische Gewässer verlegt, nachdem sich Italien zur nicht kriegführenden Nation erklärt hatte.

In See befindliche britische Unterseeboote erhielten den Befehl, die Feindseligkeiten gegen Deutschland am 3. September um 11.00 Uhr zu beginnen. Vier Minuten später verfehlten die Torpedos eines deutschen U-Bootes die *Spearfish* um wenige Meter. Im Verlaufe der ersten Kriegsmonate unternahmen mehrere Boote Feindfahrten bis in die Ostsee, außerstande, Ziele zu finden. Den ersten Erfolg erzielte die *Sturgeon*, indem sie ein kleines U-Jagdfahrzeug im Skagerrak versenkte, aber die ersten lohnenden Resultate brachte erst der Norwegenfeldzug im April/Mai 1940. Danach spielten die Nordsee-Unterseeboote eine bedeutende Rolle bei der Bekämpfung der für die Invasion vorgesehenen deutschen Seestreitkräfte: 21 Kriegs- und Handelsschiffe mit insgesamt 75 869 BRT wurden versenkt und weitere 12 durch von Unterseebooten gelegte Minen beschädigt. Das bedeutendste Kriegsschiff, das versenkt wurde, war der Leichte Kreuzer *Karlsruhe*, am 9. April 1940 durch *Truant* vor Christiansand torpediert. Sechs Unterseeboote gingen verloren, eines davon war die *Seal*,[33] von den Deutschen während eines Minenwurfunternehmens im Kattegat gekapert.

Italiens Kriegseintritt im Juni 1940 führte zum Rückruf zahlreicher britischer Boote ins Mittelmeer. Ein hoher Grad an Angriffslust und Wagemut kennzeichnete ihre Unternehmungen und stand gleich von Anfang an im Einklang mit den besten Traditionen britischer »Seebären«. Wenn auch nicht außergewöhnlich, so waren die Ergebnisse doch gut. Dies war teilweise auf die Unwirksamkeit der U-Jagdmaßnahmen der italienischen Geleitsicherungsfahrzeuge zurückzuführen, die kein Asdic besaßen.

Vom Sommer 1940 an bis Mitte 1943 war das Mittelmeer das Hauptoperationsgebiet der britischen Unterseeboote. Hier errangen sie ihre bedeutendsten Erfolge gegen Kriegsschiffe (Versenkung der Kreuzer *Bande Nere* und *Trento* am 23. März bzw. 15. Juni 1942 durch *Umbra* und *Urge*; ernste Beschädigung des Schlachtschiffes *Littorio* und der Kreuzer *Bolzano*, *Gorizia* und *Attilio Regolo*) und Handelsschiffe (Transatlantik-Liner *Conte Rosso*, *Esperia*, *Neptunia* und *Oceania*).

Die meisten der im Mittelmeer während dieser Zeitspanne operierenden Boote waren von der T- und der U-Klasse. Infolge ihrer leichten Handhabung, Manövrierfähigkeit und Kleinheit erwiesen sich besonders die letzteren für das Mittelmeer als außerordentlich geeignet, wo große Fahrbereiche nicht erforderlich waren und wo die U-Bootsabwehr in dem Maße zunahm, wie die italienischen U-Jagdeinheiten Erfahrung gewannen und eine geeignete Ausrüstung erhielten. Im Mittelmeer erlitten die Briten ihre größten Unterwasserverluste: etwa 60% aller britischen Unterseeboote, die während des Krieges verlorengingen.

Eine interessante Einzelheit veranschaulicht die Schwierigkeiten deutlich, unter welchen die britischen Boote operierten. Während der Zeitspanne, in welcher die italienisch-deutsche Luftoffensive gegen Malta ihren Höhepunkt erreichte (Frühjahr 1942), waren die Boote der 2. Flottille gezwungen, die Tageslichtstunden in den kurzen Zeiträumen zwischen

Tabelle 15: Standort der einsatzfähigen Unterseeboote und der von der Royal Navy übernommenen Boote im Januar 1942

Flottille	Bestand
1. Flottille (Alexandria, Mittelmeer)	4 der O- und der P-Klasse, 8 der T-Klasse
2. Flottille (Malta, Mittelmeer)	13 der U-Klasse, 5 griechische Boote, 1 polnisches, 1 jugoslawisches
3. Flottille (Clyde, Atlantik)	3 der T-Klasse, 2 ex amerikanische Boote, 2 ex türkische (beschlagnahmt)
5. Flottille (Portsmouth, Kanal)	1 der U-Klasse, 1 der T-Klasse, 3 der S-Klasse, 1 der Porpoise-Klasse, 1 der R-Klasse, 1 der P-Klasse, 1 ex türkisches Boot, (beschlagnahmt), 1 norwegisches, 4 Freifranzösische, 1 ex deutsches (*Graph*)
6. Flottille (Blyth, Nordsee)	1 der T-Klasse, 1 der L-Klasse
7. Flottille (Westküste Großbritanniens)	2 der O-Klasse, 2 der L-Klasse, 7 der H-Klasse, 3 holländische Boote, 1 norwegisches, 1 polnisches
8. Flottille (Gibraltar)	2 der Thames-Klasse, 1 der O-Klasse, 1 holländisches Boot
9. Flottille (Dundee, Nordsee)	1 der U-Klasse, 3 holländische Boote, 2 Freifranzösische
Indischer Ozean	X 2 (ex italienische *Galilei*)
Pazifischer Ozean	2 der T-Klasse, 1 der R-Klasse
Atlantischer Ozean (Mittelamerika)	1 holländisches Boot, 1 Freifranzösisches
Große Werftliegezeit in den USA	1 der P-Klasse

Tabelle 16: Standort der britischen Unterseeboote im Mai 1944

Flottille	Bestand
1. Flottille (Malta, Mittelmeer)	8 der U-Klasse, 2 der S-Klasse, 4 griechische Boote, 1 holländisches, 1 jugoslawisches
3. Flottille (Holy Loch, Nordsee)	5 der U-Klasse, 7 der T-Klasse, 9 der S-Klasse, 3 holländische Boote, 2 Freifranzösische
4. Flottille (Trincomalee, Indischer Ozean)	10 der T-Klasse, 1 der S-Klasse, 1 der Porpoise-Klasse, 1 der Thames-Klasse
5. Flottille (Portsmouth, Kanal)	4 der U-Klasse, 1 der T-Klasse, 3 der S-Klasse, 1 der Porpoise-Klasse, 1 Freifranzösisches Boot, 3 polnische, 1 ex amerikanisches
6. Flottille (Blyth, Nordsee)	4 der U-Klasse, 2 der T-Klasse, 1 der O-Klasse
7. Flottille (Rothesay, Atlantik)	4 der U-Klasse, 2 der T-Klasse, 1 der S-Klasse, 1 der P-Klasse, 1 der O-Klasse, 4 holländische Boote, 1 norwegisches, 1 ex amerikanisches
8. Flottille (Trincomalee, Indischer Ozean)	9 der S-Klasse
9. Flottille (Dundee, Nordsee)	5 der U-Klasse, 1 der T-Klasse, 3 der S-Klasse, 1 ex türkisches Boot (beschlagnahmt), 2 holländische
10. Flottille (La Maddalena, Mittelmeer)	3 der U-Klasse, 1 der T-Klasse

---

[33] Anmerkung des Übersetzers:
Die Kaperung der *Seal* führte auch zur Erbeutung der Asdic-Anlage, mit der das Boot ausgerüstet war. Damit eröffneten sich für die Deutschen Möglichkeiten zur Entwicklung von Vorkehrungen, um die Asdic-Ortung zu stören, z. B. der »Bold« (siehe Fußnote 14).

den Unternehmungen auf dem Grunde des Hafens ruhend zu verbringen. Infolge dieser und anderer Vorsichtsmaßnahmen blieb der Unterseebootsstützpunkt auf Malta für die gesamte Dauer der Belagerung — wenn auch auf einem reduzierten Stand — einsatzfähig, und nur P 36, P 39 und Pandora wurden versenkt.

Mit der Ausweitung des Krieges im Pazifik und Italiens Ausscheiden aus dem Kriege begann sich die Lage spürbar zu ändern. Die Anzahl der im Mittelmeer stationierten Einheiten blieb praktisch gleichbleibend, während die neuen Einheiten, so wie sie in Dienst kamen, bevorzugt dem Pazifischen und Indischen Ozean im Hinblick auf die beträchtliche Steigerung der Aktivitäten in diesen Gebieten zugeteilt wurden.

Im Mai 1944 hatte sich die Kräfteverteilung der Unterseebootswaffe in den verschiedenen Seegebieten auf einen Stand verändert, wie ihn die Tabelle 16 darstellt. Bis zum Ende des Krieges gab es hierin keine Veränderungen, ausgenommen eine geringfügige Verstärkung jener Einheiten, die im Indischen Ozean und im Pazifischen Ozean operierten.

Bei den britischen Unterseebooten ergaben sich während des gesamten Krieges keine großen technischen Veränderungen. Die einzige Neuerung bestand im Einbauen der ersten Radargeräte von 1942 an in eine zunehmende Anzahl von Booten. Wenn auch von kurzer Reichweite, so handelte es sich dabei doch um leistungsfähige Geräte, die sowohl den Luftraum als auch die Oberfläche abtasten konnten.

Die Standardwaffe war der 53,3-cm-»Heißluft«-Torpedo, 6,70 m lang mit einem Gefechtskopf von etwa 300 kg, imstande, mit einer Geschwindigkeit von 30–35 Knoten eine durchschnittliche Laufstrecke von 8000–10000 m zurückzulegen. Als Zünder dienten Aufschlag- und Magnetpistolen. Insgesamt waren die britischen Torpedos ausgezeichnet, und die Royal Navy erlebte keine Probleme der Funktionsstörungen, welche die deutsche und die amerikanische Marine so heimsuchten. Die Torpedorohre befanden sich entweder innerhalb des Druckkörpers, von da aus nachladbar und vorn und/oder achtern gelegen, oder außerhalb in der Verkleidung untergebracht, wo sie entweder an den Seiten oder vorn und/oder achtern lagen und während der Tauchfahrt nicht nachgeladen werden konnten. Die Anzahl der innen gelegenen Rohre war für jede Klasse festgelegt, wohingegen die Anzahl der außen gelegenen Rohre von Boot zu Boot — sogar innerhalb derselben Klasse — variierte.

Britische Seeminen konnten aus den Torpedorohren geworfen werden, sie wurden anstatt der Reservetorpedos mitgeführt. Boote der T-Klasse konnten bis zu 12 Minen mitführen.

Das Kaliber der britischen Decksgeschütze betrug bei Booten mittlerer Reichweite oder für den Überseeeinsatz 10,2 cm und bei Küstenbooten 7,6 cm oder sie führten den praktisch identischen Zwölfpfünder (5,2 cm). Maschinenwaffen waren üblicherweise vom Kaliber 7,69 mm oder 2 cm (T-, S- und A-Klasse).

Die Mehrzahl der britischen Unterseeboote trug einen grauen oder bisweilen schwarzen Anstrich, aber einige besaßen auch eine ungewöhnliche Farbgebung. Zum Beispiel trugen die von Malta aus operierenden Boote der U-Klasse einen Anstrich in tiefem »Mittelmeer«blau, und zumindest ein Schema für einen dreifarbigen Tarnanstrich war für Unterseeboote vorbereitet worden, obwohl nur wenige einen solchen benutzt zu haben scheinen.

Eine augenfällige und sehr wichtige Eigenschaft britischer Unterseeboote war ihre knappe Verkleidung. Dies trug zu der sehr kurzen Tauchzeit bei, worin britische Boote unübertroffen waren; ein weiterer Hinweis darauf, daß sich die Admiralität durchaus bewußt war, daß diese Boote unter schwierigen Bedingungen in der Nähe feindlicher Stützpunkte operieren mußten. Erst sehr spät im Kriege begannen die Deutschen damit, einige ihrer Boote zu modifizieren und mit ähnlich knappen Verkleidungen zu versehen, um den Tauchvorgang zu beschleunigen.

Besondere Aufmerksamkeit wurde der Ausbildung und der Sicherheit gewidmet. Im Anschluß an den Verlust zahlreicher Boote und Besatzungsangehöriger durch Unfälle der verschiedensten Art in der Zeit zwischen den Kriegen wurden die Besatzungen britischer Boote mit entsprechender Ausrüstung ausgestattet und im britischen Hauptstützpunkt für Unterseeboote, Fort Blockhouse (HMS Dolphin) am Eingang zum Hafen von Portsmouth, in der Rettungstechnik intensiv ausgebildet.

Viele Boote, die den von den Achsenmächten besetzten Ländern gehörten bzw. den Ländern, deren Regierungen sich in Großbritannien im Exil befanden, operierten unter der Führung der Royal Navy. Tabelle 17 gibt darüber eine Aufstellung.

Oben: *Umbra*. Das Boot versenkte den italienischen Kreuzer *Trento*; der erfolgreichste Schlag eines britischen Unterseebootes gegen die italienische Marine im Mittelmeer.

Rechts: *Casabianca* (»1500 tonnes«-Typ) verläßt 1943 einen Hafen Französisch-Nordafrikas.

Unbroken, 1944 aus dem Mittelmeer heimkehrend, wo sich das Boot besonders ausgezeichnet hatte.

Tabelle 17: Unterseeboote besetzter Mächte, die unter Führung der Royal Navy operierten

Polen:	*Orzel, Wilk, Sokol, Dzik, Jastrzab*
Norwegen:	*B 1, Uredd, Ula, Utsira*
Holland:	*K 9, K 11, K 12, K 14, K 15, O 9, O 10, O 14, O 15, O 19, O 21, O 22, O 23, O 24, Zeehond, Zwaardvish, Dolfijn*
Freies Frankreich:	*Casabianca, Capes, Junon, Le Glorieux, Marsouin, Minerve, Narval (I), Ondine, Orion, Pallas, Perle, Protée, Rubis, Surcouf, Curie, Doris, Morse, Narval (II)*
Griechenland:	*Glafkos, Katsonis, Nereus, Papanicolis, Triton, Pipinos, Delfin, Matrozos*
Jugoslawien:	*Nebojsca*
Italien:[1]	*Alagi, Atropo, Bragadin, Brin, Cagni, Galatea, Giada, Mameli, Jalea, Menotti, Platino, Zoea*

[1] Mitkriegführende Einheiten nach dem 8. September 1943.

Im Verlaufe des Krieges versenkten britische Unterseeboote 493 Handelsschiffe mit insgesamt 1524000 BRT und beschädigten weitere 109 Schiffe (518000 BRT) schwer. Durch Minen, die von Unterseebooten gelegt wurden, gingen 35 Schiffe verloren. Die Verteilung dieser Erfolge auf die drei Hauptoperationsgebiete zeigt Tabelle 18.

Tabelle 18: Von britischen Unterseebooten während des Zweiten Weltkrieges versenkte oder beschädigte Handelsschiffe

Operationsgebiet:	Versenkt: Anzahl	BRT	Beschädigt: Anzahl	BRT	Versenkt durch Minen:
Nordsee und Atlantischer Ozean	84	270000	16	69000	23
Mittelmeer	361	1157000	86	435000	12
Indischer und Pazifischer Ozean	48	97000	7	14000	–

Gegen Kriegsschiffe erzielte Erfolge: 169 Schiffe versenkt (6 Kreuzer, 16 Zerstörer, 35 Unterseeboote sowie 112 kleinere Einheiten) und 55 schwer beschädigt (2 Schlachtschiffe, 10 Kreuzer, 2 Zerstörer, 6 Unterseeboote sowie 35 kleinere Einheiten). 6 weitere Fahrzeuge (1 Zerstörer, 3 Geleitsicherungsfahrzeuge und 1 Unterseeboot) gingen durch Minen verloren, die von Unterseebooten gelegt worden waren.

Die britischen Verluste waren mit insgesamt 75 Booten ziemlich hoch, davon gingen 68 im Kampf und 7 durch Unfälle aus verschiedenen Ursachen verloren. Die Verluste verteilen sich auf die Operationsgebiete wie folgt:

Nordsee, Atlantik, Ostsee:	27 Boote	(36%)
Mittelmeer:	45 Boote	(60%)
Indischer und Pazifischer Ozean:	3 Boote	(4%)

Diese hohen britischen Verluste an Unterseebooten bedeuteten annähernd 35% der 215 Boote, die sich während des Zweiten Weltkrieges im Dienst befanden. Von den insgesamt etwa 25000 Männern der Unterwasserflotte, die 1945 ca. 3% des gesamten Personalbestandes der Royal Navy darstellten, verloren auf den 75 versenkten Booten 3142 Unterseebootsmänner ihr Leben und 359 weitere gerieten in Gefangenschaft.

Vergleicht man die Gesamtzahl der von britischen Unterseebooten versenkten Kriegs- und Handelsschiffe mit dem Gesamtverlust an Booten, so zeigt sich, daß auf jedes verlorengegangene Boot 9,3 versenkte feindliche Schiffe kamen. Dieses Verhältnis war während des Krieges bei keiner Marine so hoch, ausgenommen die US-Marine, die den außergewöhnlichen Wert von 24,6 erreichte.

In der unmittelbaren Nachkriegszeit wurde die Mehrzahl der britischen Boote in die Reserve versetzt, verschrottet oder anderen Ländern überlassen. Nur ein paar Boote der *T*- und der *S*-Klasse verblieben im Dienst, während der Bau jener Boote der *A*-Klasse, die sich in einem fortgeschrittenen Baustadium oder in der Fertigstellung befanden, bei Kriegsende fortgesetzt wurde. Alle Boote waren mit einem Schnorchel ausgestattet und viele führten keine Überwasserbewaffnung mehr.

In den folgenden Jahren wurden mehrere Boote der *T*- und der *A*-Klasse nach den Richtlinien des amerikanischen »Guppy«-Programms[1] grundlegend modernisiert. Um höhere Unterwassergeschwindigkeiten zu erreichen, wurden Batterien mit größerer Kapazität eingebaut und die Stromlinienformen der Rümpfe und Kommandotürme verbessert.

[1] »Guppy« (Greater Underwater Propulsive Power)-Programm siehe Seite 257. (D.Ü.)

H-Klasse

H 28, H 31, H 32:
Bauwerft: Vickers, Barrow.
Datum: 1917–1918/19.
H 33, H 34:
Bauwerft: Cammell Laird, Birkenhead.
Datum: 1917–1919.
H 43, H 44:
Bauwerft: Armstrong, Walker.
Datum: 1917–1919/20.
H 49, H 50:
Bauwerft: Beardmore, Dalmuir.
Datum: 1918–1920.
Typverdrängung: 440 ts aufgetaucht, 500 ts getaucht.
Abmessungen: 52,10 × 4,80 × 3,80 m.
Motorenanlage: Diesel: 2 New London Ship & Engine Co.; E-Motoren: 2.
Höchstleistung: 480 PS aufgetaucht, 320 PS getaucht.
Höchstgeschwindigkeit: 13 kn aufgetaucht, 10,5 kn getaucht.
Fahrstrecke: 1900 sm bei 8 kn aufgetaucht, 23 sm bei 4 kn getaucht.
Torpedorohre: 4 × 53,3 cm vorn; Torpedos: 6.
Geschütze: 2 × 7,69-mm-Lewis-Maschinengewehre.
Besatzungsstärke: 22.

H 44.

Einhüllen-Unterseeboot mit innen gelegenen Tauchzellen des »Electric Boat«(*Holland*)-Entwurfs. Brennstoffmenge: 16 ts. Maximale Einsatztauchtiefe: 30 m. Während des Ersten Weltkrieges waren nicht alle Unterseeboote der Royal Navy in Großbritannien gebaut worden. Zehn Boote bestellte die Admiralität bei der Electric Boat Co. in Groton, annähernd nach demselben Entwurf wie die amerikanische *H*-Klasse gebaut. Gleichzeitig wurden weitere zehn bei Canadian Vickers in Montreal in Auftrag gegeben. Die Lieferung der kanadischen Boote (*H 1–H 10*) erfolgte bald, aber die zehn amerikanischen Boote (*H 11–H 20*) hielt die amerikanische Regierung bis zur Kriegserklärung an Deutschland zurück. Wie beabsichtigt, wurden dann zwei Boote (*H 11, H 12*) bei der Royal Navy in Dienst gestellt, aber *H 14* und *H 15* wurden der Royal Canadian Navy übergeben, und die übrigen sechs Boote wurden als eine Entschädigungsgeste für den Bau chilenischer Kriegsschiffe in Großbritannien an Chile überlassen, aber bei Kriegsausbruch übernommen.

In Dienst gestellt, erwies sich der Entwurf als sehr gelungen, und die Italiener bestellten acht (siehe »Italien«) und die Russen sechs Boote. Inzwischen war die Royal Navy von diesem Bootstyp so beeindruckt, daß sie auf britischen Werften weitere 33 Boote in Auftrag gab. Dabei wurde die Gelegenheit benutzt, den Entwurf geringfügig zu vergrößern. Die 45,7-cm-Torpedorohre wurden durch 53,3-cm-Rohre ersetzt und ein stärkeres Funkgerät wurde eingebaut.

Bis zum Kriegsausbruch waren nur die neun oben angeführten Boote im Dienst verblieben. Den größten Teil der Zeit zwischen den Kriegen hatten sie der Ausbildung von Unterseebootsbesatzungen und U-Jagdfahrzeugen gedient, und diese Aufgabe nahmen sie auch fast die gesamte Kriegszeit über wahr. Im ersten Kriegsjahr gab es jedoch nicht genügend moderne Unterseeboote, und so mußten die kleinen und alten Boote der *H*-Klasse als Einsatzboote Dienst verrichten. Eines (*H 49*) ging durch Feindeinwirkung und ein anderes (*H 31*) aus unbekannter Ursache verloren. Von den übrigen Booten wurden Ende 1944 vier zum Verschrotten verkauft, die restlichen drei 1945 verschrottet. Die Boote dieser Klasse konnten ein 7,6-cm-Geschütz führen; nach dem Ersten Weltkrieg waren die Geschütze jedoch entfernt worden.

L-Klasse

L 23, L 26, L 27:
Bauwerft: Vickers, Barrow (fertiggestellt auf den Marinewerften Chatham, Devonport bzw. Sheerness).
Datum: 1917–1924/26.
Typverdrängung: 890 ts aufgetaucht, 1080 ts getaucht.
Abmessungen: 72,70 × 7,20 × 3,40 m.
Motorenanlage: Diesel: 2 Vickers; E-Motoren: 2.
Höchstleistung: 2400 PS aufgetaucht, 1600 PS getaucht.
Höchstgeschwindigkeit: 17,5 kn aufgetaucht, 10,5 kn getaucht.
Fahrstrecke: 3800 sm bei 10 kn aufgetaucht, 75 sm bei 4 kn getaucht.
Torpedorohre: 4 × 53,3 cm vorn; Torpedos: 8.
Geschütze: 1 × 10,2 cm, 2 × 7,69-mm-Lewis-Maschinengewehre.
Besatzungsstärke: 35.

Einhüllen-Unterseeboot mit Satteltanks. Im wesentlichen eine verbesserte Weiterentwicklung der ausgezeichneten und berühmten E-Klasse, direkter Nachfolger der D-Klasse, der ersten Patrouillenunterseeboote für den Überseeeinsatz. Brennstoffmenge: 76 ts.
Die erste Gruppe dieser Unterseeboote (L 1–L 8) war mit sechs 45,7-cm-Torpedorohren bewaffnet, zwei davon mittschiffs querab gerichtet. Die nächsten Serien (L 9–L 12, L 14–L 36), wozu auch die drei noch vorhandenen Boote gehörten, waren von der Größe her geringfügig verlängert und mit 53,3-cm-Torpedorohre ausgestattet. Einige Boote dieser Klasse besaßen sechs Rohre, andere nur vier und waren als Minenleger nach deutschem Vorbild mit senkrechten Schächten versehen. Das 10,2-cm-Geschütz wurde an einer ungewöhnlichen Stelle geführt, nämlich oben auf dem Kommandoturm. Die letzten Boote der Klasse (L 50–L 74) besaßen zwei Geschütze statt des einen.
Die L-Klasse war ein sehr gelungener und geschätzter Entwurf gewesen, aber 1939 war sie veraltet und die meisten ihrer Boote waren verschrottet worden. Die drei noch vorhandenen Boote wurden über ein Jahr im Fronteinsatz verwendet und danach als Schulboote eingesetzt. L 26 wurde 1945 verschrottet und L 27 im selben Jahr als Zielschiff versenkt. 1946 ging das letzte Boot auf dem Weg zum Schiffsverschrotter unter.

L 26 ohne sein 10,2-cm-Decksgeschütz in der Verwendung als Schulboot.

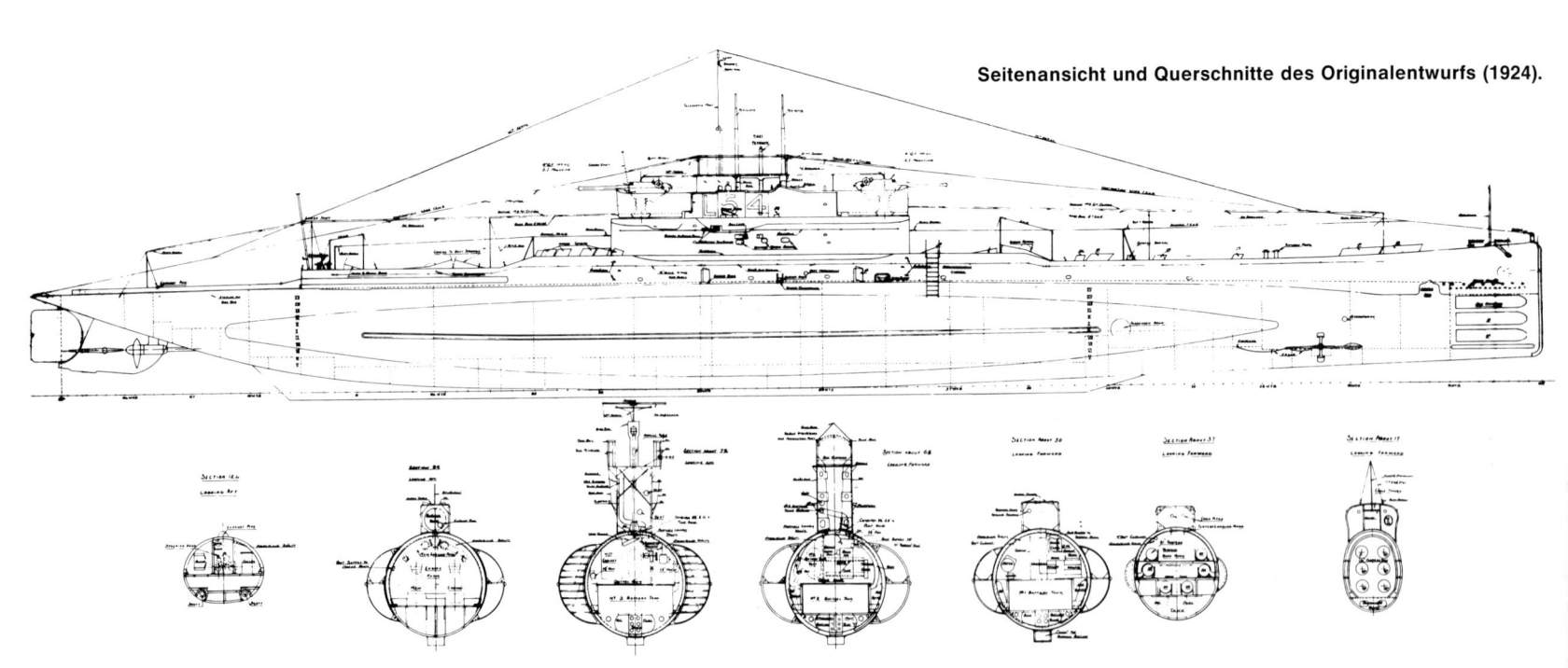

Seitenansicht und Querschnitte des Originalentwurfs (1924).

O-Klasse

Gruppe 1:
Oberon ex *O 1*:
Bauwerft: Marinewerft Chatham.
Datum: 1924–1927.
Otway ex *OA 2*, *Oxley* ex *OA 1*:
Bauwerft: Vickers-Armstrong, Barrow.
Datum: 1925–1927/27.

Gruppe 2:
Odin:
Bauwerft: Marinewerft Chatham.
Datum: 1927–1929.
Olympus, Orpheus:
Bauwerft: Beardmore, Glasgow.
Datum: 1927–1930.
Osiris, Oswald, Otus:
Bauwerft: Vickers-Armstrong, Barrow.
Datum: 1927–1929/29.

Typverdrängung:
Oberon: 1490 ts aufgetaucht, 1892 ts getaucht.
Gruppe 1: 1636 ts aufgetaucht, 1870 ts getaucht.
Gruppe 2: 1784 ts aufgetaucht, 2038 ts getaucht.
Abmessungen:
Oberon: 83,40 × 8,50 × 4,60 m.
Gruppe 1: 84,50 × 8,30 × 4,60 m.
Gruppe 2: 86,00 × 9,10 × 4,80 m.
Motorenanlage:
Gruppe 1: Diesel: 2 Vickers; E-Motoren: 2.
Gruppe 2: Diesel: 2 Admiralty; E-Motoren: 2.
Höchstleistung:
Oberon: 2950 PS aufgetaucht, 1350 PS getaucht.
Gruppe 1: 3000 PS aufgetaucht, 1350 PS getaucht.
Gruppe 2: 4400 PS aufgetaucht, 1320 PS getaucht.
Höchstgeschwindigkeit:
Gruppe 1: 15 kn aufgetaucht, 9 kn getaucht.
Gruppe 2: 17,5 kn aufgetaucht, 9 kn getaucht.
Fahrstrecke:
Oberon: 5000 sm bei 9,5 kn aufgetaucht, 60 sm bei 4 kn getaucht.
Gruppe 1: 4560 sm bei 10,3 kn aufgetaucht, 60 sm bei 4 kn getaucht.
Gruppe 2: 5180 sm bei 11,4 kn aufgetaucht, 50 sm bei 4 kn getaucht.
Torpedorohre: 8 × 53,3 cm: 6 vorn, 2 achtern; Torpedos: 16 (Gruppe 2: 14).
Geschütze: 1 × 10,2 cm, 2 × 7,69-mm-Lewis-Maschinengewehre.
Minen: Gruppe 2 konnte anstatt der Torpedos 18 Minen mitführen.
Besatzungsstärke: 56.

Hochsee-Unterseeboot vom Satteltanktyp, abgeleitet von der im Ersten Weltkrieg entworfenen *L*-Klasse. Normale Brennstoffmenge: 160 ts (*Oberon*), 166 ts (Gruppe 1), 170 ts (Gruppe 2). Maximale Einsatztauchtiefe: 70 m; die maximale Konstruktionstauchtiefe betrug 155 m.

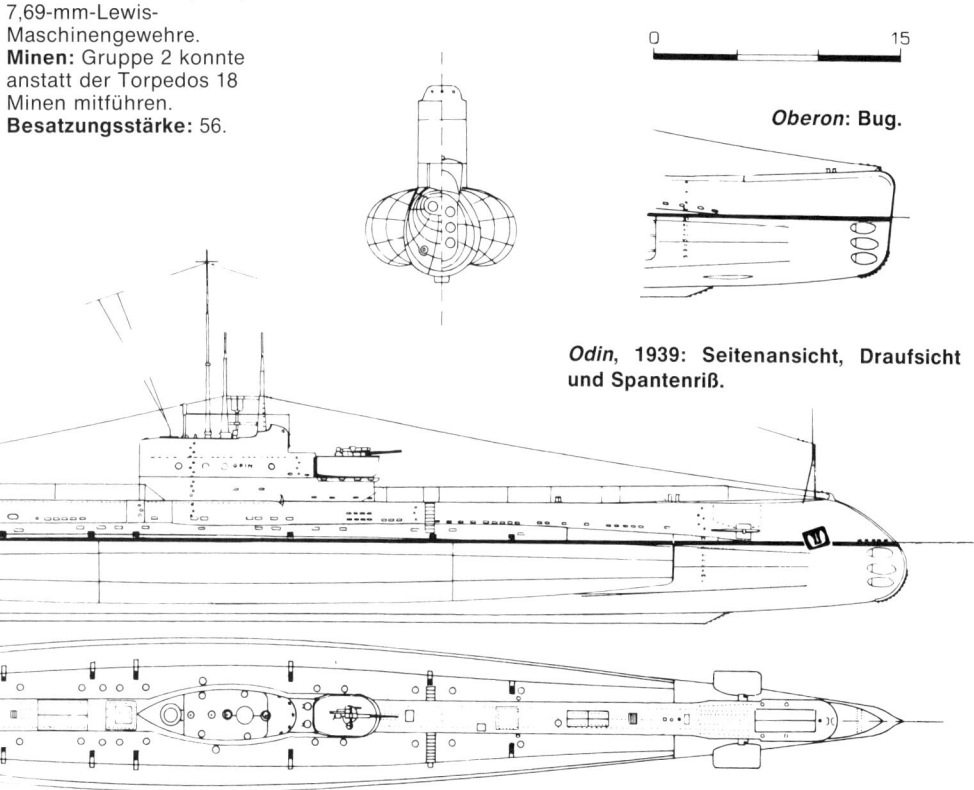

Oberon: Bug.

Odin, 1939: Seitenansicht, Draufsicht und Spantenriß.

Odin nach dem Stapellauf in der Marinewerft Chatham, 5. Mai 1928.

Oberon: **Prototyp der *O*-Klasse.**

Otway (*O*-Klasse, erste Gruppe).

Oswald (*O*-Klasse, zweite Gruppe). Veränderte Anbringung der vorderen Tiefenruder im Vergleich zu den Booten der ersten Gruppe.

Die Beendigung des englisch-japanischen Bündnisvertrages 1922 veranlaßte die Royal Navy, einen neuen Unterseebootstyp eines fortgeschritteneren Entwurfes für weitreichende Operationen und eine mögliche Verwendung im Fernen Osten in Auftrag zu geben. Der Prototyp, die *Oberon* (ursprünglich *O 1*), wurde in das Programm von 1923 einbezogen und lief am 24. September 1926 bei der Marinewerft Chatham vom Stapel.

Im Vergleich zur *L*-Klasse waren die neuen Unterseeboote annähernd 10 m länger und 1 m breiter. Die Höchstgeschwindigkeit lag um zwei Knoten niedriger, aber der Fahrbereich war beträchtlich größer und die Anzahl der Torpedorohre und der Torpedos hatte sich verdoppelt.

Zur selben Zeit baute Vickers-Armstrong zwei ähnliche Boote wie *Oberon* für die australische Marine (*AO 1* und *AO 2*, später *Oxley* und *Otway*). Nach etwa dreijähriger Dienstzeit wurden sie als Folge von Haushaltskürzungen der Royal Navy übergeben. Die beiden australischen Boote waren geringfügig größer, unterschieden sich auch vom Prototyp mit Ausnahme einer anderen Bugform, die auf den Zeichnungen und Fotografien zu erkennen ist, nicht wesentlich.

Oberon war das erste Unterseeboot der Royal Navy, das während des Baues mit Asdic ausgerüstet wurde.

Im Bauprogramm von 1926 wurde der Entschluß gefaßt, weitere sechs Boote der *O*-Klasse zu bauen; ihre Kiellegung erfolgte 1927. Die zweite Gruppe unterschied sich nicht sehr von der ersten. Infolge des Einbaues stärkerer Dieselmotoren gab es eine Verbesserung der australischen Boote hinsichtlich einer geringfügigen Steigerung an Wasserverdrängung, Abmessungen und Geschwindigkeit. Auch der Fahrbereich über Wasser erweiterte sich.

Die Entwurfsänderungen bei der zweiten Gruppe von Booten beseitigten die Unzulänglichkeiten dieses Fahrzeugtyps nicht: Mangel an Manövrierfähigkeit unter Wasser und ein schlechter Auftriebsfaktor. Sie stammten aus der beträchtlichen Steigerung an Wasserverdrängung ohne entsprechende Steigerung an Größe. Die bauliche Verstärkung und das Verstauen von fast 200 ts Dieselöl hatten die Boote so schwer gemacht, daß der Tauchvorgang gefährlich schnell ablief und schwierig zu beherrschen war.

Aus diesen Gründen und infolge der Schwierigkeiten, welche die außerhalb des Druckkörpers gelegenen Brennstoffzellen verursachten, hielt man die Boote dieser Klasse in ihrer Leistung für mittelmäßig und bereits vor dem Kriege war ihr Ersetzen binnen kurzer Zeit geplant gewesen. Zwischen 1927 und 1929 baute die Vickers-Armstrong-Werft in Barrow drei der O-Klasse sehr ähnliche Einheiten für Chile.

Bei Kriegsausbruch waren die neun im Dienst befindlichen Boote der O-Klasse im Mittelmeer (3 Einheiten), in der Nordsee (1 Einheit), im Atlantik (1 Einheit) und im Fernen Osten (4 Einheiten) stationiert. Anfänglich wurden sie zu Fronteinsätzen verwendet und ihre Stationierung wechselte mehrmals; später wurden die Boote zu Ausbildungszwecken eingesetzt. Zwischen 1941 und 1942 brachte *Otus* Nachschubgüter nach Malta. Im Kampf gingen fünf Boote verloren. Eines davon war die *Oxley*, die das britische Unterseeboot *Triton* am 10. September 1939 irrtümlich versenkte; das erste Boot, das die Royal Navy im Zweiten Weltkrieg verlor. Die restlichen vier Boote wurden zwischen 1945 und 1946 verschrottet.

Schicksal der Boote:

Datum:	Ort:	Boot:	Ursache:[1]
1939	Nordsee	*Oxley*	e
1940	Mittelmeer	*Odin, Orpheus, Oswald*	n
1942	Mittelmeer	*Olympus*	m
1945	–	*Oberon, Otway, Osiris, Otus*	r

[1] Siehe Seite 8.

P- und R-Klasse

P-Klasse:
Parthian:
Bauwerft: Marinewerft Chatham.
Datum: 1928–1931.
Perseus, Poseidon, Proteus, Pandora ex Python:
Bauwerft: Vickers-Armstrong, Barrow.
Datum: 1928–1930/30.
Phoenix:
Bauwerft: Cammell Laird, Birkenhead.
Datum: 1928–1931.

R-Klasse:
Rainbow:
Bauwerft: Marinewerft Chatham.
Datum: 1929–1932.
Regent, Regulus, Rover:
Bauwerft: Vickers-Armstrong, Barrow.
Datum: 1929–1930/31.

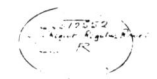

Typverdrängung:
P-Klasse: 1775 ts aufgetaucht, 2040 ts getaucht.
R-Klasse: 1772 ts aufgetaucht, 2030 ts getaucht.
Abmessungen:
P-Klasse: 88,80 × 9,10 × 4,20 m.
R-Klasse: 87,50 × 9,10 × 4,20 m.
Motorenanlage: Diesel: 2; E-Motoren: 2.
Höchstleistung: 4400 PS aufgetaucht, 1320 PS getaucht.
Höchstgeschwindigkeit: 17,5 kn aufgetaucht, 9 kn getaucht.
Fahrstrecke:
P-Klasse: 7050 sm bei 9,2 kn aufgetaucht, 62 sm bei 4 kn getaucht.
R-Klasse: 7050 sm bei 9,2 kn aufgetaucht, 70 sm bei 4 kn getaucht.
Torpedorohre: 8 × 53,3 cm: 6 vorn, 2 achtern; Torpedos: 14.
Geschütze: 1 × 10,2 cm L/40, 2 × 7,69-mm-Lewis-Maschinengewehre.
Minen: 18 (wahlweise).
Besatzungsstärke: 56.

R-Klasse: Längsschnitt (den Originalbauplänen entnommen).

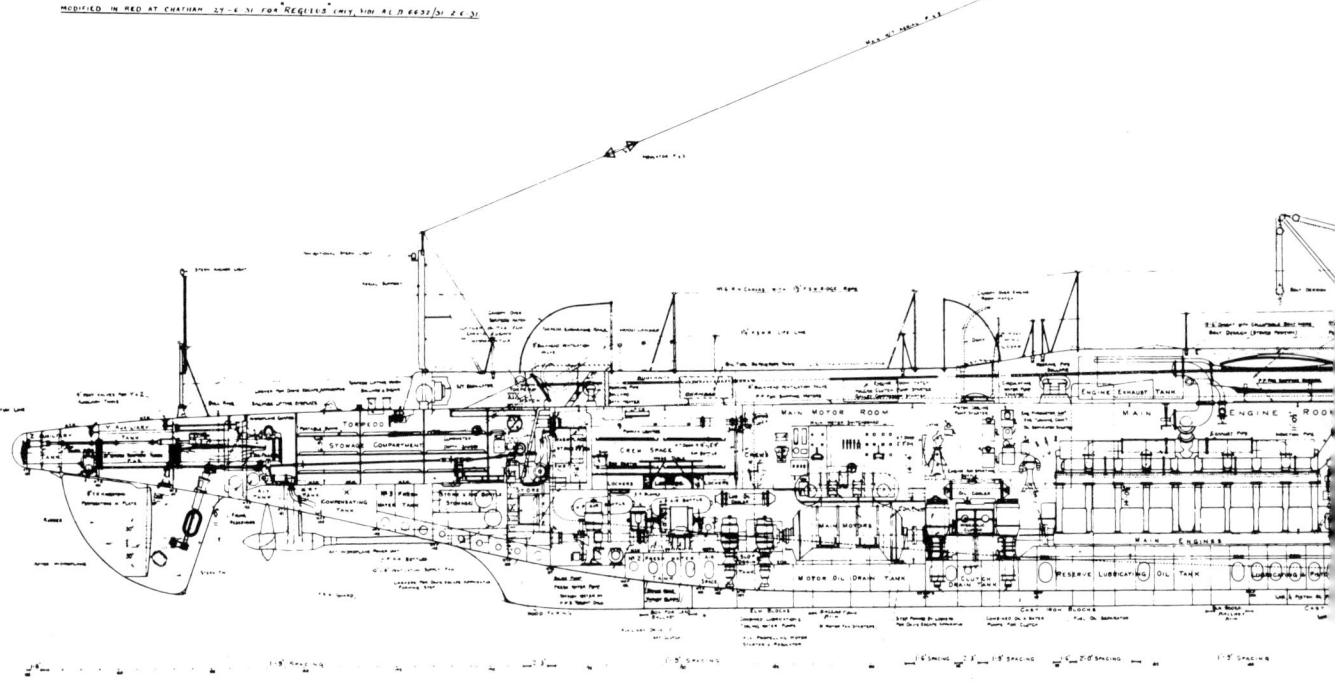

Parthian.

Regent auf Feindfahrt. Veränderte Position des Decksgeschützes im Vergleich zur P-Klasse.

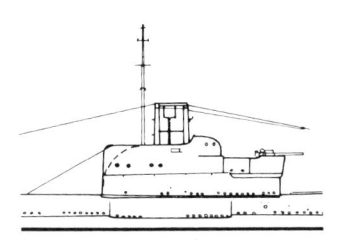

P-Klasse: Kommandoturm.

Hochsee-Satteltankunterseeboot, abgeleitet von der O-Klasse. Normale Brennstoffmenge: 160 ts (P-Klasse), 156 ts (R-Klasse). Maximale Einsatztauchtiefe: 95 m; die maximale Konstruktionstauchtiefe betrug 155 m.

Während sich die zweite Gruppe der O-Klasse noch im Bau befand, wurde mit dem Bauprogramm 1927 der Bau von weiteren sechs Einheiten ähnlicher Konstruktion (die P-Klasse) beschlossen. Ihr ursprünglicher Entwurf litt unter denselben Mängeln, wie sie bei Oberon in Erscheinung getreten waren, und deshalb wurden verschiedene Änderungen eingebracht. Die Kiellegung der sechs Boote (P-Klasse) fand 1928 statt, und als Teil des Bauprogramms jenes Jahres wurde der Bau einer weiteren Serie von sechs Booten (der R-Klasse) veranlaßt, von der aber 1929 nur vier Einheiten auf Stapel gelegt wurden. Die Aufträge für Royalist und Rupert, die bereits an 10,2-cm-Decksgeschütz L/40 tiefer aufgestellt war und das Schutzschild fehlte, das bei der P-Klasse eingeführt worden war.

Zwischen 1941 und 1942 wurden zwei Einheiten, die Pandora und die Parthian, zur Verwendung als Transportunterseeboote für Malta umgebaut. Um Platz für die Fracht zu schaffen, nahm man keine Reservetorpedos mit und eine der beiden Batteriegruppen wurde entfernt; außerdem bereitete man eine Anzahl Tauchzellen sowie mehrere Brennstoff- und Frischwasserzellen auf das Befördern von Benzin vor. Ohne irgendwelche Änderungen vorzunehmen, wurde auch Regent zur selben Zeit eingesetzt, um Malta zu versorgen. Der kriegsmäßige Einsatz der Boote dieser Klasse vollzog sich fast auf dieselbe Weise wie der der O-Klasse, und die überlebenden Boote beendeten den Krieg als Ausbildungsboote. Poseidon ging am 9. Juni 1931 bei einer Kollision mit einem Handelsschiff verloren. Während des Krieges gerieten sieben Boote in Verlust, allesamt im Mittelmeer. Die beiden einzigen überlebenden Boote wurden 1946 abgewrackt.

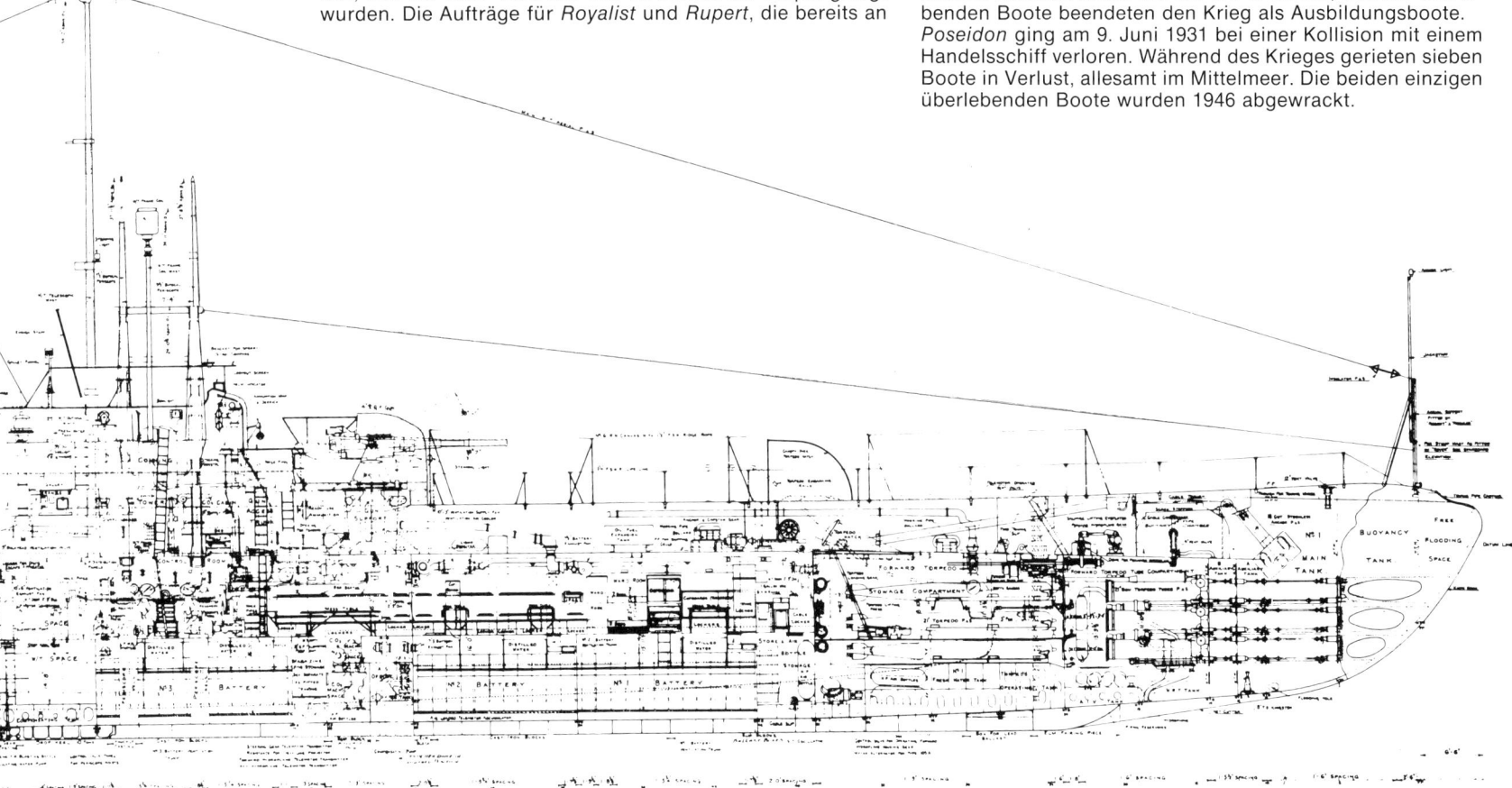

R-Klasse: Kommandoturm.

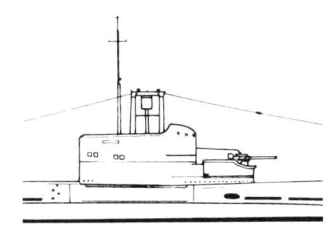

Beardmore in Dalmuir und an Cammell Laird in Birkenhead vergeben worden waren, wurden widerrufen. Der Ursache dieser Annullierung lagen hauptsächlich wirtschaftliche und politische Erwägungen zugrunde, wenn auch die gezeigten mittelmäßigen Resultate der zweiten Gruppe der O-Klasse zu dieser Entscheidung beigetragen haben müssen. Die bei der O-Klasse getroffenen Feststellungen gelten auch für die P- und die R-Klasse. Trotz der vorgenommenen Änderungen stellte sich auch bei diesen Booten heraus, daß sie in Tauchfahrt schwierig zu manövrieren und ziemlich unsicher waren. Das äußere Erscheinungsbild der Boote der P- und der R-Klasse unterschied sich von jenen der O-Klasse durch die Bugform, die der von Oberon glich. Der Unterschied zwischen R- und P-Klasse lag darin, daß bei der ersteren das

Schicksal der Boote:

Datum:	Ort:	Boot:	Ursache:[1]
1940	Mittelmeer	Phoenix	n
		Rainbow	s
		Regulus	uc
1941	Mittelmeer	Perseus	s
1942	Mittelmeer	Pandora	b
1943	Mittelmeer	Parthian, Regent	m
1946	–	Proteus, Rover	r

[1] Siehe Seite 8.

River-(Thames-)Klasse

Thames, Severn, Clyde:
Bauwerft: Vickers-Armstrong, Barrow.
Datum: 1931–1932/35.
Typverdrängung: 2165 ts aufgetaucht, 2680 ts getaucht.
Abmessungen: 105,10 × 8,60 × 4,80 (*Thames:* 4,60) m.
Motorenanlage: Diesel: 2 Admiralty; E-Motoren: 2.
Höchstleistung: 10 000 PS aufgetaucht, 2500 PS getaucht.
Höchstgeschwindigkeit: 22,25 kn aufgetaucht, 10 kn getaucht; *Thames:* 21,5 kn aufgetaucht, 10 kn getaucht.
Fahrstrecke: 6260 sm bei 12,4 kn bzw. 19 900 sm bei 5 kn aufgetaucht, 115 sm bei 4 kn getaucht.
Torpedorohre: 6 × 53,3 cm vorn; Torpedos: 14.
Geschütze: 1 × 10,2 cm L/40, 2 × 7,69-mm-Lewis-Maschinengewehre.
Minen: 12 (wahlweise).
Besatzungsstärke: 61.

Zweihüllen-Hochseeboot, entworfen zur Verwendung als Flottenunterseeboot. Normale Brennstoffmenge: 202 ts. Maximale Einsatztauchtiefe: 60 m; die maximale Konstruktionstauchtiefe betrug 95 m.

Mit dem Bauprogramm 1929 beschloß die Royal Navy eine neue Klasse von Geschwaderunterseebooten zu bauen, welche die mittlerweile veraltete K-Klasse ersetzen sollten. Um in direkter Verbindung mit Schlachtschiffen zu operieren, war eine hohe Überwassergeschwindigkeit von mindestens 20 Knoten erforderlich. Aus vielen Gründen (einschließlich Tauchgeschwindigkeit und der Serie von Unfällen, die der K-Klasse zugestoßen waren) wollte die Royal Navy keine dampfgetriebene Maschinenanlage verwenden, die wohl die notwendige Energie geliefert hätte, sondern entschied sich statt dessen für einen großen Bootstyp mit einem besonders für diesen Zweck entwickelten Hochleistungsdieselmotor. Diese Maschinenanlage bestand aus zwei Dieselmotoren mit 10 Zylindern, die je 5000 PS lieferten, und war sehr groß. Um für sie Platz zu schaffen, mußten die Hecktorpedorohre im Entwurf weggelassen werden.

Die erste Einheit dieser neuen Klasse, der »River«-(Fluß-)-Klasse, lief am 26. Januar 1932 vom Stapel und wurde Ende des Jahres in Dienst gestellt. Bei der Probefahrt erreichte der Prototyp, die *Thames*, eine Höchstgeschwindigkeit von 21,5 Knoten, was zur damaligen Zeit einen absoluten Rekord für dieselgetriebene Boote darstellten, nur von ein paar japanischen Booten gebrochen.

Diese hervorragende Geschwindigkeit garantierte jedoch nicht, daß die Boote imstande sein würden, mit großen Überwasserkriegsschiffen zu operieren, da auch die Geschwindigkeit der letzteren ständig zunahm. Anfang der dreißiger Jahre waren Schlachtschiffe mit einer Konstruktionsgeschwindigkeit von 30 Knoten im Bau. Diese Geschwindigkeit übertraf die der damaligen Unterseeboote bei weitem, und die Royal Navy gab den Gedanken des Flottenunterseebootes auf. Trotzdem folgten der *Thames* zwei weitere Boote, die *Clyde* und die *Severn*. Gebilligt in den Haushalten von 1931 und 1932, wurden sie 1934 auf Kiel gelegt und im folgenden Jahr in Dienst gestellt. Vom Prototyp unterschieden sie sich nur geringfügig; sie waren etwa um einen Knoten schneller.

Die Boote der »River«-Klasse stellten einen durchaus gelungenen Typ dar – trotz der einsatzmäßigen Beschränkungen, auferlegt durch ihre Größe (welche die Manövrierfähigkeit herabsetzte) und der verhältnismäßig geringen Bewaffnung angesichts ihrer Wasserverdrängung. Der hohen Überwassergeschwindigkeit, wesentlich für Flottenunterseeboote, war alles geopfert worden, und die Unterbringung der großen Brennstoffmenge in Zellen außerhalb des Druckkörpers verursachte mehrere Probleme, einschließlich der relativ häufigen Verluste von Dieselöl.

Bei Kriegsausbruch befand sich die *Thames* in heimischen Gewässern und die *Clyde* und die *Severn* waren nach Freetown unterwegs, wo die 7. Unterseebootsflottille aufgestellt werden sollte. Sie kehrten jedoch kurz darauf nach England zurück und operierten bis 1941 von britischen Stützpunkten aus. In dieser Zeitspanne beschädigte der deutsche Schlachtkreuzer[34] *Gneisenau* am 20. Juli 1940 die *Clyde* vor der norwegischen Küste schwer. Im Juni 1940 sank *Thames* nach Minentreffer vor Norwegen. 1941 verlegten die anderen beiden Boote ins Mittelmeer, wo sie von Gibraltar aus mit einem gewissen Grad an Erfolg operierten – trotz ihrer Größe, die sich für viele Boote der O-, P- und R-Klasse als verhängnisvoll erwiesen hatte.

1944 verlegten *Severn* und *Clyde* in den Fernen Osten, wo ihr großer Fahrbereich und ihre ausgezeichnete Überwassergeschwindigkeit besser genutzt werden konnten. Jedoch nur die *Severn* konnte zu Feindfahrten auslaufen, da die *Clyde* infolge ihres reparaturbedürftigen Zustandes daran gehindert war.

Nachdem *Severn* in Trincomalee teilweise zur Gewinnung von Ersatzteilen demontiert worden war, wurde sie bei Kriegsende in Ceylon abgewrackt. *Clyde* ereilte dasselbe Schicksal in Südafrika.

[34] Anmerkung des Übersetzers:
Gemeint ist das Schlachtschiff *Gneisenau*, das in der Auslandsliteratur vielfach als »Schlachtkreuzer« bezeichnet wird, da es in der Tat manche Konstruktionsmerkmale mit Schlachtkreuzern gemeinsam hat. In Deutschland wurde diese Bezeichnung nie verwendet.

Thames in Fahrt.

Schicksal der Boote:

Datum:	Ort:	Boot:	Ursache:[1]
1940	Nordsee	*Thames*	m
1946	–	*Severn, Clyde*	r

[1] Siehe Seite 8.

Porpoise-Klasse

Porpoise, Narwhal, Rorqual:
Bauwerft: Vickers-Armstrong, Barrow.
Datum: 1931–1933/37.
Grampus, Seal:
Bauwerft: Marinewerft Chatham.
Datum: 1934–1937/39.
Cachalot:
Bauwerft: Scotts, Greenock.
Datum: 1936–1938.
Typverdrängung: 1810 ts aufgetaucht, 2157 ts getaucht. *Porpoise:* 1782 ts aufgetaucht, 2053 ts getaucht.
Abmessungen: 89,10 × 7,70 × 5,10 m.
Motorenanlage: Diesel: 2; E-Motoren: 2.
Höchstleistung: 3300 PS aufgetaucht, 1630 PS getaucht.
Höchstgeschwindigkeit: 15,75 kn aufgetaucht, 8,75 kn getaucht.
Porpoise: 15 kn aufgetaucht, 8,75 kn getaucht.
Fahrstrecke: 5880 sm bei 9,3 kn aufgetaucht, 64 sm bei 4 kn getaucht; *Porpoise:* 6300 sm bei 10,6 kn aufgetaucht, 64 sm bei 4 kn getaucht.
Torpedorohre: 6 × 53,3 cm vorn; Torpedos: 12.
Geschütze: 1 × 10,2 cm L/40, 2 × 7,69-mm-Lewis-Maschinengewehre.
Minen: 50.
Besatzungsstärke: 59.

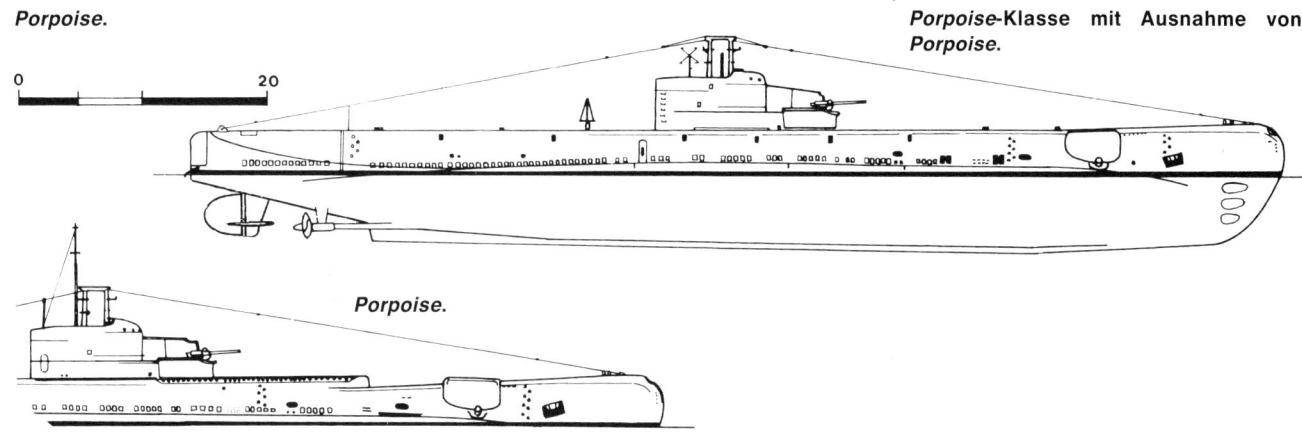

Porpoise.

Porpoise-Klasse mit Ausnahme von *Porpoise*.

Porpoise.

Zweihüllen-U-Minenleger. Normale Brennstoffmenge: 150 ts. Maximale Einsatztauchtiefe: 66 m; die maximale Konstruktionstauchtiefe betrug 95 m.

Diese Klasse ausgezeichneter Minenleger entstammte der Erfahrung, welche die Royal Navy in den zwanziger Jahren gewonnen hatte, als sie einen der großen Unterseeboots-Monitore der *M*-Klasse, die *M 3*, in einen Versuchsminenleger umbauen ließ. Das eingeführte Minenlegesystem ähnelte sehr dem, das die Überwasserfahrzeuge verwendeten. Die Minen befanden sich nicht in mehr oder weniger senkrechten Schächten, wie bei den meisten Minenlegern dieser Zeit, sondern in einer langen, hohen Verkleidung über dem Druckkörper. Die Verkleidung war innen mit einer Ablaufschiene ausgestattet, die auf dem Druckkörper auflag, und die Minen wurden durch eine Winde über einen Kettenmechanismus entlang der Ablaufschiene zum Heck gezogen, von wo aus sie durch eine Luke das Boot verließen. Bei den Minen handelte es sich um den britischen Standard-Ankertau-Typ Mk XVI. Das System war sehr einfach, und die Minenlege-Unternehmungen waren ziemlich sicher und leicht zu bewerkstelligen, wenn auch das Mitführen der Minen außerhalb des Druckkörpers unter bestimmten Umständen gefährlich sein konnte.

Das erste Boot der Klasse, die *Porpoise*, war im Haushalt von 1930 bewilligt worden und lief am 30. August 1932 vom Stapel. Seinen Entwurf hatten die gleichzeitig entstehenden Boote der *Thames*-Klasse beeinflußt, mit welchen er viele technische Aspekte gemeinsam hatte. Zwischen 1933 und 1939 folgten der *Porpoise* weitere fünf Boote, die sich vom Prototyp in ihren vergrößerten Ausmaßen und in der gesteigerten Minenkapazität unterschieden. Bei *Porpoise* endete die Verkleidung für die Minen etwa 19 m vor dem Bug, bei den anderen Einheiten war sie vom Bug bis zum Heck durchgehend. Mit voller Minenladung (50 Minen) erreichten diese Boote eine Wasserverdrängung von 1810 ts über Wasser und 2155 ts unter Wasser.

Das Notprogramm von 1940 forderte den Bau von drei weiteren Fahrzeugen desselben Typs auf der Scotts-Werft in Greenock, aber der Vertrag wurde im September 1941 annulliert, weil ein besonderer Minentyp – Ausstoß durch die 53,3-cm-Torpedorohre – entwickelt worden war. Diese Neuentwicklung gestattete es, wie in der deutschen und amerikanischen Marine alle normalen Angriffsunterseeboote als Minenleger zu verwenden. Im Kriege jedoch wurden die Angriffsunterseeboote selten zum Minenlegen eingesetzt; dies blieb fast ausschließlich die Aufgabe der Boote der *Porpoise*-Klasse. Diese legten insgesamt 2599 Minen, die sich auf die einzelnen Boote wie folgt verteilten: *Grampus* 50, *Seal* 50, *Cachalot* 300, *Narwhal* 450, *Porpoise* 465 und *Rorqual* 1284.

Der U-Minenleger *Rorqual* in Malta. Im Vordergrund liegt ein Boot der *T*-Klasse vertäut.

Zu Beginn des Krieges waren *Cachalot* und *Narwhal* im Mittelmeer stationiert, *Rorqual* befand sich in China und *Seal* sowie *Grampus* waren nach dort unterwegs, nur *Porpoise* operierte in heimischen Gewässern.

Seal und *Narwhal* erhielten den Befehl, sofort zum Einsatz in der Nordsee zurückzukehren, und *Rorqual* sowie *Grampus* hatten in der Folge ins Mittelmeer zu verlegen. Das erste Opfer war *Seal*. Beim Legen einer Offensivesperre im Kattegat schwer beschädigt, wurde sie gekapert und nach der Reparatur als *U B* durch die deutsche Kriegsmarine in Dienst gestellt. Zwischen 1940 und 1943 wurden die einzelnen Boote hauptsächlich in der Nordsee und im Mittelmeer eingesetzt, wo sie auch zur Entlastung Maltas zwischen 1941 und 1942 beitrugen. 1944 wurden die beiden letzten noch im Dienst befindlichen Boote, *Porpoise* und *Rorqual*, in den Fernen Osten entsandt. *Porpoise* ging verloren und *Rorqual* verblieb dort bis zum Ende des Krieges.

Schicksal der Boote:

Datum:	Ort:	Boot:	Ursache:[1]
1940	Mittelmeer	*Seal*	c
		Narwhal	uc
	Mittelmeer	*Grampus*	n
1941	Mittelmeer	*Cachalot*	n
1945	Pazifik	*Porpoise*	a
1946	–	*Rorqual*	r

[1] Siehe Seite 8.

S-Klasse

Gruppe 1 (4 Einheiten): *Sturgeon, Swordfish, Seahorse, Starfish:*
Bauwerft: Marinewerft Chatham.
Datum: 1930–1932/33.

Gruppe 2 (8 Einheiten): *Sealion, Salmon, Spearfish:*
Bauwerft: Cammell Laird, Birkenhead.
Datum: 1933–1934/36.
Shark, Snapper, Sunfish, Sterlet:
Bauwerft: Marinewerft Chatham.
Datum: 1933–1934/38.
Seawolf:
Bauwerft: Scotts, Greenock.
Datum: 1934–1936.

Gruppe 3 (50 Einheiten): *Safari ex P 211 ex P 61, Sahib ex P 212 ex P 62, Saracen ex P 213 ex P 63:*
Bauwerft: Cammell Laird, Birkenhead.
Datum: 1940–1942/42.
Satyr ex P 214 ex P 64, Sceptre ex P 215 ex P 65:
Bauwerft: Scotts, Greenock.
Datum: 1941–1942/43.

Sea Dog ex P 216 ex P 66, Sibyl ex P 217 ex P 67, Sea Nymph ex P 225:
Bauwerft: Cammell Laird, Birkenhead.
Datum: 1941–1942/43.
Sea Rover ex P 218 ex P 68, Sirdar ex P 226, Spiteful ex P 227:
Bauwerft: Scotts, Greenock.
Datum: 1941–1943/43.
Seraph ex P 219 ex P 69, Shakespeare ex P 221 ex P 71, P 222 ex P 72:
Bauwerft: Vickers-Armstrong, Barrow.
Datum: 1940–1942/42.
Splendid ex P 228, Sportsman ex P 229:
Bauwerft: Marinewerft Chatham.
Datum: 1941–1942/42.
Stoic ex P 231, Stonehenge ex P 232, Storm ex P 233, Stratagem ex P 234, Stubborn ex P 238, Surf ex P 239, Syrtis, Spirit, Statesman, Sickle, Simoon:
Bauwerft: Cammell Laird, Birkenhead.
Datum: 1942–1943/44.

Strongbow ex P 235, Spark ex P 236, Scythian ex P 237, Scotsman, Sea Devil:
Bauwerft: Scotts, Greenock.
Datum: 1943–1944/45.
Shalimar:
Bauwerft: Marinewerft Chatham.
Datum: 1942–1943.
Sturdy, Stygian, Subtle, Supreme, Seascout, Selene, Saga, Scorcher, Sidon, Sleuth, Solent, Spearhead, Springer, Spur, Sanguine:
Bauwerft: Cammell Laird, Birkenhead.
Datum: 1943–1943/45.
Senescal, Sentinel:
Bauwerft: Scotts, Greenock.
Datum: 1943–1945/45.

1945 annullierte Einheiten: *Sea Robin, Sprightly, Surface, Surge:*
Bauwerft: Cammell Laird, Birkenhead.

Typverdrängung:
Gruppe 1: 737 ts aufgetaucht, 927 ts getaucht.
Gruppe 2: 768 ts aufgetaucht, 960 ts getaucht.
Gruppe 3: 814–872 ts aufgetaucht, 990 ts getaucht.
Abmessungen:
Gruppe 1: 61,70 × 7,30 × 3,20 m.
Gruppe 2: 63,60 × 7,30 × 3,20 m.
Gruppe 3: 66,10 × 7,20 × 3,40 m.
Motorenanlage:
Gruppe 1: Diesel: 2 Admiralty; E-Motoren: 2.
Gruppe 2: Diesel: 2 Admiralty; E-Motoren: 2.
Gruppe 3: Diesel: 2 Admiralty oder Scott; E-Motoren: 2 General Electric oder Metrovick.
Höchstleistung:
Gruppe 1: 1550 PS aufgetaucht, 1300 PS getaucht.
Gruppe 2: 1550 PS aufgetaucht, 1300 PS getaucht; *Sunfish:* 1900 PS aufgetaucht, 1300 PS getaucht.
Gruppe 3: 1900 PS aufgetaucht, 1300 PS getaucht.
Höchstgeschwindigkeit:
Gruppe 1: 13,75 kn aufgetaucht, 10 kn getaucht.
Gruppe 2: 13,75 kn aufgetaucht, 10 kn getaucht; *Sunfish:* 15 kn aufgetaucht, 10 kn getaucht.
Gruppe 3: 15 kn aufgetaucht, 10 kn getaucht.
Fahrstrecke:
Gruppe 1: 3800 sm bei 10 kn aufgetaucht, ? sm bei ? kn getaucht.
Gruppe 2: 6000 sm bei 10 kn aufgetaucht, ? sm bei ? kn getaucht.
Gruppe 3: Angaben fehlen.
Torpedorohre: 6 × 53,3 cm vorn; Torpedos: 12.
Geschütze: 1 × 7,6 cm L/50.
Besatzungsstärke:
Gruppe 1: 36.
Gruppe 2: 39.
Gruppe 3: 48.

Satteltank-Unterseeboot mittlerer Reichweite. Normale Brennstoffmenge: 38 ts (Gruppe 1), 38–40 ts (Gruppe 2), 48 ts, später 72 ts, danach 91–98 ts (Gruppe 3). Maximale Einsatztauchtiefe: 95 m (Gruppe 1 und 2), 110 m (Gruppe 3).

Bootsheck der Gruppe 2, wenn ein 10,2-cm-Geschütz geführt wurde.

S-Klasse 1939/45, Gruppe 1.

S-Klasse, Gruppe 2, mit Hecktorpedorohr und 7,6-cm-Geschütz.

S-Klasse, Gruppe 2, mit 10,2-cm-Geschütz.

S-Klasse, Gruppe 1, 1934: Längsschnitt.

Starfish 1933 während der Erprobungsfahrten.

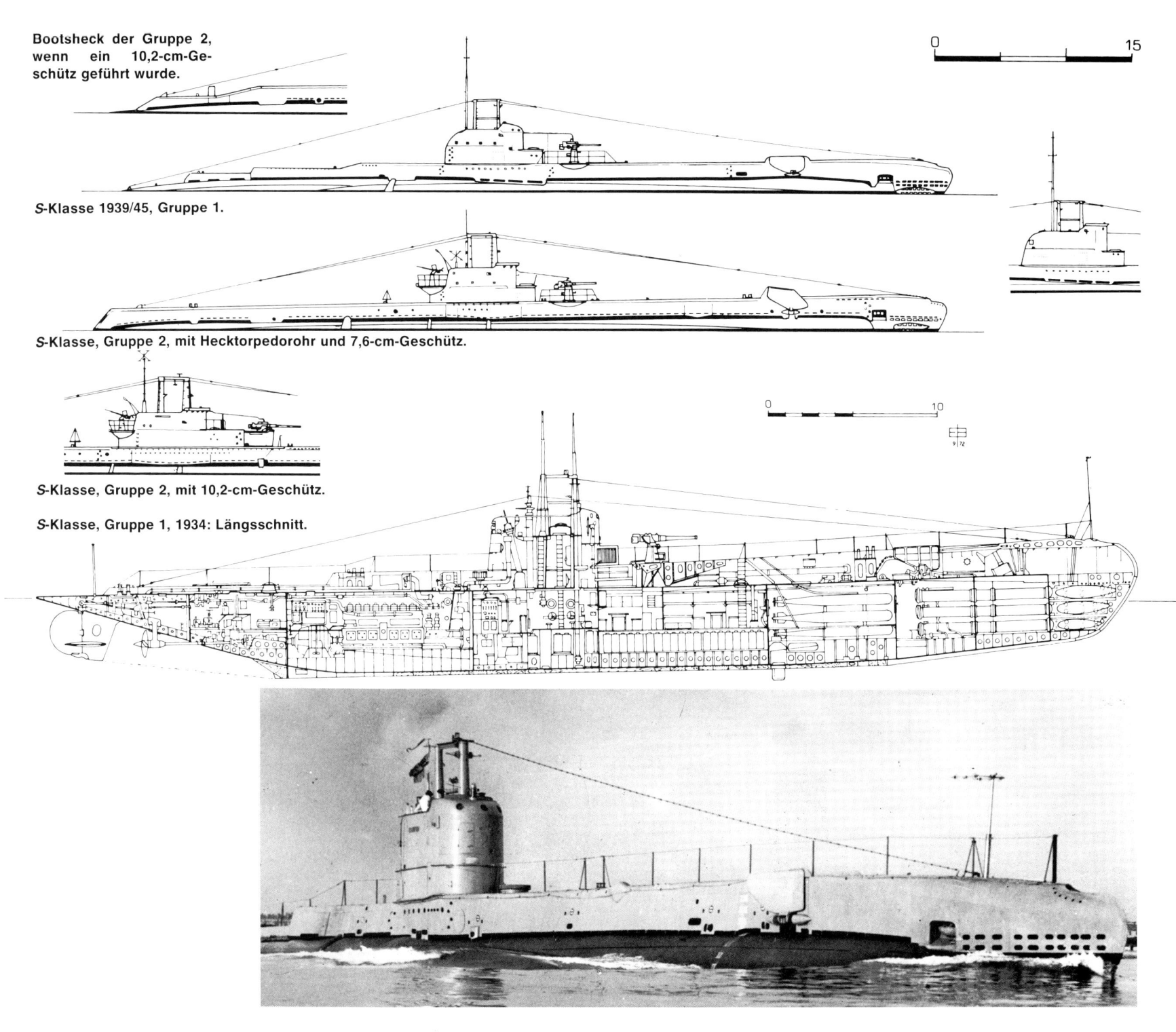

Geringste Schnelltauchzeit: annähernd 25–30 Sekunden.

In Übereinstimmung mit dem Plan zur Modernisierung der Unterseebootswaffe entschied die Royal Navy 1930, einen neuen Bootstyp zu bauen, der zur Verwendung in der Nordsee und in begrenzten Gewässern wie dem Mittelmeer geeignet war. Damit sollte die inzwischen veraltete H-Klasse ersetzt werden. Die Forderungen der Marine verlangten nach einem Boot mittlerer Größe, das einfach zu bauen und zu handhaben war und das eine Überwassergeschwindigkeit, Fahrstrecke und Bewaffnung besaß, die der H-Klasse überlegen waren, aber die ausgezeichnete Handhabung, Tauchzeit und Unterwassermanövrierfähigkeit der letzteren beibehielt. Die daraus resultierende S-Klasse zählte zu den gelungensten Entwürfen und stellte zweifellos von der Zahl der Boote her die größte Klasse dar, die für die Royal Navy je gebaut worden war. 62 Boote wurden gebaut und die Klasse blieb mehr als 15 Jahre lang im Dienst. Die ersten beiden Boote wurden im Bauprogramm von 1929 bewilligt und ihnen folgten zwischen

Von oben nach unten:
Sturgeon beim Auftauchen.

Saracen, den »Jolly Roger« (Piratenflagge) führend.

Storm.

Satyr.

1930 und 1935 weitere zehn. Die letzten acht Boote waren etwas größer als die ersten vier (*Swordfish, Sturgeon, Seahorse* und *Starfish*) und unterschieden sich von ihnen im Aussehen; diese vier hatten vor dem Kommandoturm einen Anbau. In diesen Anbau, der auch noch ein kleines Boot enthielt, wurde das 7,6-cm-Decksgeschütz, auf einer „versenkbaren" Lafette ruhend, eingezogen. Schon bald nach der Indienststellung wurde diese Methode der Lafettierung des Decksgeschützes beseitigt und durch eine normale, fest angebrachte Deckslafette ersetzt; die übrigen Boote der Klasse wurden von Anfang an damit ausgestattet. Gleichzeitig wurde der Anbau in der Länge verringert und in einen kleinen Behälter für Bereitschaftsmunition umgewandelt; auch damit wurden die übrigen Boote von Anfang an ausgerüstet.

Bei Kriegsausbruch gab die Marine den Bau einer ersten Gruppe von fünf weiteren Booten der *S*-Klasse in Auftrag; ihnen folgten 1940 weitere dreizehn, 1941 fünfzehn, 1942 zwölf und 1943 neun. Von den letzteren wurden später vier annulliert.

Diese zweite Gruppe unterschied sich von der ersten nicht merklich, aber die Boote waren größer und wiesen eine gesteigerte Leistung und Geschwindigkeit auf. Anfänglich wurden nur kleinere Veränderungen (angeregt durch Erfahrungen, die mit der ersten Gruppe von Booten gewonnen worden waren) vorgenommen, später wurden dann im Lichte der Kriegserfahrungen bei der Bewaffnung und den inneren Einrichtungen wesentlichere Veränderungen eingeführt. Der Bootsrumpf wurde nicht mehr nur teilweise, sondern gänzlich verschweißt und die Montage vorgefertigter Bauelemente beschleunigt. Auch die strukturelle Festigkeit wurde verstärkt.

Nach der Indienststellung der ersten fünf Einheiten des Kriegsprogramms (*Safari, Sahib, Saracen, Satyr* und *Sceptre*) wurde beschlossen, ein außerhalb des Druckkörpers gelegenes Hecktorpedorohr einzubauen. Dies erhöhte die Anzahl der Rohre auf sieben und die Anzahl der verfügbaren Torpedos auf dreizehn. Auf vielen Booten baute man anstelle der 7,69-mm-Maschinengewehre, die im Augenblick des Tauchens entfernt werden konnten, zusätzlich ein 2-cm-Oerlikon-Geschütz auf einer Plattform achteraus der Sehrohre ein. Auf 18 Booten, sämtlich in den letzten Kriegsjahren erbaut und für Operationen hauptsächlich im Fernen Osten bestimmt, ersetzte man das 7,6-cm-Decksgeschütz L/50 durch ein 10,2-cm-Geschütz L/40, innerhalb einer niedrigen Brustwehr vor dem Kommandoturm aufgestellt.

Bei den mit einem 10,2-cm-Geschütz ausgerüsteten Booten wurde das außerhalb des Druckkörpers gelegene Hecktorpedorohr aus Gewichtsgründen entfernt. Das Heckrohr wurde jedoch in mehrere Boote der zweiten Gruppe eingebaut, die ursprünglich nicht damit ausgestattet gewesen waren.

Um bei den nach dem Fernen Osten bestimmten Booten eine größere Fahrstrecke zu erreichen, wurden mehrere Sektionen der Tauchzellen zur Verwendung als Brennstoffzellen (bei der *S*-Klasse lagen die Brennstoffzellen innerhalb des Druckkörpers) umgestellt und die Brennstoffmenge auf ein Maximum von 91–98 ts gesteigert. Auch mehr Vorräte, besonders Nahrungsmittel und Munition, wurden mitgeführt und an jedem verfügbaren Platz verstaut; ein kleiner Munitionskasten wurde sogar in der Offiziersmesse unter die Back gestellt.

Oben links: *Sportsman*.

Mitte links: *Sahib* im Mai 1942, nach Einbau eines außen gelegenen Hecktorpedorohres.

Oben rechts: *Seawolf*.

Mitte rechts: *Solent*, ausgerüstet mit einem 10,2-cm-Deckgeschütz und ohne Hecktorpedorohr.

Unten: *Seahorse* und *Starfish* längsseits des alten Zerstörers *Mackay*, der im Mai 1939 in Portland als Tender für die 2. Unterseebootsflottille fungierte.

Durch diese Maßnahmen gelang es den kleinen Booten der
S-Klasse, lange Zeit in den Operationsgebieten zu verweilen.
Mit 48 Tagen stellte Sirdar den Rekord auf. Von 1932 an mit
Asdic ausgerüstet, begann man zwischen 1941 und 1942 in
die Boote der S-Klasse die ersten Radargeräte für die See-
und auch für die Luftüberwachung einzubauen. Die Klasse
gehörte zu den erfolgreichsten konventionellen Unterseebooten des Zweiten Weltkrieges. Das Zusammenwirken der
Eigenschaften — keine war für sich allein überdurchschnittlich — zusammen mit der Zuverlässigkeit der Ausrüstung und
der sehr einfachen Bedienungsweise und Instandhaltung
machten die Boote sehr leistungsfähig und sicher.
Zu Kriegsbeginn dienten vier Boote der S-Klasse im Mittelmeer und acht in heimischen Gewässern. Später befand sich
der größte Teil der Boote aus der ersten und zweiten Gruppe
in der Nordsee, wurde aber erneut zwischen Mittelmeer und

heimischen Gewässern aufgeteilt, als Italien im Juni 1940 in den Krieg eintrat. In dieser Zeitspanne waren die Boote sehr aktiv, und bedeutende Erfolge erzielten *Salmon*, die in einem einzigen Angriff am 13. Dezember 1939 vor Jütland die Leichten Kreuzer *Leipzig* und *Nürnberg* ernsthaft beschädigte, und *Spearfish*, die am 11. April 1940 den Schweren Kreuzer *Lützow* (ex Panzerschiff *Deutschland* – ein „Westentaschen-Schlachtschiff") im Kattegat torpedierte. Die Verluste waren ziemlich schwer; allein in der Nordsee gingen 1940 sechs Boote der Klasse verloren.

Die Boote der unter den Kriegsprogrammen gebauten dritten Gruppe begannen 1942 der Front zuzulaufen und wurden hauptsächlich in heimischen Gewässern und im Fernen Osten stationiert. Besonders erfolgreich war die S-Klasse gegen Unterseeboote. Von 1939 bis 1945 versenkten sechs ihrer Boote (*Salmon, Saracen, Sahib, Sickle, Shakespeare* und *Satyr*) sieben deutsche und italienische Boote (*U 36, U 335, Granito, U 301, U 303, Velella, U 987*).

Im Verlaufe des Krieges gingen 17 Boote verloren: neun in der Nordsee und im Atlantik, sechs im Mittelmeer und zwei im Pazifik und im Indischen Ozean. Ein Boot wurde 1943 der holländischen Marine und ein weiteres 1944 der sowjetischen Marine abgetreten. Bei Kriegsende wurde der Bau von vier Booten eingestellt und die Mehrzahl der im Dienst befindlichen Boote wurden zur Reserveflotte überstellt. Viele verschrottete man später, eine Anzahl verkaufte man oder übergab sie an andere Marinen und wieder andere wurden, ihrer Bewaffnung beraubt und mit umgebautem Kommandoturm, noch eine Zeitlang in der U-Bootsabwehrausbildung eingesetzt.

Schicksal der Boote:

Datum:	Ort:	Boot:	Ursache:[1]
1940	Nordsee	*Swordfish*	uc
		Salmon	m
		Spearfish	s
		Seahorse, Starfish, Shark, Sterlet	n
1941	Atlantik	*Snapper*	uc
1942	Mittelmeer	*P 222*	n
1943	Mittelmeer	*Sahib, Saracen, Splendid*	n
		Simoon	uc
	–	*Sturgeon* (holländ. *Zeehond*)	r
1944	Mittelmeer	*Sickle*	m
	Indik	*Stonehenge*	uc
	Pazifik	*Stratagem*	n
	Nordsee	*Syrtis*	m
	–	*Sunfish* (sowjetische *V 1*)	r
1945	–	*Sealion, Seawolf*	r
1946–1952		*Safari, Satyr, Secptre, Sea Dog, Sea Rover, Sea Nymph, Shakespeare, Sybil, Spiteful, Sportsman, Stoic, Storm, Strongbow, Spark, Scythian, Stubborn, Stygian, Surf, Shalimar, Spirit, Statesman, Supreme, Saga, Spearhead, Spur, Seraph, Subtle, Sturdy, Selene, Sirdar, Scotsman, Scorcher, Sea Devil, Sidon, Seascout, Solent, Sleuth, Springer, Sanguine, Senescal, Sentinel*	r

[1] Siehe Seite 8.

Zwei Aufnahmen der *Syrtis* im April 1943. (Auf der unteren Aufnahme hat es der Zensor für angebracht gehalten, den Schlepper wegzuretuschieren, hat es dabei aber unterlassen, den Schornstein zu löschen.)

T-Klasse

Gruppe 1 (22 Einheiten).
Triton, Triumph, Thistle, Triad, Truant, Tetrarch, Trusty, Turbulent:
Bauwerft: Vickers-Armstrong, Barrow.
Datum: 1936–1938/41.
Thunderbolt ex Thetis[35]*, Trident, Taku, Talisman, Tempest, Thorn, Thrasher:*
Bauwerft: Cammell Laird, Birkenhead.
Datum: 1936–1939/41.
Tribune, Tarpon, Tuna, Traveller, Trooper:
Bauwerft: Scotts, Greenock.
Datum: 1937–1939/42.
Tigris, Torbay:
Bauwerft: Marinewerft Chatham.
Datum: 1938–1940/40.

Gruppe 2 (31 Einheiten + 2):
P 311 ex Tutankhamen ex P 91, Tactician ex P 314 ex P 94, Taurus ex P 313 ex P 93, Templar ex P 316 ex P 96, Trespasser ex P 312 ex P 92, Truculent ex P 315 ex P 95:
Bauwerft: Vickers. Armstrong, Barrow.
Datum: 1940–1942/42.
Thule ex P 325, Tudor ex P 326:
Bauwerft: Marinewerft Devonport.
Datum: 1941–1944/44.
Tireless ex P 327, Token ex P 328:
Bauwerft: Marinewerft Portsmouth.
Datum: 1941–1945/45.
Talent (I) *ex P 322, Tally-Ho ex P 317 ex P 97, Tantalus ex P 318 ex P 98, Tantivy ex P 319 ex P 99, Telemachus ex P 321, Terrapin ex P 323, Thorough ex P 324, Tiptoe:*
Bauwerft: Vickers-Armstrong, Barrow.
Datum: 1942–1943/44.
Totem, Truncheon:
Bauwerft: Marinewerft Devonport.
Datum: 1942–1943/44.
Tradewind ex P 329, Trenchant, Turpin, Thermopylae:
Bauwerft: Marinewerft Chatham.
Datum: 1942–1944/45.
Trump, Taciturn, Tapir, Tarn, Tasman (von 1945)*, Talent* (III)*, Teredo:*
Bauwerft: Vickers-Armstrong, verschiedene Werften.
Datum: 1942–1944/46.
Tabard:
Bauwerft: Scotts, Greenock.
Datum: 1944–1946.
Thor, Tiara:
Bauwerft: Marinewerft Portsmouth.
Datum: 1944–.

1945 annullierte Einheiten: *Talent* (II)*, Theban, Threat*(Vickers-Armstrong)*, Typhoon* und drei weitere Boote, für die noch keine Namen bestimmt worden waren.

Typverdrängung:
Triton: 1330 ts aufgetaucht, 1585 ts getaucht.
Gruppe 1: 1326/7 ts aufgetaucht, 1523–1575 ts getaucht.
Gruppe 2: 1321–1422 ts aufgetaucht, 1571 ts getaucht.
Abmessungen:
Triton: 84,20 × 8,10 × 3,60 m.
Gruppe 1: 83,60 × 8,10 × 3,60 m.
Gruppe 2: 83,10 × 8,10 × 4,80 m.
Motorenanlage: Diesel: 2 Admiralty, Vickers, Sulzer oder MAN; E-Motoren: 2 L. Scotts.
Höchstleistung: 2500 PS aufgetaucht, 1450 PS getaucht.
Höchstgeschwindigkeit: 15,25 kn aufgetaucht, 9 kn getaucht.
Fahrstrecke:
Gruppe 1: 8000 sm bei 10 kn aufgetaucht.
Gruppe 2: 8000–11000 sm bei 10 kn aufgetaucht.
Torpedorohre:
Gruppe 1: 10 × 53,3 cm: 8 vorn (2 davon außerhalb gelegen), 2 mittschiffs (außerhalb gelegen);
Torpedos: 16.
Gruppe 2: 11 × 53,3 cm: 8 vorn (2 davon außerhalb gelegen), 2 mittschiffs (außerhalb gelegen), 1 achtern (außerhalb gelegen);
Torpedos: 17.
Geschütze:
Gruppe 1: 1 × 10,2 cm L/40, 3 × 7,69-mm-Maschinengewehre (später durch 1 × 2 cm ersetzt oder ergänzt). Gruppe 2:
1 × 10,2 cm L/40,
1 × 2 cm, 3 × 7,69-mm-Maschinengewehre.
Minen: Gruppe 1: 18 Minen (wahlweise).
Besatzungsstärke:
Gruppe 1: 56.
Gruppe 2: 61.

Hochsee-Unterseeboot vom Satteltanktyp. Normale Brennstoffmenge: 132 ts (Gruppe 1), 132–230 ts (Gruppe 2). Maximale Einsatztauchtiefe: 95 m.

Anfang der dreißiger Jahre beschloß die Royal Navy, einen neuen Überseetyp zu bauen, um die O-, P- und R-Klasse zu ersetzen, die sich als nicht zufriedenstellend erwiesen hatten. Als Grundmerkmale für die neuen Boote (definiert als Patrouillen-Unterseeboote) wurden eine Seeausdauer von mindestens 42 Tagen und eine starke Bewaffnung gefordert. Die durch das Londoner Flottenabkommen auferlegten Beschränkungen gestatteten der Royal Navy damals, nur 16500 ts an Tonnage für neue Unterseeboote zu bauen, und deshalb wurde die Wasserverdrängung auf etwa 1000 ts begrenzt, damit eine ausreichende Anzahl von Booten gebaut werden konnte.

Im Bauprogramm von 1935 wurde der Prototyp gebilligt und im August 1936 begann bei Vickers-Armstrong in Barrow der Bau.

Am 5. Oktober 1937 vom Stapel gelaufen, kam *Triton* im Dezember 1938 in Dienst. Mit geringfügigen Änderungen, hauptsächlich in der Größe, folgten ihr weitere 21 Boote, deren Namen sämtlich mit dem Buchstaben T begannen. Zwischen 1936 und 1939 in Auftrag gegeben, stellte die letzte Einheit 1941 in Dienst.

Obwohl die T-Klasse fast 400 ts weniger an Wasserverdrängung besaß als die O-, P- und R-Klasse, war sie diesen Klassen in vielerlei Hinsicht überlegen (mehr Torpedorohre, stärker beplatteter Druckkörper, größere Geschwindigkeit und Sicherheit beim Tauchen, bessere Über- und Unterwasserhandhabung usw.). Die einzige Ausnahme bildete die Höchstgeschwindigkeit über Wasser. Da infolge der Tonnagebegrenzung eine Motorenanlage mit geringerer Leistung eingebaut werden mußte, lag sie niedriger.

Der Entwurf beruhte auf strengen Kriterien: einfache Bauweise, leichte Bedienung und Instandhaltung der gesamten Ausrüstung. In dieser Hinsicht wurde ein bemerkenswerter Erfolg erreicht, und wenige Bootstypen können den hohen Stand an technischer Leistungsfähigkeit beanspruchen, den die T-Klasse in fünf Kriegsjahren offenbarte.

Eine der beachtenswertesten Eigenschaften war die große Anzahl der eingebauten Torpedorohre: acht Bugrohre, sechs davon aus dem Inneren des Druckkörpers nachladbar und zwei in einer großen Ausbuchtung im oberen Teil des Bugs (außerhalb des Druckkörpers) enthalten. Zwei weitere außen gelegene Rohre befanden sich in der Verkleidung am Fuße des Kommandoturms und waren so angeordnet, um voraus zu schießen. Dies ergab einen Fächer von zehn Torpedos, womit, so rechnete die Royal Navy, die unvermeidlichen Fehler ausgeglichen würden, die mit Angriffen auf große Entfernung verbunden sind.

Unter dem Kriegsprogramm von 1940 erging die Entscheidung, weitere neun Boote eines leicht veränderten Entwurfs zu bauen, ohne von den Grundeigenschaften abzuweichen. Im wesentlichen stellte der Entwurf eine Kopie desjenigen der ersten Gruppe dar, modifiziert im Lichte der Erfahrungen einer mehrjährigen Dienstzeit. Die gesamte Bootskonstruktion wurde elektrisch verschweißt. Die Hauptänderungen betrafen die Anzahl und Anordnung der Torpedorohre sowie die äußeren Rumpfform.

Am äußersten Ende des Hecks wurde zusätzlich ein außen gelegenes Rohr eingebaut und die beiden Rohre mittschiffs wurden hinter den Kommandoturm verlegt, um im Winkel achteraus zu schießen. Als Folge dieser Verlagerung veränderten sich Form und Silhouette der Verkleidung mittschiffs. Die große Ausbuchtung, welche die beiden außen gelegenen Bugrohre enthielt, wurde beseitigt, da ihr Vorhandensein eine beachtliche Bugwelle erzeugt hatte, die beim Fahren auf Sehrohrtiefe die Sicht und die korrekte Trimmung des Bootes behindert hatte. Infolgedessen war die Bugform bei den Booten der zweiten Gruppe stromlinienförmiger und die Öffnungen für die beiden außen gelegenen Rohre waren deutlicher sichtbar.

Zusätzlich zu den drei 7,69-mm-Maschinengewehre, wie sie auf fast allen britischen Unterseebooten üblich waren, besaßen die Boote der zweiten Gruppe ein 2-cm-Oerlikon-Geschütz auf einer Plattform achteraus der Sehrohre.

In der Folge wurden auch mehrere Boote der ersten Gruppe mit dem außen gelegenen Hecktorpedorohr und dem 2-cm-

Geschütz nachträglich ausgerüstet. Auf anderen Booten der ersten Gruppe verlegte man die beiden mittschiffs gelegenen Außenrohre in ähnlicher Weise wie bei den Booten der zweiten Gruppe.

Dem Auftrag für die ersten neun modifizierten Boote der T-Klasse folgten die Bestellungen für weitere 31 Einheiten (17 im Jahr 1941 und 14 im Jahr 1942); insgesamt 40 Boote, von denen jedoch zwischen 1942 und 1946 nur 31 in Dienst gestellt wurden. Der Bau von neun Einheiten wurde 1944 annulliert und durch dieselbe Anzahl von Booten der moderneren A-Klasse ersetzt. Zwei von ihnen, Thor und Tiara, die sich bereits in einem fortgeschrittenen Stadium des Baus befanden, wurden nicht mehr fertiggestellt und zwischen 1946 und 1947 verschrottet.

Viele Boote der zweiten Gruppe baute man zum Einsatz im Fernen Osten um, indem man mehrere Tauchzellen in Brennstoffzellen umwandelte. Dadurch vergrößerten sich die Brennstoffmenge von 132 auf 230 ts und der Überwasserfahrbereich bei 10 Knoten von 8000 auf 11 000 Seemeilen. Diese Erweiterung des Fahrbereiches – wesentlich auf einem Kriegsschauplatz, wo die Boote eine Woche brauchten, um vom Stützpunkt ins Operationsgebiet zu gelangen – ermöglichte zusammen mit der Steigerung des Fassungsvermögens für die Vorräte das Durchführen langer Feindfahrten. Den Rekord stellte Tantalus mit 56 Tagen auf, wovon das Boot 40 Tage im Operationsgebiet verbrachte. Wie bei anderen britischen Booten begann auch von 1941 bis 1942 die Ausrüstung der T-Klasse mit Radargeräten zur See- und Luftüberwachung.

Im Zweiten Weltkrieg operierten die Boote der T-Klasse erfolgreich auf allen Kriegsschauplätzen, wo die Royal Navy in Kämpfe verwickelt war. Sie erzielten nicht nur zufriedenstellende Erfolge, sondern waren zugleich auch der höchsten Verlustrate ausgesetzt: 13 Boote gingen im Mittelmeer verloren, wo eine beträchtliche Anzahl an Einheiten der T-Klasse eingesetzt gewesen war, trotz der Tatsache, daß in diesem Seegebiet große Boote sehr verwundbar waren. Die bedeutendsten Erfolge sind in Tabelle 19 aufgeführt.

Besonders erfolgreich war die T-Klasse gegen Unterseeboote: 13 Boote (Thunderbolt, Triumph, Torbay, Thorn, Tigris, Tuna, Truculent, Trooper, Taurus, Tally-Ho, Trenchant, Telemachus und Tapir) versenkten 13 feindliche Unterseeboote, und zwar sechs italienische, vier deutsche und drei japani-

Oben: Triumph, eines der ersten Boote der T-Klasse, die in Dienst gestellt wurden, ausgerüstet mit zehn Torpedorohren.

Darunter: Thule kehrt von einer Feindfahrt aus der Nordsee zurück.

Mitte: Tantivy verläßt im Kriege einen britischen Stützpunkt (man beachte den ziemlich seltenen Tarnanstrich).

Unten: Zwei vertäut liegende Boote der T-Klasse (erste Gruppe). Auf Turbulent (links) sind die beiden mittschiffs außen gelegenen Torpedorohre abgeändert worden, um achteraus zu schießen. Auf Taku befinden sie sich noch in der ursprünglichen Anordnung. Beide Boote führen das 1942 zusätzlich eingebaute außen gelegene Hecktorpedorohr.

Mitte: *Thunderbolt* nach dem Einbau des außen gelegenen Hecktorpedorohres und der 2-cm-Flak.

Darunter: *Traveller*, ein Boot aus der ersten Gruppe der *T*-Klasse, bei dem die beiden mittschiffs außen gelegenen Torpedorohre mit Schußrichtung achteraus hinter den Turm verlegt wurden.

▼ *Taku* kehrt von einer Feindfahrt zurück.

[35] Anmerkung des Übersetzers:
Der Untergang der THETIS ist in der nationalsozialistischen Presse und Literatur (z. B. Graf Michael Alexander: »SOS THETIS! 36 Stunden zwischen Börse und Tod«) zur England-Hetze und zum Judenhaß mißbraucht worden. Die von Goebbels gelenkte NS-Propaganda schrieb den Verlust von 99 Toten bei diesem Tauchunglück »der jüdisch-plutokratischen Clique« zu, die »die Rettungsarbeiten aussetzen ließ, um erst einmal die gesunkene THETIS zu versichern, um »ihre Dividenden nicht zu gefährden«.

Thistle, hohe Fahrt laufend.

sche. Im Januar 1943 transportierte *Thunderbolt*[36] die Kleinunterseeboote vom Typ „Chariot", die in den Hafen von Palermo eindrangen und dort den in der Ausrüstung befindlichen italienischen Leichten Kreuzer *Ulpio Traiano* versenkten.
Bei Kriegsende wurden viele Boote der *T*-Klasse in die Reserveflotte versetzt oder außer Dienst gestellt und mehrere überließ man auch anderen Marinen; das erste war bereits 1944 Holland übergeben worden. Viele Boote behielt die Royal Navy auch im Dienst. Mehrere dieser Boote wurden nach Art des amerikanischen „Guppy"-Programms modernisiert; sie blieben bis 1970 im Dienst. Gegenwärtig (1972) befinden sich noch Unterseeboote der *T*-Klasse, die vielmals neu ausgestattet worden sind, bei der israelischen Marine im aktiven Dienst.[37]

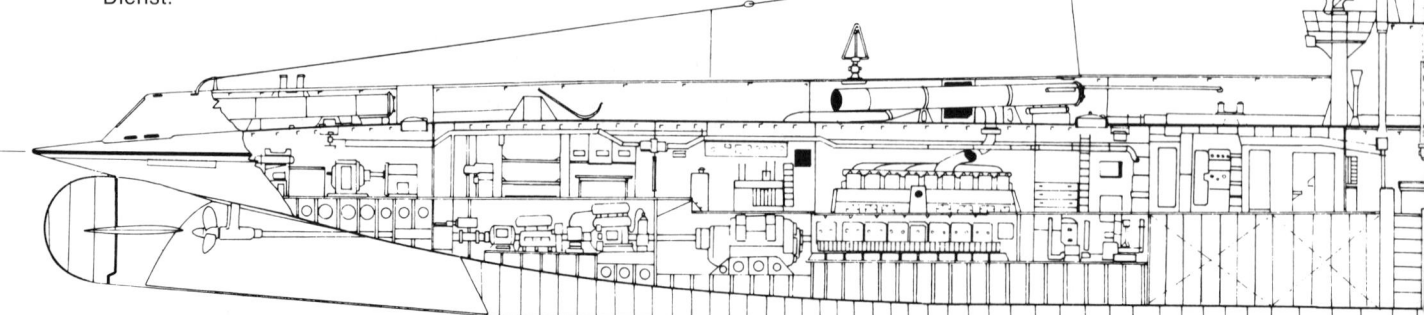

[36] Anmerkung des Übersetzers:
Zusammen mit TROOPER und *P 311*. Fünf »Chariots« wurden eingesetzt, drei gingen beim Angriff in der Nacht vom 2./3. 1. 1943 verloren.

[37] Anmerkung des Übersetzers:
Dies ist inzwischen nicht mehr der Fall (1988). Israel besitzt im Augenblick drei Unterseeboote vom deutschen Nachkriegstyp 206 (Plan Gabler, Lübeck).

Thunderbolt (ex *Thetis*). Als Folge einer Funktionsstörung der vorderen Torpedorohre sank *Thetis* bei einer Erprobungsfahrt im Juni 1939 in der Bucht von Liverpool. Der größte Teil der Besatzung kam zusammen mit dem an Bord befindlichen Werftpersonal ums Leben. Das Boot wurde gehoben und im April 1940 als *Thunderbolt* wieder in Dienst gestellt.[35]

T-Klasse, Gruppe 1.

T-Klasse, Gruppe 2.

Tally-Ho verläßt einen Stützpunkt im Indischen Ozean.

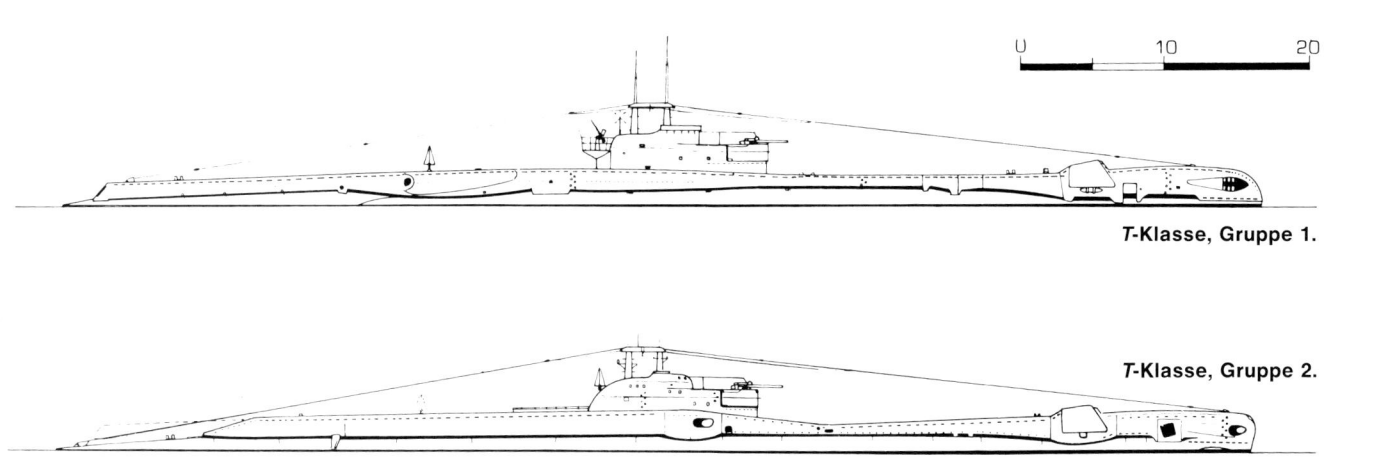

Tabelle 19: Haupterfolge von Unterseebooten der *T*-Klasse im Zweiten Weltkrieg

Boot:	Kommandant:	Datum:	Ergebnis:	Schiffstyp:	Schiffsname:	Größe in ts:
Truant	Hutchinson	9. April 1940	versenkt	Kreuzer	Karlsruhe	8350
Triumph	Woods	24. August 1941	beschädigt	Kreuzer	Bolzano	12000
Trident	Sladen	23. Februar 1942	beschädigt	Kreuzer	Prinz Eugen	14800
Tally-Ho	Bennington	11. Januar 1944	versenkt	Kreuzer	Kuma	5700
Templar	Beckley	27. Januar 1944	beschädigt	Kreuzer	Kitakami	5700
Trenchant	Hezlet	8. Juni 1945	versenkt	Kreuzer	Ashigara	13000

Schicksal der Boote:

Datum:	Ort:	Boot:	Ursache:[1]
1940	Mittelmeer	Triton	n
		Triad	uc
	Nordsee	Tarpon	n
		Thistle	s
1941	Mittelmeer	Tetrarch	uc
1942	Mittelmeer	Tempest, Thorn	n
		Triumph, Talisman, Traveller	uc
1943	Mittelmeer	Thunderbolt, Turbulent	n
		Trooper, P 311	m
		Tigris	uc
1944	–	Talent (holländische *Zwardvisch*)	r
1945–1946	–	Trident, Taku, Truant, Tuna, Torbay, Thrasher, Terrapin, Tarn (holländische *Tijgerhaae*)	r
1948–1950	–	Taurus (holländische *Dolfijn*), Truculent, Tantalus, Tantivy, Tapir (holländische *Zeehond*), Trusty, Templar	r

[1] Siehe Seite 8.

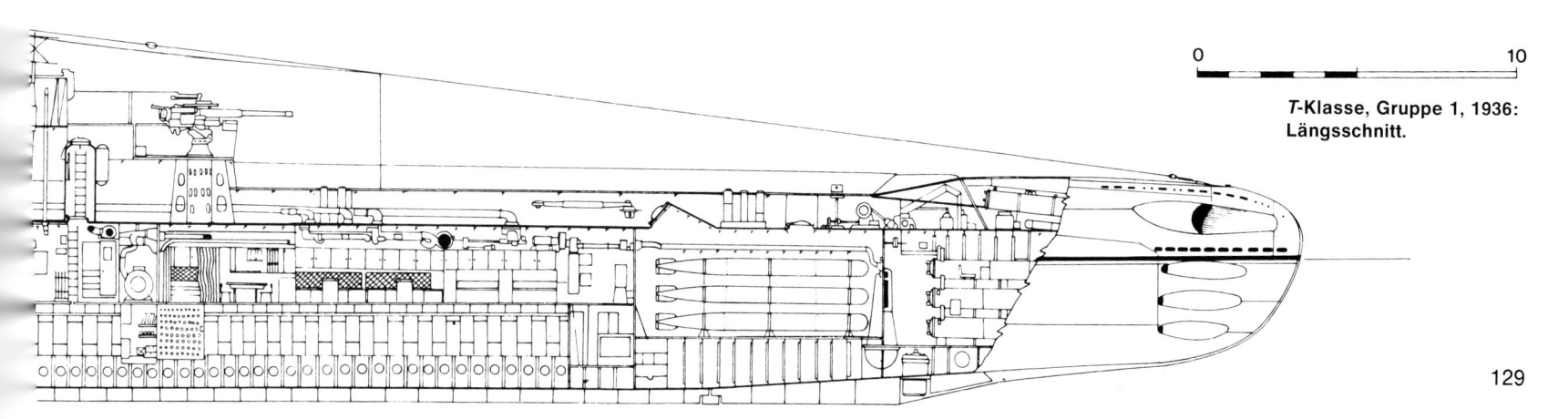

T-Klasse, Gruppe 1, 1936: Längsschnitt.

U-Klasse

Gruppe 1 (15 Einheiten):
Undine, Unity, Ursula:
Bauwerft: Vickers-Armstrong, Barrow.
Datum: 1937–1938/38.
Umpire ex *P 31* ex *Umpire, Una* ex *P 32* ex *Una:*
Bauwerft: Marinewerft Chatham.
Datum: 1939–1941/41.
Unbeaten ex *P 33* ex *Unbeaten, Undaunted* ex *P 34* ex *Undaunted, Union* ex *P 35* ex *Union, Unique* ex *P 36* ex *Unique, Upholder* ex *P 37* ex *Upholder, Upright* ex *P 38* ex *Upright, Urchin* ex *P 39* ex *Urchin, Urge* ex *P 40* ex *Urge, Usk* ex *P 41* ex *Usk, Utmost* ex *P 42* ex *Utmost:*
Bauwerft: Vickers-Armstrong, Barrow.
Datum: 1939–1941/41.

Gruppe 2 (34 Einheiten).
Uproar ex *Ullswater* ex *P 31, P 32, P 33, Ultimatum* ex *P 34, Umbra* ex *P 35, P 36, Unbending* ex *P 37, P 38, P 39, P 41, Unbroken* ex *P 42, Unison* ex *P 43:*
Bauwerft: Vickers-Armstrong, Barrow.
Datum: 1940–1941/42.
United ex *P 44, Unrivalled* ex *P 45, Unruffled* ex *P 46, P 47, P 48, Unruly* ex *P 49, Unseen* ex *P 51, P 52, Ultor* ex *P 53, Unshaken* ex *P 54:*
Bauwerft: Vickers-Armstrong, Barrow.
Datum: 1941–1942/43.
Unsparing ex *P 55, Usurper* ex *P 56, Universal* ex *P 57, Vitality* ex *Untamed* ex *P 58, Untiring* ex *P 59, Varangian* ex *P 61, Uther* ex *P 62, Unswerving* ex *P 63:*
Bauwerft: Vickers-Armstrong, Tyne.
Datum: 1941–1943/44.
Vandal ex *P 64, Upstart* ex *P 65, Varne* ex *P 66, Vox* (I ex *P 67:*
Bauwerft: Vickers-Armstrong, Barrow.
Datum: 1941–1943/43.

Typverdrängung:
Gruppe 1: 630 ts aufgetaucht, 730 ts getaucht.
Gruppe 2: 648 ts aufgetaucht, 735 ts getaucht.
Abmessungen:
Gruppe 1: 58,10 × 4,80 × 4,80 m.
Gruppe 2: 59,60 × 4,80 × 4,90 m.
Motorenanlage: Diesel: 2 Admiralty oder Davey Paxman; E-Motoren: 2 General Elektric.
Höchstleistung: 615 PS aufgetaucht, 825 PS getaucht.
Höchstgeschwindigkeit: 11,5 kn aufgetaucht, 9 kn getaucht.
Fahrstrecke: 4050 sm bei 10 kn aufgetaucht.
Torpedorohre: 4 × 53,3 cm vorn oder 6 × 53,3 cm vorn (2 außen gelegen); Torpedos: 8 bzw. 10.
Geschütze: 1 × 7,6 cm L/50 (nicht auf *Undine* und *Unity*), 3 × 7,69-mm-Maschinengewehre.
Besatzungsstärke: 33 (*Undine* und *Unity*: 27).

Einhüllen-Küstenunterseeboot, abgeleitet von der *H*-Klasse des Ersten Weltkrieges. Normale Brennstoffmenge: 38–59 ts. Maximale Einsatztauchtiefe: 60 m.
1936 erging die Entscheidung, anstelle der alten *H*-Klasse drei unbewaffnete Boote als Übungsfahrzeuge für die U-Jagdausbildung zu bauen. Im Februar 1937 wurden *Undine, Unity* und *Ursula* auf Kiel gelegt, aber bald darauf wurde der Entwurf modifiziert, und sie erhielten eine Bewaffnung, so daß sie kurzzeitige Angriffsunternehmen durchführen konnten. Der Bug wurde abgeändert, um den Einbau von sechs Torpedorohren zu ermöglichen: zwei auf jeder Seite im Druckkörper sowie zwei außerhalb gelegene Rohre, die während der Tauchfahrt nicht nachgeladen werden konnten, in einer großen Ausbuchtung über dem Bug, ähnlich jenen der *T*-Klasse. Außerdem wurde vor dem Kommandoturm der Rumpf verstärkt, um das Aufstellen eines kleinen Deckgeschützes zu ermöglichen.

Die ersten drei Boote liefen zwischen Oktober 1937 und Februar 1938 vom Stapel und wurden im Verlaufe des Jahres 1938 in Dienst gestellt. Von ihren ersten See-Erprobungsfahrten an bewiesen sie eine ausgezeichnete Handhabbarkeit und Manövrierfähigkeit. Es war ein besonders gelungener Entwurf, leicht und kostengünstig zu bauen. Die Boote waren klein, besaßen eine einzige Hülle, die an den Enden spitz zulief, mit einer kurzen und knappen Verkleidung darüber. Alle Tauch- und Brennstoffzellen lagen innerhalb des Druckkörpers. Für den Überwasserantrieb hatten sie eine diesel-elektrische Anlage; die Dieselmotoren waren direkt mit zwei Generatoren verbunden, welche die Energie für die beiden, auf die Schrauben geschalteten Elektromotoren lieferten.
Zwei Akkumulatorengruppen, die der Reihe nach an der Wasseroberfläche wiederaufgeladen wurden, versorgten die Elektromotoren für den Unterwasserantrieb mit Energie.
Das diesel-elektrische Antriebssystem vereinfachte die An-

Linke Seite:
Oben: *Utmost*, ein Boot der ersten Gruppe, längsseits an einem Boot der *S*-Klasse, das an einem Tender festgemacht hat.

Darunter: *Unity*, eine der ersten drei Einheiten der *U*-Klasse, ausgerüstet mit sechs Torpedorohren, zwei davon außen gelegen.

ordnung der Antriebsanlage außerordentlich und bot größere Flexibilität und leichte Bedienungsweise.

Als der Krieg unvermeidlich schien, entschloß sich die Royal Navy sofort, diesen Bootstyp weiterhin zu bauen und gab unter dem Nachtragsbauprogramm von 1939 zwölf identische Einheiten in Auftrag. Ihre Indienststellungen begannen 1941. Nur vier der Boote führten sechs Torpedorohre (*Unique, Upholder, Upright* und *Utmost*). Von den übrigen Booten wurden die beiden außerhalb des Druckkörpers gelegenen Bugrohre und ihre Ausbuchtung entfernt. Als Folge der in der Länge verringerten Sehrohre, mit welchen diese Klasse ausgestattet war, geschah dies wegen der beachtlichen Bugwelle, die beim Fahren auf Sehrohrtiefe von der Ausbuchtung verursacht wurde, und wegen der Schwierigkeit, das Boot längsgetrimmt zu halten.

Mit den Kriegsprogrammen von 1940 und 1941 wurden weitere 41 Boote in Auftrag gegeben, aber nur 34 wurden fertiggestellt. Die Lieferverträge für sieben Boote (*P 81 – P 87*) wurden annulliert und durch sieben Boote der *V*-Klasse – sehr ähnlich der *U*-Klasse und direkt aus ihr entwickelt – ersetzt. Die zweite Gruppe von Booten der *U*-Klasse unterschied sich von der ersten nicht wesentlich. Sie wiesen ein um etwa 1,78 m verlängertes Heck auf, um dem Achterschiff eine bessere Stromlinienform zu geben und die Wasserströmung über den Schrauben zu verbessern. Dadurch vergrößerte sich geringfügig die Wasserverdrängung. Eine Erhöhung der Brennstoffmenge führte zu einer beträchtlichen Erweiterung der Fahrstrecke.

Die individuellen Eigenschaften, die Geschwindigkeit, der Fahrbereich, die Bewaffnung usw. waren jenen der entsprechenden Boote anderer Marinen unterlegen. Da der Grundriß, so wie er war, auf dem ursprünglichen Entwurf der *U*-Klasse als eines unbewaffneten Übungsfahrzeuges beruhte, war er in mancherlei Hinsicht unzureichend. Es gab keine Munitionsluke für das Deckgeschütz, dessen Munition durch die Luke im Kommandoturm herangeschafft werden mußte. War die Geschützbedienung im Einsatz, verhinderte das ein beschleunigtes Schnelltauchen.

Trotzdem hatte die *U*-Klasse unbestreitbare Eigenschaften: Die sehr kleinen Abmessungen verliehen den Booten über und unter Wasser ausgezeichnete Manövrierfähigkeit. Ihr Entwurf und ihre Ausrüstung waren bewundernswert einfach, rationell und sicher; sie gewährten ein hohes Maß an Zuverlässigkeit im Einsatz. Und diese Boote waren leicht zu bauen, zu handhaben und instandzusetzen.

Das begrenzte Angriffspotential des einzelnen Bootes glich die beträchtliche Anzahl der Boote aus, die in kurzer Zeit in Dienst gestellt werden konnten und auch wurden. Ihr begrenzter Fahrbereich beschränkte sie ausschließlich auf das Mittelmeer und die Nordsee. Nach 1944 ging ihr Wirken im Mittelmeer spürbar dem Ende zu und viele Boote kehrten zu ihrer ursprünglichen Ausbildungsaufgabe zurück.

Im September 1939 waren die einzigen drei im Dienst befindlichen Boote der *U*-Klasse in heimischen Gewässern stationiert und begannen ihren Kriegsdienst in der Nordsee. Als 1941 die ersten Boote aus dem Kriegsprogramm in Dienst kamen, fing man an, sie im Mittelmeer zu stationieren, wo sie hauptsächlich als Teil der auf Malta gestützten 2. Flottille operierten. Gegen Kriegs- und Handelsschiffe erzielten sie beachtliche Erfolge. Im zentralen Mittelmeer entwickelten die Briten eine Taktik, wobei gemeinsam Flugzeuge, Unterseeboote und Überwasserfahrzeuge Handelsschiffe angriffen. In der Straße von Sizilien versenkten zwei Boote der *U*-Klasse mehrere wichtige italienische Handelsschiffe, die Truppen und Nachschub nach Afrika an Bord hatten.

Wie andere britische Unterseeboote, so waren auch mehrere Einheiten der *U*-Klasse besonders gegen Unterseeboote erfolgreich. Fünf Boote (*Upholder, Unbeaten, Ultimatum, Unruly* und *United*) versenkten insgesamt acht feindliche Unterseeboote (sechs italienische und zwei deutsche) im Mittelmeer.

Im Kriege gingen 19 Boote dieser Klasse verloren: 6 im Atlantik und in der Nordsee sowie 13 im Mittelmeer. Ein weiteres Boot, die *Untamed*, sank im Mai 1943, wurde aber zwei Monate später gehoben und als *Vitality* erneut in Dienst gestellt. Von 1941 an wurde eine Reihe von Booten an Polen, die UdSSR, Holland, Norwegen und das Freie Frankreich überlassen. Mehrere dieser Boote gingen verloren, aber die übrigen kehrten bei Kriegsende zur Royal Navy zurück. In der Nachkriegszeit wurden die meisten der vorhandenen Boote in die Reserveflotte übernommen und mehrere an andere Länder ausgeliehen oder verkauft; später wurde der Rest verschrottet. Die letzten Boote dieser Klasse, die zur Royal Navy gehörten, wurden 1950 abgebrochen. Einige Boote, die von anderen Marinen später zurückgegeben wurden, verschrottete man danach.

Oben: *Unbending*, vertäut in Malta liegend.

Links: *Unison* im Jahre 1944.

PLAN No. 650.

H.M.S. UNTIRING, "VARANGIAN", "UTHER", "UNSWERVING".

GENERAL ARRANGEMENT. (AS FITTED)

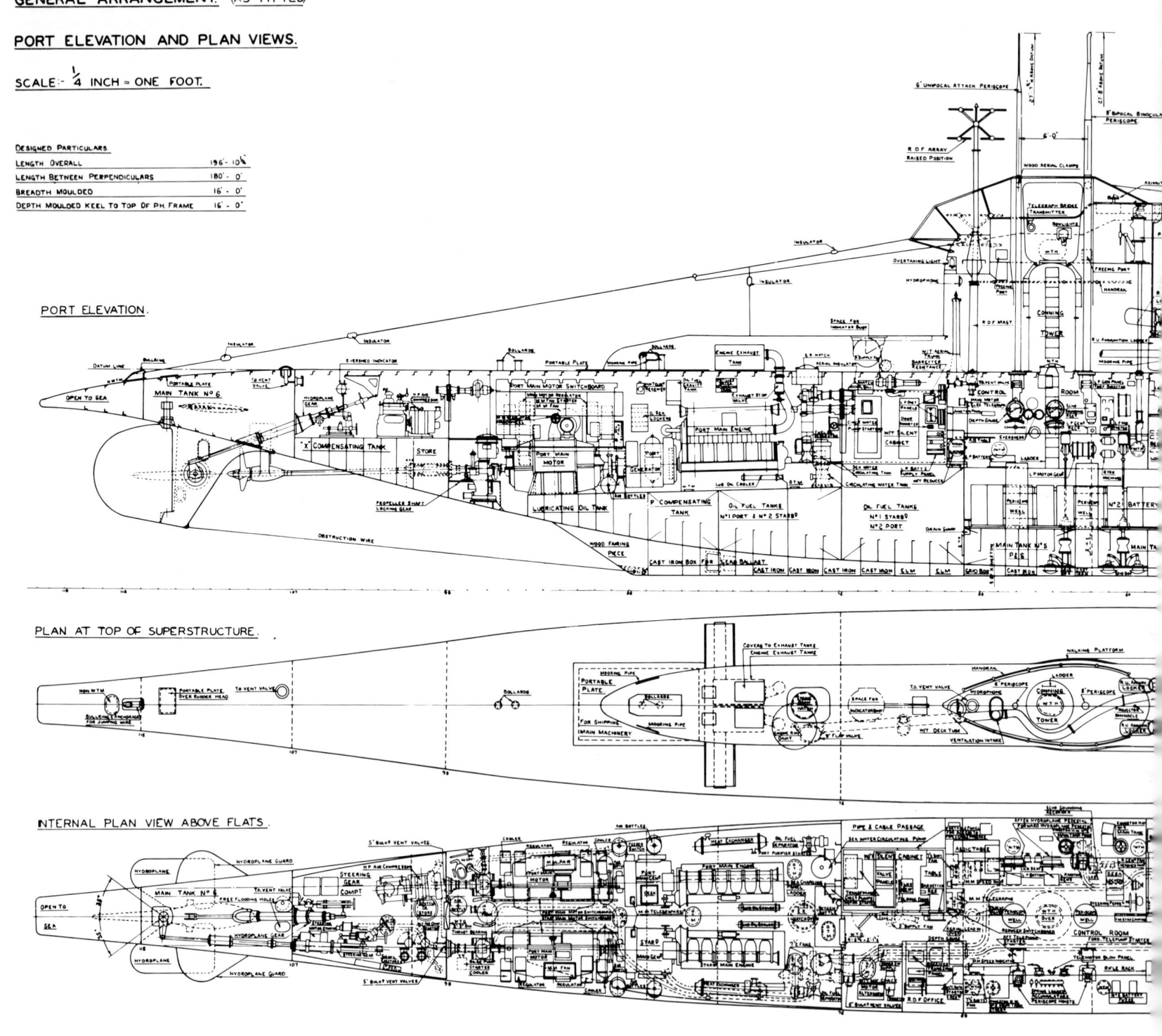

PORT ELEVATION AND PLAN VIEWS.

SCALE:- ¼ INCH = ONE FOOT.

DESIGNED PARTICULARS

LENGTH OVERALL	196'-10½"
LENGTH BETWEEN PERPENDICULARS	180'-0"
BREADTH MOULDED	16'-0"
DEPTH MOULDED KEEL TO TOP OF P.H. FRAME	16'-0"

PORT ELEVATION.

PLAN AT TOP OF SUPERSTRUCTURE.

INTERNAL PLAN VIEW ABOVE FLATS.

Längsschnitt und Pläne für *Untiring, Varangian, Uther* **und** *Unswerving* **(den Originalplänen entnommen).**

BRIDGE DECK.

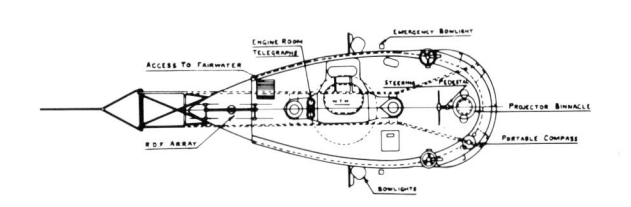

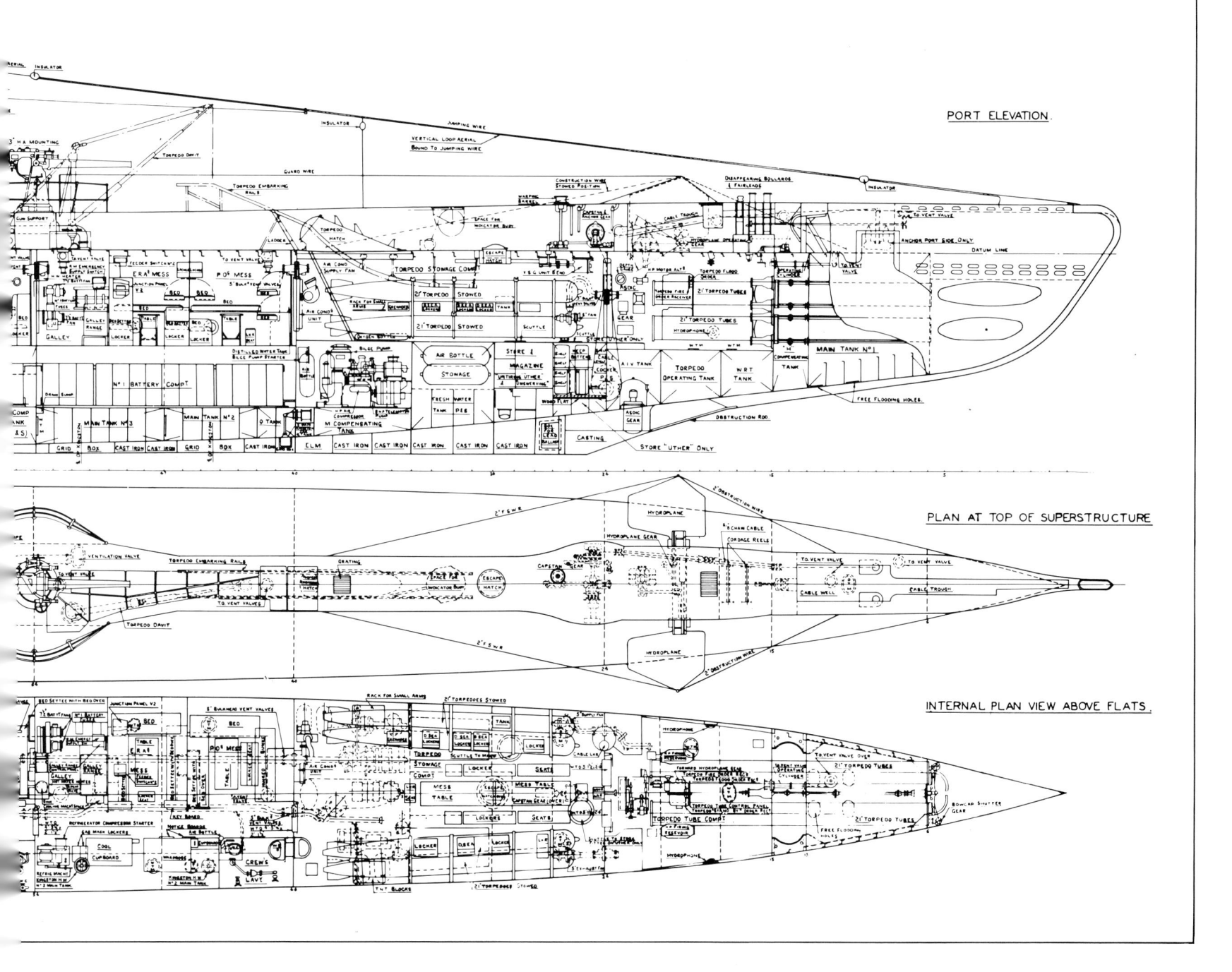

PORT ELEVATION.

PLAN AT TOP OF SUPERSTRUCTURE

INTERNAL PLAN VIEW ABOVE FLATS.

Tabelle 20: Haupterfolge von Unterseebooten der *U*-Klasse im Zweiten Weltkrieg

Boot:	Kommandant:	Datum:	Ergebnis:	Schiffstyp:	Schiffsname:	Größe in ts:
Upright	Norman	25. Februar 1941	versenkt	Kreuzer	Diaz	5400
Upholder	Wanklyn	25. Mai 1941	versenkt	SS[1]	Conte Rosso	17879
		28. Juli 1941	beschädigt	Kreuzer	Garibaldi	9300
Unique	Hezlet	20. August 1941	versenkt	TS[1]	Esperia	11398
Upholder	Wanklyn	18. September 1941	versenkt	MS[1]	Neptunia	19475
			versenkt	MS	Oceania	19507
Urge	Tomkinson	14. Dezember 1941	beschädigt	Schlachtschiff	Vittorio Veneto	41000
		1. April 1942	versenkt	Kreuzer	Bande Nere	5200
Umbra	Maydon	15. Juni 1942	versenkt	Kreuzer	Trento	11000
Unbroken	Mars	13. August 1942	beschädigt	Kreuzer	Bolzano	11000
			beschädigt	Kreuzer	Attendolo	7500
Unruffled	Stevens	8. November 1942	beschädigt	Kreuzer	Attilio Regolo	3700

[1] SS (steamship): Dampfschiff; TS (turbine ship): Turbinenschiff; MS (motorship): Motorschiff. (D. Ü.)

Schicksal der Boote:

Datum:	Ort:	Boot:	Ursache:[1]
1940	Nordsee	Undine	n
		Unity	v
1941	Nordsee	Umpire	e
	Mittelmeer	Undaunted	uc
		Union	n
		USK, P 32, P 33	m
		P 41, Urchin	r
1942	Atlantik	Unique	uc
		Unbeaten	e
	Mittelmeer	Upholder, Urge, Utmost, P 38, P 48	n
		P 36, P 39	b
		P 47, P 52	r
1943	Mittelmeer	Usurper	n
	Nordsee	Vandal	v
	–	Varne, Vox	r
1944	–	Ursula, Unbroken, Unison	r
1945–1946	–	Upright, Uproar, Umbra, United, Unrivalled, Unruffled, Unruly, Ultor, Unshaken, Unsparing, Universal, Vitality, Untiring, Upstart	r
1949–1950	–	Una, Ultimatum, Unbending, Unseen, Varangian, Uther, Unswerving	r

[1] Siehe Seite 8.

U-Klasse: Längs- und Querschnitt.

V-Klasse.

V-Klasse.

V-Klasse.

U-Klasse.

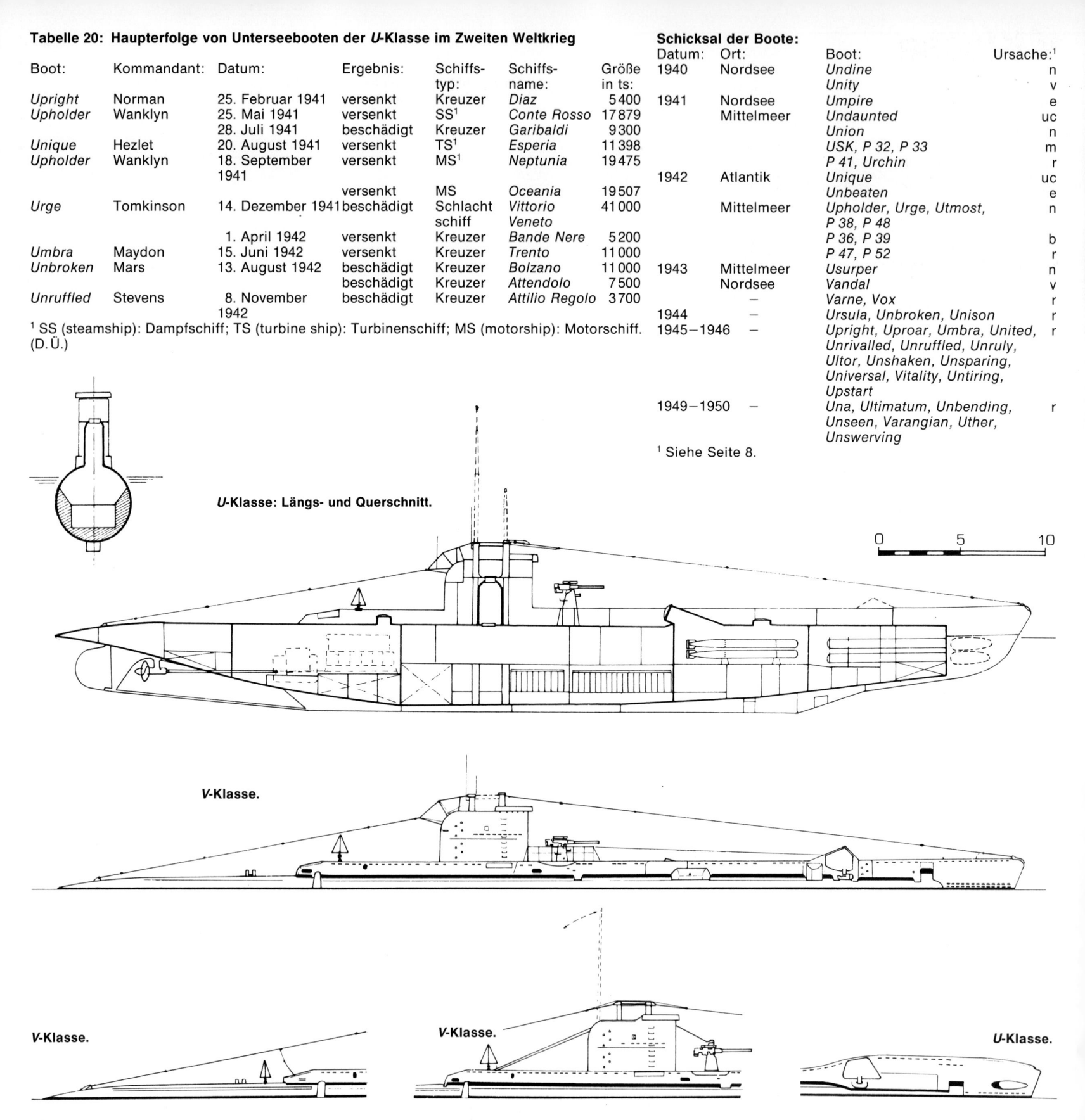

V-Klasse

Venturer bei einem Fahrmanöver in einem britischen Hafen. Man beachte die Form des Außenrumpfes und des Buges im Vergleich zu Booten der *U*-Klasse.

Upshot, Urtica, Vampire, Variance, Veldt, Vengeful, Venturer, Vigorous, Viking, Vineyard, Virtue, Visigoth, Vortex, Vox (II):
Bauwerft: Vickers-Armstrong, Barrow.
Datum: 1943–1944/44.
Vagabond, Varne (II), *Virulent, Vivid, Volatile, Voracious, Votary, Vulpine:*
Bauwerft: Vickers-Armstrong, Tyne.
Datum: 1943–1944/45.

Zwischen 1944 und 1945 anullierte Einheiten: *Ulex, Unbridled, Upas, Upward, Utopia, Vantage, Vehement, Venom, Verve, Veto, Virile, Visitant* und acht weitere, bei Vickers-Armstrong, Tyne-Schiffswerften, in Auftrag gegebene Boote, für die noch keine Namen bestimmt waren.

Typverdrängung: 670 ts aufgetaucht, 740 ts getaucht.
Abmessungen: 62,00 × 4,80 × 4,80 m.
Motorenanlage: Diesel: 2 Davey Paxman; E-Motoren: 2 General Elextric.
Höchstleistung: 800 PS aufgetaucht, 760 PS getaucht.
Höchstgeschwindigkeit: 12,5 kn aufgetaucht, 9 kn getaucht.
Fahrstrecke: 4700 sm bei 10 kn aufgetaucht, 30 sm bei 9 kn getaucht.
Torpedorohre: 4 × 53,3 cm vorn; Torpedos: 8.
Geschütze: 1 × 7,6 cm L/50, 3 × 7,69-mm-Maschinengewehre.
Besatzungsstärke: 37.

Einhüllen-Küstenunterseeboot, abgeleitet von der *U*-Klasse. Normale Brennstoffmenge: 59 ts. Maximale Einsatztauchtiefe: 95 m.

Während das Bauprogramm für die *U*-Klasse in vollem Gange war, entschied die Royal Navy 1941, den Entwurf geringfügig zu modifizieren, um schnell zu einem Bootstyp zu kommen, der bei Beibehalten derselben Eigenschaften stärker, aber einfacher und weniger kostspielig sein würde. Die Boote der *V*-Klasse waren etwas länger und schneller als die der *U*-Klasse und konnten infolge des verstärkten Druckkörpers eine größere Einsatztauchtiefe erreichen. Das elektrische Verschweißen aller Rumpfteile führte zu einer schnelleren Bauzeit.

Die ersten acht Einheiten wurden unter dem Bauprogramm von 1941 in Auftrag gegeben, ihnen folgten weitere 19 Boote im Programm von 1942 und nochmals 15 im Programm von 1943. Als Italien 1943 kapitulierte, verringerte sich das Erfordernis von Küstenbooten im Mittelmeer und der Bau von 20 Booten wurde ausgesetzt und mit dem unmittelbaren Ende der Feindseligkeiten in Europa annulliert. Zwischen 1944 und 1945 wurden nur 22 Boote fertiggestellt. Da sich diese Boote jedoch nur sehr gering von der *U*-Klasse unterschieden, treffen alle zu dieser Klasse gemachten Bemerkungen auch auf ihre Nachfolger zu.

Venturer, das erste fertiggestellte Boot, zeichnete sich durch die Versenkung zweier deutscher Unterseeboote – eines im November 1944 und das andere im Februar 1945 – aus.

Im Kriege ging kein Boot der *V*-Klasse verloren. 1944 wurden mehrere Boote den Verbündeten überlassen: zwei an Griechenland, eines an Norwegen und drei an das Freie Frankreich. Drei weitere Boote wurden in der unmittelbaren Nachkriegszeit abgegeben. Das letzte im Dienst bei der Royal Navy befindliche Boot dieser Klasse wurde 1958 verschrottet.

Schicksal der Boote:

Datum:	Boot:	Ursache:[1]
1944	*Variance, Vengeful, Vineyard, Vortex, Veldt, Vox* (II)	r
1946/47	*Venturer, Viking, Virtue, Virulent, Volatile, Vulpine*	r
1949–1950	*Upshot, Urtica, Vagabond, Vampire, Vigorous, Visigoth, Vivid, Voracious, Varne*	r

[1] Siehe Seite 8.

Vulpine mit einem Versuchsschnorchel anstelle des zweiten Sehrohres. (Die Aufnahme wurde irgendwann vor April 1945 gemacht.)

Vineyard im April 1944, ehe das Boot der Freifranzösischen Marine überlassen wurde.

A-Klasse

Ace, Achates:
Bauwerft: Marinewerft Devonport.
Datum: 1944–.
Acheron:
Bauwerft: Marinewerft Chatham.
Datum: 1944–1948.
Aeneas, Affray, Alaric:
Bauwerft: Cammell Laird, Birkenhead.
Datum: 1944–1946/46.
Alcide, Alderney, Alliance, Ambush, Anchorite ex Amphion, Amphion ex Anchorite, Andrew, Astute, Auriga, Aurochs:
Bauwerft: Vickers-Armstrong, Barrow.
Datum: 1944–1945/48.
Artemis, Artful:
Bauwerft: Scotts, Greenock.
Datum: 1944–1947/48.

1945 annullierte Einheiten: *Abelard, Acasta, Adept, Admirable, Adversary, Agate, Aggressor, Agile, Aladdin, Alcestis, Andromache, Answer, Antaeus, Antagonist, Anzac, Aphrodite, Approach, Arcadian, Ardent, Argosy, Asgard, Asperity, Assurance, Astarte, Atlantis, Austere, Awake, Aztec.*

Typverdrängung: 1385 ts aufgetaucht, 1620 ts getaucht.
Abmessungen: 85,50 × 6,80 × 5,10 m.
Motorenanlage: Diesel: 2 Admiralty; E-Motoren: 2 English Elektic.
Höchstleistung: 4300 PS aufgetaucht, 1250 PS getaucht.
Höchstgeschwindigkeit: 18,5 kn aufgetaucht, 8 kn getaucht.
Fahrstrecke: 10 500 sm bei 11 kn aufgetaucht, 16 sm bei 8 kn bzw. 90 sm bei 3 kn getaucht.
Torpedorohre: 10 × 53,3 cm: 6 vorn (2 außerhalb gelegen), 4 achtern (2 außerhalb gelegen); Torpedos: 20.
Geschütze: 1 × 10,2 cm L/40, 1 × 2 cm, 3 × 7,69-mm-Maschinengewehre.
Besatzungsstärke: 61.

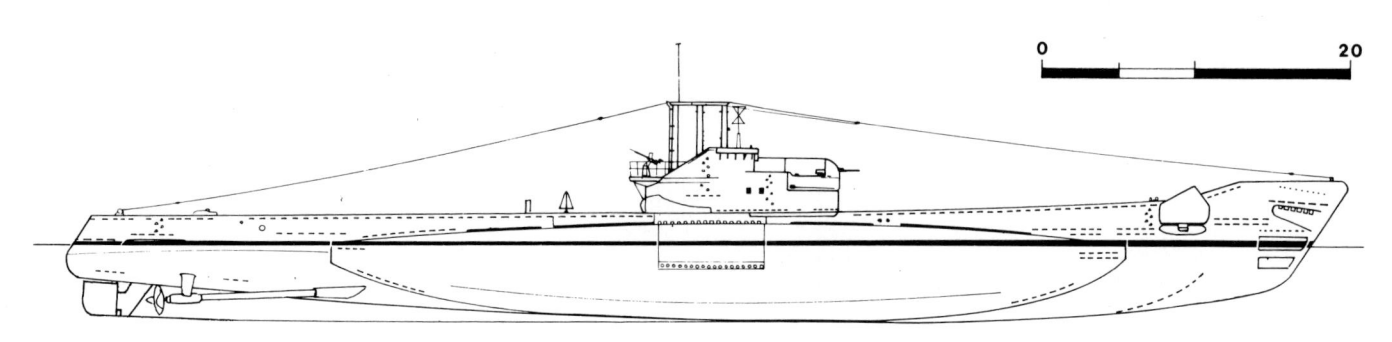

Zweihüllen-Hochseeboot, abgeleitet von der *Thames*- und der *T*-Klasse. Normale Brennstoffmenge: 159 ts. Maximale Einsatztauchtiefe: über 110 m.

Diese Klasse stellte den einzigen neuen Unterseebootsentwurf dar, den die Royal Navy im Zweiten Weltkrieg hervorbrachte. Er war 1943 ausgearbeitet worden und bedeutete im wesentlichen eine Vergrößerung der *T*-Klasse, jedoch mit einer andersartigen, mehr der »River«-Klasse gleichenden Rumpfform.

Dem Entwurf lag die Notwendigkeit eines Bootstyps zugrunde, der für Operationen im Pazifischen Ozean geeignet war: ein Optimum an Geschwindigkeit und Überwasserfahrbereich und eine sehr starke Bewaffnung. Die Bauweise sollte einfach, schnell und so organisiert sein, um vieles von dem Material zu verwenden, das für die *T*-Klasse bereitgestellt worden war. Der vollständig verschweißte Rumpf und die Bewaffnung glichen der *T*-Klasse, aber die Abmessungen waren etwas größer. Die neuen Boote waren schneller und besaßen einen größeren Fahrbereich. Sie waren mit einem leistungsfähigen Belüftungssystem ausgestattet und mit einem Luftwarnradar ausgerüstet, das auf Sehrohrtiefe arbeiten konnte.

Unter dem Bauprogramm von 1943 wurden 46 Boote in Auftrag gegeben; mehrere Lieferverträge ersetzten solche, die bereits für Boote der *T*-Klasse abgeschlossen worden waren, die man aber später annulliert hatte. *Anchorite*, das erste Boot dieser Klasse (während des Baues sein Name mit *Amphion* ausgetauscht), wurde am 14. November 1943 auf Kiel gelegt und sein Stapellauf fand am 31. August 1944 statt. Vor Kriegsende wurden nur *Amphion* (ex *Anchorite*) und *Astute* fertiggestellt. Ihre Indienststellung erfolgte am 27. März bzw. 31. Juni 1945, sie kamen aber nicht mehr zum Kriegseinsatz. Als das Kriegsende unmittelbar bevorstand, wurde der Bau von 30 der 46 bestellten Boote widerrufen. Fertiggestellt wurden 16 Boote der *A*-Klasse, die letzten davon stellte man 1948 in Dienst. *Ace* und *Achates*, die sich be-

***Alderney**, hohe Fahrt laufend.*

Alderney zur Zeit ihrer Indienststellung im Dezember 1945. Links sind die Öffnungen der beiden Hecktorpedorohre zu sehen.

Stapellauf der *Auriga* am 29. März 1945.

reits in einem fortgeschrittenen Baustadium befanden, als ihre Lieferverträge annulliert wurden, kamen in unvollendetem Zustand zur Ablieferung und wurden später verschrottet. Nachdem die Boote der A-Klasse zwischen 1955 und 1960 nach den Richtlinien des »Guppy«-Programms einer Modernisierung unterzogen worden waren, fing man 1968 an, sie zu verschrotten. *Aurochs*, das als einziges Boot nicht umgebaut worden war, wurde 1965 abgewrackt. 1972 hatte die Royal Navy nur noch drei Boote dieser Klasse im Dienst, und alle sind inzwischen verschrottet worden.[38]

[38] Anmerkung des Übersetzers:
1979 wurde beim britischen Unterseebootmuseum in Gosport die HMS *Alliance*, ein Unterseeboot der gegen Ende des Zweiten Weltkrieges gebauten A-Klasse, als »Permanent Submarine Memorial« aufgestellt. Das Boot war 1945 eine Woche nach der deutschen Kapitulation in Dienst gestellt worden. Modernisiert nach dem »Guppy«-Programm war es noch rund 15 Jahre im aktiven Dienst verblieben.

Kleinunterseeboote

Prototypen (2 Boote).
X 3, X 4:
Bauwerft: Varley Marine (X 4 wurde in der Marinewerft Portsmouth fertiggestellt).
Datum: 1940–1943.
Typverdrängung:
Mit Sprengladungen: 30 ts aufgetaucht, 32,75 ts getaucht.
Ohne Sprengladungen: 22 ts aufgetaucht, 24 ts getaucht.
Abmessungen:
X 3: 13,30 × 2,40 m mit Seitenladungen (1,70 m ohne).
X 4: 13,70 × 2,40 m mit Seitenladungen (1,70 m ohne).
Motorenanlage: Diesel: 1 Gardner; E-Motor: 1.
Leistung: 32 PS aufgetaucht, 32 PS getaucht.
Geschwindigkeit: 5,5 kn mit Sprengladungen, 6 kn ohne Sprengladungen über Wasser.
Fahrstrecke:
Mit Sprengladungen: 1100 sm bei 4,5 kn aufgetaucht, 85 sm bei 2 kn getaucht.
Ohne Sprengladungen: 1400 sm bei 4,5 kn aufgetaucht, 85 sm bei 2 kn getaucht.
Bewaffnung:
2 Seitenladungen.
Besatzungsstärke: 3.

X 5-Klasse (12 Boote).
X 5, X 6, X 7, X 8, X 9, X 10:
Bauwerft: Vickers-Armstrong, Barrow.
Datum: 1942–1943.
X 20, X 21:
Bauwerft: Broadbent, Huddersfield.
Datum: 1943.
X 22, X 23:
Bauwerft: Markham, Chesterfield.
Datum: 1943.
X 24, X 25:
Bauwerft: Marshall, Gainsborough.
Datum: 1943.
Wasserverdrängung ohne Ladungen: 27 ts aufgetaucht, 29,5 ts getaucht.
Abmessungen: 15,70 × 1,80 (2,60 mit Ladungen) × 2,30 m.
Motorenanlage: Diesel: 1 Gardner; E-Motor: 1.
Leistung: 42 PS aufgetaucht, 30 PS getaucht.
Geschwindigkeit mit Sprengladungen: 6,5 kn aufgetaucht, 5 kn getaucht.
Fahrstrecke:
Mit Zuladung: 1320 sm bei 4 kn aufgetaucht, 80 sm bei 2 kn getaucht.
Ohne Zuladung: 1860 sm bei 4 kn aufgetaucht.
Menschliche Ausdauer: 7–10 Tage.
Bewaffnung:
2 Seitenladungen mit je 2 ts Sprengstoff; Gewicht jeder Ladung: 4 ts außerhalb des Wassers, Nullauftrieb unter Wasser.

XT-Craft (6 Einheiten + 12).
XT 1, XT 2, XT 3, XT 4, XT 5, XT 6:
Bauwerft: Vickers-Armstrong, Barrow.
Datum: 1943–1944.
Die folgenden Einheiten wurden 1944 vor der Fertigstellung annulliert:
XT 7, XT 8, XT 9, XT 10, XT 11, XT 12, XT 14, XT 15, XT 16, XT 17, XT 18, XT 19:
Bauwerft: Broadbent, Huddersfield.

XE–Craft (11 Einheiten + 1).
XE 1, XE 2, XE 3, XE 4, XE 5, XE 6:
Bauwerft: Vickers-Armstrong, Barrow.
Datum: 1943–1945.
XE 7, XE 8:
Bauwerft: Broadbent, Huddersfield.
Datum: 1943–1945.
XE 9:
Bauwerft: Marshall, Gainsborough.
Datum: 1943–1945.
XE 11, XE 12:
Bauwerft: Markham, Chesterfield.
Datum: 1943–1945.
XE 10 (bei Marshall) vor Fertigstellung annulliert.

Während des Krieges entwickelte die Royal Navy einen »Kleinst«-Unterseebootstyp, dafür bestimmt, große Schiffe an ihren Liegeplätzen anzugreifen, und setzte ihn mit ziemlichem Erfolg ein. Die Bewaffnung bestand aus zwei großen Sprengladungen mit je zwei Tonnen des Sprengstoffs Amatol, die an den Seiten des Bootes befestigt waren. Diese konnten (vom Inneren des Bootes aus) auf dem Gewässergrund unter dem Ziel abgelegt oder von Tauchern, die das Boot über eine flutbare Zelle verließen und wieder zurückkehrten, mit Magnetklammern am Kiel des Zielschiffes befestigt werden.
1942 wurden zwei Prototypen gebaut und daraus entwickelte man sehr schnell die Einsatzboote. Die erste Serie wurde in europäischen Gewässern eingesetzt (Typ »X-Craft«), aber ein späterer Typ war für den Fernen Osten bestimmt (»XE-Craft«). Eine weitere Serie eines vereinfachten Typs (»XT-Craft«) wurde zu Ausbildungszwecken gebaut.
Die bedeutendsten, von den britischen »Kleinst«unterseebooten durchgeführten Unternehmungen waren die Beschädigung des deutschen Schlachtschiffes Tirpitz am 22. September 1943 und die Versenkung des japanischen Schweren Kreuzers Takao am 31. Juli 1945.
Die erste dieser Unternehmungen führten X 5, X 6, X 7, X 8, X 9 und X 10 durch. Unterseeboote schleppten sie bis zu einem Punkt vor dem Alta-Fjord, Norwegen, wo die Tirpitz vertäut lag. Alle Kleinunterseeboote gingen verloren, aber X 6 und X 7 gelang es, den Rumpf der Tirpitz schwer zu beschädigen, ohne sie jedoch zu versenken.
Bei der zweiten Unternehmung versenkte XE 3 die Takao an ihrem Liegeplatz in der Straße von Johore vor Singapur. XE 3 kehrte nach dem Angriff unbeschädigt zum Stützpunkt zurück. Kleinunterseeboote vom Typ »X-Craft« spielten auch bei der Invasion in der Normandie als Navigationshilfen eine wichtige Rolle.
Die Royal Navy baute auch ein »Kleinst«unterseeboot (Typ »Welman«), das nur einen Mann Besatzung hatte. Der Prototyp entstand in Welwyn Garden City. Dieser Typ war kein besonders gelungener Entwurf und kam nie zum Einsatz.

Typ »X-Craft«:
Ursprünglich als Privatunternehmen angelegt, wurde die X 3 erst offiziell bestellt, als sich das Boot bereits im Bau befand. Brennstoffkapazität: 712 kg. Maximale Tauchtiefe: 60 m. Ein äußerst manövrierfähiges Boot, dessen niedriger Freibord bei Überwasserfahrt einen Luftzufuhrmast erforderlich machte. Zur Ausbildung verwendet, wurden die Prototypen 1945 verschrottet.

Die **X 5-Klasse** stellte eine verbesserte Version der Prototypen mit einer andersartigen Innenanordnung dar. Die bei Vikkers gebauten Boote waren die zuerst in Auftrag gegebenen. Maximale Einsatztauchtiefe: 95 m. Die maximale Schleppgeschwindigkeit hinter einem Unterseeboot betrug 10,5 kn, obwohl beim Schleppen unter Wasser bis zu 12 kn erreicht wurden. Ein Unterseeboot der S-Klasse verringerte beim Schleppen eines X-Craft seine Reichweite um 30%; für ein Boot der T-Klasse betrug die Verlgeichszahl 5,5%. Die ersten sechs Boote gingen beim Angriff auf die Tirpitz verloren.

Schicksal der Boote:

Datum:	Ort:	Boot:	Ursache:[1]
1943	Nordsee und Norwegen	X 5, X 6, X 7, X 8, X 9, X 10	sb/uc
1944	Schottland	X 22	v
1945–		X 20, X 21, X 23, X 24, X 25	r

[1] Siehe Seite 8.

Typ „XT-Craft":
Einzelheiten wie bei Typ X 5. Die Boote unterschieden sich von der X 5-Klasse nur insoweit, als sie zu Ausbildungszwecken vereinfacht worden waren. Es gab keine Auslösevorrichtung für Seitenladungen, kein Nachtsehrohr und keine automatische Steuerung. Tagsehrohr, Projektionskompaß und Luftzufuhrmast waren in „Aufwärts"-Stellung festgestellt. Der Bunkerinhalt reichte für nur 500 sm bei 4 kn. Alle Boote wurden nach 1945 verschrottet.

X 5 – X 10, 1942.

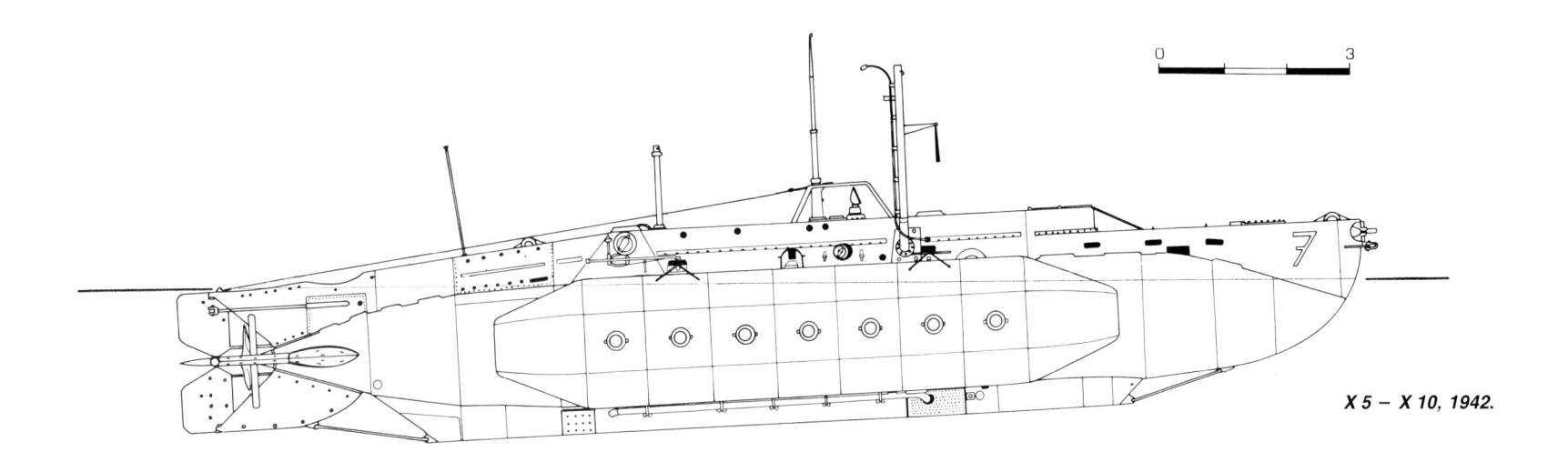

Typ „XE-Craft":

Wie X 5-Klasse, ausgenommen: Wasserverdrängung mit Sprengladungen: 30,25 ts aufgetaucht, 33,5 ts getaucht; Länge: 16 m; Besatzung: 4–5; größerer Fahrbereich. Bei diesen Booten handelte es sich um Weiterentwicklungen des ersten X-Craft-Fabrikationsentwurfes für den Einsatz im Fernen Osten. Zu diesem Zweck waren sie mit einer Klimaanlage ausgestattet. Die Verkleidung erstreckte sich über die gesamte Länge des Rumpfes, anstatt vor dem Bug zu enden. Auf diese Weise erhöhte sich die Seetüchtigkeit an der Wasseroberfläche. XE 11 sank bei einer Kollision, wurde aber 1945 gehoben. Alle Boote überdauerten den Krieg und wurden 1952 verschrottet.

Typ „Welman":

Wasserverdrängung: 2086,5 kg ohne Buggefechtskopf (Gefechtskopf: 540 kg). Abmessungen: 6,10 (ohne Gefechtskopf 4,30) × 1,10 × 1,70 m. Motorenanlage und Leistung: 1 E-Motor, 2,5 PS. Geschwindigkeit: 3 kn. Menschliche Ausdauer: 12 Stunden. Besatzung: 1 Mann. Bewaffnung: 250-kg-Sprengstoffladung. Erprobungstauchtiefe: 95 m. Normale Einsatztauchtiefe: 23 m. Die ersten Fahrzeuge kontrollierten ihre Trimmlage durch ein bewegliches Gewicht von 136 kg. Die späteren Fahrzeuge besaßen zu diesem Zweck Ausgleichstanks. Ein Sehrohr war nicht vorhanden; der Ausblick erfolgte durch Panzerglassegmente im „Kommandoturm". Am Ziel konnte die Sprengladung durch Magnetklammern befestigt werden. Der Transport ging durch Unterseeboote (in Aussparungen in der Verkleidung) oder in den Davits eines Zerstörers vor sich. Auch Schnellboote (MTB: motor torpedoboat) konnten mit geeigneten Davits ausgestattet werden, und ein Schleppen bei hoher Geschwindigkeit war ebenfalls geplant. Doch die „Welman"-Fahrzeuge liefen nie zuverlässig und wurden schließlich aufgegeben. Es ist nicht bekannt, wie viele davon gebaut wurden.

Typ „Chariot":

Im Kriege baute die Royal Navy den Typ eines Unterwasserangriffsfahrzeuges, der den italienischen SLC (Siluro a Lenta Corsa: langsam laufender Torpedo) oder „Schweinen" sehr glich. Mehrere Fahrzeuge dieser Art waren während eines mißlungenen Angriffs auf den Hafen von Gibraltar 1941 erbeutet worden.

Wie das SLC mußte das britische Fahrzeug vom Typ „Chariot" („Streitwagen") von zwei Männern gesteuert werden, die mit Atmungsgeräten ausgerüstet waren. Der Torpedo besaß einen abnehmbaren Gefechtskopf und außerdem konnten kleine Haftminen mitgeführt werden.

Die von Fahrzeugen des Typs „Chariot" erzielten Haupterfolge waren die Versenkung des italienischen Leichten Kreuzers Ulpio Traiano, der gerade ausgerüstet wurde, am 3. Januar 1943 in Palermo und die Versenkung des Rumpfes des Schweren Kreuzers Bolzano am 21. Juni 1944, um zu verhindern, daß die Deutschen ihn zum Verblocken des Hafens von La Spezia verwendeten, wo der Rumpf vertäut lag.

Gegen Ende des Krieges wurden weitere Unterwasserangriffsfahrzeuge – einschließlich tauchfähiger Kanus und Versorgungsfahrzeuge für geheime Unternehmen – erprobt. Auch ein „X-Craft" mit einem Kommandoturm wurde entworfen, aber nicht gebaut.

Ausländische Unterseeboote in der britischen Marine

Ehemalige türkische Unterseeboote:
P 611 ex *Oruc Reis*, *P 612* ex *Murat Reis*, *P 614* ex *Burak Reis*, *P 615* ex *Uluc Ali Reis*:
Bauwerft: Vickers-Armstrong, Barrow.
Datum: 1939–1942.
Typverdrängung: 687 ts aufgetaucht, 861 ts getaucht.
Abmessungen: 61,10 × 6,80 × 3,10 m.
Motorenanlage: Diesel: 2 Vickers; E-Motoren: 2.
Höchstleistung: 1550 PS aufgetaucht, 1300 PS getaucht.
Höchstgeschwindigkeit: 13,75 kn aufgetaucht, 10 kn getaucht.
Fahrstrecke: 2500 sm bei 10 kn aufgetaucht, ? sm bei ? kn getaucht.
Torpedorohre: 5 × 53,3 cm: 4 vorn, 1 achtern außen gelegen; Torpedos: 9.
Geschütze: 1 × 7,6 cm, 1 × 7,69-mm-Maschinengewehr.
Besatzungsstärke: 40.

Diese vier Unterseeboote, im großen und ganzen mit Ausnahme einer geringeren Anzahl an Torpedorohren der britischen *S*-Klasse gleichend, waren bei Ausbruch des Krieges für die Türkei im Bau gewesen. Die Royal Navy hatte sie erworben, aber zugleich entschieden, die ersten beiden nach ihrer Fertigstellung an die Türkei auszuliefern, um die Verteidigungskraft dieses Landes zu stärken. Für die Ausreise waren sie vorübergehend als *P 611* und *P 612* bei der Royal Navy in Dienst gestellt worden.
Brennstoffkapazität: 38 ts. Maximale Einsatztauchtiefe: 100 m. Mit ihrer Ähnlichkeit zur *S*-Klasse und der britischen Bauweise und Ausrüstung stellten sie einen spürbaren Zuwachs für die Royal Navy dar. *P 615* wurde von einem U-Boot torpediert, aber das Schwesterboot blieb der Royal Navy erhalten und wurde nach dem Kriege an die Türkei zurückgegeben. Alle drei noch vorhandenen Boote wurden 1957 von der türkischen Marine außer Dienst gestellt.

Schicksal der Boote:

Datum:	Ort:	Boot:	Ursache:[1]
1943	Atlantik	*P 615*	s
1957	–	*Oruc Reis, Murat Reis, Burak Reis*	r

[1] Siehe Seite 8.

P 553 ex *S 21*, beim Tauchen. Das Boot wurde von den Vereinigten Staaten überlassen.

P 615, eines der für die Türkei (ähnlich der *S*-Klasse) in Großbritannien gebauten Boote, die 1939 von der Royal Navy beschlagnahmt wurden.

Erbeutete Unterseeboote:
Graph ex *U 570*, deutscher Typ VII C (siehe »Deutschland«). Ein weiteres U-Boot, *U 110* vom Typ IX, wurde von der Royal Navy gekapert, ging aber unter, ehe es in den Hafen geschleppt werden konnte. *U 570*, das sich einer Lockheed »Hudson« vom Coastal Command der *RAF* ergeben hatte, war das einzige deutsche Boot, das unter der Flagge seiner Kaperer fuhr, ehe die Massenübergabe bei Kriegsende stattfand. Es wurde zu Unternehmungen gegen seine früheren Herren eingesetzt,[39] erlitt aber 1944 Schiffbruch. Später wurde das Boot geborgen und verschrottet.

Italienische Unterseeboote:
X 2 (*P 711* von 1942) ex *Galileo Gallilei* von der *Archimede*-Klasse, *P 712* ex *Perla* von der Klasse *600*, *P 714* ex *Bronzo* von der *Acciaio*-Klasse (siehe »Italien«).
X 2 wurde 1940 im Roten Meer erbeutet, anfänglich im Indischen Ozean eingesetzt und dann 1944 zu Ausbildungszwecken ins Mittelmeer verlegt. Das Boot wurde 1946 abgewrackt.
Perla wurde 1942 von einem britischen Trawler gekapert. 1943 der Königlich Hellenischen Marine (Griechenland) übergeben, fuhr das Boot als *Matrozos*, bis es 1954 verschrottet wurde.
Bronzo wurde 1943 vor Syrakus erbeutet und nach kurzer Dienstzeit 1944 den Franzosen übergeben. Umbenannt in *Narval*, wurde das Boot 1948 abgewrackt.

Von den USA überlassene Unterseeboote:
Amerikanische *R*-Klasse: *P 511* ex *R 3*, *P 512* ex *R 17*, *P 514* ex *R 19* (siehe »USA«). Diese alten amerikanischen Unterseeboote waren zwischen 1941 und 1942 der Royal Navy überlassen worden und wurden 1944 mit Ausnahme von *P 514* zurückgegeben. Sie waren zur Ausbildung verwendet worden.

Amerikanische *S*-Klasse: *P 551* ex *S 25*, *P 552* ex *S 1*, *P 553* ex *S 21*, *P 554* ex *S 22*, *P 555* ex *S 24*, *P 556* ex *S 29* (siehe »USA«).
Alte amerikanische »Pacht-Leih«-Unterseeboote, überlassen zwischen 1941 und 1942. Sie wurden hauptsächlich zur Ausbildung eingesetzt und 1944 mit Ausnahme von *P 551* an die US-Marine zurückgegeben. *P 551* wurde der polnischen Marine als *Jastrzab* 1941 überlassen und ging 1942 verloren.

Verbündete Unterseeboote:
Viele Unterseeboote der verbündeten Nationen dienten unter britischer Einsatzführung, wobei die Besatzungen aus ihren eigenen Staatsangehörigen bestanden und die Boote ihre eigene Flagge führten. (Vgl. dazu die Abschnitte dieses Buches über die Niederlande, Frankreich, Polen, Griechenland und Jugoslawien.) Tatsächlich standen für kurze Zeit auch einige amerikanische Unterseeboote unter britischer Führung, obwohl auch bei einer Gelegenheit ein britisches Unterseeboot die Sterne und Streifen führte. Dabei hatte die *Seraph* einen Amerikaner als nominellen Kommandanten und nahm an den geheimen Vorbereitungen für die Invasion in Französisch-Nordafrika 1942 teil.

Schicksal der Boote:

Datum:	Ort:	Boot:	Ursache:[1]
1941	Atlantik	*P 514*	e

[1] Siehe Seite 8.

---

[39] Anmerkung des Übersetzers:
Auch die Kaperung von *U 570* wird erst nach dem Kriege in Deutschland bekannt. Allerdings gelang es dem Kommandanten, die Geheimsachen zu vernichten. Genaue Einzelheiten über den Vorfall sind bei Brustat-Naval »Ali Cremer: U 333«, Berlin 1982, zu finden. Ebenso Einzelheiten über den Einsatz der *HMS Graph* als Biskaya-Patrouille auf den Ein- und Auslaufwegen deutscher Unterseeboote und Angriff auf *U 333*, wobei das deutsche U-Boot irrtümlich als versenkt gemeldet wurde.

Italien

Am 10. Juni 1940 trat Italien an der Seite Deutschlands gegen Großbritannien und gegen ein Frankreich, das bereits unter den Angriffen der Panzer und Stukas wankte, in den Krieg ein. Zum erstenmal in seiner kurzen Geschichte als Einheitsstaat stand Italien in direkter Konfrontation mit den europäischen Hauptseemächten — oder genauer ausgedrückt mit der europäischen Hauptseemacht; denn Italien verzögerte den Kriegseintritt, bis es auf der Hand lag, daß die Franzosen im Begriff waren, aus dem Konflikt auszuscheiden, und Großbritannien wahrscheinlich auch zu kapitulieren schien.

Die verhältnismäßig junge italienische Marine war dabei, der ernstesten Prüfung in ihrer Geschichte entgegenzugehen: 39 Monate der Kriegführung im Mittelmeer gegen die erfahrenste, berühmteste und bislang größte Marine der Welt. Anfangs waren die Italiener von der Zahl her im Vorteil, aber zu oft benachteiligten sie unzureichende und unzulängliche Ausrüstung. Ein weit ernsterer Nachteil lag in der Schwäche des italienischen Oberkommandos und in dem bedauerlichen Mangel an Zusammenarbeit zwischen den verschiedenen Waffengattungen. Im allgemeinen jedoch kämpften die italienischen Einheiten so gut, wie es ihre Ausrüstung und ihre Befehle gestatteten, oft mit großer Tapferkeit und großem Können, trotz der Legenden der Kriegspropaganda.[40] Es waren nicht die Besatzungen und Kommandanten, denen diese Eigenschaften fehlten, sondern die Admirale und die Marineführung. Obwohl Italien eine Niederlage erlitt, ging die italienische Marine auf diese Weise einigermaßen ehrenvoll aus dem Krieg hervor.

Der Krieg im Mittelmeer war hauptsächlich ein Kampf um die Nachschublinien; Verteidigung der eigenen und Angriff auf die des Feindes stellten die Hauptursachen der Schlacht dar. Die gegnerischen Großkampfschiffe trafen sich nur zu Gefechten von kurzer Dauer, teilweise infolge der Ängstlichkeit des italienischen Oberkommandos und teilweise infolge der zunehmenden Vorherrschaft der Luftmacht, die beiden Seiten Vorsicht auferlegte. In dieser Situation war die Aktivität leichter Überwassereinheiten beim Angriff auf Geleitzüge und bei deren Verteidigung von besonderer Wichtigkeit, und die Rolle des Unterseebootes war wesentlich. Bedauerlicherweise für die Italiener erfüllten die von ihren Unterseebooten erzielten Erfolge selten die Erwartungen und rechtfertigten die in den Aufbau ihrer Unterwasserflotte in den Jahren vor dem Krieg investierten Mittel nicht. Dieser Mißerfolg entstammt einer Verknüpfung aus technischen und strategischen Gründen. In den ersten Kriegsjahren zeigten sich nur ein paar alliierte Handelsschiffe im Mittelmeer, ausgenommen in den sporadischen und stark gesicherten Geleitzügen, welche die Straße

---

[40] Anmerkung des Übersetzers:
Eine der Legenden ist die vom fortwährenden Verrat von seiten der Italiener an ihrem Bündnispartner Deutschland, wodurch es möglich geworden wäre, fast den gesamten Nachschub nach Nordafrika für Rommels Truppen zu versenken. Tatsächlich wurden die Nachschub-Geleitzüge nach Nordafrika planmäßig von den Briten angegriffen und viele Schiffe durch Flugzeuge, Unterseeboote und durch Kreuzer und Zerstörer der Force K versenkt. Den Briten gelangen diese Erfolge – wie wir heute wissen – nicht durch italienischen Verrat, sondern durch die Erkenntnisse aus der Funkaufklärung (siehe hierzu auch »Der Einfluß von ›Ultra‹ auf den Krieg im Mittelmeer« von Alberto Santoni in der »Marine-Rundschau« 1981, 503).

1942 in Tarent längsseits eines alten österreichisch-ungarischen Schiffes, umgebaut in eine schwimmende Unterkunft für Unterseebootsbesatzungen, vertäut liegende Unterseeboote. Im Vordergrund ein Boot der *Mameli*-Klasse vor einem Boot der *Bandiera*-Klasse.

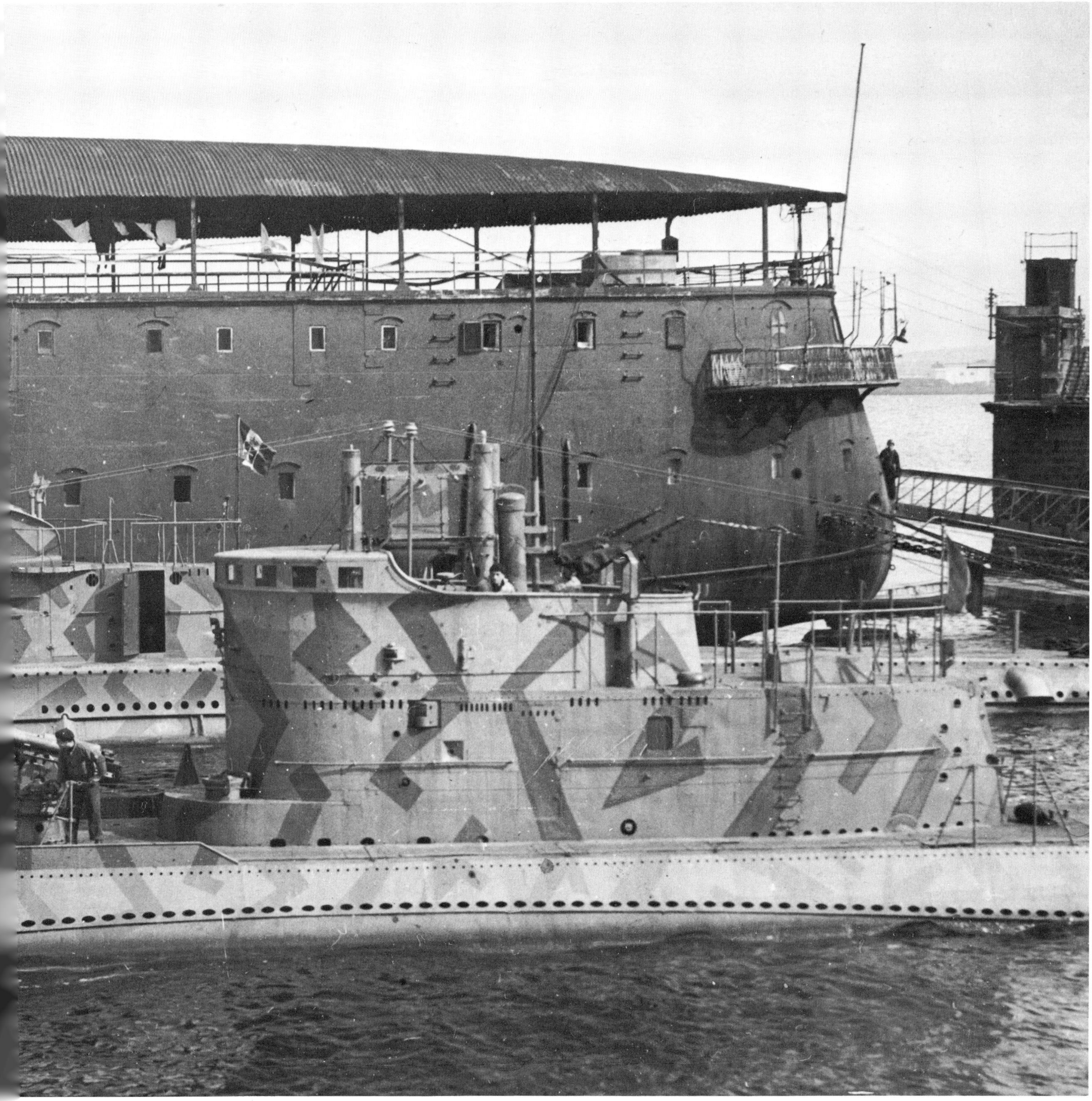

von Sizilien auf dem Weg nach Malta oder Alexandria durchbrachen. Im Mittelmeer befand sich aber eine große Anzahl alliierter Kriegsschiffe, und die italienischen Boote konnten gegenüber diesen nur geringe Erfolge aufweisen. Dies veranlaßte die Deutschen, eine Reihe von U-Booten ins Mittelmeer zu entsenden, wo sie einige bemerkenswerte Erfolge errangen.

Die wirklichen Gründe für die schwache Leistung der italienischen Unterseeboote scheinen im technischen Bereich zu liegen. Beim Vergleich der Grundeigenschaften als Unterwasserfahrzeug schnitten sie gegenüber den britischen und deutschen Booten der damaligen Zeit sehr ungünstig ab. Der Tauchvorgang dauerte verhältnismäßig lang und unter Wasser waren die Boote nicht besonders wendig. Ihre großen Kommandotürme waren an der Wasseroberfläche sehr gut sichtbar und verlangsamten das Tauchen noch mehr. In den engen und von Flugzeugen beherrschten Gewässern des Mittelmeeres war die Tauchgeschwindigkeit besonders wichtig, und die diesbezüglichen Mängel der italienischen Boote führten zu verhältnismäßig hohen Verlusten. Das Fehlen leistungsfähiger Feuerleitrechner, Asdic- oder Radargeräte verschlimmerte ihre Lage noch. Gegen die starken britischen U-Jagdverbände erwiesen sich diese Schwächen oft als verhängnisvoll.

Vieles von dem Material, das für die nach 1935 gebauten Boote verwendet wurde (von dem Zeitpunkt an, da die Italiener in großem Maße auf heimische Produktion angewiesen waren), war von schlechter Qualität, und die Beanspruchungen durch die Einsätze führten in vielen Fällen zur Unbrauchbarkeit, weshalb ein verhältnismäßig großer Teil der Unterseebootsflotte durch häufige Werftliegezeiten und Reparaturen stillag. Das Modifizieren vorhandener Boote und das Entwerfen neuer Klassen beseitigte einige der Mängel, andere aber – einschließlich der schlechten Qualität des Materials und der fehlenden Radargeräte – blieben, bis die italienische Regierung 1943 mit den Alliierten einen Waffenstillstand unterzeichnete. Bei solchen Nachteilen ist es nicht überraschend, daß die italienischen Boote nur geringe Erfolge erzielten und schwere Verluste erlitten. Die einzigen Lichtblicke bestanden in den mittelmäßigen Erfolgen, die im Atlantik unter deutscher Führung erzielt wurden, und ganz besonders in den glänzenden und tapferen Leistungen der »menschlichen Torpedos« und Kampfschwimmer.

Bei Kriegseintritt besaß die italienische Marine eine der größten Unterseebootsflotten der Welt; mit 115 im Dienst befindlichen Booten wurde sie von der Zahl her nur von der Sowjetmarine übertroffen, die annähernd 160 Boote hatte. Mit Ausnahme von acht Booten im Roten Meer waren die italienischen Boote im Mittelmeer konzentriert.

Von den 115 in Dienst gestellten Einheiten waren am 10. Juni 1940 84 Boote einsatzfähig, zwei beendeten ihre Erprobungsfahrten und 29 befanden sich in der Instandsetzung. Sie setzten sich zusammen aus: 7 kleinen Booten älterer Konstruktion, 39 Hochseebooten mit einer Wasserverdrängung (aufgetaucht) zwischen 950 und 1570 ts sowie 69 »Mittelmeer«-Booten naher und mittlerer Reichweite, die zwischen 650 und 950 ts verdrängten.

Im Ersten Weltkrieg beschränkten sich die Unterseebootsunternehmungen der italienischen Marine auf die begrenzten Gewässer der Adria und auf die spärlichen Ziele, die auf den Küstenrouten und zwischen den dalmatinischen Inseln zu finden waren. Der Erfahrungsmangel in ozeanischer Kriegführung zeigte sich in der Ausbildung der Besatzungen und in den technischen Eigenschaften der zwischen den Kriegen entworfenen Boote.

Am Ende des Ersten Weltkrieges besaß Italien 56 Boote. Davon wurden eine Reihe von Booten verschrottet, und zu Beginn der zwanziger Jahre befanden sich etwa 40 Boote im Dienst. Vor 1925, als der Aufstieg und die Verstärkung der Unterwasserflotte begannen, war kein Neubau in Angriff genommen worden. Das nun folgende Programm teilte sich zwischen 1925 und 1943 in sechs aufeinanderfolgenden Phasen ein:

Erste Phase 1925–1926: Entwicklung von Prototypen, im allgemeinen in Serien zu vier Booten für jeden Typ.
Zweite Phase 1927–1930: Nachbau der Prototypen mit Verbesserungen in begrenzten Serien.
Dritte Phase 1931–1934: Verstärkung der Unterwasserflotte mit der Auftragserteilung für größere Bootsserien.
Vierte Phase 1935–1937: Baubeschleunigung aufgrund der internationalen Lage und der Anforderungen aus den überseeischen Wagnissen (deutsche Wiederaufrüstung, Abessinien-Krieg, spanischer Bürgerkrieg).
Fünfte Phase 1938–1940: Kriegsausbruch immer drohender bevorstehend.
Sechste Phase 1940–1943: Kriegsbauten, um die Verluste zu ersetzen und die Qualität der Boote zu verbessern.

In der ersten Phase wurden Prototypen der verschiedenen Klassen fast gleichzeitig auf Kiel gelegt. Zwischen 1925 und 1929 wurden die vier Boote mittlerer Wasserverdrängung der *Mameli*-Klasse gebaut. Sie besaßen eine teilweise Doppelhülle von kreisrundem Querschnitt mit Tauchzellen vom Satteltanktyp über dem Druckkörper. Die Trimm- und Reglerzellen lagen innerhalb des Druckkörpers, dessen äußerste Enden durch halbkugelförmige Kappen verschlossen waren. Von dem Ingenieur Cavallini entworfen, waren die Boote der *Mameli*-Klasse besonders gelungen: sicher, stark, manövrierfähig und im Inneren recht wohnlich.

Von ähnlichen Eigenschaften, aber von völlig anderem Entwurf waren die vier Boote der *Pisani*-Klasse, zur selben Zeit wie die *Mameli*-Klasse erbaut. Von dem Ingenieur Bernardis entworfen, waren sie vom Einhüllentyp mit mittschiffs gelegenen Tauchzellen; Abmessungen und Bewaffnung glichen im wesentlichen der *Mameli*-Klasse.

Aus den Entwürfen Cavallinis und Bernardis' wurden später fast alle nachfolgenden Klassen italienischer Boote bis 1943 entwickelt.

Bei den Erprobungsfahrten offenbarten die Boote der *Pisani*-Klasse eine begrenzte Stabilität und mußten mit Wülsten versehen werden; spätere Boote vom Bernardis-Typ wurden stets mit diesen Wülsten ausgestattet. Italien begann auch, Hochseeboote von großer Wasserverdrängung und von großer Reichweite zu bauen. 1925 wurden die vier Boote der *Balilla*-Klasse auf Kiel gelegt. Sie beruhten auf einem Ansaldo/San Giorgio-Entwurf und besaßen eine vollständige Doppelhülle. Ihr Fahrbereich, für die damalige Zeit ziemlich respektabel, betrug über Waser mehr als 7000 Seemeilen.

Während der ersten Phase fiel auch die Entscheidung, einen weiteren Bootstyp von großer Wasserverdrängung mit Rumpfeigenschaften zu bauen, die sich von jenen der *Balilla*-Klasse völlig unterschieden. Auf einem Bernardis-Entwurf beruhend, wurde *Fieramosca* 1926 auf Kiel gelegt, ein Einhüllenboot von großer Wasserverdrängung mit mittschiffs gelegenen Tauchzellen und außen angebrachten Wülsten. Der ursprüngliche Entwurf, besonders die Bewaffnung betreffend (anfänglich Deckgeschütze mittleren Kalibers, ein Flugzeug und Minenwurfausrüstung), wurde mehrfach geändert und die Bauzeit des Bootes nahm fünf Jahre in Anspruch. Das Ergebnis blieb jedoch mittelmäßig, und die *Fieramosca* war kein gelungenes Boot, wenn es auch für die damalige Zeit mehrere interessante Charakteristika aufwies: acht Torpedorohre, vierzehn Torpedos.

1926 packten die Italiener das Problem an, U-Minenleger zu bauen. Ihre einzige Erfahrung beruhte bisher auf dem Bau zweier kleiner Boote (X-Klasse), direkt vom deutschen *UC*-Typ abgeleitet. Im ersten Weltkrieg hatte die italienische Marine ein Boot dieses letzteren Typs gehoben, wiederhergestellt und als *X 1* in Dienst gestellt.

Die ersten beiden U-Minenleger italienischen Entwurfs, *Bragadin* und *Corridoni*, wurden 1927 auf Kiel gelegt und 1931 in Dienst gestellt. Sie stellten Boote vom Bernardis-Typ mit Wülsten dar, waren von mittlerer Wasserverdrängung und sowohl mit Torpedos als auch zum Minenlegen ausgerüstet. Von den allgemeinen Eigenschaften her waren sie mittelmäßig und als Minenleger zweifellos untauglich. Selbst die später vorgenommenen Änderungen, um ihre Leistung zu verbessern, konnten ihre schwerwiegenden Unzulänglichkeiten nicht beheben.

Die erste Phase, die Entwicklung von Prototypen, schloß mit dem Corridoni-Entwurf ab. Trotz der Tatsache, daß die Boote Cavallinis gegenüber jenen von Bernardis überragende Ergebnisse erzielten, zeigten die Italiener für den letzteren Typ eine besondere Vorliebe, und in der zweiten Phase, zwischen 1927 und 1930, wurden insgesamt fünfzehn Boote – auf die *Bandiera*-, *Squalo*- und *Argonauta*-Klasse verteilt – in Auftrag gegeben. Zur selben Zeit wurden jedoch auch zwei Boote (*Settembrini*-Klasse) des Cavallini-Typs bestellt.

1928 wurden die vier Boote der *Bandiera*-Klasse und die vier der *Squalo*-Klasse auf Kiel gelegt. Geringfügig größer als die *Pisani*-Klasse und erneut vom Einhüllen-Bernardis-Typ stattete man sie sofort mit Wülsten aus, um eine größere Stabilität zu erreichen.- Sie erzielten im allgemeinen gute Ergebnisse und waren der *Pisani*-Klasse zweifellos überlegen. In dieser Zeitspanne und ebenfalls unter der Leitung von Bernardis wurde der Entwrf eines Bootes von kleiner Reichweite mit einer Verdrängung über Wasser von etwa 600 ts entwickelt, abgeleitet von den früheren Bernardis-Einhüllentypen mit mittschiffs gelegenen Tauchzellen und bereits in den Entwurf einbezogenen außen angebrachten Wülsten. Diese neue Klasse (Klasse *600*, *Argonauta*-Serie) erbrachte gute Ergebnisse. Von ihr wurden sieben Boote in Auftrag gegeben, zwischen 1929 und 1930 auf Kiel gelegt und zwischen 1932 und 1933 in Dienst gestellt. Später wurde sie bis Kriegsbeginn in vier aufeinanderfolgenden Serien mit geringfügigen Änderungen (*Sirena*-, *Perla*-, *Adua*- und *Acciaio*-Serie) wiederholt. In Würdigung ihrer guten Eigenschaften und beeinflußt durch die von der italienischen Regierung unterstützte Verkaufstechnik und Preisermäßigung baute man auch mehrere Boote für ausländische Marinen (Argentinien und Brasilien).

Mit 59 zwischen 1932 und 1942 in Dienst gestellten Booten bildete die Klasse *600* die größte Gruppe von Booten desselben Typs in der italienischen Marine. Sie leistete ihren Hauptbeitrag im Zweiten Weltkrieg bei den Unterseebootsoperationen im Mittelmeer.

Mit den zwei Booten der *Settembrini*-Klasse wurde der Cavallini-Typ wiederholt. Verglichen mit der ausgezeichneten *Mameli*-Klasse, aus der sie entwickelt worden waren, besaßen sie mehr Torpedorohre, einen größeren Fahrbereich und eine stromlinienförmigere Rumpfform, die in Verbindung mit einer entsprechenden Motorenleistung eine größere Geschwindigkeit erlaubte. Insgesamt jedoch lag ihre Leistung mit zu geringer Seeausdauer und unzureichender Stabilität unter der der früheren Boote.

Mit Beginn der dreißiger Jahre entschloß sich die italienische Marine, die Unterseebootswaffe zu vergrößern, und von 1931 bis 1934 wurden zahlreiche Boote auf Kiel gelegt.

Von dieser dritten Phase der Modernisierung und Entwicklung zeugte der Bau von zwölf Einheiten der Klasse *600* (*Sirena*-Serie) sowie der Entwurf und der Bau von Hochseebooten in drei Klassen (*Archimede*-, *Glauco*- und *Calvi*-Klasse) und des Prototyps eines Hochsee-U-Minenlegers (*Micca*).

Die vier Einheiten der *Archimede*-Klasse wurden 1931 auf Kiel gelegt; größer als die *Settembrini*-Klasse (Cavallini-Typ) erbrachte sie gute Ergebnisse. Zwei der Boote (*Archimede* und *Torricelli*) wurden später der nationalspanischen Marine überlassen und ihre Namen übertrug man auf die beiden Boote der *Brin*-Klasse, die zwischen 1937 und 1939 »heimlich« gebaut wurden.

1932 wurde mit dem Bau der beiden Boote der *Glauco*-Klasse begonnen. Diese Klasse stellte eine Weiterentwicklung der *Squalo*-Klasse (Bernardis-Typ) dar, die dank einer größeren Wasserverdrängung und mehrerer grundlegender Änderungen ziemlich erfolgreich war, und den Ausgangspunkt für die Entwicklung von Entwürfen weiterer Serien ausgezeichneter Hochsee-Unterseeboote verkörperte.

Auch die drei Boote der *Calvi*-Klasse mit vollständiger Doppelhülle, abgeleitet von der *Balilla*-Klasse, wurden auf Stapel gelegt. Ein insgesamt gelungener Entwurf; die guten Seeeigenschaften, der große Fahrbereich, der hohe Grad an Wohnlichkeit und die große Anzahl an Torpedos betonten die Merkmale eines Bootes von großer Reichweite.

Die Leistung dieser Boote bezüglich der Schnelltauchzeit und der Manövrierfähigkeit unter Wasser sowie die beträchtliche Größe des Kommandoturms schränkten ihre Erfolgschancen gegen gesicherte Geleitzüge stark ein, und während des Krieges wurden sie hauptsächlich gegen Einzelfahrer in entfernten Seegebieten eingesetzt, wo sie – auch infolge ihrer guten Deckbewaffnung – angemessene Erfolge erzielten. Schließlich baute man sie zu Transportunterseebooten für den Fernen Osten um.

1931 wurde der Prototyp eines mit Torpedos ausgestatteten U-Minenlegers von großer Reichweite auf Kiel gelegt. *Micca* war ein Boot vom Cavallini-Typ, modifiziert für eine Verwendung als Minenleger. Die erbrachten Ergebnisse sah man als gut an, aber der *Micca*-Typ wurde nicht nachgebaut. Dies infolge der hohen Kosten und der zur Zeit der Indienststellung des Bootes bereits im Gange befindlichen Studien für den Entwurf ähnlicher Boote, die bei geringerer Wasserverdrängung eine größere Anzahl an Minen mitführen konnten (*Foca*-Klasse).

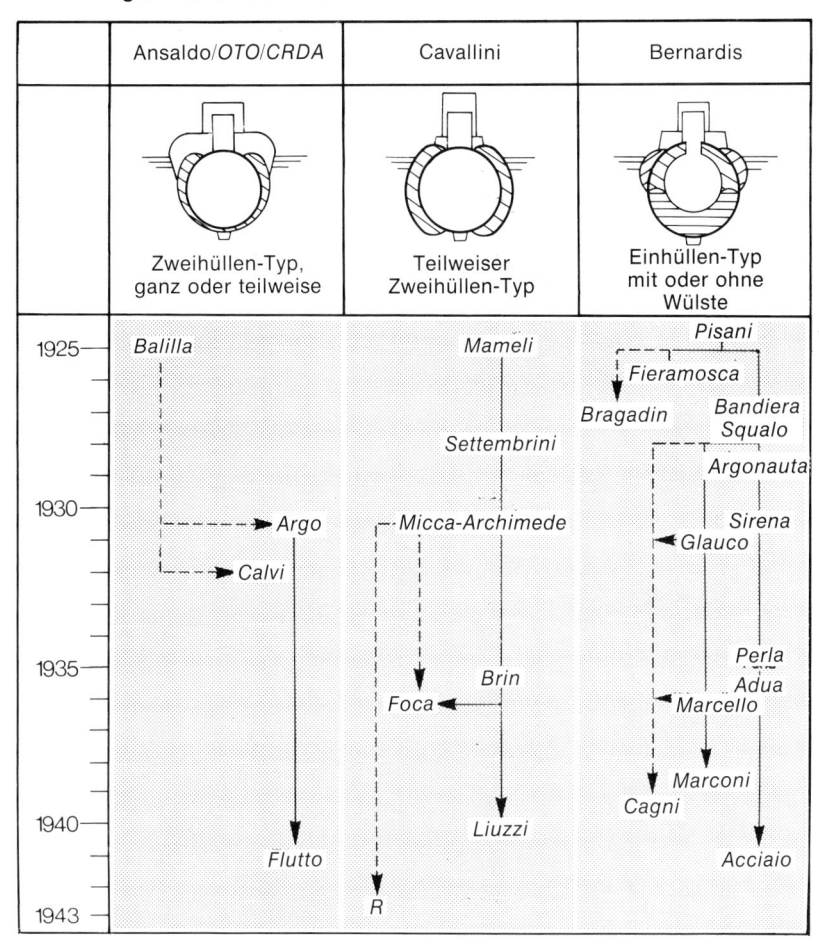

Das Minenlegesystem beruhte auf einer Zentralschleuse mit 20 Seeminen, die durch eine Öffnung im Heck geworfen wurden. Obwohl dieses System zu bestimmten Problemen Anlaß gab, wurde es auch für die späteren U-Minenleger in Verbindung mit zwei besonderen Minenschächten im Heck übernommen.

Die internationalen Verwicklungen, die sich aus der italienischen Besetzung Abessiniens ergaben, trieben die italienische Marine 1935 in ein erneutes Programm zur Verstärkung seiner Unterwasserflotte. Die deutsche Wiederaufrüstung und der Krieg in Spanien trugen später zur weiteren Intensivierung bei.

Zwischen 1935 und 1940 legte die italienische Marine nicht weniger als acht neue Klassen oder Serien von Unterseebooten auf Kiel: sechs für die Überseeverwendung einschließlich einer Klasse von Minenlegern (*Brin*-, *Marcello*-, *Marconi*-, *Liuzzi*-, *Cagni*- und *Foca*-Klasse) und zwei Serien »Mittelmeer«-Boote (*Perla*- und *Adua*-Serie der Klasse *600*). Dazu kam 1935 noch die *Argo*-Klasse, bestehend aus zwei Booten mittlerer Wasserverdrängung mit Hochseeeigenschaften; ihr Bau hatte 1931 für die portugiesische Marine begonnen.

Die Gesamtzahl der in dieser Zeitspanne in Auftrag gegebenen oder erworbenen Hochseeboote war fast doppelt so groß (44 gegenüber 27) wie die der Unterseeboote kleiner Reichweite, die für einen Einsatz im Mittelmeer bestimmt waren. Dies spiegelte deutlich den Wechsel in der italienischen Außenpolitik wider, der auf eine Ausdehnung der Interessen Italiens außerhalb des Mittelmeeres zielte. Zur Unterstützung einer solchen Politik mußte die italienische Marine in Hochsee-Unterseebooten zu denken anfangen.

Zwischen 1936 und 1937 wurden die drei Boote der Foca-Klasse, die fünf der Brin-Klasse und die neun der Marcello-Klasse mit zwei zusätzlichen Einheiten 1938 auf Kiel gelegt. Entwickelt wurden sie aus der Micca-, Archimede- bzw. Glauco-Klasse. Die zweifellos beste dieser Klassen war die Marcello-Klasse. Sie wurde mit mehreren Verbesserungen als Marconi-Klasse nachgebaut, deren sechs Einheiten zwischen 1938 und 1939 auf Stapel gelegt wurden. Diese Boote vom Bernardis-Typ erwiesen sich als ausgezeichnet. Innerhalb der durch die allgemeinen Unzulänglichkeiten italienischer Boote – wie bereits beschrieben – auferlegten Beschränkungen operierten sie mit Erfolg im Atlantik.

Die U-Minenleger der Foca-Klasse waren weniger erfolgreich. Das Aufstellen des Decksgeschützes auf einer drehbaren Plattform im achteren Teil des Kommandoturms erwies sich als sehr wirkungslos, und im Verlaufe des Krieges wurde diese Anordnung beseitigt.

1935 wurde mit dem Bau von 10 Booten der Perla-Serie und der 17 Boote der Adua-Serie begonnen. Beide Serien gehörten zur Klasse 600 und waren aus der Sirena-Serie entwickelt worden.

Die vier Boote der Liuzzi-Serie wurden zwischen 1938 und 1939 auf Kiel gelegt. Aus der Brin-Serie entwickelt, behielten sie viele Mängel dieser Serie bei: geringe Seeausdauer, begrenzte Stabilität und häufige Maschinenstörungen.

Der einzige echte Neuentwurf, der in dieser Zeitspanne entwickelt wurde, betraf die vier, nach Admiralen benannten Hochseeboote der Cagni-Klasse. Der Entwurf – Einhüllentyp mit Wülsten – stammte von Cantieri Riuniti dell'Adriatico. Frühere aus dem Bernardis-Entwurf entwickelte Hochseetypen, die von derselben Werft gebaut worden waren, hatten ihn beeinflußt. Das interessanteste Merkmal war die starke Torpedobewaffnung: 14 Tohre, 36 Torpedos.

Diese Boote waren besonders für den Einsatz gegen die ozeanische Schiffahrt entwickelt worden. Das Torpedokaliber hatte man auf 45,7 cm verringert, da man der Meinung war, das kleinere Kaliber wäre ausreichend, um einen ernstlichen Schaden zu verursachen, und es könnten natürlich mehr Torpedos mitgeführt werden. Die Franzosen hatten zu dieser Auffassung geneigt und einige ihrer Boote mit einer gemischten Bewaffnung aus kleinen und großen Torpedos ausgerüstet.

Obwohl im Kriege nur eines dieser vier Boote im Atlantik eingesetzt worden war, hatten die erzielten Ergebnisse die Wirksamkeit dieses Bootstyps gegen Einzelfahrer veranschaulicht.

Gemäß den Weisungen des Oberkommandos, die im Juni 1940 für die Überwasserstreitkräfte eine defensive Rolle und für die Unterwasserflotte den Offensiveinsatz vorsahen, stationierte die italienische Marine bei Kriegsbeginn 55 Boote in verschiedenen Seeräumen des Mittelmeeres entweder einzeln in Lauerstellung oder zu mehreren Booten in Vorpostenstreifen. Zwei Boote mit großer Reichweite, Finzi und Cappellini, wurden in den Mittelatlantik entsandt. Das Passieren der von britischen Flugzeugen und Schiffen stark überwachten Straße von Gibraltar brachte große Risiken mit sich, aber dank der Geschicklichkeit und dem Glück der italienischen Kommandanten ging keines der zahlreichen Boote, welche die Straße passierten, verloren.

Drei Tage nach dem Beginn der Feindseligkeiten kehrte die Hälfte der in See stehenden Boote zum Stützpunkt zurück, und von da an bis zum Ende des Krieges befanden sich nie mehr als 25–30 Boote in See.

In der ersten Einsatzphase waren die Verluste beträchtlich (im Juni 1940 10 versenkte Boote in 20 Tagen) und die ernsten technologischen und operativen Mängel der italienischen Unterseeboote zeigten sich bald.

Nach den schweren Verlusten im Juni 1940 – die Versenkung des britischen Kreuzers Calypso durch die Bagnolini und des Tankers Orkanger durch die Nereide in den ersten 48 Stunden der Feindseligkeiten wogen sie teilweise auf – gingen die Unterseebootsverluste stark zurück. In den folgenden Monaten stabilisierten sie sich bei durchschnittlich 10 Booten innerhalb der sechs Monaten. Diese Verlustrate blieb bis zum Ende des Krieges bestehen. Diesen starken Rückgang der Verluste bewirkten die verringerte Anzahl der Boote in See, die von den Bootsbesatzungen gewonnenen Erfahrungen und die technischen Verbesserungen der Boote. Für alle Boote wurde sofort eine Grundreparatur geplant und man beschloß, alle veralteten Boote (X-Klasse, Fieramosca-, Pisani-, Balilla-Klasse usw.) stufenweise auszuscheiden und neue Unterseeboote mittlerer Reichweite mit einer Tauchzeit von 30 Sekunden zu bauen, bereits vom Entwurfsstadium her mit allen technischen Vorteilen der schon im Dienst befindlichen Boote ausgestattet.

Im Kriegsbauprogramm entschied sich die italienische Marine für einen Typ mittlerer Wasserverdrängung, der sich hinsichtlich der Bedingungen im Mittelmeer als am besten geeignet erwiesen hatte. Um das Programm zu beschleunigen, entschloß man sich, die Entwürfe der beiden besten damals im Dienst befindlichen Typen auf den neuesten Stand zu bringen: die Klasse 600 und die Argo-Klasse.

Aus der Klasse 600 wurden die 13 Unterseeboote der Acciaio-Klasse entwickelt, 1940 auf Kiel gelegt und 1942 fertiggestellt. Aus der Argo-Klasse wurde die Flutto-Klasse – bekannt auch als die verbesserte Argo-Klasse – abgeleitet und in drei aufeinanderfolgenden Serien (12, 24 bzw. 12 Einheiten) zwischen 1941 und 1944 in Auftrag gegeben. Vor dem 8. September 1943 wurden nur acht Einheiten der Flutto-Klasse in Dienst gestellt; die übrigen wurden nach der Kapitulation zerstört oder sie waren noch nicht auf Kiel gelegt worden.

Die Einheiten der Flutto-Klasse stellten bei weitem die besten Unterseeboote mittlerer Wasserverdrängung dar, die die italienische Marine ge-

Die Flottenparade zu Ehren Hitlers am 5. Mai 1938 im Golf von Neapel. Im Verlaufe dieser Vorführung tauchten acht Unterseeboote gleichzeitig auf und schossen Salut. Im Vordergrund ein Hochseeboot der Calvi-Klasse.

baut hatte. Ihr Fahrbereich von annähernd 13 000 Seemeilen bei Marschfahrt mit zusätzlichem Brennstoffvorrat hätte ihnen die Durchführung überseeischer Unternehmungen ermöglicht, aber zur Zeit ihrer Indienststellung wurde jedes verfügbare Boot im Mittelmeer gebraucht. Die Einsatzbedingungen im Atlantik hatten sich gewandelt; sie erforderten Boote mit noch fortschrittlicheren Eigenschaften, und so wurde die *Flutto*-Klasse niemals zu Operationen in diesem Seegebiet eingesetzt.

Die Kriegsprogramme forderten keine Boote für den Übersee-Einsatz. Die Anzahl der im Dienst befindlichen Boote mit großer Reichweite wurde für ausreichend gehalten, und da sie modernisiert worden waren, hielt man ihre Leistungsfähigkeit für die Art von Unternehmungen, die italienischen Booten im Atlantik zugedacht war, für tragbar. Die Ausnahme bildete der Bau eines großen Transportunterseeboots-Typs, entworfen, um hochwertiges Material in den Fernen Osten und von dort zurück zu befördern oder um möglicherweise Treibstoff nach Nordafrika zu bringen. 1941 in Auftrag gegeben, wurden die 12 Boote der *R*-Klasse allesamt zwischen 1942 und 1943 auf Kiel gelegt; aber nur zwei, die *Romolo* und die *Remo*, kamen vor dem 8. September 1943 in Dienst, und beide Boote gingen verloren, ehe sie für Transportunternehmungen eingesetzt werden konnten.

Die Kriegsprogramme umfaßten zahlreiche Boote kleiner Reichweite vom sogenannten »Kleinst«- oder »Taschen«-Typ. Die italienische Marine hatte bereits vor dem Kriege mehrere Prototypen (*CA*-Klasse) gebaut. 1940 wurde der Entwurf modifiziert und führte zur *CB*-Klasse: 24 kleine Boote, nur 12 davon kamen vor dem 8. September 1943 in Dienst. Mit guten Ergebnissen operierten sie hauptsächlich gegen die Russen im Schwarzen Meer, wohin sie Anfang 1942 mit der Eisenbahn transportiert worden waren.

Die *CB*-Boote waren im wesentlichen zur Hafenverteidigung, besonders gegen Unterseeboote, entworfen worden. Auch die nachfolgende *CM*- und die *CC*-Klasse umfaßten kleine Boote; sie waren für den offensiven Einsatz in besonders »heißen«, nicht weit von ihren Stützpunkten entfernten Seegebieten des Mittelmeers entwickelt worden. Sie sollten in großen Stückzahlen gebaut werden, um die Boote mittlerer Größe zu ersetzen, die weit kostspieliger und in Seegebieten wie der Straße von Sizilien weit verwundbarer waren, und sie sollten gegen den umfangreichen feindlichen Nachschub für Malta in großer Zahl eingesetzt werden. 1943 als Prototypen auf Kiel gelegt, konnten die ersten drei *CM*-und *CC*-Boote nicht vor der Kapitulation fertiggestellt werden.

Im Vergleich zu den früheren Booten waren die während des Krieges gebauten Boote, insgesamt gesehen, von guter Qualität, aber von der einsatzmäßigen Leistungsfähigkeit her konnten sie es mit den britischen und deutschen Booten nicht aufnehmen. Ihre Anzahl war unzureichend, und dies lag infolge der Knappheit an Rohstoffen und Facharbeitern an ihrer langen Bauzeit (die in Monfalcone gebauten Einheiten der *Flutto*-Klasse wurden durchschnittlich 25 Monate nach Auftragsvergabe und 17 Monate nach Kiellegung abgeliefert).

Bewaffnung und Ausrüstung waren ziemlich gut standardisiert und erbrachten im allgemeinen zufriedenstellende Ergebnisse. Wie die Briten,

Tabelle 21: Leistung der italienischen Torpedos

Kaliber in cm:	Typ:	Gefechtskopfgewicht in kg:	Länge in m:	Laufstrecke in m:	Geschwindigkeit in kn:
53,3	W[1]	270	7,20	4 000	48
53,3	W	250	7,50	4 000	50
				12 000	30
53,3	SI[1]	250	7,50	3 000	40
				12 000	26
53,3	W	250	6,50	3 000	43
				10 000	28
53,3	W	260	6,86	4 000	43
				12 000	30
45,7	W	200	5,75	3 000	44
45,0	W	110	5,28	2 000	38
				6 000	26

[1] W = Whitehead-Torpedowerke, Fiume; SI = Italienische Torpedowerke, Neapel.

so hatten auch die Italiener nie eine ernste „Torpedokrise". Ihre 53,3- und 45,7-cm-»Heißluft«-Torpedos liefen stets durchaus genau und zuverlässig; ihre Leistungen entsprachen dem Stand der damaligen Zeit.

Anfänglich waren die Zünder der Gefechtsköpfe allesamt vom Aufschlagpistolentyp, aber von 1941 an begann die Ausrüstung der Boote mit Torpedos, die Magnetzünder (*SIC*-Typ) besaßen; und in dieser Zeit überließ die deutsche Marine eine Anzahl Torpedos vom Typ G7e mit elektrischem Antrieb und Magnetpistolen, welche in die Torpedoausstattung vieler Boote mit einbezogen wurden. Später gab es Torpedos mit vorprogrammierter Laufstrecke und auch ein Torpedo mit akustischem Zielsuchkopf wurde von den Deutschen geliefert.

Bei den Deckgeschützen waren zwei Kaliber in Gebrauch: 12,0 cm L/45 »OTO 1931« und 10,2 cm L/47 »OTO 1931, 1935 und 1938« mit größter Schußweite bei 14 500 m bzw. 12 600 m. Das Gewicht einer Panzersprenggranate lag bei 22 kg bzw. 13,8 kg, die Mündungsgeschwindigkeit betrug 730 m/sec bzw. 840 m/sec und die Feuergeschwindigkeit maß acht Schuß pro Minute. Flakwaffen waren im allgemeinen 13,2-mm-Waffen Breda Modell 31 mit einer Feuergeschwindigkeit von 400 Schuß pro Minute, zugeführt im 30-Schuß-Magazin, und mit einer wirksamen Reichweite von annähernd 2000 m. Angebracht waren diese in Einzel- oder Doppelaufstellung auf Dreibein oder versenkbarer Lafette. Nur die erbeuteten Boote waren von dieser Standardisierung ausgenommen.

Bei den Unterseebooten fanden drei Haupttypen von Seeminen Verwendung: T 200 mit einer 200-kg-Ladung sowie P 150 und P 150/1935 mit einer 150-kg-Ladung. Vom Ankertautyp mit Kontaktzündung waren sie weder besonders wirksam noch waren sie beim Werfen sicher, und das war der Hauptgrund für den begrenzten Einsatz italienischer U-Minenleger im Kriege.

Versenkung eines Bootes der *Adua*-Serie aus der Klasse *600*, der *Gondar*. Das Boot wurde von seiner Besatzung selbst versenkt, nachdem es am 30. November 1940 durch den britischen Zerstörer *Diamond* und den australischen Zerstörer *Stuart* vor der ägyptischen Küste schwer beschädigt worden war. *Gondar* hatte »menschliche« Torpedos an Bord, um den Hafen von Alexandria anzugreifen.

Vergleich der im Dienst befindlichen Unterseeboote mit den einsatzbereiten 1940–1943.

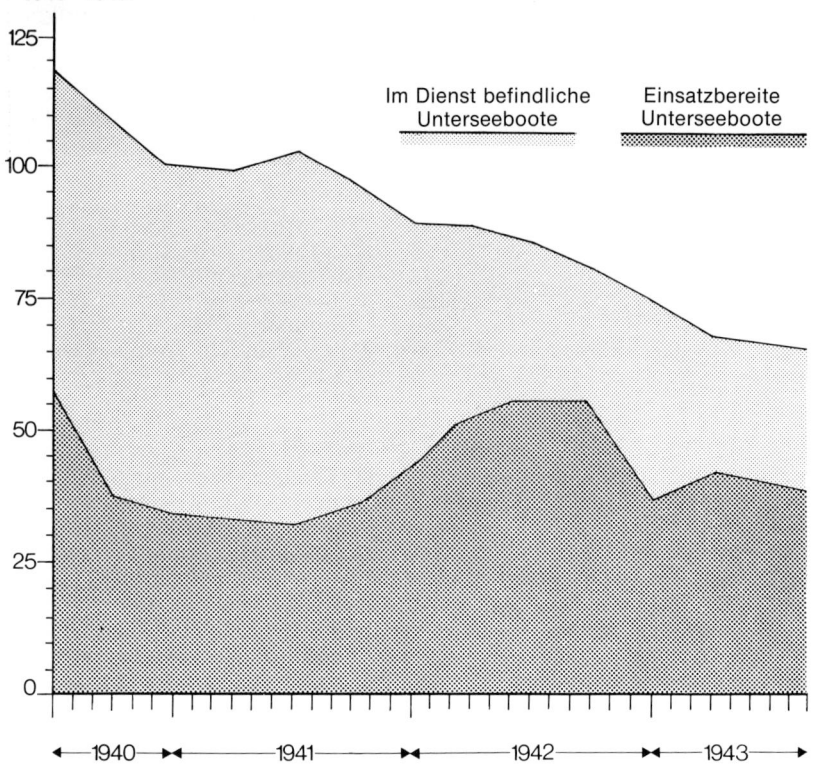

Nach Kriegsbeginn wurde die elektronische und akustische Ausrüstung wesentlich verbessert. Bis Kriegsende waren die italienischen Boote mit einer guten Funkausrüstung, guten Unterwasserhorchgeräten und einem hinlänglichen Asdic-Gerät ausgestattet. Zahlreiche Boote waren auch mit einem Gerät vom Typ Metox ausgerüstet, aber kein einziges Boot besaß ein Luft- oder Seeüberwachungsradar; denn die italienische Industrie war im Kriege nicht imstande, ein kleines Gerät von entsprechend leichtem Gewicht zu entwickeln. In ähnlicher Weise kam es auch nicht zur Ausrüstung der italienischen Boote mit dem Schnorchel, obwohl eine für denselben Zweck entworfene und nach demselben Prinzip funktionierende Vorrichtung schon 1926 mit bescheidenem Erfolg auf dem Unterseeboot H 3 erprobt, aber später ohne Erklärung wieder aufgegeben worden war.

Bis zum Beginn des Krieges führten italienische Boote oft ein Erkennungszeichen auf beiden Seiten des Kommandoturms aufgemalt und aus zwei Buchstaben bestehend. Der erste stellte den Anfangsbuchstaben des Bootsnamens und der zweite im allgemeinen einen Buchstaben aus dem Namen dar, z. B. *Neghelli* führte NG, *Ametista* AA, *Tazzoli* TZ usw. Bei Kriegsausbruch verschwand diese – bereits eingeschränkte – Übung und die Kennbuchstuben erschienen erst 1945 wieder.

Vom Juni 1940 bis September 1943 beendeten die italienischen Boote 1553 Unternehmungen, führten 173 Angriffe, schossen 427 Torpedos, trugen 33 Artilleriegefechte aus, versenkten 23960 ts an Kriegsschiffen (vier Leichte Kreuzer, zwei Zerstörer, ein Unterseeboot, drei kleinere Einheiten und ein Hilfsschiff) und 69690 BRT an Handelsschiffsraum. Die Verluste waren hoch: 68 Boote, davon wurden 59 im Kampf versenkt, zwei (*Perla* und *Bronzo*) wurden erbeutet und sieben gingen bei verschiedenen Unfällen in See oder bei Luftangriffen im Hafen verloren. 29 Boote beförderten in 158 Einsätzen ingesamt 10641 ts Fracht (5592 ts Treibstoff, 4193 ts Munition) nach Nordafrika. Sechs Boote gingen dabei verloren.

Sieben Boote – bei einem Verlust von vier – transportierten Unterwasserangriffsfahrzeuge (SLC, »Schweine«) und Kampfschwimmer (»Gamma«) in 15 Einsätzen und leisteten dabei einen Beitrag bei der Versenkung oder Beschädigung von acht Handels- bzw. Hilfsschiffen (59309 BRT) sowie bei der ernstlichen Beschädigung der Schlachtschiffe *Queen Elizabeth* und *Valiant* und eines weiteren Kriegsschiffes. In der Nacht des 7. Februar 1943 setzte *Malachite* in der Nähe von Algier einen Pionierstoßtrupp an Land.

Die Aktivitäten der acht im Roten Meer und im Indischen Ozean stationierten Boote hatten sich nunmehr seit Kriegsbeginn merklich verringert, wie das auch bei den in Massaua stationierten Überwassereinheiten der Fall war. Die Ursache lag hauptsächlich im Brennstoffmangel, aber auch Defekte im Belüftungssystem führten bei den Besatzungen mehrerer Boote zu Vergiftungserscheinungen (*Perla, Archimede, Galileo* usw.), wobei die Briten eines der Boote (*Galileo*) kaperten. Nachdem die Defekte behoben worden waren, wurde die Einsatztätigkeit – wenn auch in verringertem Umfang – wieder aufgenommen. Sie dauerte bis März 1941 an, als die vier noch vorhandenen Boote (*Ferraris, Archimede, Guglielmotti* und *Perla*) wegen des unmittelbar bevorstehenden Falls Italienisch-Ostafrikas Massaua in Richtung Bordeaux verließen, das sie nach 60 Tagen (ca. 12000 sm) erreichten, unterwegs versorgt von deutschen Unterseebooten und Versorgungsschiffen.

Zwischen Juni 1940 und März 1941 versenkten in Italienisch-Ostafrika stationierte italienische Boote einen Zerstörer (*Khartoum*, in einem heldenhaften Artilleriegefecht durch das Deckgeschütz der *Torricelli*, wobei auch das italienische Boot verlorenging) und zwei Tanker; letztere durch *Galileo* bzw. *Guglielmotti*.

Von September 1940 an begannen die italienischen Boote, Bordeaux zu benutzen, wo ein Stützpunkt[41] vorhanden war, der die für Versorgung, Instandhaltung und Reparatur von Hochsee-Unterseebooten geeigneten Einrichtungen enthielt.

Malaspina war das erste Boot, das am 4. September 1940 in Bordeaux eintraf, wenige Tage später von *Barbarigo* und *Dandolo* gefolgt. Zwischen September und Dezember 1940 verlegten 27 Boote aus italienischen Stützpunkten nach Bordeaux. Im Mai 1941 trafen vier Boote aus dem Roten Meer ein, und mit dem letzten im Februar 1943 eintreffenden Boot (*Cagni*) waren es insgesamt 32 Einheiten. Im Juni 1941 war mit 27 Booten dort die größte Anzahl an Einheiten auf einmal versammelt. Vom Dezember desselben Jahres bis zum Dezember 1942 sank diese Zahl auf elf ab. Zum Zeitpunkt der Kapitulation befanden sich noch sechs italienische Boote in Bordeaux.

Von den 32 Booten, die von Bordeaux aus im Atlantik operierten, gingen 16 verloren. Auf 189 Feindfahrten wurden 101 Handelsschiffe und mehrere Kriegsschiffe (568573 BRT) versenkt sowie 200000 BRT an Handelsschiffsraum beschädigt. Auf jedes verlorengegangene Boot kamen 6,5 versenkte Schiffe.

Das Einsatzgebiet der italienischen Hochseeboote wurde stufenweise ausgeweitet: vom Mittelatlantik zum Nordostatlantik, von der Atlantikküste der USA und Mittelamerikas zur Westküste Afrikas und schließlich in südafrikanische Gewässer und in den Indischen Ozean. In das letztere Seegebiet wurden nur vier Feindfahrten unternommen, aber dabei gelang es, 95000 BRT Handelsschiffsraum zu versenken oder zu beschädigen. Nach notwendigen Umbauten, die größtenteils in Bordeaux ausgeführt wurden, setzte man mehrere Boote zusammen mit deutschen U-Booten zu gemeinsamen Operationen ein. Im April 1941 verlegte *Giuliani* zur Ausbildung an die deutsche Taktikschule für Unterwasserkriegführung in Gotenhafen (dem heutigen Gdynia in Polen).[42]

---

[41] Anmerkung des Übersetzers:
Der italienische Stützpunkt in Bordeaux, der unter dem Befehl des Admirals Parona stand – mit Korvettenkapitän Rösing als deutschem Verbindungsoffizier –, trug die Bezeichnung BETASOM. »Beta« ist die Sammelbezeichnung der italienischen Marinedienststellen, »som« steht für »Somergibili«, d. h. Unterseeboot.

[42] Anmerkung des Übersetzers:
Der Verfasser meint die 2. U-Boot-Lehrdivision mit unterstellter 22. U-Boot-Flottille, die von November 1940 bis Januar 1945 ihren Standort in Gotenhafen hatte. Sie hatte die Funktion einer U-Boot-Schule. Hinzu kam dann die Ausbildung bei der »Technischen Ausbildungsgruppe für Front-U-Boote«, die AGRU Front, mit den Stützpunkten Hela, Bornholm und Eckernförde.

Eine besonders erfolgreiche Periode für die italienischen Hochseeboote setzte zum Zeitpunkt des Kriegseintritts der Vereinigten Staaten ein. Die Boote operierten entlang der amerikanischen Atlantikküste und erzielten gegen den starken Schiffsverkehr, der noch nicht entsprechend organisiert und verteidigt war, beträchtliche Erfolge.

Zu Beginn des Jahres 1943 wurden in Bordeaux sieben Hochseeboote (*Cappellini, Tazzoli, Giuliani, Barbarigo, Torelli, Bagnolini* und *Finzi*) zum Transport hochwertiger Rohstoffe nach und aus dem Fernen Osten umgebaut. Um diese zu ersetzen, überließen die Deutschen neun Boote vom Typ VII (*S*-Klasse) an Italien. Doch bei der Kapitulation befanden sich die Boote noch in Deutschland in der Ausbildung und wurden in der deutschen Marine wieder in Dienst gestellt.

Am 8. September 1943 besaß die italienische Marine 53 Unterseeboote des Hochsee- und »Mittelmeer«-Typs ausschließlich der »Kleinst«-Unterseeboote. 34 davon waren auslaufbereit oder befanden sich in See, und diese liefen in Übereinstimmung mit den Kapitulationsbedingungen in alliierte Stützpunkte. Verschiedene Boote, die sich in Reparatur befanden oder bewegungsunfähig waren, wurden zusammen mit Booten in Ausrüstung oder im Bau selbst zerstört, selbst versenkt oder von den Deutschen übernommen. Dies hatte den Verlust von annähernd 50 Booten (23 Einsatzboote) ausschließlich der Kleinunterseeboote zur Folge.

Die meisten der von den Deutschen erbeuteten Boote wurden von ihnen nicht benutzt und durch alliierte Luftangriffe auf italienische Häfen zerstört; mehrere wurden später verschrottet oder von den Deutschen selbst versenkt. Ende 1943 waren noch 33 in Dienst befindliche Boote vorhanden (eines, die *Topazio*, war irrtümlich durch ein britisches Flugzeug versenkt worden), die ihre Operationen an der Seite der Alliierten aufnahmen. In der Zeit, da Italien mit den Alliierten kämpfte, gingen zwei weitere Boote (*Settembrini* und *Axum*) verloren. Von 1940 bis 1943 gerieten von 145 einsatzfähigen Booten 88 (annähernd 53,1%) durch Kampfhandlungen in Verlust.

Ursächlich für die Verluste waren: 46,5% durch Überwasserfahrzeuge, 20,4% durch Unterseeboote, 17% durch Flugzeuge und 16,1% durch andere Ursachen. 20 Boote gingen 1940 verloren, 18 Boote 1941, 22 Boote 1942 und 28 Boote 1943.

Der Mangel an Erfolg bei den italienischen Unterseebooten war nicht das Verschulden der italienischen Unterseebootsbesatzungen, deren Tapferkeit und hoher Geist der Aufopferung sich während des gesamten Krieges gezeigt hatten; viele von ihnen starben in Erfüllung ihrer Pflicht.

Aber es war nicht nur die Ausbildung allein, die man sich hätte besser wünschen können. Vor dem Kriege hatten italienische Unterseebootskommandanten keine andere Taktik des Torpedoangriffs geübt als die, getaucht auf Ziele zu lauern, die in Schußweite gelangen. Diese unzulängliche Doktrin des Einsatzes von Unterseebooten führte zur Vernachlässigung von derart wichtigen technischen Überlegungen wie Schnelltauchen, Feuerleitrechner und niedrige Silhouetten. Hinzu kam der Sache wegen förderliche Unzulänglichkeit eines Großteils der italienischen Industrie, die unfähig war, den Forderungen eines ehrgeizigen Aufrüstungsprogramms vollständig gerecht zu werden, und Material von unzureichender Qualität hinausgehen ließ. Trotz vieler ausgezeichneter Entwürfe und großer Leistungen konnte es die italienische Schiffsbauindustrie mit der stetigen Qualität und den Möglichkeiten der Werften in den Hauptindustriestaaten Großbritannien, Deutschland und den Vereinigten Staaten jedoch nicht aufnehmen. Obwohl während des Krieges fortgesetzte Anstrengungen unternommen wurden, um die technischen und doktrinären Nachteile zu überwinden, war es niemals möglich, die ersteren ganz zu beheben. Dies gelang nur teilweise, hauptsächlich bei den wenigen im Kriege gebauten Unterseebooten. Und wenn auch die Einsatztaktiken verbessert wurden, so waren die technischen Mängel doch zu groß, um sie voll wirksam werden zu lassen.

Von den 115 Booten, mit denen Italien 1940 in den Krieg eingetreten war (weitere 30, die vor dem September 1943 fertiggestellt bzw. in Dienst gestellt worden sind, müssen hinzugerechnet werden), blieben schließlich nur 31 übrig. Davon war der Großteil von begrenzter Leistungsfähigkeit, zurückzuführen auf die intensive Einsatztätigkeit, der sie ausgesetzt gewesen waren, und der schlechten Qualität des bei ihrem Bau in der Zeit der »Sanktionen« oder im Kriege verwendeten Materials.

Der Italien auferlegte Friedensvertrag enthielt eine Klausel, die der italienischen Marine den Bau und die Indienststellung von Unterseebooten jeglichen Typs verbot. Die noch vorhandenen Boote mußten deshalb außer Dienst gestellt werden. Verschiedene mußten sofort verschrottet werden, andere mußten den siegreichen Alliierten nach dem folgenden Plan als Kriegsreparationen überlassen werden: *Dandolo* und *Platino* an die Vereinigten Staaten, *Giada* und *Vortice* an Frankreich, *Atropo* und *Alagi* an Großbritannien, *Marea* und *Nichelio* an die UdSSR.

Übrigens bekam Jugoslawien keine Boote zugewiesen. Aber die Jugoslawen bargen die *Nautilo* vom Grunde des Hafens von Pola (dem heutigen Pula), setzten sie wieder instand und stellten sie 1954 unter dem Namen *Sava* erneut in Dienst.

Nur die für die UdSSR bestimmten Boote wurden im Februar 1949 abgeliefert. Die übrigen Mächte lehnten die ihnen zugewiesenen Boote ab und forderten ihre unmittelbare Zerstörung. Die Boote wurden sämtlich außer Dienst gestellt und nur zwei vor dem Verschrotten bewahrt. Es handelte sich dabei um *Giada* und *Vortice*, die 1948 unter den provisorischen Bezeichnungen *PV 1* und *PV 2* »insgeheim« wieder in Dienst gestellt wurden. Sie wurden zur Ausbildung von Unterseebootsbesatzungen und U-Jagdfahrzeugen verwendet.

1952, als die Klauseln des Friedensvertrages bezüglich der Unterseeboote erloschen waren, erhielten die beiden Boote ihre ursprünglichen Namen zurück und wurden offiziell Teil der italienischen Seestreitkräfte. Mehrere Male modernisiert, blieben sie bis 1966 bzw. 1967 im Dienst. Hinzu kamen von den Vereinigten Staaten überlassene Einheiten, mehrere kleine, in Italien neu erbaute Boote und die *Pietro Calvi* (ex *Bario*), ein 1945 gehobenes Boot der *Flutto*-Klasse, das zwischen 1955 und 1960 völlig wiederhergestellt worden war. Mit seiner Ausmusterung im Januar 1972 stellte das letzte Boot der großen italienischen Unterseebootsflotte des Zweiten Weltkrieges endgültig außer Dienst.

X-Klasse

X 2, X 3:
Bauwerft: Ansaldo, Sestri Ponenti.
Datum: 1916–1918/18.
Typverdrängung: 403 ts aufgetaucht, 468 ts getaucht.
Abmessungen: 42,60 × 5,52 × 3,15 m.
Motorenanlage: Diesel: 2 Sulzer; E-Motoren: 2 Ansaldo.

Höchstleistung: 650 effektive PS aufgetaucht, 325 effektive PS getaucht.
Höchstgeschwindigkeit: 8,2 kn aufgetaucht, 6,23 kn getaucht.
Fahrstrecke: 1200 sm bei 8 kn aufgetaucht, 70 sm bei 3 kn getaucht.
Torpedorohre: 2 × 45,0 cm vorn (außen gelegen); Torpedos: 2.
Geschütze: 1 × 7,6 cm L/30.
Minen: 9 Schächte für 18 Minen.
Besatzungsstärke: 25.

Einhüllen-U-Minenleger mit Satteltanks. Den Entwurf änderte Bernardis von dem des österreichischen *U 24* (ex deutschen *UC 12*) ab, das unglücklicherweise auf einer seiner eigenen Minen vor Tarent sank. Die Italiener hoben das Boot, setzten es instand und stellten es als *X 1* der eigenen Marine in Dienst. Die beiden in Italien gebauten Boote waren weder schnell noch leicht zu handhaben und wurden nach 1936 nur noch zu Ausbildungszwecken eingesetzt: Maximale Einsatztauchtiefe: 40 m.

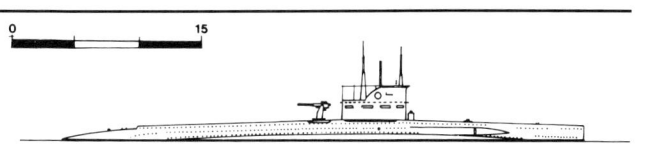

Schicksal der Boote:

Datum:	Boot:	Ursache:[1]
1940	X 2, X 3	r (aufgelegt im September und nicht mehr eingesetzt)

[1] Siehe Seite 8.

H-Klasse

H 1, H 2, H 4, H 6, H 8:
Bauwerft: Canadian Vickers, Montreal.
Datum: 1916–1916/18.
Typverdrängung: 365 ts aufgetaucht, 474 ts getaucht.
Abmessungen: 45,80 × 4,69 × 3,78 m.
Motorenanlage: Diesel: 2 New London Ship & Engine Co.; E-Motoren: 2 Dynamic Electric Co.
Höchstleistung: 480 PS aufgetaucht, 628 PS getaucht.
Höchstgeschwindigkeit: 12,5 kn aufgetaucht, 8,5 kn getaucht.
Fahrstrecke: 3300 sm bei 7 kn aufgetaucht, 120 sm bei 3,5 kn getaucht.
Torpedorohre: 4 × 45,0 cm vorn; Torpedos: 6.
Geschütze: 1 × 7,6 cm L/30 (von 1941 an: 1 × 13,2-mm-Breda-Maschinengewehr).
Besatzungsstärke: 27.

Einhüllen-Unterseeboot mit innen gelegenen Tauchzellen des Holland(Elco)-Entwurfs. Übereinstimmende Schwesterboote der ersten Einheiten der britischen H-Klasse (siehe oben). Maximale Einsatztauchtiefe: 50 m.

Ursprünglich besaßen die Italiener acht dieser ausgezeichneten Unterseeboote. H 5 wurde irrtümlich 1918 torpediert, ironischerweise durch das Schwesterboot H 1. H 7 und H 3 wurden 1930 bzw. 1937 außer Dienst gestellt. Die restlichen Einheiten der Klasse wurden 1940 noch als völlig seetüchtig betrachtet und zu Unternehmungen vor der französischen Küste und im Nordteil des Tyrrhenischen Meeres eingesetzt. Später dienten sie der italienischen Marine als Ausbildungs-Unterseeboote – »Uhrwerkmäuse« – für die U-Jagdverbände. H 8 sank im Juni 1943 durch Bombentreffer in La Spezia. Sein Rumpf wurde später gehoben und als Batterieladestation verwendet. Drei Monate später wurde H 6 von den Deutschen in Bonifaccio erbeutet und versenkte sich selbst. Die übrigen Boote überlebten den Krieg.

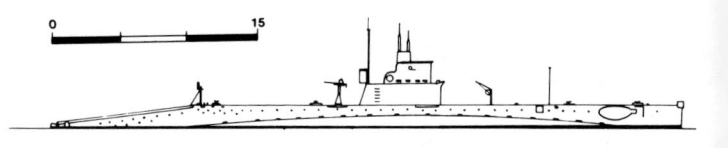

Schicksal der Boote:

Datum:	Ort:	Boot:	Ursache:[1]
1943	Mittelmeer	H 8	b
		H 6	c/sb
1947		H 1, H 2, H 4	r

[1] Siehe Seite 8.

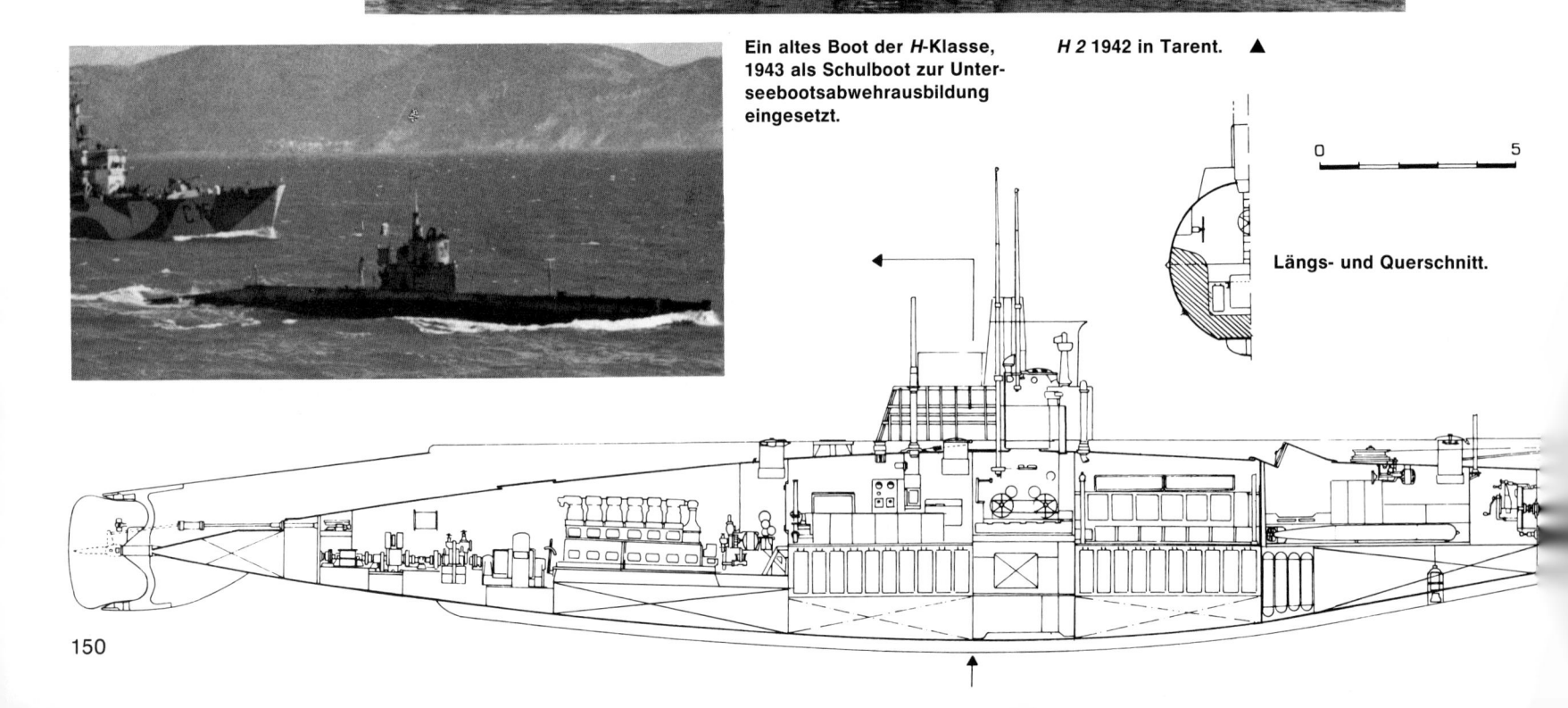

Ein altes Boot der H-Klasse, 1943 als Schulboot zur Unterseebootsabwehrausbildung eingesetzt.

H 2 1942 in Tarent. ▲

Längs- und Querschnitt.

Balilla-Klasse

Balilla, Domenico Millelire, Antonio Sciesa, Enrico Toti:
Bauwerft: Odero Terni, La Spezia.
Datum: 1925–1928/29.
Typverdrängung: 1450 ts aufgetaucht, 1904 ts getaucht.
Abmessungen: 86,75 × 7,80 × 4,70 m.
Motorenanlage: Diesel: 2 Fiat + 1 Fiat-Hilfsmotor; E-Motoren: 2 Savigliano.
Höchstleistung: 4900 + 425 PS aufgetaucht, 2200 PS getaucht.
Höchstgeschwindigkeit: 17,5 kn aufgetaucht, Hilfsmotor: 7 kn aufgetaucht; 8,9 kn getaucht.
Fahrstrecke: 12 000 sm bei 7 kn bzw. 3000 sm bei 17 kn aufgetaucht, 110 sm bei 3 kn bzw. 8 sm bei 8,9 kn getaucht.
Torpedorohre: 6 × 53,3 cm: 4 vorn, 2 achtern; Torpedos: 12.
Geschütze: 1 × 12,0 cm L/45, 4 × 13,2 mm (2 × 2).
Minen: 1 Schacht: 4 Minen (nur auf *Antonio Sciesa*).
Besatzungsstärke: 77.

Balilla.

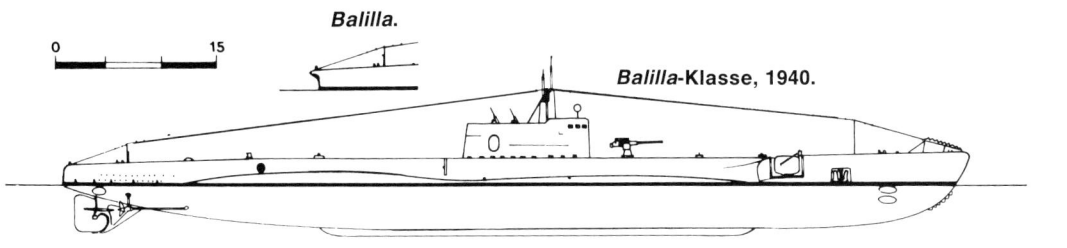

Balilla-Klasse, 1940.

Abgeänderter Kommadoturm bei *Toti* und *Sciesa*, 1942.

Vollständiges Zweihüllenboot großer Reichweite. Maximale Einsatztauchtiefe: 90 m. Maximale Brennstoffmenge: 140 ts. Die *Balilla*-Klasse umfaßte die ersten von der italienischen Marine gebauten Unterseeboote großer Wasserverdrängung. Zwischen 1929 und 1936 führten sie zahlreiche Ozeanfahrten durch und 1936/37 nahmen sie am spanischen Bürgerkrieg teil. 1934 erfuhren sie eine Modernisierung: der Kommandoturm wurde umgebaut und das ursprüngliche 12,0-cm-Decksgeschütz L/27 mit Schutzschild wurde ersetzt. 1940 zeigte sich eine ziemliche Begrenzung ihrer Wirksamkeit. Im April 1941 wurden *Balilla* und *Millelire* nach mehreren Unternehmungen außer Dienst gestellt und als Vorratsbunker für Treibstoff verwendet. Am 15. Oktober 1940 versenkte *Toti* das britische Boot *Rainbow* im Überwassergefecht im Golf von Tarent und am 1. Dezember 1941 das britische Boot *Perseus* vor Zante.

Toti wurde später zu Ausbildungsaufgaben abkommandiert und vom Januar 1942 zusammen mit *Sciesa* eingesetzt, um Nachschub nach Nordafrika zu befördern. Durch Bombentreffer beschädigt, wurde *Sciesa* am 12. September von seiner Besatzung in Tobruk selbst zerstört.

Schicksal der Boote:

Datum:	Ort:	Boot:	Ursache:[1]
1940	–	Balilla, Millelire	r
1942	Mittelmeer	Sciesa	b/sb
1943	–	Toti	r

[1] Siehe Seite 8.

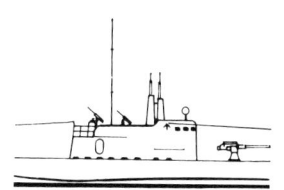

Toti von der *Balilla*-Klasse, 1942 in Pola (Pula in Jugoslawien) zur Ausbildung eingesetzt.

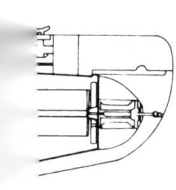

Millelire im Jahre 1938, im Hintergrund *Fieramosca*.

Mameli-Klasse

Da Procida 1942 in La Spezia nach dem Austausch ihrer Antriebsanlage.

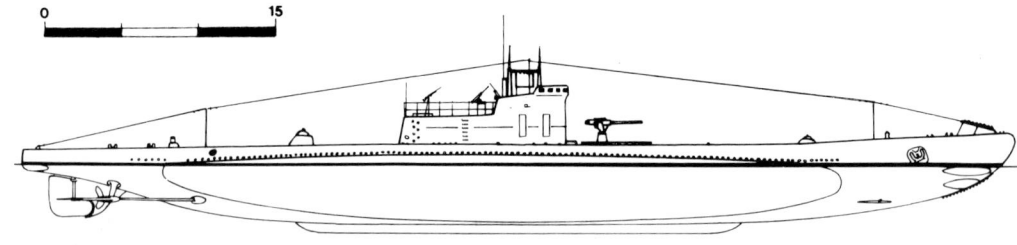

Pier Capponi, Giovanni da Procida, Goffredo Mameli ex Masaniello, Tito Speri:
Bauwerft: Tosi, Tarent.
Datum: 1925–1929/29.
Typverdrängung: 830 ts aufgetaucht, 1010 ts getaucht.
Abmessungen: 64,60 × 6,50 × 4,30 m.
Motorenanlage: Diesel: 2 Tosi; E-Motoren: 2 CGE.
Höchstleistung: 3100 PS aufgetaucht, 1100 PS getaucht; von 1942 an: 4000 PS aufgetaucht, 1100 PS getaucht.
Höchstgeschwindigkeit: 15 kn aufgetaucht, 7,2 kn getaucht; von 1942 an: 17 kn aufgetaucht, 7,2 kn getaucht.
Fahrstrecke: 4360 sm bei 8 kn bzw. 2380 sm bei 12 kn aufgetaucht, 110 sm bei 3 kn bzw. 8 sm bei 7,2 kn getaucht.
Torpedorohre: 6 × 53,3 cm: 4 vorn, 2 achtern; Torpedos: 10.
Geschütze: 1 × 10,2 cm L/45, 2 × 13,2 mm in Einzelaufstellung.
Besatzungsstärke: 49.

Boote kleiner Reichweite mit teilweiser Doppelhülle. Maximale Einsatztauchtiefe: 90 m. Brennstoffmenge: 29 ts. Besonders erfolgreicher Bootsentwurf: schnell, stark und manövrierfähig. 1942 wurden Dieselmotoren mit höherer Leistung eingebaut und die Einsatzgeschwindigkeit erhöhte sich auf 17 Knoten.
Vor dem Kriege unternahmen die Boote mehrere Ozeanfahrten und beteiligten sich am spanischen Bürgerkrieg. Von 1940 bis 1943 waren sie im Mittelmeer zu Feindfahrten und zu Ausbildungszwecken eingesetzt. Drei Boote befanden sich noch von 1944 bis 1945 im Dienst. Zur Ausbildung amerikanischer Luft-Seeverbände waren sie im Atlantik stationiert.

Schicksal der Boote:

Datum:	Ort:	Boot:	Ursache:[1]
1941	Mittelmeer	Pier Capponi	s
1948	–	Da Procida, Mameli, Speri	r

[1] Siehe Seite 8.

Pisani-Klasse

Giovanni Bausan, Marcantonio Colonna, De Geneys, Vittor Pisani:
Bauwerft: Cantiere Navale Triestino, Monfalcone.
Datum: 1925–1929/29.
Typverdrängung: 880 ts aufgetaucht, 1058 ts getaucht.
Abmessungen: 68,20 × 6,09 × 4,93 m.
Motorenanlage: Diesel: 2 Tosi; E-Motoren: 2 CGE.
Höchstleistung: 3000 PS aufgetaucht, 1100 PS getaucht.
Höchstgeschwindigkeit: 15 kn aufgetaucht, 8,2 kn getaucht.
Fahrstrecke: 4230 sm bei 9,3 kn bzw. 1500 sm bei 15 kn aufgetaucht, 70 sm bei 4 kn bzw. 7 sm bei 8,2 kn getaucht.
Torpedorohre: 6 × 53,3 cm: 4 vorn, 2 achtern; Torpedos: 9.
Geschütze: 1 × 10,2 cm L/35, 2 × 13,2 mm in Einzelaufstellung.
Besatzungsstärke: 49.

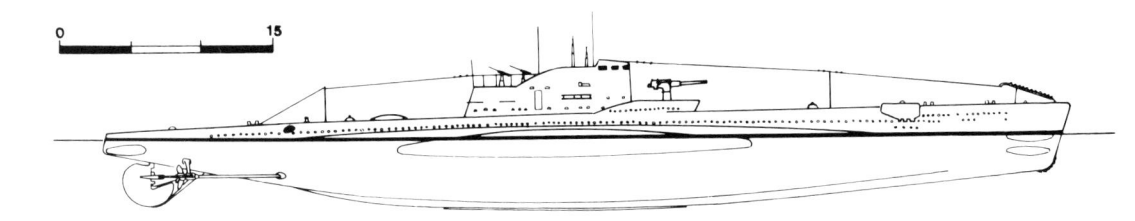

Einhüllenboot kleiner Reichweite mit innen gelegener Doppelhülle und mit Außenwülsten. Maximale Einsatztauchtiefe: 90 m. Brennstoffmenge: 38 ts.

Infolge ihrer begrenzten Stabilität wurden die Boote nach der Indienststellung mit Außenwülsten ausgestattet. Dies setzte ihre Geschwindigkeit über Wasser um etwa 2 Knoten und getaucht um einen Knoten herab. Ihre Leistung war mittelmäßig und ihre Kampfkraft sah man 1940 als ziemlich begrenzt an. Nach nur wenigen Einsatzfahrten wurden sie zu Ausbildungsaufgaben abkommandiert. Drei Einheiten wurden im Kriege außer Dienst gestellt und zu Batterieladestationen und Vorratsbunker für Treibstoff umgebaut. *Vittor Pisani* wurde 1947 ausgemustert.

Schicksal der Boote:

Datum:	Boot:	Ursache:[1]
1942	Bausan, Colonna, De Geneys	r
1947	Vittor Pisani	r

[1] Siehe Seite 8.

Nahaufnahme des Kommandoturms der *Pisani*, 1942.

Fieramosca-Klasse

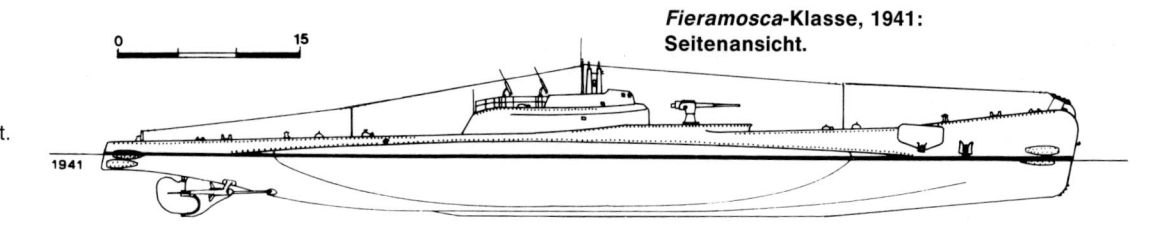

Ettore Fieramosca:
Bauwerft: Tosi, Tarent.
Datum: 1926–1931.
Typverdrängung: 1556 ts aufgetaucht, 1965 ts getaucht.
Abmessungen: 84,00 × 8,30 × 5,30 m.
Motorenanlage: Diesel: 2 Tosi; E-Motoren: 2 Marelli.
Höchstleistung: 5200 PS aufgetaucht, 2000 PS getaucht.
Höchstgeschwindigkeit: 15 kn aufgetaucht, 8 kn getaucht; bei Erprobungsfahrten: 19 kn aufgetaucht, 10 kn getaucht.
Fahrstrecke: 5300 sm bei 8 kn bzw. 1600 sm bei 15 kn aufgetaucht, 90 sm bei 3 kn bzw. 7 sm bei 8 kn getaucht.
Torpedorohre: 8 × 53,3 cm: 4 vorn, 4 achtern; Torpedos: 14.
Geschütze: 1 × 12,0 cm L/45, 4 × 13,2 mm (2 × 2).
Besatzungsstärke: 78.

Fieramosca-Klasse, 1941: Seitenansicht.

Einhüllenboot großer Reichweite mit Außenwülsten, entwickelt aus der *Pisani*-Klasse. Maximale Einsatztauchtiefe: 90 m. Brennstoffmenge: 145 ts. Der ursprüngliche Entwurf, der neben dem schweren Deckgeschütz ein Aufklärungs-Schwimmerflugzeug und neun Ausstoßrohre aufführte, wurde während des Baues radikal abgeändert.
Das Boot war kein sehr gelungener Typ; es tauchte zu langsam und war nicht sehr manövrierfähig. 1940 führte es nur zwei Feindfahrten ins Tyrrhenische Meer durch. Später wurde es zu Ausbildungsaufgaben abkommandiert und im März 1941 außer Dienst gestellt.

Schicksal des Bootes:

Datum:	Boot:	Ursache:[1]
1941	Ettore Fieramosca	r

[1] Siehe Seite 8.

Links: *Fieramosca* im Jahre 1941. Das Boot läuft zu einem seiner letzten Einsätze aus.

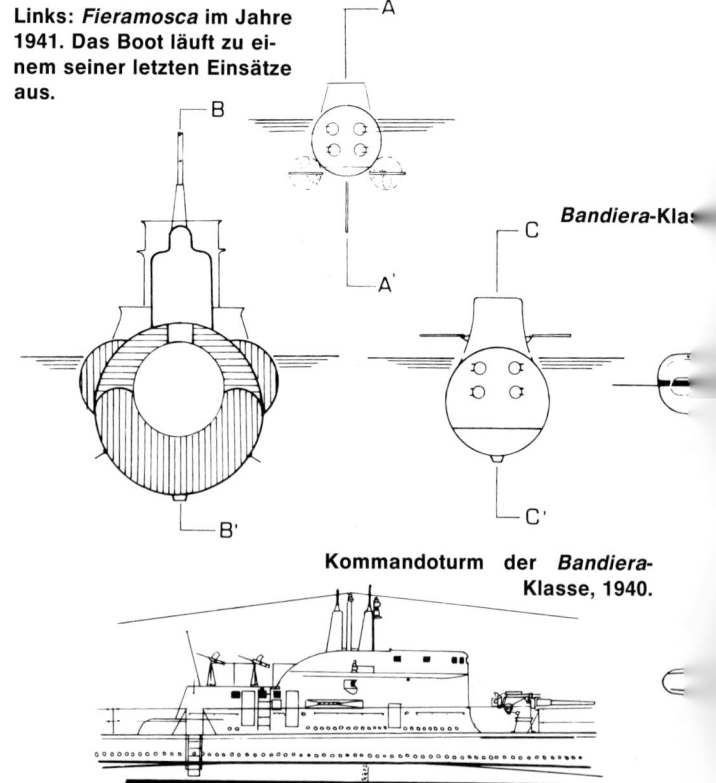

Kommandoturm der *Bandiera*-Klasse, 1940.

Bandiera-Klasse

Fratelli Bandiera, Luciano Manara:
Bauwerft: Cantiere Navale Triestino, Monfalcone.
Datum: 1928–1930/30.
Ciro Menotti, Santorre Santarosa:
Bauwerft: Odero Terni, La Spezia.
Datum: 1928–1930/30.
Typverdrängung: 993–941 ts aufgetaucht, 1096–1153 ts getaucht.
Abmessungen: 69,80 × 7,30/7,20 × 5,18/5,26 m.
Motorenanlage: Diesel: 2 Fiat; E-Motoren: 2 Savigliano.
Höchstleistung: 3000 PS aufgetaucht, 1300 PS getaucht.
Höchstgeschwindigkeit: 15 kn aufgetaucht, 8,2 kn getaucht.
Fahrstrecke: 4750 sm bei 8,5 kn bzw. 1500 sm bei 15 kn aufgetaucht, 60 sm bei 4 kn bzw. 6 sm bei 8 kn getaucht.
Torpedorohre: 8 × 53,3 cm: 4 vorn, 4 achtern; Torpedos: 12.
Geschütze: 1 × 10,2 cm L/35 (von 1942 an auf *Ciro Menotti:* 1 × 7,6 cm L/47), 2 × 13,2 mm in Einzelaufstellung.
Besatzungsstärke: 52.

Verbesserung der *Pisani*—Klasse. Maximale Einsatztauchtiefe: 90 m. Auch diese Boote waren mit Wülsten ausgestattet worden, um die Stabilität zu verbessern, mit sich daraus ergebendem Geschwindigkeitsverlust. Nach der Indienststellung wurde der Bug höher gezogen, um die Leistung bei Gegensee zu verbessern. 1940 erwiesen sich diese Boote von begrenzter Brauchbarkeit. Anfänglich verwendete man sie zu normalen Einsatzfahrten, aber ab 1942 erfüllten sie Ausbildungsaufgaben. Später wurden sie eingesetzt, um Nachschub nach Nordafrika zu transportieren. Nach der Kapitulation wurden die drei noch im Dienst befindlichen Boote erneut in der Ausbildung verwendet und bei Kriegsende außer Dienst gestellt.

Schicksal der Boote:

Datum:	Ort:	Boot:	Ursache:[1]
1943	Mittelmeer	Santorre Santarosa	v/sb/n
1948		Fratelli Bandiera, Luciano Manara, Ciro Menotti	r

[1] Siehe Seite 8.

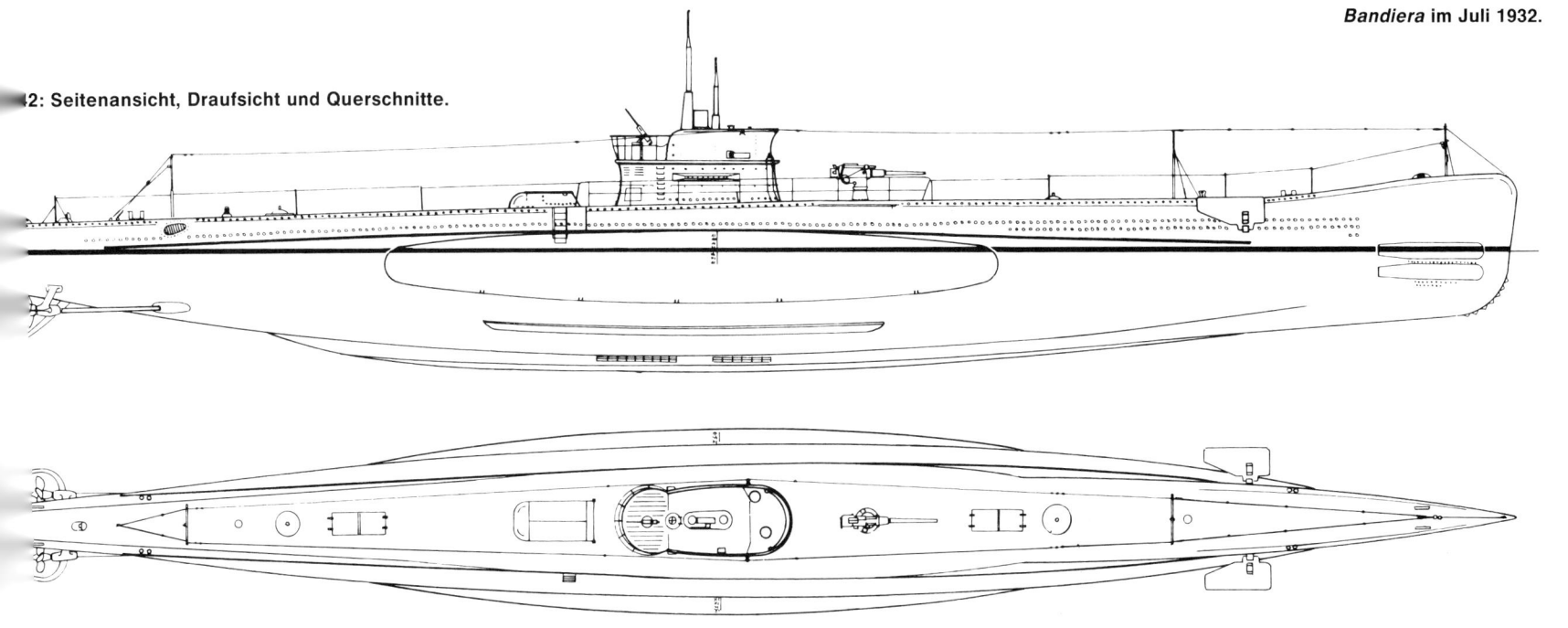

Bandiera-Klasse, 1940.

Ursprüngliche Bugform.

Kommandoturm, 1942.

Bandiera im Juli 1932.

1942: Seitenansicht, Draufsicht und Querschnitte.

Squalo-Klasse

Squalo, Narvalo, Delfino, Tricheco:
Bauwerft: CRDA, Monfalcone.
Datum: 1928–1930/31.
Typverdrängung: 933 ts aufgetaucht, 1142 ts getaucht.
Abmessungen: 69,80 × 7,21 × 5,20 m.
Motorenanlage: Diesel: 2 Fiat; E-Motoren: 2 CRDA.
Höchstleistung: 3000 PS aufgetaucht, 1300 PS getaucht.
Höchstgeschwindigkeit: 15,1 kn aufgetaucht, 8 kn getaucht.
Fahrstrecke: 5650 sm bei 8 kn bzw. 1820 sm bei 15 kn aufgetaucht, 100 sm bei 3 kn bzw. 7 sm bei 8 kn getaucht.
Torpedorohre: 8 × 53,3 cm: 4 vorn, 4 achtern; Torpedos: 12.
Geschütze: 1 × 10,2 cm L/35, 2 × 13,2 mm in Einzelaufstellung.
Besatzungsstärke: 53.

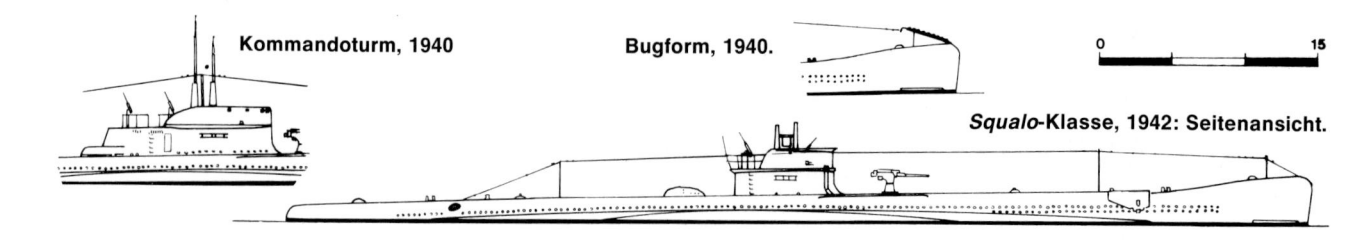

Kommandoturm, 1940

Bugform, 1940.

Squalo-Klasse, 1942: Seitenansicht.

Nachbau der *Bandiera*-Klasse mit geringfügigen Abänderungen. Maximale Einsatztauchtiefe: 90 m. Wülste wurden zusätzlich angebracht und der Bug wurde höher gezogen. 1940 waren diese Boote, die noch einen bescheidenen Kampfwert besaßen, im Dodekanes stationiert, von wo aus sie bis zum Beginn des Jahres 1941 operierten. Dann kehrten sie in italienische Stützpunkte zurück. Im Dezember 1940 versenkte die *Tricheco* irrtümlich die *Gemma* aus der *Ambra*-Serie. Von 1942 an wurden sie abwechselnd zur Ausbildung und zum Transport von Nachschub nach Nordafrika eingesetzt.

Squalo wurde 1948 als einziges überlebendes Boot außer Dienst gestellt.

Schicksal der Boote:

Datum:	Ort:	Boot:	Ursache:[1]
1942	Mittelmeer	*Tricheco*	s
1943	Mittelmeer	*Delfino*	v
		Narvalo	sb/n/a
1948		*Squalo*	r

[1] Siehe Seite 8.

Ein Boot der *Squalo*-Klasse 1942 nach Umbau des Kommandoturms.

Bragadin-Klasse

Marcantonio Bragadin, Filippo Corridoni:
Bauwerft. Tosi, Tarent.
Datum: 1927–1931/31.
Typverdrängung: 981 ts aufgetaucht, 1167 ts getaucht.
Abmessungen: 71,50 × 6,15 × 4,80 m; nach Umbau: 68,00 × 7,10 × 4,30 m.
Motorenanlage: Diesel: 2 Tosi; E-Motoren: 2 Marelli.
Höchstleistung: 1500 PS aufgetaucht, 1000 PS getaucht.
Höchstgeschwindigkeit: 11,5 kn aufgetaucht, 7 kn getaucht.
Fahrstrecke: 4180 sm bei 6,5 kn bzw. 2290 sm bei 11 kn aufgetaucht, 86 sm bei 2,2 kn bzw. 10 sm bei 7 kn getaucht.
Torpedorohre: 4 × 53,3 cm vorn; Torpedos: 6.
Geschütze: 1 × 10,2 cm L/35, 2 × 13,2 mm in Einzelaufstellung.
Minen: 2 Schächte achtern: 16 bzw. 24 Minen.
Besatzungsstärke: 56.

Einhüllenboot kleiner Reichweite mit Wülsten, ausgerüstet sowohl mit Torpedos als auch zum Minenlegen, abgeleitet von der *Pisani*-Klasse. Maximale Einsatztauchtiefe: 90 m. 1935 wurde das Heckende um fast 4 m verkürzt, die Bugsektion höher gezogen und zusätzlich Wülste angebracht. Die beiden letzteren Änderungen entsprachen denen der *Bandiera*- und *Squalo*-Klasse. Diese Boote waren nicht sehr gelungen und wurden nicht nachgebaut. Im Kriege setzte man sie hauptsächlich zum Transport von Nachschub nach Nordafrika und in die Ägäis sowie zur Ausbildung ein.

Schicksal der Boote:
Datum: Boot: Ursache:[1]
1948   Bragadin, Corridoni   r
[1] Siehe Seite 8.

Corridoni, 1940. Für diese U-Minenleger ist die Heckform charakteristisch.

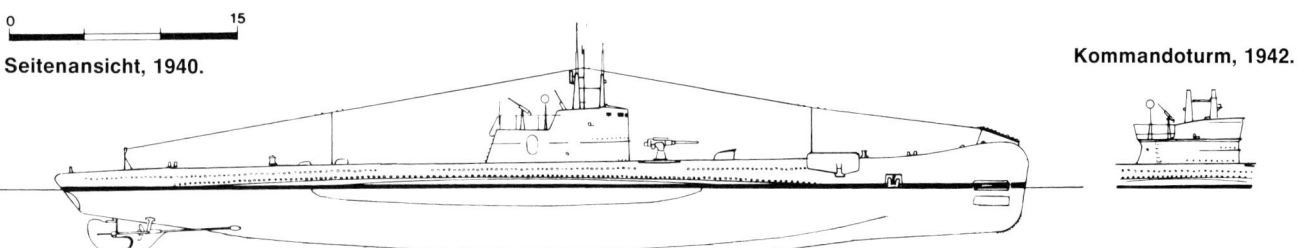

Seitenansicht, 1940.

Kommandoturm, 1942.

Ein U-Minenleger der *Bragadin*-Klasse verläßt einen Stützpunkt im Mittelmeer.

Argonauta-Klasse

Argonauta, Fisalia, Medusa:
Bauwerft: CRDA, Monfalcone.
Datum: 1929–1932/32.
Serpente ex *Nautilus, Salpa:*
Bauwerft: Tosi, Tarent.
Datum: 1930–1932/32.
Jantina, Jalea:
Bauwerft: Odero Terni, La Spezia.
Datum: 1930–1933/33.
Typverdrängung: 650–665 ts aufgetaucht, 810 ts getaucht.
Abmessungen: 61,50 × 5,65 × 4,64 m.
Motorenanlage: Diesel: 2 Fiat-Tosi; E-Motoren: 2 CRDA oder Marelli.
Höchstleistung: 1500 PS aufgetaucht, 800 PS getaucht.
Höchstgeschwindigkeit: 14 kn aufgetaucht, 8 kn getaucht.
Fahrstrecke: 4900 sm bei 9,5 kn bzw. 2300 sm bei 14 kn aufgetaucht, 110 sm bei 3 kn bzw. 7 sm bei 8 kn getaucht.
Torpedorohre: 6 × 53,3 cm: 4 vorn, 2 achtern; Torpedos: 12.
Geschütze: 1 × 10,2 cm L/35, 2 × 13,2 mm in Einzelaufstellung.
Besatzungsstärke: 44.

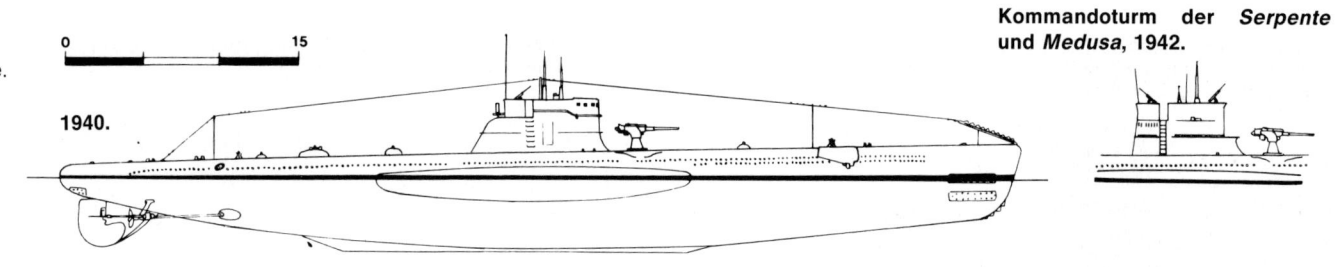

1940.

Kommandoturm der *Serpente* und *Medusa*, 1942.

Jalea im Jahre 1942.

Einhüllenboot kleiner Reichweite mit Wülsten, entwickelt aus der *Squalo*-Klasse. Maximale Einsatztauchtiefe: 80 m. Maximale Brennstoffmenge: 28 ts. Die Boote waren stark und manövrierfähig, wenn auch nicht sehr schnell. Prototyp der Klasse *600*, von der in vier aufeinanderfolgenden Serien 49 Boote für die italienische Marine gebaut wurden (weitere Boote wurden für verschiedene ausländische Marinen gebaut).

Argonauta vor dem Kriege.

Im Verlaufe des Krieges wurden sie weitgehend als Kampfboote wie auch als Schulboote im Mittelmeer eingesetzt. Mit Ausnahme der *Jalea*, die 1948 außer Dienst gestellt wurde, gingen alle Boote verloren. Im Dezember 1940 versenkte die *Serpente* den britischen Zerstörer *Hyperion* vor Pantelleria.

Schicksal der Boote:

Datum:	Ort:	Boot:	Ursache:[1]
1940	Mittelmeer	*Argonauta*	a
1941	Mittelmeer	*Salpa, Jantina*	s
		Fisalia	n
1942	Mittelmeer	*Medusa*	s
1943	Mittelmeer	*Serpente*	sb
1948		*Jalea*	r

[1] Siehe Seite 8.

Settembrini-Klasse

Luigi Settembrini, Ruggero Settimo:
Bauwerft: Tosi, Tarent.
Datum: 1928–1932/32.
Typverdrängung: 953 ts aufgetaucht, 1153 ts getaucht.
Abmessungen: 69,10 × 6,60 × 4,40 m.
Motorenanlage: Diesel: 2 Tosi; E-Motoren: 2 Ansaldo.
Höchstleistung: 3000 PS aufgetaucht, 1300 PS getaucht.
Höchstgeschwindigkeit: 17 kn aufgetaucht, 7,5 kn getaucht.
Fahrstrecke: 3700 sm bei 12,5 kn bzw. 6200 sm bei 7,3 kn aufgetaucht, 100 sm bei 3 kn bzw. 6 sm bei 7 kn getaucht.
Torpedorohre: 8 × 53,3 cm: 4 vorn, 4 achtern; Torpedos: 12.
Geschütze: 1 × 10,2 cm L/35, 4 × 13,2 mm.
Besatzungsstärke: 56.

Teilweises Zweihüllenboot kleiner Reichweite, entwickelt aus der *Mameli*-Klasse mit beträchtlich vergrößerter Wasserverdrängung und größeren Abmessungen. Maximale Einsatztauchtiefe: 90 m. Brennstoffmenge: 52 ts. Insgesamt ein gelungener Bootstyp: schnell, manövrierfähig und mit günstigem Fahrbereich.
Vor 1940 waren die beiden Boote lange Zeit im Roten Meer stationiert. Von 1940 bis 1943 folgten wechselweise Feindfahrten und Nachschubtransporte nach Nordafrika mit Zeiten an der Unterseebootsschule. Nach der Kapitulation wurden beide Boote zur Ausbildung eingesetzt, wobei *Settembrini* 1944 unglücklicherweise durch den amerikanischen Zerstörer *Framet* im Atlantik gerammt wurde und verlorenging.

Ruggero Settimo im Sommer 1943 in Fiume (heute Rijeka, Jugoslawien).

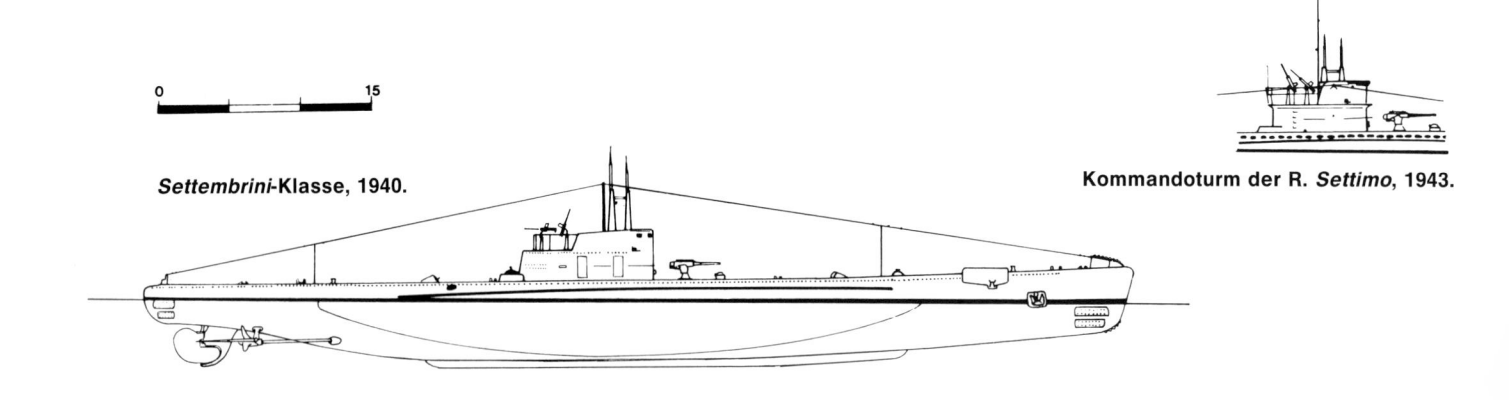

Settembrini-Klasse, 1940.

Kommandoturm der R. Settimo, 1943.

Schicksal der Boote:

Datum:	Ort:	Boot:	Ursache:[1]
1944	Atlantik	*Luigi Settembrini*	v
1948	–	*Ruggero Settimo*	r

[1] Siehe Seite 8.

Sirena-Serie — Klasse 600

Sirena, Naiade, Nereide, Anfitrite, Galatea, Ondina:
Bauwerft: CRDA, Monfalcone.
Datum: 1931–1933/34.
Diamante, Smeraldo:
Bauwerft: Tosi, Tarent.
Datum: 1931–1933/33.
Rubino, Topazio:
Bauwerft: Cantieri Quarnaro, Fiume.
Datum: 1931–1934/34.
Ametista, Zaffiro:
Bauwerft: OTO, La Spezia.
Datum: 1931–1934/34.
Typverdrängung: 679–701 ts aufgetaucht, 842–860 ts getaucht.
Abmessungen: 60,18 × 6,45 × 4,60/4,70 m.
Motorenanlage: Diesel: 2 Fiat oder Tosi; E-Motoren: 2 CRDA oder Marelli.
Höchstleistung: 1350 PS aufgetaucht, 800 PS getaucht.
Höchstgeschwindigkeit: 14 kn aufgetaucht, 7,5 kn getaucht.
Fahrstrecke: 2280 sm bei 12 kn bzw. 4880 sm bei 8,5 kn aufgetaucht, 7 sm bei 7,5 kn bzw. 72 sm bei 4 kn getaucht.
Torpedorohre: 6 × 53,3 cm: 4 vorn, 2 achtern; Torpedos: 12.
Geschütze: 1 × 10,0 cm L/47, 2 × 13,2 mm (2 × 1) bzw. 4 × 13,2 mm (2 × 2).
Besatzungsstärke: 44–45.

Kommandoturm der *Sirena* und *Galatea*, 1943.

Kommandoturm der *Topazio*, 1941.

Kommandoturm der *Topazio*, 1943.

Sirena-Serie — Klasse *600*, 1940.

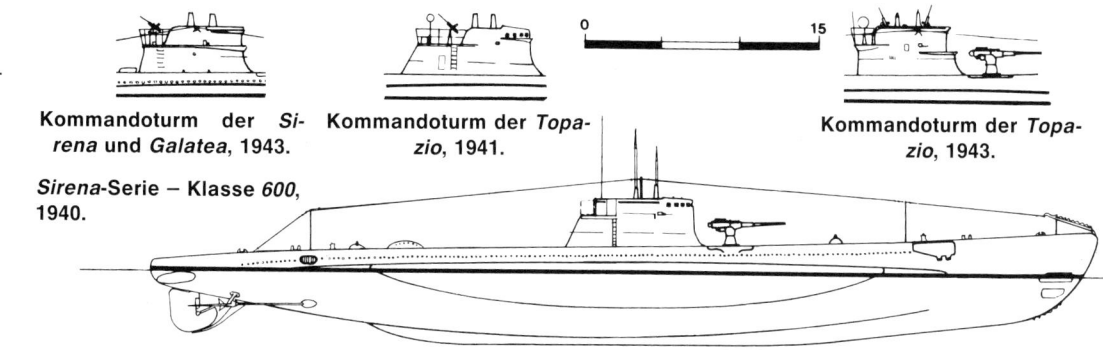

Links: *Smeraldo* im Jahre 1939.

Boote kleiner Reichweite der Klasse 600. Im Vergleich zur früheren *Argonauta*-Serie waren verschiedene Verbesserungen eingeführt und die Rumpfform am Bug nach der des *Squalo*-Typs umgebaut worden.
Während des spanischen Bürgerkrieges führten Boote dieser Serie insgesamt 18 Patrouillenfahrten durch. Von 1940 bis 1943 standen sie im Mittelmeer ständig im Einsatz, von Stützpunkten in Italien und der Ägäis aus operierend, und bis zur Kapitulation waren alle Boote mit Ausnahme der *Galatea* verlorengegangen.

Kommandoturm eines Bootes der *Sirena*-Klasse 1941. Man beachte die Veränderungen im achteren Bereich: zwei 13,2-mm-Flakwaffen Breda Modell 31 in Einzelaufstellung (normale Ausrüstung) und zusätzlich zwei 6,5-mm- Automatikgewehre Breda Modell 30 (leichte Maschinengewehre).

Topazio mit umgebautem Kommandoturm im Jahre 1942. Das Boot ging am 12. September 1943 (vier Tage nach der Kapitulation) als Folge eines Erkennungsirrtums durch ein britisches Flugzeug vor Sardinien verloren.

Schicksal der Boote:

Datum:	Ort:	Boot:	Ursache:[1]
1940	Mittelmeer	*Diamante*	s
		Rubino	a
		Naiade	n
1941	Mittelmeer	*Anfitrite*	n
		Smeraldo	uc
1942	Mittelmeer	*Zaffiro*	a
		Ondina	n/a
1943	Mittelmeer	*Nereide*	n
		Sirena, Ametista	sb
		Topazio	e/a
1948		*Galatea*	r

[1] Siehe Seite 8.

Archimede-Klasse

Ferraris, Galileo:
Bauwerft: Tosi, Tarent.
Datum: 1931–1934/35.
Typverdrängung: 985 ts aufgetaucht, 1259 ts getaucht.
Abmessungen: 70,50 × 6,80 × 4,10 m.
Motorenanlage: Diesel: 2 Tosi; E-Motoren: 2 Marelli.
Höchstleistung: 3000 PS aufgetaucht, 1100 PS getaucht.
Höchstgeschwindigkeit: 17 kn aufgetaucht, 7,7 kn getaucht.
Fahrstrecke: 3300 sm bei 16 kn bzw. 10300 sm bei 8 kn aufgetaucht, 105 sm bei 3 kn bzw. 7 sm bei 7,7 kn getaucht.
Torpedorohre: 8 × 53,3 cm: 4 vorn, 4 achtern; Torpedos: 16.
Geschütze: 2 × 10,0 cm L/43, 2 × 13,2 mm in Einzelaufstellung.
Besatzungsstärke: 55.

Galileo verläßt 1935 Tarent.

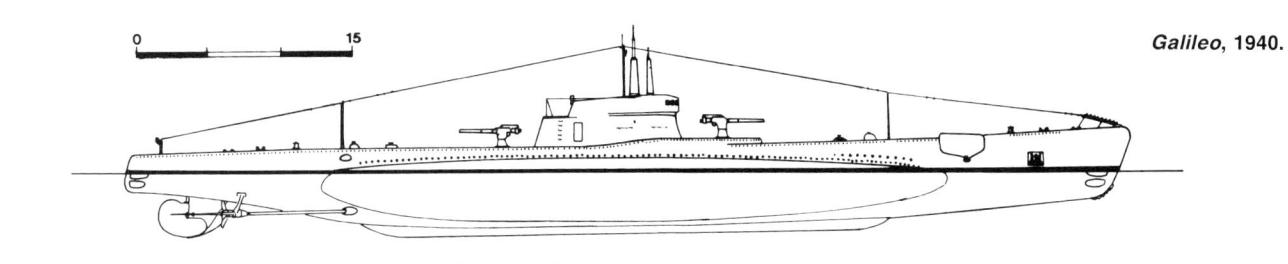

Galileo, 1940.

Teilweises Zweihüllenboot großer Reichweite, entwickelt aus der *Settembrini*-Klasse, mit vergrößerten Abmessungen unter Beibehalten der Rumpfform und mit verstärkter Bewaffnung. Ein gelungener Bootstyp mit guter Leistung. Maximale Einsatztauchtiefe: 90 m. Brennstoffmenge: 60 ts.
Nach der Teilnahme am spanischen Bürgerkrieg wurden die beiden Boote im Juni 1940 im Roten Meer stationiert. *Galileo* ging auf der ersten Feindfahrt verloren. Funktionsstörungen im Belüftungssystem zwangen das Boot an die Wasseroberfläche, wo es von britischen Kriegsschiffen angegriffen und gekapert wurde. Das Boot fand bei der Royal Navy als *X 2* Verwendung, bis es 1946 verschrottet wurde. *Ferraris* operierte bis 1941 im Roten Meer und im Indischen Ozean, verlegte dann in den Atlantik und ging in der Folge verloren.

Schicksal der Boote:

Datum:	Ort:	Boot:	Ursache:[1]
1940	Rotes Meer	*Galileo*	c
1941	Atlantik	*Ferraris*	a/n

[1] Siehe Seite 8.

Glauco-Klasse

Glauco, Otaria:
Bauwerft: CRDA, Monfalcone.
Datum: 1932–1935/35.
Typverdrängung: 1055 ts aufgetaucht, 1325 ts getaucht.
Abmessungen: 73,00 × 7,20 × 5,12 m.
Motorenanlage: Diesel: 2 Fiat; E-Motoren: 2 CRDA.
Höchstleistung: 3000 PS aufgetaucht, 1100 PS getaucht.
Höchstgeschwindigkeit: 17 kn aufgetaucht, 8 kn getaucht.
Fahrstrecke: 2825 sm bei 17 kn bzw. 9760 sm bei 8 kn aufgetaucht, 110 sm bei 3 kn bzw, 8 sm bei 8 kn getaucht.
Torpedorohre: 8 × 53,3 cm: 4 vorn, 4 achtern; Torpedos: 14.
Geschütze: 2 × 10,0 cm L/47, 2 × 13,2 mm in Einzelaufstellung.
Besatzungsstärke: 57.

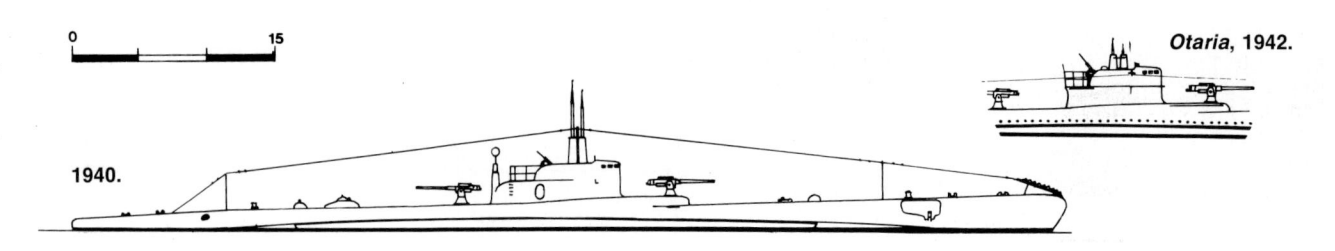

Otaria, 1942.

1940.

Einhüllenboot großer Reichweite mit Wülsten, entwickelt aus der *Squalo*-Klasse. Maximale Einsatztauchtiefe: 90 m. Brennstoffmenge: 59 ts. Die beiden Boote dieser Klasse waren 1931 als *Delfim* und *Espadarte* von Portugal in Auftrag gegeben worden; der Vertrag wurde im selben Jahr annulliert und der Bau im Auftrag der italienischen Marine fortgesetzt. Die Boote stellten einen sehr gelungenen Bootstyp dar: stark, schnell und sowohl über als auch unter Wasser wendig, und sie besaßen gute innere Einrichtungen.
Sie nahmen am spanischen Bürgerkrieg teil und wurden anschließend ins Rote Meer und in den Indischen Ozean entsandt. 1940 unternahmen sie mehrere Feindfahrten im Mittelmeer und verlegten dann in den Atlantik. *Glauco* ging 1941 verloren, und *Otaria* kehrten ins Mittelmeer zurück, wo das Boot zu Angriffsunternehmungen, für Transportaufgaben nach Nordafrika und zur Ausbildung eingesetzt wurde.

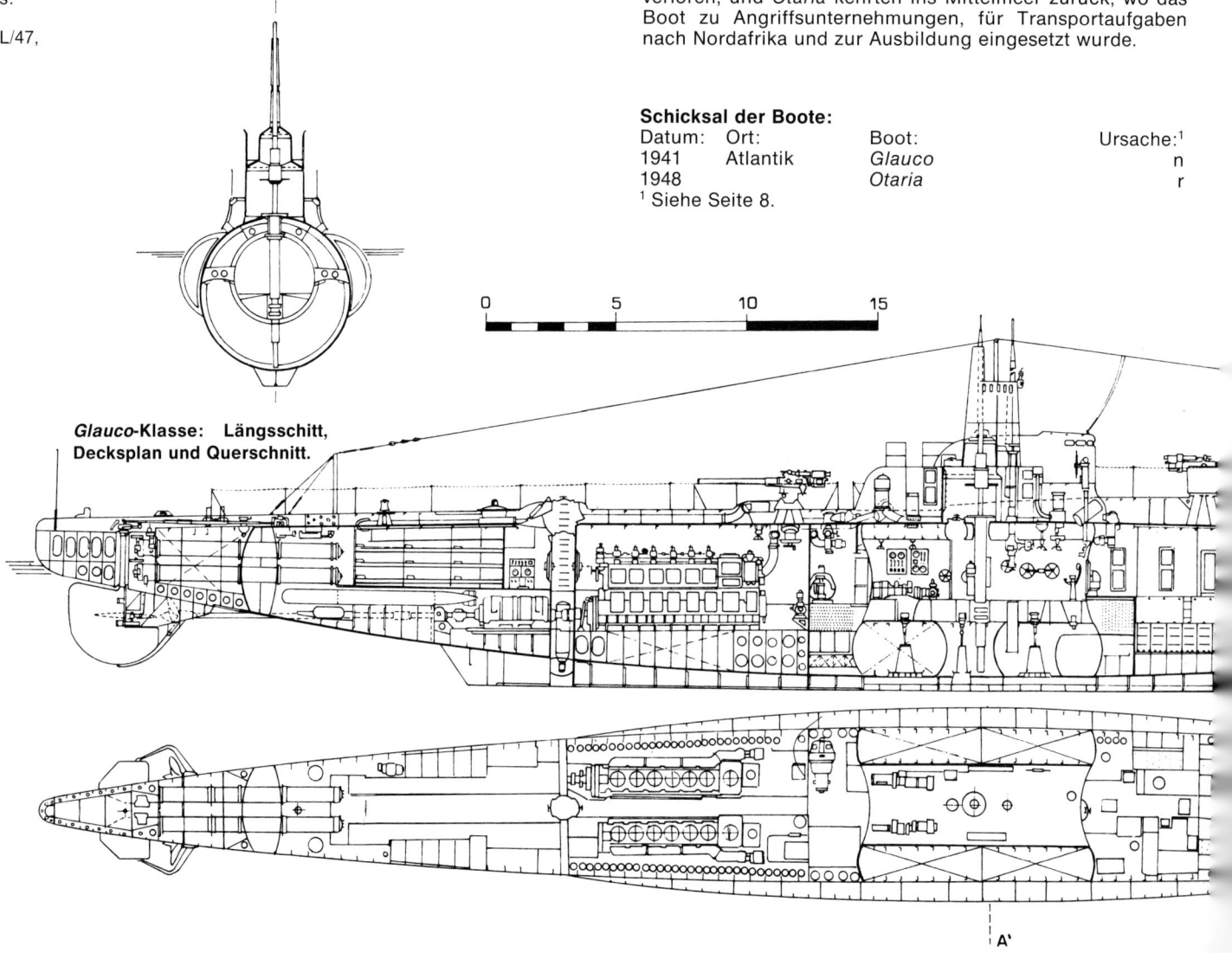

Schicksal der Boote:

Datum:	Ort:	Boot:	Ursache:[1]
1941	Atlantik	*Glauco*	n
1948		*Otaria*	r

[1] Siehe Seite 8.

Glauco-Klasse: Längsschitt, Decksplan und Querschnitt.

Otaria zur Zeit ihrer Indienststellung im Jahre 1935.

Pietro Micca

Pietro Micca:
Bauwerft: Tosi, Tarent.
Datum: 1931–1935.
Typverdrängung: 1570 ts aufgetaucht, 1970 ts getaucht.
Abmessungen: 90,30 × 7,70 × 5,30 m.
Motorenanlage: Diesel: 2 Tosi; E-Motoren: 2 Marelli.
Höchstleistung: 3000 PS aufgetaucht, 1500 PS getaucht.
Höchstgeschwindigkeit: 14,2 kn aufgetaucht, 7,3 kn getaucht.
Fahrstrecke: 2600 sm bei 14,5 kn bzw. 6400 sm bei 9 kn aufgetaucht, 60 sm bei 4 kn bzw. 6 sm bei 7,3 kn getaucht.
Torpedorohre: 6 × 53,3 cm: 4 vorn, 2 achtern; Torpedos: 10.
Geschütze: 2 × 12,0 cm L/45, 4 × 13,2 mm (2 × 2).
Minen: 20 in einer Zentralschleuse.
Besatzungsstärke: 72.

Nach Ausführung eines Nachschubauftrages 1942 für Nordafrika kehrt *Micca* nach Tarent zurück.

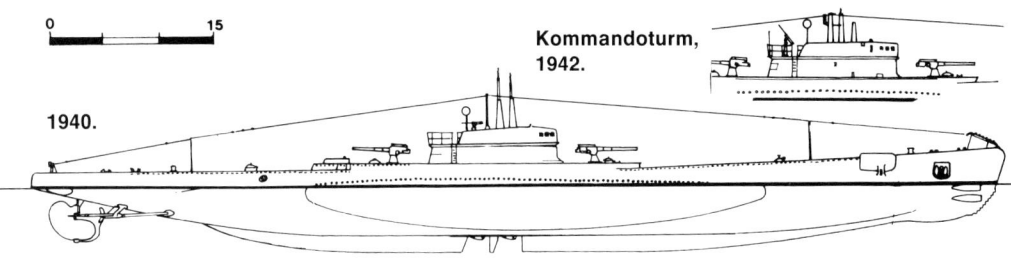

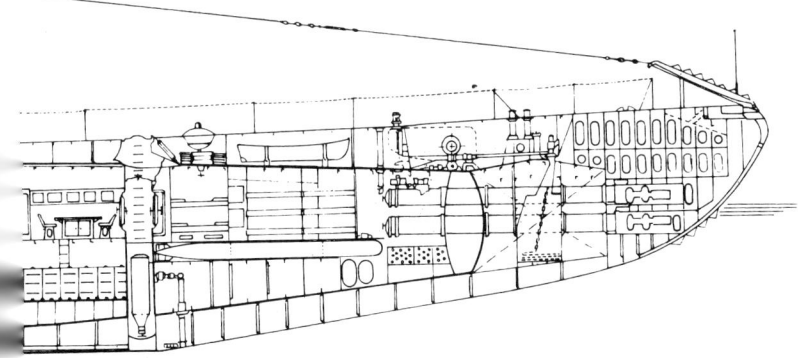

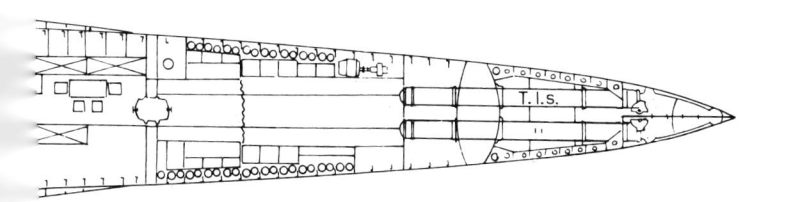

Kommandoturm, 1942.

1940.

Teilweises Zweihüllenboot großer Reichweite, mit Torpedos und zum Minenlegen ausgerüstet. Maximale Einsatztauchtiefe: 90 m. Brennstoffmenge: 67 ts. Ein besonderes Merkmal bildete das Minenlegesystem, das sich in einer zylinderförmigen Zentralschleuse im unteren Teil des Druckkörpers befand. Ihr Inneres nahm die Minen auf, die durch ein wasserdichtes Luk im Schiffsboden das Boot verließen. Obgleich ein Versuchstyp und nicht nachgebaut, besaß die *Pietro Micca* eine gute Seeausdauer und war trotz ihrer Größe ziemlich wendig.
Im Verlaufe des Krieges legte sie vor Alexandria zwei Minensperren (Juni und August 1940) und wurde danach zum Transport von Benzin und Fracht umgebaut. 1941 wurde sie in der Ägäis durch einen Unterseebootstorpedo schwer beschädigt. Nach ihrer Wiederinstandsetzung führte sie weiterhin Transportaufgaben durch. Zwischen 1941 und ihrer Versenkung 1943 transportierte sie in 13 Fahrten 2163 ts Benzin und Fracht.

Schicksal des Bootes:

Datum:	Ort:	Boot:	Ursache:[1]
1943	Mittelmeer	*Pietro Micca*	s

[1] Siehe Seite 8.

Calvi-Klasse

Pietro Calvi, Giuseppe Finzi, Enrico Tazzoli:
Bauwerft: OTO, La Spezia.
Datum: 1932–1935/36.
Typverdrängung: 1550 ts aufgetaucht, 2060 ts getaucht.
Abmessungen: 84,30 × 7,71 × 5,20 m.
Motorenanlage: Diesel: 2 Fiat; E-Motoren: 2 San Giorgio.
Höchstleistung: 4400 PS aufgetaucht, 1800 PS getaucht.
Höchstgeschwindigkeit: 16,8 kn aufgetaucht, 7,4 kn getaucht.
Fahrstrecke: 5600 sm bei 14 kn bzw. 11 400 sm bei 8 kn aufgetaucht, 120 sm bei 3 kn bzw. 7 sm bei 7,4 kn getaucht.
Torpedorohre: 8 × 53,3 cm: 4 vorn, 4 achtern; Torpedos: 16.
Geschütze: 2 × 12,0 cm L/45, 4 × 13,2 mm (2 × 2).
Minen: *Enrico Tazzoli:* 14, zwei Schächte in der Heckverkleidung.
Besatzungsstärke: 72.

Vollständiges Zweihüllenboot großer Reichweite, entwickelt aus einer Umkonstruktion der *Balilla*-Klasse. Maximale Einsatztauchtiefe: 90 m. Brennstoffmenge: 75 ts.
Die drei Boote nahmen am spanischen Bürgerkrieg teil und führten dabei insgesamt fünf Unternehmungen durch. In den ersten Monaten des Zweiten Weltkrieges unternahmen sie mehrere Feindfahrten im Mittelmeer (*Tazzoli*) und im Atlantik, auslaufend aus Stützpunkten in Italien und dorthin wieder zurückkehrend. *Calvi* und *Finzi* gingen als erste italienische Boote durch die Straße von Gibraltar und wurden ab Herbst 1940, von Bordeaux aus operierend, ständig am Atlantik stationiert. *Tazzoli* erzielte mit der Versenkung von 19 Handelsschiffen mit insgesamt 96 533 BRT auf acht Feindfahrten den größten Erfolg.
Calvi ging 1942 verloren. 1943 wurden die anderen beiden Boote umgebaut, um Material in den Fernen Osten zu transportieren. *Tazzoli* ging auf der ersten dieser Fahrten verloren. Bei der Kapitulation befand sich *Finzi* in Bordeaux noch in der Werft und wurde von den Deutschen unter Umbenennung in *UIT 21* übernommen. Ohne das Boot eingesetzt zu haben, versenkten sie es wahrscheinlich am 25. August 1944.

Schicksal der Boote:

Datum:	Ort:	Boot:	Ursache:[1]
1942	Atlantik	*Pietro Calvi*	n
1943	Atlantik	*Enrico Tazzoli*	a
1944	Bordeaux	*Guiseppe Finzi*	c/sb

[1] Siehe Seite 8.

Oben: Finzi läuft am 30. September 1940 aus Italien kommend in Bordeaux ein.

Calvi kehrt von einer Atlantikunternehmung nach Bordeaux zurück. Die Verkleidung ist beschädigt.

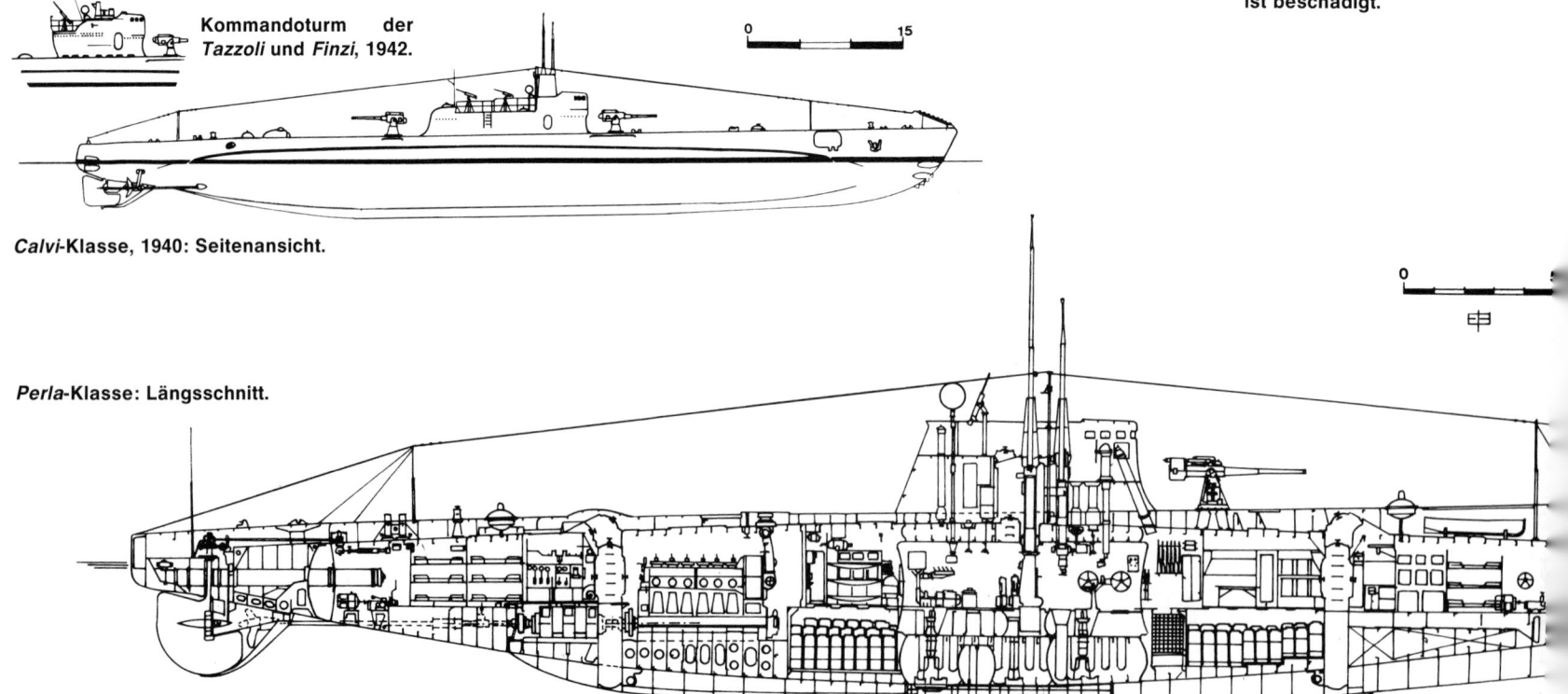

Kommandoturm der *Tazzoli* und *Finzi*, 1942.

Calvi-Klasse, 1940: Seitenansicht.

Perla-Klasse: Längsschnitt.

Perla-Klasse

Perla, Gemma, Berillo, Diaspro, Turchese, Corallo:
Bauwerft: CRDA, Monfalcone.
Datum: 1935–1936/36.
Ambra, Onice, Iride ex *Iris, Malachite:*
Bauwerft: OTO, La Spezia.
Datum: 1935–1936/36.
Typverdrängung: 696–700 ts aufgetaucht, 825–860 ts getaucht.
Abmessungen: 60,18 × 6,45 × 4,60 m.
Motorenanlage: Diesel: 2 Fiat oder CRDA oder Tosi; E-Motoren: 2 CRDA oder Marelli.
Höchstleistung: 1400 PS aufgetaucht, 800 PS getaucht.
Höchstgeschwindigkeit: 14 kn aufgetaucht, 7,5 kn getaucht.
Fahrstrecke: 2500 sm bei 12 kn bzw. 5200 sm bei 8 kn aufgetaucht, 7 sm bei 7,5 kn bzw. 74 sm bei 4 kn getaucht.
Torpedorohre: 6 × 53,3 cm: 4 vorn, 2 achtern; Torpedos: 12.
Geschütze: 1 × 10,0 cm L/47, 2 × 13,2 mm (2 × 1) bzw. 4 × 13,2 mm (2 × 2).
Besatzungsstärke: 45.

Kommandotürme 1942/43.   **Perla-Klasse, 1940.**   *Iride* (1940) und *Ambra* (1942), gebaut bei OTO, La Spezia.

Boote kleiner Reichweite, abgeleitet aus der *Sirena*-Serie, aber mit geringfügiger Steigerung in Wasserverdrängung und Fahrbereich sowie mit modernerer Ausrüstung. Maximale Einsatztauchtiefe: 70–80 m. Zwischen den in Monfalcone und La Spezia gebauten Booten gab es Unterschiede im Aussehen, besonders in der Silhouette der Kommandotürme. 1940 und 1942 wurden *Iride* bzw. *Ambra* umgestaltet, um SLC-Angriffsfahrzeuge zu transportieren. Dazu wurden das Decksgeschütz entfernt und wasserdichte Behälter (4 auf *Iride* und 3 auf *Ambra*) an Oberdeck vor und hinter dem Kommandoturm angebracht; letzterer wurde ebenfalls modifiziert und in der Größe verringert. Im Kriege erbrachten die Boote gute Resultate und bestätigten den klugen Entschluß zum Bau der Klasse *600*.

Sie nahmen aktiv am spanischen Bürgerkrieg teil, in dessen Verlauf *Iride* und *Onice* für mehrere Monate der nationalspanischen Marine überlassen wurden; in dieser Zeit führten sie die Namen *Gonzales Lopez* und *Aguilar Tablada*. Im Juni 1940 befanden sich alle Boote mit Ausnahme der im Roten Meer stationierten *Perla* im Mittelmeer. Zusammen mit anderen Booten verlegte letztere um Afrika herum – mit zwei Versorgungen in See – nach Bordeaux, von wo aus sie im September 1941 nach Italien zurückkehrte.

Der größte Erfolg gegen Kriegsschiffe, den Boote dieser Serie erzielten, war die Versenkung des britischen Kreuzers *Bonaventure* am 31. März 1941 vor Sollum durch *Ambra* (Korvettenkapitän Arillo) und *Dagabur* (*Adua*-Serie). Im Dezember 1942 führte *Ambra* auch einen erfolgreichen Transport von Angriffsfahrzeugen zum Hafen von Algier durch, wobei vier Schiffe mit insgesamt 20 000 BRT versenkt wurden. Das Boot mit den meisten Einsätzen war *Malachite*: 36 Feindfahrten und 29 085 zurückgelegte Seemeilen.

Zwischen 1940 und 1943 gingen fünf Boote der Serie durch Feindeinwirkung verloren. *Perla* wurde am 9. Juli 1942 vor Beirut nach einem Überwassergefecht von der britischen Korvette *Hyacinth* geentert und gekapert; sie nahm das Boot in Schlepp. Umbenannt in *P 712*, wurde es 1943 der griechischen Marine übergeben und blieb bis 1947 im Dienst. *Ambra* vernichtete sich am 8. September 1943 selbst; die übrigen Boote gingen aus dem Kriege unbeschädigt hervor. In der Zeit der Kriegführung mit den Alliierten verlegte *Onice* in die Vereinigten Staaten, wo sie an der Atlantikküste Ausbildungsdienst durchführte.

Schicksal der Boote:

Datum:	Ort:	Boot:	Ursache:[1]
1940	Mittelmeer	*Berillo*	n
		Gemma	e/s
		Iride	a
1942	Mittelmeer	*Corallo*	n
		Perla	c
1943	Mittelmeer	*Malachite*	s
		Ambra	sb
1947	–	*Onice*	r
1948	–	*Diaspro, Turchese*	r

[1] Siehe Seite 8.

Turchese 1938 in Messina.

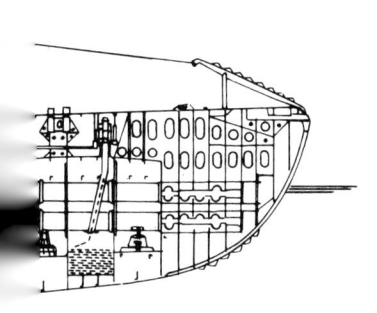

Adua-Klasse

Adua, Axum, Aradam, Alagi (Gruppe 1):
Bauwerft: CRDA, Monfalcone.
Datum: 1936–1936/37.
Macallé, Gondar, Neghelli, Ascianghi, Sciré, Durbo, Tembien, Lafolé, Beilul (Gruppe 2):
Bauwerft: OTO, La Spezia.
Datum: 1937–1938/38.
Dagabur, Dessié, Uarscieck, Uebi Scebeli (Gruppe 3):
Bauwerft: Tosi, Tarent.
Datum: 1936–1937/37.
Typverdrängung: 680–698 ts aufgetaucht, 848–866 ts getaucht.
Abmessungen: 60,18 × 6,45 × 4,60/4,70 m.
Motorenanlage:
Gruppe 1: Diesel: 2 CRDA; E-Motoren: 2 Fiat;
Gruppe 2: Diesel: 2 Fiat; E-Motoren: 2 Marelli;
Gruppe 3: Diesel: 2 Tosi; E-Motoren: 2 Marelli.
Höchstleistung: 1400 PS aufgetaucht, 800 PS getaucht.
Höchstgeschwindigkeit: 14 kn aufgetaucht, 7,5 kn getaucht.
Fahrstrecke: 2200 sm bei 14 kn bzw. 3180 sm bei 10,5 kn aufgetaucht, 7 sm bei 7,5 kn bzw. 74 sm bei 4 kn getaucht.
Torpedorohre: 6 × 53,3 cm: 4 vorn, 2 achtern; Torpedos: 12.
Geschütze: 1 × 10,0 cm L/47, 2 × 13,2 mm (2 × 1) bzw. 4 × 13,2 mm (2 × 2).
Besatzungsstärke: 45–46.

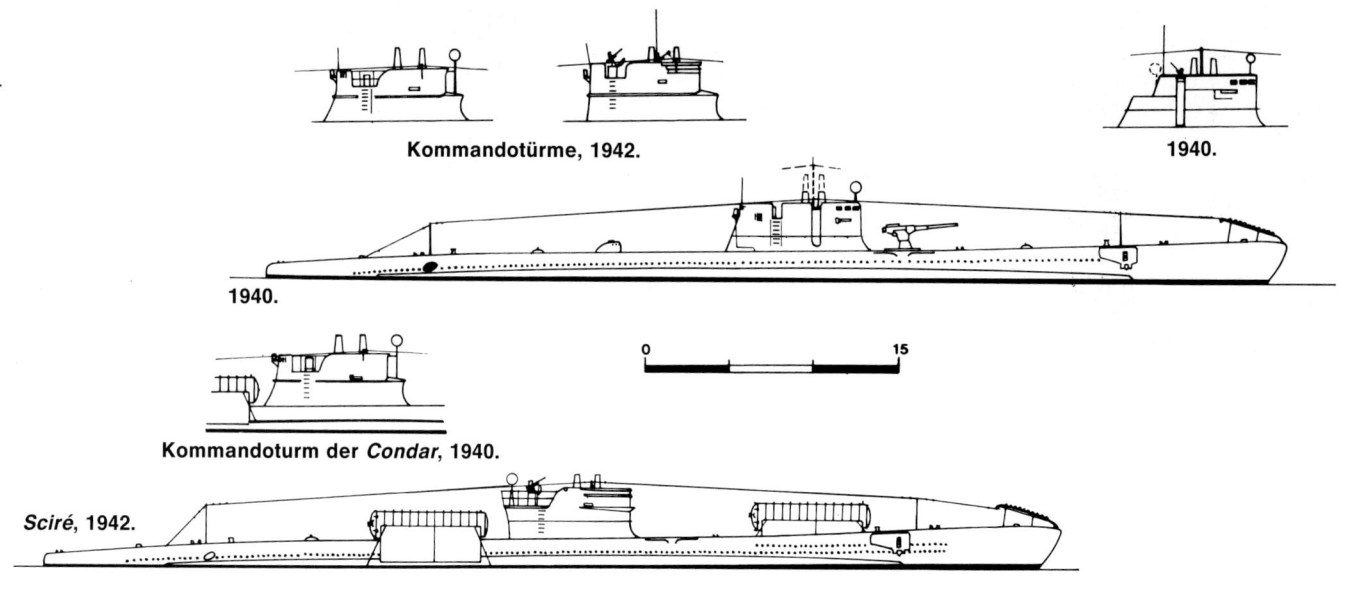

Kommandotürme, 1942.

1940.

1940.

Kommandoturm der *Condar*, 1940.

***Sciré*, 1942.**

Einhüllenboot kleiner Reichweite mit mittschiffs gelegenen Tauchzellen und Wülsten; im wesentlichen ein Nachbau der früheren *Perla*-Serie. Hierbei handelte es sich um die zahlreichste Serie der Klasse *600*; sie erbrachte im Verlaufe des Krieges gute Ergebnisse. Trotz der ziemlich geringen Überwassergeschwindigkeit waren die Boote stark und manövrierfähig. Zwischen den auf verschiedenen Werften entstandenen Booten gab es kleinere Unterschiede in der Wasserverdrängung und Bauausführung. Zwei Boote desselben Typs (ex *Gondar I* und ex *Neghelli I*) wurden 1937 an Brasilien verkauft. Maximale Einsatztauchtiefe: 80 m. Maximale Brennstoffmenge: 47 ts.

Die ersten Boote der Serie nahmen am spanischen Bürgerkrieg teil, und alle Boote wurden im Zweiten Weltkrieg einer schweren Prüfung unterzogen. Mit Ausnahme der im Roten Meer stationierten *Macallé* operierten sie im Mittelmeer. Zwischen 1940 und 1941 wurden *Gondar* und *Sciré* umgebaut, um SLC-Angriffsfahrzeuge zu befördern. Dazu wurden das Deckgeschütz entfernt und an Oberdeck wasserdichte Behälter angebracht, einer vor und zwei hinter dem Komandoturm. Wie auf den Fotografien und Zeichnungen zu erkennen ist, wurden im Verlaufe des Krieges die Kommandotürme fast aller Boote dieser Klasse umgebaut und verkleinert. Gegen britische Kriegsschiffe im Mittelmeer erzielten die »Afrikaner« — man nannte sie so, weil sie Namen von Orten in den italienischen Afrikakolonien trugen — große Erfolge (Tabelle 22).

Viele weitere Erfolge errangen die Boote gegen stark gesicherte Handelsschiffe. Das Boot mit den meisten Einsätzen war *Alagi*: 55 Feindfahrten mit 36729 zurückgelegten Seemeilen. Von den beiden zum Transport von SLC-Angriffsfahrzeugen eingesetzten Booten ging *Gondar* auf seiner ersten Unternehmung verloren; *Sciré* führte vier Unternehmungen gegen Gibraltar und eine gegen Alexandria durch, wobei ihre SLC-Fahrzeuge über 22000 BRT an Handelsschiffsraum versenkten oder beschädigten (Gibraltar) sowie die britischen Schlachtschiffe *Valiant* und *Queen Elizabeth* schwer beschädigten (Alexandria, 19. Dezember 1941). *Sciré* ging am 10. August 1942 während des Angriffs auf den Hafen von Haifa verloren.

Von den 17 Booten der Serie überlebte nur *Alagi* den Krieg. 13 gingen zwischen 1940 und 1943 durch Feindeinwirkung verloren. *Aradam* und *Beilul* sanken bei der Kapitulation aus anderen Ursachen. *Axum* geriet in der Zeit der Kriegführung mit den Alliierten in Verlust.

Tabelle 22: Haupterfolge von Unterseebooten der *Adua*-Klasse im Zweiten Weltkrieg

Boot:	Kommandant:	Datum:	Ergebnis:	Schiffstyp:	Schiffsname:
Neghelli	Ferracuti	19. Juli 1940	beschädigt	Kreuzer	*Coventry*
Dagabur	Romano	31. März 1941	versenkt	Kreuzer	*Bonaventure* (zusammen mit *Ambra*, Korvettenkapitän Arillo)
	Torri	14. Dezember 1941	versenkt	Kreuzer	*Galatea* (zusammen mit *U 557*, Korvettenkapitän Paulshen)
Alagi	Puccini	12. August 1942	beschädigt	Kreuzer	*Kenya*
Axum	Ferrini	18. August 1942	versenkt	Kreuzer	*Cairo* und *Nigeria*

Schicksal der Boote:

Datum:	Ort:	Boot:	Ursache:[1]
1940	Mittelmeer	Durbo, Gondar, Lafolé, Uebi Scebeli	n
1940	Rotes Meer	Macallé	v/sb
1941	Mittelmeer	Adua, Neghelli, Tembien	n
1942	Mittelmeer	Dagabur, Dessié, Uarscieck	n
1943	Mittelmeer	Ascianghi, Sciré	n
		Aradam	sb/a
		Beilul	c/a
		Axum	v/sb
1947	—	Alagi	r

[1] Siehe Seite 8.

Durbo mit dem ursprünglichen Kommandoturm im Jahre 1939.

Alagi bei einer Übung 1942. Der Umbau des Kommandoturms unterscheidet sich von dem auf *Axum* vorgenommenem.

Axum mit umgebautem Kommandoturm, 1941.

Foca-Klasse

Foca, Zoea, Atropo:
Bauwerft: Tosi, Tarent.
Datum: 1936–1937/39.
Typverdrängung: 1318–1333 ts aufgetaucht, 1647–1659 ts getaucht.
Abmessungen: 82,80 × 7,16 × 5,31 m.
Motorenanlage: Diesel: 2 Fiat; E-Motoren: 2 Ansaldo.
Höchstleistung: 2880 PS aufgetaucht, 1250 PS getaucht.
Höchstgeschwindigkeit: 15,2 kn aufgetaucht, 7,4 kn getaucht.
Fahrstrecke: 2500 sm bei 14 kn bzw. 7800 sm bei 8 kn aufgetaucht, 12 sm bei 7 kn getaucht.
Torpedorohre: 6 × 53,3 cm: 4 vorn, 2 achtern; Torpedos: 6.
Geschütze: 1 × 10,0 cm L/43 (*Atropo* und *Zoea* von 1941 an: 1 × 10,0 cm L/47), 4 × 13,2 mm (2 × 2).
Minen: 2 Schächte achtern: 16 Minen; 1 Schleuse mittschiffs: 20 Minen.
Besatzungsstärke: 60–61.

Teilweises Zweihüllenboot großer Reichweite, ausgerüstet mit Torpedos und zum Minenlegen. Maximale Einsatztauchtiefe: 90 m. Normale Brennstoffmenge: 63 ts. Abgeleitet – mit bedeutenden Verbesserungen – von der *Micca*-Klasse, von der man auch dasselbe Minenlegesystem (20 Minen in einer Zentralschleuse) übernahm. Die Boote behielten dieselbe Anzahl Torpedorohre wie die *Micca*-Klasse, aber ihre Wasserverdrängung war geringer. Die Anzahl der Minen hatte sich vergrößert und die Artilleriebewaffnung war dem angepaßt worden. Das Deckgeschütz auf eine drehbare Plattform auf dem Kommandoturm wie bei der *Brin*-Klasse zu setzen, hatte sich als nicht sinnvoll erwiesen. Bei *Atropo* und *Zoea* wurde das Geschütz 1941 vor dem Kommandoturm, dessen Größe verringert wurde, an Oberdeck aufgestellt.

Nahaufnahme der Minenlegevorrichtung im Heck eines Bootes der *Foca*-Klasse.

Zoea (*Foca*-Klasse) 1942 in Tarent.

Atropo im April 1941 in Tarent mit umgebautem Kommandoturm und geänderter Aufstellung des Deckgeschützes.

Atropo, 1941.

Foca-Klasse, 1940.

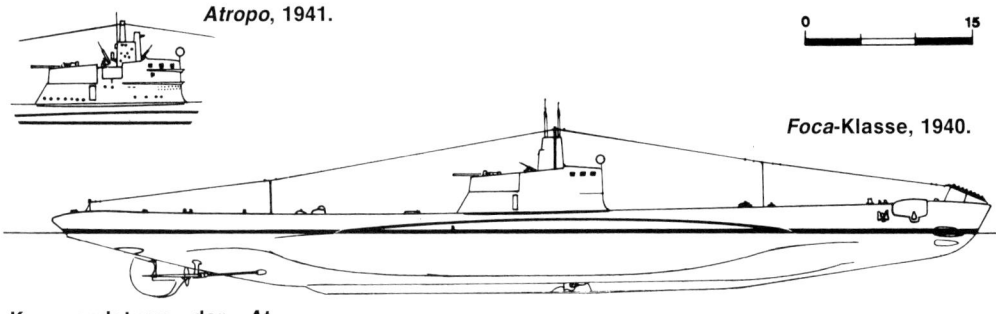

Kommandoturm der Atropo und Zoea, 1942.

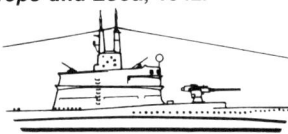

Wenn auch die Leistung der Boote jener der *Micca*-Klasse fraglos überlegen war, so handelte es sich doch um mittelmäßige Boote. Im Kriege setzte man sie hauptsächlich ein, um Fracht und Treibstoff nach Afrika zu bringen. Dabei unternahm *Atropo* 23 Fahrten und transportierte 10 778 ts, *Zoea* 21 Fahrten mit 10 113 ts. Mit Torpedos bewaffnet, führten sie auch mehrere Unternehmungen in „Lauerstellung" aus. Als Minenleger war ihre Tätigkeit, wie die aller übrigen italienischen U-Minenleger, begrenzt. Die wichtigste Operation war das Legen offensiver Minensperren entlang der Küste Palästinas im Oktober 1940 durch *Foca* und *Zoea* sowie in griechischen Gewässern durch *Atropo*. *Zoea* beendete seine Unternehmung, aber *Atropo* mußte sie infolge eines Schadens abbrechen, der durch die vorzeitige Detonation zweier Minen verursacht wurde. *Foca* ging wahrscheinlich durch einen ähnlichen Unglücksfall verloren.

Im Sommer 1942 sank *Zoea* infolge eines Unglücksfalles, während sie in Tarent vertäut lag. Das Boot wurde sofort gehoben und kurz darauf wieder in Dienst gestellt. In der Zeit der Kriegführung an der Seite der Alliierten wurden *Atropo* und *Zoea* zur Ausbildung alliierter U-Jagdeinheiten im Atlantik (Bermuda und Guantanamo, Kuba) bzw. im östlichen Mittelmeer (Haifa und Alexandria) eingesetzt.

Schicksal der Boote:

Datum:	Ort:	Boot:	Ursache:[1]
1940	Mittelmeer	*Foca*	uc
1947	–	*Atropo, Zoea*	r

[1] Siehe Seite 8.

Argo-Klasse

Argo, Velella:
Bauwerft: CRDA, Monfalcone.
Datum: 1931–1937/37.
Typverdrängung: 794 ts aufgetaucht, 1018 ts getaucht.
Abmessungen: 63,15 × 6,93 × 4,46 m.
Motorenanlage: Diesel: 2 Fiat; E-Motoren: 2 CRDA.
Höchstleistung: 1500 PS aufgetaucht, 800 PS getaucht.
Höchstgeschwindigkeit: 14 kn aufgetaucht, 8 kn getaucht.
Fahrstrecke: 5300 sm bei 14 kn bzw. 10176 sm bei 8,5 kn aufgetaucht, 100 sm bei 3 kn bzw. 8 sm bei 8 kn getaucht.
Torpedorohre: 6 × 53,3 cm: 4 vorn, 2 achtern; Torpedos: 10.
Geschütze: 1 × 10,0 cm L/47, 4 × 13,2 mm (2 × 2).
Besatzungsstärke: 44–46.

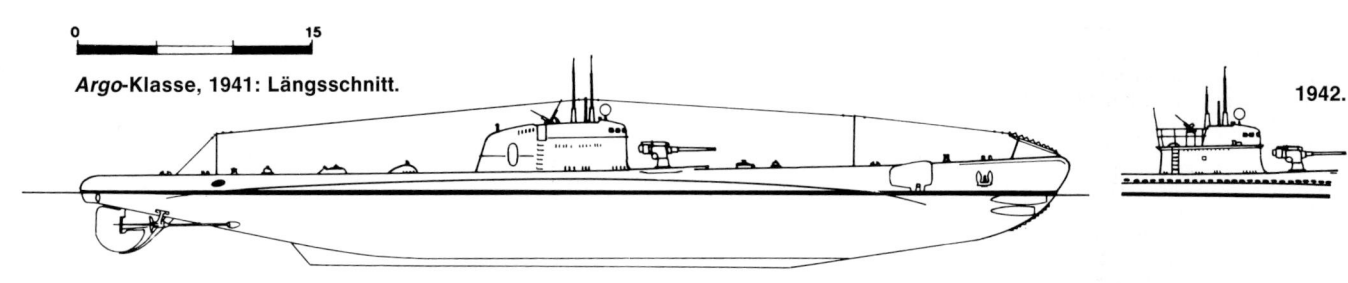

Argo-Klasse, 1941: Längsschnitt.

1942.

Teilweises Zweihüllenboot mittlerer Wasserverdrängung, gebaut nach einem Entwurf von Cantieri Riuniti dell'Adriatico, abgeleitet von der *Balilla*-Klasse. Die beiden Boote waren von Portugal in Auftrag gegeben und 1931 auf Kiel gelegt worden. Der Vertrag wurde später rückgängig gemacht. 1935 erwarb sie die italienische Marine und die bereits weit fortgeschrittene Konstruktion wurde beibehalten. Maximale Einsatztauchtiefe: 90 m. Brennstoffmenge: 60 ts.

Die Boote der *Argo*-Klasse gehörten zu den besten der italienischen Marine. Ihre Überwassergeschwindigkeit war nicht hoch, aber ihr Fahrbereich war beträchtlich, und sie waren stark und wendig. Im Kriege wurden sie mit geringfügigen Verbesserungen als *Tritone*-Klasse nachgebaut.
Zwischen 1938 und 1939 waren die beiden Boote im Mittelmeer und im Roten Meer stationiert und kehrten vor Ausbruch der Feindseligkeiten nach Italien zurück. Anfänglich im Mittelmeer eingesetzt, wurden sie gegen Ende 1940 in den Atlantik gesandt, wo sie sich durch die Versenkung oder Beschädigung von 15 260 BRT an Handelsschiffsraum auszeichneten. *Argo* beschädigte mit einem Torpedo den kanadischen Zerstörer *Saguenay*.
In der zweiten Jahreshälfte 1941 kehrten die beiden Boote ins Mittelmeer zurück, wo sich *Argo* in Gefechten vor Bougie im November 1942 und während der alliierten Landung in Sizilien im Juli 1943 auszeichnete. Am 7. September 1943 torpedierte das britische Unterseeboot *Shakespeare* die *Velella* vor Salerno., *Argo*, am 8. September 1943 in Monfalcone in der Werft liegend, wurde von seiner Besatzung versenkt.

Schicksal der Boote:

Datum:	Ort:	Boot:	Ursache:[1]
1943	Mittelmeer	*Argo*	sb
		Velella	s

[1] Siehe Seite 8.

Velella am 19. März 1941 auf Feindfahrt im Atlantik.

Marcello-Klasse

Mocenigo, Dandolo, Veniero, Provana, Marcello, Nani, Barbarigo, Emo, Morosini:
Bauwerft: CRDA, Monfalcone.
Datum: 1937–1939/39.
Cappellini, Faà di Bruno:
Bauwerft: OTO, La Spezia.
Datum: 1938–1939/39.
Typverdrängung:
1060–1063 ts aufgetaucht,
1313–1317 ts getaucht.
Abmessungen: 73,00 × 7,19 × 5,10 m.
Motorenanlage: Diesel: 2 CRDA oder Fiat; E-Motoren: 2 CRDA.
Höchstleistung: 3600 PS aufgetaucht, 1100 PS getaucht.
Höchstgeschwindigkeit: 17,4 kn aufgetaucht, 8 kn getaucht.
Fahrstrecke: 2500 sm bei 17 kn bzw. 7500 sm bei 9,4 kn aufgetaucht, 8 sm bei 8 kn bzw. 120 sm bei 3 kn getaucht.
Torpedorohre: 8 × 53,3 cm: 4 vorn, 4 achtern; Torpedos: 16.
Geschütze: 2 × 10,0 cm L/47, 4 × 13,2 mm (2 × 2).
Besatzungsstärke: 57–58.

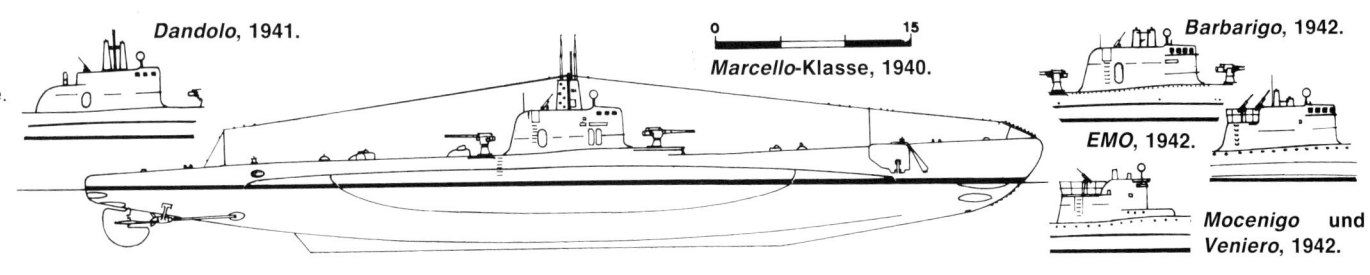

Einhüllenboot großer Reichweite mit innen gelegenen Tauchzellen und Außenwülsten, direkt abgeleitet von der *Glauco*-Klasse. Maximale Einsatztauchtiefe: 100 m. Normale Brennstoffmenge: 59 ts.

Cappellini und *Faà di Bruno* wurden später gebaut, waren aber im wesentlichen mit den früheren Einheiten identisch. Die Boote der *Marcello*-Klasse gehörten zu den besten italienischen Hochseebooten des Zweiten Weltkrieges: ziemlich schnell, stark und manövrierfähig. Bei den Erprobungsfahrten erwies sich *Provana* mit 18,24 kn über Wasser und 8,5 kn unter Wasser als das schnellste Boot. Im Juni 1940 wurden die elf Boote der Klasse im Mittelmeer eingesetzt. Nach nur sieben Kriegstagen wurde *Provana* von der französischen Korvette *La Curieuse*, die einen von dem Unterseeboot vor Oran angegriffenen Geleitzug sicherte, gerammt und versenkt. *Cappellini* entkam auf abenteuerliche Weise aus dem spanischen Hafen Ceuta, wo sie nach einem Gefecht mit britischen Schiffen Zuflucht gesucht hatte.

Von August 1940 an wurde die Klasse an den Atlantik verlegt. Von Bordeaux aus hauptsächlich gegen die Handelsschiffahrt operierend, erzielten die Boote beträchtliche Erfolge: 28 Schiffe mit 136 020 BRT versenkt, 17 Schiffe mit 60 835 BRT beschädigt. Das beste Ergebnis erreichte *Barbarigo*: 7 Schiffe mit 33 827 BRT versenkt, vier einschließlich eines Zerstörers beschädigt.

Bei zwei seltsamen Begebenheiten, zum einen vor der brasilianischen Küste (Mai 1942) und zum anderen vor Freetown (Oktober 1942), beteiligte sich *Barbarigo* an kühnen Nachtangriffen gegen Schiffsverbände. Bei beiden Gelegenheiten glaubte ihr Kommandant, Mario Grossi, daß er amerikanische Schlachtschiffe getroffen und versenkt hätte. Tatsächlich handelte es sich um kleinere Schiffe und keiner der Torpedos erzielte einen Treffer. Die Presse der Kriegszeit schlachtete diese Vorgänge aus und die Erörterungen zogen sich noch über mehrere Jahre nach dem Kriege hin.[43]

[43] Anmerkung des Übersetzers:
Am 6. 10. 1942 griff BARBARIGO unter Korvettenkapitän Grossi im Raum südwestlich Freetown die irrtümlich für ein US-Schlachtschiff gehaltene Korvette PETUNIA an und hielt Wasserbombendetonationen für Torpedotreffer.

Marcello zur Zeit ihrer Indienststellung im Jahr 1928.

Nahaufnahme des Kommandoturms der *Barbarigo*, 1942 nach Bordeaux von einer Atlantikunternehmung einlaufend. Die Höhe der Sehrohrhüllen ist verringert, eine 13,2-mm-Zwillingsflakwaffe wird geführt und die sich entfaltenden Flaggen zeigen die versenkte Tonnage an.

Bei einer Feindfahrt im Mittelatlantik nahm *Cappellini* aktiv an der Rettung der Überlebenden des britischen Passagierschiffes *Laconia* teil, das am 12. September 1942 von dem deutschen *U 156* versenkt worden war.[44]

Vier Boote gingen im Atlantik verloren. *Barbarigo* und *Cappellini* wurden 1943 in Transportunterseeboote für den Fernen Osten umgebaut. *Barbarigo* wurde zu Beginn seiner ersten Fahrt versenkt; *Cappellini* kaperten die Japaner in Sabang, gerade als sie am 10. September 1943 aus Bordeaux eingetroffen war. Die Japaner überließen das Boot der deutschen Marine, die es in *UIT 24* umbenannte und wieder mit einem 10,2-cm-Decksgeschütz ausrüstete. Im Mai 1945 wurde es als *I 503* in die japanische Marine eingegliedert. Von den Amerikanern in Kobe entdeckt, wurde es im darauffolgenden Jahr verschrottet.

Vom Sommer 1943 an wurden mehrere Boote vom Atlantik zurück ins Mittelmeer verlegt. *Emo, Veniero* und *Mocenigo* gerieten zwischen 1942 und 1943 in Verlust. Das einzige Boot, das den Krieg überlebte, war *Dandolo* (Korvettenkapitän Turcio). Am 16. Juli 1943 versenkte es den britischen Kreuzer *Cleopatra*, und mit 39 327 zurückgelegten Seemeilen stellte es den Rekord für italienische Boote im Mittelmeer auf.

Schicksal der Boote:

Datum:	Ort:	Boot:	Ursache:[1]
1940	Mittelmeer	*Provana*	n
	Atlantik	*Faà di Bruno*	n
1941	Atlantik	*Marcello, Nani*	n
1942	Atlantik	*Emo, Morosini*	a
	Mittelmeer	*Veniero*	a
1943	Atlantik	*Barbarigo*	a
	Mittelmeer	*Mocenigo*	a
	Pazifik	*Cappellini*	c/r
1947	–	*Dandolo*	r

[1] Siehe Seite 8.

[44] Anmerkung des Übersetzers:
Der *Laconia*-Fall: Am 12. September 1942 versenkt *U 156* (Korvettenkapitän Hartenstein) nordostwärts der Insel Ascension den britischen Truppentransporter *Laconia* (19 695 BRT) mit 1800 italienischen Kriegsgefangenen an Bord. *U 156* beginnt sofort mit der Rettung und fordert in einem offenen FT alle in der Nähe befindlichen Schiffe zur Hilfeleistung auf. Der BdU setzt *U 507* und *U 506* sowie das italienische U-Boot *Cappellini* an, die am 15. und 16. 9. eintreffen und bittet auf diplomatischem Wege die französische Marine in Westafrika um Unterstützung. Auf die von Freetown aufgefangene Meldung wird das britische Handelsschiff *Empire Haven* und aus Takoradi der Hilfskreuzer *Corinthian* angesetzt. Die US 1st Composite Air Sq. auf Ascension, die den FT von *U 156* nur verstümmelt empfangen hat und von der Rettungsaktion der U-Boote nicht informiert ist, wird um Luftsicherung für die britischen Schiffe gebeten. Die U-Boote haben inzwischen eine große Anzahl von britischen, polnischen und italienischen Schiffbrüchigen an Bord und die übrigen in Rettungsbooten in Schlepp genommen, um den Treffpunkt mit den französischen Schiffen anzusteuern. Ein zufällig bei einem Übungsflug nach Afrika in Ascension befindlicher Liberator-Bomber der USAAF 343rd Bombardment Sq. sichtet bei einem Flug zur Sicherung der britischen Schiffe die U-Boote, erhält auf Rückfrage beim Kommandeur der 1st Composite Sq. einen Angriffsbefehl und belegt *U 156* trotz der erkannten Rotkreuzflaggen mit Bomben. Daraufhin ergeht am 17. 9. Befehl des BdU an alle deutschen U-Boote, daß die Rettung Schiffbrüchiger von versenkten Schiffen zu unterbleiben habe (der berühmte *Laconia*-Befehl, der später im Nürnberger Prozeß noch eine wichtige Rolle spielte). Die eintreffenden französischen Schiffe übernehmen von den deutschen U-Booten und aus den Rettungsbooten 1041 Überlebende, später von der *Cappellini* weitere 42 Mann. (Zitiert nach Rohwer/Hümmelchen »Chronik des Seekrieges 1939–1945«, Oldenburg 1968).

Brin-Klasse

Brin, Galvani, Guglielmotti:
Bauwerft: Tosi, Tarent.
Datum: 1936–1938/38.
Archimede, Torricelli:
Bauwerft: Tosi, Tarent.
Datum: 1937–1939/39.
Typverdrängung: 1016 ts aufgetaucht, 1266 ts getaucht.
Abmessungen: 72,40 × 6,68 × 4,54 m.
Motorenanlage: Diesel: 2 Tosi; E-Motoren: 2 Ansaldo.
Höchstleistung: 3000 PS aufgetaucht, 1100 PS getaucht.
Höchstgeschwindigkeit: 17,3 kn aufgetaucht, 8 kn getaucht.
Fahrstrecke: 9000 sm bei 7,8 kn bzw. 3800 sm bei 15 kn aufgetaucht, 90 sm bei 4 kn bzw. 8 sm bei 8 kn getaucht.
Torpedorohre: 8 × 53,3 cm: 4 vorn, 4 achtern; Torpedos: 14.
Geschütze: 1 × 10,0 cm L/43 (*Brin, Guglielmotti, Archimede* von 1942 an: 1 × 10,0 cm L/47, 4 × 13,2 mm (2 × 2).
Besatzungsstärke: 54.

Teilweises Zweihüllenboot großer Reichweite, entwickelt aus der *Archimede*-Klasse. Maximale Einsatztauchtiefe: 90 m. Brennstoffmenge: 61 ts.
Die *Brin*-Klasse übernahm dieselbe Art der Aufstellung des Decksgeschützes im Kommandoturm wie bei der *Foca*-Klasse; dies ließ ihr äußeres Aussehen den letzteren Booten sehr ähnlich erscheinen. Erneut erwies sich diese Anordnung als unbefriedigend und wurde von 1942 an geändert. Ein 10,0-cm-Geschütz L/47 ersetzte das bisherige 10,0-cm-Geschütz L/43 und fand Aufstellung auf der traditionellen Position vor dem Kommandoturm, dessen Ausmaße verringert worden waren.
Archimede und *Torricelli* wurden »heimlich« gebaut, um die gleichnamigen Boote zu ersetzen, die 1937 an Spanien überlassen worden waren (siehe *Archimede*-Klasse, Seite 145).
Diese Boote stellten eine Verbesserung der *Archimede*-Klasse dar: die Rumpfform war stromlinienförmiger und bei gleicher PS-Leistung hatten sie eine höhere Geschwindigkeit. Trotz ihrer Neigung, achtern schwere Brecher überzunehmen, waren es, insgesamt gesehen, gute Boote.
Vom 10. Juni 1940 an waren alle Boote mit Ausnahme von *Brin*, die kurz zuvor nach Italien zurückgekehrt war, im Roten Meer stationiert. *Torricelli* und *Galvani* gingen in den ersten Kriegstagen verloren. Nach einem schweren Gefecht mit britischen Seestreitkräften, in dessen Verlauf *Torricelli* mit ihrem Decksgeschütz einen Treffer auf dem Zerstörer *Khartoum* (1690 ts) erzielte, der einen zum Verlust des Zerstörers führenden Brand verursachte, wurde das schwer beschädigte Boot von seiner eigenen Besatzung versenkt.
Archimede und *Guglielmotti* führten gelegentliche Unternehmungen im Roten Meer und im Indischen Ozean durch. Im Mai 1941 erreichten sie zusammen mit anderen Booten aus Italienisch-Ostafrika Bordeaux, nachdem sie der deutsche Hilfskreuzer *Atlantis* in See versorgt hatte. Nach mehreren Unternehmungen im Mittelmeer verlegte auch *Brin* nach Bordeaux. Im Atlantik versenkten oder beschädigten die drei Boote sieben Handelsschiffe mit insgesamt 53200 BRT.

Im September 1941 kehrten *Brin* und *Guglielmotti* ins Mittelmeer zurück, wo das britische Unterseeboot *Unbeaten* im März 1942 *Guglielmotti* torpedierte und versenkte. *Archimede* blieb im Atlantik und wurde im April 1943 durch ein amerikanisches Flugzeug vor der Küste Brasiliens versenkt. *Brin*, das einzige noch vorhandene Boot, wurde in der Zeit der Kriegführung mit den Alliierten zur U-Jagdausbildung britischer Einheiten im Indischen Ozean in Colombo stationiert.

Schicksal der Boote:

Datum:	Ort:	Boot:	Ursache:[1]
1940	Rotes Meer	Torricelli	n
	Indik	Galvani	n
1942	Mittelmeer	Guglielmotti	s
1943	Atlantik	Archimede	a
1948	–	Brin	r

[1] Siehe Seite 8.

Brin, 1941.

Brin, 1943.

Brin-Klasse, 1940.

Links: *Brin* Ende 1941 in Cagliari, nachdem der Umbau des Kommandoturms und die Änderung der Deckgeschützaufstellung durchgeführt worden waren.

Oben: Nahaufnahme eines Bootes der *Brin*-Klasse, welche die charakteristische Geschützaufstellung auf dem Kommandoturm zeigt – eine Aufstellung, die unbefriedigende Ergebnisse zeitigte.

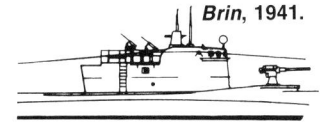

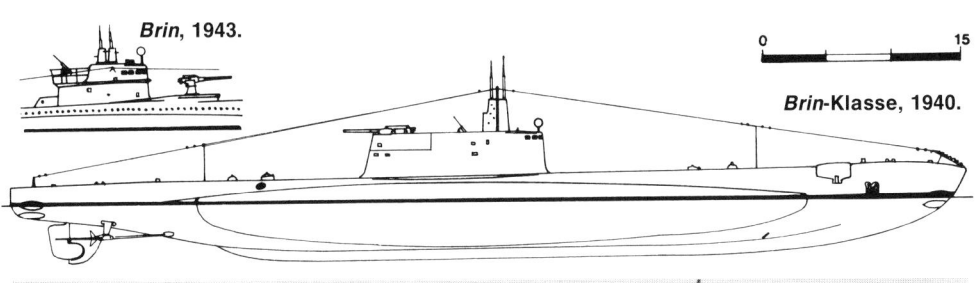

Liuzzi-Klasse

Console Generale Liuzzi, Reginaldo Giuliani, Alpino Bagnolini, Capitano Tarantini:
Bauwerft: Tosi, Tarent.
Datum: 1938–1939/40.
Typverdrängung:
1166–1187 ts aufgetaucht,
1484–1510 ts getaucht.
Abmessungen: 76,10 × 6,98 × 4,55 m.
Motorenanlage: Diesel: 2 Tosi; E-Motoren: 2 Ansaldo.
Höchstleistung: 3500 PS aufgetaucht, 1500 PS getaucht.
Höchstgeschwindigkeit: 17,5 kn aufgetaucht, 8,4 kn getaucht.
Fahrstrecke: 13000 sm bei 8 kn bzw. 3200 sm bei 17 kn aufgetaucht, 110 sm bei 4 kn bzw. 8 sm bei 8 kn getaucht.
Torpedorohre: 8 × 53,3 cm: 4 vorn, 4 achtern; Torpedos: 12.
Geschütze: 1 × 10,0 cm L/47, 4 × 13,2 mm (2 × 2).
Besatzungsstärke: 58.

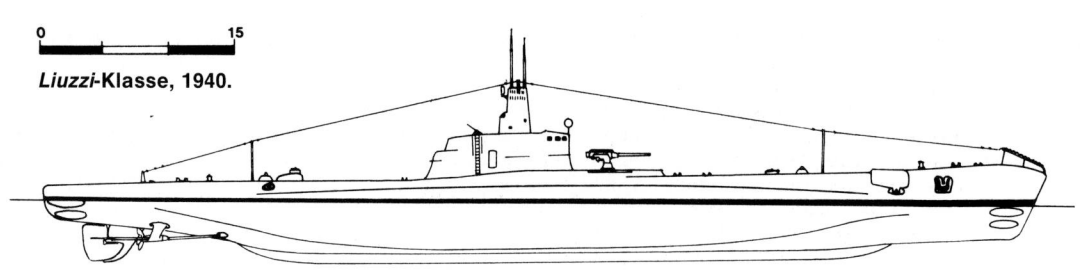

Liuzzi-Klasse, 1940.

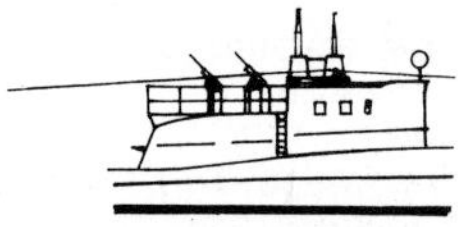

Umgebauter Kommandoturm bei *Bagnolini* **und** *Giuliani*, 1941.

Teilweises Zweihüllenboot großer Reichweite, abgeleitet von der *Brin*-Klasse mit geringfügigen Steigerungen in Größe, Wasserverdrängung, Fahrbereich und Überwassergeschwindigkeit. Außerdem wurden die Form des Bugs verändert und das Decksgeschütz vom Kommandoturm entfernt. Maximale Einsatztauchtiefe: 90 m. Brennstoffmenge: 80 ts.
Die Boote der Klasse stellten einen guten Entwurf dar, wenn auch einige Mängel der *Brin*-Klasse beibehalten worden waren, wie zum Beispiel deren Unvermögen, das Achterschiff von schweren Brechern freizuhalten. Bei den Erprobungsfahrten erreichte *Liuzzi* eine Höchstgeschwindigkeit von 17,88 kn über und 8,54 kn unter Wasser. Bei *Bagnolini* und *Giuliani* waren 1941 die Kommandotürme umgebaut und in der Größe verkleinert worden. 1943 wurden die beiden Boote umgestaltet, um Fracht in den Fernen Osten zu bringen.
In den ersten Kriegsmonaten wurden die vier Boote im Mittelmeer eingesetzt. Am 12. Juni 1940 versenkte *Bagnolini* (Korvettenkapitän Tosoni-Pittoni) den britischen Kreuzer *Calypso* südlich von Guado. *Liuzzi* wurde am 27. Juni 1940 von Zerstörern versenkt. Die übrigen drei Boote verlegten nach Bordeaux. Das britische Unterseeboot *Thunderbolt* torpedierte *Tarantini* bei deren Rückkehr von der ersten Feindfahrt. Die anderen beiden Boote versenkten oder beschädigten acht Handelsschiffe mit insgesamt 48873 BRT.
Von März 1941 bis Mai 1942 war *Giuliani* bei der deutschen Unterseebootsschule in Gotenhafen (heute Gdynia)[45] stationiert, um italienische Kommandanten in der Angriffstaktik gegen gesicherte Geleitzüge auszubilden. Zur Zeit der Kapitulation befand sie sich in Singapur in der Werftliegezeit, ehe sie mit einer wertvollen Ladung nach Bordeaux zurückkehren sollte. Die Japaner kaperten das Boot und übergaben es den Deutschen, die es als *UIT 23* in Dienst stellten. Im Februar 1944 wurde es in der Straße von Malakka von dem britischen Unterseeboot *Tally-Ho* versenkt. *Bagnolini* erbeuteten die Deutschen in Bordeaux und bauten sie zu einem Transportunterseeboot um. Umbenannt in *UIT 22*, ging sie im März 1944 im Südatlantik beim Frachttransport in den Fernen Osten verloren.

[45] Anmerkung des Übersetzers: Siehe Fußnote 42.

Schicksal der Boote:

Datum:	Ort:	Boot:	Ursache:[1]
1940	Mittelmeer	Console Generale Liuzzi	n
	Atlantik	Capitano Tarantini	s
1943	Atlantik	Alpino Bagnolini	c/a
	Pazifik	Reginaldo Giuliani	c/s

[1] Siehe Seite 8.

Ganz rechts: Der Stapellauf der *Liuzzi* am 17. September 1939 in Tarent.

Rechts: Nahaufnahme vom Kommandoturm der *Bagnolini* nach dem Umbau.

Unten: *Bagnolini* (*Liuzzi*-Klasse) wird im Atlantik von einem Flugzeug angegriffen.

Marconi-Klasse

Guglielmo Marconi, Leonardo da Vinci:
Bauwerft: CRDA, Monfalcone.
Datum: 1938–1940/40.
Michele Bianchi, Luigi Torelli, Alessandro Malaspina, Maggiore Baracca:
Bauwerft: OTO, La Spezia.
Datum: 1939–1940/40.
Typverdrängung: 1195 ts aufgetaucht, 1490 ts getaucht.
Abmessungen: 76,50 × 6,81 × 4,72 m.
Motorenanlage: Diesel: 2 CRDA; E-Motoren: 2 Marelli.
Höchstleistung: 3600 PS aufgetaucht, 1500 PS getaucht.
Höchstgeschwindigkeit: 17,8 kn aufgetaucht, 8,2 kn getaucht.
Fahrstrecke: 2900 sm bei 17 kn bzw. 10 500 sm bei 8 kn aufgetaucht, 110 sm bei 3 kn bzw. 8 sm bei 8 kn getaucht.
Torpedorohre: 8 × 53,3 cm: 4 vorn, 4 achtern; Torpedos: 16.
Geschütze: 1 × 10,0 cm L/47, 4 × 13,2 mm (2 × 2).
Besatzungsstärke: 57.

Einhüllenboot großer Reichweite mit Wülsten, abgeleitet vom *Marcello*-Typ, aber mit geringfügiger Steigerung in Wasserverdrängung und Geschwindigkeit sowie mit außerordentlich vergrößertem Fahrbereich. Eines der 10,0-cm-Decksgeschütze L/47 war entfernt worden. Maximale Einsatztauchtiefe: 90 m. Brennstoffmenge: 72 ts. Diese Boote – die ausgezeichnete Leistung des *Marcello*-Typs verdoppelnd – müssen als die besten italienischen Hochseeboote betrachtet werden, die vor dem Kriege gebaut wurden.

Zwischen 1941 und 1942 wurde bei allen Booten dieser Klasse der Kommandoturm modifiziert: die Ausmaße wurden verkleinert und die Sehrohrbuchsen abgesenkt. Im Sommer 1942 wurde *Da Vinci* zeitweilig mit einer provisorischen Auflage versehen, um ein Kleinunterseeboot vom *CA*-Typ mitzuführen. Die Umgestaltung erforderte das Entfernen des Decksgeschützes und das Einbauen einer mit Klampen (Schäkel) ausgestatteten „Zelle" vor dem Kommandoturm, um das CA mitzuführen. Das Trägerboot (bekannt als das »Känguruh«) konnte dann getaucht das Kleinunterseeboot entlassen und in halbgetauchtem Zustand wieder aufnehmen. Die Versuche ergaben, daß die Kleinunterseeboote verbessert werden mußten, ehe sie als einsatzfähig betrachtet werden konnten.

Die *Da Vinci* erhielt ihr Decksgeschütz zurück und nahm ihre normale Einsatztätigkeit im Atlantik wieder auf, wo sie später verlorenging. Anfang 1943 wurde *Torelli* beträchtlich umgestaltet, um Fracht in den Fernen Osten zu befördern. Abgesehen von mehreren Mittelmeerunternehmungen zu Kriegsbeginn durch *Da Vinci*, *Marconi* und *Bianchi* operierten die Boote dieser Klasse im Atlantik. *Malaspina* traf als erstes Boot in Bordeaux ein. Sie kam am 4. September 1940 aus Neapel und erzielte den ersten italienischen Erfolg gegen die Handelsschiffahrt im Atlantik, indem sie auf Höhe der Azoren den Tanker *British Fame* versenkte.

Im Atlantik versenkten die Boote dieser Serie 38 Handelsschiffe (216 227 BRT) und beschädigten sieben (24 465 BRT). Davon versenkte *Da Vinci* allein 16 Schiffe (116 686 BRT), sechs von ihnen (58 973 BRT) auf einer einzigen Feindfahrt unter dem Kommando von Kapitänleutnant G. F. Gazzana-Priaroggia. Der *Da Vinci* ist auch das größte, von italienischen Unterseebooten im Atlantik versenkte Schiff zuzurechnen: das Passagierschiff *Empress of Canada* (21 517 BRT).

Mit Ausnahme von *Torelli* gingen alle Boote dieser Klasse zwischen 1941 und 1943 im Atlantik verloren. *Torelli* stand bei der Kapitulation im Begriff, von Singapur mit einer wertvollen Ladung nach Bordeaux auszulaufen. Die Japaner kaperten das Boot und übergaben es den Deutschen, die es in *UIT 25* umbenannten. Im Mai 1945 kam es unter der Bezeichnung *I 504* wieder zu den Japanern. Im September 1945 in Kobe aufgefunden, wurde es im darauffolgenden Jahr verschrottet.

Schicksal der Boote:

Datum:	Ort:	Boot:	Ursache:[1]
1941	Atlantik	Maggiore Baracca,	n
		Alessandro Malaspina	
		Michele Bianchi	s
		Guglielmo Marconi	uc
1943	Atlantik	Leonardo da Vinci	n
1943/46	Pazifik	Luigi Torelli	c/r

[1] Siehe Seite 8.

Baracca bei ihrer Indienststellung im Sommer 1940.

Marconi im Juli 1941 in Bordeaux. Zu diesem Zeitpunkt war der Kommandoturm bereits umgebaut und verkleinert worden.

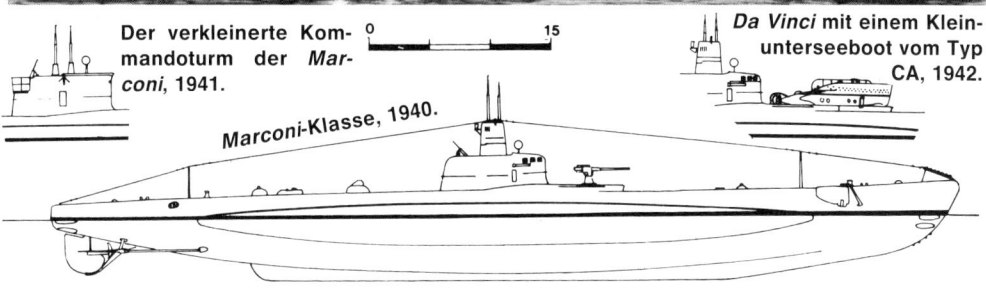

Der verkleinerte Kommandoturm der *Marconi*, 1941.

Da Vinci mit einem Kleinunterseeboot vom Typ CA, 1942.

Marconi-Klasse, 1940.

Cagni-Klasse

Ammiraglio Cagni, Ammiraglio Caracciolo, Ammiraglio Millo, Ammiraglio Saint Bon:
Bauwerft: CRDA, Monfalcone.
Datum: 1939–1941/41.
Typverdrängung: 1708 ts aufgetaucht, 2190 ts getaucht.
Abmessungen: 87,90 × 7,76 × 5,72 m.
Motorenanlage: Diesel: 2 CRDA; E-Motoren: 2 CRDA.
Höchstleistung: 4370 PS aufgetaucht, 1800 PS getaucht.
Höchstgeschwindigkeit: 16,5 kn aufgetaucht, 8,5 kn getaucht.
Fahrstrecke: 10 700 sm bei 12 kn bzw. 19 000 sm bei 5,7 kn aufgetaucht, 10 sm bei 8,5 kn bzw. 107 sm bei 3,5 kn getaucht.
Torpedorohre: 14 × 45,0 cm: 8 vorn, 6 achtern; Torpedos: 36.
Geschütze: 2 × 10,0 cm L/47, 4 × 13,2 mm (2 × 2).
Besatzungsstärke: 78.

Einhüllenboot großer Reichweite mit Wülsten, gebaut nach einem CRDA-Entwurf, abgeleitet vom Bernardis-Typ. Die Klasse umfaßte die größten in Italien gebauten Boote. Maximale Einsatztauchtiefe: 100 m. Brennstoffmenge: 180 ts. Speziell entwickelt, um die Ozeanschiffahrt anzugreifen, besaßen die Boote einen großen Fahrbereich sowie eine starke Unterwasser- und Überwasserbewaffnung. Die Wahl des 45,7-cm-Torpedos, der gegen Handelsschiffe als ausreichend beurteilt wurde, erlaubten den Einbau von 14 Torpedorohren und das Mitführen einer außergewöhnlichen Anzahl Torpedos (36). Trotz ihrer Größe waren die Boote ziemlich wendig, besaßen eine gute Seeausdauer und waren ziemlich komfortabel. Schließlich nahm nur Cagni an ozeanischen Operationen teil; die anderen drei Boote operierten im Mittelmeer und gingen dort verloren.

Dem Entwurf zufolge hätte der Kommandoturm dem der *Marcello*-Klasse gleichen müssen, aber unmittelbar nach Übergabe an die Marine bzw. während der Ausrüstung wurde er abgeändert und in den Ausmaßen verkleinert. Nach der Indienststellung Mitte 1941 setzte man die Boote zur Versorgung der Streitkräfte in Nordafrika ein. Außerdem liefen sie zu Unternehmungen im Mittelmeer aus, um Lauerstellungen zu beziehen.

Cagni und *Saint Bon* führten fünf Transportfahrten durch, *Millo* vier und *Caracciolo* eine; insgesamt transportierten sie annährend 2370 ts Fracht. Dabei gingen die zuletzt erwähnten drei Boote verloren, und im Herbst 1942 wurde *Cagni* schließlich in den Atlantik entsandt, wo sie zwei lange Feindfahrten unternahm. Die erste begann am 6. Oktober 1942 in La Maddalena und endete am 20. Februar 1943 in Bordeaux, einen Rekord für italienische Unterseeboote von 137 Seetagen aufstellend. Die zweite Feindfahrt von 84 Tagen führte in das Seegebiet um das Kap der Guten Hoffnung. Sie wurde durch die Kapitulation unterbrochen, woraufhin das Boot Durban anlief. Bei diesen Unternehmungen versenkte die *Cagni* zwei Handelsschiffe (insgesamt 9395 BRT) und beschädigte den britischen Hilfskreuzer *Asturias* (22 445 BRT) schwer.

Anfang 1944 kehrte die *Cagni* nach Italien zurück. In der Zeit der Kriegführung mit den Alliierten wurde sie zur Ausbildung alliierter und italienischer U-Jagdstreitkräfte eingesetzt und operierte von Palermo aus. Bei Kriegsende wurde sie außer Dienst gestellt und später verschrottet.

Schicksal der Boote:

Datum:	Ort:	Boot:	Ursache:[1]
1941	Mittelmeer	Ammiraglio Caracciolo	n
1942	Mittelmeer	Ammiraglio Saint Bon, Ammiraglio Millo	s
1948	–	Ammiraglio Cagni	r

[1] Siehe Seite 8.

Caracciolo kehrt 1941 von einer Nachschubfahrt nach Nordafrika zurück.

Cagni macht 1944 nach ihrer Rückkehr nach Italien in Tarent fest.

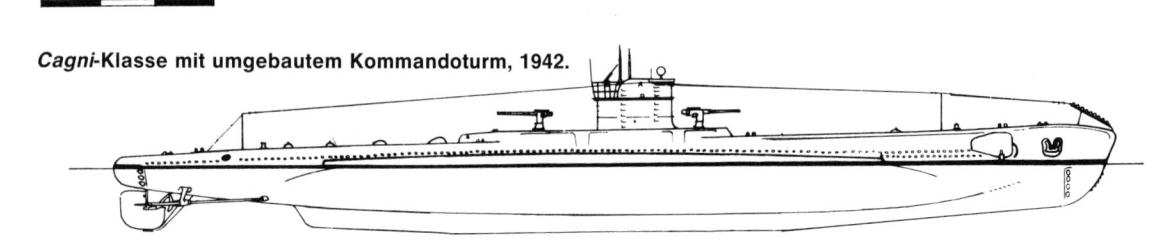

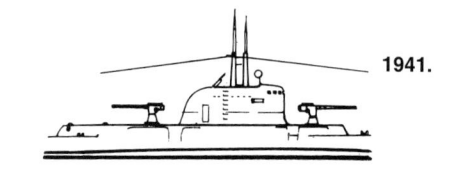

Cagni-Klasse mit umgebautem Kommandoturm, 1942.

1941.

Acciaio-Klasse

Acciaio, Cobalto, Nichelio, Platino:
Bauwerft: OTO, La Spezia.
Datum: 1940–1941/42.
Alabastro, Asteria, Avorio, Giada, Granito, Porfido:
Bauwerft: CRDA, Monfalcone.
Datum: 1940–1941/42.
Argento, Bronzo, Volframio ex Stronzio:
Bauwerft: Tosi, Tarent.
Datum: 1940–1942/42.
Typverdrängung: 715 ts aufgetaucht, 870 ts getaucht.
Abmessungen: 60,18 × 6,44 × 4,78 m.
Motorenanlage: Diesel: 2 Fiat (*Argento, Bronzo, Volframio:* 2 Tosi); E-Motoren: 2 CRDA (*Argento, Bronzo, Volframio:* 2 Ansaldo).
Höchstleistung: 1400 PS aufgetaucht, 800 PS getaucht; *Argento, Bronzo, Volframio*: 1500 PS aufgetaucht, 800 PS getaucht.
Höchstgeschwindigkeit: 14 kn aufgetaucht, 7,3 kn getaucht, *Argento, Bronzo, Volframio* 14,5 kn aufgetaucht.
Fahrstrecke: 2300 sm bei 14 kn bzw. 5000 sm bei 8,5 kn aufgetaucht, 7 sm bei 7 kn bzw. 80 sm bei 3 kn getaucht.
Torpedorohre: 6 × 53,3 cm: 4 vorn, 2 achtern; oder 8 × 53,3 cm: 4 vorn, 4 achtern; Torpedos: 8 bzw. 10.
Geschütze: 1 × 10,0 cm L/47, 4 × 13,2 mm (2 × 2).
Besatzungsstärke: 48.

Letzte Entwicklungsstufe der erfolgreichen Klasse *600* mit Verbesserungen der inneren Ausrüstung und Anordnung. Maximale Einsatztauchtiefe: 70–80 m. Normale Brennstoffmenge: 41 ts.
Trotz der schlechten Qualität des beim Bau verwendeten Materials – ein Nachteil, den während des Krieges viele italienische Boote gemeinsam hatten – erbrachte diese Serie gute Ergebnisse. Ihre dreizehn Boote waren im Mittelmeer außerordentlich aktiv und erzielten 1942 verschiedene Erfolge gegen Kriegs- und Handelsschiffe. Mit Ausnahme von *Giada*, *Platino* und *Nichelio* gingen alle im Kampf verloren oder wurden bei der Kapitulation zerstört. *Bronzo* wurde am 2. Juli 1943 in Syrakus gekapert, nachdem sie sich britischen Marineeinheiten in der Annahme genähert hatte, es wären italienische; ihr Kommandant ahnte nicht, daß der Stützpunkt von den Briten eingenommen worden war. Umbenannt in *P 714*, wurde das Boot 1944 den Franzosen überlassen. die es als *Narval* in Dienst stellten. 1948 wurde es verschrottet. Nachdem *Giada* 1948 zeitweilig in *PV 2* umbenannt worden war, wurde sie vollständig überholt und 1952 wieder in Dienst gestellt. Erst 1966 wurde sie ausgemustert. *Platino* war 1948 außer Dienst gestellt und *Nichelio* 1949 der UdSSR (zeitweilige Kennung *Z 14*) als Reparationsleistung übergeben worden.

Schicksal der Boote:

Datum:	Ort:	Boot:	Ursache:[1]
1942	Mittelmeer	Alabastro, Granito	a
		Cobalto, Porfido	n
1943	Mittelmeer	Acciaio	s
		Argento, Asteria, Avorio	n
		Bronzo	c
		Volframio	sb
1948	–	Platino	r
1949	–	Nichelio	r
1966	–	Giada	r

[1] Siehe Seite 8.

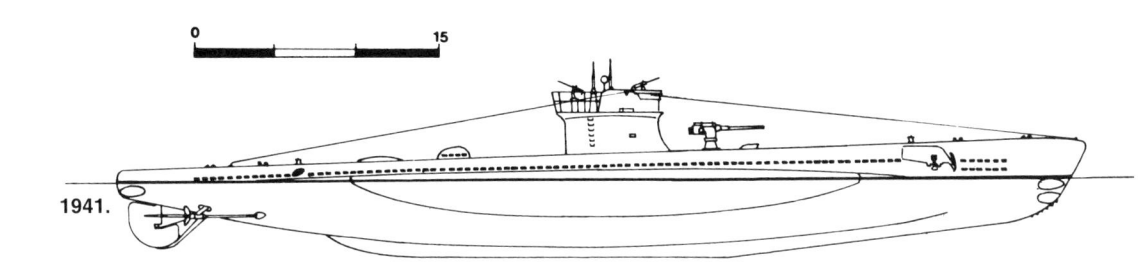

Giada 1942 auf Feindfahrt.

Flutto-Klasse

Erste Serie (12 Einheiten).
Flutto, Gorgo, Nautilo, Marea, Tritone, Vortice:
Bauwerft: CRDA, Monfalcone.
Datum: 1941–1942/43.
Grongo, Murena, Sparide:
Bauwerft: OTO, La Spezia.,
Datum: 1942–1943/–.
Cernia, Dentice, Spigola:
Bauwerft: Tosi, Tarent.
Datum: 1943–.

Zweite Serie: (24 Einheiten).
Alluminio, Antimonio, Fosforo, Manganese, Silicio, Zolfo:
Bauwerft: OTO, La Spezia.
Datum: 1942–.
Bario, Cadmio, Cromo, Ferro, Iridio, Litio, Oro, Ottone, Piombo, Potassio, Rame, Rutenio, Sodio, Vanadio, Zinco:
Bauwerft: CRDA, Monfalcore.
Datum: 1943–.
Amianto, Magnesio, Mercurio:
Bauwerft: Tosi, Tarent.
Datum: –.

Dritte Serie: (12 Einheiten).
Attinio, Azoto, Bromo, Carbonio, Elio, Molibdeno, Osmio, Osigeno, Plutonio, Radio, Selenio, Tungsteno:
6 Einheiten: CRDA, Monfalcone; 3 Einheiten: Tosi, Tarent; 3 Einheiten: OTO, La Spezia.
(Keine Einheit der dritten Serie wurde auf Kiel gelegt. Der Bau der zweiten Serie wurde bei der Kapitulation eingestellt.)

Typverdrängung:
Erste Serie: 945 ts aufgetaucht, 1113 ts getaucht.
Zweite Serie: 958 ts aufgetaucht, 1170 ts getaucht.
Abmessungen:
Erste Serie: 63,15 × 6,98 × 4,87 m.
Zweite Serie: 64,19 × 6,98 × 4,93 m.
Motorenanlage: Diesel: 2 Fiat; E-Motoren: 2 CRDA.
Höchstleistung: 2400 PS aufgetaucht, 800 PS getaucht.
Höchstgeschwindigkeit: 16 kn aufgetaucht, 7 kn getaucht.
Fahrstrecke: 5400 sm bei 8 kn bzw. 2000 sm bei 16 kn aufgetaucht, 80 sm bei 4 kn bzw. 7 sm bei 7 kn getaucht.

Torpedorohre: 6 × 53,3 cm: 4 vorn, 2 achtern; Torpedos: 12.
Geschütze:
Erste Serie: 1 × 10,0 cm L/47, 4 × 13,2 mm (2 × 2).
Zweite Serie: 2 × 2 cm L/70 oder 2 cm L/65 in Einzelaufstellung.
Besatzungsstärke: 49.

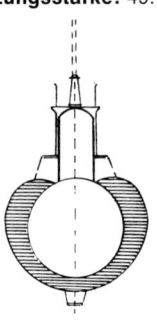

Tritone im Juli 1943 bei einer Erprobungsfahrt.

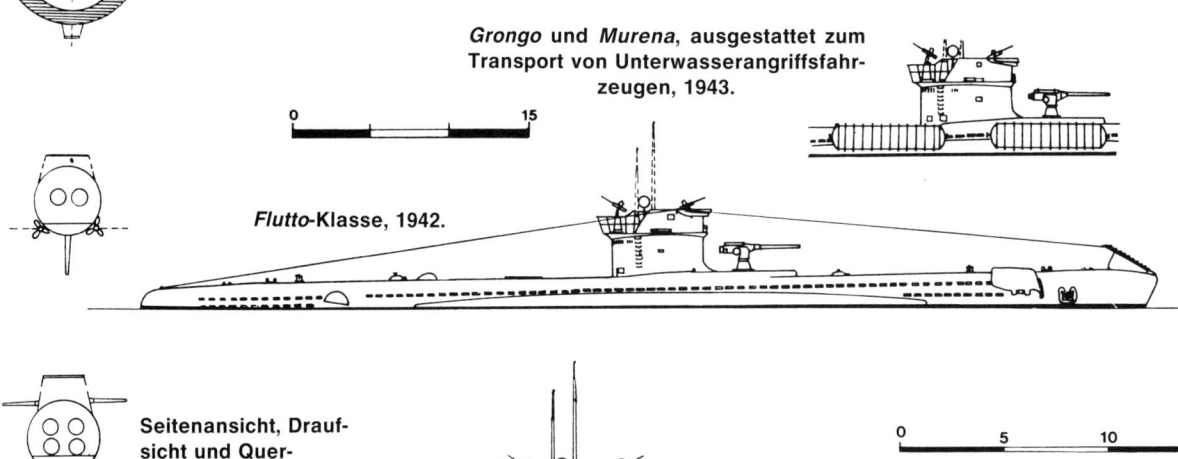

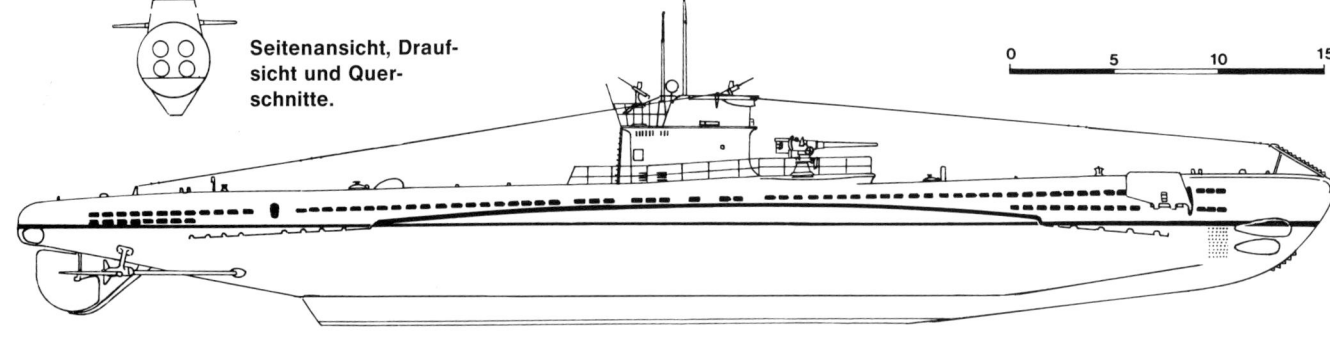

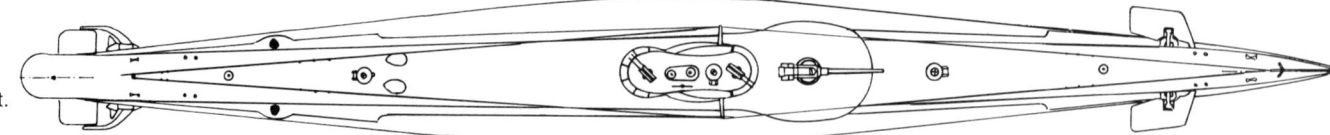

Grongo und *Murena*, ausgestattet zum Transport von Unterwasserangriffsfahrzeugen, 1943.

Flutto-Klasse, 1942.

Seitenansicht, Draufsicht und Querschnitte.

Flutto.

Teilweises Zweihüllenboot mittlerer Wasserverdrängung, entwickelt aus der *Argo*-Klasse. Maximale Einsatztauchtiefe: 120 m. Äußerste Brennstoffmenge im Notfall: 52 ts. Äußerster Fahrbereich bei wirtschaftlicher Geschwindigkeit: annähernd 13 000 sm.

Gegenüber der *Argo*-Klasse wies der Entwurf folgende Verbesserungen auf: geringfügige Steigerung in den Abmessungen, Verkleinerung des Kommandoturms in seinen Ausmaßen, Verbesserung der inneren Anordnungen und des Trimmsystems bei Schleichfahrt, Verstärkung des Rumpfes und der Flakbewaffnung sowie Verringerung der Schnelltauchzeit auf annähernd 30 Sekunden.

Die *Flutto*-Klasse umfaßte die besten, bis 1945 in Italien gebauten Boote mittlerer Wasserverdrängung.

Insgesamt waren 48 Boote geplant worden, unterteilt in drei Serien zu 12, 24 und 12 Einheiten. Die zweite Serie war in den Abmessungen geringfügig größer als die erste, um bestimmte Trimmprobleme zu beseitigen. Die dritte Serie sollte eine genaue Kopie der zweiten werden.

Das Bauprogramm sollte bis Ende 1944 abgeschlossen sein, aber nur acht Boote der ersten Serie (*Flutto, Gorgo, Nautilo, Marea, Tritone, Vortice, Murena* und *Sparide*) wurden vor dem 8. September 1943 in Dienst gestellt. Die übrigen Boote sowie alle Boote der zweiten Serie gingen bei der Kapitulation entweder in der Ausrüstung oder im Bau verloren. Nur drei weitere Boote (*Grongo, Litio* und *Sodio*) liefen vom Stapel. Die Einheiten der dritten Serie und mehrere der zweiten wurden niemals auf Kiel gelegt.

Marea läuft 1944 aus Tarent aus.

Grongo und *Murena* wurden (während der Ausrüstung) mit vier Zylindern zum Transport von Unterwasserangriffsfahrzeugen ausgestattet. Die Deutschen übernahmen am 8. September 1943 beide Boote und stellten sie als *UIT 20* und *UIT 16* in Dienst; sie gingen später verloren.

Nur fünf Booten der ersten Serie (*Tritone, Gorgo, Flutto, Marea, Vortice*) war es möglich, aktiv an Operationen teilzunehmen. Man setzte sie hauptsächlich im Mittelmeer ein und drei von ihnen gerieten durch Feindeinwirkung in Verlust.

1949 wurde *Marea* als Kriegsentschädigung an die UdSSR übergeben. *Vortice*, mehrmals grundüberholt und von 1949 bis 1952 als *PV 1* bezeichnet, blieb bei der italienischen Marine bis 1967 in Dienst.

Nautilo, bei der Kapitulation von den Deutschen übernommen und als *UIT 19* in Dienst gestellt, sank 1944 in Pola (heute Pula); nach dem Kriege gehoben und wieder instandgesetzt, wurde sie von der jugoslawischen Marine als *Sava* in Dienst gestellt.

Mehrere im Bau befindliche Boote der zweiten Serie wurden von den Deutschen übernommen und vom Stapel gelassen, aber keines wurde fertiggestellt. Die von den Deutschen unter der Kennung *UIT 7* vom Stapel gelassene *Bario* wurde 1945 bei einem Luftangriff beschädigt. Beinahe vollständig neu gebaut, wurde dieses Boot 1961 als *Pietro Calvi* wieder in Dienst gestellt.

Schicksal der Boote:

Datum:	Ort:	Boot:	Ursache:[1]
1943	Mittelmeer	Flutto, Gorgo, Tritone	n
		Grongo	sb/c/b
		Murena, Nautilo	sb/c/b
		Sparide	sb/b
		Bario	c/b
		Ferro	c/sb
		Litio	c/b
		Piombo, Potassio, Rame, Sodio, Zinco	c/sb
1949	–	Marea	r
1967	–	Vortice	r

[1] Siehe Seite 8.

R-Klasse

Romolo, Remo:
Bauwerft: Tosi, Tarent.
Datum: 1942–1943/43.
R 3, R 4, R 5, R 6:
Bauwerft: Tosi, Tarent.
Datum: 1943–.
R 7, R 8, R 9:
Bauwerft: CRDA, Monfalcone.
Datum: 1943–.
R 10, R 11, R 12:
Bauwerft: OTO, La Spezia.
Datum: 1943–.
Typverdrängung: 2210 ts aufgetaucht, 2606 ts getaucht.
Frachtkapazität: 610 ts.
Abmessungen: 70,70 × 7,86 (R 11, R 12: 7,92) × 5,34 m.
Motorenanlage: Diesel: 2 Tosi; E-Motoren: 2 Marelli.
Höchstleistung: 2600 PS aufgetaucht, 900 PS getaucht.
Höchstgeschwindigkeit: 13 kn aufgetaucht, 6 kn getaucht.
Fahrstrecke: 12 000 sm bei 9 kn aufgetaucht, 110 sm bei 3,5 kn getaucht.
Torpedorohre: Mehrere Einheiten sollten zwei 45,0-cm-Rohre erhalten.
Geschütze: 3 × 2 cm L/70 in Einzelaufstellung auf »versenkbaren« Lafetten.

Teilweises Zweihüllen-Transportunterseeboot mit vier abgeschotteten Laderäumen von 600 m³ Gesamtkapazität. Maximale Einsatztauchtiefe: 100 m. Maximale Brennstoffmenge: 200 ts.

Entwickelt für den Frachttransport von und nach dem Fernen Osten, konnten die Boote auch eingesetzt werden, um über mittlere Entfernungen Treibstoff zu befördern. Vor der Kapitulation konnten nur zwei Boote (*Romolo* und *Remo*) in Dienst gestellt werden, und beide gingen jeweils auf ihrer Jungfernfahrt verloren. Die anderen drei Boote wurden niemals fertiggestellt. Zwei der in Tarent im Bau befindlichen Boote (R 3 und R 4) liefen nach dem Kriege vom Stapel und wurden später ausgemustert und verschrottet; die beiden anderen wurden im Bau abgebrochen.

Die im Norden im Bau befindlichen Boote gliederte die deutsche Marine ein (UIT 1 – UIT 6) ihr Bau wurde fortgesetzt, aber keines der Boote in Dienst gestellt und alle gingen zwischen 1944 und 1945 verloren. Der Rumpf von R 12 wird von der italienischen Marine noch (1972) als schwimmender Vorratstank für Dieselöl in Ancona (GRS 523) benutzt.

Obgleich die *R*-Klasse nie im Dienst erprobt werden konnte, muß sie als besonders guter Entwurf betrachtet werden.

Schicksal der Boote:

Datum:	Ort:	Boot:	Ursache:[1]
1943	Mittelmeer	*Romolo*	a
		Remo	s
		R 7, R 8, R 9	c/b
		R 10, R 11, R 12	c/sb

[1] Siehe Seite 8.

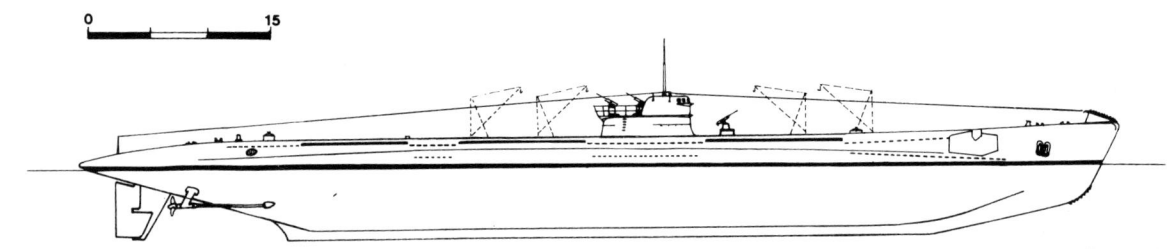

Der nicht fertiggestellte Rumpf von R 12, nach dem Kriege als schwimmender Vorratstank für Dieselöl (GRS 523) benutzt.

Kleinunterseeboote und Spezialfahrzeuge

Im Verlaufe des Zweiten Weltkrieges stellte die italienische Marine zahlreiche Kleinunterseeboote in Dienst und setzte einen mit Recht so bezeichneten „menschlichen Torpedo", den SLC (»Siluro a Lenta Corsa«: langsam laufender Torpedo, auch bekannt als »Schwein«), mit großem Erfolg ein. Es handelte sich dabei um einen 53,3-cm-Torpedo, ausgestattet mit einem durch Batterien angetriebenen Elektromotor und mit einer Sprengladung im abnehmbaren Kopf. Zwei Mann, ausgerüstet mit Atemgerät, bedienten die Waffe.

Von den Marineingenieuren Elios Toschi und Teseo Tesei um 1935 entworfen, stammte der SLC von der als »Blutegel«[46] bekanntgewordenen Waffe ab, mit der im November 1918 Paolucci und Rossetti das österreichische Schlachtschiff Viribus Unitis im Hafen von Pola angriffen.

Mit einem Unterseeboot in wasserdichten Behältern in die

Unten: Ein *SLC* (»menschlicher« Torpedo), bekannt als »Schwein«.

Darunter: *CB 8*, eines der 12 »Taschen«-Unterseeboote vom Küstentyp *CB*, die tatsächlich an die italienische Marine abgeliefert wurden.

[46] Anmerkung des Übersetzers:
Die von Rossetti entworfene »Mignatta« (dt. Blutegel) steht als Nachbildung im Marinemuseum von La Spezia.

Nähe des Zieles transportiert, passierte der SLC unter den U-Bootabwehrnetzen, und der die Sprengladung enthaltende Kopf wurde gelöst und an Rumpf oder Schrauben des Zieles angebracht. Der Torpedo und seine zweiköpfige Besatzung entfernten sich und ein Uhrwerkszündmechanismus brachte die Ladung zu einer vorherbestimmten Zeit zu Detonation. Zwischen 1941 und 1943 versenkten oder beschädigten Unterwasserangriffsfahrzeuge in kühnen Angriffen auf Alexandria und Algier 50 000 BRT an Handelsschiffsraum und 63 000 ts an Kriegsschiffen. Ein Haupterfolg wurde in der Nacht des 18./19. Dezember 1941 erzielt, als drei SLC, von *Scirè* auf wenige Seemeilen vor Alexandria herangebracht, die britischen Schlachtschiffe *Valiant* und *Queen Elizabeth* (30 600 ts), einen Tanker und einen Zerstörer schwer beschädigten.

Die Briten bauten ihre »Chariots« den italienischen SLC nach, und in Zusammenarbeit mit den britischen Fahrzeugen errangen die Italiener in der Zeit der Kriegführung mit den Alliierten weitere Erfolge. Dabei beschädigten sie den unfertigen Rumpf des Flugzeugträgers *Aquila* in Genua schwer und verhinderten auf diese Weise, daß ihn die sich zurückziehenden Deutschen als Blockschiff verwenden konnten.

Die Hauptmerkmale des SLC waren folgende: Länge: 6,7 m; Durchmesser: 53,3 cm; Antriebsanlage: ein 1,1-PS-Elektromotor (später 1,6 PS); Geschwindigkeit: Normalfahrt 2,3 kn, Höchstfahrt 4,5 kn; Fahrstrecke: 15 sm bei 2,3 kn, 4 sm bei 4,5 kn; Sprengladung: 220 kg, später 250 kg und 300 kg; maximale Einsatztauchtiefe: 25–30 m.

Die ersten beiden von der italienischen Marine nach dem Ersten Weltkrieg gebauten Kleinunterseeboote wurden im April 1938 in Dienst gestellt. Es handelte sich dabei um die Versuchsboote *CA 1* und *CA 2* (CA = Küstentyp A), die als Torpedoboote keine guten Resultate lieferten, weil sie selbst bei mäßiger See auf Sehrohrtiefe instabile Plattformen darstellten.

1941 wuden sie umgebaut, um Kampfschwimmer (»Gamma«-Truppen) zu transportieren. Sehrohr und Torpedos wurden entfernt und Vorrichtungen für den Ein- und Austritt von Tauchern sowie zur Mitnahme von acht Sprengladungen geschaffen. Während noch die Erprobungen liefen, erging der Auftrag zum Bau von zwei neuen und verbesserten Booten, speziell zum Transport von Kampfschwimmern entworfen.

Die CA-Boote sollten durch Unterseeboote transportiert werden, um amerikanische und westafrikanische Atlantikhäfen anzugreifen. Transport-, Aussetz- und Aufnahme-Erprobungen wurden im September 1942 mit *CA 2* und *Da Vinci* in Bordeaux durchgeführt. Man verschob die Ausführung der Atlantikeinsätze, bis die zweite Fahrzeugserie zur Verfügung stehen und ausgebildet sein würde (vermutlich im Dezember 1943), aber die Kapitulation traf beide Fahrzeuge in La Spezia noch in der Fertigstellung an und setzte dem Plan ein Ende. Noch ehe Italien in den Krieg eintrat, war der Entwurf eines neuen »Taschen«-Unterseebootstyps, das *CB*-Boot (Küstentyp B), in der Entwicklung, abgeleitet vom CA-Typ, aber beträchtlich verbessert. Im Verlaufe des Krieges wurden 22 CB-Fahrzeuge in Auftrag gegeben, aber nur 12 (*CB 1–CB 12*) wurden zwischen Januar 1941 und August 1943 an die italienische Marine übergeben. *CB 13–CB 22*, die sich bei der Kapitulation noch im Bau befanden, wurden fertiggestellt und

CA 1 und 2, 1938: Seitenansicht und Querschnitt.

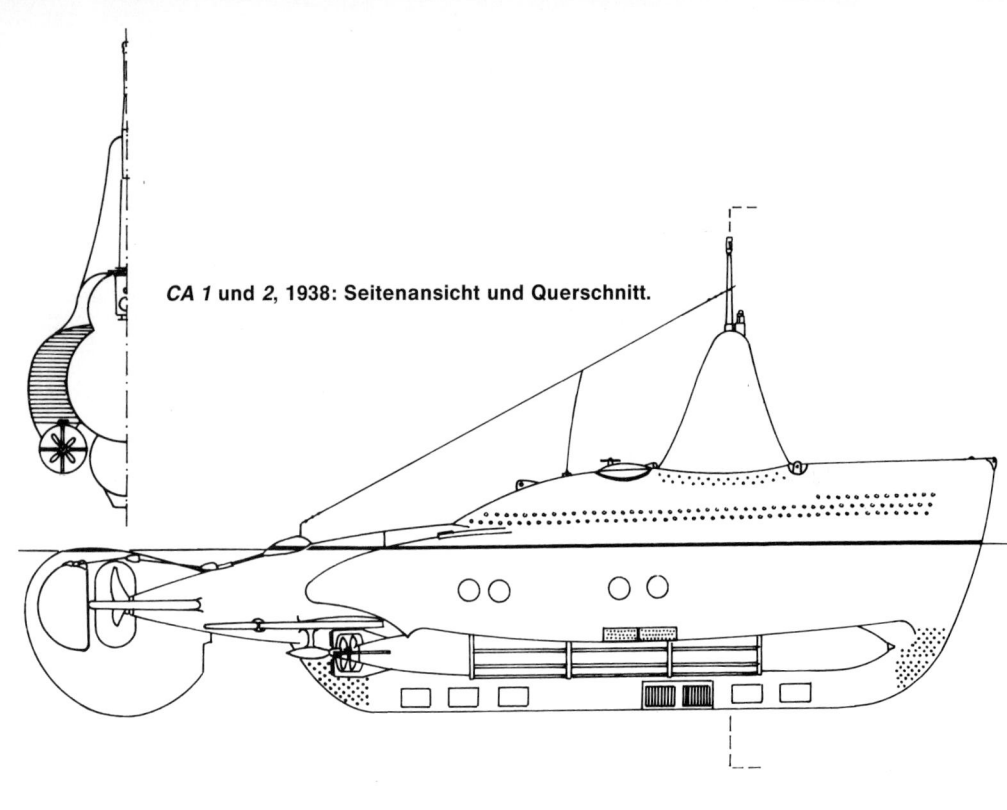

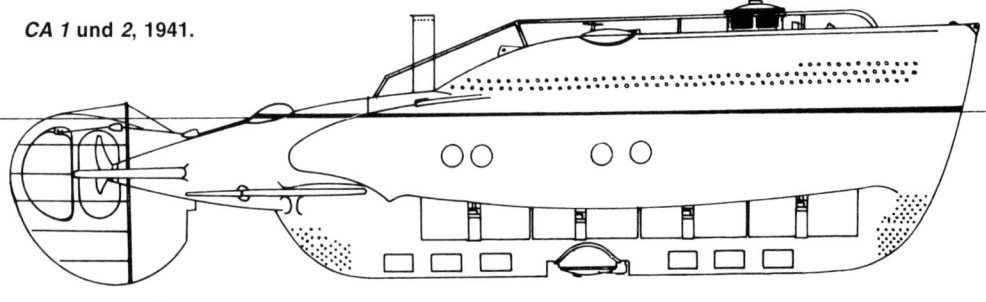

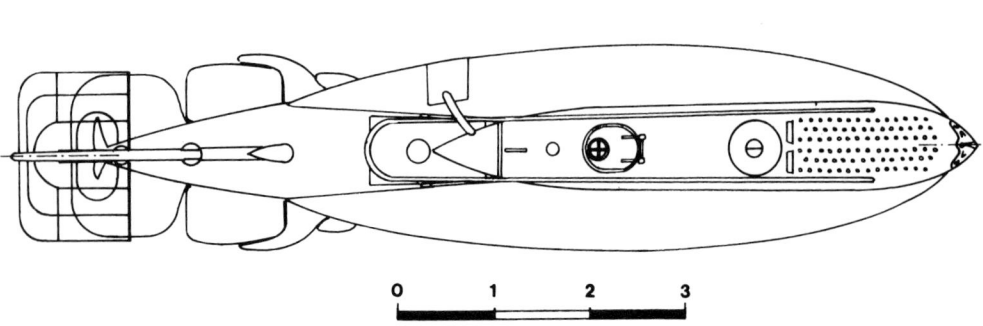

CA 1 und 2, 1941.

von der Marine der RSI (faschistische Regierung Norditaliens) in Dienst gestellt. Das gesamte Bauprogramm hatte weitere fünfzig *CB*-Boote gefordert, aber infolge der Kapitulation war keines mehr auf Stapel gelegt worden.

In erster Linie zur Unterseebootsbekämpfung entworfen, wurden die *CB*-Boote statt dessen für Offensivaufgaben eingesetzt, hauptsächlich im Schwarzen Meer, wo sie verschiedene Erfolge errangen. Den bedeutendsten Erfolg bildete die Versenkung der sowjetischen Unterseeboote *S 32* und *ŠČ 306* durch *CB 3* und *CB 2* am 15. und 18. Juni 1942. Von den sechs mit der Eisenbahn 1942 zum Schwarzen Meer gebrachten Booten ging eines verloren und fünf übernahmen bei der Kapitulation die Deutschen und überließen sie der rumänischen Marine. Von den restlichen sechs Booten übernahmen die Deutschen eines in Pola und die anderen fünf operierten bis Kriegsende bei der italienischen Marine.

Im Frühjahr 1943 entschied man, einen neuen Typ von Kleinunterseeboot in Gruppen zu entwickeln und zu bauen, um die normalen Unterseeboote kleiner und mittlerer Reichweite in Seegebieten zu ersetzen, wo die U-Bootsabwehr besonders wirksam war. Kleinere Boote würden sicherer operieren und könnten schneller, billiger und in größerer Anzahl hergestellt werden.

Zwei sehr ähnliche Entwürfe wurden gebilligt: einer von der Societa'Caproni (*CC = Costiero Caproni*: Küstentyp Caproni) und einer der Cantieri Riuniti dell'Adriatico von Monfalcone (*CM = Costiero Monfalcone*: Küstentyp Monfalcone). Von beiden wurde ein Prototyp in Auftrag gegeben. Nach Erprobungsfahrten zur Beurteilung der beiden Prototypen, entschied man, daß einer der beiden Typen zur Standardisierung ausgewählt werden und die Kennbuchstaben *CU* (*Costiero Unificato* = Standardküstentyp) tragen sollte. Bis zum 8. September 1943 waren zusätzlich zu den Prototypen 16 *CM* und 8 *CC* in Auftrag gegeben worden, aber das Bauprogramm for-

Tabelle 23: Einzelheiten der italienischen Kleinunterseeboote

Klasse:	Anzahl (gebaut):	Boote:	Baudatum
CA	4	CA 1 Torpedo-Version	1938
		CA 2 Transportversion für Kampfschwimmer	1941
		CA 3, CA 4	1943
CB	12 + 10	CB 1–CB 12	1941–1943
		CB 13–CB 22	
CM	0 + 3	CM 1–CM 3	
CC	3	CC 1–CC 3	

CM 1 bei einer Erprobungsfahrt.

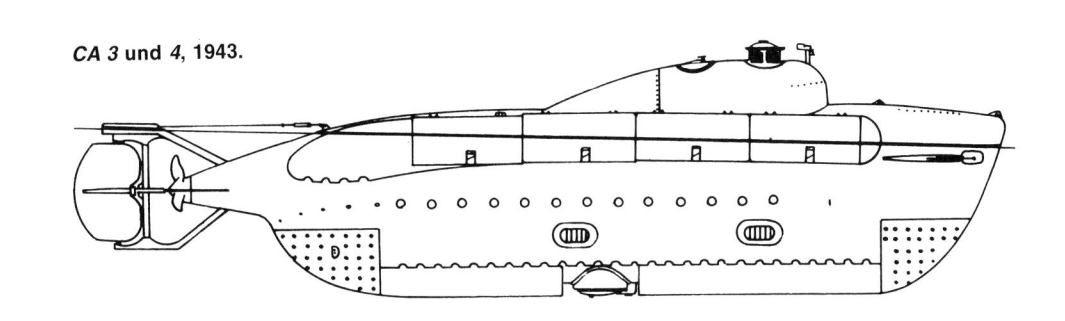

CA 3 und *4*, 1943.

Wasserverdrängung (ts) über/unter Wasser:	Abmessungen (m):	Motorenanlage: (PS) Diesel/E-Motor	Geschwindigkeit: (kn) über/unter Wasser	Fahrstrecke: (sm bei kn) über/unter Wasser	Bewaffnung	Besatzungsstärke
13,5/16,4	10,00 × 1,90 × 1,60	1,60/1,25	6,5/5	700 bei 4/57 bei 3	Zwei 45,7-cm-Torpedostartvorrichtungen »Käfig«-Typ. Zwei Torpedos.	2
12/14		−/1,21	7/6	−/70 bei 2	Acht 100-kg-Sprengladungen. Zwanzig kleine Sprengladungen (Haftminen).	3
12,8/14	10,4 × 1,9 × 1,8	−/1,21	7/6	−/70 bei 2	Acht 100-kg-Sprengladungen. Zwanzig kleine Sprengladungen (Haftminen).	3
36/45	15,00 × 3,00 × 2,10	1,90/1,100	7,5/6	1400 bei 5/50 bei 3	Zwei außen gelegene, nicht wasserdicht abgeschottete 45,7-cm-Torpedorohre. Zwei Torpedos.	4
92/114	32,90 × 2,80 × 2,70	2,600/2,120	14/6	2000 bei 9/70 bei 4	Zwei 45,7-cm-Torpedorohre vorn. Zwei 13,2-mm-Maschinengewehre auf »versenkbaren« Doppellafetten.	8
99,5/117	33,00 × 2,70 × 2,18	2,700/2,120	16/9	1200 bei 10/70 bei 4	Drei 45,7-cm-Torpedorohre vorn. Zwei 13,2-mm-Maschinengewehre auf »versenkbaren« Doppellafetten.	8

CB-Klasse: Längsschnitt, Seitenansicht und Querschnitt.

CM-Klasse.

CC-Klasse.

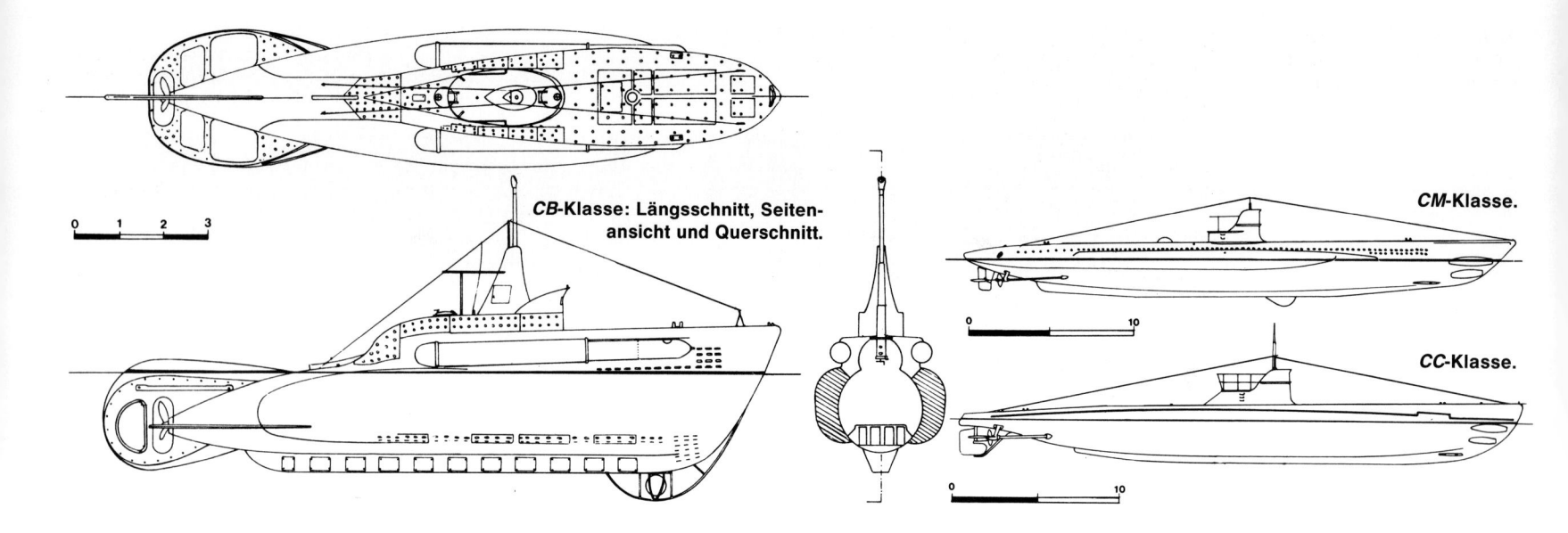

derte eine viel größere Anzahl von Booten. Trotz schnellem und zufriedenstellendem Fortschreiten (*CM 1* lief am 5. September 1943 vom Stapel) verhinderte die Kapitulation, daß die italienische Marine eine dieser Einheiten in Dienst stellen konnte.

CM 1 stellten die Deutschen als *UIT 17* fertig und überließen das Boot der Marine der RSI. 1945 kehrte es in die italienische Marine zurück und wurde außer Dienst gestellt. Von den anderen beiden *CM*-Booten war nur eines auf Kiel gelegt worden und von den *CC*-Booten gelangte keines zur Fertigstellung. Ein Teil des unfertigen Rumpfes von *CM 2* ist im Kriegsmuseum in Triest ausgestellt.

CA-Klasse:
Mit der Eisenbahn transportierbare Kleinunterseeboote, entworfen zum Abschießen von Torpedos (*CA 1* und *CA 2*) und später in Transportboote für Kampfschwimmer umgewandelt. *CA 3* und *CA 4* wurden von Anfang an für eine Verwendung als Angriffsfahrzeug entworfen. Alle Einheiten gingen bei der Kapitulation verloren.

Kleinunterseeboote vom Typ *CB*, im Oktober 1942 in Sewastopol am Schwarzen Meer vertäut liegend.

CB-Klasse:
Mit der Eisenbahn transportierbare Kleinunterseeboote, von CAP (Caproni-Gruppe) entworfen. Tauchtiefe bei der Erprobung: 55 m. Die Boote der zweiten Serie wurden für die RSI fertiggestellt.

Schicksal der Boote:

Datum:	Ort:	Boot:	Ursache:[1]
1942	Schwarzes Meer	CB 5	b
1943	Schwarzes Meer	CB 1, CB 2, CB 3, CB 4, CB 6	c
	Mittelmeer	CB 7	c
1948	—	CB 8, CB 9, CB 10, CB 11, CB 12	r

[1] Siehe Seite 8.

CM-Klasse:
Einhüllen-Kleinunterseeboot mit innen gelegenen Tauchzellen. Maximale Einsatztauchtiefe: 70 m. Einbau abgeänderter Panzermotoren (P 40). Vor der Kapitulation wurde keines der Boote fertiggestellt.

Schicksal der Boote:

Datum:	Ort:	Boot:	Ursache:[1]
1943	Mittelmeer	CM 1, CM 2	c/r

[1] Siehe Seite 8.

CC-Klasse:
Einhüllen-Kleinunterseeboote mit innen gelegenen Tauchzellen. Maximale Einsatztauchtiefe: 70 m. Keines der Boote in Dienst gestellt; Bau bei der Kapitulation eingestellt.

Ausländische Unterseeboote in der italienischen Marine

Bajamonti-Klasse (2 Einheiten):
Francesco Rismondo ex N 1, Antonio Bajamonti ex N 2 (siehe »Jugoslawien«: Smeli, Osvetnik, Hrabi):
Einzelheiten wie im Abschnitt »Jugoslawien«, ausgenommen Wasserverdrängung: 665 ts aufgetaucht, 822 ts getaucht.
Zur Zeit der Besetzung Jugoslawiens durch die Streitkräfte der Achse erbeuteten im April 1941 italienische Truppen eine Anzahl jugoslawischer Schiffe im Hafen. Dabei fanden sie am 17. April die Unterseeboote Osvetnik, Smeli und Hrabi fast unversehrt in Cattaro (heute Kotor) vor. Die Boote wurden als Kriegsbeute in die italienische Marine eingegliedert und anfangs als N 1, N 2 und N 3 bezeichnet. N 3 (ex Hrabi), zwischen 1926 und 1928 in Großbritannien gebaut und ähnlich der britischen L-Klasse, wurde 1941 infolge ihres schlechten Instandsetzungszustandes verschrottet. N 1 und N 2 wurden in Pola wieder instandgesetzt und modernisiert, und in der italienischen Marine als Francesco Rismondo und Antonio Bajamonti in Dienst gestellt.
Bei beiden handelte es sich um teilweise Zweihüllenboote kleiner Reichweite, gebaut zwischen 1927 und 1929 bei Ateliers et Chantiers de la Loire in Nantes. Sie waren 1941 noch in gutem Zustand und während ihrer Instandsetzung wurden teilweise die Bewaffnung ersetzt und die Kommandotürme abgeändert. Trotz verschiedener guter Eigenschaften, wie zum Beispiel Stabilität im Tauchzustand und eine bemerkenswerte Tauchzeit (35 Sekunden), beschränkten sie ihr »Alter« und die begrenzte Einsatztauchtiefe (60 m) auf eine Ausbildungs- und Versuchsaufgabe. Beide Boote gingen bei der Kapitulation verloren.

Schicksal der Boote:

Datum:	Ort:	Boot:	Ursache:[1]
1943	Mittelmeer	Francesco Rismondo	c/sb
		Antonio Bajamonti	sb

[1] Siehe Seite 8.

FR 112-Klasse (2 Einheiten):
FR 112 ex Saphir, FR 116 ex Turquoise (siehe »Frankreich«: Saphir-Klasse):
Küstenunterseeboote, erbeutet im Dezember 1942 in Bizerta. FR 116 wurde dort im Mai 1943 selbst versenkt, ohne in Dienst gestellt worden zu sein. FR 112, überführt nach Neapel, wurde am 21. April 1943 ausgemustert und als schwimmende Batterieladestation verwendet.

FR 117-Klasse (1 Einheit):
FR 117 ex Circé (siehe »Frankreich«: »600 tonnes«-Klasse):
Hochsee-Unterseeboot, gehoben in Toulon, wo es im November 1942 selbst versenkt worden war. Nach Genua geschleppt, befand sich das Boot bei der Kapitulation noch in der Instandsetzung und wurde später von den Deutschen verschrottet.

FR 111-Klasse (4 Einheiten):
FR 111 ex Phoque, FR 113 ex Requin, FR 114 ex Espadon, FR 115 ex Dauphin (siehe »Frankreich«: Requin-Klasse):
Einzelheiten wie im Kapitel »Frankreich«.
Küstenunterseeboote, im Dezember 1942 in Bizerta erbeutet. Überführt nach Italien und eingedockt zum Umbau in Transportunterseeboote. Nur FR 111 wurde in Dienst gestellt und ging durch Feindeinwirkung verloren. Die drei anderen Boote befanden sich bei der Kapitulation noch im Dock und wurden später von den Deutschen versenkt oder verschrottet.

Schicksal der Boote:

Datum:	Ort:	Boot:	Ursache:[1]
1943	Mittelmeer	FR 111	a
		FR 113	sb
		FR 114, FR 115	c

[1] Siehe Seite 8.

Rismondo ex Ostvetnik 1941 nach Überholung und Umbau.

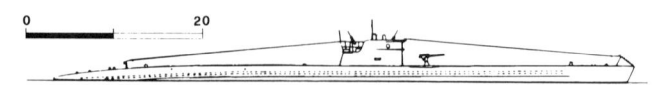

FR 118-Klasse (1 Einheit):
FR 118 ex *Henri Poincaré* (siehe »Frankreich«: »*1500 tonnes*«-Klasse).

Die italienische Marine gliederte zahlreiche französische Kriegsschiffe als Kriegsbeute ein. Darunter befanden sich zehn Unterseeboote, welche die Deutschen im November/Dezember 1942 in Bizerta und Toulon erbeutet hatten und Italien überließen.

Diese zehn Boote gehörten vier Klassen (*Requin*-, *Saphir*-, »*600 tonnes*«- und *1500 tonnes*-Klasse) an. Nur acht von ihnen erhielten italienische Kennungen, die aus den Buchstaben *FR* gefolgt von einer dreistelligen Zahl bestanden. *Nautilus* von der *Saphir*-Klasse und *Calypso*, »*600 tonnes*«-Klasse, gingen im Januar 1943 bei einem Luftangriff auf Bizerta verloren, während sie auf die Überführung nach Italien warteten. Die Boote der *Requin*-Klasse (*FR 111, FR 113, FR 114, FR 115*) wurden in Transportunterseeboote umgebaut. Ihre gesamte ursprüngliche Bewaffnung mit Ausnahme von zwei 13,2-mm-Flakwaffen wurde entfernt. Die Boote wurden zur Beförderung von 50 ts Fracht und 145 ts Treibstoff ausgerüstet. Nur *FR 111* (ex *Phoque*) kam vor der Kapitulation in Dienst, doch sie ging durch Feindeinwirkung verloren. Der Umbau und die Instandsetzung der übrigen Boote verzögerte sich merklich durch den schlechten Zustand, in dem sie erbeutet worden waren, und durch den Mangel an Ersatzteilen. Bei der Kapitulation lagen sie noch in den Werften in Pozzuoli, Genua und Castellamare di Stabia und wurden von den Deutschen zerstört oder übernommen.

Von den beiden Minenlegern der *Saphir*-Klasse erreichte nur *FR 112* (ex *Saphir*) von Bizerta aus Italien. Als die Truppen der Achse im Mai 1943 in Tunesien kapitulierten, versenkten sie die bewegungsunfähige *FR 116* (ex *Turquoise*) zusammen mit der *FR 117* (ex *Circé*), »*600 tonnes*«-Klasse, in Bizerta selbst.

Infolge ihres schlechten Zustandes und des Mangels an Ersatzteilen wurde *FR 112* außer Dienst gestellt, ohne instandgesetzt worden zu sein, und als schwimmende Batterieladestation für Unterseeboote und Korvetten im Hafen von Neapel eingesetzt.

Bei der Kapitulation lag das einzige Boot der »*1500 tonnes*«-Klasse, die *Henri Poincaré*, deren italienische Kennung wahrscheinlich *FR 118* gewesen war, noch zur Instandsetzung in Genua, wohin sie nach ihrer Hebung von Toulon aus geschleppt worden war. (Ihre Besatzung hatte sie im November 1942 selbst versenkt und die italienische Marine hatte sie gehoben.) Am 9. September 1943 wurde sie von den Deutschen erbeutet, die ihre Instandsetzung nicht fortführten.

S-Klasse (9 Einheiten):
S 1 ex *U 428*, *S 2* ex *U 746*, *S 3* ex *U 747*, *S 4* ex *U 429*, *S 5* ex *U 748*, *S 6* ex *U 430*, *S 7* ex *U 749*, *S 8* ex *U 1161*, *S 9* ex *U 750* (siehe »Deutschland«: Typ VII C und Typ VII C 41/42): 1943 erhielt die italienische Marine neun Unterseeboote (*S 1–S 9*) des Typs VII C von der deutschen Marine, um die italienischen Hochseeboote zu ersetzen. die umgebaut worden waren, um Fracht von und nach dem Fernen Osten zu befördern. Bei der Kapitulation befanden sich diese Boote noch in Deutschland in Ausbildung und wurden unter ihren früheren Nummern wieder in die deutsche Marine eingegliedert. Verschiedene Quellen erwähnen die Möglichkeit eines zehnten Unterseebootes desselben Typs. *S 10* (ex *U 1162*) wäre zur Übergabe an die Italiener vorgesehen gewesen, aber infolge der Kapitulation nicht abgeliefert worden.

FR 112 ex *Saphir* 1943 in Neapel.

Japan

Mit den Flottenabkommen von 1922 in Washington und von 1930 in London war Japans Stellung als bedeutende Seemacht offiziell anerkannt. Die in den Abkommen auferlegten Beschränkungen hinsichtlich der Gesamttonnage legten fest, daß die japanische Marine in der Kategorie der Schlachtschiffe nur durch die Marinen der Vereinigten Staaten und Großbritanniens gemäß dem allgemein bekannten Verhältnis 5:5:3 übertroffen werden durfte. Damit war Japan jedoch nicht zufrieden und schlug ein Verhältnis von 10:10:7 vor, das ihm für seine Bedürfnisse angemessener erschien. Großbritannien und die USA weigerten sich entschieden, die Beschränkungen aufzuheben oder das Verhältnis zu ändern. Daraufhin begann Japan, eine neue Strategie zu entwickeln, die der »Abnutzung«, beruhend auf den Einsatz einer großen Unterwasserflotte.

Die Kaiserliche Marine vertrat die Ansicht, daß im Falle eines Krieges mit den Vereinigten Staaten die Philippinen, Borneo und Indonesien sofort angegriffen werden sollten, und daß die Flotte danach eine defensive Rolle einzunehmen hatte, während sie die Reaktion des Feindes abwartete, der mit einer an Sicherheit grenzenden Wahrscheinlichkeit versuchen würde, die besetzten Territorien zu befreien.

Die in der Nähe ihrer eigenen Stützpunkte operierende japanische Marine wäre dabei im Vorteil. Außerdem würden die amerikanischen Schiffe durch die japanischen Unterseeboote schwere Verluste erleiden. In dieser Phase des erwarteten Krieges hätten die japanischen Unterseeboote die Hauptaufgabe zu übernehmen, und es wäre unbedingt erforderlich, sie voll darauf vorzubereiten. Aus diesem Grunde kämpften die japanischen Delegierten auf der Londoner Flottenkonferenz von 1930 darum, ein internationales Verbot der Unterwasserwaffe zu verhindern und dieselbe Höhe an Gesamttonnage für Unterseeboote zu erreichen, wie sie den beiden anderen Hauptmächten zugestanden worden war.

Obgleich jedem der »großen Drei« das Recht zuerkannt worden war, Unterwasserflotten bis zu einer Gesamttonnage von 52 000 ts in Dienst zu stellen, war Japan nicht zufriedengestellt und bestand darauf, nicht weniger als 78 000 ts als Zuweisung zu erhalten. Bis zum Widerruf der Flottenabkommen im Jahre 1934 blieb Japan innerhalb der vorgeschriebenen Beschränkungen.

Zwischen 1925 und 1940 entwickelte die japanische Marine ihre Unterseebootswaffe auf der Grundlage von drei Bootstypen:
— ein U-Kreuzertyp (*Junsen*), dessen Prototyp durch die britische *K*-Klasse und die deutschen Boote vom Typ *U 139* ausgelöst worden war, um zur Aufklärung und zu Unternehmungen in großer Entfernung vom Stützpunkt eingesetzt zu werden;
— ein Boot großer Reichweite oder Flottentyp (*Kaidai*), entwickelt aus dem vorhergehenden Typ. aber mit geringfügig gesteigerter Wasserverdrängung, zur Zusammenarbeit mit Überwasserstreitkräften und zur Überwachung ozeanischer Schiffahrtswege des Feindes;
— ein mittlerer Typ, ursprünglich abgeleitet von den französischen *Schneider-Laubeuf*-Booten aus der Zeit nach der Jahrhundertwende, zur Verteidigung der eigenen Küsten bestimmt.

Während der *Junsen*-Typ in der Hauptsache einzeln operieren sollte, um in der Wahrnehmung der Aufklärungsaufgabe Kreuzer zu ersetzen (verschiedene Boote waren mit einem Seeflugzeug ausgestattet), sollte der *Kaidai*-Typ in Flottillen zur direkten Zusammenarbeit mit den Schlachtgeschwadern der Kaiserlichen Flotte eingesetzt werden.

Dies führte unweigerlich zu den Überwassereigenschaften dieser Boote, die in höchstem Maße entwickelt worden waren: Geschwindigkeit, See-

Oben: *I 59* (später *I 159*).

Unten: *I 29* im Jahre 1942.

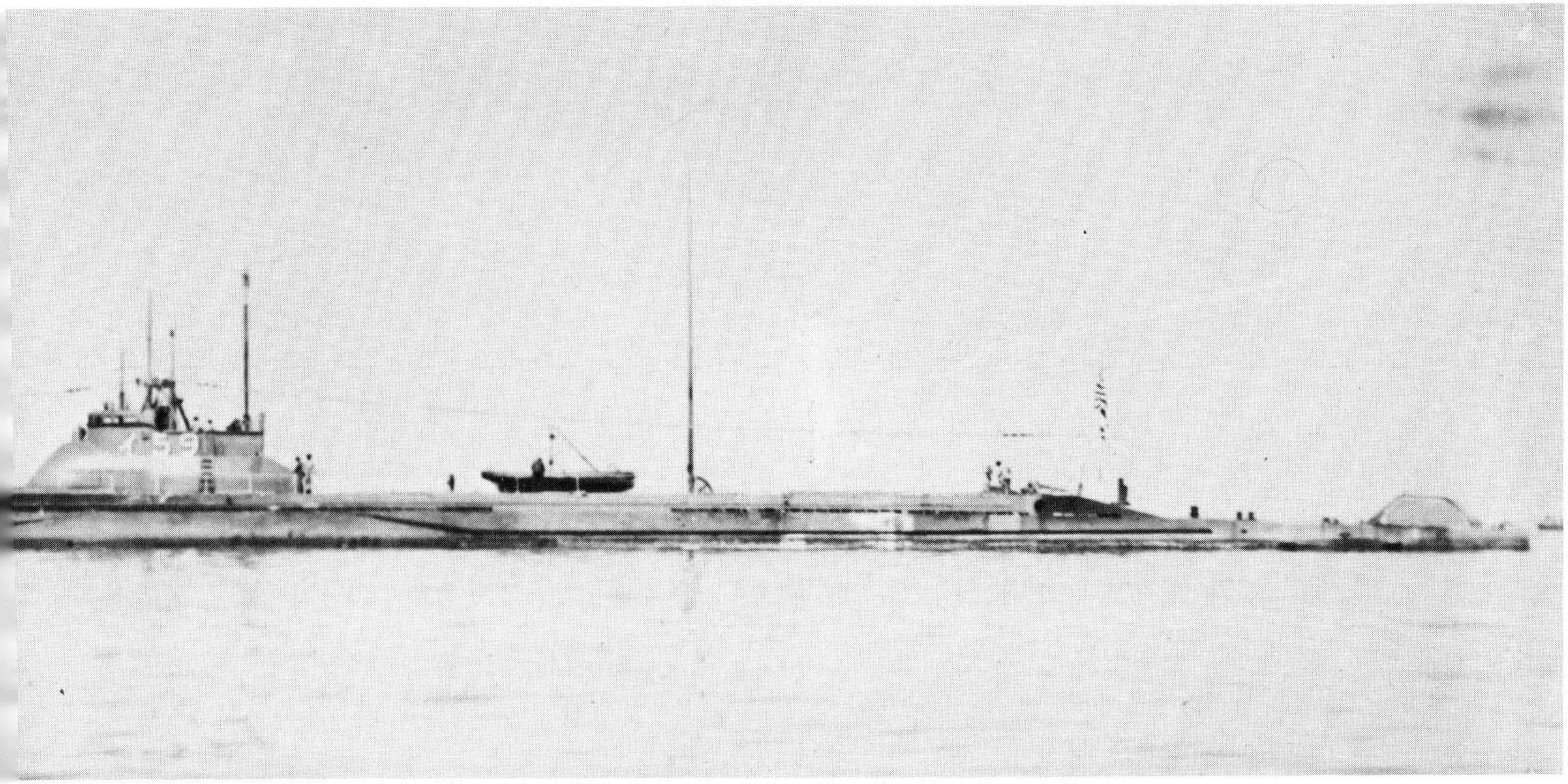

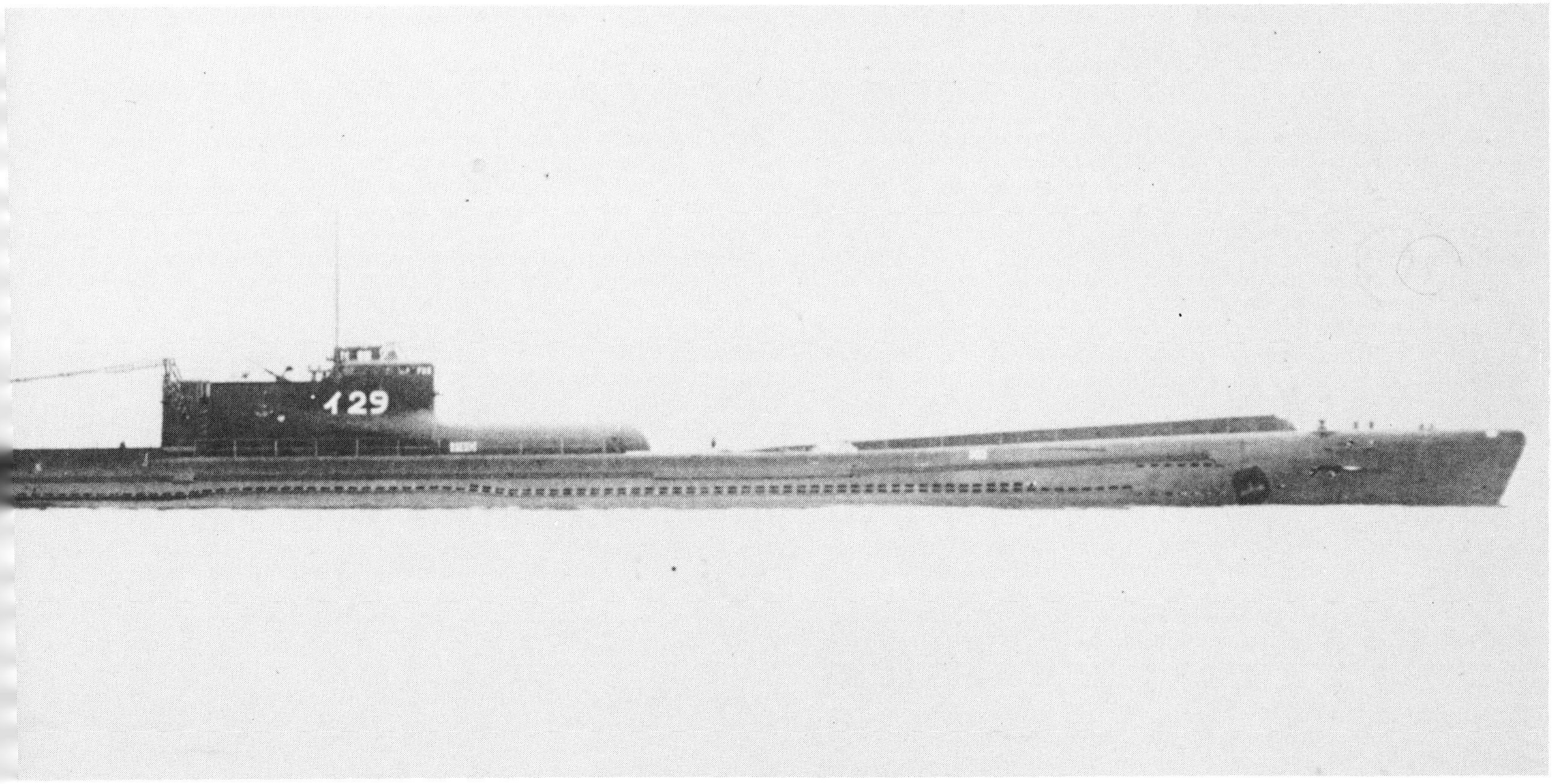

ausdauer, Fahrbereich und Artilleriebewaffnung und zur daraus sich ergebenden großen Wasserverdrängung mit großen Abmessungen, welche die Manövrierfähigkeit unter Wasser begrenzten und die Tauchzeit verlängerten. Die Wirksamkeit der amerikanischen U-Jagdmaßnahmen sollte sich für diese großen japanischen Boote als verhängnisvoll erweisen.

Als Japan im Dezember 1941 Amerika angriff, war die kaiserliche Unterseebootsflotte weit von den Zielen entfernt, die gesteckt worden waren; sie besaß eine Gesamtstärke von nur 64 Booten. Davon waren 41 vom Kreuzer- und Flottentyp und 2 vom mittleren Typ moderner Bauart, 21 waren veraltet und von geringem Wert. Annähernd 20 Boote der drei Hauptklassen befanden sich im Bau.

Nach dem Bau der Prototypen *I 51* und *I 52* zwischen 1921 und 1922, die von den britischen Flottenbooten der *K*-Klasse von 1917 bzw. den deutschen U-Kreuzern vom Typ *U 139* ebenfalls von 1917 abstammten, konzentrierten sich die Japaner auf den Bau des *Junsen*-Typs (*I 1*-Klasse, zwischen 1926 und 1932 in Dienst gestellt, gefolgt von zwei weiteren Booten, fertiggestellt 1932 und 1935) und des *Kaidai*-Typs (*I 153*- und *I 156*-Klasse von 1927); von ihnen leiteten sich alle großen Kreuzer- und Flottentypen ab. Die Typverdrängung der ersten Boote des *Junsen*-Typs lag in der Größenordnung von 2200 ts aufgetaucht und erreichte 3000 ts getaucht. Die Geschwindigkeit betrug annähernd 20/8 kn mit einer Überwasserfahrstrecke von 20 000 sm bei Marschfahrt.

Die Bewaffnung bestand aus einem oder zwei 14-cm- oder 12,7-cm-Deckgeschützen, sechs 53,3-cm-Torpedorohren und auf mehreren Booten aus einem Katapult und einem Seeflugzeug, gewöhnlich (mit entfernten Tragflächen) in einem zylindrischen, wasserdichten Behälter verstaut, der vom Bootsinneren aus zugänglich war.

Die ersten *Kaidai*-Boote waren kleineren Ausmaßes und ihre Wasserverdrängung lag in der Größenordnung von 1800/2300 ts. Die Höchstgeschwindigkeit über Wasser war hoch, fast 20 kn, mit einem maximalen Fahrbereich von über 10 000 sm bei 10 kn. Die Bewaffnung bestand normalerweise aus einem 12,0-cm-Deckgeschütz und sechs bis acht 53,3-cm-Torpedorohren.

Alle nachfolgenden Klassen entwickelte man auf der Grundlage dieser Eigenschaften mit den Änderungen und Verbesserungen, die Erfahrung und technischer Fortschritt diktierten. Ein interessanter Aspekt in der Entwicklung der großen japanischen Boote war die wechselseitige Folge der verschiedenen Klassen von U-Kreuzern und Flottenunterseebooten, eine von der anderen ohne jeden sichtbaren logischen Zusammenhang abgeleitet. Zieht man alles in Betracht, so beschränkten sich die Japaner jedoch lediglich auf die Verbesserung der beiden ursprünglichen Entwürfe, um sie den vorgesehenen Aufgaben anzupassen. Größe und Bewaffnung variierten, aber die Grundmerkmale der Konstruktion wurden stets beibehalten.

1941 waren die modernsten Flottenunterseeboote in Größe, Geschwindigkeit und Fahrbereich mit den jüngsten U-Kreuzern faktisch bis zu dem Punkt identisch, wo die Boote als zu einem einzigen Typ gehörend angesehen werden konnten, die sich nur noch in der Bewaffnung unterschieden.

Nach dem Bau mehrerer Boote mittlerer Wasserverdrängung (Klassen *RO 57, RO 60* und *RO 29*) wurden bis 1933 keine weiteren Boote dieses Typs auf Kiel gelegt.

Mit einer Typverdrängung von 940/1200 ts, einer Geschwindigkeit von 19/8,2 kn, einem Überwasserfahrbereich von 8000 sm bei 12 kn und einer Torpedobewaffnung von vier 53,3-cm-Torpedorohren waren die beiden zwischen 1935 und 1937 in Dienst gestellten *RO 33*-Boote »Versuchskaninchen« für den Bau von fast 40 ähnlichen Booten (Klassen *RO 35* und *RO 100*), nachdem der Krieg begonnen hatte. Dank ihrer geringen Größe und guten Wendigkeit unter Wasser leisteten sie den Japanern in den Seeräumen nahe den japanischen Stützpunkten wertvolle Dienste.

Im Dezember 1941 befanden sich die einzigen vier japanischen U-Minenleger noch im Dienst. Sie bildeten die Klasse *I 121*, zwischen 1924 und 1928 gebaut und durch den deutschen Typ *U 122* aus dem Jahre 1917 angeregt. (Die Japaner hatten das deutsche *U 125* unmittelbar nach dem Ersten Weltkrieg erhalten und als *O 1* in Dienst gestellt.) Diese Boote waren alles andere als erfolgreich, hauptsächlich infolge ihrer Instabilität um die Längsachse im Tauchzustand; besonders bei Minenlegern ein sehr schwerwiegender Mangel.

Mitte der dreißiger Jahre bauten die Japaner zwei Prototypen von Kleinunterseebooten, und später bauten sie zahlreiche Fahrzeuge dieser Art. Ursprünglich hatte die Absicht bestanden, sie sollten mit ihrer zweiköpfigen Besatzung an Bord großer Überwasserschiffe mitgeführt werden, die sie dann im Verlaufe von Seegefechten aussetzen sollten, um den Feind zu verwirren und ihm Verluste zuzufügen. 1941 jedoch entschied man sich, sie zum Angriff auf Marinestützpunkte einzusetzen. Fünf von ihnen nahmen am Angriff auf Pearl Harbor teil, aber alle gingen verloren, ohne Erfolg zu erzielen.

Der große Erfolg der Trägerflugzeuge gegen die US-Pazifikflotte in Hawaii stellte den Mangel an Erfolg der japanischen Unterseeboote völlig in den Schatten; 27 von ihnen beteiligten sich ergebnislos an der Operation. Nach Pearl Harbor berichtete die japanische Unterseebootsführung: »Wir haben festgestellt, daß es für Unterseeboote sehr schwierig ist, Kriegsschiffe anzugreifen und einen gut bewachten Hafen zu sperren. Wir sind der Ansicht, daß die Hauptziele der Unterseeboote Handelsschiffe und nicht Kriegsschiffe sein sollten.« Das japanische Oberkommando beachtete diese Beurteilung nicht.

Von besonderer Bedeutung vom Standpunkt der technischen Entwicklung her waren die großen U-Flugzeugträger der Klassen *I 13* und *I 400*. Die Klasse *I 13* bestand aus U-Kreuzern, deren Entwurf während des Baues abgeändert worden war. Die Klasse *I 400* war von Anfang an als U-Träger mit einer Typverdrängung von 5223/6560 ts, 120 m Länge über alles, einem Soll von drei mit Bomben ausgerüsteten Seeflugzeugen und einem außerordentlich großen Fahrbereich entworfen worden. Sie stellten damals die größten Unterseeboote der Welt dar. Mit ihren Flugzeugen sollten sie die Westküste der Vereinigten Staaten und die Schleusen des Panama-Kanals angreifen, aber dieser Plan gelangte niemals zur Ausführung, und fast alle Boote dieser Art wurden bei Kriegsende unversehrt erbeutet.

Die im Kriege gebauten Boote mittlerer Wasserverdrängung bildeten das Gegenstück zur *U*- und zur *V*-Klasse der Royal Navy, aber sie wurden in geringerer Zahl hergestellt und die Art und Weise ihrer Verwendung führte zweifellos zu schwächeren Ergebnissen.

Ein weiterer technisch sehr interessanter Typ, der im Kriege gebaut wurde, war das Boot mit hoher Unterwassergeschwindigkeit. Schon 1937/38 hatten die Japaner unter größter Geheimhaltung ein kleines Versuchsboot gebaut, das unter Verwendung eines Elektromotors von großer Leistung, von Batterien hoher Kapazität und einer Rumpfform, die bei Tauchfahrt ein Minimum an Widerstand bot, sowie durch Verwendung einer einzigen Hochleistungsschraube imstande war, eine hohe Unterwassergeschwindigkeit zu laufen. Die Hauptmerkmale des Prototyps unter der Tarnbezeichnung *N 71*,[47] der 1940 verschrottet wurde, waren:

Typverdrängung:	213/240 ts
Abmessungen:	42,80 × 3,30 × 3,15 m
Motorenanlage:	1 Diesel, 1 E-Motor
Leistung:	1200/1800 PS
Geschwindigkeit:	14/23—25 kn
Fahrstrecke:	3830 sm bei 12,5 kn, 33 sm bei 7 kn
Besatzungsstärke:	11
Maximale Einsatztauchtiefe:	80 m
Bewaffnung:	3 × 45,7-cm-Torpedorohre vorn.

Trotz seiner Geschwindigkeitssprints unter Wasser um die 25 Knoten war dieses Boot nicht völlig gelungen, denn seine geringe Größe und Rumpfform wirkten sich auf die Manövrierfähigkeit über Wasser, die Seeausdauer und die Sicherheit nachteilig aus. Es trug jedoch wesentlich zur Entwicklung der gegen Ende des Krieges gebauten Klassen *I 201* und *Ha*

---

[47] Anmerkung des Übersetzers:
Eine genaue Beschreibung des Versuchsbootes *N 71* findet sich bei Lengerer/Kobler-Edamatsu »Kriegsschiff Nr. 71: Vorläufer der U-Boote mit hoher Unterwassergeschwindigkeit« in »Marine-Rundschau« 1983, 372.

201 bei. Wie der deutsche Typ XXI (Hochseeboot) bzw. Typ XXIII (Küstenboot), so waren auch die japanischen Elektroboote vorgefertigt. Obwohl die Entwicklung unabhängig vonstatten ging, hatten die japanischen Boote viele Merkmale mit den deutschen Booten gemeinsam. Das erste Boot der Klasse *I 201* wurde mehrere Wochen vor dem Prototyp des deutschen Typs *XXI* auf Kiel gelegt. Sowohl *I 201* als auch *Ha 201* wurden erst in den letzten Kriegsmonaten fertig. Zu dieser Zeit erlaubte die Überlegenheit des Feindes keine Handlungsfreiheit mehr, und den Booten war es nicht möglich, ihre zweifellos bemerkenswerten Fähigkeiten zu beweisen.

Im Verlaufe des Krieges wurden 126 neue Unterseeboote in Japan gebaut. Hundert davon gehörten zu den vorher erwähnten Klassen; der Rest war speziell als Transportunterseeboote für die isolierten Besatzungen auf den pazifischen Atollen und für die von den Amerikanern belagerten Stützpunkte entworfen. Dabei handelte es sich um Boote, die einfach und schnell gebaut werden konnten und bei denen alles auf das Wesentliche reduziert worden war. Die Transportkapazität variierte je nach Typ zwischen 60 und 400 ts Fracht und/oder Treibstoff.

Die japanische Armee entwarf und baute annähernd zwanzig kleine Unterseeboote mit einer Transportkapazität von 40 ts. Die Kaiserliche Marine baute mehrere hundert Kleinunterseeboote, allesamt abgeleitet von Typ *A* des Jahres 1938, sowie eine große Anzahl Unterwasserangriffsfahrzeuge vom *Kaiten*-Typ für Selbstmordangriffe. Diese stammten von normalen Torpedos ab und sollten in der Endphase des Krieges eingesetzt werden.

Sobald die Feindseligkeiten begonnen hatten, stellte die japanische Marine – wie andere Marinen vor ihr – zahlreiche technische Mängel bei ihren Booten und Schwächen in der Ausbildung ihrer Besatzungen fest.

Trotz ihrer Größe war der Wohnlichkeit auf den japanischen Booten fast keine Beachtung geschenkt worden. Der Innenraum war fast ausschließlich für die Ausrüstung genutzt worden und war für die Besatzung, besonders bei langen Unternehmungen, unzulänglich. In den ersten Kriegsmonaten war festgestellt worden, daß die japanischen Unterseebootsfahrer sehr schnell ermüdeten und daß ihr allgemeiner Leistungsstand unter dem amerikanischer und europäischer Besatzungen lag.

Die geringe Tauchgeschwindigkeit und schlechte Manövrierfähigkeit der großen Boote wurde durch eine weitere nachteilige Eigenschaft verschlimmert: infolge seiner Größe konnte der Rumpf durch Sonar leicht geortet werden, und er war gegenüber Wasserbombenteppichen sehr verwundbar. Die Größe des Kommandoturms reflektierte ausgezeichnete Echos auf die Radarschirme, die sie über Wasser auf große Entfernungen orten konnten.

Zu Kriegsbeginn war die Instrumentenausrüstung der Japaner unzulänglich: Radar, Feuerleitrechner und Sonar fehlten. Die Japaner besaßen jedoch ausgezeichnete Nachtgläser, die ihnen beim Nachtschießen einen großen Vorteil gegenüber den Amerikanern verschafften. Vom Juni 1944 an wurden Radar- und Sonargeräte aus nationaler Herstellung eingeführt, aber sie trafen zu spät ein und erreichten nie die Leistungsfähigkeit der amerikanischen Geräte. Infolge der Unterlegenheit ihrer weitreichenden Suchgeräte erlitten die Japaner viele Verluste. Als die amerikanische Ausrüstung und Taktik mit Geräten und Methoden wie Flugzeugradar, Sonarbojen, Geleitträger und »Hunter-Killer«-Gruppen verbessert wurden, waren die japanischen Boote ständig zunehmenden Verlusten ausgesetzt, während sie trotz außergewöhnlicher Entschlossenheit ihrer Besatzungen und der ausgezeichneten Leistung ihrer Torpedos, die den amerikanischen Waffen deutlich überlegen waren, immer weniger Erfolge erzielten.

Von Anfang an waren die japanischen Boote mit sauerstoffangetriebenen, blasenbahnfreien 53,3-cm-Torpedos vom Typ 95 ausgestattet, die imstande waren, 20 000 m mit der außergewöhnlichen Geschwindigkeit von 50 kn oder 37 000 m mit 36 kn zu laufen. Im Vergleich dazu hatten die amerikanischen Torpedos eine Laufstrecke von 14 000 m bei 28 kn oder 5600 m bei 45 kn. Der Typ 95 war die Unterseebootsversion des berühmten 61,0-cm-Torpedos vom Typ 93 (»long lance«), geführt an Bord von Zerstörern und Leichten Kreuzern, der in den Nachtgefechten im Verlaufe der Guadalcanal-Operationen und anderswo ausgezeichnete Ergebnisse erbrachte.

Als Decksbewaffnung verwendeten die Japaner anfangs hauptsächlich das 14,0-cm-Geschütz L/50 und das 7,6-cm-Geschütz mit maximalen Reichweiten von 17 500 m bzw. 14 600 m sowie auch das 12,0-cm-Geschütz. Später übernahmen sie das ausgezeichnete 10,2-cm-Geschütz L/65 mit einer hohen Schußfolge und einer größten Schußentfernung von 21 300 m.

Das 10,2-cm-Geschütz konnte auch gegen Flugzeuge eingesetzt werden, wohingegen die drei ersteren Geschütze infolge ihrer begrenzten Erhöhung, niedrigen Schußfolge und schwierigen Munitionszuführung in dieser Funktion nur von geringem Nutzen waren. Die Flakwaffen reichten von der anfänglichen 13,1-mm- bis zur berühmten 2,5-cm-Waffe auf Zwillings- oder Drillingslafette, eingebaut auf fast allen im Kriege gebauten oder modernisierten Booten.

Die Unzulänglichkeiten bei der Ausbildung der Besatzungen entstammten der Tatsache, daß die gesamte Vorkriegsausbildung in heimischen Gewässern durchgeführt worden war. Man hatte sich kaum Gedanken über die schwierigeren Bedingungen in tropischen und arktischen Seegebieten gemacht, und als die japanischen Boote später in diesen Gebieten operieren mußten, waren ihre Besatzungen überhaupt nicht daran gewöhnt.

Im Krieg wechselte die Farbgebung japanischer Boote vom tiefen Dunkelgrau der Vorkriegszeit bis zum hellen Blaugrau der letzten Jahre. Mit Ausnahme äußerst seltener Fälle gibt es keinen Beweis dafür, daß ein Tarnanstrich eingeführt worden war.

Vom Ende des Ersten Weltkrieges bis 1945 vollzog die japanische Marine zwei aufeinanderfolgende Namensänderungen, entweder insgesamt

Entwicklung der japanischen Unterseeboote 1918–1945.

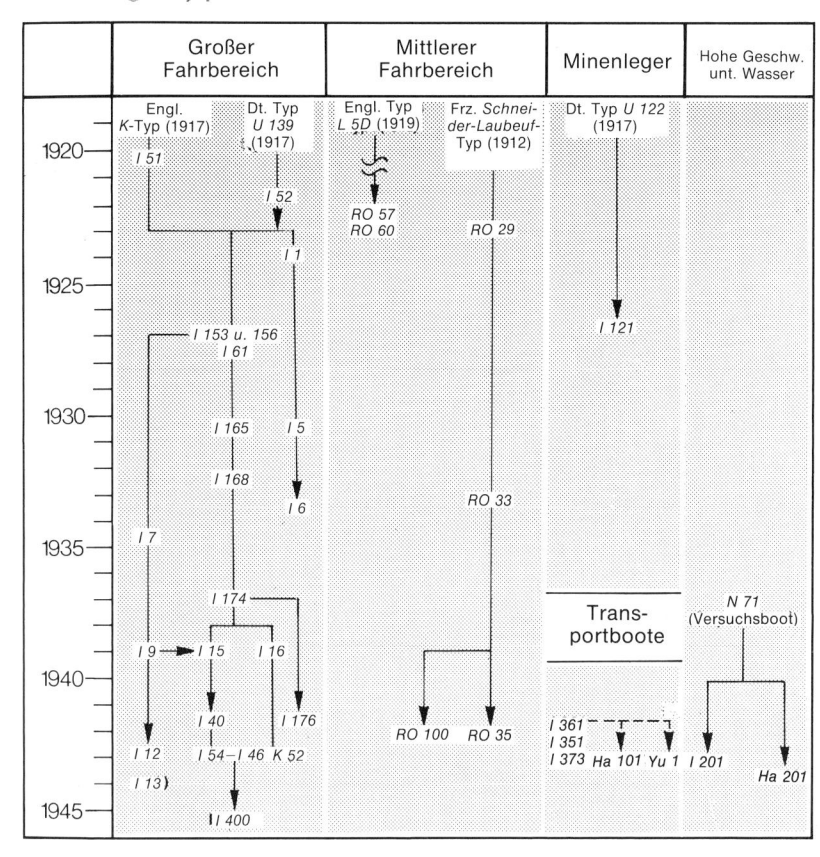

oder teilweise, ihrer Unterseeboote. Die erste – um 1926 – hatte den Wechsel von einer allgemein fortlaufenden Nummerierung (z.B. Nr. 59, Nr. 72 usw.) zur Durchnummerierung jedes Typs (z.B. I 21, RO 60 usw.) zum Inhalt. Die zweite Änderung trat am 20. Mai 1942 ein: Bei vielen Booten der I-Klasse, die bis zu diesem Zeitpunkt gebaut worden waren, wurde der ursprünglichen Nummer die Zahl 1 vorangesetzt (z.B. I 21 = I 121, I 74 = I 174 usw.). Außerdem erhielten im Kriege viele Boote Kennnummern, die verlorengegangenen Booten gehört hatten.

Von Pearl Harbor an bis zur Schlacht von Midway im Juni 1942 erzielten die 27 im Seegebiet der Hawaii-Inseln operierenden japanischen Boote keine nennenswerten Ergebnisse, ausgenommen I 6. Dieses Boot torpedierte am 11. Januar 1942 den amerikanischen Flugzeugträger Saratoga. Die Beschädigungen setzten ihn mehrere Monate außer Gefecht und verhinderten seine Teilnahme an den Seeschlachten in der Korallensee und von Midway.

Bei der letzteren Operation hatte Admiral Yamamoto den Einsatz einer großen Anzahl von Booten geplant, teilweise zur Wahrnehmung der üblichen Aufklärungsaufgabe und teilweise in Wartestellung in der Nähe amerikanischer Stützpunkte. Dank der Entzifferung des japanischen Funkverkehrs[48] verließen die amerikanischen Schiffe ihre Stützpunkte vor dem Eintreffen der japanischen Boote, die nicht imstande waren, wirksam einzugreifen. Den einzigen Erfolg erzielte I 168, das am 4. Juni 1942 den Träger Yorktown (durch japanische Flugzeuge bereits schwer beschädigt) und einen Begleitzerstörer versenkte.

In der Zeitspanne zwischen der Schlacht von Midway und der amerikanischen Landung auf Guadalcanal im August 1942 waren die japanischen Boote im Indischen Ozean und in den Seegebieten vor Australien, Neuguinea und Samoa konzentriert. In dieser kurzen Zeit versenkten wenige Boote zahlreiche alliierte Handels- und Hilfsschiffe.

An den nachfolgenden Kämpfen um die Salomonen nahmen japanische Boote in ständig steigender Zahl teil. Im Januar 1943 hielten sich 38 Boote in diesem Seegebiet auf, um Kriegsschiffe anzugreifen und um die Besatzung auf Guadalcanal zu versorgen, die mit Überwasserschiffen sehr schwierig zu erreichen war.

Innerhalb weniger Monate gingen zwanzig dieser Boote bei Transporteinsätzen verloren. Zu diesem Zweck waren von den Booten alle Waffen entfernt worden, um Frachtraum zu schaffen, was die Moral der Besatzungen ernsthaft beeinträchtigte. Die bei solchen Unternehmungen nicht eingesetzten Boote verzeichneten einige bedeutende Erfolge gegen Kriegsschiffe, wie den vom 14. September 1942, als ein von Espiritu Santo kommender und nach Guadalcanal bestimmter amerikanischer Geleitzug, gesichert von den Trägern Wasp und Hornet sowie dem Schlachtschiff North Carolina, von einer Gruppe Unterseeboote angegriffen wurde. Wasp und ein Zerstörer wurden versenkt, North Carolina wurde schwer beschädigt. Wieder griffen die japanische Boote nur die Kriegsschiffe an und ließen den Geleitzug mit beträchtlichen Verstärkungen für Guadalcanal ungestört seine Fahrt fortsetzen.

In der nächsten Phase der Kämpfe um die Salomonen fuhren die japanischen Boote fort, nur gegen Kriegsschiffe zu operieren, und versenkten in der Seeschlacht bei den Santa Cruz-Inseln am 26. Oktober einen Zerstörer und am 12. November 1942 den Leichten Kreuzer Juneau.

Nach einer relativ gleichbleibenden Zeitspanne in den Unterwasseroperationen im Frühjahr 1944 wurden die verbleibenden 25 einsatzfähigen Hochseeboote in Erwartung des amerikanischen Vorrückens gegen die Inselgruppe der Marianen der Führung der Sechsten Flotte (Vizeadmiral Takagi) unterstellt. Takagi verlegte seinen Befehlsstand auf die Marianen-Insel Saipan und errichtete einen Stützpunkt für die Boote, um von da aus gegen den Feind in diesen Gewässern zu operieren. Dem improvisierten Stützpunkt fehlte die notwendige Ausrüstung für die Reparatur und eine ausreichende Instandhaltung der Boote, so daß ihre Einsatzleistung abnahm.

Dreizehn Boote, praktisch die gesamte einsatzfähige Unterseebootsflotte, nahm an der Seeschlacht im Golf von Leyte im Oktober 1944 teil. Abgesehen von etwa zwanzig älteren, nur für die Ausbildung geeigneten Booten, standen der Kaiserlichen Marine zu diesem Zeitpunkt nur 32 voll einsatzfähige Boote zur Verfügung. Mehrere dieser Boote waren als Transporter eingesetzt, vier operierten im Indischen Ozean und 13 erst kürzlich fertiggestellte Boote standen noch in Ausbildung.

Nach vielen Verzögerungen verließen die für die Philippinen vorgesehenen Boote ihre Stützpunkte; ihr Einsatz war erfolglos. I 56 beschädigte einen amerikanischen Geleitträger, aber in den Kämpfen gingen drei japanische Boote verloren. Danach hatte sich die Zahl der japanischen Boote sehr verringert, und sie konnten gegen feindliche Kriegsschiffe nur mehr sehr wenig ausrichten. Der bedeutendste Erfolg japanischer Unterseeboote vor Kriegsende war die Versenkung des Schweren Kreuzers Indianapolis am 29. Juli 1945 durch I 58. Indianapolis hatte verschiedene Teile für die Atombomben, die wenig später auf Hiroshima und Nagasaki fallen sollten, von San Francisco zur Marianen-Insel Tinian gebracht.

In den letzten Kriegsmonaten wurden die japanischen Boote hauptsächlich zu Unternehmungen von geringer Bedeutung für die Seekriegführung eingesetzt: Versorgung der Besatzungen von Inseln, die von den amerikanischen Streitkräften umgangen worden waren, sowie Transport und Unterstützung der Kaiten, das Gegenstück der Kaiserlichen Marine zu den Kamikaze. Dabei handelte es sich um gelenkte Torpedos, transportiert durch Überwasserfahrzeuge oder – mit Klampen an Deck befestigt – durch ozeanfähige Unterseeboote. Die Kaiten-Piloten opferten sich selbst, indem sie die Waffe zur Detonation ins Ziel steuerten.

Der erste Einsatz von Booten mit Kaiten an Bord fand am 20. November 1944 statt und bis zum Ende des Krieges folgten weitere. Die ersten Angriffe gegen Kriegsschiffe hatten begrenzten Erfolg und erst im April 1945 wurden die Kaiten gegen Handelsschiffe eingesetzt. I 36 und I 47 als »Eltern« benutzend, erzielten Kaiten mehrere Erfolge, und innerhalb kurzer Zeit wurden alle verbliebenen Hochseeboote in dieser Einsatzart verwendet. In den letzten Monaten wurden auf diese Weise mehrere Hilfs- oder Handelsschiffe sowie verschiedene kleine Kriegsschiffe versenkt.

Bei Kriegsende wurden von den Amerikanern über 50 Unterseeboote in den japanischen Stützpunkten erbeutet. Meist handelte es sich um alte, zur Ausbildung benutzte Boote oder um vor kurzem erbaute Boote, die sich noch in der Fertigstellung befanden. Entweder wurden sie verschrottet oder vor der Küste Japans versenkt. Beträchtliches Interesse erregten in amerikanischen Marinekreisen die Boote mit hoher Unterwassergeschwindigkeit und die großen U-Flugzeugträger, von welchen einer in die Vereinigten Staaten gebracht und 1946 vor der amerikanischen Küste versenkt wurde.

Im Verlaufe des Krieges versenkten japanische Boote 184 alliierte Handelsschiffe mit insgesamt 907 000 BRT sowie zahlreiche Kriegsschiffe, darunter zwei Flugzeugträger, zwei Kreuzer und etwa zehn Zerstörer und Geleitfahrzeuge. Mehrere Unterseeboote, Hilfs- und kleinere Fahrzeuge wurden ebenfalls versenkt. Die Verluste betrugen insgesamt 129 Boote, davon gingen 70 durch Überwasserschiffe, 18 durch Flugzeuge, 19 durch Unterseeboote und 22 aus verschiedenen Ursachen (Luftangriff auf den Hafen, Unglücksfall oder unbekannt) verloren. Verluste und neu in Dienst gestellte Boote glichen sich während des Krieges gegenseitig aus; zwischen Dezember 1941 und August 1945 wurden 126 Boote in Dienst gestellt.

Ende 1942 war die Anzahl der Boote, mit der Japan den Krieg begonnen hatte (64), unverändert geblieben, trotz der Tatsache, daß 20 neue Einheiten vom Stapel gelaufen waren. 1943 wurden 37 neue Boote in Dienst gestellt, und die verfügbare Gesamtzahl erreichte Ende des Jahres den Höchststand von 77 Booten. Von da an begann die Unterseebootswaffe

---

[48] Anmerkung des Übersetzers:
Die Geschichte der Entzifferung des japanischen Funkverkehrs, insbesondere des japanischen Diplomaten-Codes (der »Purpur«-Code), durch die Amerikaner wird ausführlich in Ladislas Farago »Codebrecher am Werk. Trotzdem kam es zu Pearl Harbor«, Frankfurt/M. 1967, behandelt. Die Geheimhaltungsstufe (vergleichbar zu »Ultra« bei den Briten) lautete »Magic«. Die Entzifferung des japanischen Funkverkehrs hatte nicht nur Auswirkung auf die Kriegsführung im Pazifik, sondern auch auf die des europäischen Raumes. Am 6. März 1944 gab die japanische Botschaft in Berlin einen langen Funkspruch im »Purpur«-Code nach Tokio ab. Empfänger war das Kriegsministerium, der Inhalt stammte vom japanischen Marine-Attaché. Im Text wurden Einzelheiten über die geplanten neuen deutschen U-Boote vom Typ XXI und XXIII mitgeteilt. Damit wußten die Alliierten lange im voraus, was hier auf sie zukam.

1945 nach der Kapitulation liegen bei *I 203* längsseits (von links nach rechts) *Ha 203*, *Ha 204* und *Ha 106* vertäut.

***I 21* (später *I 121*), einer der vier japanischen U-Minenleger.**

infolge der außerordentlich gesteigerten Wirksamkeit der alliierten U-Bootsabwehrmaßnahmen zahlenmäßig abzusinken. Ende 1944 hatte sich die Zahl der japanischen Boote auf 57 verringert, trotz der 39 neuen Boote, die im Verlaufe des Jahres in Dienst gestellt worden waren. 1945 waren vor Kriegsende weitere 30 Boote fertiggestellt worden, aber infolge der schweren Verluste blieb die Gesamtzahl bis zur Kapitulation am 15. August faktisch unverändert. Zu diesem Zeitpunkt gab es noch etwa

Unten: *T 5*, schnelles Transportschiff mit zwei *Koryu*-Kleinunterseebooten achtern, 1944.

Rechts: *Chogei*, ein Depotschiff für Unterseeboote, entworfen, um mit der Flotte zu operieren.

50 Boote, die meisten davon jedoch von geringem Kampfwert.
Wenn man die relativ geringe Anzahl der einsatzfähigen Boote mit den erzielten Ergebnissen vergleicht, wird man feststellen, daß die Resultate weit davon entfernt waren, gering zu sein, selbst wenn sie geringer als die waren, welche die japanische Marine erwartet hatte. Die Ergebnisse hätten besser ausfallen können, wenn größere Anstrengungen unternommen worden wären, um die langen Versorgungslinien des Feindes anzugreifen, wie die japanische Unterseebootsführung und die Deutschen geraten hatten.

Das Unterbrechen dieser Verbindungslinien, sogar nur zeitweilig, hätte ernste Rückwirkungen auf die Führung der amerikanischen Operationen gehabt. Die Japaner griffen nicht nur den amerikanischen Verkehr im Pazifik oder den britischen Verkehr im Indischen Ozean nicht an; sie kümmerten sich auch nicht um jene Geleitzüge, die von den Vereinigten Staaten zu sowjetischen Fernosthäfen unterwegs waren, um die UdSSR gegen Japans Verbündeten, Deutschland, zu unterstützen. Häufige deutsche Mahnungen änderten nichts an der japanischen Haltung, die durch politische Motive diktiert wurde, da sich Japan nicht im Kriege mit Rußland befand.

Erst in den letzten Kriegsmonaten begann die japanische Marine, die feindliche Schiffahrt mit einigem Erfolg anzugreifen, besonders mit den *Kaiten*, doch inzwischen war es zu spät und der Ausgang des Krieges war bereits entschieden. Der kümmerliche strategische Einsatz der Unterseeboote durch Japan (der nachteilige Einflüsse auf den Entwurf der Boote hatte) ist der Grund, warum ihre Erfolge so begrenzt und geringer als die der amerikanischen Boote waren, deren Priorität die Vernichtung der Handelsschiffahrt war.

Typ *KD 1* (Kaidai)

I 51 ex *Nr. 44*:
Bauwerft: Marinewerft Kure.
Datum: 1919–1924.
Typverdrängung: 1500 ts aufgetaucht, 2430 ts getaucht.
Abmessungen: 91,40 × 8,80 × 4,60 m.
Motorenanlage: Diesel: 2; E-Motoren: 2.
Höchstleistung: 5200 PS aufgetaucht, 2000 PS getaucht.
Höchstgeschwindigkeit: 20 kn aufgetaucht, 10 kn getaucht.
Fahrstrecke: 20 000 sm bei 10 kn aufgetaucht, 100 sm bei 4 kn getaucht.
Torpedorohre: 8 × 53,3 cm: 6 vorn, 2 achtern; Torpedos: 24.
Geschütze: 1 × 12,0 cm L/50.
Besatzungsstärke: 60.

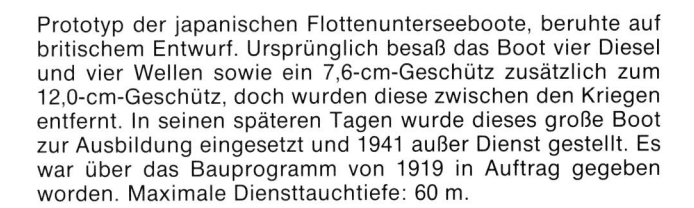

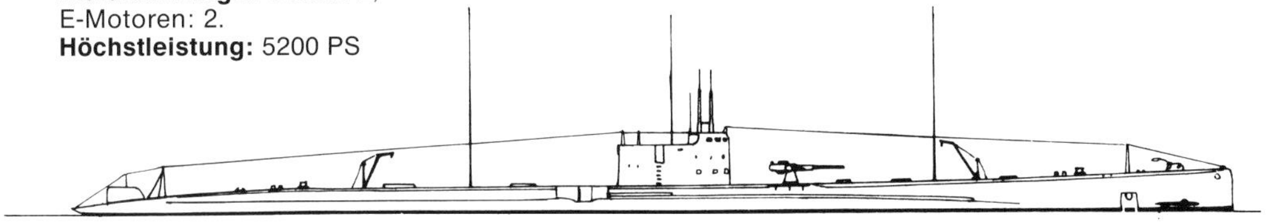

Prototyp der japanischen Flottenunterseeboote, beruhte auf britischem Entwurf. Ursprünglich besaß das Boot vier Diesel und vier Wellen sowie ein 7,6-cm-Geschütz zusätzlich zum 12,0-cm-Geschütz, doch wurden diese zwischen den Kriegen entfernt. In seinen späteren Tagen wurde dieses große Boot zur Ausbildung eingesetzt und 1941 außer Dienst gestellt. Es war über das Bauprogramm von 1919 in Auftrag gegeben worden. Maximale Diensttauchtiefe: 60 m.

Schicksal des Bootes:

Datum:	Ort:	Boot:	Ursache:[1]
1941	–	*I 51*	r

[1] Siehe Seite 8.

Typ *KD 2* (Kaidai)

I 152 ex *I 52* ex *Nr. 51*:
Bauwerft: Marinewerft Kure.
Datum: 1920–1925.
Typverdrängung: 1500 ts aufgetaucht, 2500 ts getaucht.
Abmessungen: 100,80 × 7,60 × 5,10 m.
Motorenanlage: Diesel: 2; E-Motoren: 2.
Höchstleistung: 6800 PS aufgetaucht, 2000 PS getaucht.
Höchstgeschwindigkeit: 22 kn aufgetaucht; 10 kn getaucht.
Fahrstrecke: 10 000 sm bei 10 kn aufgetaucht, 100 sm bei 4 kn getaucht.
Torpedorohre: 8 × 53,3 cm: 6 vorn, 2 achtern; Torpedos: 16.
Geschütze: 1 × 12,0 cm L/50, 1 × 7,6 cm L/40.
Besatzungsstärke: 60.

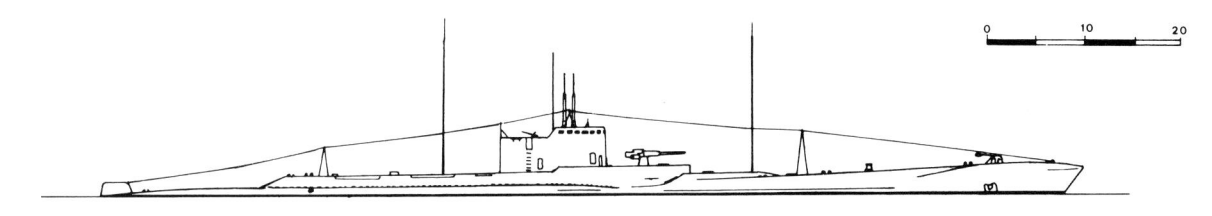

Dieser Entwurf wurde durch die deutschen U-Kreuzer vom Typ *U 139* des Ersten Weltkrieges angeregt und beruhte wesentlich auf ihnen. Wie das geringfügig kleinere, aber mit größerem Fahrbereich und stärkerer Bewaffnung (mehr Torpedos) ausgestattete *I 51* wurde auch dieses Boot in einer langen Erprobungsreihe dazu verwendet, den Aufgabenbereich eines großen Unterseebootes des *Kaidai*-Typs festzulegen. Nach 1940 wurde es zur Ausbildung eingesetzt und 1942 für veraltet erklärt. Noch vor Kriegsende wurde es verschrottet. Anders als *I 51* blieb dieses Boot jedoch lange genug im Dienst, um anstatt seiner zweistelligen Kennung in eine mit »100« beginnende Zahl nummeriert zu werden. Maximale Diensttauchtiefe: 59 m.

Schicksal des Bootes:

Datum:	Ort:	Boot:	Ursache:[1]
1942	–	*I 152*	r

[1] Siehe Seite 8.

Typ *L 3*

RO 57 ex *Nr. 46*, RO 58 ex *Nr. 47*, RO 59 ex *Nr. 57*:
Bauwerft: Mitsubishi, Kobe.
Datum: 1921–1923.
Typverdrängung: 897 ts aufgetaucht, 1195 ts getaucht.
Abmessungen: 76,20 × 7,38 × 3,70 m.
Motorenanlage: Diesel: 2; E-Motor: 2.
Höchstleistung: 2400 PS aufgetaucht, 1600 PS getaucht.
Höchstgeschwindigkeit: 17 kn aufgetaucht, 8 kn getaucht.
Fahrstrecke: 5500 sm bei 10 kn aufgetaucht, 80 sm bei 4 kn getaucht.
Torpedorohre: 4 × 53,3 cm vorn; Torpedos: 10.
Geschütze: 1 × 7,6-cm-Steilfeuergeschütz, 1 Maschinengewehr.
Besatzungsstärke: 60.

Dieser Entwurf eines Unterseebootes mittlerer Größe beruhte letztlich auf der britischen *L*-Klasse. Unter dem Bauprogramm von 1921 in Auftrag gegeben. Diensttauchtiefe: 59 m. Imstande, eine 20 Tage dauernde Unternehmung durchzuführen. Alle drei Boote wurden 1941 zu Schulbooten bestimmt. Anfang 1945 stellten sie Hulks dar und in diesem Zustand wurden sie den Amerikanern ausgeliefert.

Schicksal der Boote:

Datum:	Ort:	Boot:	Ursache:[1]
–	Japan	RO 57, RO 58, RO 59	x

[1] Siehe Seite 8.

RO 58 bei einer Erprobungsfahrt 1923.

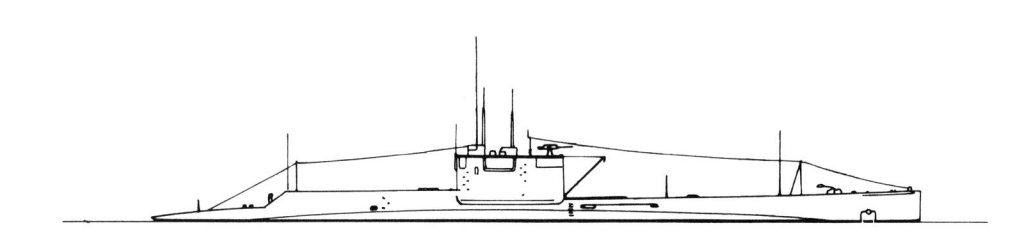

Typ *KT* (Kai-Toku-Chu)

RO 29 ex *Nr. 68*, RO 30 ex *Nr. 69*, RO 31 ex *Nr. 70*, RO 32 ex *Nr. 71*:
Bauwerft: Kawasaki, Kobe.
Datum: 1922–1927.
Typverdrängung: 665 ts aufgetaucht, 1000 ts getaucht.
Abmessungen: 79,20 × 6,10 × 3,70 m.
Motorenanlage: Diesel: 2 Fiat; E-Motoren: 2.
Höchstleistung: 1200 PS aufgetaucht, 1200 PS getaucht.
Höchstgeschwindigkeit: 13 kn aufgetaucht, 8 kn getaucht.
Fahrstrecke: 6000 sm bei 10 kn aufgetaucht, 85 sm bei 4 kn getaucht.
Torpedorohre: 4 × 53,3 cm vorn; Torpedos: 8.
Geschütze: 1 × 12,0 cm L/50, 1 Maschinengewehr.
Besatzungsstärke: 43.

Nachdem die Japaner bereits britische, deutsche und (bei einigen früheren Klassen) amerikanische Entwürfe verwendet hatten, ignorierten sie auch französische nicht. Diese Klasse wurde aus dem *Schneider-Laubeuf*-Typ entwickelt. Maximale Einsatztauchtiefe: 59 m. Die geringe Geschwindigkeit sowie auch ihr Alter verwiesen diese Boote noch vor dem Kriege in die Ausbildung; tatsächlich war *RO 29* bereits 1936 außer Dienst gestellt worden. Die übrigen stellten während des Krieges Hulks dar und wurden in diesem Zustand den Amerikanern ausgeliefert.

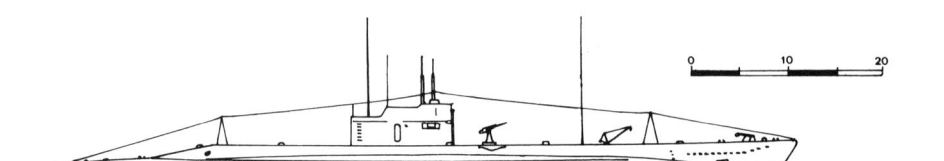

Schicksal der Boote:

Datum:	Ort:	Boot:	Ursache:[1]
1945	Japan	RO 30, RO 31, RO 32	x

[1] Siehe Seite 8.

Typ *L 4*

RO 60 ex *Nr. 59*, *RO 61* ex *Nr. 72*, *RO 62* ex *Nr. 73*, *RO 63* ex *Nr. 84*, *RO 64*, *RO 65*, *RO 66*, *RO 67*, *RO 68*:
Bauwerft: Mitsubishi, Kobe.
Datum: 1922–1926.
Typverdrängung: 990 ts aufgetaucht, 1322 ts getaucht.
Abmessungen: 76,20 × 7,38 × 3,70 m.
Motorenanlage: Diesel: 2; E-Motoren: 2.
Höchstleistung: 2400 PS aufgetaucht, 1600 PS getaucht.
Höchstgeschwindigkeit: 16 kn aufgetaucht, 8 kn getaucht.
Fahrstrecke: 5500 sm bei 10 kn aufgetaucht, 80 sm bei 4 kn getaucht.
Torpedorohre: 6 × 53,3 cm vorn; Torpedos: 10.
Geschütze: 1 × 7,6 cm L/40, 1 Maschinengewehr.
Besatzungsstärke: 60.

RO 63. Einsatztauchtiefe: 59 m. Die Boote wurden vom Beginn des Krieges an zu Einsätzen verwendet; aber den einzigen Erfolg erzielte *RO 61* am 31. August 1942 mit der Versenkung des Seeflugzeug-Tenders *Casco*. Von 1943 an wurden die noch vorhandenen Boote in der Ausbildung verwendet.

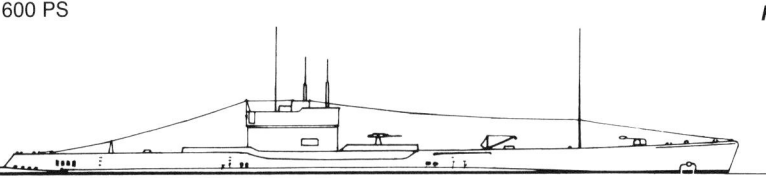

Eine Weiterentwicklung des Typs *L 3* und somit des britischen *L*-Klasse-Entwurfs, aber mit einer stärkeren Torpedobewaffnung und mit dem Geschütz auf einer anderen Position als die unmittelbar vorausgegangenen Boote. Maximale

Schicksal der Boote:

Datum:	Ort:	Boot:	Ursache:[1]
1941	Pazifik	*RO 60, RO 66*	v
1942	Pazifik	*RO 61, RO 65*	b
1945	Pazifik	*RO 64*	m
	Japan	*RO 62, RO 63, RO 67, RO 68*	x

[1] Siehe Seite 8.

Typ *KRS* (Kirai-Sen)

I 121 ex *I 21* ex *Nr. 48*, *I 122* ex *I 22* ex *Nr. 49*, *I 123* ex *I 23* ex *Nr. 50*, *I 124* ex *I 24*:
Bauwerft: Kawasaki, Kobe.
Datum: 1919–1927.
Typverdrängung: 1383 ts aufgetaucht, 1768 ts getaucht.
Abmessungen: 85,20 × 7,50 × 4,30 m.
Motorenanlage: Diesel: 2; E-Motor: 2.
Höchstleistung: 2400 PS aufgetaucht, 1100 PS getaucht.
Höchstgeschwindigkeit: 14,5 kn aufgetaucht, 7 kn getaucht.
Fahrstrecke: 10 500 sm bei 8 kn aufgetaucht, 40 sm bei 4,5 kn getaucht.
Torpedorohre: 4 × 53,3 cm vorn; Torpedos: 12.
Geschütze: 1 × 14,0 cm L/50.
Minen: 42.
Besatzungsstärke: 75.

I 23 (später *I 123*). Fast eine unmittelbare Kopie der deutschen *U 122*-Klasse des Ersten Weltkrieges stellte dieser Typ die einzige Minenleger-Klasse in der japanischen Marine dar. Ihr war kein großer Erfolg beschieden. 1940 wurden sämtliche Boote umgebaut, um als Station zum Auftanken von Seeflugzeugen Flugbenzin zu befördern. *I 122* und *I 121*, die beiden noch vorhandenen Boote der Klasse, wurden 1943 in die Ausbildung verwiesen, hatten aber bis dahin fünf alliierte Schiffe mit 20 009 BRT versenkt.

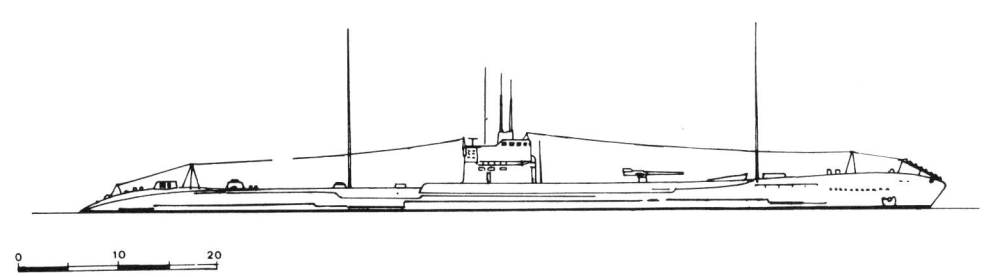

Schicksal der Boote:

Datum:	Ort:	Boot:	Ursache:[1]
1942	Pazifik	*I 123, I 124*	n
1945	Pazifik	*I 122*	s
		I 121	x

[1] Siehe Seite 8.

Typ Junsen

Klasse I 1, Variante J 1 (4 Einheiten).
I 1 ex N 74, I 2 ex N 75, I 3 ex N 76, I 4:
Bauwerft: Kawasaki, Kobe.
Datum: 1923–1926/32.

Klasse I 5, Variante J 1M (1 Einheit).
I 5:
Bauwerft: Kawasaki, Kobe.
Datum: 1929–1932.

Klasse I 6, Variante J 2 (1 Einheit).
I 6:
Bauwerft: Kawasaki, Kobe.
Datum: 1932–1935.

Klasse I 7, Variante J 3 (2 Einheiten).
I 7:
Bauwerft: Marinewerft Kure.
Datum: 1934–1937.
I 8:
Bauwerft: Kawasakai, Kobe.
Datum: 1935–1938.

Typverdrängung:
J 1: 2135 ts aufgetaucht, 2791 ts getaucht;
J 1M: 2243 ts aufgetaucht, 2921 ts getaucht;
J 2: 2243 ts aufgetaucht, 3061 ts getaucht;
J 3: 2525 ts aufgetaucht, 3538 ts getaucht.

Abmessungen:
J 1: 97,50 × 9,23 × 4,94 m;
J 1M: 97,50 × 9,06 × 4,94 m;
J 2: 98,50 × 9,06 × 5,31 m;
J 3: 109,30 × 9,10 × 5,26 m.

Motorenanlage: Diesel: 2, E-Motoren: 2.

Höchstleistung:
J 1 und J 1M: 6000 PS aufgetaucht, 2600 PS getaucht;
J 2: 8000 PS aufgetaucht, 2600 PS getaucht,
J 3: 11200 PS aufgetaucht, 2800 PS getaucht.

Höchstgeschwindigkeit:
J 1 und J 1M: 18 kn aufgetaucht, 8 kn getaucht;
J 2; 20 kn aufgetaucht, 7,5 kn getaucht;
J 3; 23 kn aufgetaucht, 8 kn getaucht.

Fahrstrecke:
J 1 und J 1M: 24 400 sm bei 10 kn aufgetaucht, 60 sm bei 3 kn getaucht,
J 2: 20 000 sm bei 10 kn aufgetaucht, 60 sm bei 3 kn getaucht,
J 3: 14 000 sm bei 16 kn aufgetaucht, 60 sm bei 3 kn getaucht.

Torpedorohre:
J 1 und J 1M: 6 × 53,3 cm: 4 vorn, 2 achtern; Torpedos: 20;
J 2: 6 × 53,3 cm: 4 vorn, 2 achtern; Torpedos: 17;
J 3: 6 × 53,3 cm vorn; Torpedos: 21.

Geschütze:
J 1 und J 1M: 2 × 14,0 cm L/50;
J 2: 1 × 12,7 cm L/40, 1 × 13,1 mm, 1 Seeflugzeug, 1 Katapult;
J 3: 1 × 14,0 cm L/50, 2 × 13,1 mm in Einzelaufstellung (1943: eines ersetzt durch 2 × 2,5 cm auf Doppellafette), 1 Seeflugzeug, 1 Katapult.

Besatzungsstärke:
J 1: 92; J 1M: 93; J 2: 97; J 3: 100.

Zweihüllen-Unterseeboot vom Kreuzertyp, abgeleitet vom deutschen U-Kreuzertyp 1917 und von den Prototypen I 51 und I 52 (später I 152), 1921 bzw. 1922 vom Stapel gelaufen. Vom ursprünglichen Typ (Junsen 1: J 1), dessen Prototyp 1923 auf Kiel gelegt worden war, wurden drei aufeinanderfolgende, zwischen 1929 und 1938 gebaute Serien (J 1M, J 2 und J 3) abgeleitet.

I 1 im Jahre 1926.

Variante J 1:
Bekannt als die Klasse I 1, wurde diese erste Version des Junsen-Typs zur Fernaufklärung und zum Einsatz voraus von Überwasserstreitkräften der Schlachtflotte entworfen. Für die damalige Zeit besaßen die Boote eine bemerkenswert hohe Überwassergeschwindigkeit. Die vier Einheiten dieser Klasse waren die ersten japanischen Boote, die das 14,0-cm-Deckgeschütz L/50 führten. Ihre Leistungsfähigkeit gestattete ihnen Unternehmungen von 60 Tagen. Maximale Einsatztauchtiefe: annähernd 80 m.

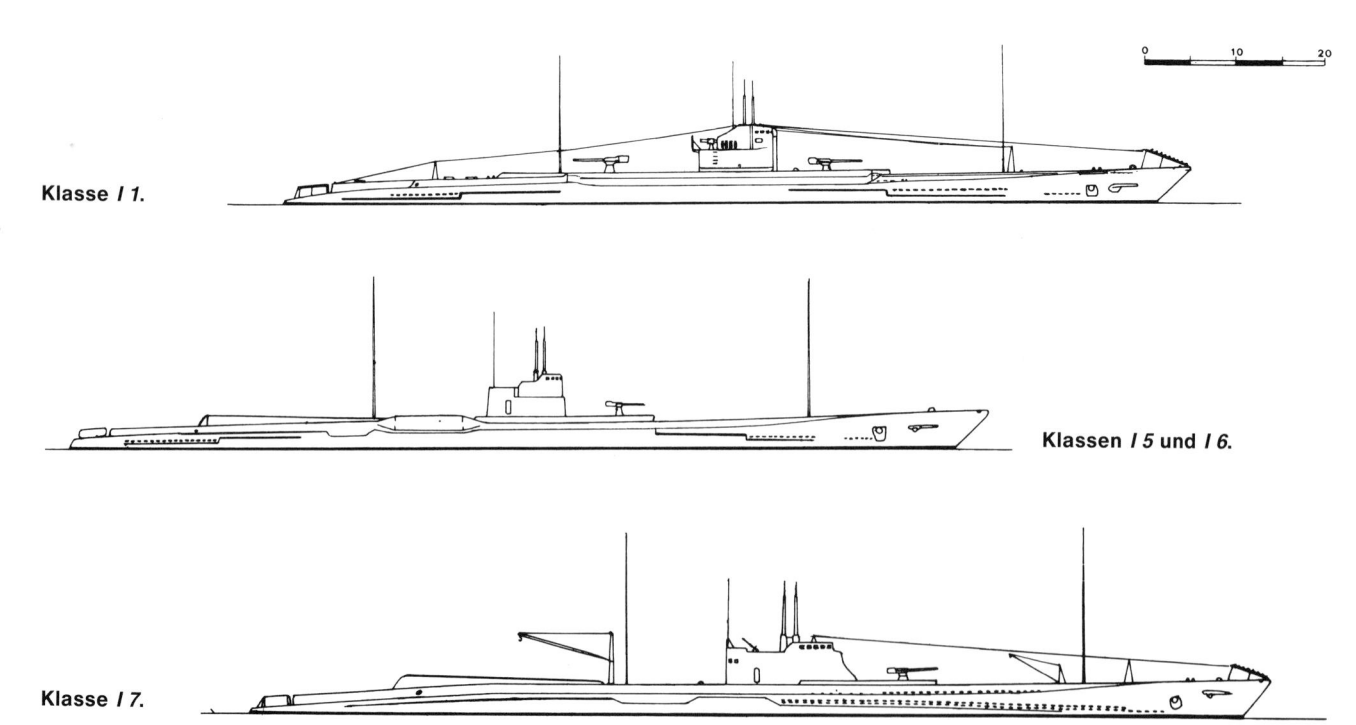

Klasse I 1.

Klassen I 5 und I 6.

Klasse I 7.

Oben: *I 2*, eines der größten Unterseeboote vom *Junsen*-Typ, bewaffnet mit zwei 14,0-cm-Deckgeschützen L/50.

Mitte: *I 3* im Jahre 1930 (mit verstaubarer Funkantenne).

Unten: *I 8*, ausgestattet mit Heck-Katapulten.

Zwischen 1942 und 1943 wurden *I 1* und *I 2* zum Transport eines Kleinunterseebootes umgebaut. An Deck hinter dem Kommandoturm aufgestellt, erforderte dies das Entfernen des achteren Decksgeschützes und eine zahlenmäßige Verringerung der mitgeführten Torpedos. Wahlweise konnten ein Landungsfahrzeug vom *Daihatsu*-Typ mit 14 m Länge oder mehrere gepanzerte Amphibienfahrzeuge mit der dazugehörigen Ausrüstung mitgeführt werden.

Variante J 1M:
I 5, die einzige Einheit dieser Variante, führte ein kleines, zerlegtes Seeflugzeug mit, in wasserdichten, zylindrischen Behältern beiderseits des Kommandoturms in Deckshöhe verstaut. Der eine Behälter beherbergte die Tragflächen, der andere den Flugzeugrumpf und die Schwimmer. Ein hinter dem Kommandoturm an Deck angebrachtes Katapult startete das Flugzeug. *I 5* war das erste, mit einem Flugzeug ausgerüstete japanische Boot, aber die Anordnung erwies sich im allgemeinen als nicht zufriedenstellend. Das Verstauen und Zusammensetzen des Flugzeuges, ein Seeflugzeug vom Typ *Watanabe E9 W1* (Slim), war zu schwierig und zeitraubend, und das Katapult, das entgegen der Fahrtrichtung des Bootes seiner Funktion diente, war zweifellos schlecht geplant, da es die Geschwindigkeit des Bootes beim Start nicht ausnutzte. 1940 wurde die gesamte Flugzeugausrüstung entfernt und durch ein zweites 14,0-cm-Decksgeschütz ersetzt.

Variante J 2:
Auch diese Variante war nur in einer einzigen Einheit – *I 6* – vertreten. Aus der vorhergehenden Variante entwickelt, war das Boot mit einer stärkeren Dieselmotorenanlage ausgestattet, die ihm – aber auf Kosten des Fahrbereichs – eine höhere Überwassergeschwindigkeit verlieh. Entworfen, um mit zwei 14,0-cm-Geschützen ausgerüstet zu werden, wurde es in ähnlicher Weise wie die vorgenannte Variante fertiggestellt. Nach 1942 scheint das ursprüngliche Flugzeug durch eine *Yokosuka E 14 Y1* (Glen) ersetzt worden zu sein.

Variante J 3:
Obwohl durch den *Junsen*-Typ angeregt, unterschied sie sich von den vorhergehenden Varianten dadurch, daß sie aus den Varianten 3 und 4 des *Kaidai*-Typs entwickelt wurde. Die beiden Boote der Klasse *I 7* stellten zur Zeit ihrer Indienststellung die größten Unterseeboote dar, welche die Japaner bis zu diesem Zeitpunkt gebaut hatten. Die Flugzeugausrüstung glich jener an Bord von *I 5* und *I 6* und war letztendlich nicht sehr effektiv. Ende 1944 waren bei *I 8* die Flugzeugeinrichtungen entfernt und durch solche ersetzt worden, um vier *Kaiten* zu transportieren. Maximale Einsatztauchtiefe: 100 m.

Allgemein betrachtet, waren die Boote des *Junsen*-Typs mittelmäßig. Die beträchtliche Rumpfgröße verlieh ihnen ausgezeichnete Seeausdauer über Wasser, beschränkte aber ihre Manövrierfähigkeit unter Wasser außerordentlich, und ihre geringste Schnelltauchzeit lag ziemlich hoch. Ihr Einsatz zur Fernaufklärung war begrenzt, und im Kriege operierten sie hauptsächlich als normale Angriffsboote großer Reichweite. Die acht Boote dieses Typs versenkten 16 alliierte Handels- und Hilfsschiffe mit insgesamt 87 744 BRT und beschädigten zwei weitere (12 312 BRT) schwer. Ihren einzigen bedeutenden Erfolg gegen Kriegsschiffe erzielte *I 6*, das am 11. Januar 1942 den amerikanischen Träger *Saratoga* (33 000 ts) vor Hawaii schwer beschädigte. Keines der Boote ging aus dem Krieg unversehrt hervor. *I 1*, *I 3* und *I 4* gingen zwischen Ende 1942 und Anfang 1943 bei der Versorgung von Inselbesatzungen auf den Salomonen verloren.

Schicksal der Boote:

Datum:	Ort:	Boot:	Ursache:[1]
1942	Pazifik	*I 3*, *I 4*	n
1943	Pazifik	*I 1*, *I 7*	n
1944	Pazifik	*I 2*, *I 5*, *I 6*	n
1945	Pazifik	*I 8*	n

[1] Siehe Seite 8.

Typ Kaidai

Klasse I 153, Variante KD 3A (4 Einheiten).
I 153 ex N 64 ex I 53, I 155 ex N 78 ex I 55:
Bauwerft: Marinewerft Kure.
Datum: 1924–1927.
I 154 ex N 77 ex I 54:
Bauwerft: Marinewerft Sasebo.
Datum: 1924–1927.
I 158 ex I 58:
Bauwerft: Marinewerft Yokosuka.
Datum: 1924–1928.

Klasse I 156, Variante KD 3B (5 Einheiten).
I 156 ex I 56, I 157 ex I 57:
Bauwerft: Marinewerft Kure.
Datum: 1926–1928/29.
I 159 ex I 59:
Bauwerft: Marinewerft Yokosuka.
Datum: 1927–1930.
I 60, I 63:
Bauwerft: Marinewerft Sasebo.
Datum: 1926–1929/30.

Klasse I 61, Variante KD 4 (3 Einheiten).
I 61, I 162 ex I 62:
Bauwerft: Mitsubishi, Kobe.
Datum: 1926–1929/30.
I 64:
Bauwerft: Marinewerft Kure.
Datum: 1928–1930.

Klasse I 165, Variante KD 5 (3 Einheiten).
I 165 ex I 65:
Bauwerft: Marinewerft Kure.
Datum: 1929–1932.
I 166 ex I 66:
Bauwerft: Marinewerft Sasebo.
Datum: 1929–1932.
I 67:
Bauwerft: Mitsubishi, Kobe.
Datum: 1929–1932.

Klasse I 168, Variante KD 6A (6 Einheiten).
I 168 ex I 68:
Bauwerft: Marinewerft Kure.
Datum: 1931–1934.
I 169 ex I 69, I 172 ex I 72:
Bauwerft: Mitsubishi, Kobe.
Datum: 1931–1935/37.
I 70:
Bauwerft: Marinewerft Sasebo.
Datum: 1933–1935.
I 171 ex I 71, I 73:
Bauwerft: Kawasaki, Kobe.
Datum: 1933–1935/38.

Klasse I 174, Variante KD 6B (2 Einheiten).
I 174 ex I 74:
Bauwerft: Marinewerft Sasebo.
Datum: 1934–1938.
I 175 ex I 75:
Bauwerft: Mitsubishi, Kobe.
Datum: 1934–1939.

Klasse I 176, Variante KD 7 (10 Einheiten).
I 176–I 185 ex I 76–I 85:
Bauwerft: Marinewerft Kure.
Datum: 1939–1942/43.

Typverdrängung:
KD 3A, KD 3B: 1800 ts aufgetaucht, 2300 ts getaucht;
KD 4: 1720 ts aufgetaucht, 2300 ts getaucht;
KD 5: 1705 ts aufgetaucht, 2330 ts getaucht;
KD 6A: 1785 ts aufgetaucht, 2440 ts getaucht;
KD 6B: 1810 ts aufgetaucht, 2564 ts getaucht;
KD 7: 1833 ts aufgetaucht, 2602 ts getaucht.
Abmessungen:
KD 3A: 100,60 × 7,90 × 4,83 m;
KD 3B: 101,00 × 7,90 × 4,90 m;
KD 4: 97,70 × 7,80 × 4,80 m;
KD 5: 97,70 × 8,20 × 4,70 m;
KD 6A: 104,70 × 8,20 × 4,50 m;
KD 6B: 105,00 × 8,20 × 4,60 m;
KD 7: 105,00 × 8,20 × 4,60 m.
Motorenanlage: Diesel: 2; E-Motoren: 2.
Höchstleistung:
KD 3A, KD 3B, KD 4, KD 5: 6800 PS aufgetaucht, 1800 PS getaucht;
KD 6A, KD 6B: 9000 PS aufgetaucht, 1800 PS getaucht;
KD 7: 8000 PS aufgetaucht, 1800 PS getaucht.
Höchstgeschwindigkeit:
KD 3A, KD 3B, KD 4, KD 5: 20 kn aufgetaucht, 8 kn getaucht;
KD 6A, KD 6B, KD 7: 23 kn aufgetaucht, 8 kn getaucht.
Fahrstrecke:
KD 3A, KD 3B: 10 000 sm bei 10 kn aufgetaucht, 90 sm bei 3 kn getaucht;
KD 4, KD 5: 10 800 sm bei 10 kn aufgetaucht, 60 sm bei 3 kn getaucht;
KD 6A: 14 000 sm bei 10 kn aufgetaucht, 65 sm bei 3 kn getaucht;
KD 6B: 10 000 sm bei 16 kn aufgetaucht, 65 sm bei 3 kn getaucht;
KD 7: 8000 sm bei 16 kn aufgetaucht, 50 sm bei 5 kn getaucht.
Torpedorohre:
KD 3A, KD 3B: 8 × 53,3 cm: 6 vorn, 2 achtern; Torpedos: 16;
KD 4: 6 × 53,3 cm: 4 vorn, 2 achtern; Torpedos: 14;
KD 5, KD 6A: 6 × 53,3 cm: 4 vorn, 2 achtern; Torpedos: 14;
KD 6B: 6 × 53,3 cm: 4 vorn, 2 achtern; Torpedos: 14;
KD 7: 6 × 53,3 cm vorn; Torpedos: 12.
Geschütze:
KD 3A, KD 3B: 1 × 12,0 cm L/40;
KD 4: 1 × 12,0 cm L/40;
KD 5: 1 × 10,0 cm L/68, 1 × 12 mm;
KD 6A: 1 × 10,0 cm L/68, 1 × 13,2 mm;
KD 6B: 1 × 12,0 cm L/40, 2 × 13,1 mm in Einzelaufstellung;
KD 7: 1 × 12,0 cm L/40, 2 × 2,5 cm (2 × 1).
Besatzungsstärke:
KD 3A, KD 3B, KD 4: 79;
KD 5, KD 6A, KD 6B: 82–84;
KD 7: 88.

Unterseeboot großer Reichweite oder Flottenunterseeboot, der Reihe nach aus dem Kaidai-Typ 1 und 2 (Prototypen I 51 und I 52) entwickelt, abgeleitet aus der großen britischen K-Klasse bzw. dem deutschen Typ U 139 des Ersten Weltkrieges.

Zweihüllenboote mit einer geringeren Wasserverdrängung als die des Kreuzertyps und vorgesehen für gemeinsames Operieren mit Überwasserstreitkräften. Sie besaßen einen ausreichenden Fahrbereich und eine Höchstgeschwindigkeit über Wasser um die 20 Knoten; beides wurde als hinlänglich angesehen, um im Verband mit Schlachtschiffen zu fahren. Zwischen 1924 und 1939 wurde der Kaidai-Typ in sieben aufeinanderfolgenden Varianten entwickelt, ausgenommen die beiden Prototypen (KD 1 und KD 2), die bei Kriegsbeginn keinen Einsatzwert besaßen, nachdem sie mehr als 15 Jahre vorher in Dienst gestellt worden waren.

Varianten KD 3A und KD 3B:
Diese beiden Varianten bestanden aus neun Booten die sich voneinander hauptsächlich in der Form ihrer Rumpfenden und Kommandotürme unterschieden. Von den Varianten KD 1 und KD 2 abgeleitet, besaßen sie verstärkte Bauelemente, die zur Verringerung der Geschwindigkeit und des Fahrbereiches unter Wasser führten. Maximale Einsatztauchtiefe: 60 m.

Variante KD 4:
Das erste der drei Boote in dieser Klasse wurde 1929 in Dienst gestellt, ehe alle Einheiten der vorhergehenden Variante fertiggestellt worden waren. Die Boote dieser Variante waren etwas kürzer als ihre Vorgänger und besaßen zwei Torpedorohre und zwei Reservetorpedos weniger, hatten aber einen geringfügig vergrößerten Fahrbereich. Maximale Einsatztauchtiefe: 60 m.

Variante KD 5:
Die unter dem Bauprogramm von 1927–1931 in Auftrag gegebenen drei Boote dieser Variante waren mit den vorhergehenden fast identisch, ausgenommen eine stärkere Konstruktion, die eine maximale Einsatztauchtiefe von 75 m gestattete, und der Einbau eines 10,2-cm-Decksgeschützes L/68 anstelle der 12,0-cm-Waffe L/40. Von Dezember 1944 an wurde I 165 zur Ausbildung eingesetzt, aber im April 1945 wurde das Boot umgebaut, um zwei Kaiten mitzuführen. Dazu mußte das Decksgeschütz entfernt werden.

Variante KD 6A:
1931 in Auftrag gegeben, stellte diese aus sechs Booten bestehende Variante im wesentlichen eine Wiederholung der

Links: I 65 (später I 165), erstes Boot seines Typs.

Von oben nach unten:
Der U-Kreuzer *I 157* (ex *I 57*), fertiggestellt 1929.

Die Boote der Klasse *I 61* glichen der Klasse *I 57* und wurden im Mai 1942 umbenannt. *I 61* bildete eine Ausnahme, da das Boot 1942 kurz zuvor durch Unglücksfall verlorenging.

I 73, hier am 24. April 1939 in der Bucht von Ariake.

I 72. Am Heck befindet sich ein Hilfsruder, um die Manövrierfähigkeit unter Wasser zu verbessern.

vorhergehenden Variante dar, ausgenommen die geringfügig vergrößerte Wasserverdrängung und der Einbau stärkerer Dieselmotoren mit einer sich daraus ergebenden Steigerung der Höchstgeschwindigkeit über Wasser auf 23 Knoten. *I 171*, *I 172* und *I 173* waren mit einem 12,0-cm-Geschütz L/50 bewaffnet, die übrigen Einheiten besaßen 10,2-cm-Geschütze L/68 wie die Boote der Variante *KD 5*. Nach 1942 wurde *I 171* in ein Frachtunterseeboot umgebaut; dazu wurden das Decksgeschütz entfernt und die Anzahl der Reservetorpedos verringert. Zusätzlich zu mehreren Tonnen Ladung konnte *I 171* ein Landungsfahrzeug vom *Daihatsu*-Typ mitführen. Die Versorgungslage gewährte dieser Variante eine Unternehmensdauer von 45 Tagen.

Variante KD 6B:
1934 in Auftrag gegeben, glichen die beiden Boote dieser Variante trotz einer geringen Steigerung in der Wasserverdrän-

I 68 (später *I 168*) vom *Kaidai*-Typ, hohe Fahrt laufend.

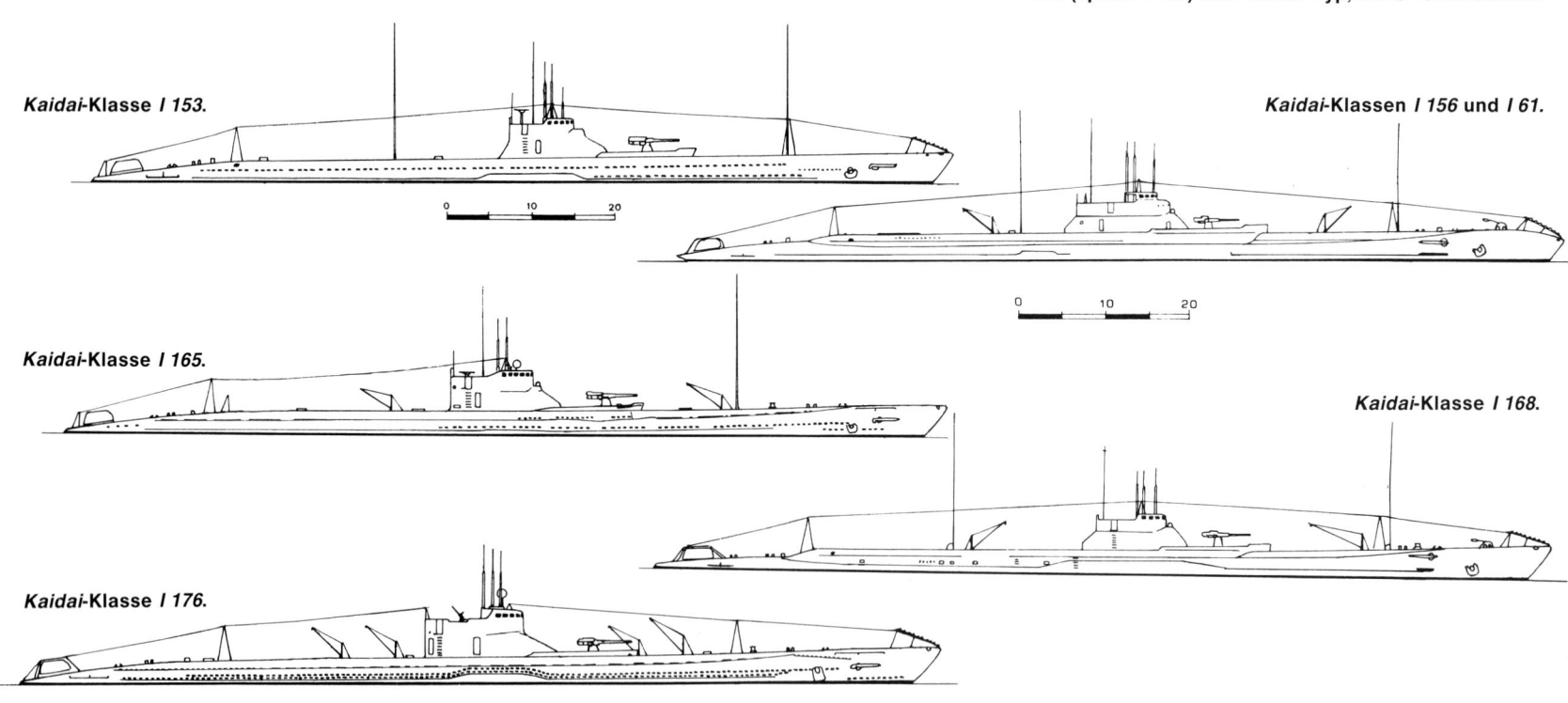

Kaidai-Klasse *I 153*.

Kaidai-Klassen *I 156* und *I 61*.

Kaidai-Klasse *I 165*.

Kaidai-Klasse *I 168*.

Kaidai-Klasse *I 176*.

I 53 (später *I 153*) 1927 bei Erprobungsfahrten.

Tabelle 24: Haupterfolge von Unterseebooten der *Kaidai*-Klasse 1941 bis 1945

Boot:	Kommandant:	Datum:	Ergebnis:	Schiffstyp:	Schiffsname:	Größe in ts:
I 168	Tanabe	7. Juni 1942	versenkt	Flugzeugträger	*Yorktown*	19 000
			versenkt	Zerstörer	*Hamman*	—
I 176	Tanabe	20. Oktober 1942	versenkt	Kreuzer	*Chester*	9 200
I 175	Tabata	24. November 1943	versenkt	Geleitträger	*Liscome Bay*	6 730

Von oben nach unten:
I 68 (im Vordergrund) und *I 69* mit dem Flugzeugträger *KAGA* und einem Kreuzer im März 1936 in der Bucht von Ariake.

I 54, *I 53* und *I 55*, drei Boote vom *Kaidai*-Typ, im Jahre 1938.

I 176 im Jahre 1942.

Nahaufnahme des Bugs von *I 75* (später *I 175*) im Trockendock in Kobe nach der Ausrüstung. Man beachte die Mikrofone des Unterwasserhorchsystems, im halbkreisförmigen Muster angeordnet, die vollständig eingezogenen Tiefenruder und die Verschlußkappen der Steuerbord-Torpedorohre.

gung und in der Konstruktionsstärke, welche die maximale Einsatztauchtiefe auf 85 m erhöhte, den vorhergehenden Booten. Der Überwasserfahrbereich hatte sich leicht verringert. 1943 wurde *I 174* in ein Frachtunterseeboot umgebaut.

Variante KD 7:
Mit zehn zwischen 1942 und 1943 fertiggestellten Booten war dies die zahlreichste Variante des *Kaidai*-Typs. 1939 in Auftrag gegeben, verzögerte sich der Bau dieser Boote zugunsten der anderen, die sich zur selben Zeit im Bau befanden und deren Fertigstellung man für dringender hielt.
Der Entwurf wurde aus der vorhergehenden Variante mit geringen Änderungen entwickelt: weniger installierte Leistung, geringerer Überwasserfahrbereich und eine ausschließlich im Vorschiff konzentrierte Torpedobewaffnung. Ursprünglich sollte diese Variante nur mit zwei 2,5-cm-Zwillingslafetten bewaffnet werden, aber während des Baues wurde eine dieser Lafetten durch ein 12,0-cm-Geschütz ersetzt. Nach 1942 wurden *I 176*, *I 178* und *I 181* in Transportunterseeboote umgebaut, die auch imstande waren, ein Landungsfahrzeug vom *Daihatsu*-Typ mitzuführen, wenn das 12,0-cm-Geschütz entfernt worden war. Das Programm von 1942 forderte noch weitere zehn Boote, doch diese wurden in der Folge annulliert.

Wie alle großen japanischen Hochseeboote besaß der *Kaidai*-Typ gute Überwassereigenschaften, was Geschwindigkeit, Fahrbereich, Seeausdauer und Bewaffnung anbetraf, aber die Unterwassereigenschaften und die Bewohnbarkeit waren eher mittelmäßig. Im Kriege führten die Boote ausgedehnte Unternehmungen durch und ihnen gebührten einige der größten Erfolge, die im Pazifik zwischen 1941 und 1945 gegen amerikanische Kriegsschiffe erzielt wurden.
Die 33 Boote des *Kaidai*-Typs versenkten 38 Handels- und Hilfsschiffe mit insgesamt 146 948 BRT und beschädigten elf weitere Schiffe mit zusammen 57 382 BRT schwer. Außerdem versenkten oder beschädigten sie zahlreiche kleinere Kriegsschiffe einschließlich eines Unterseebootes und eines Panzerlandungsschiffes. Zwei Boote – *I 63* und *I 67* – gingen 1940 durch Unglücksfälle verloren, acht ergaben sich bei Kriegsende (von ihnen waren *I 153*, *I 154* und *I 155* außer Dienst gestellt gewesen) und *I 61* war 1942 infolge der bei ei-

ner Kollision erlittenen Beschädigung außer Dienst gestellt worden. Die übrigen Boote wurden im Verlaufe des Krieges versenkt. *I 70*, von einem Flugzeug des Trägers *Enterprise* am 10. Dezember 1941 vor Pearl Harbor versenkt, war das erste japanische Boot gewesen, das im Kriege verlorenging.

Schicksal der Boote:

Datum:	Ort:	Boot:	Ursache:[1]
1941	Pazifik	*I 70*	a
1942	Pazifik	*I 60, I 172*	n
		I 64, I 73	s
		I 61	v/r
1943	Pazifik	*I 178, I 182*	n
		I 168	s
		I 179	v
1944	Pazifik	*I 175, I 176, I 177, I 180, I 181, I 185*	n
		I 166, I 183	s
		I 171, I 174	uc
		I 169	b
		I 184	a
1945	Pazifik	*I 165*	a
		I 153, I 154, I 155, I 156, I 157, I 158, I 159, I 162	x

[1] Siehe Seite 8.

Typ Kaichû

Klasse *RO 33*, Variante *K 5*
(2 Einheiten).
RO 33:
Bauwerft: Marinewerft Kure.
Datum: 1933–1935.
RO 34:
Bauwerft: Mitsubishi, Kobe.
Datum: 1934–1937.

Klasse *RO 35*, Variante *K 6*
(18 Einheiten).
*RO 35, RO 36, RO 37, RO 38,
RO 43, RO 45, RO 46, RO 48*:
Bauwerft: Mitsubishi, Kobe.
Datum: 1941–1943/44.
RO 39, RO 40, RO 41, RO 42:
Bauwerft: Marinewerft Sasebo.
Datum: 1941–1943/43.
*RO 44, RO 47, RO 49, RO 50,
RO 55, RO 56 ex RO 75*:
Bauwerft: Mitsubishi, Tamano.
Datum: 1942–1943/44.
Die folgenden Einheiten derselben Serie wurden 1943 annulliert:
RO 51–RO 54, RO 70–RO 74, RO 76–RO 99, RO 200–RO 227.

Typverdrängung:
K 5: 940 ts aufgetaucht, 1200 ts getaucht;
K 6: 1115 ts aufgetaucht, 1447 ts getaucht.
Abmessungen:
K 5: 73,00 × 6,70 × 3,25 m.
K 6: 80,50 × 7,00 × 4,07 m.
Motorenanlage: Diesel: 2; E-Motoren: 2.
Höchstleistung:
K 5: 2900 PS aufgetaucht, 1200 PS getaucht;
K 6: 4200 PS aufgetaucht, 1200 PS getaucht.
Höchstgeschwindigkeit:
K 5: 19,0 kn aufgetaucht, 8,2 kn getaucht;
K 6: 19,8 kn aufgetaucht, 8,0 kn getaucht.
Fahrstrecke:
K 5: 8000 sm bei 12 kn aufgetaucht, 90 sm bei 3 kn getaucht;
K 6: 5000 sm bei 16 kn aufgetaucht, 45 sm bei 5 kn getaucht.
Torpedorohre:
K 5: 4 × 53,3 cm vorn;
Torpedos: 10;
K 6: 4 × 53,3 cm vorn;
Torpedos: 8.
Geschütze: 1 × 8,0 cm L/40, 2 × 2,5 cm (2 × 1).
Besatzungsstärke:
K 5: 42;
K 6: 54.

RO 46 im Jahre 1944.

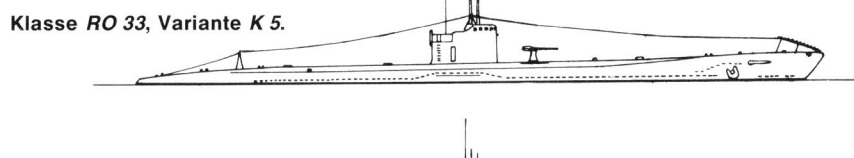

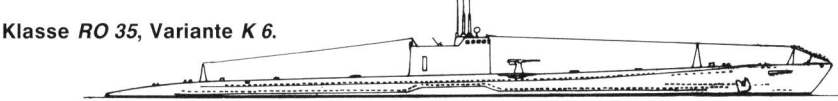

Klasse *RO 33*, Variante *K 5*.

Klasse *RO 35*, Variante *K 6*.

Zweihüllenboot mittlerer Wasserverdrängung, entwickelt aus dem *Kai-toku-chu*-Typ, Klasse *RO 29* von 1923, der wiederum durch den *Schneider-Laubeuf*-Typ von 1912 angeregt wurde. Zwischen 1935 und 1944 wurden 20 Boote dieses Typs in zwei Varianten gebaut.

Variante K 5:
Direkt von der Klasse *RO 29* abgeleitet, aber mit stärkeren Dieselmotoren, höherer Geschwindigkeit, größerem Fahrbereich und stärkerer Bewaffnung ausgestattet. Maximale Einsatztauchtiefe: 75 m. Die beiden Boote dieser Variante waren die ersten modernen, nach einer Zeitspanne von über elf Jahren in Japan gebauten Unterseeboote mittlerer Wasserverdrängung.

Variante K 6:
Aus der vorhergehenden Variante entwickelt, waren diese Boote geringfügig größer, stärker und schneller, besaßen aber einen kleineren Überwasserfahrbereich. Der ursprüngliche Entwurf sah kein Decksgeschütz vor, aber während des Baues wurde dieselbe Bewaffnung wie bei der Variante *K 5* eingeführt. Unter dem Bauprogramm von 1940 in Auftrag ge-

RO 33 nach der Fertigstellung im Jahre 1935.

geben, stellten die achtzehn Boote dieser Variante die letzten konventionellen, von der japanischen Marine gebauten Boote mittlerer Wasserverdrängung dar. Der Bau von 61 Booten unter demselben Bauprogramm sowie von neun im Jahre 1942 in Auftrag gegebenen und noch nicht mit einer Kennung versehenen Boote wurde 1943 annulliert.

Die Boote dieses Typs waren Unterseeboote von gut mittlerer Größe mit ordentlicher Geschwindigkeit und Bewaffnung. Der Brennstoffvorrat gewährte eine Unternehmungsdauer von 40 Tagen. Die Manövrierfähigkeit unter Wasser war der der großen Unterseeboote zweifellos überlegen.
Die Annullierung zahlreicher Boote 1943 wurde durch den Mangel an Stahlplatten und durch die Notwendigkeit verursacht, das verfügbare Material für den Bau der Frachtunterseeboote und der Boote mit hoher Unterwassergeschwindigkeit einzusetzen.
Trotz ihrer Leistungsfähigkeit erzielten die Boote sehr beschränkte Ergebnisse, da sie zur Verteidigung von Stützpunkten anstatt zum Angriff auf die feindliche Schiffahrt eingesetzt wurden. Die bedeutendsten Erfolge errangen *RO 41* und *RO 50*, die einen Zerstörer bzw. ein Panzerlandungsschiff versenkten. *RO 50* kapitulierte im August 1945 in Sasebo; alle anderen Boote gingen im Verlaufe des Krieges verloren.

Schicksal der Boote:

Datum:	Ort:	Boot:	Ursache:[1]
1942	Pazifik	RO 33	n
1943	Pazifik	RO 34, RO 35	n
		RO 38	uc
1944	Pazifik	RO 36, RO 37, RO 39, RO 40, RO 42, RO 44, RO 47	n
		RO 45	a
		RO 48	uc
1945	Pazifik	RO 41, RO 49, RO 55, RO 56	n
		RO 43	a
		RO 46	s
		RO 50	x

[1] Siehe Seite 8.

Typ A

Klasse I 9, Variante A 1 (3 Einheiten).
I 9:
Bauwerft: Marinewerft Kure.
Datum: 1938–1941.
I 10, I 11:
Bauwerft: Kawasaki, Kobe.
Datum: 1938–1941/42.

Klasse I 12, Variante A 2 (1 Einheit).
I 12:
Bauwerft: Kawasaki, Kobe.
Datum: 1942–1944.
Unter dem Bauprogramm von 1942 in Auftrag gegebene Einheiten derselben Klasse, die in der Folge annulliert wurden:
I 700, I 701.

Typverdrängung:
A 1: 2919 ts aufgetaucht, 4150 ts getaucht;
A 2: 2934 ts aufgetaucht, 4172 ts getaucht.
Abmessungen: 113,70 × 9,55 × 5,30 m.
Motorenanlage: Diesel: 2; E-Motoren: 2.
Höchstleistung:
A 1: 12 400 PS aufgetaucht, 2400 PS getaucht;
A 2: 4700 PS aufgetaucht, 1200 PS getaucht.
Höchstgeschwindigkeit:
A 1: 23,5 kn aufgetaucht, 8,0 kn getaucht;
A 2: 17,7 kn aufgetaucht, 6,2 kn getaucht.
Fahrstrecke:
A 1: 16 000 sm bei 16 kn aufgetaucht, 60 sm bei 3 kn getaucht.
A 2: 22 000 sm bei 16 kn aufgetaucht, 75 sm bei 3 kn getaucht.
Torpedorohre: 6 × 53,3 cm vorn; Torpedos: 18.
Geschütze: 1 × 14,0 cm L/50, 4 × 2,5 cm (2 × 2), ein Katapult, 1 Seeflugzeug.
Besatzungsstärke: 114.

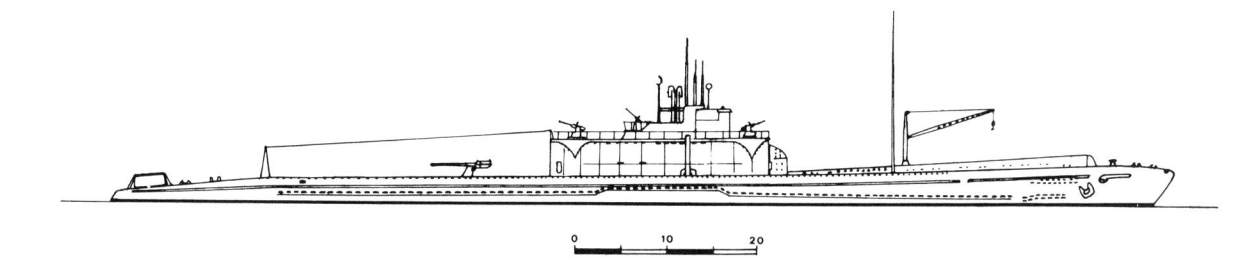

Zweihüllen-Unterseeboot vom Kreuzertyp, abgeleitet vom Typ *Junsen 3* (Klasse *I 7*) von 1934 mit verbesserter Flugzeugausrüstung. Maximale Einsatztauchtiefe: 100 m. Die vier Boote vom Typ A wurden zwischen 1938 und 1944 in zwei aufeinanderfolgenden Varianten gebaut.

Variante A 1:
Das Katapult war vor dem Kommandoturm an Oberdeck angebracht, ebenso der Hangar, der in den Turm einbezogen war. Das Seeflugzeug war mit zusammengefalteten Tragflächen verstaut und vom Inneren des Druckkörpers aus zugänglich. Die Startvorbereitungen, der Start, das Einsetzen und das Verstauen gingen viel schneller und sicherer vonstatten. Die Versorgungslage ließ ozeanische Unternehmungen von mehr als 90 Tagen zu. Bemerkenswert waren die Fernmeldeeinrichtungen. Die Boote waren entsprechend ausgerüstet, um gemäß der allgemein gültigen Doktrin über den Einsatz von Unterseebootsflottillen als Führungseinheiten von Unterseebootsgruppen zu operieren. Unter dem Bauprogramm von 1939 wurden drei Boote dieser Variante in Auftrag gegeben. Die beiden anderen Boote aus dem Programm von 1942 wurden in der Folge annulliert.

Variante A 2:
Diese Variante, von der nur eine einzige Einheit gebaut wurde, war unter dem Eränzungsprogramm von 1941 in Auftrag gegeben worden. Das Boot glich sehr der vorhergehenden Variante und unterschied sich nur im Einbau einer Dieselanstriebsanlage, deren Leistung um die Hälfte reduziert worden war. Dadurch verringerte sich die Höchstgeschwindigkeit über Wasser beträchtlich, aber der Fahrbereich erhöhte sich bei 16 kn auf 22 000 sm.

Die für alle großen japanischen Unterseeboote bereits vorgenommene Bewertung ist auch für diese Boote zutreffend: ausgezeichnete Eigenschaften über Wasser, mangelhafte Leistung unter Wasser.

Im Verlaufe des Krieges gingen fast alle Boote dieses Typs verloren. Die A 2-Boote wurden umfassend eingesetzt; sie versenkten 20 Handels- und Hilfsschiffe mit insgesamt 103 657 BRT und beschädigten drei weitere Schiffe mit zusammen 23 373 BRT. Der einzige große Erfolg gegen Kriegsschiffe bestand in der Beschädigung des australischen Leichten Kreuzers *Hobart* (6890 ts) am 20. April 1943 durch *I 11* (Korvettenkapitän Nanaji).

Schicksal der Boote:

Datum:	Ort:	Boot:	Ursache:[1]
1943	Pazifik	*I 9*	n
1944	Pazifik	*I 10*	n
		I 11	uc
1945	Pazifik	*I 12*	uc

[1] Siehe Seite 8.

Typ A modifiziert

Klasse I 13 (AM).
I 13, I 14:
Bauwerft: Kawasaki, Kobe.
Datum: 1942–1944/45.
I 15 (II), I 1 (II):
Bauwerft: Kawasaki, Kobe.
Datum: 1944–/.
Typverdrängung: 3603 ts aufgetaucht, 4762 ts getaucht.
Abmessungen: 113,70 × 11,70 × 5,89 m.
Motorenanlage: Diesel: 2; E-Motoren: 2.
Höchstleistung: 4400 PS aufgetaucht, 600 PS getaucht.
Höchstgeschwindigkeit: 16,7 kn aufgetaucht, 5,5 kn getaucht.
Fahrstrecke: 21 000 sm bei 16 kn aufgetaucht, 60 sm bei 3 kn getaucht.
Torpedorohre: 6 × 53,3 cm vorn; Torpedos: 12.
Geschütze: 1 × 14,0 cm L/50, 5 × 2,5 cm (1 × 1, 2 × 2), 1 Katapult, 2 Seeflugzeug-Bomber.
Besatzungsstärke: 118.

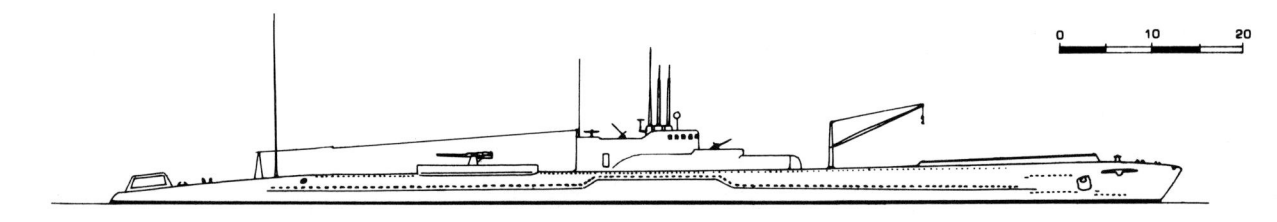

U-Flugzeugträger, entwickelt aus dem U-Kreuzertyp A 2. Maximale Einsatztauchtiefe: 100 m. Dieser Typ hätte eine neue Variante des Typs A werden sollen, wurde aber in der Bauzeit modifiziert. Man hatte den Entschluß gefaßt, echte Unterwasser-Flugzeugträger zu bauen, ausgerüstet mit Seeflugzeug-Bombern, um diese Boote zusammen mit den Booten des Typs Sen-Toku (Klasse I 400) zum Angriff auf wichtige Ziele entlang der amerikanischen Küste einzusetzen.

Der ursprünglich kleine Hangar war durch einen größeren von ebenfalls zylindrischer Form ersetzt worden, errichtet an der Steuerbordseite des Kommandoturms, der nach Backbord versetzt worden war. In diesem Hangar, der vom Inneren des Rumpfes aus zugänglich war, konnten zwei Seeflugzeuge mit zusammengeklappten Tragflächen mitgeführt werden. Gestartet wurden die Flugzeuge mit einem Bugkatapult und mit Hilfe von zwei beiklappbaren Kränen auf dem Vorschiff wieder an Bord genommen. Die Maschinen vom Typ Aichi M 6 A1 (Seiran) hatten eine Höchstgeschwindigkeit von 470 km/h und konnten entweder zwei 250-kg-Bomben oder einen Torpedo oder eine 800-kg-Bombe mitführen.

Bei ihrer Indienststellung wurden die Boote mit Radar und mit einem primitiven Schnorcheltyp ausgerüstet, der unbefriedigende Resultate erbrachte.

Von den vier unter dem Programm von 1942 (modifiziert) in Auftrag gegebenen Booten kamen nur I 13 und I 14 in Dienst. I 15 (II) und I 1 (II) wurden nicht fertiggestellt; im März 1945 stellte man die Arbeit ein (als sie sich in einem fortgeschrittenen Baustadium befanden), um sich die Arbeitskräfte und das begrenzt zur Verfügung stehende Material für den Bau von Angriffsfahrzeugen und Unterseebooten mit hoher Geschwindigkeit nutzbar zu machen. Die im selben Programm außerdem noch enthaltenen drei Boote wurden niemals auf Kiel gelegt und 1943 annulliert.

Der Bau der drei Träger-Unterseeboote war von Admiral Yamamoto, Oberbefehlshaber der japanischen Flotte, gefordert worden, aber sein Tod im Jahre 1943 und die Veränderungen in der strategischen Lage beseitigten die Möglichkeit ihres Einsatzes für die geplanten Fernunternehmungen. Von den beiden fertiggestellten Booten ging I 13 im Juli 1945 bei einer normalen Feindfahrt verloren, und I 14 erbeuteten die Alliierten zusammen mit den unfertigen Rümpfen von I 1 (II) und I 15 (II) bei Kriegsende.

Schicksal der Boote:

Datum:	Ort:	Boot:	Ursache:[1]
1945	Pazifik	I 13	a
		I 14, I 1 (II), I 15 (II)	x

[1] Siehe Seite 8.

I 14 im Jahre 1945, nachdem die Amerikaner das Boot erbeutet hatten.

Typ B

Klasse I 15, Variante B 1 (20 Einheiten).
I 15, I 26, I 30, I 37:
Bauwerft: Marinewerft Kure.
Datum: 1939–1940/42.
I 17, I 23, I 29, I 31, I 36:
Bauwerft: Marinewerft Yokosuka.
Datum: 1939–1940/42.
I 19, I 25, I 28, I 33, I 35:
Bauwerft: Mitsubishi, Kobe.
Datum: 1939–1940/42.
I 21:
Bauwerft: Kawasaki, Kobe.
Datum: 1939–1940.
I 27, I 32, I 34, I 38, I 39:
Bauwerft: Marinewerft Sasebo.
Datum: 1940–1942/43.

Klasse I 40, Variante B 2 (6 Einheiten).
I 40, I 41, I 42:
Bauwerft: Marinewerft Kure.
Datum: 1941–1943/44.
I 43, I 45:
Bauwerft: Marinewerft Sasebo.
Datum: 1941–1944/44.
I 44:
Bauwerft: Marinewerft Yokosuka.
Datum: 1941–1944.

Klasse I 54, Variante B 3 (3 Einheiten).
I 54, I 56, I 58:
Bauwerft: Marinewerft Yokosuka.
Datum: 1942–1944/44.
Einheiten derselben Klasse 1943 annulliert:
I 62, I 64, I 65, I 66.

Typverdrängung:
B 1: 2589 ts aufgetaucht, 3654 ts getaucht;
B 2: 2624 ts aufgetaucht, 3700 ts getaucht;
B 3: 2607 ts aufgetaucht, 3688 ts getaucht.
Abmessungen:
B 1: 108,70 × 9,30 × 5,14 m.
B 2, B 3: 108,70 × 9,30 × 5,20 m.
Motorenanlage: Diesel: 2; E-Motoren: 2.
Höchstleistung:
B 1: 12 400 PS aufgetaucht, 2000 PS getaucht;
B 2: 11 000 PS aufgetaucht, 2000 PS getaucht;
B 3: 4700 PS aufgetaucht, 1200 PS getaucht.
Höchstgeschwindigkeit:
B 1, B 2: 23,6 kn aufgetaucht, 8,0 kn getaucht;
B 3: 17,7 kn aufgetaucht, 6,5 kn getaucht.
Fahrstrecke:
B 1, B 2: 14 000 sm bei 16 kn aufgetaucht, 96 sm bei 3 kn getaucht;
B 3: 21 000 sm bei 16 kn aufgetaucht, 105 sm bei 3 kn getaucht.
Torpedorohre: 6 × 53,3 cm vorn; Torpedos: B 1, B 2: 17, B 3: 19.
Geschütze: 1 × 14,0 cm L/50, 2 × 2,5 cm (2 × 1), 1 Katapult, 1 Seeflugzeug.
Besatzungsstärke: 101.

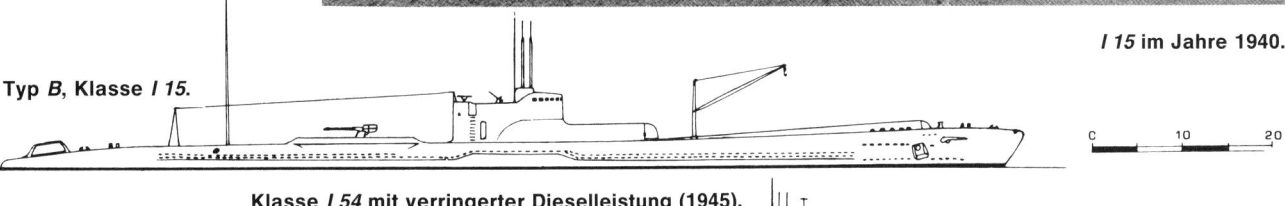

I 15 im Jahre 1940.

Typ B, Klasse I 15.

Klasse I 54 mit verringerter Dieselleistung (1945).

Zweihüllen-Hochseeboot, abgeleitet vom Typ *Kaidai 6B* (Klasse *I 174*) und vom Kreuzertyp *A 1* (Klasse *I 9*).
Mit diesen Booten begannen die beiden Typen der großen japanischen Unterseeboote (Kreuzer- und Flottentyp) ineinander aufzugehen. Der Typ B vereinigte einsatzmäßige Erfordernisse und Bewaffnung die bis zu diesem Zeitpunkt auseinander gehalten worden waren. Die Leistungsfähigkeit unter Wasser war gegenüber den vorhergehenden Typen leicht verbessert worden. Maximale Einsatztauchtiefe: 100 m. Zwischen 1939 und 1944 wurden aus dem ursprünglichen Entwurf in drei aufeinanderfolgenden Varianten 29 Boote des Typs B entwickelt.

Variante B 1:
Mit 20 unter dem Bauprogramm von 1939 in Auftrag gegebenen und zwischen 1940 und 1943 fertiggestellten Booten war dies die zahlreichste Variante. Der Entwurf rührte aus dem der Klassen *I 174* und *I 9* her und forderte eine Wasserverdrängung, die zwischen der jener beiden Klassen lag. Gegenüber den früheren Booten waren die Aufbauten stromlinienförmiger, um die Leistungsfähigkeit unter Wasser zu verbessern. Der Hangar, der ein Aufklärungs-Seeflugzeug vom Typ *Yokosuka E14 Y 1* (Glen) aufnehmen konnte, erstreckte sich mittschiffs vom Kommandoturm nach vorn und bildete mit dem Katapult eine Linie. Nur auf *I 17* lagen Hangar und Katapult achteraus des Kommandoturms.

Die Decksbewaffnung sollte aus zwei 2,5-cm-Zwillingsflaks bestehen, aber tatsächlich wurden eine 2,5-cm-Zwillingslafette auf dem Kommandoturm und ein 14,0-cm-Decksgeschütz L/50 achteraus des Kommandoturms (auf *I 17* vorn) eingebaut.
Im Kriege war die Flakbewaffnung von mehreren Booten entfernt und durch ein zweites 14,0-cm-Decksgeschütz L/50 ersetzt worden. Ende 1944 wurden *I 36* und *I 37* umgebaut, um vier *Kaiten* zu befördern. Dazu entfernte man das Decksgeschütz, den Hangar und das Katapult, und eine weitere 2,5-cm-Zwillingslafette wurde eingebaut. *I 36* wurde einem nochmaligen Umbau unterzogen, um sechs *Kaiten* mitführen zu können.

Variante B 2:
Direkt von der vorhergehenden Variante mit vergrößerter Wasserverdrängung und etwas geringerer Motorenleistung abgeleitet.
Zu den sechs unter dem Programm von 1941 gebauten Booten waren weitere acht im Programm von 1942 vorgesehen, aber ihr Bau wurde mit demselben Programm annulliert. Ein geändertes und verringertes Bauprogramm war an seine Stelle getreten. Im Verlaufe des Krieges machte diese Variante dieselben Abänderungen wie der Typ B 1 durch. Anfang 1945 wurde *I 44* für den Transport von vier *Kaiten* umge-

baut; dazu wurden das Decksgeschütz und die Flugzeugausrüstung entfernt.

Variante B 3:
Eine Weiterentwicklung von Typ B mit denselben Abmessungen wie die vorhergehenden Varianten, aber mit Dieselmotoren von wesentlich geringerer Leistung, welche die Höchstgeschwindigkeit über Wasser von 23 kn auf 17 kn verringerten, jedoch den Fahrbereich von 14000 sm auf 16000 sm bei 16 kn vergrößerten. Die Versorgungslage gestattete Unternehmungen von annähernd 90 Tagen. Auch der Fahrbereich unter Wasser war leicht gesteigert. Von ihrer Indienststellung an waren die Boote mit Radar vom Typ 22 ausgestattet, angebracht auf dem Seeflugzeug-Hangar.

Im Sommer 1944 wurden *I 56* und *I 58* wie die Boote der früheren Varianten umgebaut, um vier *Kaiten* zu transportieren. Im März 1945 unterzog man sie weiteren Umbauten, um sechs *Kaiten* mitführen zu können. Die drei in Dienst gestellten Boote waren unter dem Bauprogramm von 1941 in Auftrag gegeben worden. Weitere vier Boote, zum selben Zeitpunkt bestellt, wurden 1943 annulliert, und 14 unter dem abgeänderten Programm von 1942 in Auftrag gegebene Boote wurden ebenfalls annulliert. Dieses Programm forderte auch den Bau einer neuen, aus 18 Booten bestehenden Variante des Typs B, aber sie wurde nie auf Kiel gelegt und 1943 widerrufen. Die Boote dieser Variante hätten dieselbe Größe wie ihre Vorgänger aufweisen sollen, mit einer Typverdrängung über Wasser von annähernd 2800 ts, einer Dieselantriebsanlage mit einer Leistung, um eine Höchstgeschwindigkeit von annähernd 22 Knoten zu liefern, und zwei zusätzlichen Torpedorohren.

Tabelle 25: Haupterfolge von Unterseebooten des Typs B im Zweiten Weltkrieg

Boot:	Kommandant:	Datum:	Ergebnis:	Schiffstyp:	Schiffsname:	Größe in ts:
I 26	Yokota	31. August 1942	beschädigt	Träger	*Saratoga*	33000
I 15	Ishikawa	15. Sept. 1942	beschädigt	Schlachtschiff	*North Carolina*	35000
I 19	Narahara	19. Sept. 1942	versenkt	Träger	*Wasp* (I)	14700
I 26	Yokota	13. Oktober 1942	versenkt	Kreuzer	*Juneau*	6000
I 56	Morinaga	25. Oktober 1942	beschädigt	Geleitträger	*Santee*	12000
I 41	Kondo	3. November 1944	beschädigt	Kreuzer	*Reno*	6000
I 58	Hashimoto	30. Juli 1945	versenkt	Kreuzer	*Indianapolis*	9950

Oben:
I 58 vom Typ B, ausgestattet mit Bug-Katapult und Hangar.

Mitte: *I 26* zur Zeit seiner Indienststellung. (Auf dem Turm sind ein Entfernungsmesser und eine 2,5-cm-Zwillingsflak zu sehen.)

Unten: *I 54*, das erste Boot der Variante B 3 (auf dem Hangardach ein Radargerät vom Typ 22).

Obwohl keineswegs von den Mängeln der großen japanischen Unterseeboote befreit, entsprachen die Boote dieses Typs den Anforderungen und man setzte sie umfassend ein. Gegen Hilfs- und Handelsschiffe — 56 Schiffe versenkt (372 730 BRT) und 14 beschädigt (91 612 BRT) — sowie gegen amerikanische Kriegsschiffe im Pazifik erzielten sie gute Ergebnisse. Zusätzlich zu den in Tabelle 25 aufgeführten Erfolgen versenkten sie drei Zerstörer, ein Unterseeboot und andere kleinere amerikanische Fahrzeuge. Mit Ausnahme von *I 36* und *I 58*, die sich im August 1945 den Amerikanern ergaben, gingen alle anderen Boote des Typs *B* (27 Boote) verloren.

Schicksal der Boote:

Datum:	Ort:	Boot:	Ursache:[1]
1942	Pazifik	*I 15*	n
		I 30	m
		I 23	uc
		I 28	s
1943	Pazifik	*I 31, I 25, I 35, I 39, I 40*	n
		I 17	n/a
		I 34	s
		I 19, I 21	a
1944	Pazifik	*I 27, I 32, I 37, I 38, I 45, I 54*	n
		I 29, I 42, I 43	s
		I 26	uc
		I 33	v
		I 41	a
1945	Pazifik	*I 44*	a
		I 56	n/a
		I 36, I 58	x

[1] Siehe Seite 8.

Der Stapellauf von *I 17* am 19. Juli 1939 in Yokosuka.

Typ C

Klasse I 16, Variante C 1 (5 Einheiten).
I 16, I 22:
Bauwerft: Kawasaki, Kobe.
Datum: 1937–1940/41.
I 18, I 24:
Bauwerft: Marinewerft Sasebo.
Datum: 1937–1940/41.
I 20:
Bauwerft: Mitsubishi, Kobe.
Datum: 1937–1941.

Klasse I 46, Variante C 2 (3 Einheiten).
I 46, I 47, I 48:
Bauwerft: Marinewerft Sasebo.
Datum: 1942–1944/44.
Der Bau folgender Einheiten derselben Klasse wurde 1943 annulliert:
I 49, I 50, I 51:

Klasse I 52, Variante C 3 (3 Einheiten).
I 52, I 53, I 55:
Bauwerft: Marinewerft Kure.
Datum: 1942–1944/44.
Einheiten derselben Klasse 1943 annulliert:
I 57, I 58, I 59:
Bauwerft: Marinewerft Kure.

Typverdrängung:
C 1: 2554 ts aufgetaucht, 3561 ts getaucht,
C 2: 2557 ts aufgetaucht, 3564 ts getaucht;
C 3: 2564 ts aufgetaucht, 3664 ts getaucht.
Abmessungen:
C 1, C 2: 109,30 × 9,10 × 5,30 m;
C 3: 108,70 × 9,30 × 5,10 m.
Motorenanlage: Diesel: 2; E-Motoren: 2.
Höchstleistung:
C 1, C 2: 12 400 PS aufgetaucht, 2000 PS getaucht;
C 3: 4700 PS aufgetaucht, 1200 PS getaucht.
Höchstgeschwindigkeit:
C 1, C 2: 23,6 kn aufgetaucht, 8,0 kn getaucht;
C 3: 17,7 kn aufgetaucht, 6,5 kn getaucht.
Fahrstrecke:
C 1, C2: 14 000 sm bei 16 kn aufgetaucht, 60 sm bei 3 kn getaucht;
C 3: 21 000 sm bei 16 kn aufgetaucht, 105 sm bei 3 kn getaucht.

Torpedorohre:
C 1, C 2: 8 × 53,3 cm vorn;
Torpedos: 20;
C 3: 6 × 53,3 cm vorn;
Torpedos: 19.

Geschütze:
C 1, C 2: 1 × 14,0 cm L/50, 4 × 2,5 cm (2 × 2);
C 3: 2 × 14,0 cm L/50, 4 × 2,5 cm (2 × 1, 1 × 2).
Besatzungsstärke: 101.

Zweihüllen-Hochseeboot, Angriffsunterseeboot, entwickelt aus dem Typ *Kaidai 6* mit größeren Abmessungen, größerer Wasserverdrängung und stärkerer Bewaffnung sowie mit verbesserter Leistungsfähigkeit unter Wasser. Maximale Einsatztauchtiefe: 100 m. Zwischen 1937 und 1944 wurden elf Boote des Typs *C* in drei aufeinanderfolgenden Varianten in Dienst gestellt.

Variante C 1:
Unter dem Bauprogramm von 1937 in Auftrag gegeben, wurden die ersten fünf Boote speziell für Fernangriffe gegen Kriegsschiffe entwickelt. Im Vergleich zu den früheren Booten, von welchen sie abgeleitet waren, besaßen sie eine größere Wendigkeit unter Wasser und eine stärkere, im Bug konzentrierte Torpedobewaffnung. Die Versorgungslage ließ eine Einsatzdauer von 90 Tagen zu. Ferner waren die Boote ausgerüstet, um ein Kleinunterseeboot (Typ A) auf Klampen an Oberdeck vor dem Kommandoturm mitzuführen. Dieser war stromlinienförmig und beträchtlich kleiner als auf den früheren Booten.
Bei einer Werftliegezeit Anfang 1943 entfernte man bei I 16 das 14,0-cm-Geschütz und verringerte die Anzahl der Torpedos. Gleichzeitig wurde das Boot ausgerüstet, um ein *Daihatsu*-Landungsfahrzeug und viele Tonnen Fracht für die belagerten Inselbesatzungen im Pazifik zu transportieren. Andere Boote wurden im Verlaufe des Krieges wahrscheinlich ähnlichen Umbauten unterzogen.

Variante C 2:
Der Entwurf zu dieser Variante glich sehr seinem Vorgänger, ohne die Möglichkeit vorzusehen, Kleinunterseeboote mitzuführen. Drei Boote, unter dem Programm von 1941 in Auftrag gegeben, wurden fertiggestellt. Weitere drei Einheiten (I 49–I 51) aus demselben Programm und noch einmal vier aus dem Programm von 1942 wurden niemals auf Kiel gelegt und 1943 annulliert, als die japanische Marine die Entscheidung traf, die Anzahl der großen Unterseeboote infolge ihrer schweren Verluste zu verringern.
Ende 1944 wurden I 47 und I 48 abgeändert, um vier *Kaiten* mitzuführen; im März 1945 wurde die Anzahl auf sechs erhöht und ein Luftüberwachungsradar vom Typ 22 eingebaut.

Variante C 3:
Entwickelt aus den vorhergehenden Booten, unterschied sich diese Variante hauptsächlich in der Verringerung der Anzahl der Torpedorohre, dem Einbau eines zweiten 14,0-cm-Decksgeschützes und in einer beträchtlichen Verminderung der Antriebsleistung, was zu einer wesentlichen Senkung der Höchstgeschwindigkeit über Wasser, aber zu einer Vergrößerung des Fahrbereiches bei Marschfahrt führte. Der Einbau von Dieselmotoren mit geringerer Leistung, eine Gemeinsamkeit mit den Booten der letzten Varianten vom Typ *A* und *B*, war auf die Schwierigkeiten zurückzuführen, welche die Japaner bei der Herstellung von Dieselmotoren mit hoher Leistung im Kriege hatten.
Anfang 1945 wurde I 53 modifiziert, um vier, später sechs *Kaiten* mitzuführen. Nur drei der fünf unter dem Ergänzungsprogramm von 1941 in Auftrag gegebenen Boote wurden fertiggestellt. Die anderen beiden sowie die 15 Boote aus dem Programm von 1942 wurden annulliert. Statt dessen entschied man, den Bau weiterer 25 Boote einer nachfolgenden, unter dem abgeänderten Programm von 1942 bewilligten Version des Typs *C* vorzuziehen. Diese als *C 4* bezeichnete Variante sollte folgende Merkmale aufweisen: eine Typverdrängung von 2750 ts aufgetaucht, dieselben Abmessungen wie *C 3*, eine Höchstgeschwindigkeit über Wasser von 20,5 Knoten und eine Bewaffnung, die den Booten der Varianten *C 1* und *C 2* glich.

Die 11 Angriffsboote vom Typ *C* gehörten zu den besten, von der japanischen Marine gebauten Unterseebooten. Trotz ihrer Größe, die ihre Leistungsfähigkeit unter Wasser wesentlich beschränkte, waren sie zuverlässig und ziemlich robust. Im Verlaufe des Krieges versenkten sie 16 Handels- und Hilfsschiffe mit insgesamt 80 660 BRT und beschädigten weitere sieben mit zusammen 46 072 BRT. Den größten Erfolg gegen Kriegsschiffe erzielte I 20 (Fregattenkapitän Yamada). Dieses Boot führte das Kleinunterseeboot mit, das am 30. Mai 1942 in den Stützpunkt Diego Suarez eindrang und das britische Schlachtschiff *Ramillies* (29 150 ts) beschädigte. Mit Ausnahme von I 47 und I 48, die von den Amerikanern im August 1945 erbeutet wurden, gingen alle übrigen Boote vom Typ *C* im Kriege verloren.

I 16 1940 bei Erprobungsfahrten.

Schicksal der Boote:

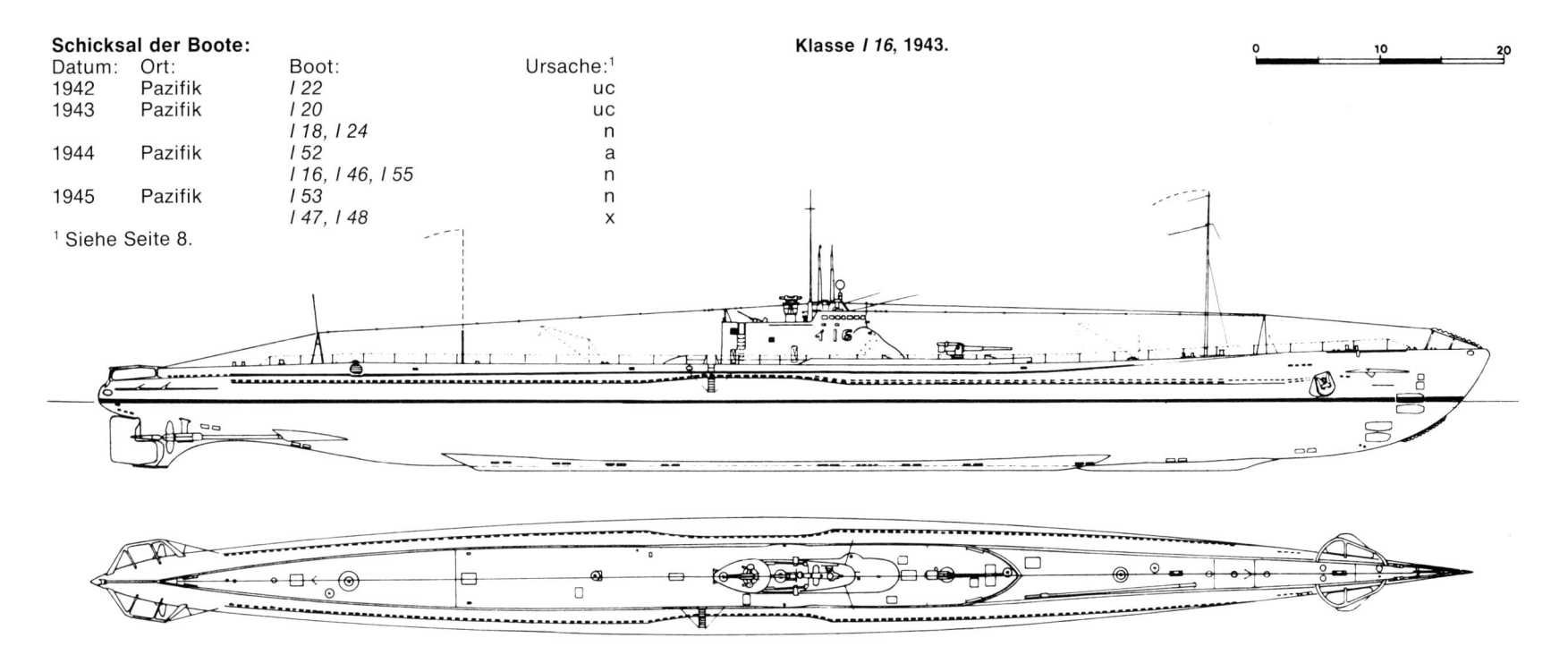

Datum:	Ort:	Boot:	Ursache:[1]
1942	Pazifik	I 22	uc
1943	Pazifik	I 20	uc
		I 18, I 24	n
1944	Pazifik	I 52	a
		I 16, I 46, I 55	n
1945	Pazifik	I 53	n
		I 47, I 48	x

[1] Siehe Seite 8.

Klasse I 16, 1943.

Typ Kaisho

RO 100, RO 103, RO 106, RO 107:
Bauwerft: Marinewerft Kure.
Datum: 1941–1942/44.
RO 101, RO 102, RO 104, RO 105, RO 108, RO 109, RO 110, RO 111, RO 112, RO 113, RO 114, RO 115, RO 116, RO 117:
Bauwerft: Kawasaki, Kobe.
Datum: 1941–1942/44.
Typverdrängung: 601 ts aufgetaucht, 728 ts getaucht.
Abmessungen: 60,90 × 6,00 × 3,51m.
Motorenanlage: Diesel: 2; E-Motoren: 2.
Höchstleistung: 1000 PS aufgetaucht, 760 PS getaucht.
Höchstgeschwindigkeit: 14,2 kn aufgetaucht, 8 kn getaucht.
Fahrstrecke: 3500 sm bei 12 kn aufgetaucht, 60 sm bei 3 kn getaucht.
Torpedorohre: 4 × 53,3 cm vorn; Torpedos: 21.
Geschütze: 2 × 2,5 cm (2 × 1) oder 1 × 7,6 cm L/40.
Besatzungsstärke: 38.

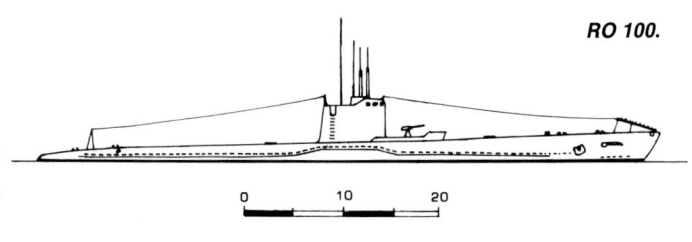

RO 100.

Zweihüllen-Küstenboot. Maximale Einsatztauchtiefe: 75 m. Zur Küstenverwendung in heimischen Gewässern und zur Verteidigung von Marinestützpunkten entworfen, wurden die Boote unter den Bauprogrammen von 1940 und 1941 in Auftrag gegeben.

Entwickelt aus dem *Kaichû*-Typ, wenn auch von wesentlich geringerer Größe, fanden bei ihrem Bau die Erfahrungen Berücksichtigung, die mit diesen Booten mittlerer Wasserverdrängung gemacht worden waren. Ursprünglich war geplant gewesen, die Boote mit einer 2,5-cm-Zwillingsflak zu bewaffnen, aber in der Folge wurde sie bei vielen Einheiten durch ein 7,6-cm-Decksgeschütz L/40 ersetzt. Da sie nur in der Nähe von Stützpunkten Verwendung finden sollten, war ihr Fahrbereich begrenzt und die Versorgungslage beschränkte die Einsatzdauer auf 21 Tage.

Eine weitere Serie von neun Booten war unter dem Programm von 1942 geplant worden, wurde aber später annulliert. Diese kleinen Boote stellten gute Unterseeboote dar; sie besaßen unter Wasser eine ausreichende Wendigkeit, eine sehr geringe Schnelltauchzeit und waren, dank ihrer geringen Größe, weniger der Entdeckung durch Radar und Sonar ausgesetzt.

Die von den 18 *Kaisho*-Booten – sie gingen alle im Kriege verloren – erzielten Ergebnisse hätten besser ausfallen können, wären die Boote in begrenzten Gewässern und an Brennpunkten gegen die Handelsschiffahrt eingesetzt worden, statt sie gegen große Flottenverbände in Angriffen zu verwenden, die zum Verlust der Boote führten. Zwischen 1942 und 1945 versenkten sie sechs Handelsschiffe (34 680 BRT) und beschädigten weitere 14 074 BRT Handelsschiffsraum. Sie torpedierten auch mehrere Kriegsschiffe einschließlich eines Zerstörers und eines Panzerlandungsschiffes.

Schicksal der Boote:

Datum:	Ort:	Boot:	Ursache:[1]
1943	Pazifik	RO 100	a
		RO 101	n/a
		RO 103	m
		RO 102, RO 107	n
1944	Pazifik	RO 104, RO 105, RO 106, RO 108, RO 110, RO 111, RO 114, RO 116, RO 117	n
1945	Pazifik	RO 109, RO 115	n
		RO 112, RO 113	s

[1] Siehe Seite 8.

Typ Sen-Toku

Klasse *I 400* (STO).
I 400, I 404:
Bauwerft: Marinewerft Kure.
Datum: 1943–1944/–.
I 401, I 402:
Bauwerft: Marinewerft Sasebo.
Datum: 1943–1944/45.
I 405:
Bauwerft: Kawasaki, Kobe.
Datum: 1944–.
Einheiten derselben Klasse 1943 annulliert:
I 406–I 417.
Typverdrängung: 5223 ts aufgetaucht, 6560 ts getaucht.
Abmessungen: 122,00 × 12,00 × 7,02 m.
Motorenanlage: Diesel: 4; E-Motoren: 2.
Höchstleistung: 7700 PS aufgetaucht, 2400 PS getaucht.
Höchstgeschwindigkeit: 18,7 kn aufgetaucht, 6,5 kn getaucht.
Fahrstrecke: 37 500 sm bei 14 kn aufgetaucht, 60 sm bei 3 kn getaucht.
Torpedorohre: 8 × 53,3 cm vorn; Torpedos: 20.
Geschütze: 1 × 14,0 cm L/50, 10 × 2,5 cm (3 × 3, 1 × 1), 1 Katapult, 3 Seeflugzeug-Bomber.
Besatzungsstärke: 100.

Großer Zweihüllen-U-Flugzeugträger. Den Druckkörper bildeten zwei nebeneinanderliegende Zylinder, die im Querschnitt eine »liegende Acht« darstellten. Maximale Einsatztauchtiefe: 100 m.
Ursprünglich die verschiedenen Merkmale der großen Boote vom Typ *A, B* und *C* in sich vereinigend, entschied man, daß diese Unterseeboote alle Hauptaufgaben übernehmen sollten, die normalerweise diesen Bootstypen zugedacht waren: einsatzmäßige Führung von Bootsgruppen, Angriff und Fernaufklärung. Deshalb stattete man sie mit einer guten Torpedobewaffnung (acht Rohre, 20 Torpedos) und einem Flugzeugkatapult aus.
Der ursprüngliche Entwurf sah nur zwei Flugzeuge vor, aber später entschied man, die Boote so zu vergrößern, um drei Flugzeuge unterzubringen. Die Wasserverdrängung wurde um etwa 700 ts erhöht und der Hangar auf 34 m verlängert. Um eine ausreichende Bootsbreite in der Wasserlinie zu erreichen – zur Sicherung des für den Flugbetrieb unerläßlichen Grads an Stabilität –, wurde der Druckkörper aus zwei sich überschneidenden Zylindern gebildet, wie dies die Querschnittszeichnung des Mittelschiffs zeigt.
Die Versorgungslage war ausreichend, um 90 Tage überschreitende Unternehmungen durchzuführen. Außergewöhnlich war der Fahrbereich: 37 500 sm bei 14 kn oder mehr als 30 000 sm bei 16 kn. Zusätzlich zum Treibstoff umfaßte die Ausrüstung für die Flugzeuge vom Typ *Aichi* M 6 A 1 (Seiran): vier Torpedos, drei 800-kg-Bomben und zwölf 250-kg-Bomben. Zur Zeit ihrer Indienststellung waren die Boote der Klasse *I 400* mit Radar und mit einem Anfangsmodell eines völlig untauglichen Schnorchels ausgerüstet.

Die Antriebsanlage, deren Einbau auf japanischen Booten beispiellos war, bestand aus vier Dieselmotoren, paarweise auf zwei Schraubenwellen gekuppelt, wobei jede bei Unterwasserfahrt von einem Elektromotor angetrieben wurde.
Bei ihrer Indienststellung waren dies die größten je gebauten Unterseeboote. Sie besaßen viele Merkmale technischen Fortschritts, hatten aber auch alle Unzulänglichkeiten der vorher gebauten großen japanischen (und ausländischen) Unterseeboote.
Wie die zum selben Zweck entworfenen Boote der Klasse *I 13*, so waren auch die Boote der Klasse *I 400* ungeeignet, zweckmäßig verwendet zu werden. Nach dem Tode Yamamotos schritt ihr Bau langsam voran, und die drei zwischen 1944 und 1945 fertiggestellten Boote (*I 400, I 401* und *I 402*) blieben untätig, bis sie bei Kriegsende erbeutet wurden. In den letzten Monaten wurde *I 402* noch zu einem Treibstoffversorgungsboot umgebaut, aber als solches nie eingesetzt.
Der Bau von *I 404* wurde im März 1945 eingestellt, als das Boot fast fertiggestellt war. Bei einem Luftangriff im Juli 1945 wurde es zerstört. Auch der Bau von *I 405* wurde widerrufen, noch ehe es auf Kiel gelegt worden war, und *I 403* wurde zusammen mit zwölf im abgeänderten Programm von 1942 geplanten Einheiten annulliert.

Schicksal der Boote:

Datum:	Ort:	Boot:	Ursache:[1]
1945	Pazifik	*I 404*	b
		I 400, I 401, I 402	x

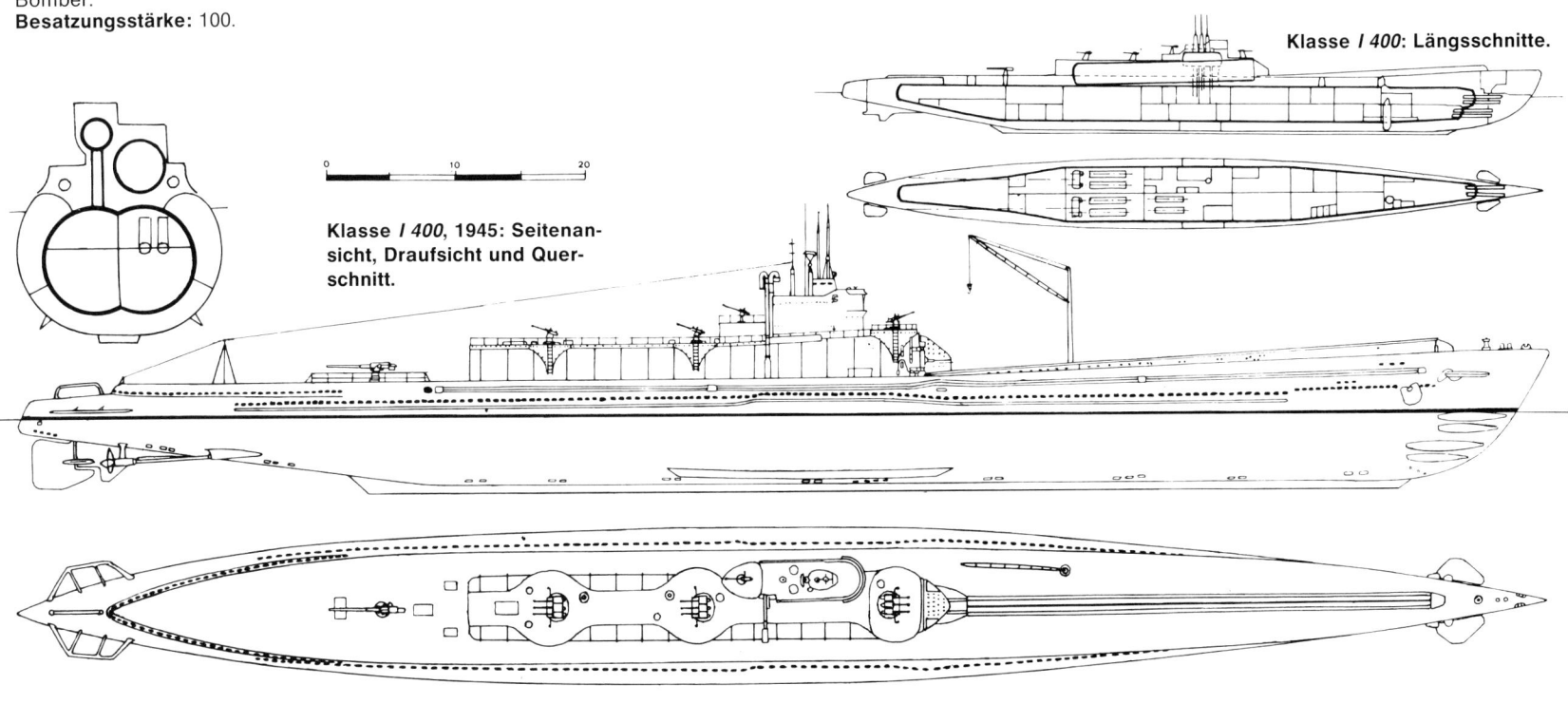

[1] Siehe Seite 8.

Klasse *I 400*, 1945: Seitenansicht, Draufsicht und Querschnitt.

Klasse *I 400*: Längsschnitte.

I 400, *I 401* und *I 402*, die einzigen drei fertiggestellten Boote der Klasse *I 400*.

Oben: *I 402*.

Unten: *I 400*, *I 401* und *I 402* nach der Kapitulation im August 1945.

Typ Sen-Taka

Klasse I 201 (ST).
I 201, I 202, I 203:
Bauwerft: Marinewerft Kure.
Datum: 1943–1945/45.
I 204, I 205, I 206, I 207, I 208:
Bauwerft: Marinewerft Kure.
Datum: 1944–/–.
In Auftrag gegebene Einheiten derselben Klasse, aber nicht auf Kiel gelegt:
I 209–I 223.
Typverdrängung: 1291 ts aufgetaucht, 1450 ts getaucht.
Abmessungen: 79,00 × 5,80 × 5,46 m.
Motorenanlage: Diesel: 2; E-Motoren: 2.
Höchstleistung: 2750 PS aufgetaucht, 5000 PS getaucht.
Höchstgeschwindigkeit: 15,8 kn aufgetaucht, 19 kn getaucht.
Fahrstrecke: 5800 sm bei 14 kn aufgetaucht, 135 sm bei 3 kn bzw. 17 sm bei 19 kn getaucht.
Torpedorohre: 4 × 53,3 cm vorn; Torpedos: 10.
Geschütze: 2 × 2,5 cm in Einzelaufstellung.
Besatzungsstärke: 31.

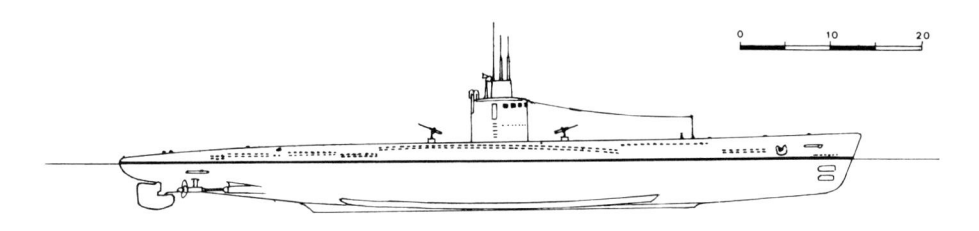

Hochsee-Unterseeboot mit hoher Unterwassergeschwindigkeit. Maximale Einsatztauchtiefe: 110 m.

Nach den schweren Unterseebootsverlusten der ersten beiden Kriegsjahre gewannen die Japaner die Überzeugung, daß hauptsächlich mit hoher Geschwindigkeit getaucht operierende Boote am besten den ständig wirksamer werdenden amerikanischen Unterseebootsbekämpfungsmaßnahmen entgegenwirken konnten. Die vor dem Krieg begonnenen Versuche mit dem kleinen N 71 wurden wieder aufgenommen und führten zum Entwurf der Boote des Typs Sen-Taka. Unter dem Programm von 1943/44 wurden 24 von ihnen in Auftrag gegeben.

In Größe und Leistungsfähigkeit glichen sie den deutschen Booten vom Typ XXI, welche die deutsche Marine zum selben Zweck in Dienst gestellt hatte. Trotz der zwischen beiden Marinen bestehenden Verbindung scheint es jedoch im Hinblick auf diesen besonderen Bootstyp keine wirksame Zusammenarbeit gegeben zu haben. Die Vorfertigung ganzer Rumpfsektionen wurde eingeführt und die Bauzeit betrug pro Boot zehn Monate. Rumpf und Kommandoturm waren stromlinienförmig und die Flakbewaffnung war auf »versenkbaren« Lafetten eingebaut. Die Elektromotoren waren fast doppelt so leistungsfähig wie die Diesel und die hohe Batteriekapazität gestattete einen Geschwindigkeitssprint von 19 Knoten für 55 Minuten und eine Marschfahrt von 3 Knoten für annähernd 45 Stunden.

Die Boote der Klasse I 201 waren mit einem Schnorchel ausgestattet und konnten Unternehmungen von über 25 Tagen Dauer durchführen.

Von den acht auf Kiel gelegten Booten konnten vor Kriegsende – aber zu spät, um eingesetzt zu werden – nur I 201, I 202, I 203 und I 204 in Dienst gestellt werden. Die ersteren drei erbeuteten im August 1945 die Amerikaner, während die Boote noch eingefahren wurden. Das fast fertige I 204 wurde am 22. Juni 1945 bei einem Angriff auf Kure zerstört. I 205 und I 206, im Februar bzw. März 1945 vom Stapel gelaufen, wurden bei Kriegsende in unfertigem Zustand erbeutet. Bei I 207 und I 208 stellte man im März 1945 den Bau ein und das bereits verbaute Material wurde verschrottet, um Platz für den Bau der Kaiten zu schaffen. Von den Booten der Serie I 209 wurde keines auf Kiel gelegt, und der Bau von weiteren 76 Booten, bewilligt im Bauprogramm von 1944/45, wurde nie begonnen.

Wenn auch ihre allgemeinen Eigenschaften jenen der deutschen Boote vom Typ XXI unterlegen waren, so gehörten diese Elektroboote zu den besten und interessantesten japanischen Unterseebootsentwürfen. Niemals unter Kampfbedingungen eingesetzt, konnten sie ihren Wert nicht unter Beweis stellen, aber ihre ausgezeichneten Unterwasserleistungen, besonders die Hochgeschwindigkeitsspurts, hätten für die Amerikaner eine ernste Gefahr bedeutet, da deren Unterseebootsabwehrmaßnahmen entwickelt worden waren, um weit weniger hochentwickelte Boote zu bekämpfen.

Wie die deutschen Boote vom Typ XXI, so kamen auch die Boote vom Typ Sen-Taka zu spät. Die japanische Industrie war nicht mehr imstande, sie schnell und in ausreichender Anzahl zu produzieren, und auch die strategische Situation ließ ihren wirksamen Einsatz nicht mehr zu.

Schicksal der Boote:

Datum:	Ort:	Boot:	Ursache:[1]
1945	Pazifik	I 204	b
		I 201, I 202, I 203, I 205, I 206	x

[1] Siehe Seite 8.

Typ Sen-Taka-Sho

Klasse Ha 201 (STS): 9 Einheiten + 29.
Ha 201, Ha 202, Ha 203, Ha 204, Ha 205, Ha 207, Ha 208, Ha 209, Ha 210:
Bauwerft: Marinewerft Sasebo.
Datum: 1945–1945/45.
Ha 206, Ha 211, Ha 212, Ha 220, Ha 222, Ha 233, Ha 234, Ha 235, Ha 246:
Bauwerft: Kawasaki, Tanagawa.
Datum: 1945–/–.
Ha 213, Ha 214, Ha 224, Ha 225, Ha 226, Ha 227, Ha 237, Ha 238:
Bauwerft: Mitsubishi, Kobe.
Datum: 1945–/–.
Ha 215, Ha 216, Ha 217, Ha 218, Ha 219, Ha 228, Ha 229, Ha 230, Ha 231, Ha 232:
Bauwerft: Marinewerft Sasebo.
Datum: 1945–/–.
Ha 221, Ha 223:
Bauwerft: Kawasaki, Kobe.
Datum: 1945–/–.

In Auftrag gegebene Einheiten derselben Klasse, aber nicht auf Kiel gelegt:
Ha 239, Ha 240, Ha 250–Ha 253, Ha 263–Ha 266, Ha 276–Ha 279:
Bauwerft: Mitsubishi, Kobe.
Ha 241–Ha 245, Ha 254–Ha 258, Ha 267–Ha 271:
Bauwerft: Marinewerft Sasebo.
Ha 247–Ha 249, Ha 259–Ha 262, Ha 272–Ha 275:
Bauwerft: Kawasaki, Tanagawa.

Typverdrängung: 377 ts aufgetaucht, 440 ts getaucht.
Abmessungen: 53,00 × 4,00 × 3,44 m.
Motorenanlage: Diesel: 1; E-Motor: 1.
Höchstleistung: 400 PS aufgetaucht, 1250 PS getaucht.
Höchstgeschwindigkeit: 10,5 kn aufgetaucht, 13 kn getaucht.
Fahrstrecke: 3000 sm bei 10 kn aufgetaucht, 100 sm bei 2 kn getaucht.
Torpedorohre: 2 × 53,3 cm vorn; Torpedos: 14.
Geschütze: 1 × 7,7 mm.
Besatzungsstärke: 22.

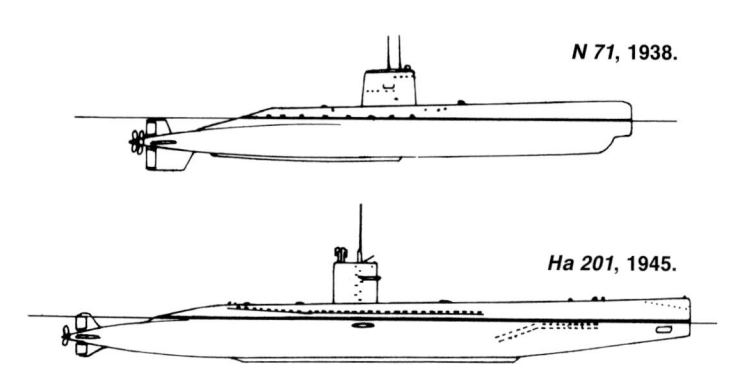

N 71, 1938.

Ha 201, 1945.

Küsten-Unterseeboot mit hoher Unterwassergeschwindigkeit. Maximale Einsatztauchtiefe: 100 m.
Im Bauprogramm von 1943/44 entschlossen sich die Japaner, 80 kleine Küstenboote von hoher Unterwasserleistung zu bauen, deren Entwurf direkt von dem des Versuchsunterseebootes N 71 aus dem Jahre 1938 abgeleitet war. Leistungsfähigkeit und Größe waren den deutschen Booten vom Typ XXIII vergleichbar. Diese kleinen Boote waren zur Verteidigung von Stützpunkten und der japanischen Heimatgewässer bestimmt. Der Entwurf zeigte auch den Einfluß der Studien, die in Verbindung mit dem Bau der ozeanfähigen Elektroboote der Klasse I 201 durchgeführt worden waren. Er forderte einfach und schnell zu bauende Boote mit vorgefertigten Rümpfen, voll verschweißt, ausgestattet mit einer einzigen Schraube und mit stromlinienförmiger Rumpfform für die Unterwasserfahrt.
Klein, sehr wendig und mit einer Spurtgeschwindigkeit von etwa 13 Knoten sollten die Boote vom Typ Ha 201 das Küstenpendant zum Typ I 201 in derselben Weise sein, wie die deutschen Boote vom Typ XXIII das Gegenstück zum größeren Typ XXI darstellten. Mit Radar und Schnorchel ausgerüstet, konnten sie Unternehmungen bis zu 15tägiger Dauer durchführen.
Der Plan sah den Bau von etwa 13 Booten pro Monat mit einer Bauzeit von annähernd zwei Monaten pro Boot vor. Das erste Boot, Ha 201, wurde am 1. März 1945 in Kure auf Kiel gelegt und am 31. Mai fertiggestellt. Der durch die häufigen amerikanischen Bombenangriffe auf japanische Werften und Produktionszentren verursachte spätere Materialmangel verzögerte das Programm beträchtlich. Von den anfänglich geplanten 80 Booten, zu denen 1945 weitere zehn hinzukamen, wurden nur 38 begonnen. Von diesen wiederum konnten bis Kriegsende nur 9 (Ha 201–Ha 205 und Ha 207–Ha 210) fertiggestellt werden, aber keines gelangte rechtzeitig zum Einsatz. Die Amerikaner erbeuteten sie allesamt im August 1945, während sie sich noch in der Phase des Einfahrens befanden. Von den verbleibenden 29 auf Kiel gelegten Booten waren Ha 206, Ha 212–Ha 215, Ha 217–Ha 219 sowie Ha 228 und Ha 229 bereits vom Stapel gelaufen und in der Ausrüstungsphase, als sie bei Kriegsende von den Amerikanern erbeutet wurden. Alle genannten sowie alle noch im Bau befindlichen Boote wurden in der Folge verschrottet.
Dieselben Bemerkungen, die zur vorhergehenden Klasse geäußert worden sind, gelten auch für diese Boote, wenn auch ihre »Notkonstruktion«, beruhend auf Höchstgeschwindigkeit und wirtschaftliche Bauweise, zum Glauben verführen könnte, daß man sich für einen längeren Einsatz auf sie nicht verlassen könne.

Schicksal der Boote:

Datum:	Boot:	Ursache:[1]
1945	Ha 201–Ha 211, Ha 212–Ha 215, Ha 217–Ha 219, Ha 228, Ha 229	x

[1] Siehe Seite 8.

Transportunterseeboote

Frachtunterseeboote (52 Einheiten + 2, wovon 26 zur japanischen Armee gehörten). Ende 1942 ergab sich unumgänglich die Notwendigkeit, die auf pazifischen Atollen und Inseln nach dem amerikanischen Vormarsch isoliert zurückgelassenen Besatzungen zu versorgen. Die Marine hatte dazu anfänglich alte Boote oder normale Einsatzboote verwendet und begann jetzt, besonders für diese Aufgabe entworfene Unterseeboote zu bauen.

Typ D 1

I 361, I 363:
Bauwerft: Marinewerft Kure.
Datum: 1942–1943/44.
I 362, I 364, I 366, I 367, I 370, I 371:
Bauwerft: Mitsubishi, Kobe.
Datum: 1942–1943/44.
I 365, I 368, I 369, I 372:
Bauwerft: Marinewerft Yokosuka.
Datum: 1943–1944/44.
Typverdrängung: 1779 ts aufgetaucht, 2215 ts getaucht.
Abmessungen: 73,50 × 8,90 × 4,70 m.
Motorenanlage: Diesel: 2; E-Motoren: 2.
Höchstleistung: 1850 PS aufgetaucht, 1200 PS getaucht.

Höchstgeschwindigkeit: 13 kn aufgetaucht, 6,5 kn getaucht.
Fahrstrecke: 15000 sm bei 10 kn aufgetaucht, 120 sm bei 3 kn getaucht.

Geschütze: 1 × 14,0 cm, 2 × 2,5 cm, 2 Landungsfahrzeuge (13 m), 82 ts Fracht oder 110 Soldaten.
Besatzungsstärke: 75.

Unter dem abgeänderten Bauprogramm von 1942 in Auftrag gegeben. Die Rümpfe stellten einen einfachen Entwurf dar, um eine einfache und schnelle Bauweise zu gewährleisten. Ursprünglich hatte die Absicht bestanden, diese Boote mit zwei 53,3-cm-Bugtorpedorohren auszustatten, aber die ersten Probefahrten von *I 361* zeigten, daß sich das Boot schlecht handhaben ließ, besonders bei rauher See, und deshalb lohnten sich keine Torpedorohre. Abweichend vom ursprünglichen Entwurf, wurde der Bug um annähernd 1,80 m verlängert. Zusätzlich zu den *Daihatsu*-Landungsfahrzeugen, die an Oberdeck verstaut waren und bis zu 60 m Tiefe widerstehen konnten, besaßen die Boote vier Schlauchboote und zwei elektrische Kräne (beiderseits des Kommandoturms eingebaut), um die Fracht zu befördern, von der 20 ts an Oberdeck verstaut waren. Maximale Diensttauchtiefe: 75 m.

Ende 1944 und Anfang 1945 wurden acht dieser Boote als *Kaiten*-Träger umgebaut. Dazu entfernte man das 14,0-cm-Geschütz, und jedes der Boote konnte fünf *Kaiten* transportieren und starten. Weitere 92 Unterseeboote dieser Klasse waren geplant, aber die Stahlverknappung und die Dringlichkeit des Bauprogramms für Geleitfahrzeuge zur Unterseebootsbekämpfung stoppten die Auftragserteilung. Bei Kriegsende wurden die fünf noch vorhandenen Boote den Amerikanern ausgeliefert, aber kurz darauf ging eines davon auf einer Mine verloren.

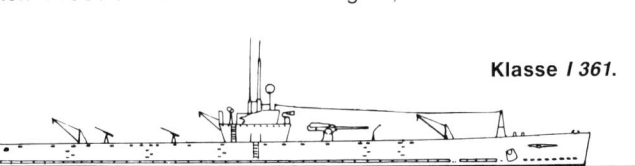

Klasse *I 361*.

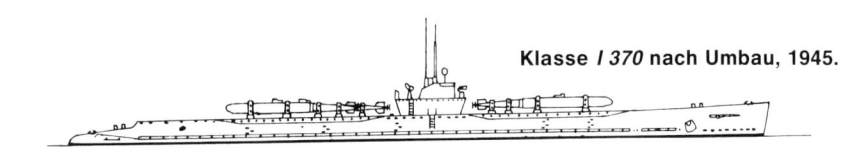

Klasse *I 370* nach Umbau, 1945.

Schicksal der Boote:

Datum:	Ort:	Boot:	Ursache:[1]
1944	Pazifik	I 364, I 365	s
1945	Pazifik	I 361, I 368	a
		I 362, I 370	m
		I 371	s
		I 372	c
		I 363, I 366, I 367, I 369	x

[1] Siehe Seite 8.

Typ D 2

I 373:
Bauwerft: Marinewerft Yokosuka.
Datum: 1944–1945.
I 374:
Bauwerft: Marinewerft Yokosuka.
Datum: 1944 auf Kiel gelegt, aber nicht fertiggestellt.
I 375–I 378:
In Auftrag gegebene, aber nicht auf Kiel gelegte Boote.
Typverdrängung: 1926 ts aufgetaucht, 2240 ts getaucht.
Abmessungen: 74,00 × 8,90 × 5,05 m.
Motorenanlage: Diesel: 2; E-Motoren: 2.

Höchstleistung: 1750 PS aufgetaucht, 1200 PS getaucht.
Höchstgeschwindigkeit: 13 kn aufgetaucht, 6,5 kn getaucht.
Fahrstrecke: 15000 sm bei 10 kn aufgetaucht, 120 sm bei 3 kn getaucht.

Geschütze: 1 × 14,0 cm, 7 × 2,5 cm (1 × 3, 2 × 2), einige Quellen sprechen von 2 × 2,5 cm (1 × 2), 1 Landungsfahrzeug (13 m), 110 ts Fracht, 150 ts Benzin.
Besatzungsstärke: 100.

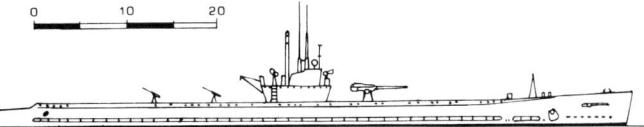

Vergrößerte und verbesserte Version des Typs D 1. Infolge der größeren Frachtkapazität war die maximale Tauchtiefe größer (100 m), aber Einsatzdauer (30 Tage) und Fahrstrecke waren geringer. Durch die größere Dringlichkeit anderer Programme wurde *I 374* halb fertiggestellt auf Helling verschrottet. *I 373* soll nach seiner Fertigstellung zum *Kaiten*-Träger umgebaut worden sein, ging aber in den letzten Kriegstagen vor Schanghai verloren. Zusätzlich zu *I 375–I 378*, die in Auftrag gegeben, aber nie auf Kiel gelegt worden sind, waren weitere 36 Boote geplant, deren Auftragserteilung aber nie erfolgte.

Schicksal des Bootes:

Datum:	Ort:	Boot:	Ursache:[1]
1945	Ostchinesisches Meer	I 373	s

[1] Siehe Seite 8.

Typ *Sh (Sen-Ho)*

I 351, I 352:
Bauwerft: Marinewerft Kure.
Datum: 1944–1945/45.
I 353:
Auf derselben Werft in Auftrag gegeben, aber nicht auf Kiel gelegt.
Typverdrängung: 3512 ts aufgetaucht, 4920 ts getaucht.
Abmessungen: 111,00 × 10,10 × 6,10 m.
Motorenanlage: Diesel: 2; E-Motoren: 2.
Höchstleistung: 3700 PS aufgetaucht, 1200 PS getaucht.
Höchstgeschwindigkeit: 15,75 kn aufgetaucht, 6,3 kn getaucht.
Fahrstrecke: 13000 sm bei 14 kn aufgetaucht, 100 sm bei 3 kn getaucht.
Torpedorohre: 4 × 53,3 cm vorn; Torpedos: 4.
Geschütze: 4 × 7,6-cm-Granatwerfer (2 × 2); 7 × 2,5 cm (1 × 3, 2 × 2);

390 ts Fracht einschließlich 365 ts Benzin; 11 ts Frischwasser; 60×250-kg-Bomben (oder 30×250-kg-Bomben und 15 Lufttorpedos).
Besatzungsstärke: 90.

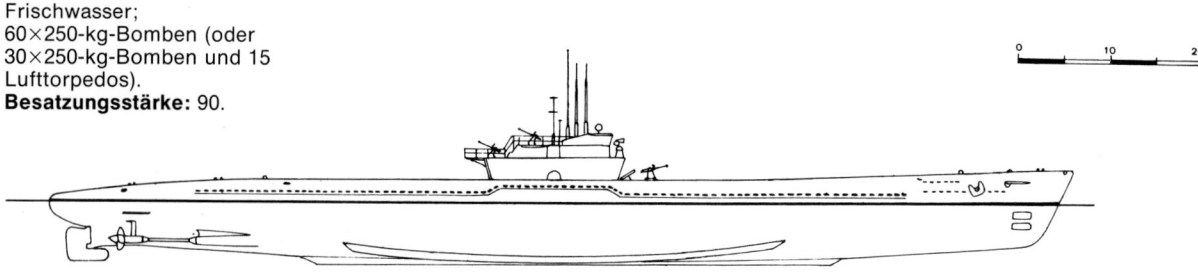

Diese Boote, die größten japanischen Transportunterseeboote, waren vor den anderen – unter dem Ergänzungsprogramm von 1941 – und zu einem anderen Verwendungszweck in Auftrag gegeben worden. Sie sollten als vorgeschobene Stützpunkte für Seeflugzeuge und Flugboote fungieren. Ursprünglich sollte die Bewaffnung aus einem 14,0-cm-Geschütz und vier 2,5-cm-Flakwaffen bestehen, aber der Bau der Boote verzögerte sich solange, daß keine Decksgeschütze mehr zur Verfügung standen. Sie wurden durch die ungewöhnliche Granatwerferbewaffnung ersetzt, obschon auch die Flakbewaffnung verstärkt wurde. Diese Boote hatten eine Einsatzdauer von 60 Tagen und ihre Diensttauchtiefe lag bei 96 m. Andere Programme rangierten vor ihnen. *I 352* wurde bombardiert, als es zu neunzig Prozent fertiggestellt war; und der im Programm von 1942 vorgesehene »verbesserte Typ *I 351*« wurde nicht einmal in Auftrag gegeben.

Schicksal des Bootes:

Datum	Ort:	Boot:	Ursache:[1]
1945	Pazifik	*I 351*	s
	Japan	*I 352*	b

[1] Siehe Seite 8.

Typ *Ss (Sen-Yu-Sho)*

Ha 101, Ha 104, Ha 106, Ha 107, Ha 108, Ha 110:
Bauwerft: Kawasaki, Tanagawa.
Datum: 1944–1945/45.
Ha 102, Ha 103, Ha 105, Ha 109, Ha 111, Ha 112:
Bauwerft: Mitsubishi, Kobe.
Ha 113–Ha 200:
Die Boote wurden nie in Auftrag gegeben.
Typverdrängung: 429 ts aufgetaucht, 493 ts getaucht.
Abmessungen: 44,50 × 6,10 × 4,04 m.
Motorenanlage: Diesel: 1; E-Motor: 1.
Höchstleistung: 400 PS aufgetaucht, 150 PS getaucht.
Höchstgeschwindigkeit: 10 kn aufgetaucht, 5 kn getaucht.
Fahrstrecke: 3000 sm bei 10 kn aufgetaucht, 46 sm bei 2,3 kn getaucht.
Geschütze: 1 × 2,5 cm, 600 ts Fracht.
Besatzungsstärke: 22.

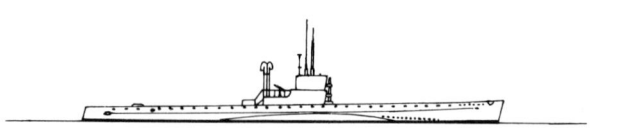

Kleine und einfache Unterseeboote, nur für Versorgungseinsätze entworfen. Bei ihrem Bau fanden Vorfertigung und Schweißen weitgehende Anwendung, und einige der Boote wurden in nur fünf Monaten fertiggestellt. Andere Unterseebootsprogramme wurden reduziert und schließlich annulliert, aber der Bau dieser Boote wurde als Notmaßnahme fortgesetzt, wenn auch die folgenden 88 Boote dieser Klasse im Mai 1944 widerrufen wurden. Die maximale Tauchtiefe betrug 95 m und die Einsatzdauer 15 Tage. Sämtliche Boote – einschließlich der nahezu fertiggestellten *Ha 111* und *Ha 112* – wurden bei Kriegsende den Amerikanern ausgeliefert und kurz darauf entweder versenkt oder verschrottet.

Schicksal des Bootes:

Datum	Ort:	Boot:	Ursache:[1]
1945	Japan	*Ha 101 – Ha 112*	x

[1] Siehe Seite 8.

Yu-Klasse

Yu-Klasse (12 Einheiten).
Yu 1, Yu 2, Yu 3, Yu 4, Yu 5, Yu 6, Yu 7, Yu 8, Yu 9, Yu 10, Yu 11, Yu 12:
Bauwerft:
Kasado-Eisenwerke, Hitachi-Schiffbau Co., Kudamatsu.
Datum: 1943–1945.
Typverdrängung: 273 ts aufgetaucht, 370 ts getaucht.
Abmessungen: 40,90 × 3,90 × 2,90 m.
Motorenanlage: Diesel: 1; E-Motor: 1.

Höchstleistung: 400 PS aufgetaucht, 75 PS getaucht.
Höchstgeschwindigkeit: 10 kn aufgetaucht, 5 kn getaucht.

Fahrstrecke: 1500 sm bei 8 kn aufgetaucht, 32 sm bei 4 kn getaucht.
Geschütze: 1 × 3,7 cm, 40 ts Fracht.
Besatzungsstärke: keine Angabe.

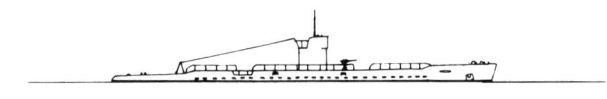

Die japanische Armee und die japanische Marine hatten wenig füreinander übrig, und so ist es nicht überraschend, daß sich die erstere entschloß, zur Versorgung ihrer Inselbesatzungen ihre eigenen Unterseeboote zu entwerfen und zu bauen. Und es überrascht auch nicht, daß die Marine jede Unterstützung dieses Projektes verweigerte. Soweit die Marine (oder der Historiker) betroffen ist, konnte dies nur eine unnötige Zersplitterung des knappen Schiffsbaumaterials bedeuten.
Die Bauweise dieser Klasse wurde so einfach wie nur möglich gehalten. Abgesehen von zwei an die Amerikaner ausgelieferten Boote ist das Schicksal der übrigen unbekannt.

Schicksal des Bootes:

Datum	Ort:	Boot:	Ursache:[1]
1945	Japan	Yu 10, Yu 12	x

[1] Siehe Seite 8.

Yu 1001-Klasse

Yu 1001, Yu 1002, Yu 1003, Yu 1004, Yu 1005, Yu 1006, Yu 1007, Yu 1008, Yu 1009, Yu 1010, Yu 1011, Yu 1012, Yu 1013, Yu 1014:
Bauwerft:
Chosen-Maschinenbau Co., Korea.
Datum: 1944–1945.

Typverdrängung: 392 ts aufgetaucht, ca. 500 ts getaucht.
Abmessungen: 49,00 × 5,00 × 2,60 m.
Motorenanlage: Diesel: 2; E-Motoren: 2.
Höchstleistung: 700 PS aufgetaucht, 150 PS getaucht.

Höchstgeschwindigkeit: 12 kn aufgetaucht, 5 kn getaucht.
Fahrstrecke: 1500 sm bei 8 kn aufgetaucht, 32 sm bei 4 kn getaucht.
Bewaffnung: keine; 40 ts Fracht.

Die ersten Boote dieser Klasse wurden 1945 durch die Ando-Eisenwerke, Tokio, für die Armee auf Kiel gelegt; weitere Einzelheiten sind unbekannt.

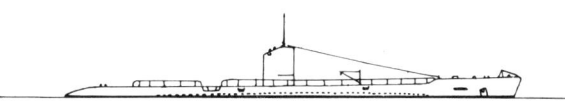

Yu 1013, eines der kleinen Armee-Transportboote im Trockendock.

Ausländische Unterseeboote in der japanischen Marine

Im Verlaufe des Krieges stellte die japanische Marine mehrere deutsche und italienische Boote in Dienst, teils von den Deutschen übergeben und teils zum Zeitpunkt der italienischen und deutschen Kapitulation beschlagnahmt.

Die beiden Boote der Klasse *RO 500* (*RO 500* ex *U 511* und *RO 501* ex *U 1224*) waren auf deutschen Werften erbaute Boote des Typs IX C. Das erstere brachte eine deutsche Besatzung im Juli 1943 nach Japan und übergab es der japanischen Marine als zukünftiges Baumuster. Das zweite übernahm im Februar 1944 eine japanische Besatzung in Kiel, die mit dem Unterseeboot *I 8* nach Europa gebracht worden war (61 Tage von Penang nach Brest). Das Boot ging im Mai 1944 im Atlantik auf der Fahrt nach Japan verloren. Einzelheiten zu diesen Booten siehe Seite 75.

Die beiden italienischen Boote – *I 503* (*Marcello*-Klasse) und *I 504* (*Marconi*-Klasse) – wurden im September 1943 in Sabang und Singapur beschlagnahmt. Es handelte sich dabei um Hochseeboote, umgebaut zur Beförderung hochwertigen Materials von und nach dem Fernen Osten, die gerade aus Europa eingetroffen waren. Die beiden Boote wurden den Deutschen übergeben (als *UIT 24* und *UIT 25*), die sie aber nicht einsetzten. Bei der deutschen Kapitulation wurden sie von den Japanern erneut beschlagnahmt und bei Kriegsende den Amerikanern ausgeliefert. (Siehe Seiten 173 und 177).

Die übrigen in Deutschland gebauten Boote (*I 501* ex *U 181*, *I 502* ex *U 862*, *I 505* ex *U 219*, *I 506* ex *U 195*), zu den Klassen *I 501* und *I 505* gehörend, wurden ebenfalls im Fernen Osten erbeutet, als diese zeitweilig im Augenblick der deutschen Kapitulation dort stationiert waren. Die Japaner setzten die Boote nicht ein und lieferten sie bei Kriegsende den Amerikanern aus. (Siehe Seiten 75 und 80 hinsichtlich der Einzelheiten zu diesen Booten.)

RO 500 ex *U 511* kurz nach der Ankunft am 16. Juli 1943 in Penang.

Schicksal des Bootes:

Datum:	Ort:	Boot:	Ursache:[1]
1944	Atlantik	*RO 501*	n
1945	Pazifik	*RO 500, I 501, I 502, I 503, I 504, I 506*	x
1945	Indik	*I 505*	x

[1] Siehe Seite 8.

Kleinunterseeboote und »menschliche Torpedos«

Die ersten beiden Prototypen von Kleinunterseebooten (*N 1, N 2*) wurden um 1936 auf der Marinewerft Kure gebaut. Die Boote besaßen Elektromotoren, torpedoförmige Rümpfe und ihnen fehlte ein Kommandoturm. In der Folge entstanden zwei weitere Prototypen (*Ha 1, Ha 2*), modifiziert und mit einem Kommandoturm ausgestattet. Sie bildeten die Erprobungsgrundlage für die zahlreichen, zwischen 1938 und 1942 gebauten Kleinunterseeboote *Ha 3–Ha 44, Ha 46–Ha 61*) des Typs A.

Zum Transport mit Überwasserfahrzeugen und mit großen Hochseebooten entworfen, sollten sie auf offener See in den Gefechten zwischen Schlachtgeschwadern eingesetzt werden.
Später kam der Gedanke auf, Kleinunterseeboote zum Angriff auf große Kriegsschiffe an ihren Liegeplätzen einzusetzen. Fünf Boote vom Typ A wurden bei Pearl Harbor zum Einsatz gebracht, aber ohne Erfolg. Andere griffen Sydney und Diego Suarez an, wo sie das britische Schlachtschiff *Ramillies* be-

Tabelle 25: Hauptmerkmale der japanischen »Taschen«-Unterseeboote und Unterwasser-Angriffsfahrzeuge

Typ (Baujahr) Anzahl:	Typverdrängung getaucht (ts):	Abmessungen:	Motorenanlage (PS):	Geschwindigkeit (kn) über/unter Wasser:	Fahrstrecke (sm bei kn) über/unter Wasser:	Bewaffnung:	Besatzungsstärke:
A (Ko-Hyoteki) (1938–1942) 62	46	23,90 × 1,80 × 1,80 m	1 E-Motor (600)	23,0/19	–/ 80 bei 2 55 bei 19	Zwei 45,7-cm-Torpedos	2
B (Ko-Hyoteki) (1943) 1	50	24,90 × 1,80 × 1,80 m	1 Diesel (40) 1 E-Motor (600)	6,5/18,5	350 bei 6/ 120 bei 4	Zwei 45,7-cm-Torpedos	3
C (Ko-Hyoteki) (1943–1944) 15	50	24,90 × 1,80 × 1,80 m	1–4 Diesel (–) 1 E-Motor (600)	6,5/18,5	350 bei 6/ 120 bei 4	Zwei 45,7-cm-Torpedos	–
D (Koryu) (1945) 110	59,3	26,20 × 2,90 × 2,90 m	1 Diesel (150) 1 E-Motor (500)	8,0/16	1000 bei 8/ 320 bei 16	Zwei 45,7-cm-Torpedos	5
Kairyu (1945) 207	19,3	17,20 × 1,30 × 1,30 m	1 Diesel (100) 1 E-Motor (100)	7,5/10	450 bei 5 36 bei 3	Zwei 45,7-cm-Torpedos oder eine 600-kg-Sprengladung	2
Kaiten 1 (1944) –	8,3	14,75 × 1,00 × 1,00 m	1 Torpedomotor (550)	–/30	–/ 12,5 bei 30 45 bei 12	1550 kg Sprengstoff	1
Kaiten 2 (1945) –	13,4	16,50 × 1,35 × 1,35 m	1 Wasserstoffsuperoxyd-Motor (1500)	–/40	–/ 13,7 bei 40 48 bei 20	1550 kg Sprengstoff	–
Kaiten 4 (1945) –	13,2	16,50 × 1,35 × 1,35 m	1 Torpedomotor (1500–1800)	–/40	–/14,6 bei 40 50 bei 20	1800 kg Sprengstoff	–

Ein erbeutetes Kleinunterseeboot *Kaiten-Typ 2*, das heute in der Marinewerft Washington besichtigt werden kann (im Hintergrund ein japanisches 45,7-cm-Geschütz).

schädigten. Die meisten Boote des Typs *A* wurden jedoch in der Küstenverteidigung verwendet.

Im Verlaufe des Krieges wurden aus dem Typ *A* drei aufeinanderfolgende Versionen – Typ *B, C* und *D* – entwickelt, jeweils mit verbesserten Eigenschaften ausgestattet und mit einem Dieselmotor für den Überwasserantrieb und für das Aufladen der Batterien ausgerüstet.

Von diesen letzten drei Typen wurden insgesamt 126 Boote gebaut. Mehrere gingen verloren, ohne nennenswerte Ergebnisse erzielt zu haben; die meisten wurden jedoch bei Kriegsende in ihren Stützpunkten erbeutet. Zusammen mit ähnlichen Fahrzeugtypen war ein massiver Einsatz dieser Boote für die letzte verzweifelte Verteidigung japanischen Territoriums geplant gewesen.

Die zahlreichen, 1945 gebauten Boote des *Kairyu*-Typs[49] glichen ihren Vorgängern, waren jedoch kleiner. Sie konnten auch, statt der Torpedos mit einem 600-kg-Gefechtskopf ausgerüstet, zu Selbstmordangriffen eingesetzt werden.

[49] Anmerkung des Übersetzers:
Eine erschöpfende Darstellung mit vielen Bildern und Schnittzeichnungen findet sich in Lengerer »Japans letzte Einsatzmittel zur See: Einige Angaben zum Klein-U-Boot *Kairyu*« in »Marine-Rundschau« 1979, 696.

Zusätzlich zu den Kleinunterseebooten, die normalerweise mit Torpedos bewaffnet waren und zwei, drei oder fünf Mann Besatzung hatten, entwarf und baute die Kaiserliche Marine im letzten Kriegsjahr zahlreiche Angriffsfahrzeuge für Selbstmordangriffe. Das waren die *Kaiten* (wörtlich: »dem Himmel zugewandt«), winzige Unterseeboote, um die Motoren der Sauerstofftorpedos vom Typ 93 herum gebaut. Sie wurden von einem Mann gefahren und trugen eine Sprengladung von 1500–1800 kg im Kopf.

Der Gedanke, Torpedos einzusetzen, die von einem Mann ins Ziel gelenkt wurden, der sich freiwillig opferte, war einige Zeit vorher in japanischen Marinekreisen in Betracht gezogen worden. Mit Bewunderung und Interesse hatte man in Japan die Erfolge beachtet, die von den Italienern in zwei Weltkriegen erzielt wurden, wenn auch die italienischen Methoden keineswegs die freiwillige Aufopferung des Piloten forderten. Beginnend vom Zeitpunkt der Operationen in der Inselgruppe der Salomonen hatten japanische Offiziere die Möglichkeit studiert, den Torpedo vom Typ 93 zu einem gelenkten Angriffsfahrzeug umzubauen, und hatten seinen Einsatz auf offener See in der Überzeugung vorgeschlagen, daß entschieden bessere Ergebnisse erzielt werden würden als zu Beginn des Krieges mit Kleinunterseebooten.

Das erste *Kaiten*-Modell (Typ *1*) war Anfang 1944 fertig, und im Oktober desselben Jahres, als die Taten der Kamikaze in ausgedehntem Maße einsetzten, wurden die ersten Freiwilligen für die *Kaiten* angenommen.

Unter den Unterseebootsfahrern gab es keine Rekrutierungsschwierigkeiten. Ausgebildet wurden die *Kaiten*-Piloten in der in der Inland-See gelegenen Bucht von Tokumaya. Ihr Leben, die psychologische Vorbereitung sowie die bewegende feierliche Weihe und der Abschied von den Freunden vor ihrem ersten und einzigen Einsatz glichen dem der Kamikaze. Normalerweise wurden die *Kaiten* mit Hochseebooten oder mit Überwasserschiffen (dem Kreuzer *Kitakami* u. a.) ins Zielgebiet gebracht. Überwasserschiffe setzten sie über eine Gleitbahn in die See aus. Unterseeboote, die drei bis sechs *Kaiten* an Oberdeck mitführten, wendeten eine kompliziertere Technik an, aber eine solche, die bessere Ergebnisse als die der Überwasserfahrzeuge lieferte.

Der Pilot des *Kaiten* blieb gewöhnlich im Inneren des Mutterfahrzeuges, bis sich ein Ziel bot. Dann begab er sich durch einen wasserdichten Tunnel aus dem Inneren des Unterseebootes zu seinem Fahrzeug. Während der Annäherung an das Ziel blieb der Pilot mit dem Kommandanten des Unterseebootes in Verbindung, der ihn mit den letzten Peilungen und Angriffsinstruktionen versorgte. Bei einer Entfernung von etwa 7000 m vom Ziel wurde der Motor des *Kaiten* gestartet, und das Fahrzeug bewegte sich vom Mutterunterseeboot weg.

Während der Fahrt konnte der Pilot seinen Kurs korrigieren, indem er durch ein kleines Sehrohr blickte. Einen Kollisionskurs steuernd, ging der Pilot mit dem Torpedo auf 4 m Tiefe, wenn er sich unter 500 m Entfernung vom Ziel befand, und blockierte die Steuerung. Die am Rumpf des Zieles detonierende Sprengladung reichte aus, um ein Schiff mittlerer Größe zu versenken, und die zerstörende Wirkung war zweifellos größer als die eines Kamikaze.

Der erste *Kaiten*-Einsatz fand im November 1944 statt, und bis in die letzten Kriegstage hinein wurden sie mit zunehmender Häufigkeit eingesetzt, wobei fast alle noch vorhandenen Hochseeboote als Trägerfahrzeuge dienten. Die Gesamtergebnisse blieben ziemlich begrenzt; wahrscheinlich infolge fehlender Ausbildung und der Schwierigkeiten beim Manövrieren des *Kaiten*.

Von Mitte 1944 an bis zum August 1945 wurden mehrere hundert *Kaiten* der verschiedensten Typen gebaut, aber nur etwa 50 von ihnen kamen zum Einsatz. Bei Kriegsende wurde eine große Anzahl von ihnen vorgefunden.

Niederlande

Obgleich Holland 1939 das drittgrößte Kolonialreich der Welt besaß, war seine Seemacht für die beträchtlichen Verpflichtungen, die mit dieser Stellung verbunden waren, zu klein. Die holländische Marine, einst an zweiter Stelle hinter der Royal Navy an Alter, Kampftradition und hinsichtlich der Stärke, die für das Erobern und Festhalten seiner zahlreichen Kolonien grundlegend gewesen war, hatte seit den Tagen De Ruyters, als sie den achtbarsten Gegner der britischen Flotte repräsentierte, spürbar an Stärke verloren.

Im 20. Jahrhundert stellte die Königlich Niederländische Marine eine zweitklassige Marine dar, wenn auch nicht in der Qualität ihrer Schiffe und Männer.

Als die Deutschen die bis dahin neutralen Beneluxländer im Mai 1940 überfielen, befand sich ein begrenztes Programm zur Verstärkung der Flotte in einem fortgeschrittenen Stadium, aber die deutsche Okkupation verhinderte seinen Abschluß. Mehrere der neuen Schiffe, die bereits in der Ausrüstungsphase standen, wurden nach Großbritannien geschleppt, wo sie in der Folge fertiggestellt wurden; andere wiederum, vor allem jene, die sich noch im Bau befanden, wurden zerstört und aufgegeben. Bei verschiedenen Schiffen setzten die Deutschen den Bau fort oder er wurde von den Holländern nach dem Kriege wieder aufgenommen.

Die in Dienst gestellten und in heimischen Gewässern stationierten Boote begaben sich nach Großbritannien und setzten für den Rest des Krieges, der Royal Navy unterstellt, ihre Einsätze fort. Die in Ostindien (die Kolonialmarine war faktisch eine gesonderte Streitkraft) stationierten Boote — sie bildeten die Mehrheit — verteidigten die holländischen Interessen in diesen Territorien, bis sie im Dezember 1941 von den Japanern überrannt wurden. Viele von ihnen gingen in den ersten Kriegsmonaten bei dem aussichtslosen Versuch verloren, den Japanern Widerstand zu leisten. Die noch übrig gebliebenen Boote zogen sich nach Australien zurück, um den Kampf an der Seite der britischen und amerikanischen Boote fortzusetzen.

Im Mai 1940 umfaßte die holländische Unterseebootsflotte insgesamt 27 im Dienst oder in Ausrüstung befindliche Boote, weitere drei waren im Bau. Darunter befanden sich elf alte Boote von begrenzter Leistungsfähigkeit. Bei den anderen, sämtlich in Holland gebaut, handelte es sich um ausgezeichnete Unterseeboote, die zwischen 1932 und 1939 in Dienst gestellt worden waren.

Ursprünglich wurden alle für die Verwendung in heimischen Gewässern vorgesehenen Unterseeboote mit dem vorangestellten Buchstaben »O« (*Onderzeeboot*) bezeichnet, gefolgt von einer Zahl in arabischen Ziffern (*O 8*, *O 11* usw.). Für Ostindien bestimmte Boote bekamen den vorangestellten Buchstaben »K« (*Kolonien*), gefolgt von einer Zahl in lateinischen Ziffern (*K VII*, *K XI* usw.).

Der Hauptunterschied zwischen den beiden Bootstypen bestand in Größe und Fahrbereich. Darin waren die »Kolonial«-Boote, um den Erfordernissen ihrer Einsatzräume gerecht zu werden, deutlich überlegen. 1937 wurde diese Unterscheidung aufgegeben; fortan wurden neue holländische Boote lediglich mit dem Buchstaben »O« bezeichnet und als geeignet zur Verwendung sowohl in europäischen als auch in Kolonialgewässern angesehen.

1940 war das älteste, im Dienst befindliche holländische Boot *O 8*; es war ein ehemaliges britisches Boot vom *Holland*-Typ, das von der holländischen Marine nach dem Ersten Weltkrieg in Dienst gestellt worden war. Die Deutschen erbeuteten es in Den Helder, gliederten es in ihre Marine ein und benutzten es bis 1945 zur Ausbildung.

O 25 läuft am 1. Mai 1940 vom Stapel.

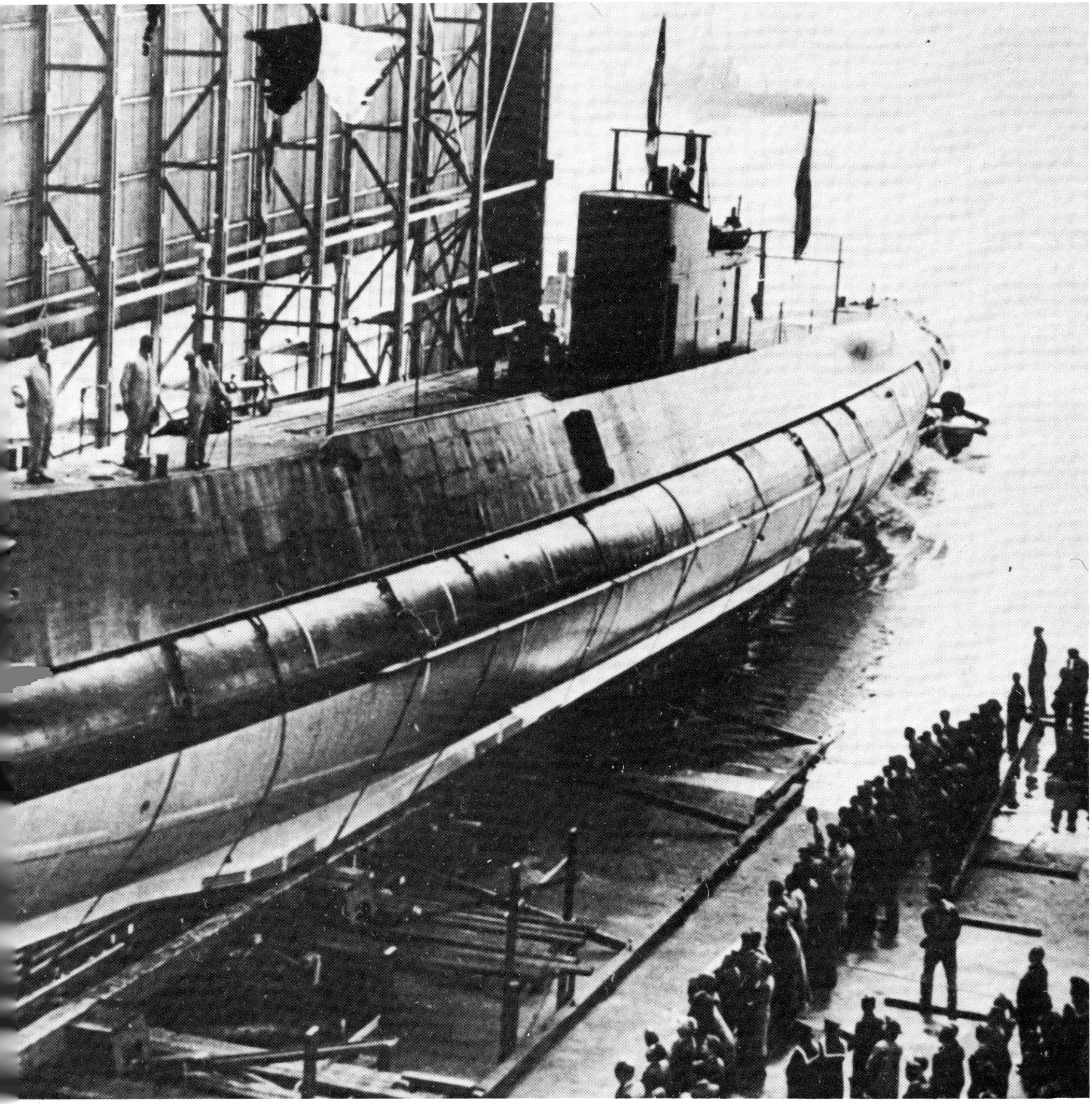

Entwicklung der holländischen Unterseeboote 1922–1939.

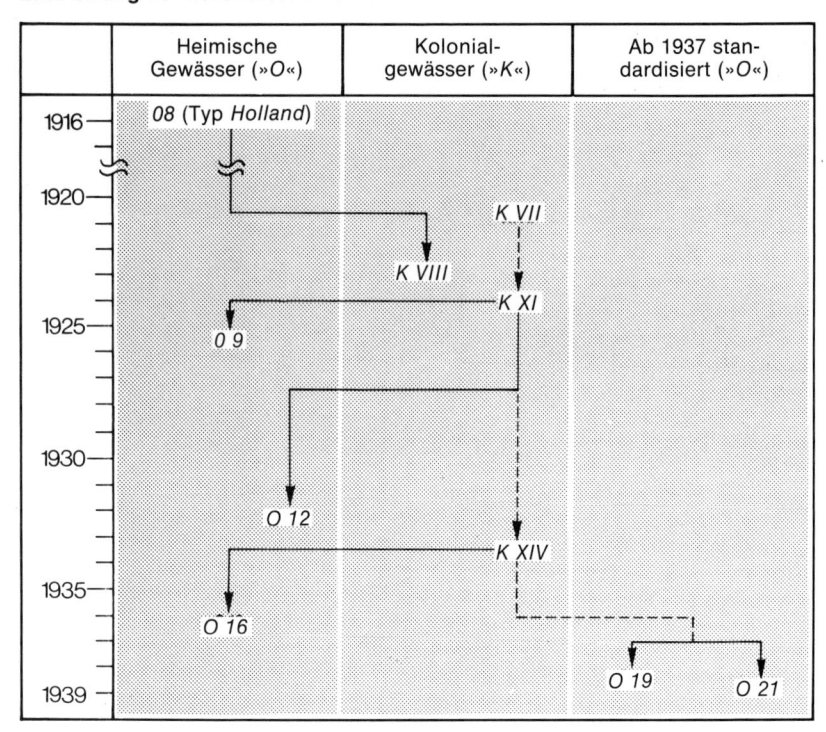

	Heimische Gewässer (»O«)	Kolonial-gewässer (»K«)	Ab 1937 standardisiert (»O«)
1916	08 (Typ *Holland*)		
1920		K VII	
	K VIII		
1925	O 9	K XI	
1930	O 12		
1935		K XIV	
	O 16		
1939			O 19 O 21

O 23 mit einem britischen Boot der *U*-Klasse 1942 längsseits eines Depotschiffes

Als nächstes kam *K VII*, ein Unterseeboot mittlerer Wasserverdrängung, dessen Bewaffnung einen außen gelegenen schwenkbaren Zwillingsrohrsatz einschloß. Diese Anordnung war für viele holländische Boote charakteristisch und glich sehr jener auf französischen Booten.
Die *K VIII*-Klasse von 1923 wurde aus dem »*Holland*«-Typ entwickelt, besaß aber zwei Torpedorohre weniger. Die drei Boote der *K XI*-Klasse waren etwas größer als ihre Vorgänger und zum erstenmal führte die holländische Marine 53,3-cm-Torpedorohre ein.
Die nachfolgende 0 9-Klasse bestand aus kleineren Booten als die der vorhergehenden Klasse, vorgesehen zum Einsatz in heimischen Gewässern. Von der *K XI*-Klasse stammte auch die 0 12-Klasse aus vier Booten ab, 1932 in Dienst gestellt. Die Rümpfe waren weitgehend verschweißt, und das Deckgeschütz ersetzten zwei 4-cm-Flaks L/56, auf zwei seitlichen Geschützplattformen vor und achtern des Kommandoturmes eingebaut. Diese Form der Bewaffnung war ein vernünftiger Schritt. In europäischen Gewässern ging die größte Gefahr vom Flugzeug aus; die Möglichkeit, Deckgeschütze gegen Seeziele einzusetzen, würde sehr selten vorkommen. Jedenfalls konnten die 4-cm-Borforsgeschütze auf nahe Entfernung auch zum Oberflächenbeschuß eingesetzt werden.
Mit den fünf Kolonialbooten der *K XIV*-Klasse kehrte die holländische Marine zur klassischeren Auffassung der Überwasserbewaffnung zurück; diese Boote waren mit einem 8,8-cm-Geschütz L/45 ausgerüstet. Das sich anschließende, aus der vorhergehenden Klasse entwickelte *0 16* war das erste Unterseeboot, bei dem die für Kolonialboote charakteristische Größe, Geschwindigkeit und Fahrstrecke mit den Manövrier- und Bewaffnungseigenschaften der für europäische Gewässer bestimmten Boote verschmolzen.
Die modernsten Boote, welche die holländische Marine 1940 besaß, gehörten zur *0 19*- und *0 21*-Klasse. Die erste bestand aus Minenlegern mit Hochsee-Eigenschaften und einer bemerkenswerten Torpedobewaffnung. Die Boote der *0 21*-Klasse stellten eine Kopie des *0 19*-Typs dar, ohne Minenlegevorrichtung und von kleineren Abmessungen.
Die *0 19*- und *0 21*-Klasse waren mit einer ersten Versuchsvorrichtung ausgestattet, die bei Tauchfahrt auf Sehrohrtiefe den Gebrauch der Dieselmotoren ermöglichte; und zwar mit Hilfe eines Rohres, das die für die Diesel notwendige Luft heranführte und den Ausstoß der Abgase gestattete. Der von den Deutschen im Verlaufe des Krieges entwickelte Schnorchel entstammte dieser Erfindung.
Die holländischen Unterseeboote waren standfeste Boote mit guter Seeausdauer. Gut waren auch Geschwindigkeit, Fahrbereich und Bewaffnung, besonders bei den zuletzt gebauten Booten. Sie zeigten den für gewöhnlich hohen Stand in Entwurf und Planung holländischer Kriegsschiffe sowie das schöpferische Denken, das die Boote für die zugewiesenen Aufgaben besonders geeignet machte. Dafür ist die Einführung der 4-cm-Bofors bezeichnend.
Als die Deutschen in Holland einfielen, waren von den 27 im Dienst befindlichen Booten 12 in holländischen Gewässern und 15 (alle *K*-Boote sowie *0 16*, *0 19* und *0 20*) in Ostindien stationiert. Die meisten der 12 Boote in holländischen Stützpunkten liefen nach Großbritannien aus und begannen sofort, mit der Royal Navy zu operieren. Mehrere Boote wurden ins Mittelmeer entsandt, wo *0 21* im November 1941 das deutsche *U 95* versenkte. 1940 gingen *0 11* und *0 22* in der Nordsee verloren.
Im Dezember 1941 begannen die holländischen Boote in Ostindien, gegen die Japaner zu operieren. Von 1942 bis 1945 gingen acht Boote verloren, die meisten im Kampf, wenn sich auch einige selbst versenkten, als im März 1942 der Stützpunkt in Surabaja aufgegeben wurde. In jenem Jahr wurden mehrere Boote aus Europa in den Pazifik verlegt.
Die von den wenigen holländischen Booten im Pazifik und im Indischen Ozean erzielten Ergebnisse waren bemerkenswert. Neben zahlreichen japanischen Handels- und Hilfsschiffen versenkten sie mehrere Kriegsschiffe. Die bedeutendsten Erfolge errangen *K XIV* (Van Hoof), das am 21. Juni 1944 den japanischen Leichten Kreuzer *Tsugaru* (4400 ts) schwer beschädigte, und *0 19* (Van Hoof), das am 22. April 1945 den japanischen Schweren Kreuzer *Nachi* (13000 ts) beschädigte.
Die Unmöglichkeit, Ersatz für Motoren und verschiedene Ausrüstungsteile zu erlangen, zwang die Holländer, 1943 mehrere Boote in Großbritannien und Australien außer Dienst zu stellen, um Teile dieser Boote zu verwenden.
Um die dadurch frei gewordenen, ausgezeichnet ausgebildeten Besatzungen zu nutzen, überließ die Royal Navy zwischen 1943 und 1945 vier Boote: eines der *S*-Klasse, zwei der *T*-Klasse und eines der *U*-Klasse.
Trotz der begrenzten Anzahl der zur Verfügung stehenden Boote und der ernstlichen technischen und logistischen Schwierigkeiten, die das Aufrechterhalten ihrer vollen Einsatzbereitschaft mit sich brachte, erzielte die holländische Unterseebootsflotte im Kriege ausgezeichnete Ergebnisse in allen Einsatzräumen; die gute Qualität ihrer Boote und vor allem ihrer Männer bestätigend, würdige Erben der großen Traditionen von Tromp und De Ruyter. Bei Kriegsende besaß die holländische Marine nur noch elf Boote. Bald darauf kam noch *0 27* hinzu, das von den Deutschen fertiggestellt und 1945 im schwimmfähigen Zustand vorgefunden worden war. Von den vier Booten, die Großbritannien überlassen hatte, kehrten zwei sofort zurück; die beiden anderen (*T*-Klasse) blieben bis 1963/66 im Dienst. Die letzten in Holland gebauten Boote, die am Zweiten Weltkrieg teilgenommen hatten, wurden 1958 außer Dienst gestellt.

Alte Unterseeboote

O 8

O 8 ex britisches H 6:
Bauwerft: Canadian Vickers.
Datum: 1915–1916.
Typverdrängung: 343 ts aufgetaucht, 443 ts getaucht.
Abmessungen: 46,00 × 4,90 × 3,90 m.

Motorenanlage: Diesel: 2 MAN; E-Motoren: 2.
Höchstleistung: 480 PS aufgetaucht, 320 PS getaucht.
Höchstgeschwindigkeit: 11,5 kn aufgetaucht, 8 kn getaucht.

Fahrstrecke: 1350 sm bei 8 kn aufgetaucht.
Torpedorohre: 4 × 45,7 cm vorn.
Geschütze: 1 × 3,7-cm-Flak.
Besatzungsstärke: 26.

Holland-Entwurf, ähnlich der italienischen H-Klasse (siehe Italien). Eine frühere Version der britischen H-Klasse hatte die Konstruktion beeinflußt. Das Boot hatte 1916 an der holländischen Küste Schiffbruch erlitten, war geborgen und von den Holländern interniert worden, die es dann von Großbritannien kauften. Nachdem es die Deutschen 1940 erbeutet hatten, wurde es in UD 1 umbenannt und zur Ausbildung eingesetzt. 1945 versenkte es sich in Kiel selbst.

K VII

K VII:
Bauwerft: Fijenoord, Rotterdam.
Datum: 1920–1922.
Typverdrängung: 507 ts aufgetaucht, 639 ts getaucht.
Abmessungen: 54,00 × 5,10 × 3,80 m.
Motorenanlage: Diesel: 2 Sulzer; E-Motoren: 2.
Höchstleistung: 1200 PS aufgetaucht, 400 PS getaucht.
Höchstgeschwindigkeit: 13,5 kn aufgetaucht, 8 kn getaucht.

Fahrstrecke: 3500 sm bei 13 kn aufgetaucht, 13 sm bei 8 kn getaucht.
Torpedorohre: 6 × 45,0 cm: 2 vorn, 2 achtern, 2 mittschiffs, schwenkbar, außen gelegen.
Geschütze: 1 × 7,6 cm, 1 × 12,7-mm-Maschinengewehr.
Besatzungsstärke: 31.

Das älteste der Kolonialunterseeboote, das sich 1940 noch im Dienst befand, und auch das letzte des britischen Hay-Denny-Entwurfs, ein Einhüllen-Satteltank-Typ, entwickelt (aber nicht gebaut) von der berühmten britischen Firma Denny kurz vor dem Ersten Weltkrieg. Als dieser Krieg dann ausbrach, wurde das Konstruktionsteam nach Holland gebracht, und in der Folge bauten die Holländer das Boot selbst. Nach seiner Fertigstellung erwies sich K VII als zu klein für seine beabsichtigte Verwendung, und das Boot war schon einige Zeit vor 1939 veraltet. Die maximale Diensttauchtiefe betrug 40 m. Der schwenkbare, außen gelegene Torpedorohrsatz befand sich in der Verkleidung vor dem Kommandoturm. 1942 wurde das Boot bei einem Luftangriff auf Surabaja versenkt.

Schicksal der Boote:

Datum:	Ort:	Boot:	Ursache:[1]
1942	Ostindien	K VIII	b

[1] Siehe Seite 8.

K VIII-Klasse

K VIII, K IX, K X:
Bauwerft: De Schelde, Flushing.
Datum: 1922–1923/1923.
Typverdrängung: 521 ts aufgetaucht, 712 ts getaucht.
Abmessungen: 64,00 × 5,60 × 3,60 m.
Motorenanlage: Diesel: 2 MAN; E-Motoren: 2.
Höchstleistung: 1500 PS aufgetaucht, 630 PS getaucht; K VIII: 1800 PS aufgetaucht, 630 PS getaucht.
Höchstgeschwindigkeit: 15 kn aufgetaucht, 9,5 kn getaucht.
Fahrstrecke: 3500 sm bei 11 kn aufgetaucht, 12 sm bei 8,5 kn getaucht.

Torpedorohe: 4 × 45,0 cm: 2 vorn, 2 achtern.
Geschütze: 1 × 8,8 cm L/45, 1 × 12,7-mm-Maschinengewehr.
Besatzungsstärke: 31.

Einhüllen-Entwicklung des Holland-Typs. Diese mittleren Unterseeboote hatten eine maximale Tauchtiefe von 40 m. Die ersten beiden wurden 1942 nach dem Eintreffen in Australien außer Dienst gestellt, doch das letzte versenkte sich selbst, nachdem es durch japanische Wasserbomben beschädigt worden war.

Schicksal des Bootes:

Datum:	Ort:	Boot:	Ursache:[1]
1942	Ostindien	K X	sb
	Australien	K VIII, K IX	r

[1] Siehe Seite 8.

K XI-Klasse

K XI, K XII, K XIII:
Bauwerft: Fijenoord, Rotterdam.
Datum: 1924–1925/1926.
Typverdrängung: 611 ts aufgetaucht, 815 ts getaucht.
Abmessungen: 67,00 × 5,70 × 3,80 m.

Motorenanlage: Diesel: 2 MAN; E-Motoren: 2.
Höchstleistung: 2400 PS aufgetaucht, 725 PS getaucht.
Höchstgeschwindigkeit: 15 kn aufgetaucht, 8 kn getaucht.
Fahrstrecke: 3500 sm bei 12 kn aufgetaucht, 13 sm bei 8 kn getaucht.

Torpedorohre: 2 × 53,3 cm vorn, Torpedos: 4; 4 × 45,0 cm: 2 vorn, 2 achtern, Torpedos: 8.
Geschütze: 1 × 8,8 cm L/45, 1 × 12,7-mm-Maschinengewehr.
Besatzungsstärke: 31.

Eine weitere Klasse von Unterseebooten mittlerer Wasserverdrängung für den Kolonialdienst. Entwicklung aus der vorhergehenden Klasse, geringfügig vergrößert und mit einer stärkeren Torpedobewaffnung. Bei diesen Booten handelte es sich um die ersten holländischen Unterseeboote mit 53,3-cm-Torpedorohren. Maximale Einsatztauchtiefe: 60 m. Eine innere Explosion beschädigte K XII in Singapur, aber das Boot wurde nach Surabaja geschleppt, ehe es sich selbst versenkte. Die anderen beiden Boote erreichten Australien, wo sie anschließend außer Dienst gestellt wurden.

Schicksal des Bootes:

Datum:	Ort:	Boot:	Ursache:[1]
1942	Ostindien	K XIII	sb
1944	Australien	K XI	r
1945		K XII	r

[1] Siehe Seite 8.

O 9-Klasse

O 9:
Bauwerft: De Schelde, Flushing.
Datum: 1925–1926.
O 10:
Bauwerft: Niederländische Dock- & Schiffbau-Co., Amsterdam.
Datum: 1925–1926.
O 11:
Bauwerft: Fijenoord, Rotterdam.
Datum: 1925–1926.

Typverdrängung: 483 ts aufgetaucht, 647 ts getaucht.
Abmessungen: 54,50 × 5,70 × 3,50 m.
Motorenanlage: Diesel: 2 Sulzer; E-Motoren: 2.
Höchstleistung: 900 PS aufgetaucht, 610 PS getaucht.
Höchstgeschwindigkeit: 12 kn aufgetaucht, 8 kn getaucht.
Fahrstrecke: 3500 sm bei 8 kn aufgetaucht, 11 sm bei 7,5 kn getaucht.

Torpedorohre: 2 × 53,3, cm vorn, Torpedos: 4; 3 × 45,0 cm: 2 vorn, 1 achtern, Torpedos: 6.
Geschütze: 1 × 8,8 cm L/45, 1 × 12,7-mm-Maschinengewehr.
Besatzungsstärke: 29.

Kleinere Version der K XI-Klasse für den Dienst in heimischen Gewässern. Maximale Diensttauchtiefe: 60 m. Geringere Antriebsleistung und Geschwindigkeit als ihre Vorgänger sowie achtern ein Torpedorohr weniger. O 11 fiel 1940 den Deutschen in die Hände und wurde 1944 als Blockschiff verwendet. Die beiden anderen entkamen nach Großbritannien und wurden 1944 verschrottet, veraltet und abgenutzt.

Schicksal des Bootes:

Datum:	Ort:	Boot:	Ursache:[1]
1940	Holland	O 11	c/sb
1944	Großbritannien	O 9, O 10	r

[1] Siehe Seite 8.

O 12-Klasse

O 12, O 13, O 14:
Bauwerft: De Schelde, Flushing.
Datum: 1930–1931/32.
O 15:
Bauwerft: Fijenoord, Rotterdam.
Datum: 1931–1932.
Typverdrängung: 546 ts aufgetaucht, 704 ts getaucht.
Abmessungen: 60,20 × 5,80 × 3,80 m.
Motorenanlage: Diesel: 2 MAN; (O 15: Sulzer); E-Motoren: 2.
Höchstleistung: 1800 PS aufgetaucht, 600 PS getaucht.
Höchstgeschwindigkeit: 15 kn aufgetaucht, 8 kn getaucht.
Fahrstrecke: 3500 sm bei 10 kn aufgetaucht, 12 sm bei 8 kn getaucht.
Torpedorohre: 5 × 53,3 cm: 4 vorn; 1 achtern.
Geschütze: 2 × 4 cm L/56.
Besatzungsstärke: 31.

Geringfügig verkleinerte Version der K XI-Klasse. Als Ergebnis von Erprobungen im Wasserbecken wurde die Rumpfform zur Erhöhung der Unterwasserleistung außerordentlich verbessert. Mit dieser Klasse wurde in der Bewaffnung der sehr vernünftige Schritt zu den 4-cm-Boforsgeschützen getan. Sie stellten ein Spezialmodell auf versenkbaren Lafetten dar, untergebracht in wasserdichten Rohren in einem Anbau vor und hinter dem Kommandoturm. Der Rumpf wie auch alle Luken waren verstärkt, um gegenüber den Vorgängern eine größere Tauchtiefe zu erreichen.
Ein Boot erbeuteten 1940 die Deutschen, ein weiteres ging im selben Jahr durch Minentreffer verloren, das dritte wurde in Großbritannien verschrottet und lediglich das vierte, das ebenfalls nach Großbritannien entkommen war, überlebte den Krieg.

Schicksal des Bootes:

Datum:	Ort:	Boot:	Ursache:[1]
1940	Holland	O 12	c/sb
	Nordsee	O 13	m
1943	Großbritannien	O 14	r

[1] Siehe Seite 8.

O 12 und O 13 irgendwann vor 1940 in einem holländischen Stützpunkt.

K XIV-Klasse

K XIV, K XV, K XVI:
Bauwerft: Rotterdam–Trockendock.
Datum: 1932–1933/1934.
K XVII, K XVIII:
Bauwerft: Fijenoord, Rotterdam.
Datum: 1932–1933/1934.
Typverdrängung: 771 ts aufgetaucht, 1000 ts getaucht, K XVII, K XVIII: 782 ts aufgetaucht, 1024 ts getaucht.
Abmessungen: 74,00 × 6,20 × 4,00 m.

Motorenanlage. Diesel: 2 MAN; E-Motoren: 2.
Höchstleistung: 3200 PS aufgetaucht, 1000 PS getaucht.
Höchstgeschwindigkeit; 17 kn aufgetaucht, 9 kn getaucht.
Fahrstrecke: 3500 sm bei 11 kn aufgetaucht, 26 sm bei 8,5 kn getaucht.

Torpedorohre: 8 × 53,3 cm: 4 vorn, 2 achtern, 2 mittschiffs außen gelegen; Torpedos: 14.
Geschütze: 1 × 8,8 cm L/45, 2 × 4 cm auf »versenkbaren« Lafetten.
Besatzungsstärke: 38.

Eine Weiterentwicklung der vorhergehenden Klasse, aber größer mit Beibehalten eines Decksgeschützes, um für den Kolonialdienst geeignet zu sein. Maximale Diensttauchtiefe: 81 m.
Drei Boote gingen bei Feindfahrten gegen die Japaner verloren, die beiden anderen wurden nach dem Kriege in Ostindien verschrottet.

Schicksal des Bootes:

Datum:	Ort:	Boot:	Ursache:[1]
1941	Ostindien	K XVI	s
		K XVII	cs
1942	Ostindien	K XVIII	sb
1946	Ostindien	K XIV, K XV	r

[1] Siehe Seite 8.

O 16

O 16:
Bauwerft: De Schelde, Flushing.
Datum: 1935–1936.
Typverdrängung: 896 ts aufgetaucht, 1170 ts getaucht.
Abmessungen: 77,00 × 6,50 × 4,00 m.
Motorenanlage: Diesel: 2 MAN; E-Motoren: 2.
Höchstleistung: 3200 PS aufgetaucht, 1000 PS getaucht.
Höchstgeschwindigkeit: 18 kn aufgetaucht, 9 kn getaucht.
Fahrstrecke: 5720 sm bei 11 kn aufgetaucht.

Torpedorohre: 8 × 53,3 cm: 4 vorn, 2 achtern, 2 mittschiffs außen gelegen; Torpedos: 14.
Geschütze: 1 × 8,8 cm L/45, 2 × 4-cm-Bofors auf »versenkbaren« Lafetten.
Besatzungsstärke: 38.

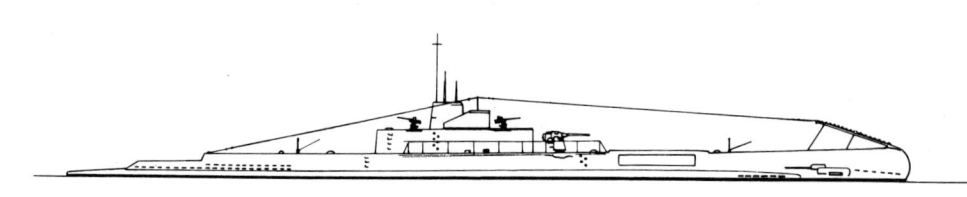

Geringfügig größer als die *K XIV*-Klasse, obwohl für den Einsatz in europäischen Gewässern vorgesehen, markierte dieses Boot das Verschmelzen der beiden Entwicklungsrichtungen holländischer Unterseeboote. Andererseits glich es sehr seinen unmittelbaren Vorgängern.

Schicksal des Bootes:

Datum:	Ort:	Boot:	Ursache:[1]
1941	Ostindien	O 16	m

[1] Siehe Seite 8.

O 19-Klasse

O 19 ex *K XIX*, *O 20* ex *K XX*:
Bauwerft: Wilton-Fijenoord, Schiedam.
Datum: 1938–1939/1939.
Typverdrängung: 998 ts aufgetaucht, 1536 ts getaucht.
Abmessungen: 81,00 × 7,50 × 4,00 m.
Motorenanlage: Diesel: 2; E-Motoren: 2.
Höchstleistung: 5000 PS aufgetaucht, 1000 PS getaucht.
Höchstgeschwindigkeit: 19,25 kn aufgetaucht, 9 kn getaucht.
Fahrstrecke: 6150 sm bei 12 kn aufgetaucht.
Torpedorohre: 8 × 53,3 cm: 4 vorn, 2 achtern, 2 mittschiffs außen gelegen; Torpedos: 14.

Geschütze: 1 × 8,8 cm L/45, m 2 × 4-cm-Bofors auf »versenkbaren« Lafetten.
Minen: 40 in 20 senkrechten Schächten.
Besatzungsstärke: 55.

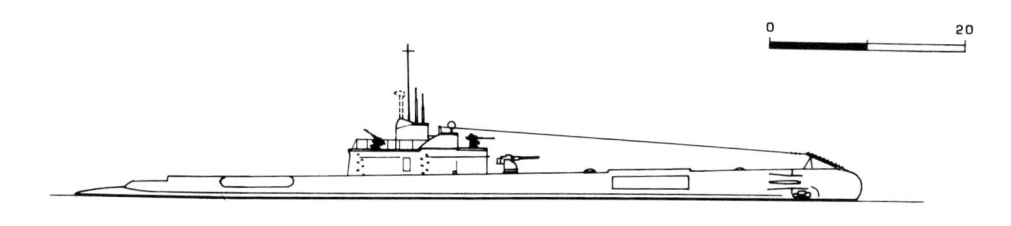

U-Minenleger, entwickelt aus dem vorhergehenden Boot. Ausgestattet mit senkrechten Minenlegeschächten mittschiffs in den Tauchzellen auf jeder Seite. Teilweiser Zweihüllentyp, ausgerüstet mit dem ersten Versuchsschnorchel. Mit dieser Klasse gaben die Holländer die getrennten Bezeichnungen für Boote in Kolonial- und in heimischen Gewässern endlich auf, indem sie die ursprünglich zugeteilten *K*-Nummern fallen ließen. Maximale Diensttauchtiefe: 105 m.
O 20 versenkte sich nach Beschädigung durch Wasserbomben selbst, und sein Schwesterboot mußte aufgegeben werden, nachdem es im Südchinesischen Meer Schiffbruch erlitten hatte.

Schicksal der Boote:

Datum:	Ort:	Boot:	Ursache:[1]
1941	Ostindien	O 20	n/sb
1945	Chinesisches Meer	O 19	v

[1] Siehe Seite 8.

O 21-Klasse

O 21 längsseits eines britischen Bootes der *T*-Klasse. Vor dem Kommandoturm ist die Öffnung für den schwenkbaren Torpedorohrsatz zu sehen.

O 21, O 22:
Bauwerft: De Schelde, Flushing.
Datum: 1939–1940/40.
O 23, O 24, O 26, O 27:
Bauwerft: Rotterdam-Trockendock.
Datum: 1939–1940/41.
O 25:
Bauwerft: Wilton-Fijenoord, Schiedam.
Datum: 1939–1940/40.
Typverdrängung: 881 ts aufgetaucht, 1186 ts getaucht.
Abmessungen: 77,50 × 6,50 × 4,00 m.
Motorenanlage: Diesel: 2 Sulzer; E-Motoren: 2.
Höchstleistung: 5000 PS aufgetaucht, 1000 PS getaucht.
Höchstgeschwindigkeit: 19,5 kn aufgetaucht, 9 kn getaucht.
Fahrstrecke: 6150 sm bei 12 kn aufgetaucht.
Torpedorohre: 8 × 53,3 cm: 4 vorn, 2 achtern, 2 mittschiffs außen gelegen; Torpedos: 14.
Geschütze: 1 × 8,8 cm L/45, 2 × 4-cm-Bofors auf »versenkbaren« Lafetten.
Besatzungsstärke: 55.

Die Boote glichen im wesentlichen der vorhergehenden Klasse; sie waren lediglich etwas kleiner, da sie keine Minen mitzuführen hatten. Wie alle späteren holländischen Boote, so stellten auch diese hervorragende, moderne Unterseeboote dar, jedem ausländischen Boot dieser Zeit vollkommen ebenbürtig und ihnen hinsichtlich ihrer ausgezeichneten Flakbewaffnung überlegen. Ihr noch im Anfangsstadium steckender Schnorchel erwies sich als nicht sehr zuverlässig und wurde bei den nach Großbritannien entkommenen Booten entfernt. Die Royal Navy zeigte an der Erfindung einiges Interesse, aber die Ergebnisse schienen eine Weiterentwicklung nicht zu rechtfertigen. Maximale Diensttauchtiefe: 105 m.

Bis zum Einfall der Deutschen waren fünf Boote der Klasse vom Stapel gelaufen. Von diesen gelang es vier, Großbritannien entweder aus eigener Kraft oder geschleppt zu erreichen. *O 25*, das sich noch in der Ausrüstung befand, versenkte sich selbst, aber die Deutschen bargen das Boot und stellten es 1942 als ihr *UD 3* in Dienst. Die beiden anderen liefen unter den Deutschen vom Stapel und wurden von ihnen 1944 als *UD 4* und *UD 5* in Dienst gestellt. Das letztere Boot überlebte den Krieg und kam wieder nach Holland zurück. *UD 3* und *UD 4* versenkten sich bei Kriegsende in Kiel selbst. Von den nach Großbritannien entkommenen Booten überlebten drei den Krieg.

O 27, 1945.

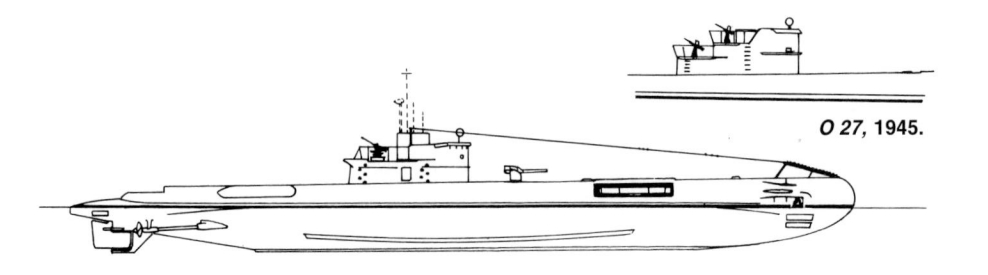

Schicksal der Boote:

Datum:	Ort:	Boot:	Ursache:[1]
1940	Holland	O 26, O 25	c/sb
		O 27	c/r
	Nordsee	O 22	n
1949	–	O 23	r
1956	–	O 24	r
1958	–	O 21	r
1958	–	O 27 (fraglich)	r

[1] Siehe Seite 8.

O 27 nach seiner Rückkehr nach Holland im Jahr 1945. Der Kommandoturm weist deutschen Stil auf und die schwenkbaren Torpedorohre mittschiffs fehlen.

Ausländische Unterseeboote in der holländischen Marine

Dolfijn es britisch *P 47* kehrt von Feindfahrt zurück.

Tijgerhaai ex britisch *Tarn*.

Britische S-Klasse (1 Einheit):
Zeehond ex Sturgeon; siehe »Großbritannien«.
Nach ihrer Übergabe 1943 in europäischen Gewässern eingesetzt. Kehrte 1945 zur Royal Navy zurück.

Britische T-Klasse (2 Einheiten):
Zwaardvisch ex Talent, Tijgerhaai ex Tarn; siehe »Großbritannien«.
Nach der Fertigstellung 1943 bzw. 1945 überlassen. Beide waren im Fernen Osten eingesetzt, wo die Zwaardvisch am 6. Oktober 1944 das deutsche U 168 in der Java-See versenkte. Verblieben bis zu ihrer Verschrottung 1963 bzw. 1966 in der holländischen Marine.

Britische U-Klasse (1 Einheit):
Dolfijn ex P 47; siehe »Großbritannien«.
1942 nach der Fertigstellung überlassen. Eingesetzt in europäischen Gewässern. Verblieb bis zur Verschrottung 1947 in der holländischen Marine.

USA

Das Unterseeboot *Torsk* (SS 423) der US-Marine 1945.

Mit den Versuchen von Bushnell und Fulton wurden in den Vereinigten Staaten die ersten brauchbaren Ergebnisse mit Unterseebooten erzielt. Die Entwicklung des Verbrennungs- und des Elektromotors ermöglichten es Holland und Lake, ihre ersten Unterseeboote zu bauen, und bei Ende des Ersten Weltkrieges besaßen die Vereinigten Staaten eine Unterwasserflotte, die weit davon entfernt war, bedeutungslos zu sein.

Wenn auch anfangs das Niveau der Einsatzmethoden der deutschen Marine nicht erreicht wurde, so errangen die Vereinigten Staaten im Verlaufe des Zweiten Weltkrieges doch mit Leichtigkeit den zweiten Platz unter den Unterseebootsflotten der größeren Marinen.

Während die Deutschen schon bald klar erkannten, daß das Unterseeboot eine strategische Waffe zum Einsatz gegen die Handelsschiffahrt darstellte, betrachteten es die Amerikaner als Hilfsfahrzeug, dazu ausersehen, große Kriegsschiffe anzugreifen.

Lieutenant Chester W. Nimitz schrieb 1912 prophetisch: »Die stetige Entwicklung des Torpedos zusammen mit der allmählichen Verbesserung des Unterseebootes in Größe, Antriebskraft und Geschwindigkeit wird in naher Zukunft die gefährlichste Offensivwaffe zur Folge haben; sie wird eine große Rolle bei entscheidenden Seeschlachten spielen.«

Selbst Nimitz, der zukünftige Oberbefehlshaber im Pazifik, war sich des potentiellen Wertes des Unterseebootes gegen die Handelsschiffahrt nicht voll bewußt, aber das war sich niemand. Die Lehren des Ersten Weltkrieges wurden nicht beachtet. Wie Japan, so fuhren auch die Vereinigten Staaten fort, das Unterseeboot als einen Bootstyp zu betrachten, der gegen Schlachtschiffe eingesetzt wird.

Während der internationalen Verhandlungen zur Begrenzung der Flottenrüstungen begünstigten die Vereinigten Staaten niemals die Beschränkung des Unterwasserfahrzeuges, geschweige denn seine Abschaffung, suchten aber stets seine Verwendung zu beschränken. Am 11. November 1929, kurz vor der Londoner Flottenkonferenz von 1930, erklärte Präsident Hoover: »...Seit vielen Jahren bin ich der Überzeugung, daß Schiffe, welche Nahrungsmittel befördern, in Kriegszeiten frei von allen Eingriffen sein sollten. Ich würde Nahrungsmittel befördernde Schiffe auf dieselbe Stufe wie Lazarettschiffe stellen. Wir wissen, daß die Sicherheit der Importe von Nahrung und Mitteln des Lebensunterhalts für die Industrieländer die Hauptursache für ihre Seerüstungen geworden ist, und umgekehrt hängt die wirtschaftliche Stabilität für die Nahrungsmittel produzierenden Länder großenteils davon ab, die Exportwege ihrer Überschußproduktion offen zu halten.«

Der amerikanische Standpunkt war offensichtlich voreingenommen, und die Amerikaner hatten vergessen, daß sie im Sezessionskrieg selbst die Blockade gegen den Süden verhängt hatten, um die Versorgung mit jenen Gütern und Produkten zu verhindern, für die Hoover jetzt volle Bewegungsfreiheit beanspruchte.

Zweifellos glaubten die Amerikaner an das Unterseeboot, trotz ihrer Vorstellungen hinsichtlich der Beschränkungen, was seine Verwendung anbetraf. Vorwiegend betrachteten sie es als eines der wesentlichen Glieder in der Schutzkette, die den amerikanischen Kontinent vor der Annäherung feindlicher Flotten aus dem Atlantischen und Pazifischen Ozean zu bewahren hatte. Der »cordon sanitaire«,[50] den die Marine um die ameri-

---

[50] Anmerkung des Übersetzers:
Der hier verwendete Ausdruck »cordon sanitaire« findet sich im diplomatischen Sprachgebrauch in der Zeit nach dem Ersten Weltkrieg. Ausgehend von den Pariser Vorortverträgen (u. a. Versailler Vertrag) von 1919 verstand man darunter die Bildung eines Schutzgürtels kleiner Staaten zwischen Rußland (der neuen Sowjetunion) und dem Deutschen Reich und Österreich. Der Begriff wurde später auf die »Panamerikanische Sicherheitszone« ausgedehnt.

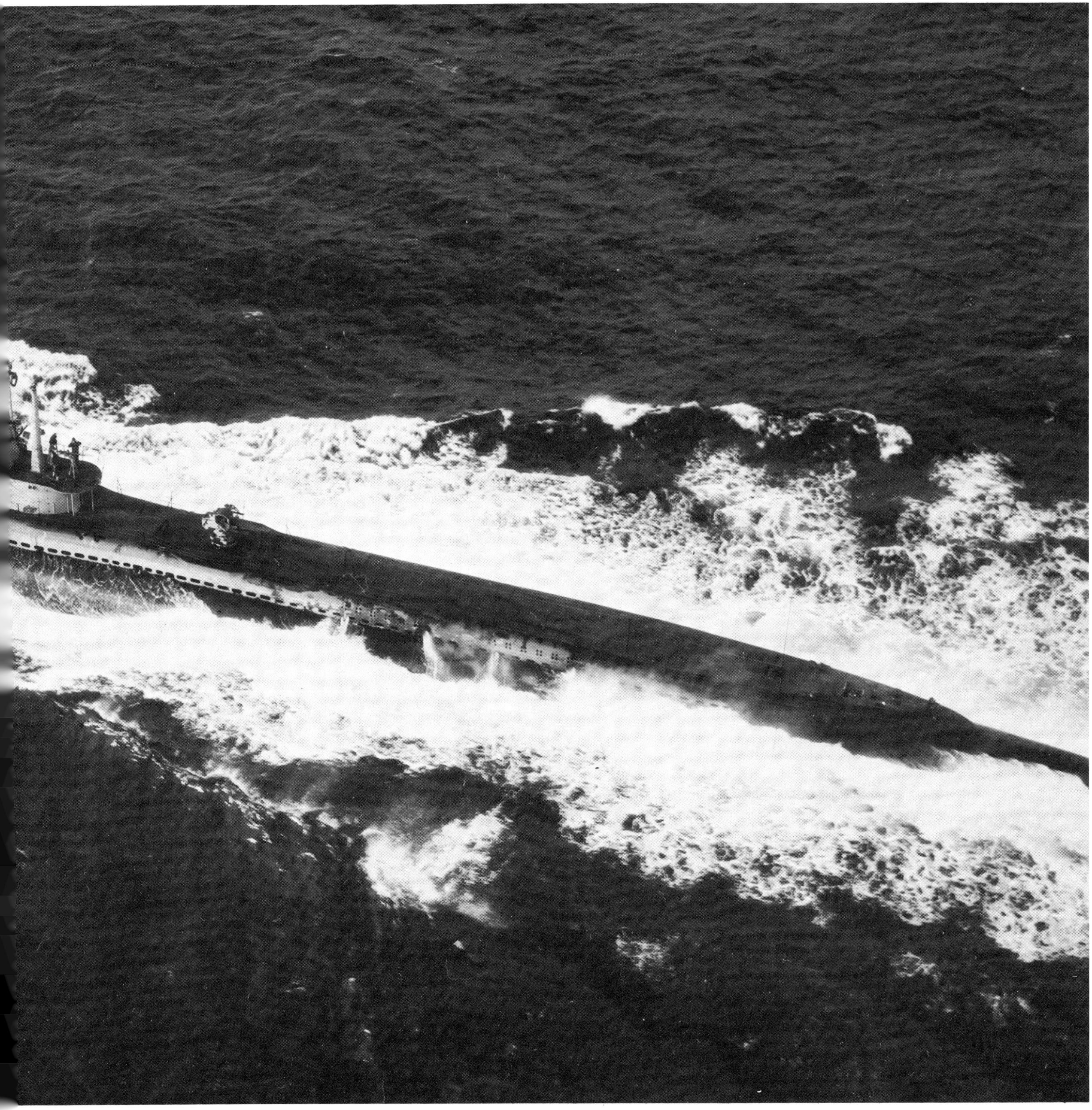

kanischen Gewässer zu spannen beabsichtigte, erforderte die Eingliederung der Unterwasserflotte in die Doppelrolle von Überwachung und Angriff, einzeln oder zusammen mit der Flotte.

Das war der Grund, warum die Vereinigten Staaten, als die internationalen Verhandlungen im Gange waren, stets die größtmögliche Unterwassertonnage forderten. Entgegen dem britischen Vorschlag auf Abschaffung verlangten die Vereinigten Staaten 1921 in Washington insgesamt 90 000 ts für Unterseeboote. Aber weder bei dieser Konferenz noch bei den folgenden war es möglich, ein Abkommen über eine quantitative Begrenzung zu erreichen. Nur Großbritannien war daran interessiert; die anderen Mächte, angeführt von den Vereinigten Staaten, wollten große Unterwasserflotten. In Washington wurde ein Versuch unternommen, den Einsatz von Unterseebooten in eine Anzahl humanitärer Regeln zu kodifizieren, aber diese erwiesen sich als so unangemessen und widersprüchlich, daß sie jede Marine bei einer Konfrontation mit den Realitäten des Krieges ignorierte.

In der Zeit zwischen den Kriegen zog die US-Marine in Erwägung, daß die Hauptziele für Unterseeboote Schlachtschiffe und Flugzeugträger sein sollten, doch als die Vereinigten Staaten in den Krieg eintraten, lautete die Weisung des Naval Staff an die Unterseeboote: »Uneingeschränkte Unterseebootskriegführung gegen Japan.«

Da die Amerikaner nur wenige und weit verstreute Stützpunkte besaßen, konzentrierten sie sich auf den Entwurf von Booten großer Reichweite, die imstande waren, in großen Entfernungen vom Stützpunkt zu operieren. Alle in der Vorkriegs- und Kriegszeit gebauten Boote entsprachen im wesentlichen den folgenden Erfordernissen: große Boote mit großem Fahrbereich, gute Unterbringung der Besatzung und eine beträchtliche Überwassergeschwindigkeit. Sogar vor dem Kriege waren die amerikanischen Boote im allgemeinen größer in Abmessungen und Wasserverdrängung als die europäischen Boote. Abgesehen von den außergewöhnlichen Booten Argonaut, Narwhal und Nautilus, die 2700 ts verdrängten, besaßen die Vorkriegsboote eine durchschnittliche Wasserverdrängung von 1300–1500 ts im Vergleich zu den 600–1000 ts bei Booten anderer Marinen.

Die amerikanischen Flottenunterseeboote (Hochseeboote) besaßen eine durchschnittliche Fahrstrecke von 10 000 sm und führten ausreichend Ausrüstung und Verpflegung für eine Höchsteinsatzdauer von 60 Tagen mit. Bei einer Überwassergeschwindigkeit von 20 kn liefen sie getaucht durchschnittlich 9 kn und konnten bei 2,5 kn bis zu 48 Stunden unter Wasser bleiben.

Der große Rumpf und der große Kommandoturm der amerikanischen Hochseeboote verlängerte die Schnelltauchzeit erheblich. Im Kriege unternahm man Anstrengungen, um die Turmsilhouette niedriger zu gestalten, aber dies war im Grunde unwesentlich, da die japanische Gegenwehr stets ziemlich begrenzt blieb. Diese Eigenschaften hätten den Amerikanern Schwierigkeiten bereitet, wären ihre Boote für die Art Operationen bestimmt gewesen, wie sie die Deutschen im Atlantik führten. Hätte sich jedoch eine solche Notwendigkeit ergeben, so hätten die amerikanischen Werften die Boote mit Sicherheit bald nach neuen und angemessenen Formen gestaltet. Die Leistungsfähigkeit der Industrie und die Ressourcen waren derartig groß, daß die Vereinigten Staaten Unzulänglichkeiten dieser Art weit schneller als jedes andere Land korrigieren konnten. Doch es bestand keine solche Notwendigkeit.

Die Bewaffnung der nach 1930 entworfenen Boote variierte zwischen sechs bis zehn 53,3-cm-Torpedorohren; zusätzlich zu den Torpedos in den Rohren waren in den Bug- und Hecktorpedoräumen 14–18 Reservetorpedos vorhanden. Die Überwasserbewaffnung bestand gewöhnlich aus einem 7,6-cm-Deckgeschütz L/50 oder einem 10,2-cm-Deckgeschütz L/50 und zwei 12,7-mm-Maschinengewehren. Auf den neuen Unterseebooten der Gato/Balao-Klasse war die Gesamtzahl der verfügbaren Torpedos auf 24 gesteigert worden und die Überwasserbewaffnung hatte man durch den Einbau von ein oder zwei 12,7-cm-Geschützen sowie von 4-cm- und 2-cm-Flaks verstärkt.

Nach dem Kriegseintritt hatten die US-Boote lange Zeit große Schwierigkeiten mit ihren Torpedos. Ein hoher Prozentsatz detonierte nicht oder ging während des Laufes verloren. Die Gründe für diese Versager lagen in der Oberflächlichkeit bei der Prüfung der Gefechtsköpfe und im verwendeten Typ der Magnetzündung. Friedensmäßige Übungen waren stets mit Gefechtskopfattrappen und mit Torpedos abgehalten worden, die man so eingestellt hatte, daß sie ohne Treffer unter dem Ziel durchliefen. Dies reichte aus, um den Antrieb und die Geradlaufeinrichtung zu erproben, nicht jedoch die Offensivkraft der Waffe. Der von den Amerikanern verwendete Zündertyp besaß eine Doppelwirkung: Aufschlag- und Magnetzündung. Die letztere wurde durch eine Änderung im Magnetfeld ausgelöst, die beim Passieren des Torpedos nahe am Rumpf eines Schiffes registriert wurde. Nach dem damaligen Schießverfahren sollten die Torpedos so eingestellt sein, daß sie zehn Fuß unter dem Kiel des Zieles passierten. Im Kriegseinsatz waren die Ergebnisse gleich null. Während einer Feindfahrt verschoß Sargo dreizehn Torpedos und keiner von ihnen detonierte. Admiral Lockwood, Führer der Unterseeboote im Pazifik, befahl die Durchführung von Schießversuchen mit scharfen Gefechtsköpfen.

Im Verlaufe eines Angriffs auf einen japanischen Öltanker schoß Tinosa 15 Torpedos: zwei trafen und detonierten, vier gingen verloren und neun, die nach gründlicher Überprüfung auf das bewegungsunfähige Ziel losgemacht wurden, trafen, ohne zu detonieren. Erneut wurden alle Torpedoeinzelteile überprüft und die Mängel allmählich beseitigt; zum Beispiel erwies sich der Zündmechanismus als zu schwach, um einem heftigen Aufprall zu widerstehen.

Die Einführung des elektrischen Torpedos löste alle Probleme und brachte bemerkenswerte Ergebnisse hervor. Da Zweifel hinsichtlich seiner langsamen Geschwindigkeit von 28 Knoten im Vergleich zu den 40–50 Knoten der anderen Torpedos aufgekommen waren, hatte sich seine Fronteinführung bis in die Schlußphase des Krieges verzögert. Seine Langsamkeit war jedoch kein ernsthafter Nachteil, da ein guter Feuerleitrechner zur Verfügung stand und der Torpedo keine Blasenbahn sehen ließ. Der elektrische Torpedo trug zusammen mit einer neuen Taktik – einschließlich einer abgeänderten »Wolfsrudel«-Taktik – in hohem Maße zur Vernichtung der japanischen Handelsflotte bei. Die Gesamtzahl der von amerikanischen Booten im Zweiten Weltkrieg geschossenen Torpedos überstieg 14 500.

Über die Ausbildungsfahrten in der Nähe von Häfen und Werften und die Aufklärungseinsätze zur Unterstützung der Landungen in Nordafrika hinaus sahen der Atlantische Ozean und die europäischen Gewässer nur wenige Feindfahrten amerikanischer Boote. Ihr Hauptoperationsgebiet war der Pazifische Ozean, wo die Unterseeboote anfangs einzeln und später in Gruppen in fünf Einsatzaufträgen Verwendung fanden:
– offensiv, um die Nachschubwege abzuschneiden und die Schifffahrt zu vernichten;
– Bildaufklärung von Landestränden und Marineeinrichtungen;
– Rettung von Flugzeugbesatzungen auf See;
– offensiv zur strategischen, bewaffneten Aufklärung feindlicher Stützpunkte sowie
– offensiv in Lauerstellung.

Anfangs waren die Operationen auf das Seegebiet um die Philippinen, die Gewässer östlich von Japan und die Seestraßen zwischen den Inseln des japanischen Archipels begrenzt. Schließlich deckten die amerikanischen Boote den gesamten pazifischen Raum einschließlich des Chinesischen Meeres und Südostasien ab.

Bis zum April 1942 fuhr die japanische Schiffahrt ohne Sicherung. Im darauffolgenden Juli wurden die ersten Geleitzüge (zumeist sechs bis zehn Schiffe) gebildet, gesichert von einem alten Zerstörer oder kleineren Kriegsschiff. Erst im November 1943 organisierten die Japaner das Geleitzug- und Sicherungssystem und setzten speziell zur Unterseebootsbekämpfung gebaute Schiffe ein. Um diesen Maßnahmen zu begegnen, übernahmen die Amerikaner die »Wolfsrudel«-Taktik, entwickelten sie aber mit Radar weiter. Die amerikanischen Rudel gingen nie über vier bis fünf Boote hinaus; das durchschnittliche Rudel bestand aus drei. Aber die Japaner kamen hinsichtlich der U-Jagdausrüstung und -taktik niemals an die Alliierten heran.

Die amerikanische Unterwasseroffensive – besonders, als sie sich gegen die Öltanker richtete – ruinierte die japanische Kriegswirtschaft und

hatte eine entscheidende Auswirkung auf den Krieg im Pazifik.
Abgesehen von den Erfolgen gegen Kriegsschiffe (201 Versenkungen einschließlich des Schlachtkreuzers *Kongo*, des Schweren Trägers *Shinano*, der Träger *Shokaku* und *Unryu*, der Kreuzer *Kako* und *Maya* usw.) versenkten amerikanische Unterseeboote 1079 Handelsschiffe von mehr als 500 BRT mit zusammen 4 649 650 BRT; weitere 600 000 BRT kamen als unbrauchbar gemacht hinzu. Damit vernichteten sie faktisch die japanische Handelsflotte, die zu Kriegsbeginn etwa 6 Millionen BRT umfaßte und bis zum August 1945 auf 1,8 Millionen BRT verringert worden war (der größte Teil des Schiffsraums bestand aus Holzschiffen, die auf der Inland-See fuhren). Obwohl die Japaner zu Beginn der Feindseligkeiten mehr als 4 Millionen BRT an Schiffsraum einschließlich Neubauten erbeutet hatten, glich dies die erlittenen Verluste nicht aus.

Von den 2117 japanischen Handelsschiffen mit insgesamt mehr als 8 Millionen BRT, die im Verlaufe des Krieges verlorengingen, versenkten Unterseeboote 60%, Flugzeuge 30% und Minen oder Überwasserfahrzeuge 10%. Die Vereinigten Staaten verloren 52 Unterseeboote (3500 Mann), davon 45 im Kampf gegen die Japaner. Am 7. Dezember 1941 besaß die US-Marine 112 Boote. Im Kriege wurden 203 neue Boote in Dienst gestellt, davon gingen 28 verloren. Die Standardisierung der Bootstypen, die Rationalisierung der Bauverfahren und die weitgehende Verwendung vorgefertigter Teile führten zu einer Bauzeit zwischen neun und zwölf Monaten, die mehr als ausreichte, um die Verluste zu ersetzen und zunehmenden Druck auf den Feind auszuüben. Die Verluste beliefen sich auf 15,8% der insgesamt in Dienst befindlichen Boote; eine im Vegleich zu anderen Marinen sehr niedrige Rate.

Die amerikanische Unterseebootswaffe war der deutschen durch den Einsatz von Radar ein gutes Stück voraus. Viele der erzielten Versenkungen waren das Ergebnis einer einsichtsvollen Anwendung dieser Erfindung. Sie bewahrte viele Boote vor Überraschungsangriffen und ermöglichte den Amerikanern bis zum Ende des Krieges die Fortsetzung von Torpedobootsangriffen über Wasser in der Art, welche die Deutschen schon lange vorher gezwungenermaßen aufgeben mußten. Als Torpedoboote eingesetzt, waren die amerikanischen Unterseeboote ausgezeichnet, und sie mußten niemals unter Bedingungen kämpfen, wo schnelles und tiefes Tauchen sowie extreme Wendigkeit unter Wasser von alles entscheidender Bedeutung waren, wie dies für die deutschen und britischen Boote zutraf.

Entwicklung der US-Unterseeboote 1914–1945.

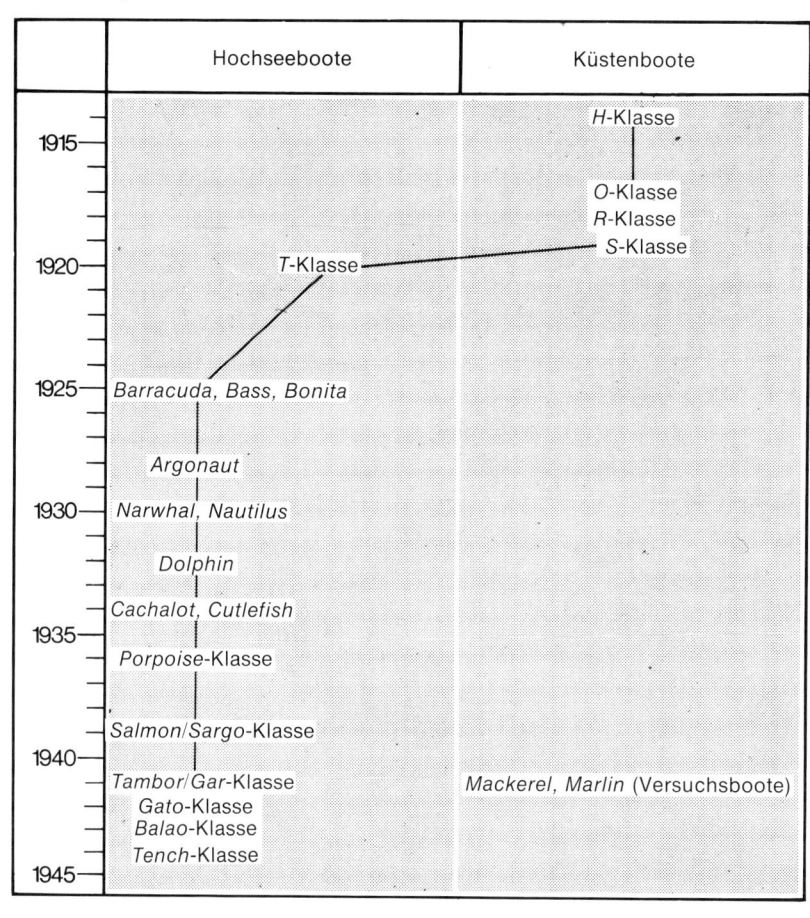

Jahr	Hochseeboote	Küstenboote
1915		*H*-Klasse
		O-Klasse
		R-Klasse
1920	*T*-Klasse	*S*-Klasse
1925	Barracuda, Bass, Bonita	
	Argonaut	
1930	Narwhal, Nautilus	
	Dolphin	
	Cachalot, Cutlefish	
1935	Porpoise-Klasse	
	Salmon/Sargo-Klasse	
1940	Tambor/Gar-Klasse	Mackerel, Marlin (Versuchsboote)
	Gato-Klasse	
	Balao-Klasse	
	Tench-Klasse	
1945		

SS 410 *Threadfin* von der *Balao*-Serie, ausgerüstet mit zwei 12,7-cm-Decksgeschützen L/25 und zwei 4-cm-Flakwaffen.

O-Klasse

O 2 (SS[51] 63):
Bauwerft: Marinewerft Bremerton.
Datum: 1918.
O 3 (SS 64), O 4 (SS 65):
Bauwerft: Quincy, Fore River.
Datum: 1917.
O 6 (SS 67), O 7 (SS 68), O 8 (SS 69), O 9 (SS 70), O 10 (SS 71):
Bauwerft: Quincy, Fore River.
Datum: 1917–1918.
Typverdrängung: 521 ts aufgetaucht, 629 ts getaucht.
Abmessungen: 52,30 × 5,40 × 4,00 m.
Motorenanlage: Diesel: 2 New London Ship & Engine; E-Motoren: 2 Electro Dynamic.
Höchstleistung: 880 PS aufgetaucht, 740 PS getaucht.
Höchstgeschwindigkeit: 14 kn aufgetaucht, 10,5 kn getaucht.
Fahrstrecke: 5000 sm bei 11 kn aufgetaucht.
Torpedorohre: 4 × 45,7 cm vorn; Torpedos: 8.
Geschütze: 1 × 12,7-mm-Maschinengewehr.
Besatzungsstärke: 32.

[51] Anmerkung des Übersetzers: Amerikanische Kriegsschiffe tragen (vergleichbar dem britischen »HMS« und dem kaiserlich-deutschen »SMS«) den Vorsatz »USS« (United States Ship) vor dem Namen. Vor der taktischen Kennung stehen Einzelbuchstaben oder Buchstabengruppen, die als Leitbuchstaben die Schiffsgruppe nach ihrer einsatzmäßigen Verwendung kennzeichnen. In unserem Fall tragen alle US-Unterseeboote vor der Kennummer die Buchstaben »SS« (Ship Submarine), da man damals die Unterseeboote noch nicht nach ihrer Einsatzverwendung unterschied.

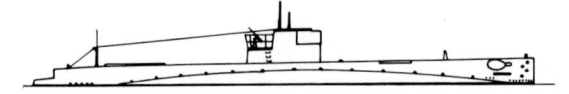

Diese Boote waren vom Satteltank-Typ, allesamt nach dem Holland-Entwurf als vergrößerte und verbesserte Version der vorhergehenden N-Klasse gebaut. Weitere sechs Boote (O 11–O 17) waren nach dem Lake-Entwurf gebaut und 1930 verschrottet worden. O 1 wurde 1938 verschrottet und O 5 war 1925 verlorengegangen. Zur Küstenverteidigung bestimmt gewesen, führten sie nur 88 ts an Brennstoff. Die Fahrstrecke war daher gering. Die maximale Tauchtiefe lag bei 60 m. Ursprünglich waren sie mit einem 7,6-cm-Geschütz bewaffnet gewesen, doch es war von den noch vorhandenen Booten bis 1939 entfernt worden. Man hatte sie zur Ausbildung verwendet und zwischen 1945 und 1946 verschrottet, ausgenommen O 9, das 1941 untergegangen war.

Schicksal der Boote:

Datum:	Ort:	Boot:	Ursache:[1]
1941	Atlantik	O 9	v
1945/46	–	O 2, O 3, O 4, O 6, O 7, O 8, O 10	r

[1] Siehe Seite 8.

SS 69 als Schulboot 1943.

SS 64, Unterseeboot der US-Marine.

R-Klasse

R 1 (SS 78), R 2 (SS 79), R 3 (SS 80), R 4 (SS 81), R 5 (SS 82), R 6 (SS 83), R 7 (SS 84):
Bauwerft: Quincy, Fore River.
Datum: 1918–1919.
R 9 (SS 86), R 10 (SS 87), R 11 (SS 88), R 12 (SS 89), R 13 (SS 90), R 14 (SS 91):
Bauwerft: Quincy, Fore River.
Datum: 1919.
R 15 (SS 92), R 16 (SS 93), R 17 (SS 94), R 18 (SS 95), R 19 (SS 96), R 20 (SS 97):
Bauwerft: Union Iron Works, San Francisco.
Datum: 1917–1918.
Typverdrängung: 569 ts aufgetaucht, 680 ts getaucht.
Abmessungen: 56,60 × 5,20 × 4,00 m.
Motorenanlage: Diesel: 2 New London Ship & Engine; E-Motoren: 2 Electro Dynamic.
Höchstleistung: 1200 PS aufgetaucht, 934 PS getaucht.
Höchstgeschwindigkeit: 13,5 kn aufgetaucht, 10,5 kn getaucht.
Fahrstrecke: 3700 sm bei 10 kn aufgetaucht.
Torpedorohre: 4 × 53,3 cm vorn; Torpedos: 8.
Geschütze: 1 × 7,6 cm L/50 und/oder 1 × 12,7-mm-Maschinengewehr.
Besatzungsstärke: 33.

Rechts: USS R 12 (SS 89).

Unten: USS R 13 (SS 90).

Geringfügig vergrößerte Version der O-Klasse, bewaffnet mit 53,3-cm-Torpedorohren. Wie bei der O-Klasse wurden die erste Gruppe (R 1–R 20) nach einem Holland-Entwurf und die zweite Gruppe (R 21–R 27) nach dem Lake-Entwurf gebaut. Die letzteren Boote waren 1930 allesamt verschrottet worden. R 8 wurde 1936 abgebrochen. Die Brennstoffmenge betrug 75 ts. Die Tauchtiefe lag bei 60 m.

R 3, R 17 und R 19 wurden 1942 als P 511, P 512 und P 514 an die Royal Navy ausgeliehen. P 514 ging 1942 bei einer Kollision verloren, die beiden anderen kehrten 1944 zur US-Marine zurück. Eine Flottille dieser Klasse wurde bis November 1942 für U-Bootsabwehraufgaben in Schottland stationiert, danach kehrten die Boote in die Vereinigten Staaten zurück. Für den Rest des Krieges wurden sowohl die amerikanischen als auch die britischen Boote zu Ausbildungsvorhaben verwendet. 1946 stattete man R 6 zu Versuchszwecken mit einem Schnorchel aus. R 6 war das erste solcherart ausgerüstete amerikanische Unterseeboot. Zwischen 1945 und 1947 wurden alle Boote verschrottet, ausgenommen R 19 (siehe oben) und R 12; letzteres ging 1943 unter.

Schicksal der Boote:

Datum:	Ort:	Boot:	Ursache:[1]
1942	Atlantik	R 19 als P 514	e
1943	Atlantik	R 12	v
1945	–	R 2, R 14, R 17	r
1946	–	R 1, R 4, R 5, R 6, R 7, R 9, R 10, R 11, R 13, R 15, R 16, R 18, R 20	r
1947	–	R 3	

[1] Siehe Seite 8.

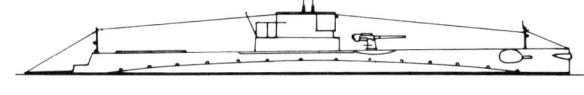

S-Klasse

Gruppe 1:
S 1 (SS 105):
Bauwerft: Quincy, Fore River.
Datum: 1918.
S 18 (SS 123), S 19 (SS 124),
S 20 (SS 125), S 21 (SS 126),
S 22 (SS 127), S 23 (SS 128),
S 24 (SS 129), S 25 (SS 130),
S 26 (SS 131), S 27 (SS 132),
S 28 (SS 133), S 29 (SS 134):
Bauwerft: Bethlehem Steel, Quincy.
Datum: 1920–1922.
S 30 (SS 135), S 31 (SS 136),
S 32 (SS 137), S 33 (SS 138),
S 34 (SS 139), S 35 (SS 140),
S 36 (SS 141), S 37 (SS 142),
S 38 (SS 143), S 39 (SS 144),
S 40 (SS 145), S 41 (SS 146):
Bauwerft: Bethlehem Steel, San Francisco.
Datum: 1918–1921.

Gruppe 2:
S 11 (SS 116), S 12 (SS 117),
S 13 (SS 118).
Bauwerft: Marinewerft Portsmouth.
Datum: 1921.
S 14 (SS 119), S 15 (SS 120),
S 16 (SS 121), S 17 (SS 122):
Bauwerft: Lake Torpedo Boat, Bridgeport.
Datum: 1919–1920.

Gruppe 3.
S 42 (SS 147), S 43 (SS 148),
S 44 (SS 149), S 45 (SS 150),
S 46 (SS 151), S 47 (SS 152):
Bauwerft: Bethlehem Steel, Quincy.
Datum: 1923–1924.

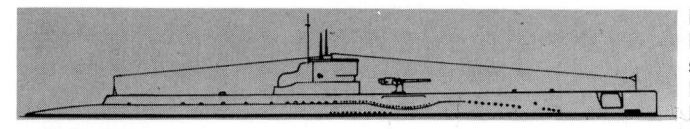

Gruppe 4:
S 48 (SS 153):
Bauwerft: Bethlehem Steel, Quincy.
Datum: 1921.

Typverdrängung:
Gruppe 1: 854 ts aufgetaucht, 1062 ts getaucht;
Gruppe 2: 876 ts aufgetaucht, 1092 ts getaucht;
Gruppe 3: 906 ts aufgetaucht, 1126 ts getaucht;
Gruppe 4: 903 ts aufgetaucht, 1230 ts getaucht.

Abmessungen:
Gruppe 1: 66,50 × 6,10 × 4,60 m;
Gruppe 2: 70,20 × 6,60 × 3,70 m;
Gruppe 3: 68,40 × 6,10 × 4,60 m;
Gruppe 4: 81,20 × 6,50 × 3,30 m.

Motorenanlage:
Gruppe 1: Diesel: 2 New London Ship & Engine, E-Motoren: 2 Electro Dynamic, Ridgeway oder General Electric;
Gruppe 2: Diesel: 2 MAN oder Busch-Sulzer, E-Motoren: 2 Westinghouse;
Gruppe 3: Diesel: 2 New London Ship & Engine, E-Motoren: 2 Electro Dynamic;
Gruppe 4: Diesel: 2 Busch-Sulzer, E-Motoren: 2 Ridgeway.

Höchstleistung:
Gruppe 1: 1200 PS aufgetaucht, 1500 PS getaucht;
Gruppe 2: 2000 PS aufgetaucht, 1200 PS getaucht;
Gruppe 3: 1200 PS aufgetaucht, 1500 PS getaucht;
Gruppe 4: 1800 PS aufgetaucht, 1500 PS getaucht.

Höchstgeschwindigkeit:
Gruppe 1: 14,5 kn aufgetaucht, 11 kn getaucht;
Gruppe 2: 15,0 kn aufgetaucht, 11 kn getaucht;
Gruppe 3: 14,5 kn aufgetaucht, 11 kn getaucht;
Gruppe 4: 14,5 kn aufgetaucht, 11 kn getaucht.

Fahrstrecke:
Gruppe 1: 5000 sm bei 10 kn aufgetaucht;
Gruppe 2: 5000 sm bei 10 kn aufgetaucht;
Gruppe 3: 5000 sm bei 10 kn aufgetaucht;
Gruppe 4: 8000 sm bei 10 kn aufgetaucht.

Torpedorohre: 4 × 53,3 cm vorn; Torpedos: 12.
S 11, S 12, S 13, S 48: 5 × 53,3 cm; 4 vorn, 1 achtern; Torpedos: 14.

Geschütze: 1 × 10,2 cm L/50, 1 × 12,7-mm-Maschinengewehr.

Besatzungsstärke: 42.

Diese Klasse sollte eine verbesserte Version der vorhergehenden R-Klasse in Fahrstrecke, Größe und Anzahl der Reservetorpedos sein. Anwendung fanden ein Entwurf von Holland und ein weiterer von Lake. Der letztere wurde als zweitklassig angesehen und nur der Prototyp (S 2) wurde gebaut. Zum ersten Male fertigte die US-Marine selbst einen Unterseebootsentwurf, vorbereitet vom Bureau of Construction and Repair (Konstruktions- und Instandsetzungsamt der Marine), und die Boote der Gruppe 2 in der obigen Tabelle wurden nach diesem Entwurf gebaut. Brennstoffmenge: Gruppe 1 und 3: 168 ts; Gruppe 2: 148 ts: Gruppe 4: 177 ts. Bei den Booten aller Gruppen lag die Tauchtiefe bei 60 m.
S 4, S 5 und S 51 gingen zwischen den Kriegen verloren. S 2, S 3, S 6–S 10, S 19, S 49 und S 50 wurden verschrottet. S 1, S 21, S 22, S 24, S 25 und S 29 wurden zwischen 1942 und 1944 an die Royal Navy ausgeliehen. S 25 wurde an die polnische Marine als Jastrzab übergeben. ging aber bald danach bei einem irrtümlichen Angriff »befreundeter« Streitkräfte verloren. Für kurze Zeit wurden diese Boote als Geleitsicherung eingesetzt, aber dann zu Ausbildungsaufgaben verwendet. In der Royal Navy trugen sie die Nummern P 551–P 556.
Die in der amerikanischen Marine verbliebenen Boote hatten ebenfalls hauptsächlich Ausbildungsaufgaben zu erfüllen; einige waren allerdings auch in den ersten Monaten des Pazifikkrieges in philippinischen und indonesischen Gewässern tätig. S 44 befand sich noch am 10. August 1942 in Feindeinsatz, als es den japanischen Schweren Kreuzer Kako vor Rabaul versenkte. Die Japaner versenkten das Boot später, aber S 26, S 27, S 28 und S 36 gingen nicht durch Feindeinwirkung, sondern aufgrund anderer Ursachen verloren. Alle anderen Boote wurden nach dem Krieg verschrottet oder versenkt. Jedoch war der ausgeschlachtete Rumpf des zur US-Marine zurückgekehrten S 29 noch bis vor kurzem im Hafen von Portsmouth (England) zu sehen.

Schicksal der Boote:

Datum:	Ort:	Boot:	Ursache:[1]
1942	Atlantik	S 25 als polnische Jastrzab	e
		S 26	v
	Pazifik	S 27, S 28, S 39	v
		S 36	sb
		S 44	n
		S 1, S 21, S 22, S 24, S 29	r
1945–1947		S 11–S 18, S 20, S 23, S 30–S 35, S 37, S 38, S 40–S 43, S 45–S 48	r

[1] Siehe Seite 8.

USS S 20.

Barracuda-Klasse

Barracuda (SS 163) ex *V 1*, *Bass* (SS 164) ex *V 2*, *Bonita* (SS 165) ex *V 3*:
Bauwerft: Marinewerft Portsmouth.
Datum: 1921–1924/26.
Typverdrängung: 2000 ts aufgetaucht, 2620 ts getaucht.
Abmessungen: 104,20 × 8,20 × 4,40 m.
Motorenanlage: Diesel: 2 Busch-Sulzer + 2 Hilfsmotoren; E-Motoren: 2 Elliot.
Höchstleistung: 6700 PS aufgetaucht, 2400 PS getaucht.
Höchstgeschwindigkeit: 18 kn aufgetaucht, 8 kn getaucht.
Fahrstrecke: 12 000 sm bei 11 kn aufgetaucht, 10 sm bei 8 kn getaucht.
Torpedorohre: 6 × 53,3 cm: 4 vorn; 2 achtern; Torpedos: 12.
Geschütze: 1 × 12,7 cm L/51 (*Bass*: 1 × 7,6 cm L/50); 1943 durch 2 × 2 cm L/70 ersetzt.
Besatzungsstärke: 80.

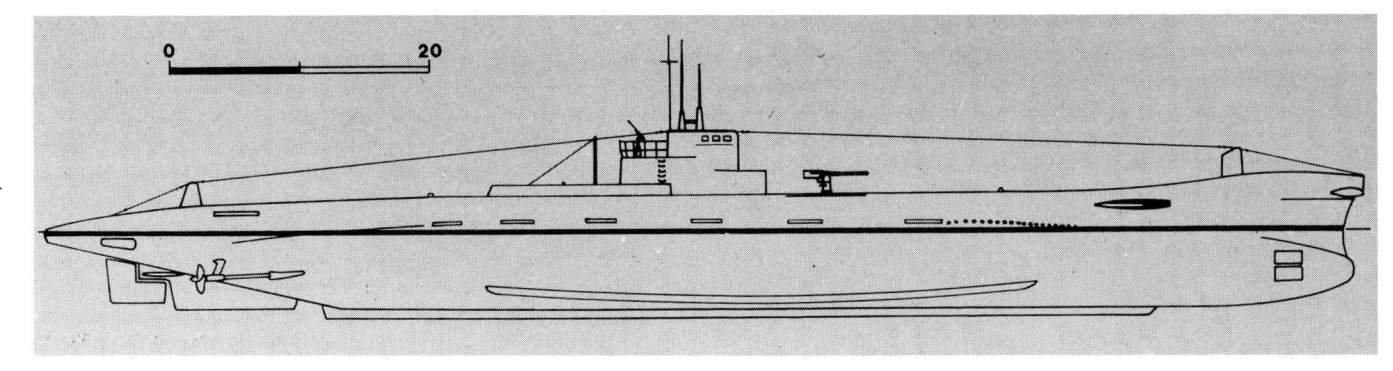

Unterseeboot großer Wasserverdrängung, entwickelt aus der S-Klasse (Gruppe 4), am Ende des Ersten Weltkrieges entworfen. Bis 1931 trugen die Boote die Bezeichnung *V 1–V 3*. Maximale Einsatztauchtiefe: 60 m. Normale Brennstoffmenge: 364 ts.
Bei der Barracuda-Klasse handelte es sich um die ersten Flottenunterseeboote, doch obwohl sie einen ziemlichen Fahrbereich und eine beträchtliche Überwassergeschwindigkeit besaßen, waren sie im allgemeinen eher mittelmäßige Boote. Ihre Überwasserantriebsanlage bestand aus zwei Hauptdieselmotoren und zwei Dieselgeneratoren für Marschfahrt. 1940 gingen die Boote zur Grundüberholung, wobei die elektrische Antriebsanlage ersetzt wurde.

Im Krieg erfolgte ihr Einsatz hauptsächlich zur Ausbildung. Der Umbau in Transportunterseeboote war geplant, aber das Projekt wurde aufgegeben. Während einer Feindfahrt im August 1942 wurde *Bass* durch einen Brand im Maschinenraum schwer beschädigt. Alle drei Einheiten wurden bei Kriegsende verschrottet.

Schicksal der Boote:
Datum: Boot: Ursache:[1]
1945 *Barracuda, Bass, Bonita* r
[1] Siehe Seite 8.

US-Unterseeboot *Bass* (SS 164), das hauptsächlich zur Ausbildung eingesetzt wurde.

Argonaut

Argonaut (SS 166) ex *V 4*:
Bauwerft: Marinewerft Portsmouth.
Datum: 1925–1928.
Typverdrängung: 2710 ts aufgetaucht, 4164 ts getaucht.
Abmessungen: 116,10 × 10,30 × 4,70 m.
Motorenanlage: Diesel: 2 General Motors + 2 Hilfsmotoren: E-Motoren: 2 Ridgeway.
Höchstleistung: 6000 PS aufgetaucht, 2400 PS getaucht.
Höchstgeschwindigkeit: 15 kn aufgetaucht, 8 kn getaucht.

Fahrstrecke: 18 000 sm bei 8 kn aufgetaucht, 10 sm bei 8 kn getaucht.
Torpedorohre: 4 × 53,3 cm vorn; Torpedos: 16.
Geschütze: 2 × 15,2 cm L/53, 2 × 7,69-mm-Maschinengewehre.
Minen: 60; zwei Minenschächte.
Besatzungsstärke: 89.

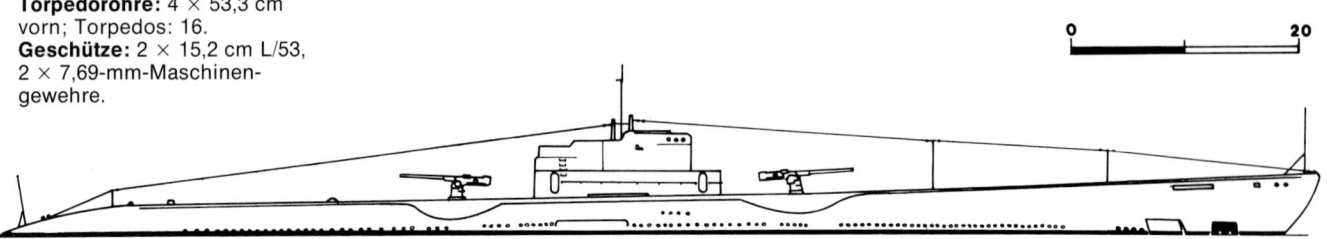

Unten: Bugansicht von USS *Argonaut* (SS 166), aufgenommen im Juli 1942 vor der Küste Kaliforniens.

Darunter: Der U-Minenleger *Argonaut*, ehe seine Bezeichnung 1931 in *SM 1* geändert wurde.

Abgeleitet von der *Barracuda*-Klasse, war *Argonaut* der einzige von der US-Marine besonders entwickelte und gebaute U-Minenleger. Ursprünglich als *V 4* bezeichnet, wurde das Boot am 19. Februar 1931 in *SM 1 Argonaut* umbenannt. Maximale Einsatztauchtiefe: 95 m. Normale Brennstoffmenge: 696 ts.
Die *Argonaut* war ein großes Boot mit einem weitreichenden Fahrbereich, aber sie war nicht sehr wendig und auch langsam, trotzdem 1940 die ursprüngliche Hauptmotorenanlage, die nur 3175 PS mit einer Höchstgeschwindigkeit von annähernd 13 kn entwickelt hatte, ersetzt worden war.
Infolge der begrenzten Wirksamkeit ihrer Minenlegeausrüstung und des beträchtlichen, zur Verfügung stehenden Raums baute man sie in ein Transportunterseeboot um, nachdem der Krieg begonnen hatte, und klassifizierte sie am 22. September 1942 in *APS 1* um.
Das bedeutsamste Kriegsunternehmen der *Argonaut* – zusammen mit *Nautilus* – war der Transport des 2. Marine Raider Battalion (2. Marineinfanterie-Nahkampfbataillon), um japanische Einrichtungen auf der Insel Makin in den Gilbert-Inseln am 17.–19. August 1942 anzugreifen.

Schicksal des Bootes:

Datum:	Ort:	Boot:	Ursache:[1]
1943	Pazifik	*Argonaut*	n

[1] Siehe Seite 8.

Narwhal-Klasse

Narwhal (SS 167) ex *V 5*:
Bauwerft: Marinewerft Portsmouth:.
Datum: 1927–1930.
Nautilus (SS 168) ex *V 6*:
Bauwerft: Marinewerft Mare Island.
Datum: 1927–1930.
Typverdrängung: 2915 ts aufgetaucht, 4050 ts getaucht.
Abmessungen: 113,10 × 10,30 × 4,70 m.
Motorenanlage: Diesel: Fairbanks Morse + 2 Hilfsmotoren: E-Motoren: 2 Westinghouse.
Höchstleistung: 6000 PS aufgetaucht, 2540 PS getaucht.
Höchstgeschwindigkeit: 17 kn aufgetaucht, 8 kn getaucht.
Fahrstrecke: 18 000 sm bei 8 kn aufgetaucht, 10 sm bei 8 kn getaucht.
Torpedorohre: 6 × 53,3 cm: 4 vorn, 2 achtern; Torpedos: 20.
Von 1942 an vier außen gelegene 53,3-cm-Rohre: 2 vorn, 2 achtern; Torpedos: 4.
Geschütze: 2 × 15,2 cm L/53, 2 × 7,69-mm-Maschinengewehre.
Besatzungsstärke: 90.

Unterseeboot großer Wasserverdrängung, entworfen für weitreichende ozeanische Unternehmungen, angeregt durch die deutschen U-Kreuzer. Maximale Einsatztauchtiefe: 100 m. Normale Brennstoffmenge: 732 ts.
Zwischen 1940 und 1941 erfolgte bei *Narwhal* und *Nautilus* mit dem Austausch des ursprünglichen 5450-PS-MAN-Dieselmotors gegen einen stärkeren eine bedeutende Änderung. 1942 wurden vier 53,3-cm-Torpedorohre eingebaut. Trotz dieser Änderungen waren die beiden Boote dieser Klasse langsam und nicht sehr manövrierfähig; ihre Gesamtergebnisse waren nicht zufriedenstellend. Im Kriege verwendete man sie hauptsächlich zu zweitrangigen Aufgaben. Zusammen mit *Argonaut* nahm *Nautilus* am Unternehmen gegen die Insel Makin teil. Zwischen Februar 1943 und März 1945 führte *Narwhal* sieben Versorgungsfahrten für Guerillaverbände durch und landete auf den von den Japanern besetzten Philippinen Agenten und nahm solche wieder auf. Bei Kriegsende wurden beide Boote verschrottet.

Schicksal des Bootes:
Datum: Boot: Ursache:[1]
1945   *Narwhal, Nautilus*   r
[1] Siehe Seite 8.

USS *Narwhal* (SS 167) bei Fahrtmanövern an der Wasseroberfläche.

Dolphin

Dolphin (SS 169):
Bauwerft: Marinewerft Portsmouth.
Datum: 1930–1932.
Typverdrängung: 1560 ts aufgetaucht, 2240 ts getaucht.
Abmessungen: 97,20 × 8,50 × 4,00 m.
Motorenanlage: Diesel: 2 MAN + 2 Hilfsmotoren; E-Motoren: 2.
Höchstleistung: 3500 PS aufgetaucht, 1750 PS getaucht.
Höchstgeschwindigkeit: 17 kn aufgetaucht, 8 kn getaucht.
Fahrstrecke: 9000 sm bei 10 kn aufgetaucht, 10 sm bei 8 kn getaucht.
Torpedorohre: 6 × 53,3 cm: 4 vorn, 2 achtern; Torpedos: 18.
Geschütze: 1 × 10,2 L/50 (später durch 1 × 7,6 cm L/50 ersetzt), 4 × 7,69-mm-Maschinengewehre.
Besatzungsstärke: 60.

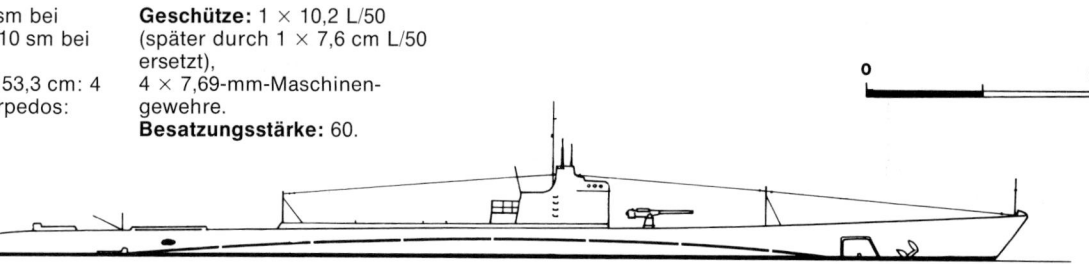

Versuchsboot, wie die vorhergehenden Einheiten mit zwei Hilfsmotoren ausgestattet, um als Dieselgeneratoren für Marschfahrt zu dienen. Normale Brennstoffmenge: 412 ts. Maximale Einsatztauchtiefe: 75 m.
Das Boot stellte keinen sehr gelungenen Versuch dar, die meisten Eigenschaften des vorhergehenden Bootspaares in einen leichter gebauten Rumpf von halber Größe hineinzuzwängen. Nach Kriegsbeginn wurde es zu Ausbildungsaufgaben verwendet.

Schicksal des Bootes:
Datum: Boot: Ursache:[1]
1946 *Dolphin* r
[1] Siehe Seite 8.

Cachalot-Klasse

Cachalot (SS 170) ex *V 8*:
Bauwerft: Marinewerft Portsmouth.
Datum: 1931–1933.
Cuttlefish (SS 171) ex *V 9*:
Bauwerft: Electric Boat, Groton.
Datum: 1931–1934.
Typverdrängung:
Cachalot: 1170 ts aufgetaucht, 1650 ts getaucht;
Cuttlefish: 1210 ts aufgetaucht, 1650 ts getaucht.
Abmessungen:
Cachalot: 82,80 × 7,50 × 3,90 m; *Cuttlefish:* 83,50 × 7,50 × 3,90 m.
Motorenanlage: Diesel: 2 General Motors: E-Motoren: 2 Electro Dynamic/Westinghouse.
Höchstleistung: 3100 PS aufgetaucht, 1600 PS getaucht.
Höchstgeschwindigkeit: 17 kn aufgetaucht, 8 kn getaucht.
Fahrstrecke: 9000 sm bei 12 kn aufgetaucht, 10 sm bei 8 kn getaucht.
Torpedorohre: 6 × 53,3 cm: 4 vorn, 2 achtern; Torpedos: 16.
Geschütze: 1 × 7,6 cm L/40, 4 × 7,69-mm-Maschinengewehre (später durch 2 × 2 cm L/70 ersetzt).
Besatzungsstärke: 50.

Versuchsunterseeboot mittlerer Wasserverdrängung. Bei diesen Booten wandte die US-Marine zum ersten Male in der Bauweise der Rümpfe in großem Maßstab das Elektroschweißverfahren an. Normale Brennstoffmenge: 333 ts. Maximale Operationstauchtiefe: 75 m.
Diese Schweißtechnik, in der die US-Marine ihrer Konkurrenz weit voraus war, fand auch bei den folgenden Unterseebootsbauten Anwendung. Im Gegensatz zu den vorhergehenden Klassen besaß die *Cachalot*-Klasse eine konventionelle Antriebsanlage mit lediglich zwei Hauptantriebsmotoren, die direkt mit den Schraubwellen verbunden waren. 1938 wurden beide Boote modernisiert und die Leistung der Antriebsanlage vergrößert. Im Kriege waren sie hauptsächlich zur Ausbildung eingesetzt und wurden 1947 außer Dienst gestellt.

Schicksal der Boote:

Datum:	Boot:	Ursache:[1]
1947	*Cachalot, Cuttlefish*	r

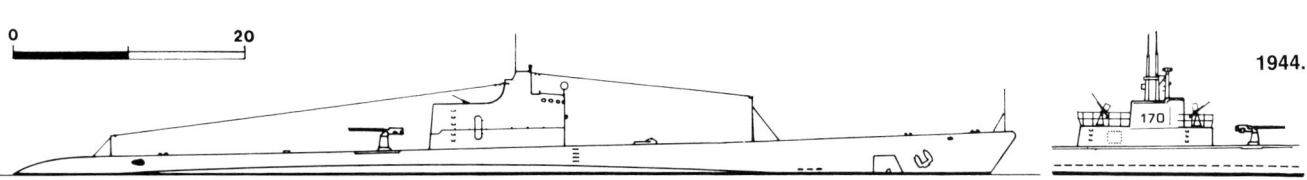

[1] Siehe Seite 8.

Rechts: *Cachalot.*

Unten: *Cuttlefisch.*

P-Klasse

Gruppe 1:
Porpoise (SS 172), *Pike* (SS 173):
Bauwerft: Marinewerft Portsmouth.
Datum: 1933–1935/35.

Gruppe 2:
Shark (SS 174), *Tarpon* (SS 175):
Bauwerft: Electric Boat, Groton.
Datum: 1933–1936/36.

Gruppe 3:
Perch (SS 176), *Pickerel* (SS 177), *Permit* (SS 178) ex *Pinna*:
Bauwerft: Electric Boat, Groton.
Datum: 1935–1936/37.
Plunger (SS 179), *Pollack* (SS 180):
Bauwerft: Marinewerft Portsmouth.
Datum: 1935–1936/37.
Pompano (SS 181):
Bauwerft: Marinewerft Mare Island.
Datum: 1936–1937.

Typverdrängung:
Gruppe 1: 1310 ts aufgetaucht, 1960 ts getaucht;
Gruppe 2: 1315 ts aufgetaucht, 1968 ts getaucht;
Gruppe 3: 1330 bzw. 1335 ts aufgetaucht, 2005 ts getaucht.
Abmessungen:
Gruppe 1: 91,70 × 7,60 × 4,00 m;
Gruppe 2: 90,80 × 7,60 × 4,20 m;
Gruppe 3: 91,60 × 7,60 × 4,20 m.
Motorenanlage: Diesel: 2 Winton bzw. Fairbanks Morse; E-Motoren: 2 General Electric bzw. Elliot.
Höchstleistung: 4300 PS aufgetaucht, 2085–2336 PS getaucht.
Höchstgeschwindigkeit: 19 kn aufgetaucht, 8 kn getaucht.
Fahrstrecke: 10 000 sm bei 10 kn aufgetaucht, 42 sm bei 5 kn getaucht.
Torpedorohre: 6 × 53,3 cm: 4 vorn, 2 achtern; Torpedos: 16. (Zwei außen gelegene 53,3-cm-Rohre: *Porpoise, Pike, Tarpon, Perch, Permit*; 18 Torpedos: *Perch, Pickerel, Permit*.)
Geschütze: 1 × 7,6 cm L/50 (auf einigen Booten 1943 durch 1 × 10,2 cm L/50 ersetzt), 2 × 12,7-mm-Maschinengewehre, 2 × 7,69-mm-Maschinengewehre.
Besatzungsstärke: 55.

Pike (SS 173), 1944.

1940.

Seitenansicht der *Porpoise*, aufgenommen im Juli 1944 vor der Marinewerft Philadelphia.

Zweihüllen-Hochseeboot mit dieselelektrischem Antrieb. Maximale Brennstoffmenge: 347–373 ts. Maximale Einsatztauchtiefe: 75 m.
Die P-Klasse umfaßte die ersten modernen Flottenunterseeboote der US-Marine und von ihnen stammten alle späteren Unterseeboote bis 1945 ab. Der Rumpf mit annähernd 90 m Länge über alles war voll verschweißt. Zum erstenmal war das Antriebssystem gänzlich dieselelektrisch, d. h. die Hauptdieselmotoren waren nicht direkt mit den Schraubenwellen verbunden, sondern dienten nur als Generatoren, um die Elektromotoren anzutreiben. In der Folge fand dieses System bei allen amerikanischen Unterseebooten Anwendung, da es von einfacher Bedienungsweise und größerer betrieblicher Flexibilität war. Eine große, in den Tauchzellen mitgeführte Brennstoffmenge ermöglichte zusammen mit einem geringen Einheitsbrennstoffverbrauch der dieselelektrischen Antriebsanlage bei Marschfahrt lange Fernunternehmungen. Die Größe der Boote gestattete beträchtlich verbesserte Lebensbedingungen mit Räumen, die ausschließlich der Erholung der Besatzung dienten.
Die Boote der P-Klasse besaßen eine gute Seeausdauer, aber ihre Größe bedeutete auch eine langsame Tauchzeit (mehr als 60 Sekunden), und ihre Handhabung unter Wasser war mittelmäßig. Insgesamt betrachtet, waren es jedoch gute Boote, standfest, stark bewaffnet und für die Aufgaben geeignet, für die sie entworfen worden waren.
Zwischen den drei Gruppen der Klasse gab es keine Unterschiede in baulicher Hinsicht oder im Erscheinungsbild, ausgenommen die Anordnung der Torpedorohre, die bei einigen Booten außerhalb des Druckkörpers lagen. Im Verlaufe des Krieges änderte sich das Aussehen des Kommandoturmes und das Kaliber des Decksgeschützes sowie die Anzahl der Flakwaffen wurden erhöht.
Die Boote der P-Klasse führten zusammen mit den Booten der *Salmon/Sargo*- und der T-Klasse die ersten Unternehmungen gegen die Japaner im Pazifik nach Pearl Harbor durch. Die zehn Boote standen vom Dezember 1941 bis zum August 1945 ununterbrochen im Einsatz und vier Einheiten gingen in dieser Zeit verloren. Die dann noch vorhandenen Boote wurden einige Jahre nach Kriegsende abgebrochen, ausgenommen *Pollack* (SS 180), die 1947 verschrottet wurde.

Schicksal der Boote:

Datum:	Ort:	Boot:	Ursache:[1]
1942	Pazifik	*Shark, Perch*	n
1943	Pazifik	*Pickerel, Pompano*	n
1947	–	*Pollack*	r

[1] Siehe Seite 8.

Salmon/Sargo-Klasse

Gruppe 1:
Salmon (SS 182), *Seal* (SS 183), *Skipjack* (SS 184):
Bauwerft: Electric Boat, Groton.
Datum: 1936–1938/38.
Snapper (SS 185), *Stingray* (SS 186):
Bauwerft: Marinewerft Portsmouth.
Datum: 1936–1937/38.
Sturgeon (SS 187):
Bauwerft: Marinewerft Mare Island.
Datum: 1936–1938.

Gruppe 2:
Sargo (SS 188), *Saury* (SS 189), *Spearfish* (SS 190), *Seadragon* (SS 194), *Sealion* (SS 195):
Bauwerft: Electric Boat, Groton.
Datum: 1937–1939/39.
Sculpin (SS 191), *Sailfish* (SS 192) ex *Squalus*, *Searaven* (SS 196), *Seawolf* (SS 197):
Bauwerft: Marinewerft Portsmouth.
Datum: 1937–1939/39.
Swordfish (SS 193):
Bauwerft: Marinewerft Mare Island.
Datum: 1937–1939.

Typverdrängung:
Gruppe 1: 1449 ts aufgetaucht, 2198 ts getaucht;
Gruppe 2: 1450 ts aufgetaucht, 2350 ts getaucht.
Abmessungen:
Gruppe 1: 93,80 × 7,90 × 4,30 m;
Gruppe 2: 94,40 × 8,20 × 4,00 m.

Motorenanlage: Diesel: 2 HOR oder General Motors; E-Motoren: 2 Elliot.
Höchstleistung: 5500 PS aufgetaucht, 3300 PS getaucht.
Höchstgeschwindigkeit: 20 kn aufgetaucht, 9 kn getaucht.
Fahrstrecke: 10 000 sm bei 10 kn aufgetaucht, 85 sm bei 5 kn getaucht.

Torpedorohre: 8 × 53,3 cm: 4 vorn, 4 achtern; Torpedos: 24.
Geschütze: 1 × 7,6 cm L/50 (in der Folge auf einigen Booten durch 1 × 10,2 cm L/50 oder 1 × 12,7 cm L/25 ersetzt), 2 × 12,7-mm-Maschinengewehre, 2 × 7,69-mm-Maschinengewehre.
Besatzungsstärke: 70.

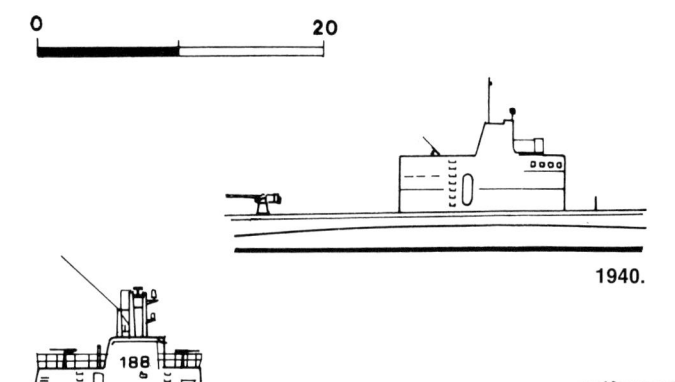

Sargo (SS 188), 1944.

1940.

Hochseeboot, abgeleitet von der *P*-Klasse. Maximale Brennstoffmenge: 384 ts (Gruppe 1), 428 ts (Gruppe 2). Maximale Einsatztauchtiefe: 80 m.
Die Anzahl der Torpedorohre war auf acht gesteigert worden: vier vorn und vier achtern; und die Gesamtzahl der Torpedos hatte sich auf 24 erhöht. Anders als die vorhergehende Klasse besaßen diese Boote von den Dieselmotoren her eine Kombination aus direktem und elektrischem Antrieb; sie waren auch schneller.
Durch Unglücksfall sank SS 192 *Squalus* am 23. Mai 1939 bei einer Erprobungsfahrt vor Portsmouth. Das Boot wurde geborgen und am 15. Mai 1940 als *Sailfish* wieder in Dienst gestellt. Der Kriegseinsatz der Klasse begann im Dezember 1941 und die Boote blieben bis Kriegsende im Pazifik. Das erste Handelsschiff, das die Japaner verloren, war die am 15. Dezember 1941 vor Mainan durch die *Swordfish* versenkte *Atsutasan Maru*. Im April 1942 beteiligte sich *Snapper* an der Evakuierung der belagerten Insel Corregidor in den Philippinen. Die wichtigsten, von Booten dieser Klasse erzielten Erfolge gegen Kriegsschiffe waren: SS 192 *Sailfish* (Commander Ward) versenkte am 25. Dezember 1942 das Unterseeboot *I 4* (2135 ts) sowie am 4. Dezember 1943 den Träger *Chuyo* (16 750 ts) und beschädigte am selben Tag den Träger *Ryuho* (13 360 ts); SS 197 *Seawolf* (Commander Warder) beschädigte am 1. April 1942 den Leichten Träger *Naka* (5850 ts).

Vier Boote gingen im Verlaufe des Krieges verloren: eines durch Feindeinwirkung, eines als Folge eines Irrtums durch ein amerikanisches Schiff und zwei versenkten sich selbst durch ihre Besatzungen. Die letzteren waren *Sealion* in Cavite auf den Philippinen, wo sich das Boot zur Zeit der japanischen Besetzung in Reparatur befand, und *Sculpin* nach einem hinhaltenden Gefecht gegen japanische Einheiten, die einen Geleitzug sicherten. *Seal* blieb bis 1957 in der Reserveflotte; alle anderen Boote wurden zwischen 1945 und 1948 verschrottet.

Schicksal der Boote:

Datum:	Ort:	Boot:	Ursache:[1]
1941	Pazifik	Sealion	sb
1943	Pazifik	Sculpin	sb
1944	Pazifik	Seawolf	e
1945	Pazifik	Swordfish	n
1945–1948	–	Sargo, Saury, Spearfish, Sailfish, Seadragon, Searaven, Salmon, Skipjack, Snapper, Stingray, Sturgeon	r

[1] Siehe Seite 8.

Salmon im August 1944.

T-Klasse

Tambor (SS 198), Tautog (SS 199), Thresher (SS 200), Gar (SS 206), Grampus (SS 207), Grayback (SS 208):
Bauwerft: Electric Boat, Groton.
Datum: 1939–1940/41.
Triton (SS 201), Trout (SS 202), Grayling (SS 209), Grenadier (SS 210):
Bauwerft: Marinewerft Portsmouth.
Datum: 1939–1940/41.
Tuna (SS 203), Gudgeon (SS 211):
Bauwerft: Marinewerft Mare Island.
Datum: 1939–1941/41.
Typverdrängung: 1475 ts aufgetaucht, 2370 ts getaucht.
Abmessungen: 93,50 × 8,50 × 4,90 m.
Motorenanlage: Diesel: 2 Fairbanks Morse oder General Motors; E-Motoren: 2 General Electric.
Höchstleistung: 5400 PS aufgetaucht, 2740 PS getaucht.
Höchstgeschwindigkeit: 20 kn aufgetaucht, 8,75 kn getaucht.
Fahrstrecke: 10 000 sm bei 10 kn aufgetaucht, 60 sm bei 5 kn getaucht.
Torpedorohre: 10 × 53,3 cm: 6 vorn, 4 achtern; Torpedos: 24.
Geschütze: 1 × 7,6 cm L/50 (später durch 1 × 12,7 cm L/51 ersetzt), 2 × 12,7-mm-Maschinengewehre, 2 × 7,69-mm-Maschinengewehre (später durch 2 × 2 cm ersetzt).
Besatzungsstärke: 80–85.

Hochseeboot, abgeleitet von der Salmon/Sargo-Klasse. Trotz geringfügiger Herabsetzung der Abmessungen und der Wasserverdrängung wurde die Anzahl der Torpedorohre auf zehn erhöht. Maximale Brennstoffmenge: 374–385 ts. Maximale Einsatztauchtiefe: 90 m. Beide Diesel hatten Direktantrieb.
Im Kriege erfuhr diese Klasse mehrere Änderungen, hauptsächlich in der Gestaltung des Kommandoturms und bei der Überwasserbewaffnung. Der Turm erhielt vorn und achtern kleine seitliche Geschützplattformen zum Einbau von 2-cm- und 4-cm-Geschützen, welche die 12,7-mm-Maschinengewehre ersetzten. Die Boote bekamen Radar, und die 7,6-cm-Decksgeschütze L/50, die 1941 alle Boote erhalten hatten, wurden von 1942 an allmählich durch ein 12,7-cm-Geschütz L/51 oder ein 10,2-cm-Geschütz L/50 ersetzt.
Im Dezember 1941 waren die zwölf Boote dieser Klasse die modernsten der US-Marine, und sie begannen sofort mit den Operationen gegen Kriegsschiffe und die Handelsschiffahrt. Trout führte eine Unternehmung durch, um das belagerte Corregidor mit Lebensmitteln und Munition zu versorgen. Tautog versenkte 26 Schiffe und erzielte damit die höchste Versenkungsrate im Zweiten Weltkrieg.
Die bedeutendsten Erfolge von Booten dieser Klasse gegen Kriegsschiffe waren: SS 202 Trout (Commander Ramage) beschädigte am 28. September 1942 den Träger Tayo (16 750 ts), SS 207 Grampus (Commander Craig) torpedierte am 18. Oktober 1942 den Leichten Träger Yura (5760 ts), SS 199 Tautog (Commander Sieglaff) beschädigte am 9. Januar 1943 den Leichten Träger Natori (5760 ts).
Zwischen 1943 und 1944 gingen sieben Boote durch Feindeinwirkung verloren. Zwei Boote wurden 1948 verschrottet. Tambor, Tautog und Gar wandelte man 1946 in Schulboote um und verschrottete sie zwischen 1959 und 1960.

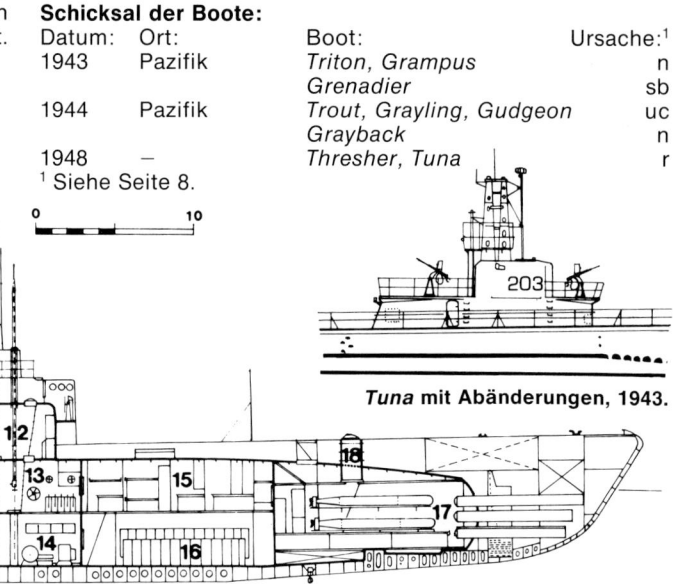

Schicksal der Boote:

Datum	Ort	Boot	Ursache:[1]
1943	Pazifik	Triton, Grampus	n
		Grenadier	sb
1944	Pazifik	Trout, Grayling, Gudgeon	uc
		Grayback	n
1948	–	Thresher, Tuna	r

[1] Siehe Seite 8.

T-Klasse, Längsschnitt.

Tuna mit Abänderungen, 1943.

1 Hecktorpedoraum, 2 Motoren-Fahrstand, 3 E-Motorenraum, 4 Dieselmotorenraum, 5 Mannschaftsduschen, 6 Mannschaftswohnraum, 7 achterer Batterieraum, 8 Mannschaftsmesse, 9 Kombüse (Küche), 10 Vorratslast, 11 Funkraum, 12 Befehlsstand (druckfester Raum im Turm), 13 Zentrale, 14 Pumpenraum, 15 Offiziers-, Unteroffiziers- und Mannschaftsräume, 16 vorderer Batterieraum, 17 Bugtorpedoraum, 18 wasserdichtes Ausstiegluk.

Tautog im Juni 1941 vor dem Umbau.

M-Klasse

Mackerel (SS 204):
Bauwerft: Electric Boat, Groton.
Datum: 1939–1941.
Marlin (SS 205):
Bauwerft: Marinewerft Portsmouth.
Datum: 1940–1941.
Typverdrängung:
Mackerel: 895 ts aufgetaucht, 1190 ts getaucht,
Marlin: 860 ts aufgetaucht, 1165 ts getaucht.
Abmessungen:
Mackerel: 73,90 × 6,70 × 3,40 m;
Marlin: 72,60 × 6,40 × 3,30 m.

Motorenanlage:
Mackerel: Diesel: 2 EB; E-Motoren: 2 Electro Dynamic;
Marlin: Diesel: 2 Alco; E-Motoren: 2 General Electric.
Höchstleistung: 3360–3400 PS aufgetaucht, 1500 PS getaucht.
Höchstgeschwindigkeit: 16 kn aufgetaucht, 11 kn getaucht.

Torpedorohre: 6 × 53,3 cm: 4 vorn, 2 achtern; Torpedos: 12.
Geschütze: 1 × 7,6 cm L/50 (*Marlin* von 1945 an: 1 × 12,7 cm L/25), 2 × 12,7-mm-Maschinengewehre (oder 2 × 2 cm).
Besatzungsstärke: 38.

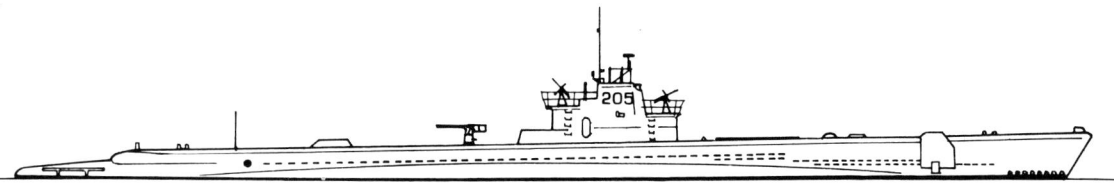

Marlin im Jahre 1943.

Versuchsunterseeboot mittlerer Wasserverdrängung. Normale Brennstoffmenge: 116 ts. Maximale Einsatztauchtiefe: 90 m.

Die beiden unter dem Programm von 1938 gebauten Boote der *Mackerel*-Klasse stellten einen Versuch dar, keine Wiederholung, Boote begrenzter Größe zu bauen, die jedoch starke Offensiveigenschaften aufwiesen. Die Überwasserantriebsanlage war von konventioneller Art, d. h. die Dieselmotoren waren direkt mit den Schraubenwellen verbunden. Insgesamt stellten die Boote keinen gelungenen Entwurf dar. Außerdem war ihr Fahrbereich für lange Ozeanunternehmungen unzureichend. Im Kriege wurden sie hauptsächlich zur Ausbildung eingesetzt. 1945 wurde *Marlin* modernisiert und ihre Bewaffnung geändert. Bei Kriegsende überstellte man beide Boote zur Reserveflotte und verschrottete sie zwischen 1946 und 1947.

Schicksal der Boote:

Datum:	Boot:	Ursache:[1]
1946–1947	*Mackerel, Marlin*	r

[1] Siehe Seite 8.

Gato/Balao-Klasse

Gato-Serie (SS 212–SS 284): *Gato* (SS 212), *Greenling* (SS 213), *Grouper* (SS 214), *Growler* (SS 215), *Grunion* (SS 216), *Guardfish* (SS 217), *Albacore* (SS 218), *Amberjack* (SS 219), *Barb* (SS 220), *Blackfish* (SS 221), *Bluefish* (SS 222), *Bonefish* (SS 223), *Cod* (SS 224), *Cero* (SS 225), *Corvina* (SS 226), *Darter* (SS 227):
Bauwerft: Electric Boat, Groton.
Datum: 1940–1941/43.
Drum (SS 228), *Flyingfish* (SS 229), *Finback* (SS 230), *Haddock* (SS 231), *Halibut* (SS 232), *Herring* (SS 233), *Kingfish* (SS 234), *Shad* (SS 235), *Runner* (SS 275), *Sawfish* (SS 276), *Scamp* (SS 277), *Scorpion* (SS 278), *Snook* (SS 279), *Steelhead* (SS 280):
Bauwerft: Marinewerft Portsmouth.
Datum: 1940–1941/42.
Silversides (SS 236), *Trigger* (SS 237), *Wahoo* (SS 238), *Whale* (SS 239), *Sunfish* (SS 281), *Tunny* (SS 282), *Tinosa* (SS 283), *Tullibee* (SS 284):
Bauwerft: Marinewerft Mare Island.
Datum: 1940–1941/43.
Angler (SS 240), *Bashaw* (SS 241), *Bluegill* (SS 242), *Bream* (SS 243), *Cavalla* (SS 244), *Cobia* (SS 245), *Croacker* (SS 246), *Dace* (SS 247), *Dorado* (SS 248), *Flasher* (SS 249), *Flier* (SS 250), *Flounder* (SS 251), *Gabilan* (SS 252), *Gunnel* (SS 253), *Gurnard* (SS 254), *Haddo* (SS 255), *Hake* (SS 256), *Harder* (SS 257), *Hoe* (SS 258), *Jack* (SS 259), *Lapon* (SS 260), *Mingo* (SS 261), *Muskallunge* (SS 262), *Paddle* (SS 263), *Pargo* (SS 264):
Bauwerft: Electric Boat, Groton.
Datum: 1942–1943/44.
Peto (SS 265), *Pogy* (SS 266), *Pompom* (SS 267), *Puffer* (SS 268), *Rasher* (SS 269), *Raton* (SS 270), *Ray* (SS 271), *Redfin* (SS 272), *Robalo* (SS 273), *Rock* (SS 274):
Bauwerft: Manitowoc Shipyards.
Datum: 1941–1942/43.

Balao-Serie (SS 285–SS 416):
Balao (SS 285), *Billfis* (SS 286), *Bowfin* (SS 287), *Cabrilla* (SS 288), *Capelin* (SS 289), *Cisco* (SS 290), *Crevalle* (SS 291), *Sand Lance* (SS 381), ex *Ojanco* ex *Orca*, *Picuda* (SS 382) ex *Obispo*, *Pampanito* (SS 383), *Parche* (SS 384), *Bang* (SS 385), *Pilotfish* (SS 386), *Pintado* (SS 387), *Pipefish* (SS 388), *Piranha* (SS 389), *Plaice* (SS 390), *Pomfret* (SS 391), *Sterlet* (SS 392), ex *Pudiano*, *Queenfish* (SS 393), *Razorback* (SS 394), *Redfish* (SS 395), *Ronquil* (SS 396), *Scabbardfish* (SS 397), *Segundo* (SS 398), *Sea Cat* (SS 399), *Sea Devil* (SS 400), *Sea Dog* (SS 401), *Sea Fox* (SS 402), *Atule* (SS 403), *Spikefish* (SS 404) ex *Shiner*, *Sea Owl* (SS 405), *Sea Poacher* (SS 406), *Sea Robin* (SS 407), *Sennet* (SS 408), *Piper* (SS 409), ex *Awa*, *Treadfin* (SS 410), ex *Sole*:
Bauwerft: Marinewerft Portsmouth.
Datum: 1942–1943/44.
Devilfish (SS 292), *Dragonet* (SS 293), *Escolar* (SS 294), *Hackleback* (SS 295), *Lancetfish* (SS 296), *Ling* (SS 297), *Lionfish* (SS 298), *Manta* (SS 299), *Moray* (SS 300), *Roncador* (SS 301), *Sabalo* (SS 302), *Sabfefish* (SS 303).
Bauwerft: Cramp Shipyards, Philadelphia.
Datum: 1942–1943/45.
Seahorse (SS 304), *Skate* (SS 305), *Tang* (SS 306), *Tilefish* (SS 307), *Spadefish* (SS 411), *Trepang* (SS 412), ex *Senorita Spot* (SS 413), *Springer* (SS 414), *Stickleback* (SS 415), *Tiru* (SS 416):
Bauwerft: Marinewerft Mare Island.
Datum: 1942–1943/48.
Apogon (SS 308) ex *Abadejo*, *Aspro* (SS 309) ex *Acedia*, *Batfish* (SS 310) ex *Acoupa*, *Archerfish* (SS 311), *Burrfish* (SS 312) ex *Arnillo*:
Bauwerft: Marinewerft Portsmouth.
Datum: 1942–1943/43.
Perch (SS 313), *Shark* (SS 314), *Sealion* (SS 315), *Barbel* (SS 316), *Barbero* (SS 317), *Baya* (SS 318), *Becuna* (SS 319), *Bergall* (SS 320), *Besugo* (SS 321), *Blackfin* (SS 322), *Caiman* (SS 323) ex *Blanquillo*, *Blenny* (SS 324), *Blower* (SS 325), *Blueback* (SS 326), *Boarfish* (SS 327), *Charr* (SS 328) ex *Boccaccio*, *Chub* (SS 329) ex *Bonaci*, *Brill* (SS 330), *Bugara* (SS 331), *Bullhead* (SS 332), *Bumper* (SS 333).
Bauwerft: Electric Boat, Groton.
Datum: 1943–1944/44.
Cabezon (SS 334), *Dentuda* (SS 335), ex *Capidoli*, *Capitaine* (SS 336), *Carbonero* (SS 337), *Carp* (SS 338), *Catfish* (SS 339), *Entemedor* (SS 340) ex *Chickwick*, *Chivo* (SS 341), *Chopper* (SS 342), *Clamangore* (SS 343), *Cobbler* (SS 344), *Cochino* (SS 345), *Corporal* (SS 346), *Cubera* (SS 347), *Cusk* (SS 348), *Diodon* (SS 349), *Dogfish* (SS 350), *Greenfish* (SS 351) ex *Doncella*, *Halfbeak* (SS 352) ex *Dory*:
Bauwerft: Electric Boat, Groton.
Datum: 1943–1944/46.

1944 annullierte Einheiten derselben Serie:
Dudong (SS 353), *Eel* (SS 354), *Espada* (SS 355), *Jawfish* (SS 356) ex *Fanegal*, *Ono* (SS 357) ex *Friar*, *Garlopa* (SS 358), *Garrupa* (SS 359), *Goldring* (SS 360), *Golet* (SS 361), *Guavina* (SS 362), *Guitarro* (SS 363), *Hammerhead* (SS 364), *Hardhead* (SS 365), *Hawkbill* (SS 366), *Icefish* (SS 367), *Jallao* (SS 368), *Kete* (SS 369), *Kraken* (SS 370), *Lagarto* (SS 371), *Lamprey* (SS 372), *Lizardfish* (SS 373), *Loggerhead* (SS 374), *Macabi* (SS 375), *Mapiro* (SS 376), *Menhaden* (SS 377), *Mero* (SS 378), *Needlefish* (SS 379), *Nerka* (SS 380).

Typverdrängung:
Gato-Serie: 1825 ts aufgetaucht, 2410–2424 ts getaucht.
Balao-Serie: 1826 ts aufgetaucht, 2391–2414 ts getaucht.
Abmessungen: 91,60 × 8,30 × 5,10 m.
Motorenanlage: Diesel: 4 General Motors oder Fairbanks Morse; E-Motoren: 4 Elliot oder General Electric.
Höchstleistung: 5400 PS aufgetaucht, 2740 PS getaucht.
Höchstgeschwindigkeit: 20,25 kn aufgetaucht, 8,75 kn getaucht.
Fahrstrecke: 11 800 sm bei 10 kn aufgetaucht, 95 sm bei 5 kn getaucht.
Torpedorohre: 10 × 53,3 cm: 6 vorn, 4 achtern; Torpedos: 24.
Geschütze: 1 × 7,6 cm L/50, später 10,2 cm L/50 oder 12,7 cm L/25, und 2 × 12,7-mm-Maschinengewehre (siehe Bemerkungen im Text).
Minen: Kapazität für 40 Seeminen anstatt der Reservetorpedos.
Besatzungsstärke: 60–80.

Zweihüllen-Hochseeboot, entwickelt aus der *T*-Klasse. Maximale Brennstoffmenge: 378–472 ts. Maximale Einsatztauchtiefe: 95 m (*Gato*-Serie) und 120 m (*Balao*-Serie).
Diese Klasse bildete den Standardtyp des amerikanischen Unterseebootes des Zweiten Weltkrieges. Aus den Erfahrungen heraus, die man mit der *P*-, der *Salmon/Sargo*- und besonders der *T*-Klasse gewonnen hatte, war entschieden worden, im Bauprogramm von 1940 eine Serie von 6 Booten (SS 212–S 217) zu bauen, der kurz darauf eine Serie von 67 Booten (SS 218–SS 284) folgen sollte. Die Boote sollten den neuen Typ eines Flottenunterseebootes darstellen, abgeleitet aus der *T*-Klasse unter Beibehalten der allgemeinen Größe und Bewaffnung, aber unterschiedlich in der Antriebsanlage sowie in zahlreichen Einzelheiten der Bauweise innerhalb und außerhalb des Druckkörpers. Die bemerkenswertesten Charakteristika waren Fahrbereich, Wohnlichkeit, gute Seeausdauer und starke Bewaffnung. Der vollständig geschweißte Rumpf mit ungewöhnlicher Länge war an seinen Enden einhüllig und im Mittelteil doppelhüllig. Der Druckkörper besaß keine zylindrische Form wie bei so vielen Unterseebooten, sondern verjüngte sich zum Bug und zum Heck hin, wobei die lichten Räume oberhalb der Bug- und Heckfläche der Wasserzirkulation offen standen.
Die Hauptbrennstoff- und -tauchzellen lagen im Mittelteil des Raumes zwischen den beiden Hüllen. Die dieselelektrische Antriebsanlage beruhte auf vier Dieselmotoren, die eine gleiche Anzahl von Elektromotoren antrieben, letztere durch Reduktionsgetriebe paarweise auf die Schraubenwellen gekuppelt. Dank der verschiedenartigen Kombinationen, die erzielt werden konnten, und der beträchtlichen Leistung, die für hohe Geschwindigkeit und für die Marschfahrt sowie für das Aufladen der Batterien zur Verfügung stand, gestattete dieses Antriebssystem einen beachtenswerten Grad von Flexibilität im Einsatz. Die Batterien waren von verschiedenem Typ (*Exide*, *Gould* usw. und bestanden aus 252 Elementen. Während sich die letzten Boote der ersten Serie (*Gato*-Serie) noch im Bau befanden, wurde eine neue Serie von 132 Einheiten aus dem Kriegsprogramm von 1942 in Auftrag gegeben. Benannt nach der ersten Einheit der Serie glichen die *Balao*-Boote fast den *Gato*-Booten; aber verschiedene Änderungen des Entwurfs erlaubten eine schnellere Bauweise durch Nutzen des Vorfertigungssystems und eine größere strukturelle Festigkeit vergrößerte die Einsatztauchtiefe. Zwi-

schen den auf verschiedenen Werften gebauten Booten gab es nur geringe Unterschiede in Größe und Wasserverdrängung, aber im wesentlichen waren alle Boote dieser Klasse, zwischen 1941 und 1945 in Dienst gestellt, fast identisch. Das Bauprogramm forderte 205 Boote, aber nur 195 wurden fertiggestellt; einige wurden noch in Dienst gestellt, nachdem der Krieg bereits zu Ende war. Die Lieferverträge für die letzten zehn Einheiten wurden Ende 1944 widerrufen.

Im Verlaufe des Krieges erfuhr die Decksbewaffnung der Gato/Balao-Klasse verschiedene Änderungen, wodurch sich insgesamt eine Verbesserung ergab. Die ersten Boote besaßen ein 7,6-cm-Geschütz L/50 und zwei 12,7-mm-Maschinengewehre. Später wurde das Geschützkaliber bei vielen Booten auf 10,2 cm und das der Flakwaffen auf 2 cm gesteigert. Im Gegensatz zu den 12,7-mm-Maschinengewehren waren die 2-cm-Waffen nicht an den Seiten des Kommandoturms, sondern auf Plattformen davor und dahinter postiert. Von 1943 an waren viele Boote mit einem speziell für den Einsatz auf Unterseebooten entwickelten 12,7-cm-Geschütz L/25 ausgerüstet. Zum selben Zeitpunkt begannen die ersten schweren 4-cm-Bofors-Flakgeschütze L/56 in Einzelaufstellung die 2-cm-Oerlikon-Waffen zu ersetzen oder zu ergänzen.

Alle Boote dieser Klasse besaßen Lafettierungen für Decksgeschütze, sowohl vor dem Kommandoturm als auch achtern. Im allgemeinen war jedoch nur ein Geschütz eingebaut, beliebig davor oder dahinter, aber es war keineswegs eine Seltenheit, Boote zu sehen, die mit zwei 12,7-cm-Geschützen L/25 ausgerüstet waren, besonders in den Schlußphasen des Krieges. Ferner waren im allgemeinen zwei Flakgeschütze in unterschiedlichen Kombinationen vorhanden: 2 × 2 cm L/70, 1 × 2 cm L/70 und 1 × 4 cm L/56, 2 × 4 cm L/56.

Die Artilleriebewaffnung amerikanischer Boote war jener von Booten anderer Marinen überlegen. Dies ergab sich aus der Art der Kampfführung im Pazifik und der besonderen Art der Gegenwehr, der amerikanischen Boote begegnen mußten. Die Einführung schwerer Flakgeschütze zwang zu zahlreichen Änderungen der Kommandotürme. Anfänglich waren die Türme ziemlich klein, aber als Anzahl und Kaliber der Waffen zunahmen, vergrößerte sich die Größe der Türme beträchtlich, wie aus den Zeichnungen und Fotografien ersehen werden kann. Normalerweise waren zwei Sehrohre von beträchtlicher Länge und Größe vorhanden, mit Schutzummantelungen ausgestattet; manche Boote waren auch mit drei Sehrohren ausgerüstet.

Nach 1942 war die Radarantenne achteraus der Sehrohre auf einem zylinderförmigen Mast angebracht, der sich ähnlich wie ein Sehrohr verjüngte. Im Sehrohr-Radar-Komplex waren auch die Funkantenne (im allgemeinen vom Typ einer einziehbaren Peitschenantenne) und zwei kleine Ausguckbrücken untergebracht.

Der vergrößerte Umfang der Kommandoturmausrüstungen führte zu einer beträchtlichen Verlängerung der Schnelltauchzeit – sie war ohnehin schon ziemlich groß. Allerdings maß ihr die US-Marine wenig Bedeutung bei. Minimaltauchzeiten von 50–60 Sekunden, die bei Atlantikunternehmungen untragbar gewesen wären, waren für die Art Kriegführung, wie sie im Pazifik stattfand, angemessen. Die ausgezeichnete Radarausrüstung gewährte üblicherweise eine ausreichende Warnung vor der Annäherung eines Feindes.

Die einzige bedeutende Änderung bei der Unterwasserbewaffnung war die teilweise Verwendung elektrischer statt konventioneller Torpedos. Die Bootseinrichtungen gestatteten eine Höchstzahl von 40 Grund(Ankertau-)minen mit Magnet- oder Kontaktzündung, die anstelle von Reservetorpedos mitgeführt werden konnten; sie wurden durch die Torpedorohre ausgestoßen und gelegt.

Ein wichtiger Bestandteil bei den Booten dieser Klasse war der Einbau – schon bei den ersten Booten – eines kleinen mechanischen Rechners, um die Torpedoschußdaten zu berechnen. Er erwies sich als nützlich und genau, besonders nach der Ausrüstung mit Radar, da bei völlig oder halb aufgetauchtem Boot sogar noch präzisere Daten ermittelt werden konnten. Die akustischen Einrichtungen – Sonar- und Unterwasserhorchgeräte – waren kompliziert und wirkungsvoll.

Im großen und ganzen stellten die Boote der Gato/Balao-Klasse einen gelungenen Entwurf dar. Schnell, standfest, gut bewaffnet, in hohem Maße wohnlich und mit großem Aktionsbereich ausgestattet, erfüllten sie die Erfordernisse der US-Marine nach offensiven Fernunternehmungen im Pazifik, wobei sie anders als die deutschen Boote, die sich oft auf Versorgungsschiffe oder -unterseeboote stützen mußten, nicht auf fremde Hilfe angewiesen waren.

Oben: USS *Sea Robin* (SS 407) von der *Balao*-Serie.

Unten: USS *Hawkbill* (SS 366), ausgerüstet mit zwei 12,7-cm-Geschützen, einer 4-cm-Flak auf der vorderen Brückenplattform und einer 2-cm-Flak auf der achteren. Das Boot besitzt den 1943 eingeführten hellgrauen Anstrich.

Whale. Hake. Hardhead.

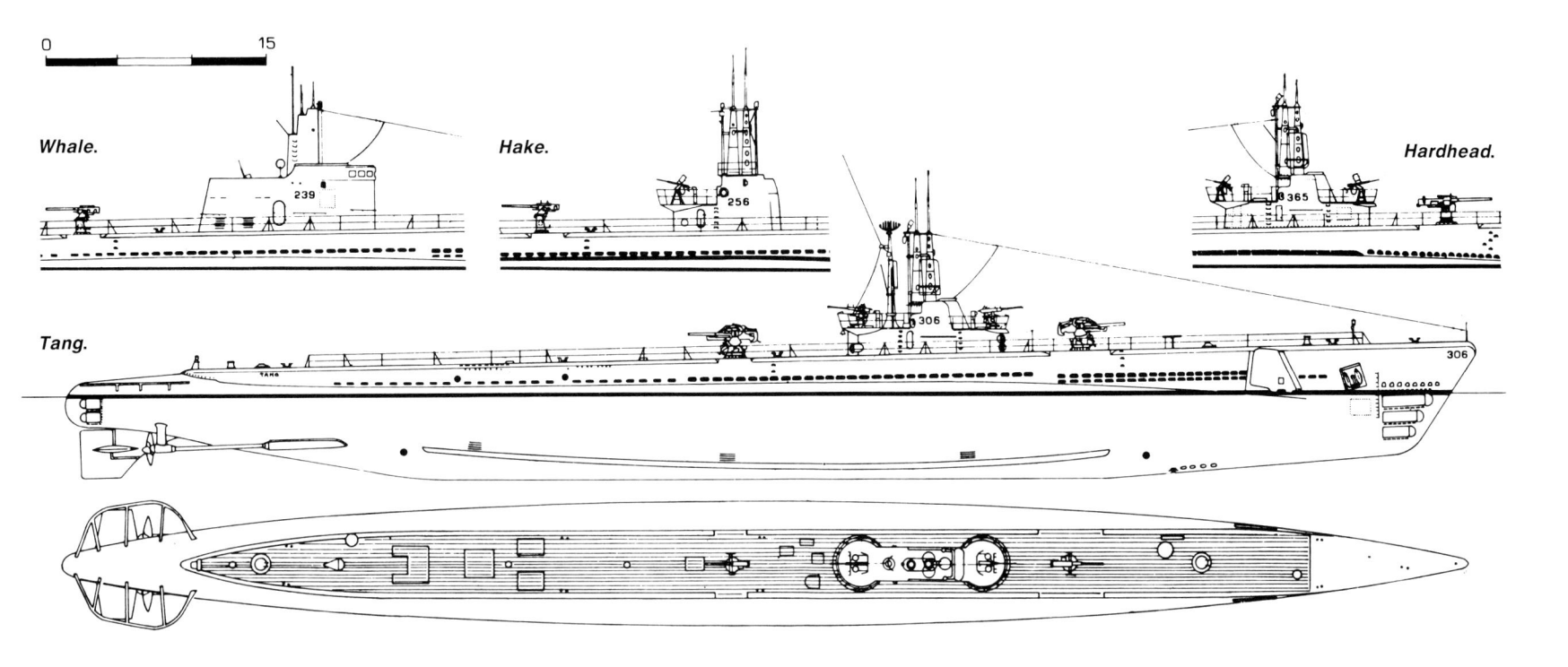

Tang.

Bis zur Indienststellung der nuklearen Angriffs- und Raketenunterseeboote bildeten die noch vorhandenen Boote dieser Klasse zusammen mit jenen der späteren *Tench*-Klasse noch einige Jahre lang nach dem Kriege das Rückgrat der Unterseebootsflotte der US-Marine. Mehrere Boote wurden unmittelbar nach Kriegsende in die Reserveflotte versetzt, viele andere blieben im Dienst und wurden mit dem Schnorchel ausgerüstet. In der Folge wurden fast alle Boote in Übereinstimmung mit dem »Guppy«-Programm (Greater Underwater Propulsive Power = größere Unterwasser-Antriebsleistung) umgestaltet; es umfaßte
- den Einbau leistungsfähigerer Batterien,
- die völlige Entfernung der Artilleriebewaffnung sowie
- das stromlinienförmige Ausgestalten des Kommandoturms und des Vorschiffes,

um höhere »Spurt«-Geschwindigkeiten unter Wasser zu erreichen. Viele Boote in der ursprünglichen »Guppy« – oder Halb-»Guppy«-Version (teilweise Umgestaltung) wurden verbündeten Ländern überlassen oder an sie verkauft. Viele dieser Boote sind noch (1972) in der amerikanischen oder in anderen Marinen im Dienst.

Drum, das erste Boot dieser Klasse, wurde am 1. November 1941 in Dienst gestellt. Ihm folgten alsbald zahlreiche weitere; im Juni 1942 gab es bereits 20 Frontboote, und Ende 1942 waren fast 40 der 73 Boote, die unter dem Programm von 1940 in Auftrag gegeben worden waren, in Dienst gestellt worden. Die Indienststellungen der ersten Boote der späteren *Balao*-Serie begannen im Verlaufe der ersten Monate des Jahres 1943. Verschiedene Boote wurden innerhalb von neun Monaten seit dem Zeitpunkt der Kiellegung abgeliefert.

Die Boote der *Gato/Balao*-Klasse trugen die Hauptlast des pazifischen Krieges; tatsächlich wurden sie fast ausschließlich auf diesem Kriegsschauplatz eingesetzt. Ein paar Boote (*Shad*, *Herring*, *Haddo*, *Gunnel* u. a.) führten Anfang 1943 mehrere Strandaufklärungs- und Unterstützungsaufträge während der angloamerikanischen Landungen in Nordafrika durch, ehe sie in den Pazifik entsandt wurden. *Herring* versenkte das deutsche *U 136* im Golf von Biscaya.

Den größten Erfolg gegen die japanische Handelsschiffahrt erzielte *Flasher*: 21 versenkte Schiffe mit insgesamt 100 231 BRT. *Rasher*, *Barb*, *Tang* und *Silversides* versenkten mehr als 90 000 BRT je Boot. Gemessen an den Erfolgen der besten U-Boote erscheinen diese Ergebnisse bescheiden, aber es sollte daran erinnert werden, daß es im Pazifik weit weniger Ziele als im Atlantik gab.

Die durchschnittliche Anzahl der von den einzelnen amerikanischen Booten unternommenen Feindfahrten lag niedriger als bei den anderen Marinen (den Rekord hielt *Gato* mit 13 Feindfahrten), aber die riesige Ausdehnung des Pazifik und die große Entfernung vom Stützpunkt ins Einsatzgebiet hatten zur Folge, daß die Unternehmungen von sehr langer Dauer waren.

Die Boote der *Gato/Balao*-Klasse hatten große Erfolge. Zu diesen Erfolgen muß auch die Versenkung von 39 Zerstörern sowie zahlreichen Geleitsicherungsfahrzeugen und Unterseebooten hinzugerechnet werden. *Flounder* und *Besugo* versenkten 1944 bzw. 1945 zwei deutsche Unterseeboote im Pazifik.

Die normale Aufgabe der amerikanischen Boote im Pazifik bestand in der offensiven Überwachung der feindlichen Seewege sowie darin, sich bei den zahlreichen Inseln in den Hinterhalt zu legen. Häufig wurden sie auch dazu eingesetzt, offensive Minensperren zu legen, Nachschub für die Guerillas auf den Philippinen zu landen, Aufklärung an Landungsstränden zu betreiben und während der Schlußphase des Krieges Küstenbeschießungen durchzuführen. Die Rettung von Flugzeugbesatzungen aus der See setzte die Boote großen Gefahren aus, da sie in sehr gefährlichen Seegebieten über lange Zeiträume auf Position bleiben mußten. 86 Unterseeboote retteten insgesamt 380 Angehörige amerikanischer Flugzeugbesatzungen.

Vom Dezember 1941 bis zum August 1945 gingen 29 Unterseeboote der *Gato/Balao*-Klasse durch Feindeinwirkung oder infolge verschiedener anderer Ursachen verloren. Das sind annähernd 70% aller amerikanischen Boote, die im Verlaufe des Zweiten Weltkrieges verlorengingen.

Zwei Boote wurden als »Versuchskaninchen« während der Atombombenversuche am 23. Juli 1946 beim Bikini-Atoll zerstört. Einige Boote wurden bei Kriegsende in die Reserveflotte versetzt, andere blieben im Dienst. In der Folge modernisiert, wurden viele dieser Boote den Verbündeten überlassen. Die US-Marine besitzt noch (1972) 13 Boote, die hauptsächlich in der Ausbildung Verwendung finden.[52]

Schicksal der Boote:

Datum:	Ort:	Boot:	Ursache:[1]
1942	Pazifik	Grunion	s
1943	Pazifik	Amberjack	n
		Corvina	s
		Wahoo	a
		Dorado	e
		Runner	m
		Capelin	uc
		Cisco	a/n
1944	Pazifik	Growler, Harder, Golet, Shark	n
		Albacore, Flier, Scorpion, Escolar	m
		Darter, Robalo, Tullibee, Tang	v
		Scamp	uc
		Herring	Küstenbatterie
1945	Pazifik	Bonefish, Trigger, Lagarto	n
		Snook, Kete	s
		Barbel, Bullhead	a
1946	Pazifik	Abadejo, Pilotfish	Atombombenversuch

[1] Siehe Seite 8.

[52] Anmerkung des Übersetzers:
Mittlerweile besitzt die US Navy keine Boote der *Gato/Balao*-Klasse mehr. Dennoch sind auch heute (1988) noch Unterseeboote dieser Klasse im Dienst:
Brasilien (1 Einheit): *Amazonas* (Ex SS 351 *Greenfish*);
Peru (2 Einheiten): *Pacocha* (ex SS 403 *Atule*) und *La Pedrera* (ex SS 406 *Sea Poacher*);
Türkei (8 Einheiten): *Canakkale* (ex SS 344 *Cobbler*), *Ikinci Inönü* (ex SS 346 *Corporal*), *Preveze* (ex SS 340 *Entemedor*), *Dumlupinar* (ex SS 323 *Caiman*), *Burak Reis* (ex SS 402 *Sea Fox*), *Birinci Inönü* (ex SS 410 *Threadfin*), *Murat Reis* (ex SS 394 *Razorback*) und *Oruc Reis* (ex SS 391 *Pomfret*).

Barb (SS 220).

Tench-Klasse

Tench (SS 417), *Thornback* (SS 418), *Tigrone* (SS 419), *Tirante* (SS 420), *Trutta* (SS 421) ex *Tomatate*, *Toro* (SS 422), *Torsk* (SS 423), *Quillback* (SS 424) ex *Trembler*:
Bauwerft: Marinewerft Portsmouth.
Datum: 1944–1944/44.
Trumpetfish (SS 425), *Tusk* (SS 426), *Turbot* (SS 427), *Ulua* (SS 428):
Bauwerft: Cramp Shipyards, Philadelphia.
Datum: 1943–1946/–.
Corsair (SS 435), *Unicorn* (SS 436), *Walrus* (SS 437).
Bauwerft: Elektric Boat, Groton.
Datum: 1945–1946/–:
Argonaut (SS 475), *Runner* (SS 476), *Conger* (SS 477), *Cutlass* (SS 478), *Diablo* (SS 479), *Medregal* (SS 480), *Requin* (SS 481), *Irex* (SS 482), *Sea Leopard* (SS 483), *Odax* (SS 484), *Sirago* (SS 485), *Pomodon* (SS 486), *Remora* (SS 487), *Sarda* (SS 488), *Spinax* (SS 489), *Volador* (SS 490):
Bauwerft: Marinewerft Portsmouth.
Datum: 1944–1945/48.
Wahoo (SS 516):
Bauwerft: Marinewerft Island.
Datum: 1944/1944 annulliert.
Amberjack (SS 522), *Grampus* (SS 523), *Pickerel* (SS 524), *Grenadier* (SS 525):
Bauwerft: Marinewerft Boston.
Datum: 1944–1946/51.

1944 annullierte Einheiten derselben Serie:
Unicorn II (SS 429), *Vandace* (SS 430), *Walrus* (SS 431), *Whitefish* (SS 432), *Whiting* (SS 433), *Wolfish* (SS 434), *Pompano* (SS 491), *Grayling* (SS 492), *Needlefish* (SS 493), *Sculpin* (SS 494), *Dorado* (SS 526), *Comber* (SS 527), *Sea Panther* (SS 528), *Tiburon* (SS 529).
1945 annullierte Einheiten, denen noch kein Namen zugewiesen worden war: SS 438–SS 474, SS 495–SS 515, SS 517–SS 521, SS 530–SS 562.

Typverdrängung: 1860 ts aufgetaucht, 2428–2414 ts getaucht.
Abmessungen: 91,60 × 8,30 × 5,10 m.
Motorenanlage: Diesel: 4 General Motors oder Fairbanks Morse; E-Motoren: 4 Elliot oder General Electric oder Westinghouse.
Höchstleistung: 5400 PS augetaucht, 2740 PS getaucht.
Höchstgeschwindigkeit: 20,25 kn aufgetaucht, 8,75 kn getaucht.
Fahrstrecke: 12 000 sm bei 10 kn aufgetaucht, 95 sm bei ? kn getaucht.
Torpedorohre: 10 × 53,3 cm: 6 vorn, 4 achtern; Torpedos: 24.
Geschütze: 1 bzw. 2 × 12,7 cm L/25, 2 × 4 cm oder 2 cm (siehe Bemerkungen im Text).
Minen: Kapazität für 40 Seeminen anstatt der Reservetorpedos.
Besatzungsstärke: 80–90.

Zweihüllen-Hochseeboot, abgeleitet von der Gato/Balao-Klasse. Maximale Brennstoffmenge: 389–454 ts. Maximale Einsatztauchtiefe: annähernd 120 m. Bei dieser Klasse handelte es sich faktisch um eine Nachbildung der Gato/Balao-Klasse, aber die Boote waren stärker gebaut und besaßen eine bessere Innengestaltung, die ihre Wasserverdrängung um etwa 35–40 ts steigerte. Die Anmerkungen und technischen Betrachtungen zur Beschreibung der Gato/Balao-Klasse treffen im übrigen auch auf diese Boote zu.
Das ursprüngliche Programm sollte 146 Boote umfassen. Der Bau von 110 Booten, für welche die betreffenden Lieferverträge bereits vereinbart worden waren, wurde zwischen 1944 und 1945 widerrufen. Von den verbleibenden 36 Booten wurden nur 31 fertiggestellt und zwischen Oktober 1944 (*Tench*) und Februar 1951 (*Grenadier*) abgeliefert. Die unfertigen Rümpfe von fünf Booten wurden verschrottet oder anderweitig verwendet. Bis August 1945 waren 26 Boote in Dienst gestellt worden, aber nur etwa zehn hatten ihr Ausbildungsprogramm rechtzeitig beendet, um an den letzten Operationen im Pazifik noch teilzunehmen. Keines dieser Boote ging durch Feindeinwirkung verloren, und nach dem Kriege gingen alle Boote den Weg der Gato/Balao-Klasse. Viele wurden nach dem »Guppy«-Programm modernisiert und manche befinden sich noch im Dienst bei verbündeten Marinen.[53]

[53] Anmerkung des Übersetzers:
Heute (1988) sind noch Unterseeboote dieser Klasse im Dienst:
Brasilien (2 Einheiten): *Ceará* (ex SS 522 *Amberjack*) und *Goiás* (ex SS 425 *Trumpetfish*);
Griechenland (2 Einheiten): *Katsonis* (ex SS 487 *Remora*) und *Papanikolis* (ex SS 365 *Harthead*);
Taiwan (2 Einheiten): *Hai Shih* (ex SS 478 *Cutlass*) und *Hai Pao* (ex SS 426 *Tusk*);
Türkei (2 Einheiten): *Cerbe* (ex SS 421 *Trutta*) und *Uluc Ali Reis* (ex SS 418 *Thornback*);
Venezuela (1 Einheit): *Picuda* (ex SS 525 *Grenadier*).

Torsk im Hafen von Portsmouth, New Hampshire, Januar 1945.

UdSSR

Der Besitz einer großen Unterseebootsflotte war einer der Schlüsselpunkte in der sowjetischen Seestrategie seit Ende der zwanziger Jahre. Das Unterseeboot spielte darin im wesentlichen eine defensive Rolle, die seine technische Entwicklung auffallend beeinflußte und, wie immer, wenn sich die Aufgabe des Unterseebootes auf die Verteidigung beschränkte, seine Leistung gefährdete. Die durch die große Flotte russischer Boote im Verlaufe des Zweiten Weltkrieges erzielten Erfolge waren sehr bescheiden.

Die russische[54] Marine ging aus der Revolution von 1917, zu der ihre Schiffe entscheidend beigetragen hatten, ernstlich in Größe und Organisation geschwächt hervor. Obwohl es die auf das Winterpalais in Petrograd gerichteten Geschütze des Kreuzers *Aurora* waren, die die Oktoberrevolution in Gang setzten, trübten sich die Beziehungen zwischen der Marine und der Regierung Lenins bald und führten 1921 zur Meuterei der Baltischen Flotte. Die Revolte wurde niedergeschlagen, aber ihre logische Folge war ein größeres Mißtrauen gegenüber der Marine, das sich bald in ihrer Degradierung zu den »Seestreitkräften der Roten Armee« niederschlug und ihre Aufgaben auf den Schutz von Heeresoperationen und auf die Küstenverteidigung beschränkte.

Dies führte zu einer völligen Neugliederung der russischen Flotte in Übereinstimmung mit Theorien, welche die verringerte Bedeutung der Schlachtschiffe und das Erfordernis leichter Streitkräfte in Betracht zogen, einschließlich der Unterseeboote, die eine wichtige Rolle in der beschlossenen Defensivstrategie spielen sollten.

1925 waren von der großen Unterseebootsflotte, die am Ersten Weltkrieg teilgenommen hatte, nur ein paar alte Boote der *Bars*- und der *AG*-Klasse übriggeblieben. Die Boote der *Bars*-Klasse waren Zweihüllen-Unterseeboote russischen Entwurfs, zwischen 1915 und 1916 gebaut. Die *AG*-Klasse (AG = »Amerikanskij Golland«) waren Einhüllenboote des *Holland*-Typs, 1916 in den Vereinigten Staaten erworben. Mehrere *AG*-Boote, die infolge der chaotischen Lage der Industrie in jenen Jahren nicht vollständig ausgerüstet worden waren, stellte man zwischen 1925 und 1928 in Dienst.

1925 begann unter der Leitung des Volkskommissars Frunze die Planung für den Aufbau der neuen russischen Unterseebootsflotte. Die Entscheidung sah vor, einen Bootstyp zu entwerfen, abgeleitet aus früheren russischen Entwürfen, anstatt ein modernes Unterseeboot aus dem Ausland zu erwerben, und seine Eigenschaften zu studieren, um neueres technisches Wissen zu erwerben.

Der erste Entwurf, entwickelt vom Konstruktionsamt für Unterseeboote unter B. M. Malunin, einem der namhaftesten russischen Schiffsbauingenieure, war von den Booten der *Bars*-Klasse beeinflußt. Die Unterwassereigenschaften wurden beträchtlich verbessert und die Anzahl der Torpedorohre gesteigert. Es handelte sich dabei um die *Dekabrist*-Klasse (später *D*-Klasse), deren erste drei Boote im März 1927 auf den Baltischen Werften in Leningrad auf Kiel gelegt wurden.

Die *Dekabrist*-Klasse bestand aus sechs Booten vom reinen Zweihüllentyp. 1931 und 1932 in Dienst gestellt, erwies sich die Klasse als nicht sehr gelungen und trotz zahlreicher Änderungen blieben die Boote im Tauchzustand unzuverlässig und instabil.

Während der Bauzeit dieser ersten Boote barg die russische Marine den Rumpf des britischen Unterseebootes *L 55*, das am 4. Juni 1919 von ei-

---
[54] Anmerkung des Übersetzers:
Der Verfasser verwendet weitgehend »russisch« und »Rußland« für »sowjetisch« und »Sowjetunion«.

***D 2* in der Arktis.**

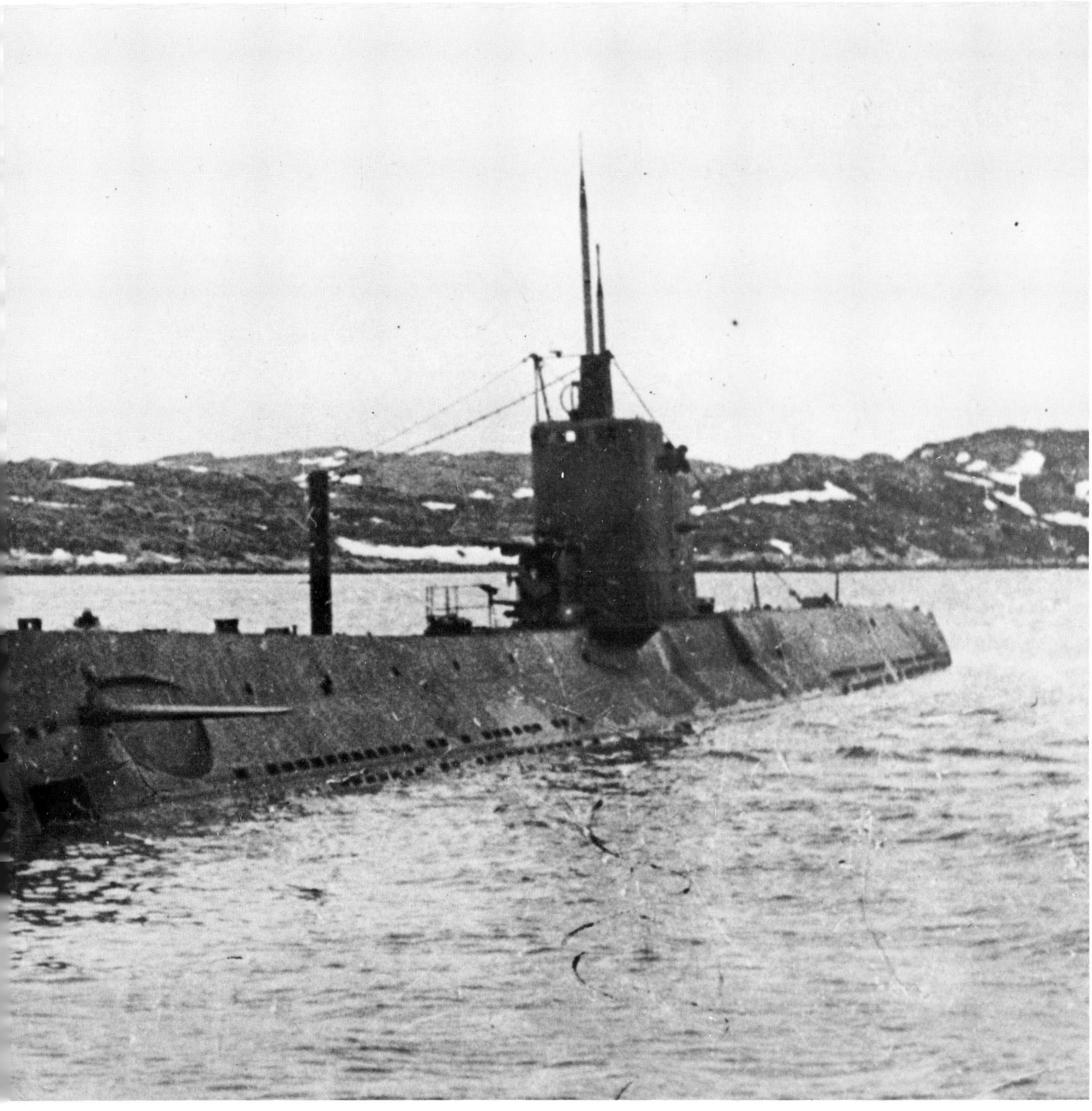

nem bolschewistischen Zerstörer im Finnischen Meerbusen versenkt worden war. Das Boot wurde 1931 wieder in Dienst gestellt und mit der Absicht zu Versuchen verwendet, weitere Kenntnisse in der Unterwassertechnologie durch den Vergleich russischer und britischer Methoden in der Lösung von Problemen zu erwerben.

Die aus dem Bau der *Dekabrist*-Klasse gewonnenen Erfahrungen und die mit *L 55* durchgeführten Erprobungen bildeten die Grundlage für den Entwurf der nächsten russischen Boote, der *Leninec*-Klasse[55] (später *L*-Klasse), bestehend aus 25 Booten und zwischen 1933 und 1942 in vier aufeinanderfolgenden Serien gebaut. Sie stellten eine deutliche Verbesserung gegenüber den vorhergehenden Booten dar: teilweiser Zweihüllentyp mit einer Wasserverdrängung von 1040/1335 ts, sechs Torpedorohren und zwei Minenschächten mit vierzehn Seeminen. Das Vorhandensein von Minen auf den Booten der *L*-Klasse und der vorhergehenden *D*-Klasse weist auf das große Interesse hin, das die Russen an dieser Waffe besaßen. Sie hatten auch 1908 den Bau des ersten U-Minenlegers der Welt, der *Krab*, in Nikolajew am Schwarzen Meer begonnen. Das Boot wurde erst 1915 fertiggestellt und die deutschen und britischen Entwicklungen stellten seine Bauausführung in den Schatten.

1933 wurden die Prototypen von zwei Klassen kleiner, für die Küstenverteidigung entwickelter Unterseeboote in Dienst gestellt. Dabei handelte es sich um die Boote der *Malyutka*-Klasse (später *M*-Klasse), in vorgefertigten und mit der Eisenbahn beförderten Sektionen gebaut, und um die größeren Boote der *Ščuka*-(*ŠČ*-)Klasse.

Diese beiden Klassen mit zusammen 200 Booten, zwischen 1933 und 1945 in Dienst gestellt, sollten später den Großteil der russischen Unterseebootsflotte bilden. Ihre nach und nach in aufeinanderfolgenden Serien verbesserten Entwürfe waren jene, die sich am besten für die Aufgaben eignen sollten, die den Booten zugewiesen worden waren. Klein, schnelltauchend und von guter Wendigkeit unter Wasser waren sie für die begrenzten und flachen Gewässer der Ostsee und der nördlichen Küstenbereiche des Schwarzen Meeres besonders gut geeignet.

Nach den ersten beiden Klassen mit Booten mittlerer Reichweite und den Prototypen der kleinen Küstenboote erprobten die Russen mit den drei in Leningrad zwischen 1933 und 1937 gebauten Einheiten der *Pravda*-Klasse (später *P*-Klasse) Hochseeboote. Infolge von Konstruktions- und Entwurfsschwächen sowie einer minderwertigen Motorenanlage war die Leistung dieser Boote sehr schlecht; weitere Einheiten dieser Klasse wurden nicht gebaut. Der fehlende Erfolg und das begrenzte Interesse an diesem Bootstyp führten zu einer Einschränkung hinsichtlich der Entwürfe für Hochseeboote; die Studien für solche Entwürfe wurden viele Jahre lang nicht wieder aufgenommen.

Mit Stalins Umkehr der Flottenprioritäten Ende der dreißiger Jahre fiel die Entscheidung, zum Konzept einer ausgewogenen Flotte zurückzukehren. Neben leichten Streitkräften und Unterseebooten kleiner Reichweite, die im vorhergehenden Jahrzehnt als Grundlage des Flottenausbaues betrachtet worden waren, sollten Schlachtschiffe und Flugzeugträger eingeschlossen sein. Mit diesem Wechsel in der Politik war die Säuberung des größten Teils der höheren Ränge in der russischen Marine verbunden. Am Vorabend des Krieges begann Rußland mit dem Bau der 13 Boote der *Katjuša*-Klasse (*K*-Klasse), die zwischen 1940 und 1942 in Dienst gestellt wurden. Diese Boote besaßen einen großen Fahrbereich, eine gute Artilleriebewaffnung, acht Torpedorohre und eine Ausstattung zum Minenlegen. Mit einer hohen Überwassergeschwindigkeit (22 Knoten) und einer beträchtlichen Fahrstrecke (15000 sm bei 9 kn) war es ein sehr gelungener Typ. Eingesetzt wurden die Boote in der Arktis, in der Nordsee und entlang der norwegischen Küste. Sie blieben auch nach dem Kriege noch im Dienst.

Die *Stalinec*-Klasse (*S*-Klasse) mit 50 Booten mittlerer Reichweite stellte jedoch den besten russischen Bootstyp dar. Das erste Boot kam 1936 in Dienst und das in etwa letzte Dutzend wurde unmittelbar nach dem Krieg in Dienst gestellt.

Der Entwurf stammte zweifellos von dem türkischen Unterseeboot *Gür*, nach deutschen Plänen zwischen 1930 und 1932 in Spanien gebaut. Er verkörperte im wesentlichen den Prototyp der deutschen Marine, den Typ *IA*, dessen Entwurf die Grundlage für die Entwicklung des Hochseebootes vom Typ IX gewesen war. Die Boote der *S*-Klasse besaßen gute Über- und Unterwassereigenschaften, waren schnell, standfest und hatten einen beträchtlichen Fahrbereich. Im Kriege bewährten sie sich angemessen. Sie operierten umfassend in allen Seegebieten, in denen die russische Marine präsent war.

Im September 1939 war die russische Unterseebootsflotte die größte der Welt mit einer Stärke von annähernd 150 Booten; die Mehrzahl von ihnen war erst vor kurzem gebaut worden. Annähernd 75% waren jedoch kleine Küstenboote. Vom Ende 1939 bis zum Sommer 1941, als der deutsche Angriff auf Rußland erfolgte, wurde der Unterseebootsbau beschleunigt, und als Rußland in den Krieg eintrat, hatte seine Marine 218 Boote in der Ostsee, im Schwarzen Meer, in der Arktis und im Pazifischen Ozean stationiert. Die größte Konzentration gab es in der Ostsee, wo sich viele Küstenboote und solche mittlerer Wasserverdrängung befanden.

Im Schwarzen Meer übertrafen die Küstenboote an Zahl die größeren Unterseeboote deutlich. Der Großteil der Hochseeboote und der Boote mittlerer Wasserverdrängung befanden sich in der Arktis und im Fernen Osten.

Zu Kriegsbeginn wurden die früher den einzelnen Booten zugewiesenen Namen (z.B. *Dekabrist, Leninec* usw.) abgeschafft, und alle russischen Boote erhielten neue Bezeichnungen, die – kennzeichnend die Klasse – aus einem oder mehreren Buchstaben gefolgt von einer Nummer bestanden (z.B. *S 4, L 3, D 6, ŠČ 102* usw.).

Die Ausbildung lag im allgemeinen unterhalb der bei anderen Marinen gestellten Anforderungen. Das zum Bau verwendete Material war zufriedenstellend, aber die Einsatztaktik war unzulänglich und schränkte die Erfolgschancen gleich von Anfang an wirksam ein, indem der Unterwasserflotte defensive Aufgaben vorgeschrieben wurden. Daß die technologische Entwicklung mit diesem Prinzip verbunden worden war, zeigt sich an dem hohen Prozentsatz kleiner Küstenboote mit geringem Aktionsradius. Die Boote mittlerer Reichweite und die Hochseeboote wurden nur in begrenzter Anzahl gebaut; und auch erst am Vorabend des Krieges, als die Russen begonnen hatten, an der Wirksamkeit der Defensivaufgabe zu zweifeln, die sie ihren Unterseebooten zugewiesen hatten. Doch selbst wenn die Russen im Besitz einer größeren Anzahl von Booten mittlerer und großer Reichweite gewesen wären, hätte die Natur ihres Kampfes gegen Deutschland zwischen 1941 und 1944 einem ausgedehnten Einsatz von Unterseebooten wenig Betätigungsfeld gewährt. Nichtsdestoweniger hätte eine offensive Haltung von Anfang an der deutschen Marine besonders in der Ostsee und in geringerem Umfange auch in den norwegischen Gewässern beträchtliche Schwierigkeiten verursachen können.

Die russischen Boote in der Arktis und im Schwarzen Meer stellten auch eine Bedrohung dar, wenn auch begrenzten Ausmaßes und durch wirksame deutsche Unterseebootsabwehrmaßnahmen in Schach gehalten. Im Verlaufe des Krieges gab es bei den russischen Unterseebooten wenig an technischer Entwicklung. Neue Klassen wurden nicht entwickelt, lediglich die vorhandenen verbessert. Besonders die Küstenboote nahmen bis 1944 ständig an Größe zu, so daß die Boote der letzten Serie der *M*-Klasse (*M V*) eine Wasserverdrängung aufwiesen, die fast doppelt so groß wie die der Prototypen von 1933 war. Die mittleren Boote und die Hochseeboote erfuhren in der Größe nur geringe Veränderungen, und die letzte Serie war lediglich standfester gebaut und im Detail verbessert worden.

Die Anzahl der zwischen 1941 und 1945 neu in Dienst gestellten Boote war im Vergleich zu den gewaltigen Anstrengungen, die in den Jahren unmittelbar vor dem Krieg unternommen worden waren, relativ gering. Insgesamt kamen von August 1941 bis zum August 1945 annähernd 65 neue Boote in Dienst, zum großen Teil Boote der *M*-, *ŠČ*-, *K*- und *S*-Klasse. Sie stellten nur einen Bruchteil der erforderlichen Anzahl dar, um die erlittenen schweren Verluste zu ersetzen. Die russische Marine war

---

[55] Anmerkung des Übersetzers:
Zur Vermeidung von Mißverständnissen liegt der Schreibweise der russischen Namen das vom Internationalen Normen-Ausschuß (ISO-Recommendation U 9) und nach dem Deutschen Normen-Entwurf (DIN 1460) empfohlene System zugrunde.

die einzige, die den Krieg mit weniger Booten beendete, als sie ihn begonnen hatte. Die Anzahl der 1940 erbeuteten estnischen und litauischen Boote sowie die 1944 von Großbritannien überlassenen Boote war bedeutungslos.

Als die Deutschen am 22. Juni 1941 in Rußland einfielen, operierten etwa 35 russische Unterseeboote in der Ostsee und ungefähr 50 weitere Boote befanden sich in der Werftüberholung oder waren veraltet und zur Ausbildung abgestellt. Der wichtigste Unterseebootsstützpunkt an der Ostsee war Libau in Lettland (1. Flottille)[56], aber schon am 25. Juni 1941 mußte die Basis unter dem Druck der deutschen Truppen geräumt werden. Die nicht auslaufbereiten Boote versenkten sich selbst und die übrigen zogen sich nach Riga zurück, und als auch dieser Stützpunkt bedroht wurde, verlegten sie nach Reval. Auch die Boote der 2. Flottille mußten ihren Stützpunkt in Hanko (Hangö) am Finnischen Meerbusen räumen und versammelten sich ebenfalls in Reval.

Im August mußte auch Reval evakuiert werden. Alle Boote, die nicht mit eigener Kraft auslaufen konnten, versenkten sich selbst, und die russischen Ostsee-Unterseeboote zogen sich nach Leningrad und Kronstadt zurück, die sich im Belagerungszustand befanden.

Im Verlaufe dieser Operationen gingen viele Boote durch Minen, welche die Deutschen mit allen verfügbaren Fahrzeugen in den flachen Gewässern der Ostsee legten[57], oder durch Luft- und Seestreitkräfte verloren, die in der Unterseebootsbekämpfung besonders erfolgreich waren.

Diesen schweren Verlusten standen nur wenige Erfolge gegenüber. Den ersten und möglicherweise bedeutendsten errang *ŠČ 307*, das am 9. August 1941 *U 144* versenkte. Nach dem Rückzug auf Leningrad und Kronstadt nahm die Aktivität der russischen Ostseeboote merklich ab.

Gegen das Ende des Sommers 1941 zu wurden mehrere der großen Boote eingesetzt, um Kronstadt und die abgeschnittenen baltischen Inseln zu versorgen; dabei gingen drei dieser Boote verloren. Bis zum Beginn des Winters, als das Wetter die Unternehmungen zum Stillstand kommen ließ, hatten die Russen 27 von insgesamt etwa 85 Booten, die im Juni verfügbar gewesen waren, in diesem Frontabschnitt verloren. Die russischen Erfolge beliefen sich auf die Versenkung eines U-Bootes und vier kleiner Frachtschiffe.

1942 nahm der deutsche Druck zu und beeinträchtigte die Operationen der russischen Unterseeboote. Die ausgedehnten Minensperren, die die Deutschen gelegt hatten, und ihre absolute Luftherrschaft verringerten die Handlungsfreiheit der russischen Boote außerordentlich, die nur noch sporadisch Vorstöße in der Nähe ihrer Stützpunkte unternehmen konnten, ohne bedeutende Erfolge zu erzielen.

1943 und in den ersten Monaten des Jahres 1944 erreichten russische Boote selten die offene See. Als Finnland besiegt aus dem Kriege ausgeschieden war, wurden mehrere Boote entsandt, um entlang der finnischen Küste zu operieren. Aber obwohl der deutsche Schiffsverkehr nur schwach gesichert war, blieben die Ergebnisse bescheiden, wahrscheinlich infolge der schlechten Ausbildung der russischen Besatzungen.

1945 befreiten die vorrückenden russischen Truppen die abgeschnittenen Stützpunkte und die Evakuierung von Truppen und Flüchtlingen aus Ostpreußen mit deutschen Schiffen bot den russischen Booten eine Gelegenheit anzugreifen. Die bedeutendsten Versenkungen deutscher Transportschiffe waren: *Wilhelm Gustloff* (25484 BRT) durch *S 13*, *Goya* (5230 BRT) durch *L 3* sowie *General von Steuben*[58] (14660 BRT).

Im Schwarzen Meer verminten die Deutschen zu Beginn der Feindseligkeiten sehr rasch die Zufahrten nach Sewastopol durch Flugzeuge und blockierten damit zeitweilig die dortigen Unterseeboote. Vier Booten gelang es auszulaufen, die vor den wichtigeren rumänischen und bulgarischen Häfen sowie vor dem Bosporus Wartestellung bezogen, um deutsche Schiffe abzufangen. Auf diese Weise begann die erste Reihe von Unternehmungen, wobei *ŠČ 4* am 3. Juli vor Konstanza verlorenging und *ŠČ 211* am 15. August den Tanker *Peles* versenkte.

In diesem Seegebiet, wo die Deutschen wesentlich schwächer als in der Ostsee waren und wo der längs der rumänischen und bulgarischen Küste laufende Verkehr lohnende Ziele bot, blieben die Erfolge ebenfalls bescheiden, da die Russen die falsche Taktik anwandten.

Der Fall von Nikolajew, des wichtigsten Stützpunktes für Unterseeboote am Schwarzen Meer, verschlechterte die Lage beträchtlich, vor allem da Sewastopol schon bald darauf eingeschlossen war. Die Küstenunterseeboote zogen sich daraufhin nach Poti und Batum zurück, Häfen, in denen entsprechende Einrichtungen für Unterseeboote fehlten.

---

[56] Anmerkung des Übersetzers:
Im sowjetischen Sprachgebrauch handelt es sich hierbei nicht um Flottillen, sondern um Brigaden, z.B. 1. U-Brigade.

[57] Anmerkung des Übersetzers:
Den Finnischen Meerbusen riegelten deutsch-finnische Minen- und Netzsperren regelrecht ab, die den Ausbruch sowjetischer Überwasserstreitkräfte und Unterseeboote der Baltischen Rotbannerflotte aus dem Raum Kronstadt, Oranienbaum und Leningrad bis zum einsetzenden deutschen Rückzug Ende 1944/1945 weitgehend verhinderten. Die wichtigsten Sperren waren:
– die Juminda-Sperre (1941) ostwärts von Reval,
– die »Nashorn«-Sperre (1942/43) auf der Höhe Reval – Porkkala,
– das Minengebiet vorwärts der Inseln Suursaari (Hogland) und Tytersaari weit im Inneren des Meerbusens (1942–1944) und die
– Netzsperre (1943/44) westlich der »Nashorn«-Sperre Reval – Porkkala.

[58] Anmerkung des Übersetzers:
Auch die *General von Steuben* wurde von S 13 unter der Führung von Kapitän 3. Ranges Alexander Marinesko versenkt. Marinesko wurde damit zum »Tonnagekönig« der Sowjetflotte. Während der Kommandant von L 3, Kapitän 3. Ranges Wladimir Konstantinowitsch Konowalow, für die Versenkung der *Goya* den Titel eines »Helden der Sowjetunion« erhielt, wurde Marinesko keine herausragende Ehrung zuteil. Es scheint, daß er sogar aus politischen Gründen lange Zeit in der Versenkung verschwand und erst nach Stalins Tod rehabilitiert wurde. Zur Versenkung der *Wilhelm Gustloff* siehe auch Heinz Schön »Die GUSTLOFF-Katastrophe. Bericht eines Überlebenden«, Motorbuch-Verlag, Stuttgart 1984, und Schön »Ostsee '45. Menschen – Schiffe – Schicksale«, Motorbuch-Verlag Stuttgart 1983.

Die estnische *Kalev*, 1940 in die russische Marine eingegliedert und am 18. August 1941 in Reval selbst versenkt, um einer Kaperung durch die Deutschen zu entgehen.

Entwicklung der sowjetischen Unterseeboote 1930–1945

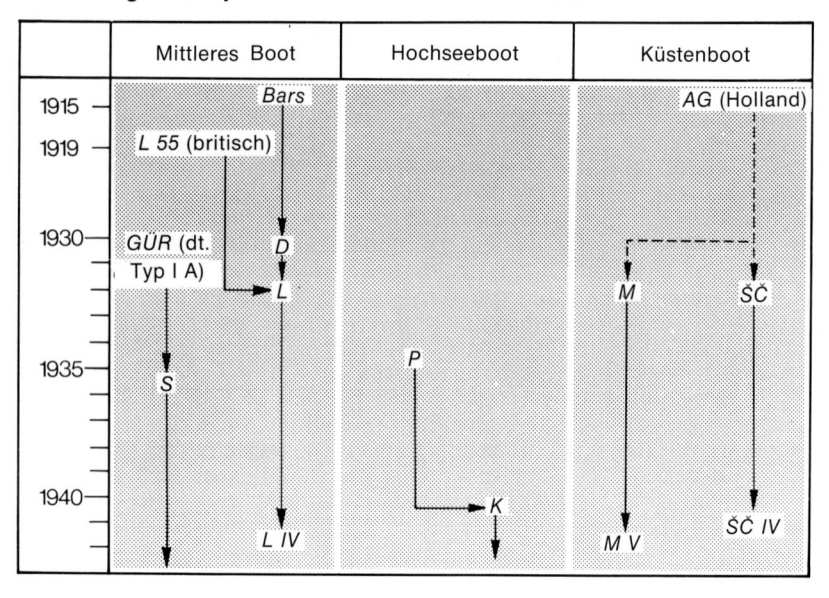

	Mittleres Boot	Hochseeboot	Küstenboot
1915	Bars		AG (Holland)
1919	L 55 (britisch)		
1930	GUR (dt. Typ I A) → D → L		M ŠČ
1935	S	P	
1940	L IV	→ K	M V ŠČ IV

1942, besonders zu Beginn des Sommers, war es erforderlich geworden, mehrere Boote zum Transport von Nachschub nach Sewastopol einzusetzen, wodurch sich die bereits begrenzten Fähigkeiten der Russen noch weiter verringerten. Infolge der erlittenen schweren Verluste wurden die Küstenboote nunmehr auf den nordwestlichen Sektor des Schwarzen Meeres beschränkt, während die größeren Boote in den Gewässern vor Rumänien und der Krim verblieben. Von Anfang 1943 an nahmen die russischen Boote eine offensivere Haltung ein, die zur Versenkung des rumänischen Transportschiffes *Suceava* durch *S 33* führte. Die Erfolge hielten sich jedoch noch sehr in Grenzen, wenn auch die Einführung der Magnetzündung für Torpedos die Lage leicht verbesserte. Anfang 1944 verstärkten die russischen Boote ihre Offensive und operierten mit in Odessa und Skadowsk stationierten Aufklärungsflugzeugen zusammen, aber die Verluste blieben hoch und nur bei sieben Schiffen wurden Treffer erzielt. Die Operationen im Schwarzen Meer endeten, als die Russen im Herbst 1944 die rumänische und bulgarische Küste besetzten. Eine begrenzte Anzahl von Booten wurde im Juni 1941 in der Arktis stationiert, verstärkt durch mehrere Boote mittlerer Wasserverdrängung aus dem Fernen Osten und mehrere von der Royal Navy überlassene Boote. Im Verhältnis zu anderen Kriegsschauplätzen lagen die Erfolge höher.

Von 1942 an griffen die in Murmansk stationierten arktischen Boote die deutsche Küstenschiffahrt vor der Nordküste Norwegens an und zwangen die deutsche Marine, für eine entsprechende Sicherung zu sorgen. *S 101*, *S 104* und *V 4* (ex britische *Ursula*) versenkten ein Unterseeboot, ein Geleitsicherungsfahrzeug und einen Dampfer. Die Verluste waren schwer, hauptsächlich deswegen, weil die Boote auf eine wirksame Unterseebootsabwehr stießen.

Die wenigen im Pazifischen Ozean stationierten Unterseeboote hatten keine Gelegenheit, im Verlaufe des dort nur sehr kurze Zeit geführten Krieges an den Feind zu kommen. Rußland erklärte Japan am 8. August 1945 den Krieg, und Japan kapitulierte am 14. August 1945 bedingungslos. Die amerikanischen Unterseeboote hatten kaum Ziele für Angriffe übriggelassen.

Über die auf russischen Unterseebooten verwendeten Geschütze ist nicht viel bekannt. Sie waren auf zwei Kalibergrößen standardisiert: ein 10,2-cm-Geschütz L/60, das ein 17,4-kg-Geschoß mit einer maximalen Schußweite von 21 300 m verschoß, und die 4,5-cm-Schnellfeuerflak. Alle russischen Boote waren mit leichten Maschinengewehren und automatischen Gewehren auf beweglichen Lafetten ausgerüstet.

Die Torpedos waren vom »dampf«angetriebenen Typ des Kalibers 53,3 cm und in Geschwindigkeit und Reichweite den Torpedos anderer Marinen unterlegen: 40 Knoten über eine Laufstrecke von 5000–6000 m. Die Gefechtspistolen hatten bis 1943 Aufschlagzündung, als die Magnetpistolen eingeführt wurden. Die Seeminen waren vom Typ 08 mit automatischer Verankerung und mit Kontaktzündung ausgestattet. Es gibt keinen Hinweis, daß die russischen Boote im Verlaufe des Krieges mit Radargeräten oder Schnorchelvorrichtungen ausgerüstet wurden.

Bei Kriegsende gelangte die russische Marine in den Besitz zahlreicher moderner Unterseeboote. Manche hatten sich in den besetzten Häfen selbst versenkt, andere hatten sich ergeben und waren an Rußland ausgeliefert worden. Dabei handelte es sich hauptsächlich um deutsche Boote des Typs XXI, XXIII, VII und IX. Eine Reihe von ihnen diente noch mehrere Jahre lang in der russischen Marine zusammen mit den in Rußland gebauten Booten, die den Krieg überlebt hatten.

Mit den aus den Elektrobooten vom Typ XXI in der Nachkriegszeit gewonnenen Erfahrungen baute Rußland seine ersten Hochgeschwindigkeits-Unterseeboote, dadurch eine in Qualität und Quantität große Entwicklung beginnend, die dem Land innerhalb weniger Jahre die größte und eine der kampffähigsten Unterseebootsflotten der heutigen Zeit schuf.[59]

---

[59] Anmerkung des Übersetzers:
Hinsichtlich weiterer Einzelheiten zum sowjetischen Unterseebootsbau siehe Rohwer »Der sowjetische Kriegsschiffbau bis 1945« und hinsichtlich des Kriegsschicksals der einzelnen sowjetischen Unterseeboote siehe Rohwer »Sowjetische Kriegsschiff-Verluste während des Zweiten Weltkrieges«, beides in »Das deutsche Bild der russischen und sowjetischen Marine«, Frankfurt/M. 1962.

D-(Dekabrist-)Klasse

D 1 ex *Dekabrist*, D 2 ex *Narodovolec*, D 3 ex *Krasnogvardeec*, D 4 ex *Jakobinec*, D 5 ex *Revoljucioner*, D 6 ex *Spartakovec*:
Datum: 1931/32.
Typverdrängung: 920 ts aufgetaucht, 1318 ts getaucht.
Abmessungen: 83,50 × 7,00 × 4,20 m.
Motorenanlage: Diesel: 2; E-Motoren: 2.
Höchstleistung: 2500 PS aufgetaucht, 1250 PS getaucht.
Höchstgeschwindigkeit: 15 kn aufgetaucht, 8,4 kn getaucht.
Fahrstrecke: 7000 sm bei 9 kn aufgetaucht, 105 sm bei 4 kn getaucht.
Torpedorohre: 8 × 53,3 cm: 6 vorn, 2 achtern; Torpedos: 10.
Geschütze: 1 × 10,2 cm L/45, 1–2 × 4,5 cm.
Seeminen: 8, zwei Schächte.
Besatzungsstärke: 60.

D-Klasse mit nur einem 10,2-cm-Geschütz.

Zweihüllenboot mittlerer Wasserverdrängung, entwickelt aus der *B*-(*Bars*-)Klasse von 1915/16. Maximale Einsatztauchtiefe: annähernd 75 m. Normale Brennstoffmenge: 78 ts.
Die ersten drei Boote dieser Klasse, die den Beginn des Wiederaufbaus der russischen Unterseebootsflotte nach der Revolution markierten, wurden auf der Baltischen Werft[60], Leningrad, im März 1927 auf Kiel gelegt.

[60] Anmerkung des Übersetzers:
Die Baltische Werft, auch Ordschonikidse-Werft (nach dem früheren Vorsitzenden des Wirtschaftsrates) umfaßt heute eine Gesamtfläche von ca. 300 000 qm und eine Wasserfront – an der Newa gegenüber der Admiralitätswerft – von etwa einem Kilometer. Die Erfahrungen der Werft im Unterseebootsbau gehen bis auf die Mitte des 19. Jahrhunderts zurück. Von 1926 an waren am Bau der *Dekabrist*-Klasse deutsche Berater und Wissenschaftler tätig.

Dekabrist begann mit den Erprobungsfahrten im Juni 1930. Auf der Jungfernfahrt zeigten sich Stabilitätsmängel, die teilweise behoben werden konnten. Dennoch blieb beim Schnelltauchtank eine Neigung bestehen, sich auf Tiefe zu öffnen und dadurch die Sicherheit des Bootes ernstlich zu gefährden.
D 1 (ex *Dekabrist*) ging bei einer Übungsfahrt im November 1940 verloren, vermutlich als Folge eines unbeabsichtigten Flutens des Reglertanks, weshalb das Boot in vernichtende Tiefe tauchte. Als der deutsche Überfall erfolgte, wurden die verbliebenen fünf Boote der Klasse, sämtlich in Leningrad gebaut, in der Ostsee stationiert. Infolge ihrer eingeschränkten Sicherheit und der langsamen Schnelltauchzeit (etwa 150 Sekunden) betrachtete man sie als veraltet. Nur D 2, das am 11. August 1941 bei einer Versorgungsfahrt in der Ostsee durch ein deutsches Flugzeug schwer beschädigt worden war, überlebte den Krieg und wurde unmittelbar danach ausrangiert.

Schicksal der Boote:

Datum:	Boot:
1940	D 1
1942	D 3, D 6
1943	D 4, D 5

L-(Leninec-)Klasse

L 1 ex *Leninec*, L 2, L 3 ex *Frunzevec*[61], L 4 ex *Garibaldiec*, L 5 ex *Čartist*, L 6 ex *Čarbonarij*, L 7–L 25:
Datum: 1933/42.
Nicht fertiggestellte Einheit: L 25.
Typverdrängung:
L I: 1040 ts aufgetaucht, 1335 ts getaucht,
L II, L III: 1200 ts aufgetaucht, 1550 ts getaucht.
Abmessungen:
L I: 77,90 × 7,30 × 4,20 m.
L II, L III: 81,00 × 7,50 × 4,80 m.
Motorenanlage: Diesel: 2; E-Motoren: 2.
Höchstleistung: 2600 PS aufgetaucht, 1250 PS getaucht.
Höchstgeschwindigkeit: 14 kn aufgetaucht, 9 kn getaucht.
Fahrstrecke: 7400 sm bei 8 kn aufgetaucht, 154 sm bei 3 kn getaucht.
Torpedorohre: 6 × 53,3 cm: 4 vorn, 2 achtern; Torpedos: 12.
Geschütze: 1 × 10,0 cm L/68, 1 × 4,5 cm.
Seeminen: 14, zwei Schächte.

Teilweises Zweihüllen-Unterseeboot mittlerer Wasserverdrängung, abgeleitet von der *D*-Klasse, in drei aufeinanderfolgenden Serien (L I–L III) gebaut. Maximale Einsatztauchtiefe: 90 m. Normale Brennstoffmenge: 98 ts.
Bei diesen Booten waren fast alle größeren Mängel der *Dekabrist*-Klasse beseitigt worden. Es ist nicht genau bekannt, zu welcher Serie das einzelne Boot gehörte, aber es gibt Grund zur Annahme, daß L 1 bis L 6 die erste Serie (L I) bildeten und die Boote von L 7 an zu den anderen Serien gehörten. Im Vergleich zur *D*-Klasse besaßen die Boote der *L*-Klasse eine geringfügig gesteigerte Wasserverdrängung und Fahrstrecke, zwei Torpedorohre weniger, aber eine größere Anzahl an Seeminen, die durch horizontale, wasserdichte Schächte im Heck gelegt wurden.
Im Juni 1941 waren die bereits in Dienst gestellten Boote im Fernen Osten, in der Ostsee und im Schwarzen Meer stationiert. Im Sommer 1942 verlegten L 15 und L 16 über San Francisco, den Panama-Kanal und Halifax in die Arktis. Unterwegs versenkte das japanische Boot *I 25* am 13. Oktober 1942 L 16 irrtümlich vor der Westküste Amerikas. L 25, das sich 1941 in Nikolajew am Schwarzen Meer in der Ausrüstung befand, verlegte nach Poti, um einer Wegnahme zu entgehen, scheint aber nicht vor 1944 fertiggestellt worden zu sein.
Die übrigen 24 Boote befanden sich von 1941 bis 1945 durchweg im Einsatz. Ihr bedeutendster Erfolg war die Versenkung des deutschen Frachtmotorschiffes *Goya* (5230 BRT) am 16. April 1945 durch L 3 in der Ostsee. Verloren gingen insgesamt sechs Boote; das erste von ihnen war L 2, das im August 1941 in der Ostsee auf eine Mine lief.

Schicksal der Boote:
Datum:	Boot:
1941	L 2
1942	L 16, L 24
1943	L 5
1944	L 6, L 23

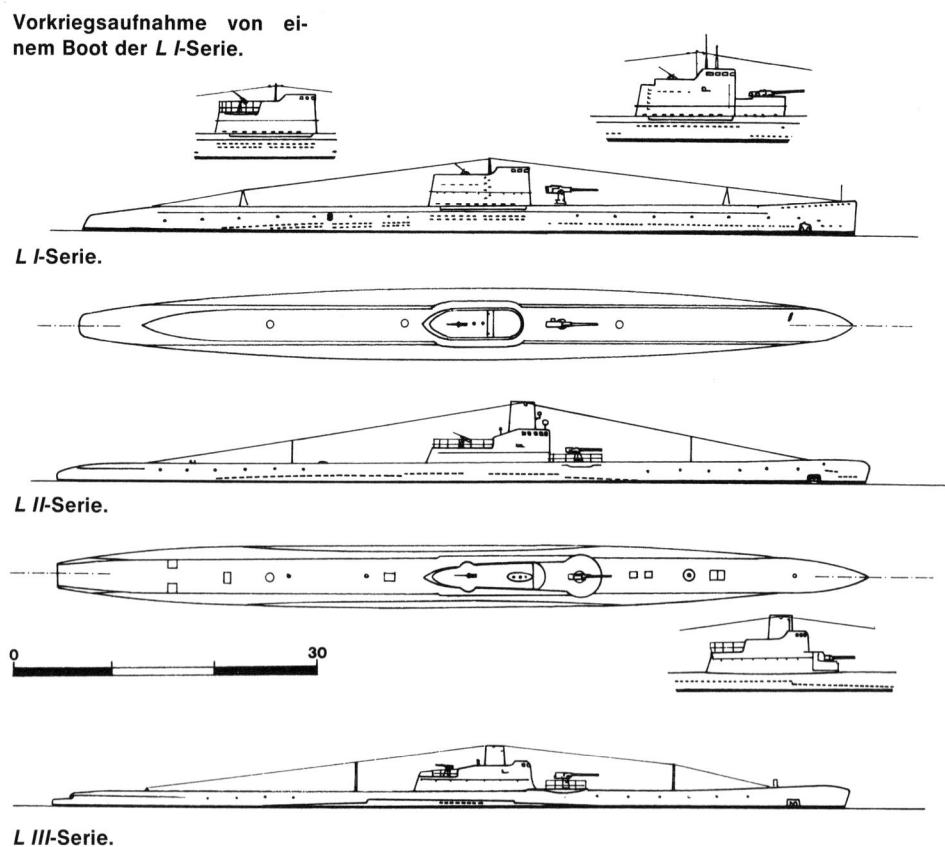

Vorkriegsaufnahme von einem Boot der L I-Serie.

L I-Serie.

L II-Serie.

L III-Serie.

---

[61] Anmerkung des Übersetzers:
L 3 ex *Frunzevec*, eines der erfolgreichsten Unterseeboote der sowjetischen Marine im 2. Weltkrieg (versenkte am 16. 4. 1945 den Flüchtlingstransporter *Goya*), existiert noch in Leningrad als Denkmal.

M-(Malyutka-)Klasse

Serie M I–M II:
M 1–M 13, M 15, M 16, M 18–M 28, M 41, M 42, M 51–M 63, M 71–M 80:
Datum: 1933/37.

Serie M III–M IV.
M 31–M 36, M 43 ex M 82, M 44 ex M 84, M 45 ex M 85, M 46 ex M 86, M 81, M 83, M 89, M 90, M 94–M 99, M 101–M 103, M 104 ex *Jaroslavskij Komsomolec*, M 105 ex *Čeljabinskij Komsomolec*, M 106 ex *Lenininskij Komsomol*, M 107 ex *Novosibirskij Komsomolec*, M 108, M 112–M 122, M 171 ex M 87, M 172 ex M 88, M 173 ex M 91, M 174 ex M 92, M 175 ex M 93, M 176 ex M 100:
Datum: 1938/43.

Serie M V:
M 200 ex *Mest*, M 201, M 204 und weitere:
Datum: 1943/47.

Typverdrängung:
M I, M II: 161 ts aufgetaucht, 202 ts getaucht;
M III, M IV: 206 ts aufgetaucht, 258 ts getaucht;
M V: 350 ts aufgetaucht, 420 ts getaucht.

Abmessungen:
M I, M II: 37,50 × 3,10 × 2,60 m;
M III, M IV: 44,50 × 3,30 × 2,90 m;
M V: 53,30 × 4,90 × 3,60 m.

Motorenanlage: Diesel: 2; E-Motoren: 2.

Höchstleistung:
M I, M II: 685 PS aufgetaucht, 240 PS getaucht;
M III, M IV: 800 PS aufgetaucht, 400 PS getaucht;
M V: 1000 PS aufgetaucht, 800 PS getaucht.

Höchstgeschwindigkeit:
M I, M II: 13,1 kn aufgetaucht, 7,4 kn getaucht;
M III, M IV: 14,1 kn aufgetaucht, 8,2 kn getaucht,
M V: 15 kn aufgetaucht, 10 kn getaucht.

Fahrstrecke:
M I, M II: 1600 sm bei 8 kn aufgetaucht, 55 sm bei 2 kn getaucht,
M III, M IV: 3440 sm bei 9 kn aufgetaucht, 107 sm bei 3 kn getaucht,
M V: 4000 sm bei 8 kn aufgetaucht.

Torpedorohre:
M I–M IV: 2 × 53,3 cm vorn; Torpedos: 2;
M V: 4 × 53,3 cm: 2 vorn, 2 achtern; Torpedos: 4.
Geschütze: 1 × 4,5 cm.
Besatzungsstärke: ca. 18.

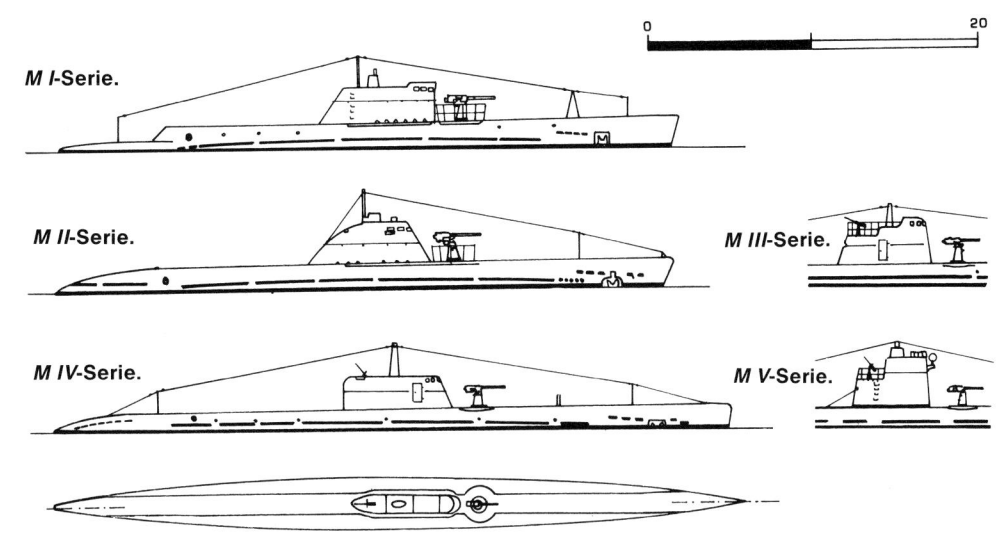

Kleines Einhüllen-Küstenunterseeboot, gebaut in Sektionen, die mit der Eisenbahn transportiert werden konnten. Maximale Einsatztauchtiefe: M I–M IV 60 m; M V: 75 m. Normale Brennstoffmenge: M I–M IV: 5,5 ts; M V: etwa 20 ts.

Der Prototyp dieser zahlenmäßig großen Klasse kleiner Boote kam 1933 in Dienst. Seinen Bau – beeinflußt durch die ausgezeichneten *Holland*-Boote (russische *AG*-Klasse) – veranlaßte die Erforderlichkeit kleiner Boote mit guter Unterwassermanövrierfähigkeit zur Küstenverteidigung. Die Fertigung konzentrierte sich auf die Schiffswerft in Gorkij[62] an der Wolga, von wo aus die Boote sektionsweise mit der Eisenbahn nach Leningrad, Wladiwostok und Nikolajew zur Endmontage und Ausrüstung gebracht wurden.

Die erste Anwendung des Schweißverfahrens bei russischen Unterseebooten erfolgte bei den Booten der *M*-Klasse. Zunächst auf die Aufbauten sowie auf die Bug- und Heckverkleidungen beschränkt, wurde diese Technik später auch auf den Druckkörper ausgedehnt.

Das Bauprogramm für die *M*-Boote begann 1933 und endete erst mehrere Jahre nach dem Krieg. Es teilte sich in fünf auf-einanderfolgende Serien (*M I–M V*) auf, die jeweils bedeutende technische Verbesserungen und eine ständige Steigerung in Bewaffnung und Abmessungen (veranlaßt durch die unzulängliche Seeausdauer der ersten beiden Serien) aufwiesen.

Die Entwürfe für die Boote der Serien *I* und *II* (nach russischen Quellen der Klasse *VI* und *VII*) legten den Bau des Rumpfes in vier Sektionen fest. Für die Serien *III* und *IV* (Klasse *XII*) waren sechs Sektionen und für die Serie *V* (Klasse *XV*) sieben Sektionen vorgesehen.

Man nimmt an, daß bis 1945 annähernd 100 Boote der *M*-Klasse fertiggestellt worden sind. 30 Boote der Serie *V* wurden nach dem Kriege fertiggestellt. *M*-Boote wurden während der gesamten Kriegsdauer eingesetzt, hauptsächlich im Schwarzen Meer und in der Ostsee. Doch obwohl die Boote ziemlich leistungsfähig waren, besonders die der Serien *III* und *IV*, erzielten sie nur begrenzte Resultate, und die Verluste waren schwer (annähernd 35 Boote zwischen 1941 und 1945).

Schicksal der Boote:

Datum:	Boot:
1941	M 34, M 54, M 58, M 59, M 71, M 72, M 78, M 80, M 81, M 83, M 94, M 98, M 99, M 101
1942	M 33, M 35, M 60, M 61, M 95, M 97, M 118, M 121, M 175, M 176
1943	M 31, M 32, M 36, M 51, M 106, M 122, M 172, M 173, M 174
1944	M 108

[62] Anmerkung des Übersetzers:
Östlich von Moskau direkt an der Wolga liegt die »Krasnoje-Sormowo«-Werft von Gorkij. Auch heute noch werden hier nur Baugruppen für Unterseeboote fertiggestellt und dann zur Montage auf Schleppkähnen zu den verschiedenen an der Küste befindlichen Werften gebracht.

Zwei Küstenboote der *M*-Klasse laufen aus einem russischen Stützpunkt aus. Im Vordergrund befindet sich *M 115*.

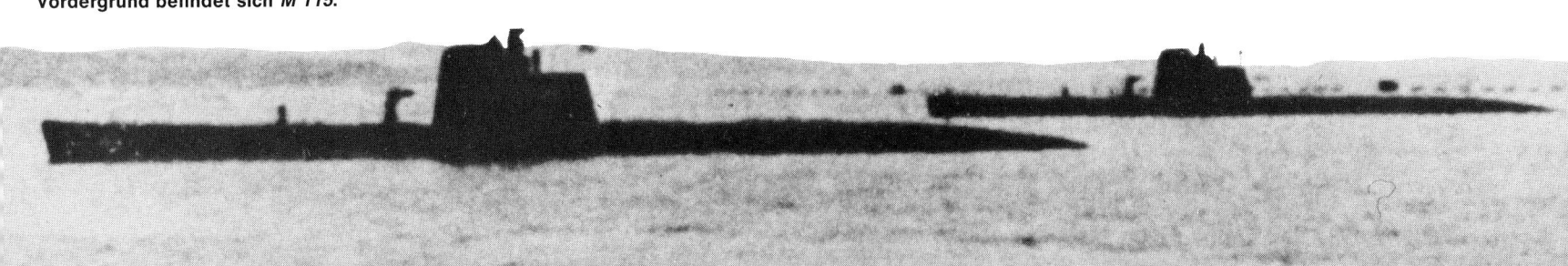

Oben: *M 120*, eines der vielen kleinen, im Kriege gebauten Küstenboote der Serie *IV* (*M*-Klasse).

Mitte: *M 35*, eines der ersten Boote der Serie *M IV*.

Unten: Ein Boot der *M*-Klasse in der Arktis.

ŠČ-(Ščuka-)Klasse

ŠČ 101–ŠČ 141, ŠČ 201 ex Sazan, ŠČ 202 ex Seld, ŠČ 203, ŠČ 204, ŠČ 205 ex Nerpa, ŠČ 206–ŠČ 209, ŠČ 210 ex Krylatka, ŠČ 211 ex Kambala, ŠČ 212, ŠČ 213 ex Skumbrija, ŠČ 214 ex Evdokja, ŠČ 215, ŠČ 216, ŠČ 301 ex Ščuka, ŠČ 302 ex Okun', ŠČ 303 ex Erš, ŠČ 304 ex Komsomolec, ŠČ 305 ex Lin, ŠČ 306 ex Piška, ŠČ 307 ex Treska, ŠČ 308 ex Semga, ŠČ 309 ex Del'fin, ŠČ 310 ex Beluga, ŠČ 311 ex Kumša, ŠČ 317–ŠČ 320, ŠČ 322–ŠČ 324, ŠČ 401–ŠČ 411:
Datum: 1933/42.
Nicht fertiggestellte Einheiten:
ŠČ 409–ŠČ 411, ŠČ 421–ŠČ 424 und weitere.
Typverdrängung:
ŠČ I: 577 ts aufgetaucht, 704 ts getaucht;
ŠČ II, ŠČ III: 586 ts aufgetaucht, 702 ts getaucht;
ŠČ IV: 587 ts aufgetaucht, 705 ts getaucht.
Abmessungen:
ŠČ I: 57,00 × 6,40 × 3,80 m;
ŠČ II, ŠČ III: 58,50 × 6,20 × 4,20 m;
ŠČ IV: 60,80 × 6,20 × 4,50 m.
Motorenanlage: Diesel: 2; E-Motoren: 2.
Höchstleistung:
ŠČ I, ŠČ II, ŠČ III: 1370 PS aufgetaucht, 800 PS getaucht;
ŠČ IV: 1600 PS aufgetaucht, 800 PS getaucht.
Höchstgeschwindigkeit:
ŠČ I: 11,2 kn aufgetaucht, 8 kn getaucht;
ŠČ II, ŠČ III: 12,9 kn aufgetaucht, 7 kn getaucht;
ŠČ IV: 13,6 kn aufgetaucht, 8 kn getaucht.
Fahrstrecke:
ŠČ I: 3250 sm bei 8 kn aufgetaucht, 110 sm bei 2 kn getaucht;
ŠČ II, ŠČ III: 6700 sm bei 8 kn aufgetaucht, 100 sm bei 2 kn getaucht;
ŠČ IV: 6140 sm bei 7 kn aufgetaucht, 122 sm bei 2 kn getaucht.
Torpedorohre: 6 × 53,3 cm: 4 vorn, 2 achtern; Torpedos: 10.
Geschütze:
ŠČ I: 1 × 4,5 cm;
ŠČ II, ŠČ III, ŠČ IV: 2 × 4,5 cm.

Besatzungsstärke:
ŠČ I: 35;
ŠČ II, ŠČ III, ŠČ IV: 38.

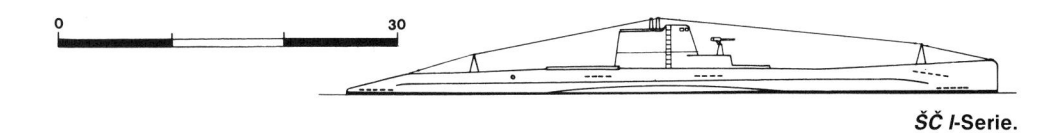

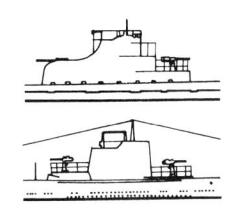

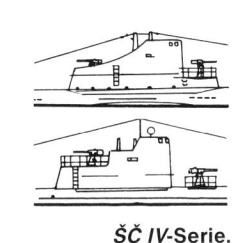

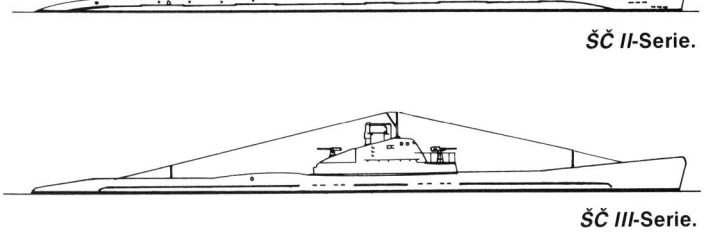

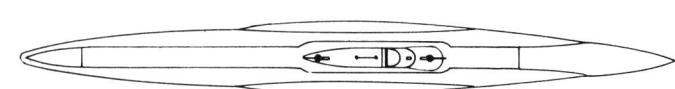

ŠČ IV-Serie.

ŠČ I-Serie.

ŠČ II-Serie.

ŠČ III-Serie.

Ein Boot der Serie *III* vom Typ *ŠČ* in Sewastopol.

Einhüllen-Küstenunterseeboot. Maximale Einsatztauchtiefe: 90 m. Brennstoffmenge: ŠČ I: 25 ts; ŠČ II–ŠČ IV: 58 ts.
Der Prototyp dieser zahlenmäßig großen Klasse von Küstenbooten wurde 1935 gebaut, gleichzeitig mit dem der kleinen Boote der *M*-Klasse. Auch diesen Entwurf beeinflußte der *Holland*-Typ, aber diese Boote waren viel größer und erbrachten eine bessere Leistung als die der *M*-Klasse.
Die *Ščuka*-Klasse[63] (später abgekürzt in *ŠČ*-Klasse) war in Größe und Eigenschaften mit den kleinen Küstenbooten der britischen *U*-Klasse vergleichbar, war aber weit weniger leistungsfähig.
Zwischen 1933 und 1942 wurden annähernd 90 Einheiten gebaut, eingeteilt in vier aufeinanderfolgende Serien. Die Eigenschaften der Boote wurden ständig verbessert und an-

[63] Anmerkung des Übersetzers:
»*Šćuka*« bedeutet auf deutsch »Spieß«.

ŠČ 201 von der ŠČ II-Serie.

fängliche Unzulänglichkeiten wie geringe Geschwindigkeit und begrenzter Fahrbereich beseitigt. Auch die Bewaffnung wurde verstärkt und die Abmessungen vergrößerten sich geringfügig. Es ist nicht möglich, jedes Boot seiner jeweiligen Serie zuzuweisen; wie die Zeichnungen zeigen, unterschieden sie sich sogar in ihrem äußeren Erscheinungsbild.
Im allgemeinen besaßen sie annehmbare Eigenschaften und erzielten im Verlaufe des Krieges angemessene Resultate. Ihre wichtigsten Erfolge erzielten ŠČ 307, das am 9. August 1941 das deutsche U 144 in der Ostsee versenkte, und ŠČ 211, das am 15. August 1941 den Tanker Peles im Schwarzen Meer versenkte.

Von den 88 während des Krieges gebauten Booten gingen 32 verloren. Die nach dem Kriege noch vorhandenen Boote blieben im Dienst der russischen Marine bis Mitte der fünfziger Jahre.

Schicksal der Boote:

Datum:	Boot:
1941	ŠČ 204, ŠČ 206, ŠČ 211, ŠČ 319, ŠČ 322, ŠČ 324, ŠČ 423
1942	ŠČ 208, ŠČ 210, ŠČ 212, ŠČ 213, ŠČ 214, ŠČ 301, ŠČ 302, ŠČ 304, ŠČ 305, ŠČ 306, ŠČ 308, ŠČ 311, ŠČ 317, ŠČ 320, ŠČ 401, ŠČ 405, ŠČ 421
1943	ŠČ 203, ŠČ 207, ŠČ 323, ŠČ 406, ŠČ 408, ŠČ 422
1944	ŠČ 216, ŠČ 402

P-(Pravda-)Klasse

P 1 ex *Pravda*, P 2 ex *Zvezda*, P 3 ex *Iskra*:
Datum: 1936/37.
Typverdrängung: 1200 ts aufgetaucht, 1670 ts getaucht.
Abmessungen: 87,60 × 8,00 × 3,10 m.
Motorenanlage: Diesel: 2; E-Motoren: 2.
Höchstleistung: 2700 PS aufgetaucht, 1100 PS getaucht.
Höchstgeschwindigkeit: 18,8 kn aufgetaucht, 7,7 kn getaucht.
Fahrstrecke: 5700 sm bei 10 kn aufgetaucht, 105 sm bei 4 kn getaucht.
Torpedorohre: 6 × 53,3 cm: 4 vorn, 2 achtern; Torpedos: 10.
Geschütze: 2 × 10,0 cm L/60, 1 × 4,5 cm.
Besatzungsstärke: 60.

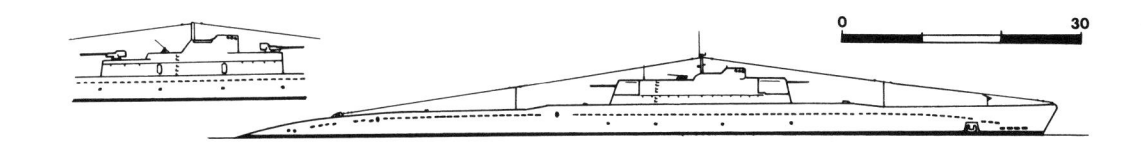

Zweihüllen-Hochseeboot. Maximale Einsatztauchtiefe: 75 m. Normale Brennstoffmenge: 93 ts.
Diese zwischen 1933 und 1937 auf der Putilov-Werft[64] in Leningrad gebauten Boote stellten den ersten russischen Versuch dar, Angriffsboote mit großer Reichweite zu bauen. Ihr Entwurf war nicht sehr gelungen. Ein Konstruktionsfehler hatte die Schrauben zu nahe an die Wasseroberfläche versetzt, und die Motorenanlage war infolge elastischer Kupplungsbindungen häufigen Zusammenbrüchen unterworfen, trotz des Einbaues spezieller Dämpfer. Ein Nachbau dieser Boote erfolgte nicht und ihre Kriegsverwendung war begrenzt. Alle drei Boote gingen in den ersten beiden Kriegsjahren verloren; P 1 am 17. September 1941 durch Minentreffer in der Ostsee.

Schicksal der Boote:

Datum:	Boot:
1941	P 1, P 2
1942	P 3

[64] Anmerkung des Übersetzers:
Die frühere (aus der Revolutionszeit ruhmreiche) Putilov-Werft heißt heute Schdanov-Werft. Sie nimmt eine Sonderstellung ein. Direkt an der Newa gelegen mit einer Gesamtfläche von 165 000 qm und ca. 370 m Wasserfront stellt sie einen hochmodernen Betrieb für Sektionsbauweise dar. Hier entstehen heute moderne FK-Kreuzer und -Zerstörer.

S-(Stalinec-)Klasse

S 1 ex Nalim, S 2–S 16, S 19, S 31–S 38, S 51–S 58, S 101–S 104:
Datum: 1936/1945.
S 17–S 18, S 20–S 24, S 26, S 137, S 139:
Datum: 1946/1948.
Nicht fertiggestellte Einheiten:
S 35–S 38.
Typverdrängung: 840 ts aufgetaucht, 1070 ts getaucht.
Abmessungen: 77,80 × 6,40 × 4,40 m.
Motorenanlage: Diesel: 2; E-Motoren: 2.
Höchstleistung: 4000 PS aufgetaucht, 1100 PS getaucht.
Höchstgeschwindigkeit: 19,5 kn aufgetaucht, 9 kn getaucht.
Fahrstrecke: 9800 sm bei 10 kn aufgetaucht, 148 sm bei 3 kn getaucht.
Torpedorohre: 6 × 53,3 cm: 4 vorn, 2 achtern; Torpedos: 12.
Geschütze: 1 × 10,0 cm L/60, 1 × 4,5 cm.
Besatzungsstärke: 50.

Einhüllen-Unterseeboot mittlerer Wasserverdrängung mit Hochsee-Eigenschaften. Die großen Seitenwülste waren auf den Einfluß des türkischen Unterseebootes *Gür* zurückzuführen, 1932 in Spanien nach deutschen Entwürfen gebaut, von dem der Typ *IA* der deutschen Marine abgeleitet war. Maximale Einsatztauchtiefe: 100 m. Normale Brennstoffmenge: 105 ts. Geringste Schnelltauchzeit: etwa 30 Sekunden.
Bei diesen Einheiten handelte es sich um die besten Boote mittlerer Wasserverdrängung, welche die russische Marine im Zweiten Weltkrieg in Dienst hatte: schnell, standfest, gut bewaffnet, ziemlich wendig und zuverlässig. Zwischen 1936 und 1945 wurden 33 Boote fertiggestellt, weitere vier (*S 35–S 38*) wurden im Bau abgebrochen und weitere zehn (*S 17, S 18, S 20–S 24, S 26, S 137* und *S 139*) wurden nach dem Kriege fertiggestellt.
Im Vergleich zum deutschen Typ *IA* besaßen die Boote der russischen *S*-Klasse stärkere Dieselmotoren und waren schneller (19,5 gegenüber 17,7 Knoten). Auf verschiedenen der zuerst in Dienst gestellten Einheiten war das 10,2-cm-Decksgeschütz auf einer umschlossenen Lafettierung am Fuße des Kommandoturms untergebracht. Doch da diese Vorrichtung ein leistungsfähiges Schießen behinderte, wurde sie in der Folge weggelassen.

Im Kriege waren die *S*-Boote umfassend auf allen Kriegsschauplätzen eingesetzt, und sie stellten ihre ausgezeichneten Eigenschaften unter Beweis. Mehrere der wenigen Erfolge, die russische Unterseeboote erzielten, gingen auf ihr Konto. Diesen bescheidenen Erfolgen standen jedoch schwere Verluste gegenüber: zwischen 1941 und 1945 insgesamt 15 versenkte Boote. *S 2* ging wahrscheinlich durch einen Unglücksfall am 3. Januar 1940 verloren. Die bei Kriegsende noch vorhandenen und die in der Nachkriegszeit fertiggestellten Boote blieben bis Mitte der fünfziger Jahre im Dienst der russischen Marine.

Schicksal der Boote:

Datum:	Boot:
1940	S 2
1941	S 1, S 3, S 5, S 6, S 8, S 10, S 11, S 34
1942	S 7, S 32
1943	S 9, S 12, S 55
1944	S 54
1945	S 4

Mit umschlossenem Decksgeschütz.

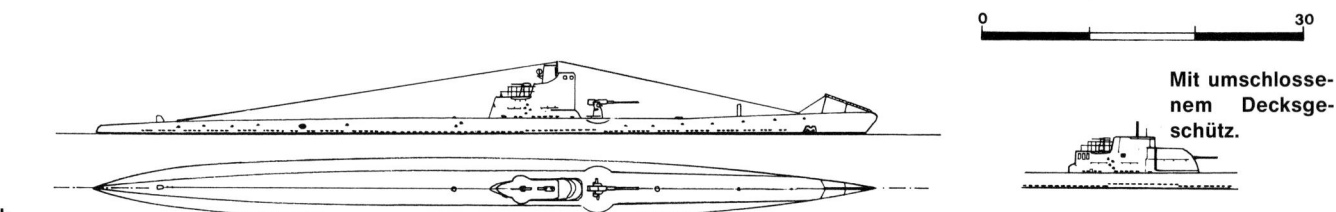

S 56 kehrt von Feindfahrt zurück.

K-(Katjuša-)Klasse

K 1–K 3, K 21– K 24, K 51–K 56:
Datum: 1940/42.
Typverdrängung: 1480 ts aufgetaucht, 2095 ts getaucht.
Abmessungen: 97,70 × 7,40 × 4,50 m.
Motorenanlage: Diesel: 2; E-Motoren: 2.
Höchstleistung: 8400 PS aufgetaucht, 2400 PS getaucht.
Höchstgeschwindigkeit: 22,5 kn aufgetaucht, 10 kn getaucht.
Fahrstrecke: 15 000 sm bei 9 kn aufgetaucht, 160 sm bei 3 kn getaucht.
Torpedorohre: 8 × 53,3 cm: 4 vorn, 4 achtern; Torpedos: 22.
Geschütze: 2 × 10,0 cm L/60, 2 × 4,5 cm.
Seeminen: 20, zwei Schächte.
Besatzungsstärke: 65.

Zweihüllen-Hochseeboot. Maximale Einsatztauchtiefe: annähernd 70 m. Normale Brennstoffmenge: 150 ts. Das erste Boot dieser Klasse, K 1, wurde auf der Marti-Werft[65] in Leningrad gebaut und lief am 4. Mai 1938 vom Stapel.
Der Entwurf dieser Boote mit großer Reichweite leitete sich mit beträchtlichen Verbesserungen von der vorhergehenden P-Klasse ab. Insgesamt erfolgte eine beträchtliche Steigerung in Größe, Wasserverdrängung, Fahrbereich, Höchstgeschwindigkeit über Wasser und Bewaffnung.
Zwischen 1940 und 1942 wurden 13 Boote fertiggestellt und nach dem Kriege kamen weitere drei Boote eines modifizierten Typs in Dienst; vermutlich das Ergebnis umgebauter Rümpfe, die während des Krieges fertiggestellt worden waren. 1941 wurden die wenigen bereits in Dienst stehenden Boote auf die Ostsee und die Arktis verteilt. Der Einsatz der letzteren Boote geschah auf eine Weise, die mehr mit ihren hochseefähigen Eigenschaften im Einklang stand, aber ihre Erfolge blieben bescheiden, und fünf von ihnen gingen verloren.

[65] Anmerkung des Übersetzers:
Die frühere Marti-Werft heißt heute Admiralitäts-Werft und ist auch heute noch auf den Bau von Unterseebooten spezialisiert.

Schicksal der Boote:
Datum	Boot:
1942	K 2, K 23
1943	K 1, K 3, K 22

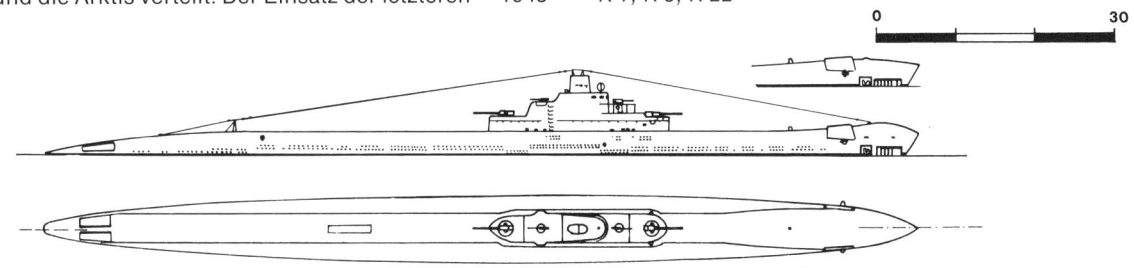

K 1 läuft aus einem arktischen Stützpunkt zu einer Feindfahrt in norwegischen Gewässern aus.

Alte Unterseeboote

Im Juni 1941 befanden sich noch elf Unterseeboote, deren Bau aus der Zeit vor dem Ersten Weltkrieg datierte, im Dienst bei der russischen Marine.
Dabei handelte es sich um die fünf noch vorhandenen Boote der *Bars*-Klasse (der beste vor der Revolution in Rußland gebaute Typ, von dem sich jeder spätere Typ ableitete), fünf Küstenunterseeboote der *A*-Klasse (ex *AG*-Klasse) des *Holland*-Typs, im Ersten Weltkrieg erworben, und das britische *L 55*, das am 4. Juni 1919 durch einen bolschewistischen Zerstörer im Finnischen Meerbusen versenkt worden war. Das Boot wurde 1928 geborgen und 1931 wieder in Dienst gestellt. Bei Kriegsbeginn stellte man die Boote der *Bars*-Klasse und *L 55* außer Dienst und verwendete sie als Batterieladestationen für Unterseeboote.
Die fünf Boote der *A*-Klasse verblieben im Dienst und nahmen am Zweiten Weltkrieg teil. Drei von ihnen gingen verloren und die beiden anderen wurden 1945 ausrangiert.

Tabelle 27: Alte Unterseeboote in der sowjetischen Marine im Zweiten Weltkrieg

Kennzeichnung:	Indienststellung:	Typverdrängung: über/unter Wasser	Abmessungen:	Motorenanlage Typ – PS	Geschwindigkeit: über/unter Wasser	Fahrstrecke (sm bei kn): über/unter Wasser	Bewaffnung:
B-(Bars-)Klasse B 2 ex *Batrak* ex *Volk* B 4 ex *Krasnoarmeec* ex *Leopard* B 5 ex *Komissar* ex *Pantera* B 6 ex *Proletarij* ex *Zmeja* B 8 ex *Krasnoflotec* ex *Jaguar* Maximale Einsatztauchtiefe: 46 m. 1941 außer Dienst gestellt.	1915–1916	664/753 ts	68,00 × 4,50 × 4,20 m	2 Diesel: 1370 2 E-Motoren: 840	11,4/9 kn	3700 bei 7 60 bei 3	4 × 53,3-cm-Torpedorohre 6 Torpedos 2 × 7,6-cm-Geschütze 1 × 4,5-cm-Geschütz
A-(AG-)Klasse[66] A 1 ex Šačter ex *Trotskij* ex *AG 23* A 2 ex N 13 ex *Kommunist* ex *AG 26* A 3 ex N 14 ex *Marksist* ex *Kamenev* ex *AG 25* A 4 ex N 15 ex *Politrabotnik* ex *AG 26* A 5 ex N 16 ex *Metallist* ex *AG 21*	1921–1928	356/453 ts	45,80 × 4,60 × 3,50 m	2 Diesel: 960 2 E-Motoren: 480	12,0/8 kn	1500 bei 7 80 bei 3	4 × 45,7-cm-Torpedorohre 4 Torpedos 1 × 4,5-cm-Geschütz 1 Maschinengewehr
L 55-Klasse L 55 ex britisch *L 55*	1931	954/1139 ts	71,60 × 7,20 × 4.00 m	2 Diesel: 2200 2 E-Motoren: 1600	13,5/8,2 kn	6000 bei 7 100 bei 3	6 × 53,3-cm-Torpedorohre 12 Torpedos 2 × 7,6-cm-Geschütze

[66] Anmerkung des Übersetzers:
Ergänzend zur A-(AG-)Klasse ergibt sich:
A 1 ex AG 24 (1919 unfertig) – 1922 als – ex *Kommunist* fertiggestellt.
A 2 ex AG 25 (1919 unfertig) – 1922 als – ex *Kamenev* fertiggestellt ex *Marksist*.
A 3 ex AG 26 (1919 unfertig) – 1924 als – ex *Politrabotnik* fertiggestellt.
A 4 ex AG 23 (1919 unfertig) – 1922 als – ex *Metallist* fertiggestellt, 1931 grundüberholt.
A 5 ex Nerpa – in Dienst gestellt als – ex *Politruk*.
– – – – AG 21 (1919 vor Sevastopol selbst versenkt, gehoben) – wiederhergestellt 1922 als – ex *Trotskij* – 1927 umbenannt in – ex *Šachter*.
(Zur Quelle siehe Fußnote 59.)

B 6 ex *Proletarij*, ein Boot der *Bars*-Klasse.

Ausländische Unterseeboote in der russischen Marine

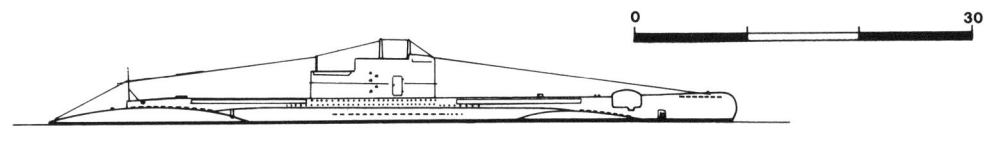

Im Verlaufe des Krieges erbeutete die russische Marine mehrere Boote britischer und französischer Konstruktion bzw. sie wurde ihr überlassen.

Nach dem russischen Einfall in Estland und Lettland erbeuteten die Russen 1940 zwei in Großbritannien gebaute estische Unterseeboote (ex *Kalev* und ex *Lembit*) sowie zwei in Frankreich gebaute lettische Unterseeboote (ex *Ronis* und ex *Spidola*). Die estischen Boote wurden in die russische Marine eingegliedert (*Kalev* versenkte sich am 28. August 1941 selbst, als Reval aufgegeben wurde). Die lettischen Boote wurden jedoch niemals in Dienst gestellt und von den Russen am 23. Juni 1941 in Libau versenkt, um sie nicht in deutsche Hände fallen zu lassen.

1944 überließ die Royal Navy leihweise an Rußland ein Boot der S-Klasse (*V 1* ex *Sunfish*) und drei Boote der U-Klasse (*V 2* ex *Unbroken*, *V 3* ex *Unison* und *V 4* ex *Ursula*) zum Einsatz in der Arktis und in der Nordsee. Infolge eines Identifizierungsfehlers eines britischen Bombers ging *V 1* (ex *Sunfish*) im Juli 1944 verloren. Die übrigen drei Unterseeboote verblieben bis 1949 bei der russischen Flotte, kehrten dann zur Royal Navy zurück und wurden abgewrackt. Bei einer Unternehmung in der Arktis versenkte *V 4* ein deutsches Handelsschiff. (Bezüglich Einzelheiten zu diesen Booten siehe die Kapitel bzw. Abschnitte zu den jeweiligen Ländern.)

Rechts: Das lettische Unterseeboot *Spidola*, aufgenommen bei den Erprobungsfahrten 1926 in Frankreich. Das Boot wurde 1940 in die russische Marine eingegliedert.

Unten: *Kalev*, noch unter estnischer Flagge, längsseits ihres Schwesterbootes *Lembit*, dessen Heck links gerade noch sichtbar ist.

Die kleineren Mächte

Brasilien

Brasilien erklärte am 22. August 1942 Italien und Deutschland den Krieg, und seine Seestreitkräfte wirkten mit den Alliierten zum Schutze der Schiffahrt gegen Überwasser-Handelsstörer und Unterseeboote im Südatlantik zusammen.
Im Kriege hatte die brasilianische Marine vier Unterseeboote in Dienst. Sie operierten überwiegend in heimischen Gewässern und kamen kaum mit feindlichen Schiffen in Berührung. Die Boote waren:
- *Humayta'*, ein Hochseeboot, zwischen 1927 und 1929 in Italien gebaut, das sehr der *Balilla*-Klasse glich;
- *Tamoio* ex *Ascianghi* (I), *Timbrira* ex *Gondar* (I) und *Tupi* ex *Neghelli* (I), drei Küstenboote der Klasse *600, Adua*-Serie, zwischen 1936 und 1937 von Italien erworben (siehe Seite 168).

Dänemark

Deutschland besetzte das neutrale Dänemark am 9. April 1940. Die Schiffe der dänischen Marine wurden im Hafen überrascht und blieben nach einem Übereinkommen mit den Deutschen unter dänischer Flagge und Führung. Offiziell stand Dänemark unter deutschem »Schutz«, aber bis zum August 1943 hin hatten sich die Beziehungen zwischen den Okkupanten und den Dänen verschlechtert, und am 29. August 1943 unternahmen die Deutschen den Versuch eines Handstreichs; dabei versenkten sich die meisten Schiffe der dänischen Marine im Hafen selbst. Trotz des deutschen Eingreifens versuchten einige Boote, nach Schweden zu entkommen, aber der Großteil versenkte sich selbst, einschließlich aller einsatzfähigen Unterseeboote und verschiedener alter Boote, die mittlerweile auf den Status von Batterieladungs-Booten (B-Klasse) herabgestuft worden waren. Alle dänischen Unterseeboote waren nach Eigenentwürfen auf der Königlichen Marinewerft in Kopenhagen gebaut worden. Mehrere der selbstversenkten Boote wurden von den Deutschen gehoben, aber keines von ihnen konnte vor Kriegsende eingesetzt werden.

C-Klasse

Bellona, Flora, Rota:
Bauwerft: Königliche Marinewerft, Kopenhagen.
Datum: 1918–1920/20.
Typverdrängung: 301 ts aufgetaucht, 370 ts getaucht.
Abmessungen: 47,00 × 5,40 × 2,70 m.
Motorenanlage: Diesel: 2 Burmeister & Wain; E-Motoren: 2.
Höchstleistung: 900 PS aufgetaucht, 640 PS getaucht.
Höchstgeschwindigkeit: 14 kn aufgetaucht, 8 kn getaucht.
Torpedorohre: 4 × 45,7 cm: 3 vorn, 1 achtern; *Rota*: 1 außen gelegenes Decksrohr.
Geschütze: 1 × 5,7 cm (6-Pfünder).
Besatzungsstärke: 24.

Rota trug die Bezeichnung *C 1*, *Bellona C 2* und *Flora C 3*. Dänische Admiralitäts-Entwürfe.

Die dänische *Bellona*.

Schicksal der Boote:

Datum	Ort	Boot	Ursache:[1]
1943	Dänemark	*Bellona, Flora, Rota*	sb

[1] Siehe Seite 8.

D-Klasse

Daphne, Dryaden:
Bauwerft: Königliche Marinewerft, Kopenhagen.
Datum: 1926–1927.
Typverdrängung: 308 ts aufgetaucht, 381 ts getaucht.

Abmessungen: 49,10 × 5,20 × 2,50 m.
Motorenanlage: Diesel: 2 Burmeister & Wain; E-Motoren: 2.
Höchstleistung: 900 PS aufgetaucht, 400 PS getaucht.

Höchstgeschwindigkeit: 13 kn aufgetaucht, 7 kn getaucht.
Torpedorohre: 6 × 45,7 cm.
Geschütze: 1 × 7,6 cm, 1 × 2,0 cm.
Besatzungsstärke: 25.

Kennummern D 1 und D 2. Dänische Admiralitäts-Entwürfe.

Schicksal der Boote:

Datum:	Ort:	Boot:	Ursache:[1]
1943	Dänemark	*Daphne, Dryade*	sb

[1] Siehe Seite 8.

H-Klasse

Havmanden, Havfruen, Havkalen, Havhesten:
Bauwerft: Königliche Marinewerft, Kopenhagen.
Datum: 1937–1939.
1940 annulliert: H 5.
Typverdrängung: 335 ts aufgetaucht, 407 ts getaucht.
Abmessungen: 47,50 × 4,70 × 2,80 m.
Motorenanlage: Diesel: 2 Burmeister & Wain; E-Motoren: 2.

Höchstleistung: 1200 PS aufgetaucht, 450 PS getaucht.
Höchstgeschwindigkeit: 15 kn aufgetaucht, 7 kn getaucht.
Torpedorohre: 5 × 45,7 cm: 3 vorn, 2 achtern.
Geschütze: 2 × 4,0 cm, 2 × 8 mm.
Besatzungsstärke: 20.

Die dänische *Havmanden*.

Wie alle übrigen dänischen Unterseeboote trugen sie einen grünen Farbanstrich. Dänische Entwürfe. Kennummern H 1–H 4.

Schicksal der Boote:

Datum:	Ort:	Boot:	Ursache:[1]
1943	Dänemark	*Havmanden, Havfruen, Havkalen, Havhesten*	sb

[1] Siehe Seite 8.

Estland

Als die Russen im September 1939 Estland überfielen, erbeuteten sie die beiden estnischen Unterseeboote *Kalev* und *Lembit*, zwischen 1935 und 1936 in Großbritannien gebaut, und gliederten sie in ihre Marine ein. *Kalev* versenkte sich im August 1941 selbst, *Lembit* überlebte den Krieg unversehrt.

Kalev-Klasse

Kalev, Lembit.
Bauwerft: Vickers, Barrow.
Datum: 1935–1936.
Typverdrängung: 600 ts aufgetaucht, 820 ts getaucht.
Abmessungen: 57,90 × 7,50 × 3,50 m.
Motorenanlage: Diesel: 2 Vickers; E-Motoren: 2.
Höchstleistung: 1200 PS aufgetaucht, 450 PS getaucht.
Höchstgeschwindigkeit: 13,5 kn aufgetaucht, 8,5 kn getaucht.
Fahrstrecke: 2000 sm bei 10 kn aufgetaucht.
Torpedorohre: 4 × 53,3 cm vorn.
Geschütze: 1 × 4,0 cm.
Seeminen: 20.

Diese beiden U-Minenleger sind deshalb interessant, weil sie die einzigen von den Briten in der Zeit zwischen den Kriegen für ausländische Kunden gebauten Unterseeboote waren, die nicht direkt von einem Typ abstammten, der sich bereits bei der Royal Navy im Dienst befand. Tatsächlich besaß diese Klasse überhaupt keine Ähnlichkeit mit anderen in Großbritannien gebauten Booten. Ihr Minenlegesystem — senkrechte Schächte in den Satteltanks — war ein Vickers-Entwurf, entwickelt aus deutschen Prototypen (der seinerseits wieder den französischen Entwurf für die Boote des *Rubis*-Typs beeinflußt hatte). Zum konventionellen britischen Entwurf gab es weitere Unterschiede. Die Boote scheinen ziemlich leistungsfähig gewesen zu sein.

Schicksal der Boote:

Datum:	Ort:	Boot:	Ursache:[1]
1939	Estland	*Kalev, Lembit*	c
1941	–	*Kalev*	sb

[1] Siehe Seite 8.

Finnland

Der russische Überfall auf Finnland 1939 und der sich anschließende »Winterkrieg« endeten mit einem Friedensvertrag im März 1940. Am 25. Juni 1941 erklärte Finnland Rußland den Krieg und im Dezember Großbritannien (das Finnland den Krieg bereits erklärt hatte). Am 19. September 1944 schlossen die Finnen mit den Alliierten einen Waffenstillstand und am 3. März 1945 erklärten sie Deutschland formell den Krieg.

1940 besaß die finnische Marine fünf Unterseeboote. Vier davon waren zum Minenlegen geeignet, eine wichtige Tätigkeit in der Ostsee, wo die Boote operierten. Bei Kriegsende befanden sich alle Boote noch im Dienst, aber gemäß den Bedingungen des Friedensvertrages wurden sie verschrottet.

Saukko

Sauko:
Bauwerft: Hietalahden Laivatelakka, Helsiniki.
Datum: 1929–1930.
Typverdrängung: 100 ts aufgetaucht, 136 ts getaucht.
Abmessungen: 32,40 × 4,00 × 3,20 m.
Motorenanlage: Diesel: 1 Germania; E-Motor: 1.
Höchstleistung: 170 PS aufgetaucht, 120 PS getaucht.
Höchstgeschwindigkeit: 9 kn aufgetaucht, 5 kn getaucht.
Fahrstrecke: 375 sm bei 9 kn aufgetaucht, 45 sm bei 4 kn getaucht.
Torpedorohre: 2 × 45,7 cm; Torpedos: 2.
Geschütze: 1 × 2,0 cm.
Seeminen: 9.
Besatzungsstärke: 13.

Ein interessantes kleines Küstenboot, nach deutschen Entwürfen gebaut. Es konnte in zwei Sektionen zerlegt werden, um an den Ladoga-See transportiert zu werden, damals an Finnlands östlicher Grenze gelegen. Dieser kleine U-Minenleger überlebte den Krieg.

Vessikko

Vessikko:
Bauwerft: Chrichton-Vulkan, Abo (heute Turku).
Datum: 1933–1936.
Typverdrängung: 250 ts aufgetaucht, 300 ts getaucht.
Abmessungen: 41,00 × 4,00 × 3,80 m.
Motorenanlage: Diesel: 2 Mannheim; E-Motoren: 2.
Höchstleistung: 700 PS aufgetaucht, 360 PS getaucht.
Höchstgeschwindigkeit: 13 kn aufgetaucht, 7 kn getaucht.
Fahrstrecke: 1500 sm bei 13 kn aufgetaucht, 50 sm bei 5 kn getaucht.
Torpedorohre: 3 × 53,3 cm vorn; Torpedos: 6.
Geschütze: 1 × 2,0 cm.

Ein deutscher Entwurf, gebaut zu einer Zeit, da es Deutschland noch verboten war, Unterseeboote auf seinem eigenen Territorium zu bauen oder zu entwerfen. Dieses Küstenboot war ein direkter Abkömmling des deutschen Typs UB II des Ersten Weltkrieges und der Prototyp für die Boote des Typs II, die Deutschland bald vermehrt bauen sollte. Das Boot war auf Verdacht hin gebaut worden und die finnische Marine übernahm es erst 1936. Diensttauchtiefe: 91 m. Brennstoffmenge: 9 ts[67].

[67] Anmerkung des Übersetzers:
Vesikko steht heute als Museums-U-Boot auf der Festungsinsel Suomenlinna/Sveaborg in der Hafeneinfahrt von Helsinki und kann besichtigt werden.

Vetehinen-Klasse

Vetehinen, Vesihiisi, Iko-Turso:
Bauwerft: Chrichton-Vulkan, Abo (heute Turku).
Datum: 1930–1931.
Typverdrängung: 500 ts aufgetaucht, 715 ts getaucht.
Abmessungen: 63,00 × 6,10 × 3,90 m.
Motorenanlage: Diesel: 2 Atlas; E-Motoren: 2.
Höchstleistung: 1160 PS aufgetaucht, 600 PS getaucht.
Höchstgeschwindigkeit: 15 kn aufgetaucht, 9 kn getaucht.
Fahrstrecke: 1500 sm bei 10 kn aufgetaucht, 75 sm bei 5 kn getaucht.
Torpedorohre: 4 × 53,3 cm.
Geschütze: 1 × 7,6 cm.
Seeminen: 20.
Besatzungsstärke: 27.

Die finnische *Vetehinen*.

Wie die anderen finnischen Boote, so waren auch diese mit Torpedos und zum Minenlegen ausgerüsteten Unterseeboote mittlerer Reichweite Ergebnisse deutscher Planer und finnischer Werften. Entwickelt aus dem Typ UB III des Ersten Weltkrieges, waren sie Vorfahren des berühmten Typs VII, des hauptsächlichen deutschen Kampfbootes in der Schlacht im Atlantik. Obwohl Finnland niemals seine eigenen Entwürfe baute, hat das Land einen Platz von entscheidender Bedeutung in der Geschichte der Entwicklung des Unterseebootes. Alle drei Boote der *Vetehinen*-Klasse überlebten den Krieg. Tauchgrenze: 74 m. Brennstoffmenge: 20 ts.

Griechenland

Italien griff am 28. Oktober 1940 Griechenland an. Als die Achsenstreitkräfte im April des folgenden Jahres in das Land einmarschierten, entkamen die noch vorhandenen Schiffe der griechischen Flotte in Mittelmeerhäfen, die von Briten beherrscht wurden, und setzten ihre Operationen unter dem Befehl der Exilregierung bis zum Kriegsende fort.

Im Oktober 1940 besaß die griechische Marine sechs Unterseeboote: zwei der *Katsonis*-Klasse und vier der *Nereus*-KLasse, sämtlich französischer Konstruktion. Ein italienisches Torpedoboot versenkte im Dezember 1940 *Proteus*. Die übrigen Boote kamen im April 1941 unter die operative Führung der Royal Navy und setzten die Unternehmungen von Malta und Alexandria aus fort. Sie erzielten dabei gute Ergebnisse gegen die italienische und deutsche Schiffahrt in der Adria, in der Ägäis und im zentralen Mittelmeer. Zwischen 1942 und 1943 gingen drei Boote verloren, die beiden noch vorhandenen wurden 1945 außer Dienst gestellt.

Im Verlaufe des Krieges überließ die Royal Navy drei Boote, die erfolgreich im Mittelmeer operierten: ein italienisches Boot der Klasse *600* und zwei britische Boote der *V*-Klasse.

Katsonis-Klasse

Katsonis:
Bauwerft: Chantiers de la Gironde, Bordeaux.
Datum: 1927.
Papanicolis:
Bauwerft: Ateliers et Chantiers de la Loire, Nantes.
Datum: 1927.
Typverdrängung: 605 ts aufgetaucht, 778 ts getaucht.
Abmessungen: 65,00 × 5,30 × 3,60 m.

Motorenanlage: Diesel: 2 Schneider-Carels; E-Motoren: 2.
Höchstleistung: 1300 PS aufgetaucht, 1000 PS getaucht.
Höchstgeschwindigkeit: 12 kn aufgetaucht, 8 kn getaucht.
Fahrstrecke: 1500 sm bei 10 kn aufgetaucht, 100 sm bei 5 kn getaucht.

Torpedorohre: 6 × 53,3 cm: 2 vorn, 2 achtern, 2 außen gelegen am Bug; Torpedos: 7.
Geschütze: 1 × 10,2 cm L/40.
Besatzungsstärke: 39.

In Frankreich gebaute Unterseeboote, abgeleitet von der »*600 tonnes*«-Klasse des *Schneider-Laubeuf*-Typs. Siehe »Frankreich«. Maximale Diensttauchtiefe: 85 m.

Schicksal der Boote:

Datum:	Ort:	Boot:	Ursache:[1]
1943	Mittelmeer	*Katsonis*	n
1945	Mittelmeer	*Papanicolis*	r

[1] Siehe Seite 8.

Nereus-Klasse

Nereus, Proteus, Triton:
Bauwerft: Ateliers et Chantiers de la Loire, Nantes.
Datum: 1927–1928.
Glafkos:
Bauwerft: Chantiers Navals Francais, Blainville.
Datum: 1928.
Typverdrängung: 730 ts aufgetaucht, 960 ts getaucht.
Abmessungen: 69.00 × 5,70 × 4,10 m.

Motorenanlage: Diesel: 2 Sulzer; E-Motoren: 2.
Höchstleistung: 1420 PS aufgetaucht, 1200 PS getaucht.
Höchstgeschwindigkeit: 12 kn aufgetaucht, 8 kn getaucht.

Fahrstrecke: 1500 sm bei 10 kn aufgetaucht, 100 sm bei 5 kn getaucht.
Torpedorohre: 8 × 53,3 cm: 6 vorn, 2 achtern; Torpedos: 10.
Geschütze: 1 × 10,2 cm L/40, 1 × 4,0 cm.
Besatzungsstärke: 41.

In Frankreich gebaut, ähnlich der »*630 tonnes*«-Klasse. Siehe »Frankreich«.
Maximale Tauchtiefe: 85 m. Brennstoffmenge: 105 ts.

Schicksal der Boote:

Datum:	Ort:	Boot:	Ursache:[1]
1940	Mittelmeer	*Proteus*	n
1942	Mittelmeer	*Glafkos*	b
1942	Mittelmeer	*Triton*	n
1945	–	*Nereus*	r

[1] Siehe Seite 8.

Ausländische Unterseeboote in der griechischen Marine

Übergebene britische Unterseeboote:

***V*-Klasse** (2 Einheiten):
Pipinos ex *Veldt*, *Delfin* ex *Vengeful*. Siehe »Großbritannien«. 1944 bzw. 1945 übergeben. Beide kehrten erst 1957 zur Royal Navy zurück und wurden 1958 verschrottet.

Klasse *600* (1 Einheit), ehemaliges italienisches Boot: *Matrozos* ex britisches *P 712* ex erbeutete italienische *Perla*. Siehe »Italien«.
1942 von den Briten erbeutet und 1943 an Griechenland übergeben. 1954 außer Dienst gestellt.

Die italienische *Perla* nach ihrer Wegnahme im Juli 1942 in Beirut. Sie wurde der griechischen Marine überlassen und in *Matrozos* umbenannt.

Jugoslawien

Als die Truppen der Achse im April 1941 Jugoslawien überfielen, wurde fast die gesamte jugoslawische Flotte im Hafen erbeutet und in der Folge in die italienische Marine eingegliedert. Nur wenigen Schiffen gelang es, entweder sich selbst zu versenken oder einen britischen Stützpunkt zu erreichen. Unter den letzteren befand sich *Nebosja*, die sich der Führung der Royal Navy unterstellte und bis Kriegsende im Mittelmeer operierte.

Die anderen drei Boote der jugoslawischen Unterseebootsflotte – *Hrabi*, Schwesterboot der *Nebosja*, *Smeli* und *Osvetnik* – wurden von den Italienern in Cattaro (heute Kotor) erbeutet. Aber nur die letzteren beiden wurden in Dienst gestellt und in *Bajamonti* und *Rismondo* umbenannt; sie gingen später verloren: *Hrabi*, veraltet und verbraucht, wurde 1941 verschrottet.

Hrabi-Klasse

Hrabi, Nebosja:
Bauwerft: Armstrong, Newcastle.
Datum: 1927–1928.
Typverdrängung: 975 ts aufgetaucht, 1164 ts getaucht.

Abmessungen: 72,00 × 7,30 × 4,00 m.
Motorenanlage: Diesel: 2 Vickers, E-Motoren: 2.
Höchstleistung: 2400 PS aufgetaucht, 1600 PS getaucht.

Höchstgeschwindigkeit: 15,5 kn aufgetaucht, 10 kn getaucht.
Fahrstrecke: 5000 sm bei 9 kn aufgetaucht.
Torpedorohre: 6 × 53,3 cm: 4 vorn, 2 achtern.
Geschütze: 2 × 10,2 cm.
Besatzungsstärke: 46.

Von Armstrong entworfene Entwicklung der britischen *L*-Klasse (siehe »Großbritannien«). Gebaut wurden die Boote unter Verwendung von Material, das von den annullierten Lieferverträgen der Kriegszeit noch übriggeblieben war. Im Entwurf folgten sie den letzten Booten der britischen *L*-Klasse, die zwei 10,2-cm-Geschütze besaßen (Typ *L 50*, von denen keines die Zeit zwischen den Kriegen überlebte).

Schicksal der Boote:

Datum:	Ort:	Boot:	Ursache:[1]
1941	Mittelmeer	*Hrabi*	c
1946	Mittelmeer	*Nebosja*	r

[1] Siehe Seite 8.

Smeli-Klasse

Smeli, Osvetnik:
Bauwerft: Ateliers et Chantiers de la Loire, Nantes.
Datum: 1927–1929.
Typverdrängung: 630 ts aufgetaucht, 809 ts getaucht.,
Abmessungen: 66,50 × 5,40 × 3,80 m.
Motorenanlage: Diesel: 2 MAN; E-Motoren: 2 Compagnie Générale Electrique.
Höchstleistung: 1480 PS aufgetaucht, 1100 PS getaucht.
Höchstgeschwindigkeit: 14,5 kn aufgetaucht, 9 kn getaucht.
Fahrstrecke: 5000 sm bei 9 kn aufgetaucht, 100 sm bei 4,5 kn getaucht.
Torpedorohre: 6 × 53,3 cm: 4 vorn, 2 achtern.
Geschütze: 1 × 10,0 cm L/40, 1 × 13,2 mm.
Besatzungsstärke: 45.

Französischer Simonot-Entwurf. Die Boote besaßen drei Sehrohre und die ausgezeichnete Tauchzeit von 35 Sekunden. Maximale Tauchtiefe: 60 m. Brennstoffmenge: 25 ts. Hinsichtlich der Modernisierung 1941 siehe »Italien«.

Schicksal der Boote:

Datum:	Ort:	Boot:	Ursache:[1]
1941	Jugoslawien	Smeli, Osvetnik	c
1943	Italien	Bajamonti	sb
		Rismondo	c/b

[1] Siehe Seite 8.

Die drei von den Italienern im April 1941 erbeuteten jugoslawischen Boote (von links nach rechts) *Osvetnik*, *Smeli* und *Hrabi*.

Lettland

Als die Russen Lettland im September 1939 okkupierten, erbeuteten sie die beiden kleinen Unterseeboote, die diesem Land gehörten: *Ronis* und *Spidola*, zwischen 1925 und 1926 in Frankreich gebaut. Sie wurden in die russische Marine eingegliedert und versenkten sich später selbst, ohne je verwendet worden zu sein.

Ronis-Klasse

Ronis:
Bauwerft: Ateliers et Chantiers de la Loire, Nantes.
Datum: 1926.
Spidola:
Bauwerft: Normand, Le Havre.
Datum: 1926.
Typverdrängung: 390 ts aufgetaucht, 514 ts getaucht.

Abmessungen: 55,00 × 4,50 × 3,00 m.
Motorenanlage: Diesel: 2 Sulzer; E-Motoren: 2.
Höchstleistung: 1300 PS aufgetaucht, 700 PS getaucht.
Höchstgeschwindigkeit: 14 kn aufgetaucht, 9,25 kn getaucht.

Fahrstrecke: 1600 sm bei 14 kn aufgetaucht, 85 sm bei 9 kn getaucht.
Torpedorohre: 6 × 45,7 cm: 2 vorn, 4 in außen gelegenen, schwenkbaren Zwillingssätzen vorn und achtern.

Geschütze: 1 × 7,6 cm, 3 Maschinengewehre.
Besatzungsstärke: 34.

Schicksal der Boote:

Datum:	Ort:	Boot:	Ursache:[1]
1939	Lettland	*Ronis, Spidola*	c
1941	Ostsee	*Ronis, Spidola*	sb

[1] Siehe Seite 8.

Norwegen

Beim deutschen Überfall im April 1940 besaß die norwegische Marine neun Unterseeboote:
- drei alte Boote der A-Klasse (A 2, A 3 und A 4), zwischen 1911 und 1914 in Deutschland gebaut, und
- sechs Boote der B-Klasse (B 1, B 2, B 3, B 4, B 5 und B 6) des »Holland«-Typs, zwischen 1923 und 1930 in Norwegen gebaut.

Die norwegischen Boote versuchten vergebens, den Deutschen Widerstand zu leisten, und versenkten sich dann im Hafen selbst, wo sie erbeutet wurden. Nur B 1 gelang es, Großbritannien zu erreichen, aber das Boot konnte infolge seines fortgeschrittenen Zustandes des Verfalls nicht eingesetzt werden.

Die Deutschen bargen mehrere der versenkten Boote und stellten drei von ihnen wieder in Dienst: UC 1 ex B 5, UC 2 ex B 6 und UC 3 ex A 3. Sie gingen später verloren oder wurden noch vor 1945 ausrangiert. Die ersten beiden dienten der Ausbildung, das dritte fand kaum je Verwendung. Im Verlaufe des Krieges überließ die Royal Navy drei Boote, die unter der operativen Führung der Royal Navy und unter Befehl der norwegischen Exilregierung mit Erfolg in der Nordsee operierten. Urred (siehe unten) ging im Februar 1943 verloren.

A-Klasse

A 2, A 3, A 4:
Bauwerft: Krupp Germaniawerft, Kiel.
Datum: 1914.
Typverdrängung: 250 ts aufgetaucht, 340 ts getaucht.
Abmessungen: 46,00 × 5,00 × 2,90 m.
Motorenanlage: Diesel: 2 Krupp; E-Motoren: 2.
Höchstleistung: 700 PS aufgetaucht, 380 PS getaucht.
Höchstgeschwindigkeit: 14 kn aufgetaucht, 9 kn getaucht.
Fahrstrecke: 900 sm bei 10 kn aufgetaucht, 75 sm bei 3 kn getaucht.
Torpedorohre: 3 × 45,7 cm: 1 vorn, 2 achtern; Torpedos: 4.
Besatzungsstärke: 15.

Die ältesten zu Beginn des Krieges im Dienst stehenden Unterseeboote; sie waren völlig veraltet. Germania-Krupp-Typ, in Deutschland gebaut.

Schicksal der Boote:

Datum:	Ort:	Boot:	Ursache:[1]
1940	Norwegen	A 2, A 3, A 4	sb

[1] Siehe Seite 8.

B-Klasse

B 1, B 2, B 3, B 4, B 5, B 6:
Bauwerft: Marinewerft Horten.
Datum: 1915–1923/30.
Typverdrängung: 420 ts aufgetaucht, 545 ts getaucht.
Abmessungen: 51,00 × 5,30 × 3,50 m.
Motorenanlage: Diesel: 2 Sulzer; E-Motoren: 2.
Höchstleistung: 900 PS aufgetaucht, 700 PS getaucht.
Höchstgeschwindigkeit: 14,75 kn aufgetaucht, 11 kn getaucht.
Torpedorohre: 4 × 45,7 cm vorn.
Geschütze: 1 × 7,6 cm.
Besatzungsstärke: 23.

Einhüllen-Küstenunterseeboot vom »Holland«-Typ, gebaut in Norwegen nach einem amerikanischen Entwurf. Seinerzeit ein gelungener Bootstyp, aber 1940 veraltet.

Ein norwegisches Boot der B-Klasse, im Mai 1940 selbst versenkt.

Schicksal der Boote:

Datum:	Ort:	Boot:	Ursache:[1]
1940	Norwegen	B 2, B 3, B 4, B 5, B 6	sb
1942	Norwegen	UC 1 ex B 5	r
1945	Norwegen	UC 2 ex B 6	r

[1] Siehe Seite 8.

Ausländische Unterseeboote in der norwegischen Marine

U-Klasse (2 Einheiten):
Urred ex *P 41*, *Ula* ex *Varne* ex *P 66*. Siehe »Großbritannien«. Nach der Fertigstellung 1941 und 1943 übergeben. *Urred* erhielt erst 1943 ihren Namen, das Jahr, in dem sie verlorenging. *Ula* verblieb in der Königlich Norwegischen Marine, bis sie 1965 verschrottet wurde.

Schicksal der Boote:

Datum:	Ort:	Boot:	Ursache:[1]
1943	Nordsee	*Urred*	uc
1965	—	*Ula*	r

[1] Siehe Seite 8.

V-Klasse (1 Einheit):
Utsira ex *Variance*. Siehe »Großbritannien«. Nach der Fertigstellung 1944 übergeben. Stand bei der Königlich Norwegischen Marine in Dienst, bis es 1965 zum Abwracken nach Deutschland gebracht wurde.

Schicksal des Bootes:

Datum:	Ort:	Boot:	Ursache:[1]
1965	Deutschland	*Utsira*	r

[1] Siehe Seite 8.

Polen

Am 1. September 1939 besaß die polnische Marine fünf Unterseeboote, die zur *Wilk*- und *Orzel*-Klasse gehörten bzw. französischer und holländischer Konstruktion waren. Alle Boote waren mit Minenlegevorrichtungen ausgestattet; ihr vorgesehenes Einsatzgebiet sollte die Ostsee sein. An Frankreich war ein Bauauftrag für zwei weitere Boote ergangen, aber die nachfolgenden Ereignisse verhinderten ihren Bau.

Nach der polnischen Niederlage entkamen *Orzel* und *Wilk* aus der Ostsee und gingen im Oktober nach Großbritannien. *Rija, Zbik* und *Smep* suchten in Schweden Zuflucht, wo sie bis 1945 interniert wurden.

Von Stützpunkten in Großbritannien aus operierend, setzten *Orzel* und *Wilk* den Kampf gegen Deutschland unter Führung der Royal Navy fort. *Orzel*, die sich während der Landungen in Norwegen beim Angriff auf die deutsche Schiffahrt auszeichnete, ging im Juni 1940 verloren.

Im Verlaufe des Krieges überließ Großbritannien der polnischen Marine mehrere Boote, die unter dem Befehl der Exilregierung in London standen:
- *Jastrzab* ex *P 551* ex *S 25*, ein altes Boot der amerikanischen *S 1*-Klasse, 1941 der Royal Navy überlassen, die es dann im selben Jahr an Polen übergab;
- *Sokol* ex *Urchin* ex *P 39* und *Dzik* ex *P 52*, beides Boote der britischen *U*-Klasse, 1940 bzw. 1943 überlassen.

Jastrzab ging im Mai 1942 bei einer Kollision in der Arktis verloren. Die anderen beiden Boote operierten mit besonderem Erfolg im Mittelmeer und in der Nordsee und kehrten nach dem Kriege nach Großbritannien zurück.

Wilk-Klasse

Rijs:
Bauwerft: Ateliers et Chantiers de la Loire, Nantes.
Datum: 1929.
Zbik:
Bauwerft: Chantiers Navals Francais, Blainville.
Datum: 1930.
Wilk:
Bauwerft: Normand, Le Havre.
Datum: 1929.
Typverdrängung: 980 ts aufgetaucht, 1250 ts getaucht.
Abmessungen: 79,00 × 5,40 × 5,00 m.
Motorenanlage: Diesel: 2 Vickers-Normand; E-Motoren: 2.
Höchstleistung: 1800 PS aufgetaucht, 1200 PS getaucht.
Höchstgeschwindigkeit: 14 kn aufgetaucht, 9 kn getaucht.
Fahrstrecke: 3500 sm bei 10 kn aufgetaucht, 100 sm bei 5 kn getaucht.
Torpedorohre: 6 × 55,0 cm: 2 vorn; 4 schwenkbar außen gelegen; Torpedos: 10.
Wilk: 53,3 cm.
Geschütze: 1 × 10,0 cm, 1 × 4,0 cm.
Seeminen: 38 in senkrechten Schächten.

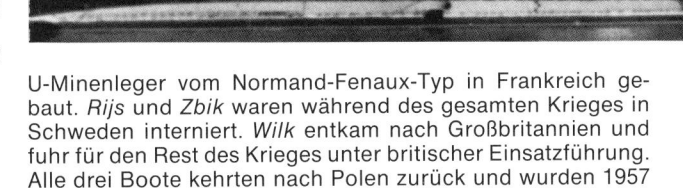

U-Minenleger vom Normand-Fenaux-Typ in Frankreich gebaut. *Rijs* und *Zbik* waren während des gesamten Krieges in Schweden interniert. *Wilk* entkam nach Großbritannien und fuhr für den Rest des Krieges unter britischer Einsatzführung. Alle drei Boote kehrten nach Polen zurück und wurden 1957 verschrottet. Tauchgrenze: 80 m.

Zbik, eines der polnischen Boote, die bis 1945 in Schweden interniert wurden.

Orzel-Klasse

Orzel, Semp:
Bauwerft: Rotterdam Trockendock Co.
Datum: 1936–1939.
Typverdrängung: 1092 ts aufgetaucht, 1450 ts getaucht.
Abmessungen: 84,00 × 6,70 × 4,80 m.
Motorenanlage: Diesel: 2 Sulzer; E-Motoren: 2.
Höchstleistung: 4740 PS aufgetaucht, 1000 PS getaucht.
Höchstgeschwindigkeit: 19 kn aufgetaucht, 9 kn getaucht.
Torpedorohre: 8 × 53,3 cm: 4 vorn, 4 schwenkbar außen gelegen.
Geschütze: 1 × 10,2 cm L/40, 1 × 4,0 cm.
Seeminen: 40.
Besatzungsstärke: 56.

Orzel im Jahre 1939.

In Holland gebaute U-Minenleger. *Semp* erreichte 1939 Schweden und war während des gesamten Krieges interniert. Das Boot blieb in Polen noch einige Zeit nach dem Krieg in Dienst. *Orzel* gelangte 1939 nach heldenhafter Fahrt nach Großbritannien und ging 1940 verloren.

Schicksal des Bootes:

Datum:	Ort:	Boot:	Ursache:[1]
1940	Nordsee	*Orzel*	uc

[1] Siehe Seite 8.

Rumänien

Die rumänische *Delfinul*.

Rumänien erklärte am 22. Juni 1941 Rußland den Krieg. Seine Seestreitkräfte operierten mit jenen der Achse bis zum 23. August 1944, dem Tag des rumänischen Waffenstillstands, mit den Alliierten, im Schwarzen Meer.
Im Verlaufe des Krieges hatte die rumänische Marine drei Unterseeboote im Dienst: *Delfinul*, *Marsouinul* und *Requinul*. Die Deutschen überließen den Rumänen auch mehrere ehemalige italienische Kleinunterseeboote vom Typ *CB*, nachdem sie diese im September 1943 erbeutet hatten. Nach verschiedenen Quellen befanden sich die oben erwähnten drei Boote bei Kriegsende noch im Dienst.

Delfinul

Delfinul:
Bauwerft: Quarnaro.
Datum: 1926–1931.
Typverdrängung: 650 ts aufgetaucht, 900 ts getaucht.
Abmessungen: 68,60 × 5,90 × 3,70 m.
Motorenanlage: Diesel: 2 Sulzer; E-Motoren: 2.
Höchstleistung: 1840 PS aufgetaucht.
Höchstgeschwindigkeit: 14 kn aufgetaucht, 9 kn getaucht.
Torpedorohre: 6 × 53,3 cm: 4 vorn, 2 achtern.
Geschütze: 1 × 10,2 cm L/35.

Unterseeboot mittlerer Wasserverdrängung, in Italien gebaut. Hat vermutlich den Krieg überdauert. Obwohl 1931 bereits fertiggestellt, übernahmen die Rumänen das Boot erst 1936.

Marsouinul

Marsouinul (S 1):
Bauwerft: Schiffswerft Galatz.
Datum: 1942.
Typverdrängung: 620 ts aufgetaucht.
Abmessungen: 66,00 × 5,60 × 3,70 m.
Motorenanlage: Diesel: 2; E-Motoren: 2.
Höchstleistung: 1840 PS aufgetaucht.
Höchstgeschwindigkeit: 16 kn aufgetaucht, 9 kn getaucht.
Torpedorohre: 6 × 53,3 cm.
Geschütze: 1 × 10,2 cm.

Unterseeboot mittlerer Wasserverdrängung, nach einem ausländischen Entwurf in Rumänien gebaut. Nach der Quellenlage ist unklar, ob es sich um einen deutschen oder holländischen Entwurf gehandelt hat. Überdauerte vermutlich den Krieg.

Requinul

Die rumänische *Requinul* im Trockendock.

Requinul (S 2):
Bauwerft: Schiffswerft Galatz.
Datum: 1942.
Typverdrängung: 585 ts aufgetaucht.
Abmessungen: 58.00 × 5,10 × ? m.
Motorenanlage: Diesel: 2; E-Motoren: 2.
Höchstleistung: 1840 PS aufgetaucht.
Höchstgeschwindigkeit: 17 kn aufgetaucht, 9 kn getaucht.
Torpedorohre: 4 × 53,3 cm.
Seeminen: 40.

Wie *Marsouinul* nach deutschem oder holländischem Entwurf gebaut. U-Minenleger. Hat vermutlich den Krieg überdauert.

Neutrale Marinen

Ein paar der kleineren Marinen, die nicht in den Krieg verwickelt waren, besaßen eine kleine Anzahl von Unterseebooten. Mit Ausnahme von Spanien und Schweden stammten diese Unterseeboote aus Großbritannien, den USA, Deutschland, Frankreich, Holland, Japan oder Italien. Selbst Spanien hatte den größten Teil seiner Unterseeboote nach ausländischen Entwürfen gebaut. Die meisten der unten aufgeführten Unterseeboote waren Schwesterboote oder nahezu Schwesterboote von Booten, die bei den Marinen der Länder, die sie gebaut hatten, im Dienst waren.

Tabelle 28: Unterseeboote der neutralen Marinen im Zweiten Weltkrieg

Land:	Anzahl je Klasse:	Gebaut in: (Land)	Bootstyp:	Jahr der Indienststellung:
Argentinien	3	Italien	*Mameli*-Typ	1932
Chile	3	Großbrit.	*Oberon*-Typ	1929
	6	USA	*H*-Klasse (ursprünglich für Großbritannien gebaut, aber an Chile abgeliefert)	1917
Peru	4	USA	*Elco*-Entwurf	1928
Portugal	3	Großbrit.	Vickers-Entwurf	1935
Siam (Thailand)	4	Japan	—	1937
Spanien	3	Spanien	span. Admiralitätsentwurf	1944/45
	5	Spanien	amerik. *Elco*-Entwurf (1 weiteres Boot ging im Bürgerkrieg verloren)	1929
	1	Spanien	amerik. *Elco*-Typ (1 weiteres Boot ging im Bürgerkrieg verloren und 1 Boot wurde verschrottet)	1916
Schweden	3	Schweden	*Najad*-Klasse (Hochseetyp)[68]	1942
	3	Schweden	*Delfinen*-Klasse (Hochseetyp)	1935
	3	Schweden	*Draken*-Klasse (Hochseetyp)	1926/30
	1	Schweden	Minenleger	1925
	3	Schweden	*Bävern*-Klasse (Hochseetyp)	1922
	9	Schweden	*V*-Klasse (Küstenboot)	1942/45
	2	Schweden	*Hajen*-Klasse (Küstenboot)	1918
Türkei	2	Großbrit.	brit. *S*-Klasse-Typ (siehe Seite 120)	1942
	3	Deutschland	Germania-Typ (1 Bootsverlust 1942)	1939
	1	Spanien	deutscher Entwurf, holl. Ausrüstung	1932
	1	Italien	Bernardis-Typ	1931
	2	Niederlande	deutscher Entwurf	1927

[68] Anmerkung des Übersetzers:
Das schwedische Unterseeboot *U 3* steht als Museums-U-Boot im Technischen Museum von Malmö.

Register der Unterseeboote

A 1–A 5 274
A 2–A 4 94, 285
A–C-Typ (Ko-Hyoteki) 225
Abadejo (siehe Apogon) 255
Abelard 136
Acasta 136
Acciaio 179
Acciaio-Serie 179
ACE 136
Acedia (siehe Aspro) 255
Achates 136
Achéron 46
Acheron 136
Achille 46
Acoupa (siehe Batfish) 255
Actéon 46
Adept 136
Admirable 136
Adua 168
Adversary 136
Aeneas 136
Affray 136
Africaine, L' 52, 94
AG 21, AG 23, AG 25, AG 26 274
Agate, L' 53
Agate 136
Aggressor 136
Agile 136
Agosta 46
Ajax 46
A-Klasse 274, 285
Alabastro 179
Aladdin 136
Alagi 168
Alaric 136
Albacore 255
Alcestis 136
Alcide 136
Alderney 136
Alessandro Malaspina 177
Alliance 136
Alluminio 180
Alpino Bagnolini 176
Amazone 44
Amberjack 255, 259
Ambra 167
Ambush 136
Ametista 161
Amianto 180
Ammiraglio Cagni 178
Ammiraglio Caracciolo 178
Ammiraglio Millo 178
Ammiraglio Saint Bon 178
Amphion (siehe auch Anchorite) 136
Amphitrite 44
Anchorite (siehe Amphion) 136
Andrew 136
Andromache 136
Andromaque, L' 52
Andromède, L' 52
Anfitrite 161
Angler 255
Answer 136
Antaeus 136
Antagonist 136
Antigone, L'
Antimonio 180
Antiope 44
Antonio Bajamonti (ex N 2 ex Smeli) 188, 283

Antonio Sciesa 151
Anzac 136
Aphrodite 136
Apogon 255
Approach 136
Aradam 168
Arcadian 136
Archerfish 255
Archimede 175
Archimède 46
Archimede-Klasse 163
Ardent 136
Aréthuse 44
Argento 179
Argo 46, 172
Argonaut 246, 259
Argonauta 158
Argonaute 44
Argosy 136
Ariane 44
Armide, L' 52
Arnillo (siehe Burrfish) 255
Artémis, L' 52
Artemis 136
Artful 136
Ascianghi 168
Ascianghi (I) (siehe Tamoio) 276
Asgard 136
Asperity 136
Aspro 255
Assurance 136
Astarte 136
Asteria 179
Astrée, L' 52, 94
Astute 136
Atalante 44
Atlantis 136
Atropo 170
Attinio 180
Atule 255
Auriga 136
Aurochs 136
Aurore, L' 52
Austere 136
Avorio 179
Awa (siehe Piper) 255
Awake 136
Axum 168
Azoto 180
Aztec 136

B 1–B 6 94, 285
B 2, B 4–B 6, B 8 274
Bajamonti (ex Smeli) 188, 283
Balao 255
Balao-Serie 255
Balilla 151
Bandiera-Klasse 155
Bang 255
Barb 255
Barbarigo 30, 173
Barbel 255
Barbero 255
Bario 94, 180
Barracuda 245
Barracuda-Klasse 245
Bars-Klasse 274
Bashaw 255
Bass 245
Batfish 255
Batrak (ex Volk; siehe B 2) 274

Baya 255
Bayadère, La 52
Becuna 255
Beilul 168
Bellona 276
Beluga (siehe ŠČ 310) 269
Bergall 255
Berillo 167
Besugo 255
Beveziers 46
Biber 90
Billfish 255
B-Klasse 285
Blackfin 255
Blackfish 255
Blanquillo (siehe Caïman) 255
Blenny 255
Blower 255
Blueback 255
Bluefish 255
Bluegill 255
Boarfish 255
Bocaccio (siehe Charr) 255
Bonaci (siehe Chub) 255
Bonefish 255
Bonita 245
Bowfin 255
Bragadin-Klasse 157
Bream 255
Brill 255
Brin 175
Bromo 180
Bronzo 31, 53, 141, 179
Brumaire 53
Bugara 255
Bullhead 255
Bumper 255
Burak Reis 140
Burrfish 255

CA 1, CA 2 183f.
Cabezon 255
Cabrilla 255
Cachalot 119, 249
Cadmio 180
Cagni-Klasse 178
Caïman 43, 255
Calvi-Klasse 166
Calypso 44, 189
Capelin 255
Capidoli (siehe Dentuda) 255
Capitaine 255
Capitano Tarantini 176
Cappellini 95, 173
Čarbonarij (siehe L 6) 266
Carbonero 255
Carbonio 180
Carp 255
Čartist (siehe L 5) 266
Casablanca 46
Catfish 255
Cavalla 255
CB 1–CB 22 183f.
CC 1–CC 3 184
Čeljabinskij Komsomoleč (siehe M 105) 267
Centaure, Le 46
Cérès 51
Cernia 180
Cero 255
Charr 255

Chickwick (siehe Entemedor) 255
Chivo 255
Chopper 255
Chub 255
Circé 44, 188
Ciro Menotti 155
Cisco 255
Clamangore 255
Clorinde, La 52
Clyde 118
CM 1–CM 3 184
Cobalto 179
Cobbler 255
Cobia 255
Cochino 255
Cod 255
Comber 259
Conger 259
Conquérant, Le 46
Console Generale Liuzzi 176
Corail, Le 53
Corallo 167
Cornélie, La 52
Corporal 255
Corsair 259
Corvina 255
Couger 259
Créole, La 52
Crevalle 255
Croaker 255
Cromo 180
Cubera 255
Curie 53
Cusk 255
Cutlass 259
Cuttlefish 249

D-Typ, (Koryu) 225
D 1-, D 2-Typ 221
D 1–D 6 265
Dace 255
Dagabur 168
Danaé 44
Dandalo 173
Daphne 277
Darter 255
Dauphin 43, 188
De Geneys 153
Dekabrist (siehe D 1) 265
Del'fin (siehe ŠČ 309) 269
Delfin 281
Delfino 156
Delfinul 289
Delphin 90
Dentice 180
Dentuda 255
Dessiè 168
Devilfish 255
Diablo 259
Diamant 45
Diamante 161
Diane 44
Diaspro 167
Diodon 255
Dogfish 255
Dolfijn 237
Dolphin 248
Domenico Millelire 151
Doncella (siehe Greenfish) 255
Dorado 255, 259
Doris 44, 53

Dory (siehe Halfbeak) 255
Dragonet 255
Drum 255
Dryaden 277
Dudong 255
Durbo 168
Dzik (ex P 52) 287

Eel 255
Elio 180
Emeraude 53
Emo 173
Enrico Tazzoli 166
Enrico Toti 151
Entemedor 255
Erš (siehe ŠČ 303) 269
Escarbouche, L' 53
Escolar 255
Espada 255
Espadon 43, 188
Espoir, L' 46
Ettore Fieramosca 154
Eurydice 44
Evdokja (siehe ŠČ 214) 269

Faà di Bruno 173
Fanegal (siehe Jawfish) 255
Favorite, La 52, 94
Ferraris 163
Ferro 94, 180
Fieramosca-Klasse 154
Filippo Corridoni 157
Finback 255
Fisalia 158
Flasher 255
Flier 255
Flora 276
Floréal 53
Flounder 255
Flutto 180
Flying Fish 255
Foca 170
Fosforo 180
FR 111–FR 118 43, 48, 188f.
Francesco Rismondo (ex N 1 ex Osvetnik) 188, 283
Fratelli Bandiera 155
Fresnel 46
Friar (siehe Ono) 255
Frimaire 53
Fructidor 53
Frunzovec (siehe L 3) 266
1500 tonnes-Typ 46

Gabilan 255
Galatea 161
Galathée 44
Galilei 141, 163
Galvani 175
Gar 252
Garibaldiec (siehe L 4) 266
Garlopa 255
Garrupa 255
Gato 255
Gato/Balao-Klasse 255
Gato-Serie 255
Gemma 167
Germinal 53
Giada 179
Giovanni Bausan 153
Giovanni da Procida 152

Giuseppe Finzi 166
Glafkos 280
Glauko 164
Glauco-Klasse 164
Glorieux, Le 46
Goffredo Mamali 152
Goldring 255
Golet 255
Gondar 168
Gondar (I) (siehe Timbira) 276
Gorgo 180
Gorgone, La 52
Grampus 119, 252, 259
Granito 179
Graph 141
Grayback 252
Grayling 252, 259
Greenfish 255
Greenling 255
Grenadier 252, 259
Grongo 94, 180
Großer Delphin 90
Grouper 255
Growler 255
Grunion 255
Guadeloupe, La 53
Guardfish 255
Guavina 255
Gudgeon 252
Guglielmo Marconi 177
Guglielmotti 175
Guiseppe Finzi
Guitarro 255
Gunnel 255
Gurnard 255

H 1, H 2, H 4, H 6, H 8 150
H 28 111
H 31–H 34 111
H 43, H 44 111
H 49, H 50 111
Ha 101–Ha 200 222
Ha 201-Klasse (STS) 220
Ha 201–Ha 235 220
Ha 237–Ha 279 220
Hackleback 255
Haddo 255
Haddock 255
Hai 90
Hake 255
Halbbeak 255
Halibut 255
Hammerhead 255
Harder 255
Hardhead 255
Havfruen 277
Havhesten 277
Havkalen 277
Havmanden 277
Hawkbill 255
Hecht 90
Henri Poincaré 46, 189
Hermione, L' 52
Héros, Le 46
Herring 255
H-Klasse 111, 150
Hoe 255
Hrabi (siehe N 3) 188, 282
Humayta' 276

I 1-Klasse/Variante J 1 200
I 1–I 8 200
I 5-Klasse/Variante J 1M 200
I 6-Klasse/Variante J 2 200
I 7-Klasse/Variante J 3 200
I 9-Klasse/Variante A 1 209
I 9–I 12 209
I 12-Klasse/Variante A 2 209
I 13-Klasse (AM) 210

I 13–I 15 210
I 15-Klasse/Variante B 1 211
I 15 211
I 16-Klasse/Variante C 1 214
I 16 214
I 17 211
I 18 214
I 19 211
I 20 214
I 21 211
I 22 214
I 23 211
I 24 214
I 25–I 45 211
I 40-Klasse/Variante B 2 211
I 46-Klasse/Variante C 2 214
I 46–I 52 214
I 51 197, 214
I 52-Klasse/Variante C 3 214
I 53–I 75 202
I 56 211
I 57–I 59 214
I 58 211
I 54-Klasse/Variante B 3 211
I 54 211
I 55 214
I 56, I 58 211
I 61-Klasse/Variante KD 4 202
I 60, I 61 202
I 62 211
I 63 202
I 64 202
I 64–I 66 211
I 67 202
I 70 202
I 121–I 124 (ex I 21–I 24) 199
I 152 197
I 153-Klasse/Variante KD 3A 202
I 153–I 159 202
I 156-Klasse/Variante KD 3B 202
I 162 202
I 165-Klasse/Variante KD 5 202
I 165, I 166 202
I 168-Klasse/Variante KD 6A 202
I 168, I 169 202
I 171, I 172 202
I 174-Klasse/Variante KD 6B 202
I 174–I 185 202
I 176-Klasse/Variante KD 7 202
I 201-Klasse (ST) 219
I 201–I 223 219
I 351, I 353 222
I 361–I 378 221
I 400-Klasse (STO) 217
I 400–I 417 217
I 501–I 506 224
I 700, I 701 209
Icefish 255
Iko-Turso 279
Irex 259
Iride 167
Iridio 180
Iris 51
Iskra (siehe P 3) 271

Jack 255
Jaguar (siehe B 8) 274
Jakobinec (siehe D 4) 265
Jalea 158
Jallao 255
Jantina 158
Jaroslavskij Komsomoleč (siehe M 104) 267
Jastrząb (ex P 551 ex S 25) 141, 244, 287
Jawfish 255
Junon 51
Junsen-Typ 200

K 1–K 3 273
K 21–K 24 273
K 51–K 56 273
K VII–K X 231
K XI–K XIII 232
K IV–K XVIII 233
Kaichû-Typ 207
Kaidai-Typ 202
Kairyu-Typ 225
Kaisho-Typ 216
Kaiten 1, 2, 4 225
Kalev 275, 278
Kambala (siehe ŠČ 211) 269
Kamenev (ex AG 25 – siehe A 3) 274
Katsonis 280
KD-(Kaidai-)Typ 197
Kete 255
Kingfish 255
K-Klasse 273
Ko-Hyoteki-Typ (Typ A–C) 225
Komissar (ex Pantera – siehe B 5) 274
Kommunist (ex AG 26 – siehe A 2) 274
Koryu-Typ 225
Komsomolec (siehe ŠČ 304) 261
Kraken 255
Krasnoarmeec (ex Leopard – siehe B 4) 274
Krasnogvardeec (siehe D 3) 265
Krasnoflotec (ex Jaguar – siehe B 8) 274
KRS-(Kirai-Sen-)Typ 199
Krylatka (siehe ŠČ 210) 269
KT-(Kai-Toku-Chu-)Typ 198
Kumša (siehe ŠČ 311) 269

L 1–L 25 266
L 3-Typ 198
L 4-Typ 199
L 23 112
L 26, L 27 112
L 55 (ex L 55) 274
La Bayadère 52
La Clorinde 52
La Cornélie 52
La Créole 52
Lafolè 168
La Favorite 52, 94
L'Africaine 52, 94
Lagarto 255
L'Agate 53
La Gorgone 52
La Guadeloupe 53
La Martinique 53
Lamprey 255
Lancetfish 255
L'Andromaque 52
L'Andromède 52
L'antigone 52
Lapon 255
La Praya 53
La Psyché 44
La Réunion 53
L'Armide 52
L'Artémis 52
L'Astrée 52, 94
La Sultane 44
La Sybille 44
L'Aurore 52
La Vestale 44
Le Centaure 46
Le Conquerant 46
Le Corail 53
Le Glorieux 46
Le Héros 46
Lembit 275, 278
L'Escarbouche 53

Leninec (siehe L 1) 266
Lenininskij Komsomol (siehe M 106) 267
Leonardo da Vinci 177
Leopard (siehe B 4) 274
L'Espoir 46
Le Tonnant 46
L'Hermione 52
Lin (siehe ŠČ 305) 269
Ling 255
Lionfish 255
Litio 94, 180
Liuzzi-Klasse 176
Lizardfish 255
L-Klasse 112, 266
Loggerhead 255
Luciano Manara 155
Luigi Settembrini 160
Luigi Torelli 177

M I–M V-Serie 267
M 1–M 13 267
M 15, M 16 267
M 18–M 28 267
M 31–M 36 267
M 41–M 46 267
M 51–M 63 267
M 71–M 108 267
M 111–M 122 267
M 171–M 176 267
M 200, M 201 267
M 204 267
Macabi 255
Macallé 168
Mackerel 253
Maggiore Baracca 176
Magnesio 180
Malachite 167
Mameli-Klasse 152
Manganese 180
Manta 255
Mapiro 255
Marcantonio Bragadin 157
Marcantonio Colonna 153
Marcello 173
Marcello-Klasse 173
Marconi-Klasse 177
Marder 90
Marea 180
Marksist (ex Kamenev ex AG 25 – siehe A 3) 274
Marlin 253
Marsouin 43
Marsouinul 289
Martinique, La 53
Masaniello (siehe Goffredo Mameli) 152
Matrozos (ex P 712 ex Perla) 141, 281
Medregal 259
Medusa 158
Méduse 44
Menhaden 255
Mercurio 180
Mero 255
Messidor 53
Mest (siehe M 200) 267
Metallist (ex AG 21 – siehe A 5) 274
Micca-Klasse 165
Michele Bianchi 177
Mingo 255
Minerve 51
M-Klasse 253
M-(Malyutka-)Klasse 267
Mocenigo 173
Molch 90
Molibdeno 180
Monge 46

Moray 255
Morosini 173
Morse 43, 53
Murat Reis 140
Murena 94, 180
Muskallunge 255

N 1–N 3 188
N 13–N 16 274
Naïade 44
Naiade 161
Nalim (siehe S 1) 272
Nani 173
Narodovolec (siehe D 2) 265
Narval 43, 53, 141
Narvalo 156
Narwhal 119, 247
Nautilo 94, 180
Nautilus 45, 189, 247
Nebosja 282
Needlefish 255, 259
Neger 90
Neghelli 168
Neghelli (I) (siehe Tupi) 276
Nereide 161
Nereus 280
Nerka 255
Nerpa (siehe ŠČ 205) 269
Nichelio 179
Nivôse 53
Novosibirskij Komsomolec (siehe M 107) 267

O 1 (siehe Oberon) 113
O 2 (SS 63)–O 4 (SS 65) 242
O 6 (SS 67)–O 10 (SS 71) 242
O 8 231
O 9–O 11 232
O 12–O 15 233
O 16 234
O 19, O 20 234
O 21–O 27 235
OA 1 (siehe Oxley) 113
OA 2 (siehe Otway) 113
Oberon 113
Obispo (siehe Picuda) 255
Odax 259
Odin 113
Ojanco (siehe Sand Lance) 255
O-Klasse 113, 242
Okun (siehe ŠČ 302) 269
Olympus 113
Ondina 161
Ondine 44
Onice 167
Ono 255
Orca (siehe Sand Lance) 255
Oréade 44
Orion 44
Oro 180
Orphée 44
Orpheus 113
Oruc Reis 140
Orzel 288
Osigeno 180
Osiris 113
Osmio 180
Osnico 180
Osvetnik (siehe Francesco Rismondo) 188, 283
Oswald 113
Otaria 164
Ottone 180
Otus 113
Otway 113
Oxley 113

P 1–P 3 271
P 31–P 49 130

P 39 (siehe Sokol) 287
P 41 (siehe Urred) 286
P 51–P 59 130
P 52 (siehe Dzik) 287
P 61–P 67 130
P 66 (siehe Ula) 286
P 67 (siehe Curie) 53
P 61–P 69 120
P 71, P 72 120
P 91–P 99 126
P 211–P 219 120
P 221, P 222 120
P 225–P 229 120
P 231–P 239 120
P 311–P 319 126
P 321–P 329 126
P 551 (ex S 25 – siehe Jastrzab) 141, 287
P 611, P 612 140
P 614, P 615 140
P 711 ex X 2 ex Galileo Galilei 141, 163
P 712 (ex Perla – siehe Matrozos) 141, 167, 281
P 714 (siehe Narval) 53, 141, 179
Paddle 255
Pallas 51
Pampanito 255
Pandora 116
Pantera (siehe B 5) 274
Papanicolis 280
Parche 255
Pargo 255
Parthian 116
Pascal 46
Pasteur 46
Pégase 46
Perch 250, 255
Perla 141, 167, 281
Perle 45
Permit 250
Persée 46
Perseus 116
Peto 255
Phénix 53
Phoenix 116
Phoque 43, 188
Pickerel 250, 259
Picuda 255
Pier Capponi 152
Pietro Calvi 166
Pietro Micca 165
Pike 250
Pilotfish 255
Pinna (siehe Permit) 250
Pintado 255
Piombo 94, 180
Pipefish 255
Piper 255
Pipinos (ex Veldt) 281
Piranha 255
Piška (siehe ŠČ 306) 269
P-Klasse 116
Plaice 255
Platino 179
Plunger 250
Plutonio 180
Pluviôse 53
Pogy 255
Politrabotnik (ex AG 26 – siehe A 4) 274
Pollack 250
Pomfret 255
Pomodon 259
Pompano 250, 259
Pompom 255
Poncelet 46
Porfido 179
Porpoise 119, 250

Porpoise-Klasse 119
Poseidon 116
Potassio 94, 180
P- und R-Klasse 116
Prairial 53
Pravda (siehe P 1) 271
Praya, La 53
Proletarij (ex Zmeja – siehe B 6) 274
Protée 46
Proteus 116, 280
Provana 173
Psyché, La 44
Pudiano (siehe Sterlet) 255
Puffer 255
Python (siehe Pandora) 116

Queenfish 255
Quessant 46
Quillback 259

R 1 (SS 78)–R 7 (SS 84) 243
R 3–R 12 182
R 9 (SS 86)–R 20 (SS 97) 243
Radio 180
Rainbow 116
Rame 94, 180
Rasher 255
Raton 255
Ray 255
Razorback 255
Redfin 255
Redfish 255
Redoutable 46
Regent 116
Reginaldo Giuliani 176
Regulus 116
Remo 182
Remora 259
Requin 43, 188, 259
Requinul 289
Réunion, La 53
Revoljucioner (siehe D 5) 265
Rija 287
Rijs 287
Rismondo (ex Osvetnik) 283
River-(Thames-)Klasse 118
R-Klasse 116, 182
Ro 29–Ro 32 198
Ro 33-Klasse/Variante K 5 207
Ro 33–Ro 56 207
Ro 35-Klasse/Variante K 6 207
Ro 57–Ro 59 198
Ro 60–Ro 68 199
Ro 70–Ro 99 207
Ro 100–Ro 117 216
Ro 200–Ro 227 207
Ro 500–Ro 501 224
Robalo 255
Rock 255
Roland Morillot 53
Romolo 182
Roncador 255
Ronis 275, 284
Ronquil 255
Rorqual 119
Rota 276
Rover 116
Rubino 161
Rubis 45
Ruggero Settimo 160
Runner 255, 259
Rutenio 180

S 1–S 9 189
S 1 (SS 105) 244
S 1–S 24 272
S 11 (SS 116) – S 48 (SS 153) 244
S 25 (siehe Jastrzab) 141, 244

S 26 272
S 31–S 38 272
S 51–S 58 272
S 101–S 104 272
S 137 272
S 139 272
Sabalo 255
Sablefish 255
Šačter (ex Trotzkij ex AG 23 – siehe A 1) 274
Safari 120
Saga 120
Sahib 120
Sailfish 251
Salmon 120, 251
Salmon/Sargo-Klasse 251
Salpa 158
Sand Lance 255
Sanguine 120
Santorre Santarosa 155
Saphir-Klasse 45
Saphir 45, 188
Saracen 120
Sarda 259
Sargo 251
Satyr 120
Saukko 279
Saury 251
Sawfish 255
Sazan (siehe (ŠČ 201) 269
ŠČ I–ŠČ IV-Serie 269
ŠČ 101–ŠČ 141 269
ŠČ 201–ŠČ 216 269
ŠČ 301–ŠČ 311 269
ŠČ 317–ŠČ 320 269
ŠČ 322–ŠČ 324 269
ŠČ 401–ŠČ 411 269
ŠČ 421–ŠČ 424 269
Scabbardfish 255
Scamp 255
Sceptre 120
Sciré 168
Scorcher 120
Scorpion 255
Scotsman 120
Šcuka (siehe (ŠČ 301) 269
Sculpin 251, 259
Scythian 120
Sea cat 255
Sea devil 120, 255
Sea dog 120, 255
Seadragon 251
Sea fox 255
Seahorse 120, 255
Seal 94, 119, 251
Sea Leopard 259
Sealion 120, 251, 255
Sea Nymph 120
Sea Owl 255
Sea Panther 259
Sea Poacher 255
Searaven 251
Sea Robin 120, 255
Sea Rover 120
Seascout 120
Seawolf 120, 251
Seehund 90
Segundo 255
Seld (siehe ŠČ 202) 269
Selene 120
Selenio 180
Semga (siehe ŠČ 308) 269
Semp 288
Senescal 120
Sennet 255
Senorita (siehe Trepang) 255
Sen-Taka-Shô-Typ 220
Sen-Taka-Typ 219
Sentinel 120

Sen-Toku-Typ 217
Seraph 120, 141
Serpente 158
Settembrini-Klasse 160
Severn 118
Sfax 46
Shakespeare 120
Shad 255
Shalimar 120
Shark 120, 250, 255
Shiner (siehe Spikefish) 255
Sho- oder Sen-Ho-Typ 222
Sibyl 120
Sickle 120
Sidi Ferruch 46
Sidon 120
Silicio 180
Siluro a Lenta Corsa (SLC) 183
Silversides 255
Simoon 120
Sirago 259
Sirdar 120
Sirena 161
Sirena-Klasse, 600-ts-Gruppe 161
Sirène 44
600/630 tonnes-Typ 44
Skate 255
Skipjack 251
S-Klasse 120
Skumbrija (siehe ŠČ 213) 269
Sleuth 120
Smeli (siehe Antonio Bajamonti) 188, 283
Smeraldo 10, 161
Snapper 120, 251
Snook 255
Sodio 94, 180
Sokol (ex Urchin ex P 39) 287
Sole (siehe Treadfin) 255
Solent 120
Souffleur 43
Spadefish 255
Sparide 94, 180
Spark 120
Spartakovec (siehe D 6) 265
Spearfish 120, 251
Spearhead 120
Spidola 275, 284
Spigola 180
Spikefish 255
Spinax 259
Spirit 120
Spiteful 120
Splendid 120
Sportsman 120
Spot 255
Sprightly 120
Springer 120, 255
Spur 120
Squalo 156
Squalus (siehe Sailfish) 251
SS 63 (O 2)–SS 65 (O 4) 242
SS 67 (O 6)–SS 71 (O 10) 242
SS 78 (R 1)–SS 84 (R 7) 243
SS 86 (R 9)–SS 97 (R 20) 243
SS 105 (S 1) 244
SS 116 (S 11)–SS 153 (S 48) 244
SS 163–SS 165 245
SS 166 246
SS 167, SS 168 247
SS 169 248
SS 170, SS 171 249
SS 172–SS 181 250
SS 182–SS 197 251
SS 198–SS 203 252
SS 204, SS 205 253
SS 206–SS 211 252
SS 212–SS 416 255
SS 417–SS 437 259

SS 438–SS 474 259
SS 475–SS 494 259
SS 495–SS 515 259
SS 516 259
SS 517–SS 521 259
SS 522–SS 529 259
SS 530–SS 562 259
SS- oder Sen-Yu-Sho-Typ 222
Starfish 120
Statesman 120
Steelhead 255
Sterlet 120, 255
Stickleback 255
Stingray 251
Stoic 120
Stonehenge 120
Storm 120
Stratagem 120
Strongbow 120
Stronzio (ex Volframio) 179
Stubborn 120
Sturdy 120
Sturgeon 120, 237, 251
Stygian 120
Subtle 120
Sultane, LA 44
Sunfish 120, 255, 275
Supreme 120
Surcouf 49
Surf 120
Surface 120
Surge 120
Swordfish 120, 251
Sybille, LA 44
Syrtis 120

Tabard 126
Taciturn 126
Tactician 126
Taku 126
Talent (I) 126
Talent (II) 126, 237
Talent (III) (siehe Tasman) 126
Talisman 126
Tally-Ho 126
Tambor 252
Tamoio (ex Ascianghi I) 276
Tang 255
Tantalus 126
Tantivy 126
Tapir 126
Tarn 126, 237
Tarpon 126, 250
Tasman 126
Taurus 126
Tautog 252
Tembien 168
Telemachus 126
Tempest 126
Templar 126
Tench 259
Teredo 126
Terrapin 126
Tetrarch 126
Thames 118
Theban 126
Thermidor 53
Thermopylae 126
Thétis 44
Thetis (siehe Thunderbolt) 126
Thistle 126
Thor 126
Thorn 126
Thornback 259
Thorough 126
Thrasher 126
Threat 126
Thresher 252
Thule 126

293

Thunderbolt 126	Typ XVII G 98	U 5001–U 6351 90	Variante VII C und VII C 41, 66	Zeehond 237
Tiara 126	Typ XVII K 98	U 5034–U 5037 90 f.	Variante VII C 42, 66	Zinco 14, 180
Tiburon 259	Typ XVIII–XX 98	U 5251–U 5269 90 f.	Variante VII D 66	Zmeja (siehe B 6) 274
Tigris 126	Typ XXI 82	U 5790 90	Variante VII F 66	Zoea 170
Tigrone 259	Typ XXII 98	Uarscieck 168	Variante IX A 75	Zolfo 161
Tijgerhaai 237	Typ XXIII 87	Uebi Scebeli 168	Variante IX B 75	Zvezda (siehe P 2) 271
Tilefish 255	Typ XXIV–XXV 98	U-Klasse 130	Variante IX C 75	Zwaardvishh 237
Timbira (ex Gondar I) 276	Typ XXVI A und B 98	Ula (ex Varne ex P 66) 286	Variante IX C 40, 75	
Tiptoe 126	Typ XXVI E2 100	Ulex 135	Variante IX D1 75	
Tiru 255	Typ XXVI W 98	Ullswater (siehe Uproar) 130	Variante IX D2 und IX D42 75	
Tinosa 255	Typ XXVII A 90	Ultimatum 130	Varne 130, 286	
Tiptoe 000	Typ XXVII B 90	Ultor 130	Varne (II) 135	
Tirante 259	Typ XXVIII 100	Ulua 259	Varscieck 168	
Tireless 126	Typ XXIX A 100	Uluc Ali Reis 140	Vehement 135	
Tito Speri 152	Typ XXX A 100	Umbra 130	Veldt 135, 281	
T-Klasse 126	Typ XXXI–XXXVI 100	Umpire 130	Velella 172	
Token 126	Typ A 209	Una 130	Vendémiaire 53	
Tomatate (siehe Trutta) 259	Typ A modifiziert 210	Unbeaten 130	Vengeful 135, 281	
Tonnant, Le 46	Typ B 211	Unbending 130	Vengeur 46	
Topazio 161	Typ C 214	Unbridled 135	Veniero 173	
Torbay 126		Unbroken 130, 275	Venom 135	
Toro 259	U 1–U 24 64	Undaunted 130	Ventôse 53	
Torricelli 175	U 25, U 26 63	Undine 130	Venturer 135	
Torsk 259	U 27–U 36 66	Union 130	Vénus 51	
Totem 126	U 37–U 44 75	Unicorn 259	Verve 135	
Tradewind 126	U 45–U 55 66	Unique 130	Vesihiisi 279	
Traveller 126	U 56–U 63 64	Unison 130, 275	Vessikko 279	
Treadfin 255	U 64–U 68 75	United 130	Vestale, LA 44	
Trembler (ex Quillback) 259	U 69–U 98 66	Unity 130	Vetehinen 279	
Trenchant 126	U 99–U 102 66	Universal 130	Veto 135	
Trepang 255	U 103–U 111 75	Unrivalled 130	Vigorous 135	
Treska (siehe ŠČ 307) 269	U 112–U 115 96	Unruffled 130	Viking 135	
Trespasser 126	U 116–U 119 80	Unruly 130	Vineyard (siehe Doris) 53, 135	
Triad 126	U 120, U 121 64	Unseen 130	Virile 135	
Tribune 126	U 122–U 131 75	Unshaken 130	Virtue 135	
Tricheco 156	U 132–U 136 66	Unsparing 130	Virulent 135	
Trident 126	U 137–U 152 64	Unswerving 130	Visigoth 135	
Trigger 255	U 153–U 200 75	Untamed (siehe Vitality) 130	Visitant 135	
Triton 126, 252, 280	U 201–U 218 66	Untiring 130	Vitality 130	
Tritone 180	U 219, U 220 80	Upas 135	Vittor Pisani 153	
Triumph 126	U 221–U 232 66	Upholder 130	Vivid 135	
Trooper 126	U 233, U 234 80	Upright 130	V-Klasse 135	
Trotzkij (ex AG 23 – siehe A 1) 274	U 235–U 458 66	Uproar 130	Volador 259	
	U 428–U 430 00	Upshot 135	Volatile 135	
Trout 252	U 459–U 464 81	Upstart 130	Volframio 179	
Truant 126	U 465–U 486 66	Upward 135	Volk (siehe B 2) 274	
Truculent 126	U 487–U 490 81	Urchin 130, 287	Voracious 135	
Trump 126	U 491–U 500 81	Urge 130	Vortex (siehe Morse) 53, 135	
Trumpetfish 259	U 501–U 550 75	Urred (ex P 41) 286	Vortice 180	
Truncheon 126	U 551–U 790 66	Ursula 130, 275	Votary 135	
Trusty 126	U 746–U 750 188	Urtica 135	Vox (siehe Curie) 53	
Trutta 259	U 791–U 795 96	USK 130	Vox (I) 130	
Tudor 126	U 796–U 800 98	Usurper 130	Vox (II) 135	
Tullibee 255	U 801–U 820 75	Uther 130	Vulpine 135	
Tuna 126, 252	U 821–U 840 66	Utmost 130		
Tungsteno 180	U 841–U 900 75	Utopia 135	Wa 201, Wk 202 96	
Tunny 255	U 901–U 1080 66	Utsira (ex Variance) 286	Wahoo 255, 259	
Tupi (ex Neghelli I) 276	U 1081–U 1092 98		Walrus (I) 259	
Turbot 259	U 1093–U 1114 66	V 1–V 3 245	Walrus (II) 259	
Turbulent 126	U 1115–U 1220 66	V 1–V 4 275	Whale 255	
Turchese 167	U 1161 (siehe S 8) 66	V 4 246	Whitefish 259	
Turpin 126	U 1221–U 1262 75	V 5, V 6 247	Whiting 259	
Turquoise 45, 188	U 1271–U 1404 66	V 8, V 9 248	Wilk 287	
Tusk 259	U 1405–U 1416 98	V 80 96	Wolfish 259	
Tutankhamen 126	U 1417–U 1500 66	V 300 (Typ XVII) 96		
Typhoon 126	U 1501–U 1600 75	Vagabond 135	X 2, X 3 141, 149	
Typ I A 63	U 1601–U 1800 98	Vampire 135	X 3–X 10 138	
Typ II 64	U 1801–U 2110 66	Vanadio 180	X 20–X 25 138	
Typ III–VI 96	U 2111–U 2200 90	Vandace 259	XE 1–XE 12 138	
Typ VII 66	U 2201–U 2204 81	Vandal 130	X-Klasse 138, 149	
Typ VIII 96	U 2251–U 2295 90 f.	Vantage 135	XT 1–XT 19 138	
Typ IX 75	U 2205–U 2300 90	Varangian 130		
Typ X A 96	U 2301–U 2320 66	Variance 135, 286	Yu 1–Yu 12 223	
Typ X B 80	U 2321–U 2500 87	Variante II A 64	Yu 1001-Klasse 223	
Typ XI–XIII 96	U 2501–U 3063 82	Variante II B 64	Yu 1001–Yu 1014 223	
Typ XIV 81	U 3501–U 4000 82	Variante II C 64	Yu-Klasse 223	
Typ XV–XVI 96	U 4001–U 4120 87	Variante II D 64		
Typ XVII A, V 300 96	U 4501–U 4700 98	Variante VII A 66	Zaffiro 161	
Typ XVII B 98	U 4701–U 5000 87	Variante VII B 66	Zbik 287	

Jäger der Meere

J.P. Mallmann-Showell
Das Buch der deutschen Kriegsmarine 1935–1945
Geschichte, Organisation, Schiffe, Daten, Dienstgrade, Uniformen, Abzeichen, Biographien, Zeittafeln u.v.a. – ein informatives Werk.
248 Seiten, 255 Abb., gebunden
DM/sFr 29,– / öS 226,–
Bestell-Nr. 10880

J.P. Mallmann-Showell
U-Boote gegen England
Kampf und Untergang der deutschen U-Boot-Waffe in den Jahren von 1939 bis 1945. Die vollständige Geschichte ihres Entstehens und ihres Schicksals im Zweiten Weltkrieg.
192 Seiten, 228 Abb., gebunden
DM/sFr 24,– / öS 187,–
Bestell-Nr. 01009

David Miller
Unterseeboote
Die umfassende Darstellung der Entwicklungsgeschichte des U-Bootes, seiner technischen Anlagen und der taktischen Verwendung.
200 Seiten, 400 Abbildungen und Zeichnungen, gebunden
DM/sFr 78,– / öS 609,–
Bestell-Nr. 30253

V.E. Tarrant, Kurs West
Die deutschen U-Boot-Offensiven 1914 bis 1945. Dieses mit mehr als 150 Fotos, Karten und Grafiken illustrierte Sachbuch legt ausführlich den Verlauf der beiden Atlantik-Schlachten 1917 und 1941/42 dar.
276 Seiten, 150 Abbildungen, gebunden
DM/sFr 68,– / öS 531,–
Bestell-Nr. 01542

M.J. Whitley
Deutsche Kreuzer im Zweiten Weltkrieg
Die umfassende Chronik über den Bau, die Einsätze und das Ende der leichten und schweren Kreuzer der ehemaligen deutschen Kriegsmarine.
212 Seiten, 173 Abb., gebunden
DM/sFr 66,– / öS 515,–
Bestell-Nr. 01207

M.J. Whitley
Zerstörer im Zweiten Weltkrieg
Technik, Klassen, Typen. Eine exakte Beschreibung eines jeden der rund 2500 eingesetzten Zerstörer der am Krieg beteiligten Seestreitkräfte.
320 Seiten, 475 Abb., gebunden
DM/sFr 88,– / öS 687,–
Bestell-Nr. 01426

René Greger
Schlachtschiffe der Welt
Alle Großkampfschiffe des Ersten und Zweiten Weltkrieges werden in diesem Werk detailliert beschrieben und in Fotos und Rißzeichnungen vorgestellt.
304 Seiten, 295 Fotos und Zeichnungen, gebunden
DM/sFr 78,– / öS 609,–
Bestell-Nr. 01459

Motorbuch Verlag
DER VERLAG FÜR MARINE-BÜCHER
Postfach 10 37 43 · 70032 Stuttgart

Änderungen vorbehalten